推荐序

让孩子用年表读懂中国古代历史

过去、现在、未来，时间永远不以人的意志为转移地向前飞驰。小至个人，大至国家，都会经历一番风雨，留下一段历史，才变成现在的模样。

对孩子来说，了解、学习中国历史，有以下一些显而易见的意义。

一是增强人文修养。例如，汉语里很多成语典故，都有详细的出处，比如"纸上谈兵"，结合长平之战的惨烈，孩子才会理解得更深刻，并在言语中准确恰当地使用。再如，现在很多家长节假日时都带着孩子出门旅游，到处去走走看看，看什么呢？除了自然景观，大多是历史遗迹。去了一个地方，读了书和不读书去，那是两种体验，增长见识的效果截然不同。很多人常说这句话——中国是一个拥有五千年悠久历史的文明古国，可是，如果没有一定的历史知识，五千年历史对很多人来说，就只是一句空洞的白话。

二是重新认识自己的生活环境。当我们从历史书中了解到，自己所在的家乡，或生活熟知的地方，竟然曾经发生过一些重要历史事件，或与一些著名人士有关联的时候，自然就会产生一种特殊的情愫，往往不自觉地增强自豪感，更加热爱家乡、祖国，甚至激发自己努力向上。

三是学到一种历史智慧。往小了说，读史明智。往大了说，以史为鉴，可以知兴替。从一定的时空纵深感中，我们超越了具体的事件和条件的局限，可以总结很多经验智慧，形成格局见识，用在对未来事情的处理上。

四是获得道德品行方面的教益。人性是相通的。遨游在历史故事中，就像坐上了时光机器，去体验当事人的纠结和决断，感受真善美，鞭挞假恶丑。从历史人物身上，我们也看到了自己的影子，从而不断克服自己的弱点，使自己变得更完美。

为此，我愿意推荐这套《让孩子用年表读懂中国古代历史》，希望孩子们能读懂历史，逐渐爱上历史，获得读史带来的益处。

这套书有下列特点：

一是历史脉络清楚。全套书分为七册，每册书的前言中，对该书历史范围内的事件作简要交代，对朝代的发展、起承转合关键事件等作清楚地描述。书中的故事，对每个朝代重要事件及相互之间的衔接，都有清晰的讲述。

二是细节故事性强，重要场景配有彩图。本书在尊重史实的基础上，注重细节描写。其中，对很多典故，例如"纸上谈兵"，进行了细致的讲述。全书还配有大量彩图，以期帮助孩子对相关事件有更好的理解。

三是提供了重要的时间线索——年表。每个故事的页眉处，都标注了与该故事大致同时的重要时间节点和历史事件，方便读者检索或对照阅读。

四是提供了丰富的资料。每个朝代的内容大致分为帝王世系、宗室藩王、文臣武将、风云人物。这些人物资料与故事线性讲述互相映衬，读者可以与正文故事进行对照阅读。

总之，希望本书能带领孩子走进中国历史，感受中国历史文化的博大精深。更希望能为孩子提供一把历史的钥匙，帮助他们更好地理解现实、世界、人性等，促进自身的全面发展。

韩兆琦

2017 年 11 月 10 日

（韩兆琦，中国史记研究会名誉会长。北京师范大学中文系教授，博士生导师。中国人民大学国学院特聘教授、博士生导师。著名《史记》与传记文学研究专家。）

古史传说 · 夏商西周 · 春秋战国

让孩子用年表读懂
中国古代历史

中国古代历史年表编审委员会

主　编：潘景林（首都师范大学历史学硕士）

副主编：孟泽众（首都师范大学历史学硕士）

　　　　缪　健（首都师范大学历史学硕士）

团结出版社

UNITY PRESS

图书在版编目（CIP）数据

让孩子用年表读懂中国古代历史 / 潘景林主编. —
北京：团结出版社, 2017.11
ISBN 978-7-5126-5706-9

Ⅰ. ①让… Ⅱ. ①潘… Ⅲ. ①中国历史—古代史—历
史年表—儿童读物 Ⅳ. ①K220.8-49

中国版本图书馆CIP数据核字（2017）第258950号

让孩子用年表读懂中国古代历史

潘景林 主编　　　孟泽众、缪健 副主编

出　　版：团结出版社
　　　　　（北京市东城区东皇城根南街84号　　邮编：100006）
电　　话：（010）65228880
发　　行：（010）85113874　　（010）85849108
网　　址：http://www.tjpress.com
E－mail：65244790@163.com
经　　销：全国新华书店
印　　刷：三河市双升印务有限公司

开　　本：185×260　　1/16
印　　张：46.5
字　　数：415千字
版　　次：2017年11月第1版
印　　次：2020年8月第2次印刷

书　　号：978-7-5126-5706-9/F·01
定　　价：168.00元　（全七册）

前言

古史传说·夏商周·春秋战国

  中国是人类文明的起源之一。从远古时代起，我们的祖先就已经生活在了这片广袤辽阔的大地上。距今的 170 万年的云南元谋人已是典型的猿人了，而距今约 70 万—20 万年的北京猿人则已经能够制作简单的工具，并且掌握了使用天然火的能力，这一切都预示着文明的曙光。

  大约从五六千年前开始，黄河流域和长江流域的人们开始种植粮食、饲养牲畜，中国的历史也由此进入了古史传说时期。黄帝首先联合炎帝击败蚩尤，然后黄帝又击败炎帝，炎、黄两部落遂逐渐走向融合，形成了华夏族的主体，这也是后世中国人称自己为"炎黄子孙"的原因所在。此后部落首领以禅让的方式进行传递。尧帝禅位于德才兼备的舜，舜帝禅位于治水有功的禹。禹去世后，其子夏启继位，"禅让制"被"世袭制"取代，夏王朝的统治确立，中国历史也进入了王朝统治时期。

  夏王朝传至第十七位君主桀时，其暴虐无道，最终于鸣条之战中被商汤打败，夏朝灭亡，历时 470 年。商汤建立商朝后，传至最后一位君主纣王时，其生性残暴，"以酒为池，以肉为林"，引起了人们的激烈反抗。最终在牧野之战中，商纣王被周武王打败，自焚于鹿台，商朝灭亡，历时 550 余年。武王伐纣，确立了周王朝的统治。周朝分为西周与东周。西周末，周幽王沉湎酒色，昏庸无道，甚至为博美人褒姒一笑，不惜"烽火戏诸侯"，以致失信于诸侯。后犬戎族攻打西周都城镐京，周幽王被杀于骊山，西周灭亡。西周共传位十二位君王，历时 275 年。

周幽王死后，其子平王迁都洛邑，标志着东周时代的开始。东周分为春秋和战国两个时期，从公元前770年到公元前476年为春秋时期，从公元前475年到公元前221年为战国时期。平王东迁后，周王室失去驾驭诸侯国的能力，于是诸侯国势力崛起，互相展开争霸战争。直到齐国公子小白杀死兄弟公子纠，在管仲的辅佐下，齐国国力大增，最终成为春秋第一位霸主，是为齐桓公。之后宋襄公、晋文公、秦穆公、楚庄王相继称霸，号曰"春秋五霸"。待到吴王夫差被越王勾践打败，亡国自杀时，春秋时代已经接近尾声。

　　到了战国时期，形成了齐、楚、燕、韩、赵、魏、秦等"战国七雄"。为了在激烈的战争中求得生存，各国先后进行了变法运动，其中尤以商鞅在秦国的变法最为成功。虽然商鞅最终因触犯旧贵族利益而死，被处以车裂之刑，并灭族，但秦国却因变法而日渐强大，逐渐具备了统一六国的实力。此后秦国不断蚕食各国，在长平之战中，大将白起击败纸上谈兵的赵括，一举坑杀赵国降卒四十余万，从而取得了对六国作战的绝对优势。至秦王嬴政时，其正式展开了对六国的兼并战争。虽然燕国太子丹曾派荆轲刺杀秦王，但最终以失败告终。这不仅没能避免燕国的灭亡，反而激怒秦王嬴政，使其加速统一天下的进程。

目录

春秋战国

涿鹿之战

距今约五千年前，兴起于南方的九黎族势力不断发展，与以黄帝为首的部落发生了冲突，这两股势力为争夺适于牧猎和浅耕的地带，在今天的河南、河北、山东交界地带相遇，于涿鹿之野展开长期争战。

相传离今天五千多年以前，我国黄河流域一带住着许多部落。传说中最有名的一个部落首领叫黄帝。以黄帝为首领的部落从姬（jī）水向东发展，在涿（zhuó）鹿附近定居，发展农业文明，逐渐兴盛起来。此时，还有一个部落首领叫做炎帝，其部落的活动范围主要是在姜（jiāng）水一带。

这时候，南方有一个九黎族，九黎族的首领名叫蚩（chī）尤，十分强悍。传说蚩尤有八十一个兄弟，全都长着猛兽的身体，都说人话，铜头铁额，吃的是沙子石头，无比凶悍。他们还制造出兵杖、刀、戟（jǐ）、大弩（nǔ）等各种各样的兵器，威震天下。

蚩尤带领他的部落向西发展，结果侵占了炎帝的地方，炎帝起兵与蚩尤大战，

◎黄帝本姓公孙，后改姓姬，因居住于叫做轩辕（xuān yuán）的高台地上，又号轩辕氏。黄帝以征服各个部落、统一华夏的伟绩而载入史册，被尊为中华民族始祖。

1

　　结果被蚩尤杀得节节败退，土地被全部侵占。炎帝只好逃到涿鹿，去向黄帝请求帮助。于是黄帝在涿鹿和蚩尤大战。

　　关于这次大战，有许多神话式的传说。据说黄帝平时驯养了熊、罴（pí）、貔(pí)貅（xiū）、貙(chū)、虎五种野兽，在打仗的时候，就把这些猛兽放出来助战。蚩尤的兵士遇到这一群猛虎凶兽，无法抵挡，战败而逃。于是黄帝带领兵士乘胜追杀，结果蚩尤施法兴起了满天大雾，黄帝的兵士全部被困住，一个个晕头转向。这时候，蚩尤的部队趁机杀入。正在关键时刻，黄帝派人制造了一辆"指南车"，车上站立一个木头人，手臂永远指向南方。于是黄帝率军依靠"指南车"指明的方向杀出了迷雾。最后与蚩尤一场大战，把蚩尤捉住杀了。蚩尤死后，他的部族全部并入了黄帝的部落。

　　黄帝在涿鹿之战后，受到了中原地区许多部落的拥护。黄帝对周围部落的影响力不断扩大，各部落的活动地区便逐渐相对稳定下来，这些部落的生产方式从以游猎为生逐步转变为以种植农耕为生，生产力获得了发展。同时，各部落之间进一步融合，逐步形成了今天的中华民族。

　　中国古代的传说都十分推崇黄帝，后代的人都认为黄帝是中华民族的始祖，自己是黄帝的子孙。因为炎帝族和黄帝族原来是近亲，后来又融合在一起，所以我们也常常把自己称为炎黄子孙。

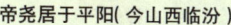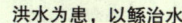
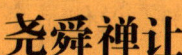

尧舜禅让

　　黄帝时期，人们推举首领的方式是禅让制，也就是说王位不一定要传于嫡系长子，而是选贤与能，有才者居之。著名的部落联盟领袖尧老了之后，想寻找一个德才兼备之人继承自己的位置，人们推荐了舜。于是尧举行禅让仪式，将帝位禅让给舜。

　　传说黄帝以后，先后出了三个著名的部落联盟首领，分别为尧、舜和禹。尧，是帝喾（kù）的儿子，黄帝的五世孙。因为他最初封于陶，后来迁移唐，所以被称为陶唐氏，也叫作唐尧。他当上部落联盟的首领后，爱民如子，生活简朴，老百姓非常拥护他。帝尧在位的时候，创立了历法，使得生产能够按照自然规律来进行。在帝尧的治理下，天下安定，百姓和睦。

　　后来帝尧年纪大了，想找一个继承他职位的人。有个名叫放齐的

◎尧舜禅让。禅让制是一种和平、民主地推选部落首领的制度，而不是个人权利的转移，充分体现了"任人唯贤"的思想。

人推荐帝尧的儿子丹朱继承他的位子。但帝尧认为丹朱这个人为人粗野，喜欢闹事，不同意他继承位子。于是帝尧便召集四方部落首领来商议，大家一致推荐舜（shùn），说他是个德才兼备的人。传说舜的父亲是个盲人，人们叫他瞽叟（gǔ sǒu），是个脾气很坏的人。舜的生母早死了，瞽叟续娶了一个后母，后母生了个弟弟名叫象。继母心地很坏，弟弟傲慢无礼，这几个人在家里串通一气迫害舜。但是舜在这种家庭里，仍然孝顺父母，与弟弟友善。他因为德行高尚出了名，很有威望。

　　于是尧决定先考察一下舜。他把自己两个女儿娥皇、女英嫁给舜，又让九个人在舜的身边侍奉他，以观察他的德行。之后，又让舜参与政事，掌管五典，管理百官，负责接待宾客礼仪，以考察他的能力。结果发现舜确实是德才兼备的人才，于是决定让舜代理政务，把首领的位子让给了他。这就叫作禅让。

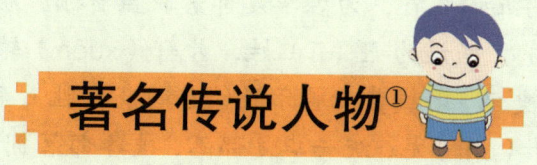

著名传说人物①

伏牺（xī）氏 <<<<<

又名伏羲（xī）、宓（fú）羲、庖（páo）牺、包牺（xī）、伏戏等，古代传说中的神话人物。相传其根据天地万物的变化，发明八卦（guà）；结绳为网，发明并教导人类用网渔猎的方法。在神话中，人类是由于伏牺氏与女娲（wā）氏兄妹相婚而生育产生，被后世奉为始祖。

女娲（wā）氏 <<<<<

中国上古传说中创造人类的神话人物。相传女娲以黄土仿照自己的样子捏造了人类，创造人类社会并建立婚姻制度。后来又因天地破裂，于是炼五色石来修补苍天，并斩断神鳖（biē）的四只脚重新将天撑起。在神话中，人类是由伏牺氏与女娲氏兄妹相婚而生育产生，被后世奉为始祖。

神农氏 <<<<<

上古传说中的神话人物，三皇之一，在《易》、《淮南子》等文献中有相关文字记载。相传他曾教导人民种植，又有尝百草创立医药的传说，为农业和医药的发明者。神农氏时期大约相当于原始社会末期农业生产开始阶段。又有说法认为神农氏即为炎帝，传说中的五帝之一，上古姜（jiāng）姓部落首领。

---

①据史学家推断，黄帝、颛顼（zhuān xū）、帝喾（kù）、尧、舜等生活时代为约公元前26世纪至公元前22世纪。

黄帝 <<<<

上古传说中的五帝之首，为古华夏部落联盟首领，被后世尊为中原各族的共同祖先。据说为姬（jī）姓，号轩（xuān）辕（yuán）氏，又号有熊氏。《史记》记载黄帝曾于阪（bǎn）泉战胜炎帝，又在涿（zhuó）鹿之战击败蚩（chī）尤，统一华夏部落，被各部落拥立为共同的首领。

蚩（chī）尤 <<<<

中国神话传说中上古时代的九黎（lí）族首领，骁（xiāo）勇善战，被奉为主兵战神。《史记》记载蚩尤率九黎部落作乱，与黄帝展开大战，战败后被杀。相传蚩尤有兄弟八十一人，都有铜头铁额，本领非凡。《管子》中则认为蚩尤帮助黄帝统一各部落。后世多将蚩尤尊为战神，主兵家之事。

尧（yáo） <<<<

上古时期的部落联盟首领，传说中的五帝之一，史称为唐尧。相传他命羲（xī）和测量制定历法，为百姓制定农耕时令。尧德高望重，深得百姓爱戴。之后接受推荐，以舜作为继承人，代替他作为部落联盟首领执政，史称禅（shàn）让。

舜（shùn） <<<<

上古时期的部落联盟首领，传说中的五帝之一。姓姚，号有虞氏，名重华，史称为虞舜。得唐尧禅让执政，统一度量衡，整顿礼制，减轻刑罚。任用皋陶、夔（kuí）、契等贤才辅佐他处理政事，并让禹（yǔ）治理洪水，后将首领之位禅让给禹。

前 2070—前 1600

禹征三苗，大胜

前 2070—前 1600

禹娶涂山女

前 2070—前 1600

禹会诸侯于涂山，划九州，铸九鼎

大禹治水

　　大约在 4000 多年前，黄河流域洪水泛滥，鲧、禹父子二人受命于尧、舜二帝，任崇伯和夏伯，负责治水。鲧采取"水来土挡"的策略治水。鲧治水失败后由其独子禹主持治水大任。大禹从鲧治水的失败中汲取教训，改变了"堵"的办法，对洪水进行疏导，终于完成了治水的大业。

　　早在帝尧（yáo）在位的时候，黄河流域发生了很大的水灾，洪水泛滥，使得庄稼田地被淹了，房子也被冲毁，百姓流离失所，背井离乡。于是尧召开部落联盟会议，商量治水的问题。各个部落的首领们都推荐鲧（gǔn），但鲧名声不好，帝尧对鲧不大信任，只是眼下一时也找不到比鲧更合适的人选，于是帝尧才同意将治水的任务委任给鲧。结果鲧采

◎大禹为了治理洪水，不顾个人得失，三过家门而不入，耗尽心血和精力，终于完成了治水大业。

取水来土掩、造堤筑坝的办法，花了九年时间还没有成功。后来舜（shùn）接替尧当部落联盟首领以后，亲自去考察鲧治理水灾的情况，发现鲧办事不力，就把鲧给杀了，又让鲧的儿子禹（yǔ）去治水。

也有其他一种传说，鲧是从天上私自下凡帮助治理洪水的。在他下界的时候，听说天帝有一件宝贝"息壤（rǎng）"，是一种奇特的泥土，遇到水的时候就可以自己生长，于是鲧私自偷了息壤去治理洪水。结果被天帝发现，大怒，将他斩杀。

禹继承了父亲的遗志，经过实地考察过后，认为他父亲的做法是错误的。于是改变做法，用疏导治水的方法，疏通水道，把洪水引到大海中去。在治水过程中，禹考察了全国各地的地形地势。他为了治水，三过家门而不入。经过十三年的努力，终于把洪水引到大海里去。

舜年老以后，也像尧一样，物色继承人。因为禹治水有功，大家都推选禹。到舜一死，禹就继任了部落联盟首领。他把天下划分为九个区域，称为九州。

禹原来有个助手叫做皋陶，曾经帮助禹处理政事。禹曾将皋陶定为继位人，但是皋陶先死，于是禹又将皋陶的儿子伯益定为继位人。禹死后，伯益避让不肯继位，诸侯于是拥戴夏禹的儿子启继位为王。还有一个说法，说夏禹死后，启征伐伯益，将其击败后继位，建立了夏朝。启的继位，使得中国历史上王位继承制度由禅让制变为了世袭制，"公天下"变成了"家天下"。

前 2070—前 1600

启崩，子太康立

前 2070—前 1600

后羿驱逐太康，代理朝政

前 2070—前 1600

后羿自立为帝

少康中兴

　　历史上有很多"中兴"之事，但中国历史上第一个中兴发生在夏朝时期，也就是少康中兴。少康凭借个人魅力，得到有仍氏、有虞氏的帮助，广施德政，体恤百姓，得到了夏后氏遗民的拥护。经过周密的策划，最终战胜寒浞父子，中兴夏朝。

　　夏启当上国王以后，有一个部落有扈（hù）氏不服，起兵反抗。启出兵和有扈氏大战，最后把有扈氏灭了。

　　夏启死后，他的儿子太康即位。太康是个昏庸无能的君主，不问政事，经常

◎后羿是当时闻名的神箭手，但他自恃善射，以为天下无敌，便终日沉湎酒色，不问政事，最终被杀。

9

前 2070—前 1600

相征淮夷

前 2070—前 1600

相征风夷、黄夷

前 2070—前 1600

相被寒浞杀

离开都城去洛水打猎，于是国事荒废，民怨沸腾。这时候有个有穷国的国君叫后羿（yì），心生反意。他趁着某次太康出去打猎，率军占领夏朝都城，并且派兵守住洛水河岸。等到太康回来的时候，已经无法过河，只能在洛水北岸流亡，最后终老于阳夏，史称"太康失国"。后羿则扶植太康的兄弟仲康当夏王，把实权抓在自己手里。仲康死后，他赶走了仲康的儿子相，自立为王。后羿同样不理政事，沉迷于打猎，国家大权都落在了他的亲信寒浞（zhuó）手里。寒浞趁机收买人心，和后羿的学生逢蒙一起密谋，刺杀后羿。之后寒浞杀了逢蒙，夺了王位，认为相是对他最大的威胁，于是全力追捕相。

后来，相被寒浞捉住杀掉了。相妻子当时已经怀有身孕，她从墙洞中爬出去，逃到娘家有仍氏部落，生下一个儿子叫少康。少康长大后，寒浞又派人去捉拿他，于是少康又逃到有虞（yú）氏的部落那儿。有虞氏部落的首领思支持他复国，将两个女儿嫁给了少康，并把纶邑交给他。从此少康有了立足之地，开始谋划复国。他联系上忠于夏朝的大臣和部落，发展武装力量。又派遣一个叫女艾的女子去寒浞的儿子浇那里做间谍，在同姓部落斟（zhēn）灌（guàn）氏与斟鄩（xún）氏的帮助下，与夏后氏遗臣伯靡等人合力，攻灭寒浞，建都纶城，恢复了夏王朝的统治。少康执政之后，勤于国事，政治清明。史称"少康中兴"。

前1600—前1300

汤攻伐葛伯

前1600—前1300

汤以伊尹总揽国政

前1600—前1300

鸣条之战，汤灭夏

成汤灭夏

夏王朝历经四百多年，国势日渐衰微，到公元前16世纪，夏桀即位，但夏桀非常残暴，在各个诸侯国中间逐渐失去威信，由商汤带头讨伐后，各地诸侯纷纷响应，最后鸣条决战时，夏桀战败被流放于南巢，不久后病死。商朝自此在诸侯王中确立地位，被选为天下之主。

夏王朝统治了大约四百多年，到了最后的一个王夏桀（jié）在位。夏桀残忍暴虐，宠信奸臣，荒淫奢侈，滥动刀兵。他发兵征讨有施氏，得一美女妹喜，对她十分宠爱，为她大兴土木。夏朝国势逐渐衰微，大臣关龙逢（páng）向夏桀进谏，说他现在嗜杀成性，又荒淫奢（shē）侈（chǐ），弄得百姓怨声载道，这样下去就危险了。夏桀勃然大怒，把关龙逢杀了。于是民心尽失。

在这个时候，黄河下

◎夏桀坐人凳。夏桀，名履（lǚ）癸（guǐ），因暴虐无道，谥（shì）号桀。相传夏桀文武双全，赤手可以把铁钩拉直，但荒淫无度，毫不爱惜民力，最终导致亡国。

前1600—前1300

伊尹卒，葬于亳

前1300—前1251

盘庚迁殷，商朝复兴

前1250—前1192

武丁以傅说为相，商朝大治

游有个方国叫商，此时已经发展成为一个强大的部落了。他们的首领叫汤。汤决心举兵讨伐夏桀，取而代之。商汤妻子的陪嫁奴隶中，有一个叫伊（yī）尹（yǐn）。伊尹一开始到商汤家的时候，只是在厨房干活。后来，商汤发现伊尹与众不同，与他交谈，伊尹趁机向汤谈论了许多自己对于治国的见解，汤大为惊奇，于是对他委以重任。

在伊尹的辅佐下，商汤陆续灭掉忠于夏朝的各个小国，逐渐壮大自己的势力，并提高了声望。之后认为时机已到，就号召诸侯国组成联军，共同讨伐夏桀。夏桀率军迎击，双方在鸣条大战，商汤大败夏军。夏桀逃到南巢（今安徽巢县西南），汤追到那里，把桀流放在南巢，一直到他死去。

这样，夏朝宣告灭亡，商汤建立的商朝代替夏朝。历史上把商汤伐夏称为商汤革命。

商汤建立商朝的时候，最早的国都定在亳（bó）（今河南商丘）。但是由于之后王族经常内乱，加上黄河下游洪水泛滥。于是在之后三百年当中，都城一共搬迁了五次。到了盘庚（gēng）继位的时候，他希望改变这种局面，于是决定将都城搬到殷（yīn）。这里土地肥沃，便于发展农业生产。同时，迁都可以避免外敌入侵，保障安全。但是迁都遭到了很多人的反对。于是盘庚软硬兼施，采用了很多办法去说服和威胁人们，最终完成了迁都的计划。

迁都之后，都城被固定下来，商朝逐渐稳定了统治，同时经济上得到了发展。武丁在位时期，任用傅（fù）说（yuè）等贤能之人辅政，励精图治，使得商朝衰败的国势重新振兴起来，各方面得到了大的发展，史称"武丁中兴"。

前 1046—前 1043

武王十一年，出师伐纣

前 1046—前 1043

武王十二年，牧野之战，灭商

前 1046—前 1043

武王迁都于镐京

牧野之战

　　商汤所建立的商王朝，历经初兴、中衰、复振、全盛、弱诸阶段后，到了商纣王（帝辛）即位时期，已步入了全面危机的深渊。殷商王朝政治腐败、刑罚酷虐，连年对外用兵，民众负担沉重，痛苦不堪。周武王起兵伐纣，与商朝的军队在牧野进行了一场决战。

　　到了商朝最后一个王帝辛在位的时候，商朝的国运已经从武丁时

◎商纣王与妲己。妲己是有苏氏诸侯的女儿，也是一位难得一见的绝世美女，纣王对她非常喜爱，立为王后，并对她言听计从。

13

期的兴盛衰败下来了，商朝与周边各族的矛盾日益尖锐，危机四伏。帝辛被后世称为商纣（zhòu）王，他天资聪颖，很有才能，亲自率军平定东夷叛乱，将势力向东扩展到江淮一带。但是他统治残暴，又喜好酒色，宠爱美女妲（dá）己（jǐ），于是激化了社会矛盾。

与此同时，商朝西边的一个附属国周国，在国主姬（jī）昌的领导下日益兴盛起来。姬昌在位时，对内发展生产，整顿内政，对外又吞并了周边一些方国部落，逐渐增强了实力。姬昌去世之后，他的儿子姬发即位，即周武王。他拜太公望为师，继续整顿内政，扩充兵力，趁商朝四处征战，国力消耗的时候，准备讨伐商纣。

此时纣王的暴政变本加厉。商朝王室比干、箕（jī）子、微子，被称为"三仁"，他们非常担心，劝谏（jiàn）纣王，但纣王不听。纣王杀掉比干，剖开胸膛，把他的心活生生地挖了出来，说要看看比干长的是什么心眼儿。微子知道商朝气数已尽，无法力挽狂澜（lán），于是悄悄地离开朝（zhāo）歌（gē）逃走了。箕子进退两难，只好装疯卖傻，纣王把他囚禁起来，贬为奴隶。

武王知道纣已经到了众叛（pàn）亲离的地步，刚好碰到商军主力远征东夷，朝歌空虚，武王认为灭商的时机已经成熟，于是联合西方和南方的部落方国，在盟津举行誓（shì）师大会，宣布了纣王的罪状，激励士气，然后出兵伐纣。一路上势如破竹进军到牧野（今河南淇县西南）。

商纣王听到这个消息之后，仓促之下用大批奴隶连同朝（zhāo）歌的守军拼凑了七十万人马，由他亲自率领前去牧野迎战。武王在阵前声讨商纣罪行，以激励将士斗志。然后令太公望率兵冲击商军。而此时，纣王手下大军中大部分奴隶，早就对纣恨透了，于是在阵前纷

纷投靠武王，周武王乘势以主力突击商军，商军大败，一下子就土崩瓦解。太公望指挥周军趁势追击，一直追到商都朝歌。商纣王逃回朝歌，眼看大势已去，登上鹿台自焚而死。

周武王灭了商朝，把国都从丰搬到镐（hào）京（今陕西西安市西），建立了周王朝。

为了巩固周朝的统治，周朝统治者从周武王起，把自己的亲属和功臣分封各地，建立诸侯国。太公望被封在齐国，他的弟弟周公旦被封在鲁国，召（shào）公奭（shì）被封在燕国，等等。据说从武王到他的儿子成王，一共封了七十多个诸侯国。

商朝虽然灭亡了，但是它留下的贵族和奴隶主在社会上还有一部分势力。为了安抚这些人，武王把纣王的儿子武庚（gēng）封为殷（yīn）侯，留在殷都，又派自己的三个兄弟管叔、蔡叔和霍叔去帮助武庚。他们名义上是帮助，实际上是监视，所以被叫做"三监"。

前 1042—前 1021

成王元年，周公旦辅政

前 1043—前 1021

成王元年，管、蔡、武庚叛乱

前 1042—前 1021

成王二年，周公东征，平三监

周公辅成王

周武王建立周王朝后，没两年就得病死了，他的儿子姬诵继承了王位，史称周成王。当时周成王只有十三岁，而且周朝才建立不久，尚不稳固，于是就由武王的弟弟周公旦辅佐，代理天子职权。

周武王建立周王朝以后，过了几年就病逝了。太子姬诵即位，是为周成王。这个时候，新建立起来的周王朝还不大稳定。加上周成王年幼无法主持大局，于是由武王的弟弟周公旦辅佐朝政，帮助成王掌管国家。周公旦史称"周公"。

◎周公辅佐成王。周公摄政七年，制定并完善了宗法制、分封制、嫡长子继承制等根本性的典章制度，奠定了周朝八百年统治的基础，也对后世产生了深远影响。

16

前 1042—前 1021
成王五年，周公建成周洛邑

前 1042—前 1021
成王六年，周公作礼乐

前 1042—前 1021
成王七年，周公还政于成王，随后卒

在周武王的弟弟中，年纪最大的是管叔。管叔是代表周王朝监视东部地方的诸侯，拥有极高的政治地位。他和蔡叔一起，对于周公执政非常不满，于是派人四处造谣，说周公欺负成王年幼，想要篡（cuàn）夺王位。同时，纣王的儿子武庚不安于周朝的监视，希望重新恢复商朝的统治，就和管叔、蔡叔串通一气，联络了一批以前臣服于商的诸侯方国部族共同闹起叛乱来。

这些流言，确实中伤了周公，连召（shào）公奭（shì）和周成王都开始对周公产生了怀疑。于是周公耐心地说服了召公奭和姜太公，获得了他们的理解和支持。在安定了内部之后，周公决定亲自率领大军东征平定叛乱。

经过三年的征讨，周公平定了全部的叛乱，把带头叛乱的武庚、管叔给杀了，蔡叔流放，并彻底征服了从属于商朝的残余势力。

平定叛乱之后，周公决定在洛邑（今河南洛阳）建一座新的都城，以控制东方，将参与叛乱的商朝遗民迁到那里，加以监视。于是周朝就有了两座都城：西部是镐（hào）京，又叫宗周；东部是洛（luò）邑（yì），又叫成周。之后他大行分封，将王室与功臣分封建立国家，加强了周王室对于全国的控制。又从政治文化等方面制定了一系列的典章制度，以规范等级制度，维护社会秩序。

周公辅助成王执政了七年，将周王朝的统治巩固下来，到周成王满二十岁的时候，周公将政权归还于成王管理。周公遂成为后世赞颂的圣人。

从周成王到他的儿子康王两代，内政清明，统治稳定，天下安宁，国力强盛，史称"成康之治"。

厉王十二年，征服东南夷等方国

厉王三十年，令卫巫监视国人

国人暴动

　　周厉王任用荣夷公为卿士，实行专利政策，又命令卫巫监谤，禁止国人谈论国事，违者杀戮。国人在高压政策下"道路以目"。召公虎规谏厉王，但监谤更甚，国人忍无可忍，于公元前841年，举行暴动，攻入王官。

　　在成王、康王统治的时期，周朝政局比较安定。但是好景不长，康王之子昭（zhāo）王即位之后，将目光投向了南方的楚国。由于楚国与周的关系时好时坏，昭王数次率军讨伐，打算一劳永逸（yì）地解决问题，但并未取得什么战果，反而自己在途中命丧黄泉。昭王之子穆（mù）王在位时期，又西征戎（róng）狄（dí），东讨淮夷（yí）。加上此后历任当权者也日益追求享乐，生活骄纵，肆（sì）意妄（wàng）为，导致西周这一时期国势虽尚为稳定，但实际上国力日益衰微。

　　到了西周第十个王——周厉王即位后，他对人民的压迫更加严苛了。为了获得钱财，周厉王宠信一个名叫荣夷（yí）公的大臣，任命他实行"专利"，即垄断一切山林湖泽，将其宣布为国有，不准人民利用这些资源谋生。这一举动不仅使得以此为生的平民百姓生活难以为继，同时也触动了社会其他阶层的利益。尽管一定程度上增强了国家财力，

厉王三十四年，召公谏，厉王不听

但激化了社会矛盾。

当时，住在城外的农夫称为"野人"，住在都城里的平民称为"国人"。这些国人多数都与当权贵族有一定宗法或者血缘关系，具有一定的文化修养和政治素养。"专利"实行之后，周都镐（hào）京的国人不满厉王的暴（bào）虐（nüè）措施，怨声载道。厉王为了压制民间舆（yú）论的不满情绪，下了一道命令，禁止国人批评朝政，还从卫国找来一个巫师，要他专门刺探批评朝政的人，如果发现有人在背后议论朝政则格杀勿论。在这样的高压统治之下，国人真再也不敢在公开场合里议论事情了。人们在路上碰到熟人，也不敢交谈招呼，只交换了一个

◎道路以目。周厉王不许国人在背地里议论朝政，人们在路上遇见，纷纷用眼色互相示意。

前841

共和行政，中国历史纪年由此始

前822

周宣王率军伐淮夷

前797

周宣王伐太原戎，不克

眼色相互示意就匆匆走开，这就叫"道路以目"。大臣召公劝谏（jiàn）厉王，说"防民之口甚于防川"，指出他堵住民众的嘴，不让人说话，这一做法比堵住河流还要危险。如果硬堵住河流，就会决堤泛滥，反而伤人更多，治理国家也是一样的道理。因此治水必须疏通河道，治理国家就必须引导百姓，听取他们的意见。但是厉王不听取他的意见，一意孤行。

厉王和荣夷（yí）公的暴政变本加厉，三年之后，在公元前841年，国人忍无可忍，发动了一次大规模的暴动，史称"国人暴动"。暴动的国人围攻王宫，要杀厉王。厉王慌忙出逃，一直逃过黄河，到了彘（zhì）（今山西省霍州市东北）才停下来。太子静则逃到了召公虎家中。

国人打进王宫，没有搜到厉王。有人探知厉王的太子静在召公虎家中躲了起来，又围住召公虎家，要召公虎交出太子。召公虎用自己的儿子冒充太子送出去，交给国人杀死，才算把太子保护了下来。

厉王逃到了彘以后，在那里待了十四年，最后去世。在这一期间，各诸侯共同推举一位素有威望的诸侯共伯和出来，暂时代替周天子行使职权，以"共和"纪年。这在历史上称为"共和行政"。从共和元年，也就是公元前841年起，中国历史才有了确切的纪年。

周厉王死后，"共和"结束。大臣们立太子姬（jī）静即位，即周宣王。宣王在位期间任用贤臣，政治清明，数次征讨夷（yí）狄（dí）获胜，周边得到诸侯的支持。使得西周的衰微局势在一定程度上得到缓解，史称"宣王中兴"。但是，经过这一场国人暴动，周朝统治已经接近于灭亡了。

前 780

镐京地震，岐山崩

前 779

周幽王烽火戏诸侯

前 774

幽王废太子宜曰，立褒姒子伯服为太子

烽火戏诸侯

西周末年，周幽王为博褒（bāo）姒（sì）一笑，不顾众臣反对，数次无故点燃告急用的烽火台，使各路诸侯，长途跋涉，匆忙赶去救驾，结果，被戏而回。幽王从此便失信于诸侯，最后，当真的告急之时，他点燃烽火却再也没人赶来救他了！

宣王统治后期，中兴局面已经中止，几次对外作战也宣告失败，西周的国力重新走向衰退。

周宣王死了以后，其子姬（jī）宫涅（niè）即位，即周幽（yōu）王。周幽王荒淫无道，宠信奸臣，朝政腐败，本来已经难以为继的周朝国力在他的统治下更是趋于空虚。大臣褒（bāo）珦（xiàng）劝谏幽王，周幽王不但不听，反把褒珦关进了监狱。

褒珦在监狱里被关了三年，褒家的人千方百计要把褒珦救出来。他们在乡下买了一个挺漂亮的姑娘，教会她唱歌跳舞，把她打扮起来，献给幽王，替褒珦赎罪。这个姑娘算是褒家人，叫褒姒（sì）。

幽王得了褒姒，高兴得不得了，就把褒珦释放了。他十分宠爱褒姒，可是褒姒自从进宫以后，一直闷闷不乐，没有张开过一次笑脸。幽王想尽办法叫她笑，她却怎么也笑不出来。

周幽王出了一个悬赏告示：有谁能让王妃娘娘笑一下，就赏他一千两金子。

有个马屁鬼叫虢（guó）石父，替周幽王想了一个鬼主意。原来，

21

前774

周幽王以虢石父为卿，国人怨

前772

周幽王与各诸侯举行太室之盟

前771

申侯与犬戎攻破镐京，杀幽王

周王朝为了防备犬戎（róng）的进攻，在骊（lí）山一带造了二十多座烽火台，每隔几里地就是一座。如果犬戎打过来，把守第一道关的兵士就把烽火烧起来，第二道关上的兵士见到烟火，也把烽火烧起来。这样一个接一个烧起烽火，附近的诸侯见到了，就会发兵来救。虢石父对周幽王说："现在天下太平，烽火台长久没有使用了。我想请大王跟娘娘上骊山去玩几天。到了晚上，咱们把烽火点起来，让附近的诸侯见了赶来，上个大当。娘娘见了这许多兵马扑了个空，保管会笑起来。"

周幽王拍着手说："好极了，就这么办吧！"

他们上了骊山，真的在骊山上把烽火点了起来。临近的诸侯得了这个警报，以为犬戎打过来了，赶快带领兵马来救。没想到赶到那儿，连一个犬戎兵的影儿也没有，只听到骊山上一阵阵奏乐和唱歌的声音，大伙儿都愣了。

幽王派人告诉他们说，辛苦了大家，这儿没什么事，不过是大王

◎周幽王为博美人一笑，烽火戏诸侯，最终为西周的灭亡埋下了伏笔。

前771

前770

前720

太子宜臼立，是为周平王

平王东迁洛邑

周平王崩，桓王立

和王妃放烟火玩儿，你们回去吧！

诸侯知道上了当，憋了一肚子气回去了。

褒姒不知道他们闹的是什么玩意，看见骊山脚下来了好几路兵马，乱哄哄的样子，就问幽王是怎么回事。幽王一五一十告诉了她。褒姒真的笑了一下。

幽王见褒姒张开了笑脸，就赏给虢石父一千两金子。

幽王越发宠爱褒姒，后来干脆把王后和太子废了，立褒姒为王后，立褒姒生的儿子伯服为太子。原王后的父亲是申国的诸侯，得到这个消息，就联结犬戎进攻镐（hào）京。

幽王听到犬戎进攻的消息，惊慌失措，连忙下命令把骊山的烽火点起来。烽火倒是烧起来了，可是诸侯因为上次上了当，谁也不来理会他们。

烽火台上白天冒着浓烟，夜里火光烛天，可就是没有一个救兵到来。

犬戎兵一到，镐京的兵马不多，勉（miǎn）强抵挡了一阵，就被犬戎兵打得落花流水。犬戎的人马像潮水一样涌进城来，把周幽王、虢石父和褒姒的儿子伯服杀了。那个难得一笑的褒姒，也给抢走了。

到这时候，诸侯们知道犬戎真的打进了镐京，这才联合起来，带着大队人马来救。犬戎的首领看到诸侯的大军到了，就命令手下的人把周朝多少年聚敛起来的宝贝财物一抢而空，放了一把火才退走。

中原诸侯打退了犬戎，立原来的太子姬（jī）宜（yí）臼（jiù）为天子，即周平王。诸侯也回到各自的封地去了。

没想到诸侯一走，犬戎又打过来，周朝西边大多土地都被犬戎占了去。平王恐怕镐京保不住，打定主意，把国都搬到洛邑（yì）去。公元前770年，周平王迁都洛邑。因为镐京在西边，洛邑在东边，所以历史上把周朝在镐京做国都的时期，称为西周，迁都洛邑以后的时期，称为东周。

著名君主[1]

大禹 <<<<< ···

在位时间：不详

生卒年（不详）。夏后氏首领、夏朝开国君王。又称崇（chóng）禹、戎禹、伯禹、大禹。相传禹的父亲鲧（gǔn）是有崇部落的首领，奉命治理洪水但失败，遭受刑罚而死。禹奉舜之命，继续治理洪水。他采用疏导的方法平土治水，在外十三年间，三过家门而不入，终于取得了治水的成功。由于其治水有功，舜将帝位禅让给了禹。在诸侯拥戴下，他成为夏朝第一代君王，并将天下划为九州。夏禹结束了中国原始社会部落联盟的社会组织形态，创造了"国家"这一新型的社会政治形态。

夏启 <<<<< ···

在位时间：前 1978－前 1963

生卒年（不详）。夏朝的第二代君主。相传禹曾将皋陶之子伯益定为继承人，然而禹死后，伯益辞让，诸侯于是拥戴禹的儿子启继位为王，从而使得中国历史上王位继承制度由禅让制变为了世袭（xí）制，"公天下"变成了"家天下"。自此，原始社会形态宣告结束，进入了奴隶社会形态。在位期间，启大败有扈（hù）氏，消除了华夏族内的反对势力。但他晚年昏庸，以至政局动荡。

少康 <<<<< ···

在位时间：不详

生卒年（前 1972－前 1912）。夏朝中兴之主。夏启死后，其继任者

---

①夏朝起止时间为约公元前 2070 年至公元前 1600 年。商朝起止时间为约公元前 1600 年至公元前 1046 年。西周起止时间为公元前 1046 年至公元前 771 年。

太康沉溺游猎，不理朝政，以致政权被他人夺走。历经两代后，到少康时，他联合一些夏朝的旧臣，恢复了夏王朝的统治。此后，少康励精图治，恢复了大禹治水时的各项措施，对内施行德政，对外与四周各部落修好，国势日渐强盛，史称"少康中兴"。

夏桀（jié）<<<<

在位时间：不详

生卒年（不详－前1600）。夏朝最后一位君主，是历史上有名的暴君。相传他有才力，文武双全，但是性情暴躁，在位期间荒淫（yín）无度，暴虐（nüè）无道，搜刮百姓钱财，大失民心。最终，商汤在名相伊（yī）尹（yǐn）辅助下，起兵伐桀，双方大战于鸣条，夏桀战败遭俘，被放逐于南巢，夏朝覆亡。

商汤 <<<<

在位时间：前1617－前1587

生卒年（前1671－前1587）。商朝开国君主。本是夏朝方国商国的君主，在伊尹、仲虺（huǐ）等人的辅助下逐渐强大，多次对外征伐，成为当时的强国。为了一举消灭夏桀，临战前发布了隆重的动员令——《汤誓》，与夏桀大战于鸣条，最终灭夏。经过三千诸侯大会，汤被推举为天子，定都亳（bó），定国号为"商"，史称"商汤革命"。统治期间，减轻征敛，鼓励生产，安定民心，使得统治区域大大扩展。

盘庚（gēng）<<<<

在位时间：不详

生卒年（不详）。商朝中后期比较有作为的君主。商朝中期，王室内部争斗激烈，阶级矛盾尖锐，加上水旱（hàn）灾害频发，于是多次迁都。盘庚继位后，为了改变社会不安定局面，决定迁都于殷，史称"盘庚迁殷"。此后，商朝政局逐渐稳定，社会经济获得了较大发展。

武丁 <<<<

在位时间：前1250－前1192

生卒年（不详－前1192）。商朝后期的著名君主。少年时期曾遵父命在外游历，深知民间疾苦。在位期间，勤于政事，励精图治，任用贤能，从而使得商朝在各个方面都得到了空前发展，史称"武丁

中兴"。

商纣（zhòu）<<<<<……………………

在位时间：前 1075- 前 1046

生卒年（前 1105- 前 1046）。商朝最后一位君主，也是中国历史上有名的暴君，史称商纣王。相传他天资聪颖，才力过人，深得他父亲欢心。在位期间，重视农桑，促进了社会生产的发展，同时开疆拓土，攻灭东夷等部落，从而使商朝疆域势力扩展到江淮一带。然而他性情暴虐（nüè），生活奢（shē）侈（chǐ），建造酒池肉林，逐渐失去民心。最终牧野大战，商军倒戈，大势已去，于是自焚（fén）而死，商朝灭亡。

周文王 <<<<……………………

在位时间：不详

生卒年（前 1152- 前 1056）。周朝的奠（diàn）基者。本是商朝方国周国的君主，在位期间，勤于政事，重视发展农业生产，礼贤下士，拜姜尚为军师，向他询问军国大计，最终形成了"三分天下有其二"的局面，为后来武王伐纣奠定了基础。除此之外，相传文王推演《周易》，创周礼，为后世儒家所推崇，孔子更称其为"三代之英"。周武王灭商后，追尊其为文王。

周武王 <<<<……………………

在位时间：不详

生卒年（前 1087- 前 1043）。西周开国君主。本是文王次子，因长兄被纣王所害，故而继承王位。在位期间，继续任用姜尚为国相，以兄弟周公旦、召公奭（shì）辅佐朝政，发展生产，增强军力，国力日盛，于公元前 1046 年出兵伐纣，在牧野之战中击败商军，灭亡商朝，建立起西周王朝，定都镐（hào）京。周武王以其卓越的军事、政治才能，成为中国历史上的一代明君。

周厉王 <<<<……………………

在位时间：前 879- 前 843

生卒年（不详 - 前 829）。西周后期的暴君。在位期间，任用荣夷公实行"专利"，以国家名义垄断山林川泽之利，不准国人依山泽而谋生，借以剥削人民，最终酿成"国人暴动"，被迫出逃。他逃亡在外十四年，

最终身死彘（zhì）地。应该说，周厉王的暴政加剧了周王室的衰落。

周幽王 <<<<

在位时间：前 781- 前 771

生卒年（前 795- 前 771）。西周最后一位君主。在位期间，各种社会矛盾急剧尖锐化，政局不稳，而他却沉湎酒色，不理国事，任用奸臣加重对百姓的剥削，激起百姓怨愤。此外，他"烽火戏诸侯"的举动更是失信于各方诸侯。公元前771年，西北犬戎族攻入都城镐（hào）京，周幽王被杀，西周灭亡。

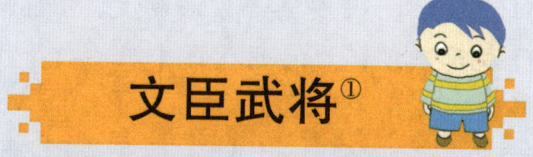

文臣武将①

伊（yī）尹（yǐn） <<<<

生卒年（前 1649- 前 1549）。商朝初年著名贤相，政治家、思想家，已知最早的道家人物之一，同时也是中华厨祖，中原菜系的创始人。辅助商汤灭夏朝，为商朝的建立立下了汗马功劳。他以"调和五味"的理论来治理天下，主国期间，整顿吏治，洞察民情，使商朝初年经济比较繁荣，政治比较清明，商朝国力迅速强盛。伊尹辅佐商汤、外丙、仲壬、太甲、沃丁五代君主，主政五十余年，对商朝的政治、经济产生了重要影响。

傅（fù）说（yuè） <<<<

生卒年（前 1250- 前 1192）。商朝后期颇具传奇色彩的一代贤臣。本是奴隶出身，修筑土墙以维持生计，后被武丁起用，拜为宰相。傅说主政期间，整顿朝纲，发展社会生产，并积极修好与周边方国的关系，从而使商朝国势日盛，推动了"武丁中兴"局面的形成。

姜（jiāng）尚 <<<<

生卒年（前 1156- 前 1017）（存疑）。东海滨人，商末周初著名的军事家、政治家，齐国的缔造者，世人称他为"姜太公"。身怀治国安邦之道，

被周文王拜为"太师",主持国政。之后辅佐武王兴周灭商,封邦建国,他本人则受封齐国。姜尚是武王伐纣灭商的首席谋主,西周的开国功臣,对于周朝的政治、经济、文化等各项制度都产生了重要影响。此外,儒、法、兵、纵横诸家皆追他为本家人物,被尊为"百家宗师",受到历代统治者推崇。

周公旦 <<<<< ●●●●●●●●●●●●●●●●●●●●●●●●●●●●

生卒年(不详)。西周初期杰出的政治家、军事家、思想家,被尊为"元圣",是儒学的先驱和奠(diàn)基人。武王灭商后数年驾崩,成王继位,因其年幼,周公摄(shè)政主国。摄政七年间,平定"三监之乱",使周朝统治趋于稳定。此外,还完善了宗法制度、分封制、嫡长子继承制、井田制,创建了礼乐制度,为周朝八百年统治打下了基础,也对后世产生了深远的影响。

召(shào)公奭(shì) <<<<< ●●●●●●●●●●●●●●●●●●●●●

生卒年(不详)。西周初期政治家。周武王之弟,辅佐武王灭商后,受封于蓟(jì),建立臣属西周的诸侯国燕国,但是自己仍留在都城任职,辅佐朝廷。因采邑于召(shào)(今岐山县城刘家原一带),故称召公。其任职太保,先后辅佐成王、康王两代帝王,深受百姓爱戴,对于"成康之治"的形成发挥了重要作用,也为周朝八百年统治奠定了坚实的基础。

齐桓公首霸中原

　　春秋时期，礼崩乐坏，周王朝急剧衰落，失去了控制列国诸侯的力量。各诸侯国各自为政，互相攻伐。齐桓公积极改革内政，发展生产，使齐国很快就国富兵强，具有争霸的雄厚实力。齐桓公打出"尊王攘夷"的政策，"九合诸侯，一匡天下"，成为春秋时期的第一个霸主。

　　周平王东迁洛邑（yì）以后的东周，又分"春秋"和"战国"两个时期。春秋时期，王权衰微，周天子地位下降。同时，随着各国发展，人口增加，诸侯国之间的联系增多，于是战争冲突逐渐频繁起来。诸侯国之间混战，弱小的国家被大国用武力吞并，大国之间又为了争夺霸（bà）权而斗争激烈。但同时，周王室的王权影响力仍在，争霸之时各国仍然打着尊奉周王室的旗号，以此来号令其他诸侯。

　　春秋时期第一个称霸的是齐国（都城临淄，在今山东淄博）。齐国是周武王的大功臣姜尚的封国，本来是个大国，再加上它地处沿海，资源丰富，生产力发达，经济和文化一直比较先进，国力较强。到了齐襄（xiāng）公在位时，国政混乱。公元前 686 年，齐国发生内乱，齐襄公被杀，齐国国内无主。襄公有两个兄弟，一个叫公子纠（jiū），一个叫公子小白。当初为了躲避祸乱，两个人分别逃到了鲁国和莒（jǔ）国。两个公子听到齐襄公被杀的消息，都急着要回齐国争夺君位。

　　公子纠的老师管仲抢先带一支人马回国，路上拦住了公子小白，于是放箭对准小白射去，只见小白应声而倒。管仲以为小白已经死了，

前681

齐、陈、蔡、宋等国北杏会盟

前679

齐、宋、陈、卫、郑会于鄄

前651

葵丘会盟，齐桓公霸主地位确立

于是不慌不忙地护送公子纠回国。但其实他只是射中了小白的衣带钩。公子小白假死，与老师鲍（bào）叔牙抢先回到国都临（lín）淄（zī），当上了齐国国君，即齐桓（huán）公。

齐桓（huán）公即位以后，大败鲁庄公，要求鲁国杀了公子纠，交出管仲送回齐国办罪。鲍叔牙与管仲从小就是好朋友。等到管仲被押送回齐国，鲍叔牙立即向齐桓公推荐管仲。齐桓公想要报当初的一箭之仇，鲍叔牙劝他说，管仲的才能举世无双，如果要想成就霸（bà）业，必须有他的帮助不可。于是齐桓公任命管仲为相，让他管理国政。

管仲帮着齐桓公整顿内政，实行兵民合一的制度，提高耕（gēng）种技术，又限制贫富差距。改革之后，齐国国力大大增强。齐桓公五年（公元前681年），齐桓公以周天子的名义，召集宋、陈、蔡、郑等国诸侯到齐国的北杏（今山东聊城东）会盟。齐桓公成为历史上第一位当盟主的诸侯。他采取管仲的建议，打出"尊王攘（rǎng）夷（yí）"的旗号，团结其他诸侯，北击山戎（róng），南伐楚国，在诸侯国中树立了威信。齐桓公三十五年（公元前651年），齐桓公于葵（kuí）丘召集诸侯国大会盟,周襄王派人参加，代表周王室承认了齐桓公的霸主地位。齐桓公成为春秋时期的首位霸主。

齐桓公晚年昏庸，管仲去世后，任用易牙、开方、竖（shù）刁（diāo）等小人，令他们三人掌握朝政。齐国最后陷入内乱，齐桓公在战乱中病死。

◎齐桓公任用管仲为相，富国强兵，成为春秋首位霸主，管仲去世后，齐桓公的霸业也随之衰落。

前 688
宋襄公图霸未成，被楚成王击败

前 638
重耳回国，是为晋文公

前 635
周王以南阳八邑赐晋文公

晋文公退避三舍

公元前的 632 年，晋国和魏国在城濮地区进行了一场争霸中原的大战。晋文公流亡楚国时曾许下退避三舍的诺言。在战场上，晋文公兑现诺言，主动退避三舍，使晋军避开了楚军的锋芒，最终赢得了胜利。

齐桓（huán）公之后，第二个实现称霸的是晋（jìn）国的晋文公重（chóng）耳。晋国到晋献公在位之时，历任几代君主，励精图治，国力增强。晋献公宠爱美女骊（lí）姬（jī），希望立骊姬生的儿子为太子。于是骊姬使计，逼得太子申生自尽，重耳与兄弟夷（yí）吾（wú）出逃。之后骊姬的儿子奚（xī）齐继位，晋国内乱。夷吾回国夺取了君位，想

◎重耳流亡。重耳在国外颠（diān）沛（pèi）流离十九年，辗转八个诸侯国，直至六十多岁才登基做国君。

31

春秋战国

前 634

前 632

前 631

宋叛楚，投靠晋国

晋楚城濮之战，晋国胜

践土会盟，晋文公称霸

除掉重耳，重耳被迫流落在外，周游列国。夷吾死后，秦穆（mù）公派人护送重耳回国即位，是为晋文公。

晋文公即位以后，励精图治，礼贤下士。他任用狐偃（yǎn）、先轸（zhěn）等人整顿内政，发展生产，军事上设三军六卿（qīng），使得晋国国力大增。之后他还帮助周襄（xiāng）王平定了子带之乱，护送周王回到都城。

公元前633年，楚成王率领楚、郑、陈等国军队围攻宋国都城商丘（今河南商丘南），宋国派人到晋国求救。晋文公先争取齐国和秦国参战，而后出兵灭掉依附于楚国的曹、卫两国。楚成王下令楚将子玉退兵，子玉不服气，主动请战。他派人通知晋军，如果释放卫、曹两国国君，就撤销对宋国的包围。晋文公私下里通知这两国国君，答应帮他们复国，但是要和楚国断交。于是子玉非常生气，带兵进逼晋军。

当年晋文公流亡到楚国之时，和楚成王关系很要好。楚成王曾问他："如果帮助你回国，将怎么报答我呢？"晋文公说："我本来无以为报，如果能回到晋国做国君，一旦咱们两国之间交战，我一定下令让晋军退避三舍（后退九十里）来报答你的恩情。"

于是楚军一进军，晋文公立刻下令往后撤。这既是履（lǚ）行当年自己许下的诺（nuò）言，同时也是避开楚军锋芒，诱敌深入。晋军后撤了九十里到了城濮（pú），子玉率军追击。于是晋楚两军在城濮交战。晋军先击溃（kuì）了帮助楚军的陈、蔡军，然后假装败退，诱使子玉率兵追击。大将先轸（zhěn）率领晋军的中军精锐，将子玉的军队拦腰截（jié）断，假装败退的晋军又掉过头来前后夹击，把楚军杀得溃散。子玉带着败兵残将撤退，后羞愤自杀。

城濮之战后，晋国请周襄王召集宋、齐等诸侯国于践（jiàn）土会盟。周天子封晋文公为诸侯之领袖，于是晋文公称霸。

秦穆公独霸西戎

　　秦国是非子的封国，首府在雍城。到秦穆公时，西向出兵，灭掉西戎二十余国，西向开疆一千余里，遂霸西戎。周天子听说后，派人送金鼓给穆公，实际上承认了秦国在西方的霸权。秦穆公终于继齐桓、宋襄、晋文之后，成为威风赫赫的春秋第四霸主。

　　秦穆（mù）公继位之后，任用百里奚（xī）、蹇（jiǎn）叔等人为大臣，实行变革，富国强兵，国力逐渐发展。晋文公在位时，秦国与晋国关系交好，双方互通婚姻，史称秦晋之好。然而晋文公去世之后，秦穆公急着向东进军，以称霸（bà）中原，但秦国往东行军道路被晋国所阻挡。公元前628年，秦穆公趁郑国国君去世，派遣百里奚之子孟明视和蹇叔之子西乞术、白乙丙出兵袭（xī）击郑国，后被郑国商人弦高识破，于是无功而返，却途中顺道灭了滑（huá）国。晋国大将先轸（zhěn）认为这是打击秦国的好机会，劝说晋襄公趁秦军撤退的时候在崤（xiáo）山拦截。

　　先轸率领大军秘密开到崤山，埋伏在两侧。秦军返回的时候，被晋军团团围住，进退两难。秦国士卒死的死，降的降。孟明视、西乞术、白乙丙三员大将全都被活捉了。

前 625

晋败秦军于彭衙

前 624

秦伐晋，取王官等地，晋人不出

前 624

秦穆公灭国十二，称霸西戎

晋襄（xiāng）公得胜回朝。他的母亲文嬴（yíng）原是秦国人，不愿同秦国结仇，于是对襄公说："秦国和晋国原是亲戚，一向彼此帮助。孟明视这帮武人为了自己要争功，闹得两国伤了和气。要是把这三个人杀了，恐怕两国的冤仇越结越深，不如把他们放了，让秦君自己去惩（chéng）办他们。"

晋襄公听母亲说得有道理，就把孟明视等三个俘（fú）虏（lǔ）释放了。

大将先轸（zhěn）一听让孟明视跑了，立刻去见晋襄公，说："将士们拼死拼活，好容易把他们捉住，怎么轻易把他们放走呢？" 晋襄

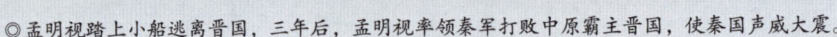

◎孟明视踏上小船逃离晋国，三年后，孟明视率领秦军打败中原霸主晋国，使秦国声威大震。

前 623

晋伐秦，报王官之役

前 621

秦穆公卒

前 620

晋败秦于令狐

公听了，也非常后悔，于是立即派将军阳处父带领一队人马飞快地追上去。

孟明视三人被释放之后，使劲地逃跑。到了黄河边，发现后面已经有晋兵追上来。在这紧急的关头，幸好有一只小船停在河边，他们就跳了下去。等阳处父赶到，船已经离了岸。阳处父在岸边大声喊叫："请你们回来！我们主公忘了给你们准备车马，特地叫我赶来送几匹好马，请你们收下！"孟明视说："多谢晋君宽恕了我们，已经万分感激，哪里还敢再收受礼物。要是我们回去还能保全性命，过了三年，再来报答贵国吧。"阳处父回去向晋襄公回报了孟明视的话，晋襄公懊悔不已，但也无可奈何了。

孟明视等三个人回到秦国。秦穆（mù）公听到全军覆（fù）没，穿了素服，亲自到城外去迎接他们。孟明视三个人跪在地上请罪。秦穆公说："这是我的过错，没有听你们父亲的劝告，害得你们打了败仗，哪儿能怪你们呢？再说，我也不能因为一个人犯了一点小过失，就抹杀他的大功啊。"三个人十分感激，于是认真操练军队，要为秦国报仇。

公元前 625 年，孟明视要求秦穆公发兵去报崤（xiáo）山的仇，秦穆公答应了。孟明视等三员大将率领四百辆兵车打到晋国。没想到晋襄公早有防备，孟明视又打了败仗。

秦穆公仍旧没有办他的罪，但孟明视实在过意不去，好像对国家欠下一笔巨债。他把自己的财产全拿出来，送给在战争中死亡将士的家属。他跟兵士一块儿过苦日子。兵士吃粗粮，他也吃粗粮；兵士啃菜根，他也啃菜根，天天苦练兵马，一心要报仇雪耻。

这年冬天，晋国联合了宋、陈、郑三国打到秦国的边界上来了。孟明视嘱咐将士守住城，不准随便跟晋国人交战，结果又让晋国夺去

前 619

秦伐晋，取武城

前 617

秦晋二次交战

前 615

秦晋战于河曲

了两座城。

这一来，秦国就有人说孟明视的坏话，说他不该这么胆小。附近的小国，甚至包括西戎（róng），瞧着秦国一连打了三个败仗，纷纷脱离秦国，不受管了。

公元前 624 年，也就是崤山交战以后第三年的夏天。孟明视做好一切准备，挑选了国内精兵，派出了五百辆兵车。秦穆公拿出大量的粮食和钱财，把将士的家属安顿好。将士的斗志旺盛，整装出发。

大军渡黄河的时候，孟明视对将士说："咱们这回出来，可是有进没退，我想把船烧了，大家看怎么样？"大伙说："烧吧！打胜了还怕没有船吗？打败了，也别回来了。"孟明视的兵士们憋（biē）了几年的气闷和仇恨，全在这时候迸发出来。没有几天工夫，他们就一举夺回了上次丢了的两个城，接着又攻下晋国的几座大城。

晋国这才感到秦国攻势的厉害，上上下下都着了慌。晋襄公跟大臣商量以后，下了命令：只许守城，不许跟秦国人开战。秦国的大军在晋国的地面上来回挑战，没有一个晋国人敢出来。

有人对秦穆公说："晋国已经认输了。他们不敢出来交战。主公不如埋了崤山的尸骨回去，也可以洗刷以前的耻（chǐ）辱（rǔ）了。"

秦穆公就率领大军到崤山，把三年前作战死亡将士留下的尸骨收拾起来，埋在山坡上。秦穆公带领孟明视等将士，祭拜了一番后，才班师回国。

西部小国和西戎部落，一听到秦国打败了中原的霸（bà）主晋国，都争先恐后地向秦国进贡。秦国从此就做了西戎的霸主。

前 508

吴军克楚国郢都，楚昭王出逃

前 496

吴国攻打越国，吴王阖闾战败而死

前 494

吴国打败越国，占领越都会稽

吴越相争

　　吴越两国可以说是世仇，越王允常在位的时候，与当时的吴王阖闾结怨，彼此争战不休。到了下一代，吴王夫差继位以后，打败了越军。越王勾践回国后，卧薪尝胆，费尽心思地图谋复仇。终于平吴，引兵北渡淮河，与齐、晋诸侯会于徐州，称霸。

春秋后期，南方两个小国吴国和越国逐渐发展起来了。

吴王阖（hé）闾（lú）执政时期，以楚国旧臣伍子胥（xū）为相，以齐人孙武为将军，国势日益强盛。公元前506年，吴军在孙武、伍子胥率领下，从淮水流域西攻到汉水，五战五胜，攻克楚国都城郢（yǐng）都，迫使楚昭（zhāo）王出逃。之后楚国大臣申包胥（xū）到秦国去乞求秦国出兵，在秦国的城墙外哭了七天七夜，才使秦出兵帮助楚复国。

　　吴国击败楚国之后，成了南方的霸（bà）主。在这个时候，邻国越国国王勾（gōu）践（jiàn）于公元前496年即位。吴王趁机发兵攻打越国，双方在檇（zuì）李大战。结果，吴王阖闾战败，重伤而死。之后，他的儿子夫差继位，决心复仇。两年之后，夫差整顿兵马，进攻越国，结果歼灭越军主力。吴军乘胜追击，占领越国都城会（kuài）稽（jī）（今浙江绍兴）。越王勾践率五千余人被围困在会稽山上。勾践无奈之下，请求投降。夫差因急于北上中原争霸，不采纳伍子胥灭越国的

前 494

越王勾践入吴国为婢

前 482

勾践引兵袭吴，破吴都姑苏

前 481

《春秋》绝笔于此年

◎勾践卧薪尝胆。勾践回到越国后，在梁上悬挂一个苦胆，每天尝一尝苦味，并撤去席子，睡在柴草上面，以提醒自己不要忘了之前所受的耻辱。

建议，他以越王勾践去吴国当人质为条件，许诺接受投降并撤兵。

越王勾践夫妇在吴国为夫差驾车养马，做了三年奴隶，赢（yíng）得了夫差信任，被释放回国。回国后，勾践奋发图强，任用范蠡（lǐ）、文种，整顿内政，努力生产，使国力渐渐强盛起来。

这时候，吴王夫差因为当上了霸（bà）主，骄傲起来，一味贪图享乐。文种劝说勾践向吴王进贡美女。于是，越王勾践派人专门物色最美的女子，结果在苎（zhù）罗山（在今浙江诸暨南）上找到一个美人，名叫西施（shī）。勾践就派范蠡把西施献给夫差。夫差见西施容貌出

春秋战国

前479

孔子卒

前478

越在笠泽大败吴

前475

越军大规模进攻吴国

众，对她非常宠爱。

有一回，越国派文种去跟吴王说：越国年成不好，闹了饥荒，向吴国借一万石粮，过了年归还。夫差看在西施的面上，当然答应了。转过年来，越国年成丰收。文种把一万石粮亲自送还吴国。夫差见越国十分守信用，非常高兴。他对伯嚭（pǐ）说："越国的粮食颗粒比我们大，就把这一万石卖给老百姓做种子吧。"

伯嚭把这些粮食分给农民，命令大家去种。到了春天，种子下去了，等了十几天，还没有抽芽。大家想，好种子也许出得慢一点，就耐心地等着。没想到，过不了几天，那撒下去的种子全烂了，他们想再种自己的种子，可已经误了下种的农时。

这一年，吴国闹了大饥荒，吴国的百姓全恨夫差。他们哪里想到，这是文种的计策。那还给吴国的一万石粮，原来是经过蒸熟了又晒干的粮食，怎么还能抽芽呢?

公元前484年，吴王夫差要去打齐国。伍子胥（xū）急忙去见夫差，说："我听说勾践卧薪尝胆，跟百姓同甘共苦，看样子一定想要报吴国的仇。不除掉他，总是个后患，希望大王先去灭了越国。"

吴王夫差哪里肯听伍子胥的话，照样带兵攻打齐国，结果打了胜仗回来。文武百官全都道贺，只有伍子胥反倒批评说："打败齐国，只是占点小便宜；越国来灭吴国，才是大祸患。"

这样一来，夫差越来越讨厌伍子胥，再加上伯嚭在背后尽说伍子胥坏话，夫差给伍子胥送去一口宝剑，逼他自杀。伍子胥临死的时候，气愤地对使者说："把我的眼珠挖去，放在吴国东门，让我看看勾践是怎样打进来的。"

伍子胥死后，夫差任命伯嚭（pǐ）做了太宰（zǎi）。

前 474

越通使于鲁

前 473

越灭吴，吴王夫差自杀

前 464

越王勾践卒

公元前 482 年，吴王夫差约会鲁哀公、晋定公等在黄池（今河南封丘县西南）会盟，把精兵都带走了，只留了一些老弱残兵。越王勾践趁机率领大军攻进了吴国国都姑苏。吴国士兵远道回来，已经够累了，加上越军都是经过多年训练的，士气旺盛。一交手，吴军被打得大败。

夫差没办法，只好派伯嚭（pǐ）去向勾践求和。勾践和范蠡一商量，决定暂时答应讲和，退兵回去。公元前 475 年，越王勾践大规模地进攻吴国，吴国接连打了败仗。越军把吴都包围了两年，夫差被逼得走投无路，说："我没有面目见伍子胥了。"说着，就用衣服遮（zhē）住自己的脸，自杀了。

勾践灭了吴国，又带着大军渡过淮河，在徐州约会中原诸侯。周天子也派使臣送祭（jì）肉给勾践。打这以后，越国的兵马横行在江淮一带，诸（zhū）侯都承认他是霸主。

勾践得胜回国，开了个庆功大会，大赏功臣，可就少了个范蠡。传说他带着西施，隐姓埋名跑到别国去了。

范蠡（lǐ）走前，留给文种一封信，告诉他"飞鸟尽，良弓藏；狡兔死，走狗烹"的道理，说越王这个人，可以跟他共患难，不可以共安乐。文种不信。直到有一天，勾践派人给他送来一口剑。文种一看，正是当年夫差叫伍子胥（xū）自杀的那口宝剑。文种后悔没听范蠡的话，只好自杀了。

吴越争霸已经是春秋时期的一个尾声。随着社会生产力的发展和奴隶起义的不断爆发，奴隶社会渐渐瓦解，到了公元前 475 年，进入战国时期。

前458

赵、韩、魏、智四家瓜分范氏、中行氏土地

前457

智伯戏弄韩康子

前455

智伯率韩、魏围攻晋阳

三家分晋

自唐叔虞受封建国到晋穆公时期，晋国安静祥和。晋穆公之后，晋国内乱，晋献公屠杀晋国公子，自此晋国无公族。卿大夫全部都是外姓人，原本是为了防止公子作乱，却又引起六卿作乱。三家分晋是春秋之终，战国之始，三家分晋后，战国七雄格局正式确立，进入战国时代。

经过长期的争霸（bà）战争，许多小的诸（zhū）侯国被大国吞并了，周王朝境内的诸侯国数量大为减少。在很多诸侯国内部，权力也逐渐集中在几位大夫手中。这些人的势力越来越大，就不再重视国君的权威。

曾经称霸中原的晋（jìn）国，后来国力也逐渐衰落，到了晋献公时，内部陷入激烈的争斗。到了春秋末期，晋国国内大权由范、智、赵、韩、魏、中行六家最大的宗族掌握。这四家中，又以智家的势力最大。智家的大夫智伯瑶（yáo）想独揽晋国大权，于是带赵、韩、魏三家出兵灭掉了范和中行两家，又驱逐晋出公，拥立晋哀（āi）公。之后，他越来越骄横，对三家大夫赵襄（xiāng）子、魏桓（huán）子、韩康子要求割让领地。韩康子和魏桓子不愿得罪智伯，割让了土地给他，但赵襄子拒绝了。智伯大怒，率领韩、魏两家出兵攻打赵家。

公元前455年，智伯自己率领中军，韩家的军队担任右路，魏家的军队担任左路，三队人马直奔赵家。赵襄子自知打不过他们，于是率领兵马逃到晋阳（今山西太原），在那里固守。三家军队将晋阳围困起来，赵襄子凭借晋阳城防守坚固坚持了两年多的时间。之后有一

天，智伯想到了一个计策，等到雨季汾河水位暴涨的时候，挖掘河堤（dī），引河水冲灌（guàn）晋阳城。晋阳城内人心惶惶。赵襄子十分焦急害怕，于是派门客张孟谈偷偷地出城，找到了韩康子和魏桓子，说服他们两家倒戈相向，反过来一起攻打智伯。

于是三家密谋。赵军挖掘河堤，引水灌向智伯军营。智军大乱，赵、韩、魏三家士兵乘势冲杀，大败智军。智伯瑶全军覆没，被捉住后杀了。赵、韩、魏三家灭了智家，不但把智伯侵占的土地收了回来，而且平分了智家的土地。之后，他们又把晋剩下的其他土地也瓜分了。

智伯手下的家臣豫（yù）让发誓为智伯报仇，曾行刺赵襄子，结果失败。赵襄子认为他是个义士，将他放掉。豫让用漆（qī）涂满全身，毁掉容貌，又吞下火炭弄哑了嗓子，在街市上乞讨为生，找机会刺杀赵襄子，但是最终失败。他知道这次赵襄子不会再放过他，于是请求赵襄子脱下一件衣服给他。豫让拔出宝剑多次跳起来击刺衣服，表示象征性地刺杀了赵襄子，仰天大呼说："我终于可以报答智伯了！"然后自杀。

◎豫让漆身吞炭，毁易容貌，立誓为智伯报仇。虽然最后失败了，但他却用生命报答了智伯的知遇之恩。

公元前406年，周威烈王正式把韩、赵、魏三家封为诸侯。于是，韩、赵、魏都成为中原大国，加上秦、齐、楚、燕四个大国，历史上称为"战国七雄"。北宋司马光认为这是战国时代的开始。

前 361
商鞅由魏入秦

前 359
商鞅劝秦孝公变法

前 356
商鞅为左庶长，下令变法

商鞅变法

秦孝公即位后，决心图强改革，便下令招贤。商鞅自魏入秦，深得秦孝公的信任，任他为左庶长，推行变法。经过商鞅变法，秦国的经济得到发展，军队战斗力不断加强，发展成为战国后期最富强的集权国家。

春秋战国时期，生产力不断发展，社会秩序剧烈动荡，加上各国之间的战争形势越来越严峻，各国内部都兴起了变法图强运动。在战国七雄中，最早变法的是魏（wèi）国。魏文侯任用相国李悝（kuī），制定了一套《法经》，并且推行新的经济政策，鼓励百姓劳作。之后楚国任命吴起实行变法，削弱贵族的特权利益，培养战士，增强军事力量。吴起的变法遭到了楚（chǔ）国贵族的反对，最后失败。这是较为有影响的两次变法运动。其余还有齐威王任用邹（zōu）忌整顿吏（lì）治，韩昭侯任用申不害加强君主集权等。

战国七雄中，秦（qín）国由于地处西方，在政治、经济、文化各方面都比东方六国要落后，经常受到魏楚等国的侵扰。公元前 361 年，秦孝公即位，决心变法图强，大力招揽天下人才。不久吸引了一个卫国的贵族公孙鞅（yāng）前来，他以"霸（bà）道"陈述自己的变法主张，与秦国反对变法的大臣进行辩论，说"治世不一道，便国不法古"，认为治理国家应该顺应当前的需要，不能一味遵守古时候的办法，于是得到了秦孝公的支持和重用。后来封公孙鞅于商，因此称他为商鞅。

◎商鞅立木为信。这一举动在百姓心中树立起了威信，确保了新法的顺利实施，使秦国逐渐强盛。

商鞅担心老百姓不信任他，不按照新法令去做，于是就先叫人在都城集市的南门竖了一根三丈高的木头，告示百姓，谁能把这根木头扛到北门去，就赏十金。百姓们非常奇怪，没有一个人敢来尝试。于是商鞅又告示，将赏金提到五十金。有个人壮着胆子把木头搬到了北门，立刻给他五十金。这样一来，秦国百姓都知道商鞅说到做到。商鞅树立了威信，于是在公元前 356 年，公布了他的变法令。主要是实行连坐，重视农业，奖励耕（gēng）织，强制拆散大家庭以增加赋（fù）税人口，奖励军功，颁布按军功赏赐的二十等爵（jué）制度等。

到了公元前 350 年，商鞅又实行了第二次改革，主要内容是废井田，开阡（qiān）陌（mò），推行县制，统一度量衡（héng）便于商业交易，并且迁都咸（xián）阳以便于向东扩张。

商鞅在秦国当政二十多年，他的变法主张在各国变法运动中推行最为彻底，影响也最大。但是引起了许多贵族的强烈反对，连秦国太子也被指使违背新法。商鞅借此机会，在秦孝公支持下，严厉镇压反对变法的人，把太子的两个师傅公子虔（qián）和公孙贾都逮捕定罪，震动了全国，一些贵族、大臣都不敢公开反对了。

经过商鞅的变法改革，秦国国力越来越强盛，并击败了魏国军队，迫使魏国归还侵占的土地，秦国一跃而成为强国。

前328

秦以张仪为相，主张连横

前319

魏以公孙衍为相，实行合纵战略

前318

赵魏韩燕楚五国攻秦，失败而归

合纵连横

　　在战国的外交场上，主要盛行就是两种大的方略：合纵，连横。这两种大略实际上是相互对立的存在，合纵是主要用于弱小的国家来抱团去对付强大的国家的，而连横是强大的国家用于去拆散其他国家的联盟的，那么这两种的策略哪个要更好呢？

　　战国初期，最早开始变法的魏国势力较为强大。魏惠（huì）王时期，强盛达到了顶峰。但魏国忙于对外扩张而导致由盛转衰（shuāi）。之后在公元前 354 年的桂陵（líng）之战和公元前 341 年的马陵之战中，齐国以田忌（jì）为主将，孙膑（bìn）为军师，两次打败魏军。尤其是在马陵之战中，魏国主力被消灭，遭到了重大打击，之后国力逐渐衰微。

　　与此同时，齐国在击败魏国后逐渐强大起来，和西边的秦国成为战国七雄中最为强大的两个国家。在这种双方东西对立的情况下，展开了争取其他诸侯国、孤立对方的斗争，而韩、魏、赵、楚、燕等国，则在反复无常的关系中摇摆。这时，出现了一批辩（biàn）士，在各国之间进行游说，推行各种策略，被称为"纵横家"。其中两个最为著名的人物，是张仪和公孙衍（yǎn），他们一个主张连横，一个主张合纵（zòng）。

前318

燕王哙让位于子之

前315

燕国内乱

前338

齐宣王趁机攻下燕都

合纵一方，就是南北纵向上的齐秦之外的国家共同联合起来，一起对付齐秦，阻止齐秦两国吞并其他国家，其目的就在于，联合众多弱国，一起来抵（dǐ）挡一两个强国的扩张。连横一方，就是秦或齐两个强国拉拢（lǒng）一些国家，共同进攻另外一些国家，其目的在于以一个强国作为靠山，从而进攻其他一些弱国，以达到扩张土地，增强实力的目的。

秦国日益强大，不断向外扩张，东方六国几次合纵攻伐秦国，但最后都没有获得成功。相反，针对齐国的合纵行动则取得了成功。

燕国燕王哙（kuài）在位时，昏庸无能，想将王位禅让给相国子之，引起燕国内乱。此时齐宣王乘机打着帮助燕国平定内乱的旗号，起兵进攻，杀死燕王哙，差点使燕国被灭掉。燕公子职在赵国的帮助下成为国君，就是燕昭王。他立志复仇，于是招贤纳（nà）士，重用乐（yuè）毅改革内政，整顿军队，励精图治。齐国齐宣王死后，齐愍（mǐn）王即位。他横征暴敛，好大喜功，联合楚国灭掉宋国，一时威势很盛，引起其他国家的恐慌。于是燕昭王认为复仇时机已到，令乐毅联合各国共同讨伐齐国。乐毅担任上将军，统率赵、楚、韩、魏、燕五个国家的军队出兵攻打齐国。齐愍王令触子为将率军到济水前去迎战。乐毅率领五国联军猛攻，大败齐军。齐军大溃，军心散乱。乐毅分析，这个时候齐国主力已经被击溃，形势逆转，正是平灭齐国的大好时机，于是率领燕国军队长驱直入，乘胜追击，一直追杀到齐国都城临淄（zī）之下。齐愍王眼看燕军兵临城下，慌忙出逃，到莒（jǔ）邑据城固守。乐毅攻下临淄，燕昭王大喜，到济水岸边犒（kào）劳，并封乐毅为昌国君，令他攻下其他齐国的城池。于是乐毅布施德政，以安定齐国民心，

前314

前309

前284

公子职回燕，是为燕昭王

纵横家张仪卒

乐毅率军伐齐，破临淄

然后分兵五路，接连攻下齐国七十多座城池，打得齐国大败，土地尽丧。最后只剩下了莒城（今山东莒县）和即墨（今山东平度东南）两个地方没有攻下。莒城的齐国大夫王孙贾等人拥立齐愍王的儿子法章为齐襄（xiāng）王，据守莒城抵抗燕军。而即墨的守将战死后，城中军民推举城里一个齐国宗室田单做将军，带领大家守城。

　　乐毅用攻心战术，把莒城和即墨围困了三年，仍然没有攻下来。而即墨城内，田单则安定人心，与将士同甘共苦，使得即墨军民士气

◎火牛阵。尾巴着了火的牛群冲入燕军阵营中，燕军大乱。

47

高涨。就在这个时候，燕国国内发生变故。重用乐毅的燕昭王病逝，太子即位，是为燕惠王，而燕惠王一贯对乐毅不满。于是田单趁此良机，暗中派人到燕国去散布流言，说乐毅怀有二心，借着攻打齐国为名，实际上是想当齐王，才三年没有打下莒城和即墨。如果燕国另派主将来带兵，一定能攻下莒城和即墨。燕惠王中了田单的离间计，派大将骑劫（jié）代替乐毅为统帅，于是燕国军队将士愤愤不平，士气低落。

骑劫下令强攻即墨，遭到顽强抵抗。田单又令人散布谣言，说齐国人最害怕的就是燕国人把俘虏的鼻子都削去，还有就是挖祖宗的坟，于是骑劫中计，真的把齐国俘虏的鼻子都削去，又叫兵士把齐国城外的坟都挖了。于是即墨城里军民对燕军恨得咬牙切齿，士气高涨。同时，田单令老弱妇女登城，使燕军误以为齐军中年轻力壮的人已经剩的不多了，还派人诈降，于是骑劫更加麻痹。

田单看到反攻的时机已到，便挑选了一千多头牛，在牛角扎上尖刀，在牛身上披着彩色的外皮，尾巴上绑着泡了油的芦苇。再把城墙挖好几十个洞，把牛队赶到城外，一天晚上在牛尾巴上点燃芦苇，驱赶一千多头火牛向燕军兵营猛冲，又派五千名壮士，扮成神怪模样，跟着火牛队之后冲杀。全城的百姓都敲锣打鼓呐喊助威。燕军从睡梦中仓皇惊醒，惊慌失措，四散逃命，燕军大败，骑劫在混乱中被杀。即墨之围被解。

齐军乘胜反攻。整个齐国的将士百姓都纷纷起兵，群起响应田单。于是田单很快就收复了失地，把齐襄王迎回临淄，齐国这才从几乎亡国的境地中恢复过来。

此战过后，齐国虽然没有灭亡，但是也已经元气大伤，无力再与秦国抗衡。

前 269

秦攻赵阏与，赵将赵奢大破秦军

前 265

秦攻取赵三城

前 262

秦攻韩国野王，韩上党郡守归赵

长平之战

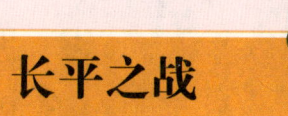

长平之战是公元前 262 年至公元前 260 年发生在秦、赵两国间的一场战争。赵军最终战败，秦国获胜进占长平，此战共斩首坑杀赵军约 45 万。赵国经此一战元气大伤，加速了秦国统一中国的进程，长平之战是战国历史的最后转折。

在秦齐争霸（bà）的时候，北方的赵国正在悄然兴起。公元前 302 年，赵国君主赵武灵王下令改革，推行"胡服骑射"的政策，改革军事装备和作战方法，组建了强大的骑兵部队，大大增加了赵国军队的实力，赵国因此而得以强盛起来，成为抵抗秦国东进扩张的障（zhàng）碍（ài）。此时，赵国国内良臣名将辈出，并且数次打败秦军。

公元前 262 年，秦昭（zhāo）襄（xiāng）王派大将白起出兵攻伐韩国，占领了野王（今河南沁阳），截断了韩国上党郡和韩国国都的联系。韩国惧怕秦国，决定将上党献给秦国以避（bì）免灾祸，但上党的韩军将领不愿意投降秦国，而把上党献给赵国。赵孝成王派平原君赵胜领兵接收了上党。过了两年，秦国又派王龁（hé）进攻上党。赵孝成王派廉（lián）颇（pō）率领二十万大军前去解上党之围，但上党已经被秦军攻占了。王龁率军向赵军进攻，赵军战败，廉颇率军退守

前261

秦攻上党，赵将廉颇拒秦于长平

前260

秦将白起败赵括于长平，坑杀降卒

前259

秦嬴政出生于邯郸

到长平，依托地形坚守，拒不出战。王龁攻打数月毫无进展，没有办法。此时赵孝成王派人前往秦国议和，秦国趁机宣传秦、赵已经和解，防止各国出兵救援赵国。之后，秦国丞相范雎实行反间计，派人去赵国散播流言，说："秦国最害怕的其实是让赵奢（shē）的儿子赵括带兵，廉颇根本不中用，很容易对付。"赵孝成王本来就对廉颇的坚守策略不满，于是派赵括去接替廉颇。赵国丞相蔺（lìn）相如和赵括的母亲都劝说："赵括只会纸上谈兵，不会临阵应变，不能派他做大将，否则会断送赵军。"可是赵王听不进他们的劝告。

公元前260年，赵括率援军到长平接替廉颇当了主将。之后赵括随即改变了廉

◎赵括纸上谈兵。赵括是赵国名将马服君赵奢之子，赵奢曾在阏与之战中大败秦军，加之赵括侃侃而谈，所以赵王认为赵括也像他的父亲一样有才能。

春秋战国

前 258

前 257

前 256

秦围赵邯郸

赵国解邯郸之围，秦将白起被赐自尽

秦攻赵，韩魏楚救赵，秦兵退

颇坚守不出的战术，主动出击。秦国方面听说反间计已经成功，就秘密派白起为上将军，王龁为副将。白起一到长平，就下令让秦国军队假装败退，诱（yòu）敌深入。赵括下令乘胜追击，进入了白起事先埋下伏兵的包围圈。白起派出精兵二万五千人，突袭赵军的后方，切断赵军的后路。又另派五千骑兵，直冲赵军大营，把四十万赵军切成两段，彼此之间不能呼应。又发兵切断了赵国的援军和粮道。赵括才知道中计，可与秦军交战多次被击败，没有办法，只能就地扎下营寨（zhài），坚守待援。赵军内无粮草，外无救兵，于是军心大乱。赵括率兵轮流冲击秦军的包围圈仍不能突围，最后率领精锐士兵强行突围，被秦军乱箭射死了。赵军听到主将被杀，纷纷投降白起。白起生怕军中有变，于是将赵军投降的将士全部坑杀。

长平一战，秦军几乎将赵军主力全数消灭，赵国元气大伤，再也无力与秦国抗衡。于是秦国实力独霸天下。

之后，秦国又先后夺取了其他各国的大片土地，到了公元前247年秦王政即位之后，秦国对于六国已具有了压倒性的优势，秦国统一天下成为必然之势。

前 248

秦王嬴政即位

前 244

燕太子丹入质于秦

前 241

赵魏韩燕楚五国攻秦，不胜

荆轲刺秦王

公元前 227 年，荆轲带燕督亢地图和樊於期首级，前往秦国刺杀秦王。临行前，许多人在易水边为荆轲送行，场面十分悲壮。

"风萧萧兮易水寒，壮士一去兮不复还"，这是荆轲在告别时所吟唱的诗句。荆轲来到秦国后，秦王在咸阳宫隆重召见了他。荆轲在献燕督亢地图时，图穷匕见，刺秦王不中，被杀。

秦王政重用尉缭（liáo），一心想统一中原，不断向各国进攻。他拆散了燕国和赵国的联盟，使燕国丢了好几座城。

燕国的太子丹原来留在秦国当人质，他见秦王政决心兼（jiān）并列国，又夺去了燕国的土地，就偷偷地逃回燕国。他恨透了秦国，一心要替燕国报仇。但他既不操练兵马，也不打算联络（luò）诸（zhū）侯共同抗秦，却把燕国的命运寄托在刺客身上。他把家产全拿出来，找寻能刺杀秦王政的人。

后来，太子丹物色到了一个很有本领的勇士，名叫荆（jīng）轲（kē）。他把荆轲收在门下当上宾，把自己的车马给荆轲坐，把自己的饭食、衣服让荆轲一起享用。荆轲当然很感激太子丹。

公元前 230 年，秦国灭了韩国。过了两年，秦国大将王翦（jiǎn）占领了赵国都城邯（hán）郸（dān），一直向北进军，逼近了燕国。

燕太子丹十分焦急，就去找荆轲。太子丹说："以我们的兵力去对付秦国，简直像拿鸡蛋去砸石头；要联合各国合纵抗秦，看来也办不到了。我想派一位勇士，打扮成使者去见秦王，挨近秦王身边，逼他退还诸侯的土地。秦王要是答应了最好，要是不答应，就把他刺死。您看行不行？"

荆轲说："行是行，但要挨近秦王身边，必定得先叫他相信我们是向他求和去的。听说秦王早想得到燕国最肥沃的土地督亢（在河北涿州一带）。

春秋战国

前 237
秦王嬴政罢免吕不韦，独掌朝政

前 230
秦国灭韩，置颍川郡

前 228
秦大破赵军，虏赵王迁

还有秦国将军樊（fán）於（wū）期，现在流亡在燕国，秦王正在悬（xuán）赏捉拿他。我要是能拿着樊将军的头和督亢的地图去献给秦王，他一定会接见我。这样，我就可以对付他了。"

太子丹感到为难，说："督亢的地图好办，可樊将军受秦国迫害来投奔我，我怎么忍心伤害他呢？"

荆轲知道太子丹心里不忍，就私下去找樊於期，跟他说："我有一个主意，能帮助燕国解除危险，还能替将军报仇，可就是说不出口。"

樊於期连忙说："什么主意，你快说啊！"

荆轲说："我决定去行刺，怕的就是见不到秦王的面。现在秦王正在悬赏捉拿你，如果我能够带着你的头去献给他，他准能接见我。"

樊於期说："好，你就拿去吧！"说着，就拔出宝剑，抹脖子自杀了。

太子丹事前准备了一把锋利的匕（bǐ）首，叫工匠（jiàng）用毒药煮炼过。谁只要被这把匕首刺出一滴血，就会立刻气绝身死。他把这把匕首送给荆轲，作为行刺的武器，又派了个年仅十三岁的勇士秦舞阳，做荆轲的副手。

公元前 227 年，荆轲从燕国出发到咸（xián）阳去。太子丹和少数宾客穿上白衣白帽，到易（yì）水（在今河北易县）边送别。临行的时候，荆轲给大家唱了一首歌："风萧萧兮（xī）易水寒，壮士一去兮不复还。"大家听了他悲壮的歌声，都伤心得流下眼泪。荆轲拉着秦舞阳跳上车，头也不回地走了。

荆轲到了咸阳。秦王政一听燕国派使者把樊於期的头和督亢的地图都送来了，十分高兴，就命令在咸阳宫接见荆轲。

朝见的仪式开始了。荆轲捧着装了樊於期头颅的盒子，秦舞阳捧着督亢的地图，一步步走上秦国朝堂的台阶。秦舞阳一见秦国朝堂那副威严样子，不由得害怕得发起抖来。

秦王政左右的侍卫一见，吆喝了一声，说：使者为什

◎太子丹、高渐离等人在易水河畔送别荆轲和秦舞阳，因为此行是有去无回，所以更为悲壮。

53

么变了脸色?

荆轲回头一瞧，果然见秦舞阳的脸又青又白，就赔笑对秦王说："粗野的人，从来没见过大王的威严，免不了有点害怕，请大王原谅。"

秦王政毕竟有点怀疑，对荆轲说："叫秦舞阳把地图给你，你一个人上来吧。"

荆轲从秦舞阳手里接过地图，捧着木匣（xiá）上去，献给秦王政。秦王政打开木匣，果然是樊於期的头颅。秦王政又叫荆轲拿地图来。荆轲把一卷地图慢慢打开，到地图全都打开时，荆轲预先卷在地图里的一把匕首就露出来了。

秦王政一见，惊得跳了起来。

荆轲连忙抓起匕首，左手拉住秦王政的袖子，右手把匕首向秦王政胸口直扎过去。

秦王政使劲地向后一转身，把那只袖（xiù）子挣断了。他跳过旁边的屏（píng）风，刚要往外跑。荆轲拿着匕首追了上来，秦王政一见跑不了，就绕着朝堂上的大铜柱子跑。荆轲紧逼不放，两个人像走马灯似地直转悠。

旁边虽然有许多官员，但是都手无寸铁。台阶下的武士，按秦国的规矩，没有秦王命令是不准上殿（diàn）的。大家都急得六神无主，也没有人召台下的武士。

官员中有个伺候秦王政的医生，急中生智，拿起手里的药袋对准荆轲扔了过去。荆轲用手一扬，那只药袋就飞到一边去了。

就在这一眨眼的工夫，秦王政往前一步，拔出宝剑，砍断了荆轲的左腿。

荆轲站立不住，倒在地上。他拿匕首向秦王政扔过去。秦王政往右边只一闪，那把匕首就从他耳边飞过去，打在铜柱子上，"嘣"的一声，直冒火星儿。

秦王政见荆轲手里没有武器，又上前向荆轲砍了几剑。荆轲身上受了八处剑伤，自己知道已经失败，苦笑着说："我没有早下手，本来是想先逼你退还燕国的土地。"

这时候，侍从的武士已经一起赶上殿来，结束了荆轲的性命。台阶下的那个秦舞阳，也早就被武士们杀了。

著名公侯

齐桓（huán）公 <<<············

在位时间： 前 685- 前 643

生卒年（不详 - 前 643）。春秋时齐国国君，春秋五霸之首，名小白。齐襄公被杀后，即位为君。在位期间，任用管仲为相，改革内政，发展经济，兵农合一，使齐国国势逐渐强盛。同时奉行"尊王攘夷"的政策，北击山戎（róng），南阻荆（jīng）楚。不久，齐桓公与各诸侯在葵丘举行会盟，周襄王也派大臣参与会盟并送重礼，于是齐桓公以无可争议的实力和威望成为春秋第一霸主。然而，齐桓公晚年昏庸，尤其在管仲去世后，任用易牙、竖刁（diāo）等小人，以致不得善终。齐桓公去世后，齐国内乱，失去霸主地位。

宋襄（xiāng）公 <<<············

在位时间： 前 650- 前 637

生卒年(不详 - 前 637)。春秋时期宋国国君，图谋取得霸主地位，但是失败。齐桓公死后，齐国发生内乱，宋襄公遂率领卫国、曹国和郑国等四国人马进入齐国，拥立齐孝公，稳定了齐国政局，宋襄公因此名声大振。此后，宋襄公想要继承齐桓公的霸业，但是他为人迂腐，不知变通，在泓（hóng）水之战中被楚军击败，自己也身中箭伤，不久去世。

晋文公 <<<············

在位时间： 前 636- 前 628

生卒年（不详 - 前 628）。春秋时期晋国君主，春秋霸主。晋献公的儿子，谦虚而好学，善于结交有才能的人。骊（lí）姬（jī）之乱时遭到加害，被迫流亡在外十九年，后在秦穆（mù）公的护送下返回晋国，即位为君。在位期间善于听取意见，任用狐偃（yǎn）、赵衰（cuī）等人改革内政，实行通商宽农、明贤良、赏功劳等政策，使晋国国力大增。对外联合秦国和齐国伐曹攻卫、救宋服郑，并且平定周王室的子带之乱，受到周襄王赏赐。公元前 632 年，晋文公于城濮（pú）大战中退避三舍，大败楚军，随后在践（jiàn）土举行诸侯会盟，周王室亦派人参加，自此取得霸主地位，开创了晋国长达百年的霸业。

楚庄王 ‹‹‹‹‹ ·········

在位时间：前 613– 前 591

生卒年（不详 – 前 591）。春秋时期楚国国君，春秋霸主。即位之初，平定国内叛乱，任用孙叔敖为令尹（yǐn），主持国政，楚国国势逐渐强盛。随后，楚庄王积极开疆拓土。公元前606年，他率军讨伐陆浑之戎（róng），到达周都洛邑（yì），趁机询问周鼎的轻重，即所谓"问鼎中原"，表明了他企图称霸天下的雄心。之后，楚军在邲（bì）之战中大败晋军，雪洗了城濮之战的耻辱，楚庄王饮马黄河，在中原争霸斗争中暂时占了上风。

秦穆（mù）公 ‹‹‹‹‹ ·········

在位时间：前 660– 前 621

生卒年（前 682– 前 621）。春秋时期秦国国君，春秋霸主。秦国位于西部偏远地区，国弱民穷，穆公继位后任用百里奚（xī）、蹇（jiǎn）叔等为谋臣，秦国的社会经济获得了较大发展。此外，他协助晋文公回到晋国夺取君位，实现秦晋之好。晋文公死后，秦穆公想要向东发展，实现霸业。然而两次被晋军击败，秦军东进之路受阻。无奈之下，秦穆公遂向西发展，灭掉西方十二个小国，开辟了千余里土地，周王室特赐金鼓加以祝贺。秦穆公称霸西戎，为日后秦统一中国奠定了基石。

吴王阖（hé）闾（lú） ‹‹‹‹‹ ·········

在位时间：前 514–前 496

生卒年（不详 – 前 496）。春秋末期吴国君主。本无缘王位，后派专诸刺杀吴王僚（liáo），遂夺取吴国王位。执政时期，以楚国旧臣伍子胥（xū）为相，以齐国人孙武为将军，发展经济，整顿军事，国势日益强盛。不久，吴军在孙武、伍子胥率领下，五战五胜，攻克楚国都城郢（yǐng）都，迫使楚昭王出逃，吴国由此声威大震。之后，阖闾在与越国的交战中，被斩落脚趾，重伤而死。

吴王夫差 <<<< ●●●●●●●●●●●●●●●●●●●●●●●●●●●●●●

在位时间：前 495—前 473

生卒年（前 528—前 473）。春秋末期吴国国君。本是阖闾之子，阖闾死后承继吴国君位。继位之初，励精图治，大败越国，攻破越国国都，迫使越国投降。此后，夫差率军北上中原，大败齐国，并于黄池与中原诸侯举行会盟，使吴国强盛一时。然而，由于连年征战，国力衰竭，最终遭到越国反扑，夫差自杀而死，吴国灭亡。

越王勾践 <<<< ●●●●●●●●●●●●●●●●●●●●●●●●●●●●●●

在位时间：前 520—前 465

生卒年（前 520—前 465）。春秋末期越国国君，极富传奇色彩的君主。继位之初，被吴国打败，被迫投降，到吴国做了两年奴隶。返国后重用范蠡（lí）、文种，卧薪尝胆，使越国国力逐渐恢复。公元前 482 年，勾践趁夫差领兵在外之际，出兵伐吴，大败吴军，一雪前耻。不久再度伐吴，迫使夫差自杀，吴国灭亡。随后，勾践北上，于徐州大会中原诸侯，成为春秋最后一位霸主。

魏文侯 <<<< ●●●●●●●●●●●●●●●●●●●●●●●●●●●●●●

在位时间：前 445—前 396

生卒年（前 472—前 396）。战国时期魏国国君。在位期间礼贤下士，任用李悝、翟璜（zhái huáng）为相，主持变法，改革政治，奖励耕战，推动了魏国的封建化进程；同时，任用乐（yuè）羊、吴起等为将，改革军事体制，从而使魏国成为战国时期最先称雄于诸侯的国家。

魏惠王 <<<< ●●●●●●●●●●●●●●●●●●●●●●●●●●●●●●

在位时间：前 369—前 319

生卒年（前 400—前 319）。战国时期魏国国君，因其将都城从安邑迁至大梁，后世多称其为梁惠王。在位期间，重用大将庞涓（juān），南征北讨，魏国国势日盛。然而不久，魏国于桂陵之战和马陵之战中两度被齐国打败，庞涓兵败自杀，国势日衰。与此同时，秦国亦攻占魏国河西之地。为避免腹背受敌，魏惠王与齐威王于徐州互相承认对方为王，史称"徐州相王"。魏惠王在位期间，魏国由盛而衰。

秦孝公 <<<< ●●

在位时间：前361—前338

生卒年（前381—前338）。战国时期秦国国君。他在位期间，重用商鞅（yāng）实行变法，废井田、开阡陌，奖励耕战，并迁都咸阳，建立县制行政，加强中央集权，推动了秦国社会的封建化进程。此外，秦与楚和亲，与韩订约，攻占魏国河西之地，国势日渐强盛，为后来秦统一中国打下了基础。

秦惠文王 <<<< ●●●●●●●●●●●●●●●●●●●●●●●●●●●●●●●●●●●●●●

在位时间：前337—前311

生卒年（前356—前311）。战国时期秦国国君，秦孝公之子，继位后将商鞅施以车裂的刑罚，以巩固权力。不久，改"公"称"王"，成为秦国第一代王。他当政期间，继续推行商鞅之法，推动了秦国社会经济的持续发展。此外，北扫义渠，西平巴蜀，东出函谷，南下商於（yú），为后来秦统一中国打下了坚实基础。

赵武灵王 <<<< ●●●●●●●●●●●●●●●●●●●●●●●●●●●●●●●●●●●●●●

在位时间：前325—前299

生卒年（约前340—前295）。战国中后期赵国国君，著名改革家。赵国立国之初，国力不强，既受中原大国欺侮，也不时受到林胡、楼烦等游牧民族的骚扰。赵武灵王继位后，大力推行"胡服骑射"政策，改革军事装备和作战方法，大大提升了赵国军力。之后，赵国出击匈奴，占领内蒙古南部黄河两岸之地，又在阴山筑赵长城以抵御少数民族入侵。不久吞并中山国。此外，赵武灵王亲自拥立了燕昭王和秦昭王，从而使赵国成为战国后期举足轻重的国家。然而，由于他在处理继承人的问题上出现失误，最终使自己死于非命。

燕昭王 <<<< ●●●●●●●●●●●●●●●●●●●●●●●●●●●●●●●●●●●●●●●

在位时间：前312—前279

生卒年（前335—前279）。战国时期燕国国君，史称燕昭襄王。早年在韩国做人质，后因燕国内乱，在赵武灵王的支持下回国即位为君。在位期间，招贤纳士，改革内政，发展生产，任用秦开大破东胡，又命上将军乐毅联合五国攻打齐国，占领齐国七十多城，燕国国势大振。但去世后，齐国反攻，燕军退出齐国，燕国逐渐衰微。

秦昭王 <<<<

在位时间： 前 306－前 251

生卒年（前 325－前 251）。战国时期秦国国君。早年在燕国做人质，后在赵武灵王的支持下回国即位为君。在位初期，其母宣太后当权，外戚魏冉为丞相，主持国政。魏冉推荐白起为将军，先后战胜赵、魏、韩、齐、楚等国，取得土地。之后，秦昭王听从范雎建议，夺宣太后之权，罢黜魏冉，拜范雎为丞相，实行远交近攻的策略，并在长平之战中大败赵军，使东方六国再无力抗衡秦国。此外，又攻破东周都城洛邑，俘虏周赧（nǎn）王，迁九鼎（dǐng）于咸阳，为秦统一六国打下了基础。

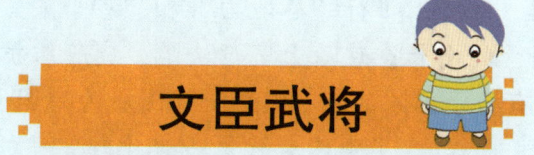

文臣武将

管仲（zhòng） <<<<

生卒年（前 723－前 645）。春秋时期齐国著名政治家、改革家，被誉为"法家先驱""华夏第一相"。管仲在齐国为相，辅佐齐桓（huán）公，改革内政，实行"相地而衰征"，加速了井田制的瓦解，适应了新的经济因素的成长；同时，推行"三国五鄙（bǐ）"制和轨（guǐ）里连制，寓（yù）兵于农，增强了齐国军力。总之，在管仲的辅佐下，齐桓公以"尊王攘夷"为号召，九合诸侯，一匡天下，成为春秋第一霸主。

百里奚（xī） <<<<

生卒年（前 700－前 621）。春秋时期秦国著名的政治家，因为是秦穆公用五张黑羊皮从市井之中换回的一代名相，故称"五羖（gǔ）大夫"。他主政秦国期间，倡导文明教化，实行"重施于民"的政策，让人民得到更多的好处，而且推动秦国向外发展，开辟土地千余里，称霸西戎（róng），秦国由此崛起，这也为日后秦统一中国打下了基础。

伍子胥（xū） <<<<

生卒年（前 559－前 484）。春秋末期著名的政治家、军事家。本是楚国贵族，因家族遭受迫害而逃到吴国，成为吴王阖（hé）闾（lú）的大臣，深受阖闾信任。在伍子胥的辅佐之下，吴国西破强楚，北败徐、鲁、齐，成为诸侯一霸。阖闾死后，伍子胥继续辅佐夫差击败越国，并主张彻

底消灭越国。之后因反对夫差北上中原而遭到夫差的猜忌，最终落得个无奈自杀的结局。伍子胥死后不久，越国乘虚而入，吴国灭亡。

范蠡（lǐ）<<<<

生卒年（前536-前448）。春秋末期极富传奇色彩的政治家、军事家。本是楚国人，出身贫贱，但博学多才，因不满当时楚国政治黑暗、非贵族不得入仕的现实而投奔越国。相传他帮助越王勾践复兴越国，攻灭吴国，一雪会稽之耻。功成名就之后急流勇退，遨游于七十二峰之间。期间三次经商成为巨富，但又三次散尽家财，自号陶朱公。

李悝（kuī）<<<<

生卒年（前455-前395）。战国时期著名改革家，法家重要代表人物。他主政魏国期间，经济上推行"尽地力"和"善平籴（dí）"的政策，适应新兴经济因素的增长；政治上实行法治，废除维护贵族特权的官爵世袭制度，奖励有功于国家的人，从而使魏国成为战国率先称雄的国家。此外，他还编纂（zuǎn）了中国古代第一部比较完整的法典《法经》，这种"重农"与"法治"结合的思想对后世商鞅、韩非影响极大。

吴起 <<<<

生卒年（前440-前381）。战国著名军事家、改革家，兵家代表人物。一生曾在鲁、魏、楚三国为官，通晓兵家、法家、儒家三家思想。在鲁国期间曾击退齐国的入侵；在魏国推行军事改革，编练"武卒（zú）"，多次破秦，占领秦国河西之地，成就魏文侯的霸业；在楚国时主持了"吴起变法"，后因楚国贵族发动兵变而被杀。吴起在内政、军事上都有极高的成就，后世将其与孙武并称为"孙吴"。

商鞅（yāng）<<<<

生卒年（前395-前338）。战国时期著名政治家、改革家，法家思想代表人物。主政秦国期间，在秦孝公的支持下推行变法，政治上，废除官爵世袭制，奖励军功，建立军功爵制；经济上废井田、开阡（qiān）陌（mò），主张重农抑商、奖励耕织；同时，率领秦军收复河西之地，秦国逐渐走向强大。秦孝公去世后，秦惠文王继位，商鞅被诬谋反，车裂而死。商鞅虽死，但商鞅之法却得到了维持，秦国经济持续发展，军队战斗力不断增强，发展成为战国后期最富强的封建国家，为后来统一中国奠定了基础。

张仪 <<<<

生卒年（不详－前309）。战国时期著名的纵横家。首创连横的外交策略，被秦王采纳，拜为丞相，并出使各国，以"横"破"纵"，使各国纷纷由合纵抗秦转变为连横亲秦。张仪由此受到秦惠文王的重用，被封为武信君。秦惠文王死后，张仪因不得新任秦王的信任，出逃魏国，并出任魏相，不久去世。

苏秦 <<<<

生卒年（不详－前284）。战国时期著名的纵横家。相传他与张仪本是同门，师从鬼谷子。学成后，游说各国，提出合纵六国以抗秦的战略思想，并最终组建合纵联盟，自任"纵约长"，同时持有六国相印，使秦国十五年不敢出函谷关。由于各国之间存在利益冲突，合纵联盟最终解散。后来苏秦到齐国出任客卿，齐国众大夫因争宠而派人将他刺杀。

乐（yuè）毅 <<<<

生卒年（不详）。战国后期杰出的军事家。本是魏将乐羊的后代，受到燕昭王重用，拜为上将军，后统帅五国联军攻入齐国，接连攻下齐国七十余城，创造了中国古代战争史上以弱胜强的著名战例，报了强齐伐燕之仇。燕昭王去世后，乐毅因受燕惠王猜忌，投奔赵国，齐国很快反攻，燕军遂退出齐境。

廉颇 <<<<

生卒年（不详）。战国末期赵国的名将，与白起、王翦（jiǎn）、李牧并称"战国四大名将"。廉颇以作战勇猛果敢而闻名于诸侯各国，他与蔺（lìn）相如的"将相和"更是传为千古佳话。长平之战前期，他以固守的方式成功抵御了秦国军队。长平之战后，廉颇再次受到重用，击退燕国的入侵，出任相国，封为信平君。赵悼（dào）襄王继位后，廉颇不受重用，遂投奔魏国和楚国，后老死于楚。

蔺（lìn）相如 <<<<

生卒年（不详）。战国末期赵国的政治家、外交家。本是宦者令舍人，以"完璧归赵"的故事受到赵王重用。其后又在秦赵渑（miǎn）池相会的过程中，当面斥责强大的秦国，不辱国体，使赵王没有受到屈辱，于是被任命为上卿，官职在廉颇之上。廉颇不平，但蔺相如以国家利益为重，处处避让，与廉颇保持将相和睦，不使外敌有隙可乘，最终感动廉颇，促成"将相和"，成就一段千古佳话。

田单 <<<<

生卒年（不详）。战国后期齐国著名军事家。本是田齐宗室远房的亲属，任齐都临淄的市掾（yuàn）（管理市场的小官）。乐毅统五国联军攻入齐国，连下七十余城，齐国危在旦夕。田单坚守即墨（今山东平度东南），最终以火牛阵击破燕军，收复齐国故土，后拜为相国，受封安平君。

白起 <<<<

生卒年（不详－前257）。战国后期秦国名将。白起在秦昭王时征战六国，在"伊阙（què）之战"大破魏韩联军，攻陷楚国国都郢（yǐng）城，"长平之战"重创赵国主力，功勋卓著，为后来秦统一六国扫除了障碍。白起是中国历史上继孙武、吴起之后又一个杰出的军事家，与廉颇、李牧、王翦并称为战国四大名将，位列战国四大名将之首。

魏无忌 <<<<

生卒年（不详－前243）。战国后期魏国著名政治家，世称信陵君，与春申君、孟尝君、平原君并称战国四公子。礼贤下士，招揽食客，养士数千人，自成势力，曾在军事上两度击败秦军，分别挽救了赵国和魏国危局，尤其是"窃符救赵"的故事广为流传。由于屡遭魏安釐（xī）王猜忌，始终未能予以重任，郁郁而终，不久魏国即被秦国所灭。

王翦（jiǎn） <<<<

生卒年（不详）。战国后期秦国名将。作为战国四大名将之一，他在辅助秦始皇统一六国的战争中功勋卓著，除韩国之外，其余五国均为王翦父子所灭，堪称翦灭六国的最大功臣。王翦一生征战无数，但他智而不暴、勇而多谋，这在当时杀戮（lù）无度的战国时代显得极为可贵。

吕不韦 <<<<

生卒年（前292－前235）。战国后期著名商人、政治家、思想家，官至秦国丞相。本是阳翟（dí）（今河南禹州）大商人，家财万贯，因辅佐秦庄襄王继位，而被拜为秦国丞相，受封文信侯，食邑十万户，家僮万人，门客三千。庄襄王去世后，年幼的嬴政继位，吕不韦以"仲父"的名义，独揽朝政，期间攻取周、赵、卫的土地，设立三川、太原、东郡，为后来嬴政兼并六国扫清了障碍。此外，他主持编纂《吕氏春秋》一书，汇合了先秦各派学说，"兼儒墨，合名法"，对后世产生了深远影响。由于晚年受到嫪（lào）毐（ǎi）集团叛乱事件的牵连，遭到罢免，不久饮毒酒自尽。

文化名人

老子 <<<<

生卒年（前571－前471）。春秋时期伟大的哲学家和思想家，道家学派创始人，被唐朝帝王追认为李姓始祖。他将"道"概括为普遍的、无所不包的最高哲学概念，政治上主张无为而治。同时，他的学说也包含了丰富的辩证法思想，对中国哲学发展具有深刻影响。代表作品《道德经》。

孔子 <<<<

生卒年（前551－前479）。春秋时期著名的思想家、教育家和政治理论家，儒家学派的创始人。出身于没落贵族家庭，曾担任鲁国的司空、司寇等职。后周游列国，宣扬自己的政治主张。晚年回到鲁国，全力从事教育事业，相传有弟子三千，七十二贤人。孔子的思想体系是"仁"和"理"，即"仁者爱人"与"克己复礼"，主张统治者要爱惜民力，为政以德。在教育领域，主张"有教无类"、"因材施教"等。孔子的思想经过历代学者的发扬和统治者的改造，逐渐形成了完整的儒家思想体系，成为中国文化的主流，孔子本人也被尊称为圣人，受到后世景仰。代表作品《论语》、《春秋》等。

孙武 <<<<

生卒年（前545－前470）。春秋时期著名的军事家，被誉为"百世兵家之师"。出身于没落贵族家庭，后经伍子胥（xū）举荐，向吴王阖（hé）闾（lú）进呈所著兵法十三篇，于是受到重用。不久，他与伍子胥统率吴国军队攻入楚国都城郢（yǐng）都，楚国几乎亡国，晚年归隐。他的代表作品《孙子兵法》，为后世兵家所推崇，被誉为"兵学圣典"，置于《武经七书》之首，并在政治、经济、军事、文化、哲学等领域被广泛运用。

孙膑（bìn） <<<<

生卒年（不详）。战国初期军事家，兵家代表人物。本是孙武的后代，曾经和庞涓（juān）为同窗，受教于鬼谷子。因受庞涓迫害遭受膑刑，以致身体残疾，后在齐国使者的帮助下投奔齐国，受到齐威王重用，辅佐齐国大将田忌两次击败庞涓，取得了桂陵之战和马陵之战的胜利，他所创造的"围魏救赵"和"减灶计"成为后世经典战例。代表作品《孙膑兵法》。

孟子 <<<<

生卒年（前372－前289）。战国时期著名思想家、教育家，儒家学派的

代表人物，与孔子并称"孔孟"。孟子主张人性本善说，提出"民贵君轻"的民本思想，主张统治者要施行仁政，以德服人，争取民心。后世尊称其为"亚圣"。代表作品《孟子》。

荀（xún）子 <<<<·······

生卒年（前313－前238）。战国末期著名思想家、政治家，儒家学派的代表人物。主张人性本恶论，强调后天环境和教育对人的影响。提出了"天行有常"和"制天命而用之"的命题。在政治方面，主张治国应以礼教为主，主张礼法并施。作为战国时期百家思想的集大成者，荀子学说对于中国哲学具有深远的影响。代表作品《荀子》。

墨子 <<<<·······

生卒年（前468－前376）。战国时期著名思想家、教育家，墨家学派的创始人，也是中国历史上唯一的一个农民出身的哲学家。墨子主张"兼爱"和"非攻"，提倡"尚力"，反对统治者铺张浪费，主张"节用"、"节葬"，代表了中下层劳动人民的利益，被其他学派广泛吸收征引，对后世产生了深远影响。代表作品《墨子》。

庄子 <<<<·······

生卒年（前369－前286）。战国时期著名的思想家、文学家，道家学派的重要代表人物，与老子并称"老庄"。他提出了"齐物"的观点，认为任何事物在本质上都是相同的，并由此出发提出了"逍（xiāo）遥"的人生态度，主张人应该顺从自然。此外，庄子在文学、美学等方面也颇有建树，对后世产生了重要影响。代表作品《庄子》。

韩非子 <<<<·······

生卒年（前280－前233）。战国末期杰出的思想家，法家思想的集大成者。出身于韩国贵族，与李斯共同受业于荀子。他主张法、术、势相结合，建立一个君主专制的中央集权国家。认为社会在不断发展，主张变法革新。韩非的思想受到秦王嬴（yíng）政的赏识，后因受到李斯的陷害而终死于秦国。但是，韩非的思想适应了建立统一的中央集权政治体制的需要，并与儒家思想互为表里，成为中国古代社会统治思想的基础。代表作品《韩非子》。

扁鹊 <<<<·······

生卒年（前407－前310）。战国时期名医。少时学医于长桑君，擅（shàn）长各科。在赵国为妇科，在周室为五官科，在秦国为儿科，名闻天下。由于他的医术高超，被认为是神医，所以时人借用了上古神话中黄帝时神医"扁鹊"的名号来称呼他。扁鹊奠定了中医学的切脉诊断方法，开启了中医学的先河。

②

秦汉

让孩子用年表读懂中国古代历史

中国古代历史年表编审委员会

主　编：潘景林（首都师范大学历史学硕士）

副主编：孟泽众（首都师范大学历史学硕士）

　　　　缪　健（首都师范大学历史学硕士）

团结出版社
UNITY PRESS

图书在版编目（CIP）数据

让孩子用年表读懂中国古代历史 / 潘景林主编. —
北京：团结出版社, 2017.11
ISBN 978-7-5126-5706-9

Ⅰ. ①让… Ⅱ. ①潘… Ⅲ. ①中国历史—古代史—历
史年表—儿童读物 Ⅳ. ①K220.8-49

中国版本图书馆CIP数据核字(2017)第258950号

让孩子用年表读懂中国古代历史

潘景林 主编　　　孟泽众、缪健 副主编

出　　版：团结出版社
　　　　　（北京市东城区东皇城根南街84号　邮编：100006）
电　　话：(010) 65228880
发　　行：(010) 85113874　(010) 85849108
网　　址：http://www.tjpress.com
E－mail：65244790@163.com
经　　销：全国新华书店
印　　刷：三河市双升印务有限公司

开　　本：185×260　1/16
印　　张：46.5
字　　数：415千字
版　　次：2017年11月第1版
印　　次：2020年8月第2次印刷

书　　号：978-7-5126-5706-9/F·01
定　　价：168.00元（全七册）

推荐序

让孩子用年表读懂中国古代历史

过去、现在、未来，时间永远不以人的意志为转移地向前飞驰。小至个人，大至国家，都会经历一番风雨，留下一段历史，才变成现在的模样。

对孩子来说，了解、学习中国历史，有以下一些显而易见的意义。

一是增强人文修养。例如，汉语里很多成语典故，都有详细的出处，比如"纸上谈兵"，结合长平之战的惨烈，孩子才会理解得更深刻，并在言语中准确恰当地使用。再如，现在很多家长节假日时都带着孩子出门旅游，到处去走走看看，看什么呢？除了自然景观，大多是历史遗迹。去了一个地方，读了书和不读书去，那是两种体验，增长见识的效果截然不同。很多人常说这句话——中国是一个拥有五千年悠久历史的文明古国，可是，如果没有一定的历史知识，五千年历史对很多人来说，就只是一句空洞的白话。

二是重新认识自己的生活环境。当我们从历史书中了解到，自己所在的家乡，或生活熟知的地方，竟然曾经发生过一些重要历史事件，或与一些著名人士有关联的时候，自然就会产生一种特殊的情愫，往往不自觉地增强自豪感，更加热爱家乡、祖国，甚至激发自己努力向上。

三是学到一种历史智慧。往小了说，读史明智。往大了说，以史为鉴，可以知兴替。从一定的时空纵深感中，我们超越了具体的事件和条件的局限，可以总结很多经验智慧，形成格局见识，用在对未来事情的处理上。

四是获得道德品行方面的教益。人性是相通的。遨游在历史故事中，就像坐上了时光机器，去体验当事人的纠结和决断，感受真善美，鞭挞假恶丑。从历史人物身上，我们也看到了自己的影子，从而不断克服自己的

弱点，使自己变得更完美。

为此，我愿意推荐这套《让孩子用年表读懂中国古代历史》，希望孩子们能读懂历史，逐渐爱上历史，获得读史带来的益处。

这套书有下列特点：

一是历史脉络清楚。全套书分为七册，每册书的前言中，对该书历史范围内的事件作简要交代，对朝代的发展、起承转合关键事件等作清楚地描述。书中的故事，对每个朝代重要事件及相互之间的衔接，都有清晰的讲述。

二是细节故事性强，重要场景配有彩图。本书在尊重史实的基础上，注重细节描写。其中，对很多典故，例如"纸上谈兵"，进行了细致的讲述。全书还配有大量彩图，以期帮助孩子对相关事件有更好的理解。

三是提供了重要的时间线索——年表。每个故事的页眉处，都标注了与该故事大致同时的重要时间节点和历史事件，方便读者检索或对照阅读。

四是提供了丰富的资料。每个朝代的内容大致分为帝王世系、宗室藩王、文臣武将、风云人物。这些人物资料与故事线性讲述互相映衬，读者可以与正文故事进行对照阅读。

总之，希望本书能带领孩子走进中国历史，感受中国历史文化的博大精深。更希望能为孩子提供一把历史的钥匙，帮助他们更好地理解现实、世界、人性等，促进自身的全面发展。

韩兆琦

2017 年 11 月 10 日

（韩兆琦，中国史记研究会名誉会长。北京师范大学中文系教授，博士生导师。中国人民大学国学院特聘教授、博士生导师。著名《史记》与传记文学研究专家。）

前言

秦　汉

秦王嬴政即位后，从公元前 231 年到公元前 221 年，相继灭掉韩、赵、魏、楚、燕、齐，统一中国，并建立起中国历史上第一个统一的中央集权制王朝——秦朝，中国由此进入君主专制中央集权统治时期。嬴政自称始皇帝，并采取了一系列巩固大一统事业的措施：废分封、行郡县；统一文字、货币、度量衡；修筑万里长城，北击匈奴，南抚闽粤；焚书坑儒，严刑峻法。这一系列措施有利于巩固大一统，但也严重透支了民力，埋下了动乱的根源。

秦始皇在时，局面尚能维持；待到公元前 210 年秦始皇沙丘去世，宦官赵高联合丞相李斯，篡改秦始皇遗诏，立公子胡亥为秦二世，农民起义亦随之而起。公元前 209 年，戍卒陈胜、吴广在大泽乡起义，各路义军亦闻风而起。其中以项羽和刘邦实力最强，在经历了长达四年的"楚汉之争"后，双方约定以鸿沟为界，中分天下。就在项羽引兵东归之际，刘邦率军从背后突袭项羽，项羽兵败后于乌江自刎，楚汉之争结束。公元前 202 年，刘邦称帝，定都长安，建立汉朝，史称西汉。

刘邦和他的继承者汉文帝、汉景帝在位时，均采取了"轻徭薄赋""与民休息"的政策，社会生产得到了迅速的恢复和发展，出现了中国第一个治世局面"文景之治"。汉武帝在位时，采纳儒士董仲舒建议，罢黜百家，独尊儒术；以卫青、霍去病为将，大破匈奴；以张骞通使西域，开辟丝绸之路，南平百越，东并朝鲜，通西南夷，一时文治武功达于鼎盛。

汉武帝之后，昭帝、宣帝统治时期出现了短暂的中兴局面，此后西汉王朝逐渐衰微。

元帝继位，统治期间虽有"昭君出塞"、汉匈和解之治绩，然其宠信宦官，致使皇权式微，朝政渐趋混乱。此后成帝、哀帝、平帝荒淫愚懦，外戚权威日重。哀帝死后，外戚王莽专权，不久弑杀平帝，立孺子婴，自居摄政。公元8年，王莽篡汉自立，改国号为"新"，西汉灭亡。新朝的一系列改革加剧了社会的动荡不安，各地百姓揭竿而起。公元23年，王莽被起义军所杀，新莽政权覆灭。此后天下大乱，直到公元25年，西汉皇族后裔刘秀称帝，重建汉朝，社会才再次归于安定，史称东汉。

光武帝先后用了十五年的时间结束军阀混战局面，之后社会局面重新趋于稳定，史称"光武中兴"。此后明帝、章帝延续了光武之治，海内日渐康宁。然自和帝起，皇帝多幼年继位，引起了宦官和外戚交替专权的局面。如外戚梁冀，仅仅因为年幼的质帝称其为"跋扈将军"，便将皇帝毒杀。后桓帝联合宦官诛杀梁冀，灭其全族后，朝政大权复又落入宦官之手，如此循环往复，朝政一片黑暗。最后经过黄巾起义的冲击，以及外戚与宦官集团的火并，整个国家陷入了军阀割据的混乱局面，东汉王朝名存实亡。

目录

秦 汉

前 221

嬴政称皇帝，废分封，设郡县

前 220

于全国修驰道

前 219

秦始皇东巡，封泰山

秦始皇统一六国

自春秋战国到秦国统一（公元前 770-- 公元前 221），经历了五百多年的战乱，人口锐减，赋税严重，各个诸侯国上层社会腐朽不堪。秦王政兼并了六国，结束了春秋战国五百多年纷乱的时代，实现中华民族第一次大一统。

战国时期，各国轰（hōng）轰烈烈的变法运动，使得西周以来的宗法制度和分封体系被君主集权官僚（liáo）制度政治形态所慢慢取代。公元前 221 年，秦王政兼并了六国，结束了战国割据的局面，统一了中国。这种新的政治形态被统一以后的秦王朝继承下来并进一步发展。

秦王政统一天下之后，觉得自己的功绩（jì）比古代传说中的三皇五帝还要大，不能再用"王"的名号，

◎秦始皇十三岁继位，二十二岁亲政，三十九岁称皇帝。他建立的各项制度，奠（diàn）定了中国两千余年政治制度的基本格局，被誉为"千古一帝"。

否则没有办法"称成功，传后世"，应该用一个更加尊贵的称号才能配得上他的功绩。于是下令百官讨论，最后决定从"三皇"、"五帝"中各采用一个字，合为"皇帝"作为新的君主称号。同时秦王政下令，以后对君主的谥（shì）法改用数字为称。他是中国第一个皇帝，就自称是始皇帝。以后的子子孙孙接替他皇位的继承者，就按照次序排列，第二代叫二世，第三代叫三世，这样一代一代传下去一直到千秋万世，至于无穷。此外，为了表示皇帝至高无上的尊崇地位，还专门规定一些称号为皇帝独有，同时对于皇帝的名字要进行避讳（huì）。这些制度，此后基本上都被历代王朝的统治者们一直沿用下去。

在建立皇帝制度，确立了自己的权威之后，秦始皇吸取了前朝的经验教训，决定废除分封制度，确立了一套从中央到地方较为完整的体系。在中央官制之上，设置丞（chéng）相、太尉（wèi）和御（yù）史大夫作为辅佐皇帝最为重要、地位最高的大臣，合称为"三公"。这三个官职分别掌握着行政权力、军事权力和监察权。在三公之下，设立了九卿（qīng），分别掌管不同的具体事务。以三公九卿制度为主体构成的中央官制，也被后世的汉朝所继承沿用。

而针对地方，秦始皇决定改用郡（jùn）县制，把全国分为三十六个郡，郡下面再分县。郡县的主要官职都由朝廷直接任命。国家的政事，不论大小，都由皇帝决定。秦朝的统治通过地方上不同级别的管理组织层层下达，一直延伸到社会底层。这样的中央与地方之间的统治管理模式，也被后世的历代王朝所沿用。

除了确立一套管理全国的体系之外，秦始皇还下令，以原来秦国的制度作为衡量标准，对全国范围内各方面的制度进行统一规划。在秦始皇统一之前，各国向来是没有一个统一的制度标准的。因此在国

前 214
攻取岭南，置桂林、南海、象三郡

前 213
秦始皇下令焚书

前 212
修建阿房宫、骊山陵，坑杀儒生于咸阳

家统一之后，要统一规范，方便管理。比如在交通方面，规定车辆上两个轮子的距离一律为六尺，使车轮的轨（guǐ）道相同，这叫做"车同轨"。在文字书写上，废除之前各国使用的不统一的文字，将秦国过去使用的文字进一步整理，称为"小篆（zhuàn）"，在全国范围内推行，这叫做"书同文"。在经济方面，废除六国旧有的形式质量各异的货币，由国家统一铸（zhù）造铜钱，同时推行商鞅（yāng）变法时期制定的度量衡（héng）标准。这些措施巩固了秦王朝的统治，对于后世历史的发展也有着积极作用。

在国内实行改革的同时，秦始皇也重视边疆地区的稳定和经营。首当其冲的就是对付匈奴。匈奴本来是我国北部一个古老的少数民族，具有很强的掠（lüè）夺性。战国后期，匈奴趁北方的燕国、赵国衰落之时，向南发展，占领了黄河河套一带大片土地。秦始皇统一中原以后，就派大将蒙恬（tián）率领三十万大军北上抗击匈奴，到始皇三十二年（公元前215年）时，终于把被占去的河套一带地区全部收复。为了抵御匈奴的侵犯，秦始皇又征用民夫，利用战国时期燕、赵、秦三国北方边界上的城墙，进行修整并连接起来，修筑起来一条西起临洮（táo）（今甘肃岷县）东至辽东（今辽宁辽阳西北）的万里长城。这是一座举世闻名的伟大工程。

此外，秦始皇又派尉屠睢率领大军五十万人，往南方平定百越，开拓疆域，并开凿了一条灵渠（qú），沟通长江珠江两大水系，以解决战争时期的后勤运输保障问题。

秦始皇建立了丰功伟业，但同时在统治上崇尚严刑峻法，十分严苛，在思想文化领域上，也高度专制。始皇三十四年（公元前213年），淳（chún）于越等提出应当尊崇古法，主张分封制度不能废除。这时

3

前 211

始皇东巡，过东郡、华阴

前 210

始皇东巡

前 210

七月，秦始皇卒于沙丘

担任丞（chéng）相的李斯，指责各家学派的读书人，不去学现在的制度，而去研究古代的制度，借此对现在的国家事务进行非议，这会在百姓中间制造混乱，使百姓迷惑。这对于现在朝廷的统治很不利，应当加以禁止。秦始皇采用了李斯的主张，立刻下了一道命令：除了医药、种树等书籍以外，凡是私自藏《诗》、《书》以及记载诸（zhū）子百家言论的书籍，一概交出来烧掉。要是有谁在私下谈论这类书，以死罪论处。谁要是拿古代的制度来批评现在的制度，就要灭他的族。第二年，由于秦始皇在求仙时被方士所骗，于是迁怒于咸阳的儒生，认为这些人都是在妖言惑众，下令逮捕并且坑杀了四百六十多个儒生。这就是历史上著名的"焚（fén）书坑儒"事件。

秦始皇的暴政使得秦朝内部社会危机严重。他的长子扶苏因为反对秦始皇这种严刑峻法的政策，结果惹怒了秦始皇，被贬（biǎn）至北方蒙恬（tián）的部队中监军。

结果到了公元前 210 年，秦始皇在他第五次巡游的归途之中，染上重病，在沙丘（今河北广宗）去世。去世之前，秦始皇令赵高召扶苏回咸阳参加丧事。但赵高与胡亥（hài）交好，为了野心，他联合李斯，密谋篡（cuàn）改了秦始皇的遗诏，扶植胡亥登基称帝，是为秦二世。为了消除后患，他们假借秦始皇的名义，令扶苏和蒙恬自杀。这就是"沙丘政变"。

秦二世登基之后，赵高大权在握，不久他又除掉了李斯，彻底掌握朝政。

前 210

九月，葬始皇于骊山

前 209

四月，秦二世杀始皇诸公子、公主

前 209

七月，陈胜、吴广于蕲县起义

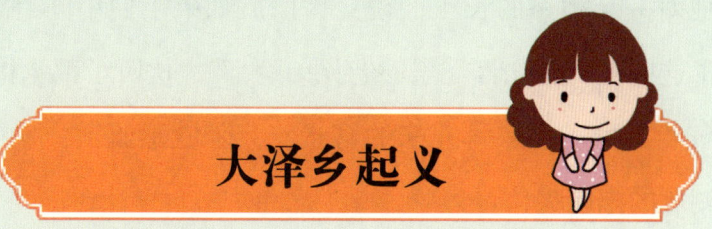

大泽乡起义

秦始皇统一中国之后，为了抵抗匈奴，征发几十万人修建长城；为了开发南方，动员军民 30 余万；为了建造阿房宫，征用了 70 万囚犯。秦二世继位之后，实行了更为残暴的统治。这些举措激化了社会的各种矛盾，致使大规模的农民起义到了一触即发的地步。

秦始皇在位期间，实行严刑峻（jùn）法，大规模地兴建宫殿和陵（líng）墓，造成社会矛盾严重。到了他的儿子秦二世胡亥（hài）即位之后，朝政由赵高操控。暴政变本加厉，又修建阿房宫，耗（hào）费了大量的人力和财力，极大地加重了人民的徭役（yì）和赋（fù）税负担，使得朝野上下人心慌乱，四海之内民怨沸腾。

秦二世元年（公元前 209 年），阳城（今河南登封市东南，有争议）的地方官派了两个军官，押着九百名民夫到渔阳（今北京市密云西南）去戍（shù）守城邑（yì）。在这批戍卒（戍守边疆的士兵）中，军官挑了两个人当屯长，协助军官管理其他的人。这两个人一个叫陈胜，阳城人，一个叫吴广，阳夏（今河南太康县）人。陈胜年轻时给人当雇（gù）工，他不甘心一辈子过这种受人奴役的日子，想要干点事业出来。有

一天，他对一起种田的长工们说："以后如果咱们中间有谁富贵了，可别忘了这些在一起吃苦受累的老兄弟啊。"大伙听了都觉得好笑："咱们卖力气给人家种田，哪儿来的富贵？"陈胜感慨道："燕雀怎么能够理解鸿雁的志向呢！"

秦二世元年（公元前209年）七月，朝廷大举征兵去戍守渔阳，陈胜也在征发之列。在行军途中，陈胜结识了吴广，一起被任命为带队的屯长。由于秦朝的法令严酷（kù），被征发的戍边兵丁如果误了期，是要被处斩的。于是他们日夜兼程，往渔阳赶，生怕误了日期，不能够按时到达目的地。

到了大泽乡（今安徽宿州西南）的时候，正赶上连日大雨，洪水阻断了行进的道路，没法通行。他们只好扎了营，停留下来，等待天晴。由于离渔阳还有几千里，怎么也赶不上限期了，大家都非常着急，束手无措。在这个关键时刻，陈胜找吴广商议，说："看现在咱们这个情况，肯定是不能按时到达渔阳了。现在如果逃跑，被抓回来是死，起来造反也是死，横竖都一样是死，还不如咱们起来造反。现在，天下的老百姓也已经受够了秦朝的苦。听说胡亥（hài）是秦始皇的小儿子，本来就轮不到他来做皇帝，本应该要登基的是太子扶苏。要不是扶苏老是劝诫（jiè）秦始皇，也不会被贬（biǎn）到边疆。

◎鱼腹藏书。人们看到鱼腹里写有"陈胜王"的字条后惊恐不已。

6

前208

九月，项梁战死，秦相李斯被腰斩灭族

前208

闰九月，楚怀王派宋义、项羽救赵

前208

是年，陈胜被部下所杀

现在听说秦二世已把他害死了，但是百姓只是听说过扶苏的贤能之名，还不知道他已经死了。还有，楚国的大将项燕，立过大功劳，也很爱护手下士兵，很受楚人爱戴，现在也不知道是死了还是逃亡着。如果咱们以扶苏和项燕的名义，号召天下人，一定会有人来响应我们。"

吴广很支持陈胜的主张。为了让大伙儿相信他们，他们利用当时人大多迷信鬼神的思想，想出了一些计策。他们用朱砂（shā），在一块白布上面写上"陈胜王"三个大字，把它塞在一条渔民捕的鱼肚子里。戍卒们买了鱼回去，发现鱼肚子里藏着的字，十分惊奇。到了半夜，吴广又潜伏到营地附近一座荒庙里，半夜点燃篝（gōu）火装成鬼火，装狐狸声音，喊："大楚兴，陈胜王。"戍卒们听了，又惊奇又害怕。这样一来，陈胜的威信就确立起来了。

陈胜吴广一看时机成熟了，就故意跑去激怒军官，跟他们说，反正误了期，还是让大家散伙回去吧。那军官果然大怒，责打吴广，引起士兵们不满。于是陈胜吴广乘势杀了两个将官，把戍卒们召集起来说："男子汉大丈夫不能白白去送死，死也要死得有个名堂。那些王侯将相，难道都是天生就注定的吗？"于是戍卒们一起响应，砍了木棒做兵器，削了竹子做旗杆，这叫"斩木为兵，揭竿为旗"，陈胜吴广以公子扶苏、楚将项燕的名义，宣布起义。陈胜自立为将军，以吴广为都尉（wèi），一举攻下大泽乡，接着又迅速攻下蕲（qí）县县城（位于安徽省宿州市境内），揭开了中国历史上第一次大规模农民起义的序幕。之后，陈胜率军攻下陈县（今河南淮阳），决定自立为王，国号叫做"张楚"，以陈县为都城，建立了中国历史上第一个农民政权。

张楚政权建立后，全国的反秦势力迅速发展，各地有志于反抗秦朝的人纷纷举兵响应。

破釜沉舟

陈胜吴广牺牲后，刘邦和项羽率领的两支军队逐渐壮大起来。公元前 207 年，项羽的起义军与秦将章邯率领的秦军主力部队在巨鹿（今河北邢台市）展开大战。项羽命令全军："皆沉船，破釜甑，烧庐舍，持三日粮，以示士卒必死，无一还心。"

在响应陈胜吴广起义的各路反秦义军中，有一支军队在会（kuài）稽（jī）（今浙江绍兴）起兵，并且不断取得胜利，发展势头迅猛。带头的将领是叔侄俩，叔叔叫项梁，侄儿叫项籍，字羽。他们是楚国名将项燕的后人，在楚国灭亡之后流落到吴中。项羽从小就胸怀大志，要学习"万人敌"的本领。后来陈胜吴广在大泽乡起义之后，项梁、项羽斩杀会稽郡守，举兵起义，吴中子弟纷纷响应，项梁收编精兵八千人，从此部队慢慢发展壮大起来。

与此同时，在沛（pèi）县（今江苏沛县）有一位亭长刘邦，在当地也是小有名气。沛县文书萧何和监狱官曹参带领百姓杀掉县令，推举刘邦为首领带领大家起兵反秦，称呼他为沛公。刘邦起兵之后，四处征战，在留城遇见了韩国贵族之后张良，决定一起去投奔项梁。项

8

前 207

赵高杀秦二世，立子婴为秦王

前 207

子婴杀赵高

前 207

刘邦进军霸上，子婴降，秦朝亡

梁的力量更加壮大。

后来陈胜吴广起义失败，有一位来自居巢（位于安徽巢湖市境内）的谋士范增建议项梁，要使起义军名正言顺，收纳人心，就要立楚国后人为王。于是项梁在民间找到楚怀王熊槐（huái）的孙子熊心，也立为楚怀王（为了区分，后人分别将他们称为"前怀王"、"后怀王"，后者又被尊为"义帝"）。项梁自称为武信君，率领军队在东阿大败秦军，又派遣刘邦、项羽等在濮（pú）阳（河南濮阳）、定陶（位于山东菏泽境内）等地大破秦军，连战连捷。于是项梁骄傲起来，放松了警惕。此时，秦朝派遣大量援军支援秦将章邯（hán），章邯趁项梁不备发动突袭，大败项梁主力，项梁战死。项羽、刘邦也只好退守彭（péng）城。

章邯打败项梁后，认为楚军主力已被消灭，元气大伤，就带领秦军北上进攻赵国，赵王歇（xiē）逃到巨鹿（今河北平乡西南），派人向楚怀王求救。秦二世三年（公元前 207 年），楚怀王拜宋义为上将军，项羽为次将，以宋义为主帅，领军到巨鹿去救赵国。同时又派刘邦率军西征攻秦。宋

◎西楚霸王项羽。项羽是楚国名将项燕之孙，力大无比，才气过人。

义率军到了安阳（今河南安阳东南）之后，听说秦军声势浩大，就在安阳逗留了四十六天，想让秦军消耗（hào）掉一部分兵力再去进攻。项羽去跟宋义建议说："秦军包围了巨鹿，如果咱们赶快渡河，跟赵军里应外合，夹击秦军，一定能够打败秦军。"但宋义只想坐收渔翁之利，拒绝出兵，并且下了一道命令："将士中如果有不服从指挥，擅（shàn）自出兵的，就得军法处置。"此时天气寒冷，楚营里军粮接济不上，兵士们受冻挨饿，士气低落，而宋义还在营中饮酒作乐。于是第二天早上，项羽去找宋义，闯（chuǎng）入他的帐中把宋义杀了。他对将士说："宋义想要和齐联合谋反，楚怀王暗令我将其杀死。"楚怀王只好封项羽为上将军。

项羽杀了宋义以后，派部将英布、蒲（pú）将军率领两万人做先锋渡过黄河，进攻秦军的运粮通道，但是失败了。于是项羽率领主力渡河。他命令将士，每人带三天的干粮，把军队里做饭的锅全都砸（zá）烂了，渡河后又把渡河的船只全部凿（záo）沉，告诉将士，这时候已经是有进无退了，只有置之死地而后生，这就叫做"破釜（fǔ）沉舟"。于是人人抱着必死之心，奋勇争先，与章邯的军队展开大战，包围了王离的军队，活捉王离，斩杀苏角，大破秦军，于是巨鹿之围被解。

当时，各路将领来救赵国的有十几路人马。但是他们因为兵少，畏惧秦军强大，都扎下营寨，不敢迎击秦军，等到项羽率军大战秦军的时候，这些诸侯将领都在自己营帐上观望。等到项羽大败秦军，请他们到军营来相见的时候，这些将领进门之后都跪在地下爬着进去，不敢抬起头来看。

从此，项羽威震天下，成了各路反秦军的首领。之后项羽接受章邯的归降，但将二十万秦国投降的士卒全部坑杀。

前206
刘邦拜韩信为大将

前206
是年，赵佗自立为南越王

前206
项羽杀义帝

楚汉相争

秦末农民起义最后演变为楚汉之争，刘邦、项羽角逐封建统治权。楚汉战争历时四年多，最终实现了西汉王朝的大一统。楚汉战争及前后时期诞生了许多著名的成语典故，影响十分深远，至今仍被广泛使用。

在项羽进行巨鹿大战的时候，刘邦率领西路军高歌猛进。一路上，大破秦将王离，直接进逼关中。

而此时的秦朝内部，则发生了动乱。赵高在起义军兵临城下的时候，杀死秦二世胡亥，立子婴（yīng）为王。在即位那天，子婴设计将赵高杀死，登基称王，并组织最后的军事力量与刘邦在蓝田展开大战，刘邦大败秦军。公元前206年，秦王子婴乘坐白马驾着白车，在脖子上系上绳子以表示请罪之意，向刘邦投降，盛极一时的秦王朝就此灭亡。

刘邦进军咸阳之后，得意忘形，后经张良劝说才醒悟过来，于是率军退回灞（bà）上，并召集当地名士，与他们约法三章——杀人者死，伤人及盗抵罪，其余严苛法度一律废除，于是民心尽归刘邦。

当初，楚怀王派刘邦和项羽出兵时曾经有言在先，说最先进入关中的人当王。项羽率军向函（hán）谷关进发后，听说刘邦已经进了关中，大怒，派兵攻破了函谷关。范增劝项羽，认为刘邦此人野心不小，应该趁机除掉这个对手。此时刘邦还无法与项羽对抗，于是通过张良向项羽叔父项伯示好。第二天，刘邦带张良、樊（fán）哙（kuài）等人去鸿（hóng）门（位于陕西西安临潼区城东）给项羽谢罪。在酒宴

11

前205

三月，刘邦为义帝发丧，讨项羽

前205

四月，刘邦攻彭城，为项羽所败

前205

六月，刘邦立刘盈为太子

之上，范增一再示意项羽发令杀掉刘邦，但项羽此时犹豫不决。于是范增召项庄舞剑助兴，想要趁机杀掉刘邦，项伯也拔剑起舞，掩护刘邦，张良趁机召樊哙进入营帐，当面斥责项羽，项羽无言以对。后来刘邦找机会离开，回到了大营。项羽的优柔寡断，使他错失了除掉争夺天下最大敌人的良机。

鸿门宴后，项羽进入咸阳，烧阿房宫，杀秦王子婴。又分封各路将军为王，将刘邦封为汉王，统领巴、蜀和汉中四十一县，并封秦降将章邯、司马欣、董翳（yì）为雍（yōng）王、塞王、翟（dí）王，统领关中地区，以牵制刘邦。项羽自称西楚霸王，掌握军队最高统帅权。他尊楚怀王熊心为义帝，后将义帝杀害。

刘邦进入汉中后，烧毁栈（zhàn）道，表明无意出兵，以麻痹（bì）项羽。后齐国贵族后裔（yì）田荣不满分封，自立为齐王。刘邦乘机挥军东出，击败章邯，收服司马欣、董翳。公元前205年，项羽由于攻打田荣，在东边无力抽身。于是刘邦任命韩信为大将，明修栈道，暗度陈仓（位于陕西宝鸡市东），打着为义帝发丧的名号，号召各诸侯王一起趁机起兵讨伐项羽。联军一举攻陷楚都彭城，项羽急忙率领轻骑兵三万，趁联军没有防备之时回袭彭城，联军大败，刘邦仅率数十人马逃脱，以汉为首的反楚联盟瓦解。

刘邦败退到荥阳一带，幸亏韩信率兵来援，击败了楚追兵，才得以稳住阵脚重整旗鼓。他一面守住荥阳，用少数兵力拖住项羽的军队，一面派韩信带领兵马，向北边进军，收服魏国、燕国和赵国，同时联络英布、彭越等人干扰楚的后方。

公元前205年，项羽采用谋士范增的建议，围攻荥阳。刘邦采取谋士陈平的计策，离间项羽和范增的关系。猜忌心很重的项羽中了反间计，对范增怀疑起来，不再采用他的谋略。范增十分气愤，一气之下告老还乡。在路上生了病，最后病逝于途中。

前205

八月，刘邦退至荥阳

前204

四月，陈平离间项羽范增，范增卒

前204

五月，刘邦自荥阳出逃至成皋

公元前203年，项羽自己去攻打彭越，成皋（gāo）（今河南荥阳汜水镇）却被刘邦趁机夺下。于是项羽率军赶回，在广武（今河南荥阳市东北）地方和汉军对峙（zhì）起来。由于彭越经常反击楚军，让楚军的粮食接应不上，项羽很焦虑，就把刘邦的父亲刘太公绑了起来，放在一个高大的砧（zhēn）板上，告诉刘邦再不投降就把你父亲煮了。刘邦说："我跟你项羽当年在楚怀王手底下的时候曾经也是称兄道弟，我的父亲也就是你的父亲。你要是把你父亲煮了，那就分给我一碗肉羹（gēng）尝尝。"项羽恨得咬牙切齿，真的想把刘太公杀了，项伯说把太公杀了没有好处，劝阻了项羽。

楚汉双方就这样长期对峙（zhì）。项羽约刘邦单挑，但刘邦不肯，项羽于是派壮士出来挑战，但被汉将楼烦射杀。于是项羽亲自出来挑战，把楼烦吓退。刘邦出来和项羽对话，数落他的罪状，项羽大怒，挑战刘邦，刘邦拒绝，项羽就放箭射伤了刘邦。

之后韩信平定齐赵等国，又大败楚军斩杀龙且，此时楚军的运粮道又被彭越截（jié）断，项羽腹背受敌，粮草越来越少。于是刘邦跟项羽讲和，项羽送还刘邦家眷（juàn），与刘邦签订盟约，以鸿沟为界，平分天下，划定了楚河汉界。项羽中了刘邦的缓兵之策，引兵东归。刘邦此时用了张良、陈平的计谋，背叛鸿沟和议，又以利益说动韩信、彭越、英布三路人马一齐会合，由韩信统领，追击项羽。汉军合计近六十万，从西、北、西南、东北四面形成合围之势，项羽被迫率十万楚军向垓（gāi）下（位于安徽省宿州市灵璧县境内）后撤。

公元前202年，韩信以十面埋伏，把项羽围困在垓下。项羽大败，兵尽粮绝，被汉军重重包围，只能退回垓下大营坚守。韩信下令让汉军在夜晚唱楚歌，楚军士卒思乡厌战，军心涣（huàn）散。项羽听到四面楚歌声，震惊道："难道汉军已经全部占领了楚国吗？为什么汉营里楚国人这么多啊！"他就夜间起来饮酒，慷（kāng）慨（kǎi）

13

前 203

八月，楚汉以鸿沟为界议和

前 203

九月，楚军东归，汉兵追击

前 202

汉军围困项羽于垓下，项羽自杀

悲歌："力拔山兮气盖世，时不利兮骓（zhuī）不逝。骓不逝兮可奈何，虞（yú）兮虞兮奈若何？"他心爱的美人跟着唱起来。项羽唱着唱着，不禁悲从中来，流下了英雄泪，左右随从也悲泣难当。

当夜，项羽骑上乌骓马，带领麾（huī）下八百多人，冲破汉营突围。到了天亮，汉军才发现项羽已经突围，于是灌（guàn）婴领着五千骑兵急忙追击。等到项羽渡过淮河时，他身边跟着的只剩下一百多人了。来到阴陵时，项羽迷路了，他去问一个老农，老农让他往左去，结果项羽陷入了一片沼泽中，让汉军追了上来。一场大战后，项羽到达东城，身边只剩下二十八人，而追击的汉军却有数千人。

项羽料想这次已经难以幸免了，他对跟随的兵士们说："我起兵到现在已经八年，经历过大大小小七十多场战斗，从来没打过一次败仗，于是称霸（bà）天下。今天在这里被困，这是天要亡我，不是我打不过他们啊！"他把骑兵们分为四队，对他们说："看我先为你们杀掉对方一员大将！"命令骑兵们分四面向山下冲，约在东山下集合。项羽大喝一声，斩（zhǎn）杀一员汉将。项羽与骑兵又分为三队，汉军不知项羽在哪队，也分兵三路，把楚军围住。项羽飞驰（chí）而出，又斩杀一汉将，并杀了几百名汉军，再会合骑兵，仅损失了两名骑兵。项羽问："怎么样？"骑兵们钦（qīn）佩地回答："和大王说的一样。"

项羽杀出包围，一路逃到乌江，遇见乌江亭长，亭长劝项羽马上渡江，说江东虽小，但也有一千多里土地，几十万人口，足够大王东山再起。现在只有这一条船可以渡江，大王过去了，汉军追来后就没有船可以渡江了。但项羽无颜见江东父老，将自己的乌骓马送给了亭长。于是下马步战，跟追上来的汉兵短兵交战起来。项羽一个人杀了汉兵几百人，自己身上也受了十几处的伤，最后挥刀自刎（wěn）而死。

前 202

燕王臧荼反，刘邦亲征，俘臧荼

前 202

令饥民自卖为奴婢者，免为庶人

前 202

刘邦组织士兵复员归家

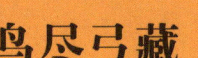

鸟尽弓藏

汉高祖夺取天下后，猜疑心理越来越重，对一起打天下的功臣也越来越不放心，认为他们是汉朝统治的严重威胁。于是汉高祖在政局稳定之后，开始向这些功臣开刀，也就有了"飞鸟尽，良弓藏；狡兔死，走狗烹"。

项羽死后，刘邦基本上平定了天下。公元前 202 年，刘邦在手下将领和诸侯的拥立下登基为帝，建立汉朝，史称汉高祖。

汉朝建立以后，汉高祖在官制的设置上基本上学习了秦朝的制度，但是在地方上分封了一批协助他打天下的功臣和皇家的宗室为诸（zhū）侯，划分了一些诸侯国，这样，在地方上就形成了郡县和诸侯封国同时并存的状态——郡国并行制。

汉朝最初建立时，天下刚刚才平定下来，这时候百姓受够了秦朝的严

◎汉高祖刘邦。刘邦当上皇帝后，逐渐消灭异姓王，但随后又大封同姓王，为日后动乱埋下了隐患。

前 201

有人告发韩信谋反，贬韩信为淮阴侯

前 201

韩王信投降匈奴

前 201

令博士叔孙通制定朝仪

刑峻法，人心思静，加上战争的破坏，社会经济很不发达。因此汉高祖采取休养生息的政策，顺应百姓的要求，致力于对社会经济的恢复和发展，同时稳定统治秩序。这些恢复经济的措施，基本上都是出于对秦朝政策的反思。汉高祖手下有一个人叫陆贾，能言善辩，是汉朝初期的一位思想家。刘邦很重视他的思想，让他论述秦亡汉兴、天下得失的道理。于是陆贾写了十二篇文章，刘邦称赞为"新语"。陆贾认为，秦朝短命的原因在于实行暴（bào）政和对于人民过度压迫。他说，虽然可以马上夺天下，但是不能在马上治天下。用武力的手段去夺取天下之后，必须要用宽缓温和的手段去治理天下。这就是汉初无为而治统治思想的雏（chú）形，主要内容就是与民休息，尽量减少对社会的干预。这个思想也被汉朝早期之后的几位皇帝所继承。

汉高祖一方面用宽松政策治理天下，安抚民心；另一方面，在即位之后，猜疑心理也越来越重，对于一起打天下的功臣也越来越不放心。由于在垓（gāi）下之战前，刘邦与各诸侯王约在垓下会兵，但韩信等诸侯王贪图功业，拥兵自重，而迟迟不发兵，于是项羽再次大败刘邦。之后刘邦无奈之下采纳张良的计策，分封各位诸侯王，并赐予土地，诸侯才出兵与刘邦一起击败了项羽。因此刘邦对于异姓诸侯王很不放心，认为对于汉朝的统治是严重威胁。于是汉高祖在政局稳定之后，开始一个一个向这些功臣开刀。

高祖六年（公元前 201 年），有人告发韩信谋反。于是陈平献上计策，让汉高祖以出游的名义通知各诸侯去陈地会面，趁机捉拿了韩信，带回洛阳。结果没有找到韩信谋反的证据，汉高祖就释放了韩信，将他从楚王贬（biǎn）为淮（huái）阴侯。韩信被贬之后，在家中闷闷不乐。他居功自傲，认为和周勃、灌婴、樊（fán）哙（kuài）等人同

前 200

刘邦被匈奴围困于白登山

前 199

匈奴袭扰北方，刘邦采纳和亲建议

前 196

刘邦诛杀韩信、彭越

列简直是耻辱，因此出言不逊（xùn），四处树敌，最终招致杀身之祸。高祖十年（公元前 197 年）陈豨（xī）谋反，韩信被人告发与陈豨私通。此时汉高祖正在率军平陈豨之乱，吕后得知这一信息后，与萧何商议，将韩信骗到宫中抓起来，最后在长乐宫的钟室里将韩信杀掉。被称为"国士无双"的一代名将韩信，就落得这么个鸟尽弓藏、兔死狗烹（pēng）的凄（qī）惨下场。由于当年是萧何将韩信推荐给刘邦，成就他一生功业，结果死的时候也是由于萧何的计谋，于是后人说韩信的一生是"成也萧何，败也萧何"。

韩信被诛杀后，汉高祖又以梁王彭越谋反为名，将他贬为庶（shù）人，发配到蜀地。彭越去向吕后求情，吕后将彭越带回洛阳后就劝高祖立即诛杀彭越。于是汉高祖下令诛杀彭越并灭其三族。韩信、彭越相继被杀，与他们并称的汉初三大名将还剩下一个英布。英布胆战心惊，知道自己最后也难以幸免，于是干脆起兵谋反。高祖抱病亲自率军平定叛（pàn）乱，英布大败而逃，最后被长沙王诱杀。

就这样，在汉朝建立七年之后，汉高祖用各种手段将异姓诸侯王一个一个相继铲除，甚至对萧何和樊（fán）哙（kuài）等人也起了疑心。高祖十二年（公元前 195 年），刘邦与群臣杀白马，歃（shà）血为盟，约定"非刘氏而王，天下共击之"。历史上称之为"白马之盟"。刘邦通过这些手段，强化了皇权，巩固了统治。

秦始皇统治时期打败匈奴以后，北方平静了十几年。到秦灭亡之后，中原发生了楚汉之争，匈奴就趁机一步一步向南打过来。

汉高祖的时候，匈奴的冒（mò）顿（dú）单于带领四十万人马包围了韩王信的封地马邑（yì）（今山西朔县）。韩王信抵挡不了，向冒顿求和。汉高祖得到这个消息，派使者责备韩王信。韩王信害怕汉

高祖办他的罪，向匈奴投降了。

　　此外，汉高祖在边疆关系上也采取无为而治的态度。高祖七年（公元前200年），匈奴的首领冒顿单于向南进军，占领了马邑。汉高祖亲自率军前往迎击。冒顿单于采取诱敌深入的策略，先连败几阵，诱使高祖追击，然后埋下伏兵，将高祖围困在白登（今山西大同东北）。幸好陈平献计，用金银财宝去收买冒顿的阏（yān）氏（zhī）（皇后），这才得以脱险。白登之围后，汉高祖意识到汉朝没有足够的武力去征服匈奴，为了阻止匈奴不停侵扰边境，汉高祖采用娄敬"和亲"的办法，将宗室女儿封为公主，嫁给单于，并且开放边境关市。此后，汉朝开始采取"和亲"的政策，缓和与匈奴的关系，维护边境安宁。

吕氏之乱

刘邦死后，刘盈登基为汉惠帝。但刘盈生性懦弱，优柔寡断，大权渐渐落在吕后手中。吕后独揽朝政，极力培植吕家势力，削除刘家势力，把刘氏天下变成了吕氏天下。吕后病死后，刘姓宗室及其支持者借口吕氏作乱发动针对吕氏政变，吕氏集团彻底被消灭。

◎吕后临朝称制。临朝称制即女性统治者代理皇帝（掌握国家最高权力，行使皇帝权力）。

前 188

惠帝卒，吕后立刘恭为帝

前 182

吕后立吕产为吕王

前 181

吕后立吕禄为赵王

高祖十二年（公元前 195 年），汉高祖刘邦去世，太子刘盈即位，是为汉惠帝。即位后，汉惠帝提拔曹参为丞（chéng）相，基本延续了汉高祖和萧何制定的与民生息的政策措施，称为"萧规曹随"，推动了经济的繁荣。同时，在思想上，尊崇黄老之学。但是汉惠帝生性懦（nuò）弱，优柔寡（guǎ）断，于是大权渐渐落在吕后手中。惠帝七年（公元前 188 年），汉惠帝去世。他没有儿子，吕太后就找了一个宫人所生的婴儿，假装是惠帝生的，立为皇帝。于是吕太后就名正言顺地临朝执政。吕太后篡（cuàn）权后，为了巩固自己的权力，打算立吕家的人为王，询问大臣的意见。右丞相王陵生性耿（gěng）直，说："当年先帝曾立下白马之盟，不是姓刘的不能封王，否则天下共同讨伐他。"吕太后听了挺不高兴，又问左丞相陈平和太尉周勃。陈平、周勃说："高祖平定天下，分封自己的子弟为王，这当然是对的。现在太后临朝称制，封自己的子弟为王，也没有什么不可以。"吕太后听了很高兴。

王陵指责陈平和周勃，说他们阿（ē）谀（yú）奉承，背弃了当初盟誓，死后有何面目去九泉之下见先帝？陈平和周勃说："要说现在在太后面前据理力争，我们比不上你；要说保全国家，安定刘氏的后人，你可就比不上我们了。" 王陵无言以对。之后太后拜王陵为太傅（fù），以此免了他的右丞相之位，王陵于是称病请辞回家。吕太后让左丞相陈平做了右丞相，让亲信辟阳侯审食（yì）其（jī）做左丞相，让他常常决断政务。之后，先选择刘家一些人封王，来缓和反对情绪，然后就开始陆续封赏吕氏家族，吕台、吕产、吕禄（lù）、吕通等都封了王，并害死了几个刘氏的王。吕家势力不断壮大，控制了朝廷大权。

公元前 180 年，吕太后去世。临死前封赵王吕产为相国，统领北军，吕禄为上将军，率领南军。吕太后死后，吕氏的诸侯王害怕刘氏迫害，

前 180

七月，吕后卒

前 180

九月，周勃、陈平诛诸吕

前 180

闰九月，大臣迎立刘恒为帝，是为文帝

于是秘密商议造反。吕禄女婿朱虚侯刘章得知吕家的阴谋，就将此事告诉齐王刘襄。刘襄调兵遣（qiǎn）将，发兵西进。吕产派灌婴带领兵马前去迎战。灌婴一到荥阳，就反过来与齐王联合，齐王通知他暂时按兵不动，等待时机成熟，一起除掉吕氏。

这时候，军权掌握在吕氏一族的手里。周勃、陈平知道吕氏要发动叛乱，想夺取兵权。

他们设计，让曲周侯郦（lí）商的儿子郦寄去劝说吕禄，骗他把兵权交给太尉，并说只要吕禄回到自己封地，齐国的兵就会撤退。吕禄和郦寄关系很好，于是相信了他的话，把北军交给了太尉周勃。周勃、陈平通过典掌皇帝符节的襄平侯纪通获得兵符，假装称皇帝命太尉统领北军。周勃到北军军中去，令拥护吕家的露出右臂，拥护刘家的露出左臂。北军中的将士都露出左臂，拥护刘氏，于是周勃顺利地接管了北军。吕产还不知道北军已落在周勃手里，他进入未央宫想要发动叛乱。周勃令朱虚侯刘章率一千余人进宫，杀了吕产。接着，派兵去诛杀吕氏一族。吕氏一族的势力被全部消灭，诸吕之乱平定，统治大权又回到刘氏一族。

诸吕之乱后，大臣们商议，将代王刘恒（héng）迎到长安，立为皇帝，这就是汉文帝。

文景之治

　　汉初，因社会经济凋敝，推崇黄老治术。汉文帝、汉景帝轻徭薄赋，重视农桑。到景帝后期时，生产日渐得到恢复并且迅速发展，出现了多年未有的稳定富裕的景象。国家的粮仓丰满起来了，府库里的大量铜钱多年不用，以至于穿钱的绳子烂了，散钱多得无法计算。

　　汉文帝即位之后，首先封赏了一批诛杀诸吕的功臣。他封周勃为右丞相，陈平为左丞相，灌（guàn）婴为太尉（wèi），构成了朝臣的核心，同时分封一批新的诸侯王。汉文帝继续推行汉初无为而治的政策，在汉朝初期经济有所恢复的基础上与民休息，发展经济，稳固社会秩序。

　　在经济上，汉文帝深知民间疾苦，因此推行轻徭薄赋（fù）的政策，在文帝二年（公元前178年）和文帝十二年（公元前168年），两次下令将田租减少为三十税一。在文帝十三年（公元前167年），还下令田租全免。他奉行节俭，下诏禁止郡国贡献奇珍异物。因此，国家的开支减少，一定程度上抑制了上层社会贵族官僚（liáo）奢（shē）侈（chǐ）无度的风气，从而减轻了人民的负担。

　　在法律方面，汉文帝提倡轻刑慎（shèn）罚。在秦朝时期，大多

前 174

淮南王刘长叛乱

前 174

匈奴冒顿单于卒

前 157

文帝卒，太子刘启即位，是为景帝

数犯罪的人都是要终生服劳役（yì）。同时，秦朝法律规定，罪人的亲属都要连坐，沦为官奴婢，称为"收孥（nú）相坐律令"。文帝在位时，这两条原则都予以废除。他规定根据犯罪情节轻重，规定具体的服刑期限。服刑期满之后，免为庶人。同时，废除了"收孥相坐律令"。此外，文帝即位不久后，就废止了诽谤妖言的罪行，使臣下能够大胆地提出不同的意见。

文帝四年（公元前176年），齐地有一位少女淳（chún）于缇（tí）萦（yíng），她的父亲淳于意是当时一代名医，因为得罪权贵，被人告发，被处以肉刑，押解到都城长安。缇萦毅然随父亲去了长安，上书朝廷，说人死不能复生，而受过肉刑失去肢体的人也不能再长出新的肢体，即使想要再改过自新也没有办法了。她自愿要求成为官奴婢来赎（shú）父亲的罪过。汉文帝听说之后，非常感动，不仅免除了她父亲淳于意的罪过，并且下诏废除黥（qíng）、劓（yì）、刖（yuè）等肉刑，而改用笞（chī）刑代替。

到了文帝的儿子汉景帝刘启即位之后，继承了文帝时期的措施，继续奉行无为而治、休养生息的政策，发展经济，奉行节俭，重视农业生产。汉景帝将文帝时期十五税一的农业税率进一步降低到三十税一，在法律上继续减轻刑罚，并且修正了文帝废肉刑改革中的一些不当之处，减轻了笞刑。

但是在经济持续发展、社会安定的时候，汉王朝内部的统治危机也逐渐浮现出来。汉朝从建立之初开始，就一直奉行无为而治的思想，虽然促进了经济的复苏，维护了社会的稳定，但是在地方上，由于各诸侯国相对独立，国内各诸侯王具有相当大的权力。因此中央政府的

前 156

减田租为三十税一

前 155

晁错为御史大夫

前 154

吴王刘濞等七国反，叛乱三月而平

无为，使得各诸侯国的势力膨胀，逐渐难以管控。在汉文帝时期，这个问题就显现出来。汉文帝的即位问题使得皇室内部产生了矛盾。在文帝三年（公元前 177 年）和文帝六年（公元前 174 年），济北王刘兴居和淮南王刘长先后起兵叛乱，都被文帝平定。但此时，诸侯国的势力已经对中央朝廷形成了威胁。汉文帝时期，贾谊曾上《陈政事疏》，向文帝建议分化诸侯王国的势力。

在文帝时期，吴王刘濞（bì）的太子刘贤入京，与当时还是太子的

◎晁错向景帝建议削藩。晁错一贯主张剥夺诸侯王的政治特权以巩固中央集权，虽然最终因触犯诸侯国利益而死，但是他为国深谋远虑、公而忘私的精神得到了世人的肯定。

前 152

汉景帝嫁公主与匈奴

前 150

汉景帝立胶东王刘彻为太子

前 141

景帝卒，太子刘彻即位，是为武帝

汉景帝刘启下棋，刘启失手将刘贤打死。由是，刘濞对汉景帝十分怨恨，从此称病不朝见皇帝。到了汉景帝时期，刘濞的势力更大，已成为诸侯国中国力最强的诸侯王。汉景帝任命晁（cháo）错为御（yù）史大夫，由于此时中央皇权与地方诸侯国的矛盾已经日益激化，于是晁错开始与汉景帝谋划削藩（fān），削减诸侯国的领地，这在诸侯国间造成很大震动。吴王刘濞趁机与各诸侯国密谋，准备起兵叛乱。

景帝三年（公元前154年），吴王刘濞联合楚、赵、胶西、胶东、济南、淄（zī）川等，共计七个诸侯王，打着"诛晁错，清君侧"的名号起兵发动叛乱，历史上称为"七国之乱"。初期叛军进展顺利，声势很大。与晁错素来不和的袁盎（àng）向汉景帝献出计策，建议诛杀晁错，以满足诸侯的要求，换取他们撤兵。于是汉景帝派袁盎出使吴国，并将晁错腰斩。但七国叛军拒绝退兵，汉景帝才令太尉周亚夫率军平定叛乱。周亚夫不和叛军正面作战，而是派一队轻骑兵截（jié）断了敌军的粮道，然后坚守不出。再趁敌军军心涣（huàn）散之时出击，击败叛军。不到三个月时间，就平定了七国之乱。

七国之乱后，汉景帝趁机将各诸侯王国的权力收回中央，大大削弱诸侯国的特权，巩固了中央政权的统治。

汉文帝、汉景帝在位期间，经济明显发展，国泰民安，汉王朝进入了一个盛世，史称"文景之治"。

汉武大帝

　　汉武帝十六岁登基，在位五十四年，南平百越，北逐匈奴，集权中央，首次开创丝绸之路，首次开创察举制，颁布推恩令，实施盐铁官营，采取董仲舒的"罢黜百家，独尊儒术"，但是在位后期实行巫蛊之术，写下罪己诏。

　　汉景帝去世后，太子刘彻（chè）继位，史称汉武帝。

　　汉武帝在位时，不再尊崇之前奉行的无为之策，而是积极作为。由于汉朝前期打下了良好的经济基础，使得汉武帝在位期间，可以在各个领域都建立功业。

　　为了进一步削弱诸侯国势力，汉武帝采用主父偃（yǎn）的计策，在元朔（shuò）二年（公元前 127 年）颁布"推恩令"，鼓励诸侯王将王国土地分封给子弟，实际上分化削弱了各个诸侯国的势力。之后又在元朔七年（公元前 122 年）颁布"左官律"和"附益法"，规定王国官为左官，表示地位低下，又限制士人与诸侯王的交往。诸侯从此不能参与政事，基本上对中央没有了威胁。

　　同时，汉武帝还加强了中央对地方的监控。元封五年（公元前 106 年），汉武帝将全国划分为十三个监察区，称为十三州部，各设立一

前 134

令郡国举孝廉各一人

前 133

王恢诱捕匈奴单于失败，汉匈断和亲

前 130

陈皇后因巫蛊罪被废

名刺史，分别负责监察不同郡县和王国。

在中央朝廷内部，汉武帝又选拔一批资历较浅的人才，成立中朝，参与决策。同时，削弱丞（chéng）相对皇权的约束力。

在对外政策上，由于汉朝到了武帝时期，国力强盛，汉武帝得以变被动为主动，积极开拓疆（jiāng）域（yù），尤其是在对匈奴的反击上。

反击匈奴的战争，从汉武帝元光六年（公元前 129 年）开始，共经历四十四年之久，其中又以取得漠北决战胜利为标志，划分为前后两个阶段，最重要的是第一个阶段。在这一时期内，汉军曾对匈奴展开三次重大反击作战（也有人称之为五大战役），并取得决定性的胜利，这就从根本上解决了匈奴的南下骚（sāo）扰问题。这三次战略反击，分别是河南、漠南之战，河西之战，漠北之战。

武帝元朔二年（公元前 127 年），匈奴骑兵进犯上谷（今河北怀来东南）、渔阳（今北京密云西南）等地。汉武帝避实就虚，实施反击，派遣（qiǎn）年轻将领卫青率大军进攻匈奴所占领的河南地。

卫青引兵北上，出云中，沿黄河西进，对占据河套及其以南地区的匈奴楼烦王、白羊王部落进行突袭，全部收复了河南地。汉武帝采纳主父偃（yǎn）的建议，在河南地设置朔方、五原两郡，并修筑朔方城，移内地民众十多万在朔方屯田守边。汉军收复河南地，具有重要的战略意义，不仅抽掉了匈奴进犯中原的跳板，解除了匈奴对长安的威胁，并且还为汉军建立了一个战略进攻的基地。匈奴贵族不甘心失去河南的战略要地，多次出兵袭扰朔方，企图夺回河南地区。

汉武帝于是决定反击，于元朔五年（公元前 124 年）春，发起了漠南之战。当时卫青任车骑将军，率军出朔方，进入漠南，反击匈奴

27

前 129

张骞抵达大月氏

前 128

卫青率军出雁门抗击匈奴

前 127

颁布推恩令，诸侯子弟得封列候

右贤王；李息等人出兵右北平（今内蒙古古宁城西南），牵制单于、左贤王，策应卫青主力军的行动。卫青出塞二三百公里，长途奔袭，突袭右贤王的王廷，打得对方措手不及，狼狈北逃。汉军俘敌一万多人，胜利归师。这一仗的胜利，进一步巩固了朔方要地，彻底消除了匈奴对京师长安的直接威胁，并将匈奴左右两部切断，以便分而制之。次年二月和四月，新任大将军的卫青两度率骑兵出击定襄（今内蒙古和林格尔西北）的匈奴，前后歼灭匈奴军队一万多人，扩大了对匈奴作战的战果，迫使匈奴主力后退到漠北一带，远离汉境。这为汉武帝下一步河西之战的胜利提供了必要条件。

河西即现在甘肃的武威、张掖、酒泉等地，因位于黄河以西，自古称为河西，又称河西走廊（láng）。它是内地至

◎骠骑将军霍去病。霍去病是大将卫青的外甥，善骑射，用兵灵活。大破匈奴后被封为骠骑将军，可惜天不假年，去世时年仅二十三岁。

前 126

张骞自西域归

前 125

匈奴入侵代郡、上郡、定襄等地

前 124

卫青率军出击匈奴，俘五千人

西域的重要通道，具有重要的战略地位，这时它仍在匈奴的控制之下，对汉朝的侧翼（yì）构成威胁。汉廷为了打通通往西域的道路和巩固西部地区，于是决定展开河西之战，为此，组织强大的骑兵部队，委派青年将领霍去病出征河西匈奴军。

元狩二年（公元前 121 年）三月，霍去病率骑兵万人出陇西，越过乌鞘（shāo）岭，进击河西走廊的匈奴。他采取突然袭击的战法，长驱（qū）直入，在短短的六天内连破匈奴五王国。接着翻越焉（yān）支山（今甘肃山丹大黄山）千余里，与匈奴军在皋兰山下展开大战，并取得胜利，歼敌近九千人，斩杀匈奴名王数人，俘虏浑邪王子及相国、都尉多人。

同年夏天，汉武帝为了彻底消灭河西匈奴军，再次命令霍去病率军出击。为了防止东北方向的匈奴左贤王部乘机进攻，他又让张骞（qiān）、李广等人率偏师出右北平，攻打左贤王，以策应霍去病主力的行动。

这一次，霍去病率骑兵数万人出北地郡，绕道河西走廊的北面，迂回纵深达一千多公里，远出敌后，由西北向东南出击，以秋风扫落叶之势，大破匈奴各部，在祁连山与合黎山之间的黑河（今弱水上游）流域与河西匈奴主力展开决战，杀敌三万余人，取得决定性胜利。霍去病共俘获匈奴名王五人及王母、王子、相国、将军等百余人，收降（xiáng）匈奴浑邪王部众四万，全部占领河西走廊地区。汉廷在那里设置武威、酒泉、张掖、敦（dūn）煌（huáng）四郡，移民实边戍守生产。

29

前 123

卫青等出定襄，斩匈奴万余人

前 122

颁布左官律

前 121

霍去病等出击匈奴，大获全胜

张骞通西域

为了消除匈奴的威胁，汉武帝刘彻派张骞出使大月氏，欲联合大月氏共击匈奴。张骞历经千辛万苦两次出使西域，打通了汉朝通往西域的南北道路，即赫赫有名的丝绸之路，将中原文明传播至西域，又从西域诸国引进了许多物种到中原，促进了东西方文明的交流。

汉武帝初年，匈奴中有人投降了汉朝。汉武帝从他们的谈话中知道一点西域（yù）（今新疆和新疆以西一带）的情况。他们说有一个月氏国，被匈奴打败，向西逃去，定居在西域一带。他们跟匈奴有仇，想要报复，就是没有人帮助他们。

汉武帝想，月氏既然在匈奴西边。汉朝如果能跟月氏联合起来，切断匈奴跟西域各国的联系，这不是等于切断了匈奴的右胳膊吗?

于是，他下了一道诏书，征求能干的人到月氏去联络。当时，谁也不知道月氏国在哪儿，也不知道有多远。要担负这个任务，可得有很大的勇气。

有个年青的郎中张骞（qiān），觉得这是一件有意义的事，首先应征。有他一带头，别的人胆子也大了，有一百名勇士应了征。有个在长安的匈奴族人叫堂邑（yì）父，也愿意跟张骞一块儿去找月氏国。

30

前 119

卫青、霍去病深入漠北，重创匈奴

前 119

张骞第二次出使西域

前 118

始铸五铢钱

公元前 138 年，汉武帝就派张骞带着一百多个人出发去找月氏。但是要到月氏，一定要经过匈奴占领的地界。张骞他们小心地走了几天，还是被匈奴兵发现围住，全都做了俘虏（lǔ）。

匈奴人没有杀他们，只是派人把他们分散开来管住，只有堂邑父跟张骞住在一起，一住就是十多年。

日子久了，匈奴对他们管得不那么严。张骞跟堂邑父商量了一下，趁着匈奴人不防备，骑上两匹快马逃了。

他们一直向西跑了几十天，吃尽苦头，逃出了匈奴地界，没找到月氏，却闯进了另一个国家——大宛（wǎn）（在今中亚细亚）。

大宛和匈奴是近邻，当地人懂得匈奴话。张骞和堂邑父都能说匈奴话，交谈起来很方便。他们见了大宛王，大宛王早就听说汉朝是个富饶（ráo）强盛的大国，这回听到汉朝的使者到了，很欢迎他们，并且派人护送他们到康居（约在今巴尔喀什湖和咸海之间），再由康居到了月氏。

月氏被匈奴打败了以后，迁到大夏（今阿富汗北部）附近建立了大月氏国，不想再跟匈奴作战。大月氏国王听了张骞的话，不感兴趣，但是因为张骞是个汉朝的使者，也很有礼貌地接待他。

张骞和堂邑父在大月氏住了一年多，还到大夏去了一次，看到了许多从未见到过的东西。但是他们没能说服大月氏国共同对付匈奴，只好回来。经过匈奴地界，又被扣押了一段时间，幸好匈奴发生了内乱，才逃出来回到长安。

张骞在外面足足过了十三年才回来。汉武帝认为他立了大功，封他做太中大夫。

31

◎张骞带领随从，踏上寻找月氏之路。此行不仅要寻找未知的月氏国，而且还要穿过匈奴境内，凶险异常。

秦 汉

前 117

前 115

前 114

霍去病卒

张骞自西域归

张骞卒

张骞向汉武帝详细报告了西域各国的情况。他说："我在大夏看见邛（qióng）山（在今四川省）出产的竹杖和蜀地（今四川成都）出产的细布。当地的人说这些东西是商人从天竺（zhú）（就是现在的印度）运来的。"他认为既然天竺可以买到蜀地的东西，一定离蜀地不远。

汉武帝就派张骞为使者，带着礼物从蜀地出发，去结交天竺。张骞把人马分为四队，分头去找天竺。四路人马各走了两千里地，都没有找到。有的被当地的部族打回来了。

往南走的一队人马到了昆明，也给挡住了。汉朝的使者绕过昆明，到了滇（diān）越（在今云南东部）。滇越国王的上代原是楚国人，已经有好几代跟中原隔绝了。他愿意帮助张骞找道去天竺，可是昆明在中间挡住，没能过去。

张骞回到长安，汉武帝认为他虽然没有找到天竺，但是结交了一个一直没有联系过的滇越，也很满意。

到了卫青、霍去病消灭了匈奴兵主力，匈奴逃往大沙漠北面以后，西域一带许多国家看到匈奴失了势，都不愿意向匈奴进贡纳税。汉武帝趁这个机会再派张骞去通西域。公元前119年，张骞和他的几个副手，拿着汉朝的旌（jīng）节，带着三百个勇士，每人两匹马，还带着一万多头牛羊和黄金、钱币、绸（chóu）缎（duàn）、布帛等礼物去结交西域。

张骞到了乌孙（在新疆境内），乌孙王出来迎接。张骞送了他一份厚礼，建议两国结为亲戚，共同对付匈奴。乌孙王只知道汉朝离乌孙很远，可不知道汉朝的兵力有多强。他想得到汉朝的帮助，又不敢得罪匈奴，因此乌孙君臣对共同对付匈奴这件事商议了几天，还是决定不下来。

张骞恐怕耽误日子，打发他的副手们带着礼物，分别去联络大宛、

秦 汉

前 112

前 111

前 110

汉武帝以酎金律夺列侯爵位者百余人

平定西羌，南越降

武帝北巡，封禅泰山

大月氏、于阗（tián）（在今新疆和田一带）等国。

乌孙王还派了几个翻译帮助他们。

这许多副手去了好些日子还没回来。乌孙王先送张骞回到长安，他派了几十个人跟张骞一起到长安参观，还带了几十匹高头大马送给汉朝。

汉武帝见了他们已经很高兴了，又瞧见了乌孙王送的大马，格外优待乌孙使者。

过了一年，张骞生病死了。张骞派到西域各国去的副手也陆续回到长安。副手们把到过的地方合起一算，总共到过三十六国。

打那以后，汉武帝每年都派使节去访问西域各国，汉朝和西域各国逐渐都建立了友好交往。西域派来的使节和商人也络（luò）绎（yì）不绝。中国的丝和丝织品，经过西域运到西亚，再转运到欧洲，后来人们把这条路线称作"丝绸之路"。

前 110

史学家司马谈（司马迁父亲）卒

前 108

汉军破楼兰、车师

前 108

朝鲜降汉，于其地置四郡

司马迁修《史记》

　　司马迁出生在一个世代为史官的家庭，他的父亲司马谈立志于修一部通史，但是一直没有完成。司马迁以超卓的才华和惊人的毅力，历时十八年，写出我国第一部纪传体通史，被后人称为"史家之绝唱，无韵之离骚"。

　　苏武出使匈奴的第二年，汉武帝派贰（èr）师将军李广利带兵三万，攻打匈奴，打了个大败仗，几乎全军覆（fù）没，李广利逃了回来。飞将军李广的孙子李陵（líng）当时担任骑都尉，带着五千名步兵跟匈奴作战。单于亲自率领三万骑兵把李陵的步兵团团围困住。尽管李陵的箭法十分好，兵士也十分勇敢，五千步兵杀了五六千名匈奴骑兵，但是匈奴兵越来越多，汉军寡（guǎ）不敌众，后面又没救兵，最后只剩了四百多汉兵突围出来。李陵被匈奴逮住，投降了。

　　李陵投降匈奴的消息震动了朝廷。汉武帝把李陵的母亲和妻儿都关进了监狱，并且召集大臣，要他们议一议李陵的罪行。

　　大臣们都责备李陵不该贪生怕死，向匈奴投降。汉武帝问太史令司马迁，听听他的意见。

　　司马迁说："李陵带去的步兵不满五千，他深入到敌人的腹地，

打击了几万敌人。他虽然打了败仗，可是杀了这么多的敌人，也可以向天下人交代了。李陵不肯马上去死，准有他的主意。他一定还想将功赎（shú）罪来报答皇上。"

汉武帝听了，认为司马迁这样为李陵辩护，是有意贬低李广利（李广利是汉武帝宠妃的哥哥），勃然大怒，说："你这样替投降敌人的叛徒强辩，不是存心反对朝廷吗？"他吆喝一声，就把司马迁关进了监狱，交给廷尉审问。

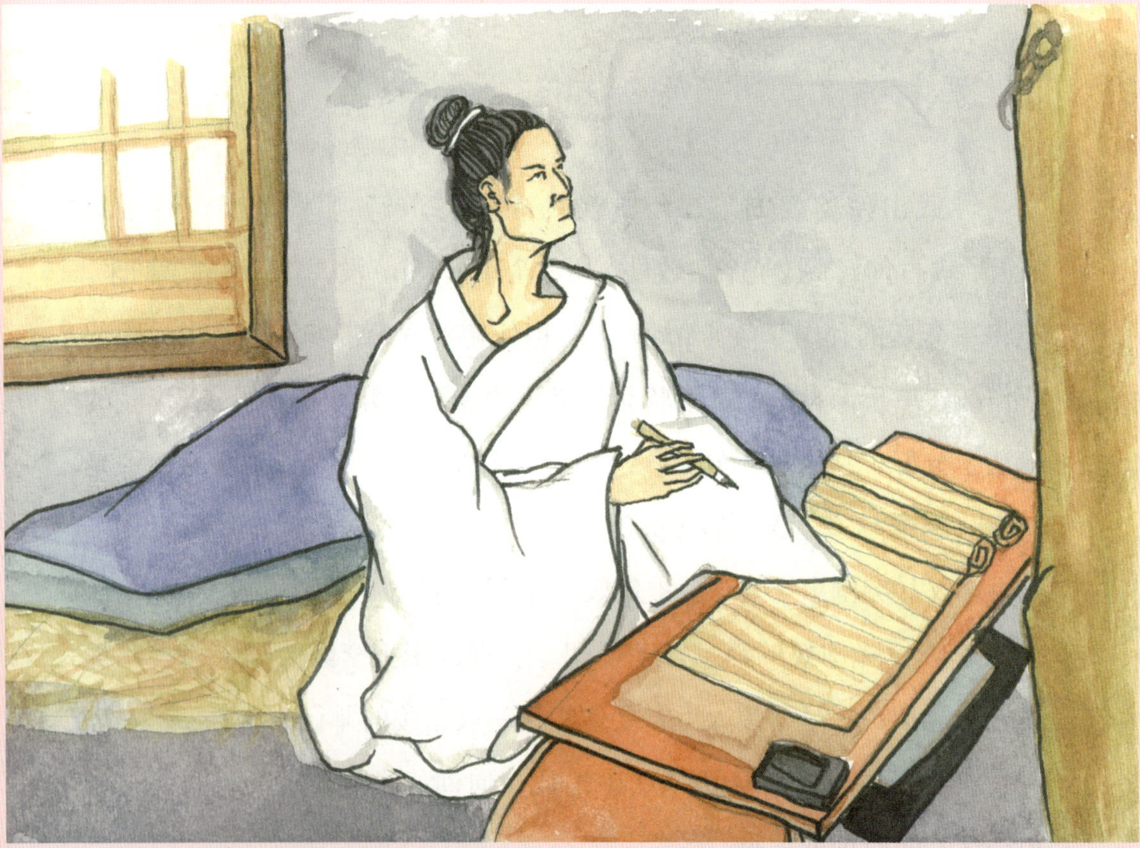

◎司马迁发愤著书。《史记》凝聚了司马迁毕生的心血，是中国第一部纪传体通史，被誉为"史家之绝唱，无韵之离骚"。

审问下来，把司马迁定了罪，判了腐刑（一种肉刑）。司马迁拿不出钱赎罪，只好受了刑罚，关在监狱里。

司马迁认为受腐刑是一件很丢脸的事，他几乎想自杀。但他想到自己有一件极重要的工作没有完成，不应该死。因为当时他正在用全部精力写一部书，这就是我国古代伟大的历史著作之一——《史记》。

原来，司马迁的祖上好几辈都担任史官，父亲司马谈也是汉朝的太史令。司马迁十岁的时候，就跟随父亲到了长安，从小就读了不少书籍。

为了搜集史料，开阔眼界，司马迁从二十岁开始，就游历祖国各地。他到过浙江会（kuài）稽（jī），看了传说中大禹召集部落首领开会的地方；到过长沙，在汨（mì）罗江边纪念爱国诗人屈原；到过曲阜（fù），考察孔子讲学的遗址；到过汉高祖的故乡，听取沛（pèi）县父老讲述刘邦起兵的情况……这种游览和考察，使司马迁获得了大量的知识，又从民间语言中汲取了丰富的营养，给司马迁的写作打下了重要基础。

此后，司马迁当了汉武帝的侍从官，又跟随皇帝巡行各地，还奉命到巴、蜀、昆明一带视察。

司马谈死后，司马迁继承父亲的职务，做了太史令，他阅读和搜集的史料就更多了。

可正在他着手写作的时候，便因为替李陵辩护得罪武帝，被关进了监狱，受了刑。他鼓励自己说："从前周文王被关在羑（yǒu）里，写了一部《周易》；孔子周游列国的路上被困在陈蔡，后来编了一部《春秋》；屈原遭到放逐，写了《离骚》；左丘明眼睛瞎了，写了《国语》；孙膑（bìn）被剜掉膝盖骨，写了《兵法》。还有《诗经》三百篇，大都是古人在心情忧愤的情况下写的。这些著作，都是作者心里有郁闷，

或者理想行不通的时候，才写出来的。我为什么不利用这个时候把这部史书写好呢？"

于是，他把黄帝时代一直到汉武帝太始二年（公元前 95 年）这段时期的历史，编写成一百三十篇、五十二万字的巨型著作《史记》。

司马迁在他的《史记》中，对古代一些著名人物的事迹都作了详细的叙述。他对于农民起义领袖陈胜、吴广，给予高度的评价；对被压迫的下层人物往往表示同情的态度。他还把古代文献中过于艰深的文字改写成当时比较浅近的文字，人物描写和情节描述，形象鲜明，语言生动活泼。因此，《史记》既是一部伟大的历史著作，又是一部杰出的文学著作。

司马迁出了监狱以后，担任中书令。后来，终于郁郁不乐地死去。但他和他的著作《史记》在我国的史学史、文学史上都享有很高的地位。

前 183

上官安之女被立为皇后

前 81

苏武被扣十九年后自匈奴归汉

昭宣中兴

昭宣二帝在位期间，励精图治，继续实行汉武帝以来的政策，着力整顿吏治，任用贤能，还致力恢复和发展农业生产，使社会生产重新得到恢复和发展。昭宣二帝这些政治、经济措施的实行，使一度国力衰退的西汉王朝又兴盛起来。

汉武帝末年，由于长时期的攻打匈奴以及严刑峻（jùn）法，阶级矛盾逐渐尖锐，农民起义不断。在民怨沸（fèi）腾的情况下，汉武帝不得不下轮台罪己诏，更改统治方针，宣布要发展生产，与民休息。

公元前 87 年，汉武帝病逝，继位的汉昭（zhāo）帝年纪才八岁。按照汉武帝死前的嘱咐，由大将军霍（huò）光来辅助他，政事全部由霍光决断。左将军上官桀（jié）想把他六岁的孙女嫁给汉昭帝做皇后，被霍光拒绝。后来，上官桀靠汉昭帝的姐姐盖长公主的帮助，让孙女当上了皇后。上官桀和他的儿子上官安想封盖长公主的一个男宠做侯，也被霍光拒绝，于是上官桀父子、盖长公主都把霍光看作眼中钉，他们勾结燕王刘旦，想方设法要陷害霍光。

元凤元年（公元前 80 年），刘旦上书控告霍光专权，怀疑霍光有异常举动，请求入京侍卫，准备与上官桀等人一起，趁机除掉霍光。他们便准备以宴请霍光为名，将他刺杀，然后废掉昭帝，立刘旦为天子。事情被揭发后，霍光诛杀上官桀及上官安父子、桑弘羊等及其宗族。

前 80

上官桀、桑弘羊等发动政变失败

前 74

昭帝卒，立刘询为帝，是为宣宗

前 68

霍光卒，宣帝亲政

◎赈贷农民。国家将粮食借给农民，定期偿还，这样可以避免豪富之家对农民的盘剥。

燕王刘旦、盖长公主自杀而死。

元平元年（公元前74年），汉昭帝病死，年仅二十一岁。霍光把昌邑（yì）王刘贺立为皇帝。后来又率群臣上奏皇太后将刘贺废掉。公元前74年，霍光选择了武帝太子刘据之孙、十八岁的刘询继位，是为宣帝。

昭宣二帝在位期间，励精图治，继续实行汉武帝以来的政策，着力整顿吏治，任用贤能，提拔了很多能干的大臣。宣帝重视吏治，认为治国之道应以"霸道"、"王道"相互使用，反对只使用儒术。 为维护法律正常行使，汉宣帝设置治御史以审核廷尉量刑轻重，重视民命之外又加强中央对地方的控制。此外汉宣帝又召集著名儒生在未央宫讲论五经。

昭宣二帝还多次下诏救济农民，废除一些苛法，屡次减免田租、口赋（fù）等税收，减轻农民的负担。恢复和发展农业生产，推行一系列措施如招抚流亡、安定民生等，使社会生产重新得到恢复和发展。

昭宣时这些政治、经济措施的实行，使一度国力衰退的西汉王朝又兴盛起来，史称"昭宣中兴"。

王莽改制

　　为缓和西汉末年日益加剧的社会矛盾，新朝皇帝王莽仿照《周礼》的制度推行新政，包括土地改革、币制改革、商业改革和官名县名改革等。但王莽的改制不仅未能挽救西汉末年的社会危机，反而使各种矛盾进一步激化，这是为什么呢？

　　西汉后期，到了汉成帝时期，朝廷的大权逐渐落在外戚手里。成帝的母亲、皇太后王政君有八个兄弟，除了一个早死以外，其他七个都被封为侯。其中最大的王凤还被封为大司马、大将军。

　　王凤掌握了大权，他的几个兄弟、侄儿都十分骄横奢（shē）侈（chǐ）。只有一个侄儿王莽（mǎng），因为他父亲死得早，没有那种骄奢的习气。他像平常的读书人一样，做事谨（jǐn）慎（shèn）小心，生活也比较节俭（jiǎn）。人们都说王家子弟数王莽最好。

　　王凤死后，他的两个兄弟前后接替他做了大司马，后来又让王莽做了大司马。王莽很注意招揽（lǎn）人才，有些读书人仰慕（mù）他的名气来投奔，他都收留了。

　　汉成帝死了后，不出十年，换了两个皇帝——哀帝和平帝。汉平帝即位的时候，年纪才九岁，国家大事都由大司马王莽做主。有些吹捧王莽的人说王莽是安定汉朝的大功臣，请太皇太后王政君封王莽为

41

安汉公。王莽说什么也不肯接受封号和封地。后来，经大臣们一再劝说，他只接受了封号，把封地退了。

公元 2 年，中原发生了旱（hàn）灾和蝗（huáng）灾。由于多少年来，贵族、豪强不断兼并土地，剥削农民，逢到灾荒，老百姓没法活下去，都骚（sāo）动起来。

为了缓和老百姓对朝廷和官吏的愤恨，王莽建议公家节约粮食和布帛。他自己先拿出一百万钱，三十顷地，当作救济灾民的费用。他这样一带头，一些贵族、大臣也只好拿出一些土地和钱来。

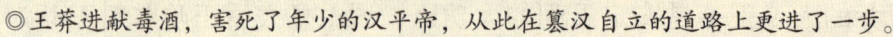

◎王莽进献毒酒，害死了年少的汉平帝，从此在篡汉自立的道路上更进了一步。

42

太皇太后把新野（今河南新野）的二万多顷（qǐng）地赏给王莽，王莽又推辞了。

王莽还派八个心腹大臣分头到各地方去观察风土人情。他们把王莽不肯接受新野封地这件事到处宣扬，说王莽怎么虚心，怎样谦让。当时，中小地主都恨透了兼并土地的豪强，一听王莽连封给他的土地都不要，就觉得他是个了不起的好人。

王莽越是不肯受封，越是有人要求太皇太后封他。据说，朝廷里的大臣和地方上的官吏、平民上书请求加封王莽的人共有四十八万多人。有人还收集了各种各样歌颂王莽的文字，一共有三万多字。王莽的威望就越来越高。

别人越是吹捧王莽，汉平帝越觉得王莽可怕。因为王莽不准平帝的母亲留在身边，还把他舅家的人杀光。汉平帝渐渐大了，免不得背地说了些抱怨的话。

有一天，大臣们给汉平帝上寿。王莽亲自献上一杯毒酒。

汉平帝没有怀疑，接过来喝了。

第二天，宫里传出话来，汉平帝得了重病，没有几天就死了。王莽还假惺（xīng）惺哭了一场。汉平帝死的时候才十四岁，当然没有儿子。王莽从刘家的宗室里找了一个两岁的幼孩为皇太子，叫做孺（rú）子婴（yīng）。王莽自称"假皇帝"（假是代理的意思）。

有些文武官员想做开国功臣，劝王莽即位做皇帝。王莽也觉得做代理皇帝不如做真皇帝。于是，有一批吹捧的人纷纷制造出许多迷信的东西来骗人。什么"王莽是真命天子"的图书也发现啦，什么在汉高祖庙里还发现"汉高祖让位给王莽"的铜匣子啦。

一直以推让出名的王莽这会儿不再推让了。王莽向太皇太后去讨

汉朝皇帝的玉玺（xǐ）。王政君这才大吃一惊，不肯把玉玺交出来。后来被逼得没法子，只好气愤地把玉玺扔在地上。

公元 8 年，王莽正式即位称皇帝。改国号叫新，都城仍在长安。从汉高祖称帝开始的西汉王朝，统治了二百一十年，到这时候就结束了。

王莽做了皇帝，打着复古改制的口号，下令变法。第一，把全国土地改为"王田"，不准买卖；第二，把奴婢称为"私属"，不准买卖；第三，评定物价，改革币制。

这些改革，听起来都是好事情。可是没有一件不是办得挺糟糕的。土地改制和奴婢私属，在贵族、豪强的反对下，一开始就没法实行；评定物价的权力掌握在贵族官僚（liáo）手里，他们正好利用职权投机倒把、贪污勒索，反倒增加了人民的负担。币制改了好几次，钱越改越小，价越作越大，无形之中又刮了老百姓的一笔钱。

这种复古改制，不但受到农民反对，许多中小地主也不支持他。三年以后，王莽又下了命令，王田、奴婢又可以买卖了。

王莽还想借对外战争来缓和国内的矛盾，这一来又引起了匈奴、西域、西南各部族的反对。王莽又征用民夫，加重税收，纵容残酷的官吏，对老百姓加重刑罚。这样，就逼得农民不得不起来反抗了。

绿林、赤眉起义

　　王莽改制不仅没能挽救西汉末年的社会危机，反而使百姓陷入更深的苦难深渊。百姓已无法生活，不断有农民起义。面对农民的反抗，王莽采用各种高压政策，结果又激起更大规模的反抗，终于爆发了绿林赤眉起义。

　　王莽的残酷剥削，加上一连串的天灾，逼得农民走投无路，纷纷起义。东方和南方都有大批的农民起来反抗官兵。

◎饥饿的农民在挖野荸荠。王莽改制不仅没有缓解统治危机，反而进一步加剧了社会矛盾，广大农民无法生存，只能纷纷起义。

公元 17 年，南方荆（jīng）州闹饥荒，老百姓不得不到沼泽地区挖野荸（bí）荠（qí）充饥。人多野荸荠少，引起了争夺。新市（今湖北京山东北）有两个有名望的人，一个叫王匡（kuāng），一个叫王凤，出来给农民调解，受到农民的拥护。大家就公推他们当首领。

王匡、王凤就把这批饥民组织起来起义，一下子就聚集了好几百人，还有一些逃亡的犯人也来投奔他们。

王匡他们占领了绿林山（今湖北大洪山）作为根据地，攻占附近的乡村。不到几个月工夫，这支起义军发展到七八千人。

王莽派了两万官兵去攻打绿林军，被绿林军打得大败而逃。绿林军趁势攻下了几座县城，打开监狱，放出囚犯。把官家粮仓里的粮食，一部分分给当地穷人，大部分搬到绿林山。投奔绿林山的穷人越来越多，起义军增加到五万多。

第二年，绿林山上不幸发生了疫（yì）病，五万人差不多死了一半。还有一半只好离开绿林山，并分成了三路人马——新市兵、平林（在今湖北随县东北）兵和下江（长江在湖北西部以下叫下江）兵，继续起义。这三路人马各自占领一块地盘，队伍又强大起来了。

当南方的绿林军在荆（jīng）州一带打击官兵的时候，东方的起义军也壮大起来。琅（láng）琊（yá）海曲（今山东日照县）有个姓吕的老大娘，儿子是县里的一个公差，因为没肯依县官的命令毒打没钱付税的穷人，被县官杀害了。这一来激起了公愤。有上百个穷苦农民起来替吕母的儿子报仇，杀了县官，跟着吕母逃到黄海，一有机会就上岸打官兵。

这时候，另一个起义领袖樊（fán）崇（chóng）带领几百个人占领了泰山。吕母死了后，她手下的人投奔樊崇起义军。不到一年工夫，

46

就发展到一万多人，在青州和徐州之间来往打击官府、地主。

樊崇的起义军很讲纪律，规定谁杀死老百姓就要被处死，谁伤害老百姓就要受罚。所以，百姓很拥护他们。

公元 22 年，王莽派太师王匡（和绿林军中的王匡是两个人）和将军廉（lián）丹率领十万大军去镇压樊崇起义军。樊崇做好准备，跟官兵大战。为了避免起义兵士跟王莽的兵士混杂，樊崇叫他的部下都在自己的眉毛上涂上红颜色，作为识别的记号。这样，樊崇的起义军得了一个别名，叫"赤眉军"。

王莽的军队和赤眉军打了一仗。结果，官兵打了败仗，逃散了一大半。太师王匡（kuāng）的大腿被樊崇扎了一枪，逃了回去。将军廉丹在乱军之中被杀了。赤眉军越打越强，发展到了十多万人。

绿林、赤眉两支起义大军分别在南方和东方打败王莽军的消息一传开，其他地方的农民也都活跃起来。黄河两岸的平原上大大小小起义军有几十路。有一批没落的贵族和地主、豪强也趁机起兵，反对王莽。

南阳郡春（chōng）陵乡的豪强刘縯、刘秀兄弟两人，因为王莽废除汉朝宗室的封号，不许刘姓人做官，心里怨恨，发动族人和宾客七八千人在春陵乡起兵。他们和绿林军三路人马联合起来，接连打败了几名王莽的大将，声势就强大起来了。

绿林军的几支队伍没有统一的指挥。将士们认为人马多了，必须有个首领，才能统一号令。一些贵族地主出身的将军，利用当时有些人的正统观念，认为一定要找一个姓刘的人当首领，才能符合人心。

绿林军里姓刘的人很多，该推谁做首领呢？春陵兵想推刘縯，可是新市和平林兵的将领怕刘縯势力太大，一定要立一个破落的贵族刘玄（xuán）做皇帝。刘縯又提出等消灭了王莽、收服赤眉军以后，再

立皇帝，也遭到反对。刘縯觉得自己力量不够，也只好同意了。

　　公元23年，绿林军各路将士正式立刘玄做皇帝，恢复汉朝国号，年号"更始"，所以刘玄又称更始帝。更始帝拜王匡、王凤为上公，刘縯为大司徒，刘秀为太常偏将军，其他将领也各有各的封号。

　　打那时候起，绿林军又称为汉军。

光武中兴

　　光武帝完成了统一大业，恢复了汉室的统治。天下百姓久遭战祸，财物耗尽，天下太平是众心所向。于是光武帝采取了一系列措施来恢复和发展经济，使东汉初年出现了社会安定、经济恢复、人口增长的局面，因刘秀谥号为光武，所以称此时期为光武中兴。

　　绿林、赤眉大起义推翻新莽政权后，很快又陷入了混战状态。更始帝刘玄进入长安后，大封功臣，并醉心于皇帝的生活，整日饮酒作乐。此时，赤眉军另立刘盆子为帝，并整顿军队，加紧向长安进军。

　　当绿林、赤眉两支起义大军各立天子、相互混战之际，刘秀乘机壮大自己的势力，最终统一了中国，重建了汉室天下。公元二十五年六月，刘秀称帝，沿用汉的国号，年号建武，称光武帝。

　　刘秀称帝后，基本控制了中原地区（今河南、河北大部和山西南部），但各地仍然处于分裂割据的局面。光武帝根据形势，决定先集中力量消灭对中原威胁最大的关东武装势力，再率部队向西各个击破。不久，攻占洛阳，并迁都洛阳，用了四年时间，就将关东地区各个割据势力全部铲除。

在平定关东割据势力的同时，在关中开始平定赤眉农民起义军。公元 25 年九月，赤眉军攻入长安，推翻了更始政权。

公元 26 年，光武帝派邓禹（yǔ）在关中与赤眉军交战多次，大大削弱了赤眉军的力量，但汉军方面也损失很大。于是光武帝又派善于治军、作战稳健的冯异率军前往支援。公元 27 年二月，冯异在崤（xiáo）底做好埋伏，引诱赤眉军深入，然后发动突然袭击。赤眉军阵脚大乱，八万多人被迫投降。接着，光武帝亲率大军，在宜阳（今河南宜阳西）拦截折向东南的赤眉军，将他们全部歼灭，赤眉军首领樊（fán）崇（chóng）等十余万人投降。至此，光武帝终于将持续战斗了十年多的赤眉农民起义军镇压，夺得了关中地区，于是开始了下一步的战略，向西收复陇、蜀，统一全国。光武帝根据形势，制定了由近及远、各个击破的战略方针。到公元 36 年底，光武帝彻底平定巴蜀，取得了统一战争的最后胜利。

光武帝在位三十三年，用"柔道"治理天下，采取了一系列措施，曾公布六道释放奴婢诏令。建武十一年，

◎光武帝刘秀。他一改汉高祖诛戮功臣的做法，而是解除其兵权，给予他们尊崇的地位，因而东汉开国大将均得以善终。

连下三次诏令，规定杀奴婢的人不得减罪；虐待奴婢的人依法治罪；释放部分奴婢为庶人；废除奴婢射伤人处死刑的法律。恢复西汉较轻的田税制，实行三十税一。解散地方军队，废除更役制度，组织军队屯田。简政减吏，裁并400多县。放免刑徒为庶民，用于边郡屯田。建武十五年，下令核查田亩、检查户口，加强封建国家对土地和劳动力的控制。加强中央集权，对功臣赐优厚的爵（jué）禄（lù），但禁止他们干政。排斥三公，加重原在皇帝左右掌管文书的尚书的权力，全国政务经尚书台总揽于皇帝，在地方上废除掌握军队的都尉。光武帝还大兴儒学，推崇气节，东汉一朝也被后世史家推崇为中国历史上"风化最美、儒学最盛"的时代。

由于以上种种措施，使东汉初年出现了社会安定、经济恢复、人口增长的局面，史称"光武中兴"。

班超投笔从戎

　　班超出身名门，父亲班彪是著名史学家，哥哥班固编纂了《汉书》，妹妹班昭也是历史学家。然而班超却并不愿意继承父亲的事业，投笔从戎。他两次出使西域，使西域五十多个国家都归附了汉王朝，当时西域人誉"班超是西域的万王之王"。

◎班超投笔从戎。班超投身军旅后，凭借一己之力恢复了汉朝对西域的统治，再现了汉宣帝时期的辉煌。

　　汉光武帝建立东汉王朝以后，请了一个大学问家班彪（biāo）整理西汉的历史。班彪有两个儿子名叫班固、班超，一个女儿叫班昭，从小都跟父亲学习文学和历史。

　　班彪死了以后，汉明帝叫班固做兰台令史，继续完成他父亲所编写的历史书籍（jí），就是《汉书》。班超跟着他哥哥做抄写工作。兄弟俩都很有学问，可是性情不一样，班固喜欢研究百家学说，专心致志写他的《汉书》。班超可不愿意老伏在案头写东西。他听到匈奴不断地侵（qīn）扰边疆（jiāng），掠夺居民和牲（shēng）口，就扔了笔，气愤地说："大丈夫应当像张骞那样到塞外去立功，怎么能老死在书房里呢。"就这样，他决心投笔从戎。

　　公元73年，大将军窦（dòu）固出兵攻打匈奴，班超在他手下担任代理司马，立了战功。

　　窦固为了抵抗匈奴，想采用汉武帝的办法，派人联系西域各国，共同对付匈奴。他赏识班超的才干，派班超担任使者到西域去。

　　班超带着随从三十六人先到了鄯（shàn）善。鄯善原来是归附匈奴的，因为匈奴逼他们纳税进贡，索要财物，鄯善王很不满意。但是这几十年来，汉朝顾不到西域那一边，他只好勉强听匈奴的命令，这次看到汉朝派了使者来，他就挺高兴地招待着他们。

　　过了几天，班超发现鄯善王对待他们忽然冷淡起来。他起了疑心，跟随从的人员说："你们看得出来吗？鄯善王对待咱们跟前几天不一样，我猜想一定是匈奴的使者到这儿了。"

　　话虽这样说，毕竟只是一种猜想。刚巧鄯善王的仆（pú）人送酒食来。班超装得早就知道的样子说："匈奴的使者已经来了几天？住在什么地方？"鄯善王和匈奴使者打交道，本来是瞒着班超的。那个仆人给

班超一吓，以为班超已知道这件事，只好老实回答说："来了三天了，他们住的地方离这儿三十里地。"

班超把那个仆人扣留起来，立刻召集三十六个随从人员，对他们说："大家跟我一起来到西域，无非是想立功报国。现在匈奴使者才到几天，鄯善王的态度就变了。要是他把我们抓起来送给匈奴人，我们的尸骨也不能回乡了，你们看怎么办？"大家都说："现在情况危急，死活全凭你啦！"班超说："大丈夫不入虎穴，焉（yān）得虎子！现在只有一个办法，趁着黑夜，到匈奴的帐（zhàng）篷（peng）周围，一面放火，一面进攻。他们不知道咱们有多少人马，一定着慌。只要杀了匈奴的使者，事情就好办了。"

到了半夜里，班超率领三十六个壮士偷袭匈奴的帐篷。那天晚上，正赶着刮大风，班超吩咐十个壮士拿着鼓躲在匈奴的帐篷后面，二十个壮士埋伏在帐篷前面，自己跟其余六个人顺风放火。火一烧起来，十个人同时敲鼓、呐喊，其余二十个人大喊大叫地杀进帐篷。

匈奴人从梦里惊醒，到处乱逃。班超打头冲进帐篷，其余的壮士跟着班超杀进去，杀了匈奴使者和三十多个随从，把所有帐篷都烧了。

班超回到自己的营房里，天刚发白。班超请鄯善王过来。鄯善王一看到匈奴的使者已被班超杀了，就对班超表示愿意服从汉朝的命令。

班超回到汉朝，汉明帝提拔班超做军司马，又派他到于阗（tián）去。明帝叫他多带点人马，班超说："于阗国家大，路程又远，就是多带几百人去，也不顶事。如果遇到什么意外，人多反而添麻烦。"

结果，班超还是带了原来的三十六个人到于阗去。

于阗王见班超带的人少，接见的时候，并不怎么热情。班超劝他脱离匈奴，跟汉朝交好。他犹豫不决，于是找巫（wū）师向神请示。

那个巫师本来反对于阗王跟汉朝交好，他装神弄鬼，对于阗王说："你为什么要结交汉朝？汉朝使者那匹浅黑色的马还不错，可以拿来给我。"

于阗王派国相向班超去讨马。班超说："可以，叫巫师自己来拿吧。"

那巫师得意扬扬地到班超那儿取马。班超也不跟他多说，立刻拔出刀把他斩了。接着，他提了巫师的头去见于阗王，责备说："你要是再勾结匈奴，这巫师就是你的榜样。"

于阗王早就听说班超的威名，看到这个场面，也吓得软了，说："愿意跟汉朝和好。"

鄯善、于阗是西域的主要国家，他们结交了汉朝，别的西域（yù）国家像龟（qiū）兹（cí）、疏勒（在今新疆喀什噶尔一带）等也都跟汉朝和好了。

西域各国从王莽执政时期起，跟汉朝不相往来已经有六十五年，到了这时候，才恢复张骞（qiān）通西域时期的局面，双方又经常有使者和商人交往。

过了两年，汉明帝死去，他的儿子刘炟（dá）即位，这就是汉章帝。

党锢之祸

东汉后期，皇帝大权旁落，朝政由宦官和外戚把握，政治十分黑暗。太学生利用太学讨论政治，抨击宦官，得到了官僚的支持。宦官们对此恨之入骨，诬蔑太学生和官僚结成朋党，要对朝廷不利，对他们进行了严厉的打击。于是，造成了前后两次"党锢之祸"。

东汉后期宦（huàn）官专权日益严重，尤其是桓（huán）帝、灵帝时期，有宦官五侯，依仗权势，为所欲为，他们把持朝政，买卖官职，从朝廷到全国郡（jùn）县，都有他们的亲信，搞得社会黑暗不堪。

当时有一批士族地主出身的官员，不满宦官掌权，主张改革朝政，罢斥宦官。还有一批中小地主出身的太学生，因为社会腐败，找不到出路，也要求改革。他们批评朝政，对掌权的宦官和附和宦官的人，深恶痛绝。

公元165年，陈蕃（fān）做了太尉，名士李膺（yīng）做了司隶（lì）校尉（wèi），这两个人都是不满宦官的。太学生都拥护他们，把他们看作是模范人物。

李膺当了司隶校尉后，有人告发宦官张让的兄弟、野王县令张朔（shuò）贪污勒索。李膺要查办张朔，张朔逃到洛阳，躲进他哥哥家里。

秦汉

161
朝廷鬻卖关内候以下爵位以换取钱财

165
三月，李膺举报官吏贪污，反被宦官下狱

165
七月，以陈蕃为太尉

李膺亲自带领公差到张让家搜查，在张家的夹墙里搜出张朔，把他逮走。张让赶快托人去求情，李膺已经把案子审理清楚，把张朔杀了。

张让特别生气，马上向汉桓帝哭诉。桓帝知道张朔确实有罪，也没有难为李膺。

这一来，李膺的名气就更大了。一些读书人都希望能见见李膺，要是受到李膺的接见，就被看作很光彩的事，称做"登龙门"。

第二年，有一个和宦官来往密切的方士张成，从宦官侯览那里得知朝廷马上要

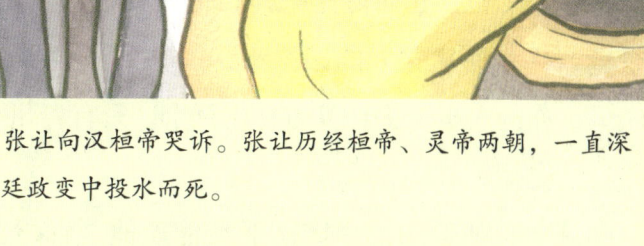

◎张朔被杀后，张让向汉桓帝哭诉。张让历经桓帝、灵帝两朝，一直深受宠信，后在宫廷政变中投水而死。

颁（bān）布大赦（shè）令，就纵容他的儿子杀人。李膺马上把杀人凶手逮捕起来，准备治罪。

　　第二天，大赦令下来，张成得意地对众人说："诏书下来了，不怕司隶校尉不把我儿子放出来。"

　　这话传到李膺耳朵里，李膺更加恼火。他说："张成预先知道大赦，故意教儿子杀人，大赦就不该轮到他儿子身上。"

　　说完，就下令把张成的儿子砍了头。

　　张成哪儿肯罢休，他要宦官侯览、张让替他报仇。他们商量了一个鬼主意，叫张成的弟子牢修向桓帝告了一状，诬告李膺和太学生、名士结成一党，诽（fěi）谤（bàng）朝廷，败坏风俗。

　　汉桓帝接到牢修的控告，就下命令逮捕党人。除了李膺之外，还有杜密、陈寔（shí）和范滂（pāng）等二百多人，都被他们写进党人的黑名单。朝廷出了赏格，通令各地，非要把这些人抓到不可。

　　杜密像李膺一样，也是敢于跟掌权宦官作对的官员。两个人的名望差不多，人们把他们联在一起，称为"李杜"。

　　李膺进了监狱，杜密当然也逃不了。

　　陈寔本来是个太学生，因为有名望，也被划到党人名单里去。有人劝他逃走。陈寔并不害怕，说："我逃了，别人怎么办？我进了狱，也可以壮壮别人的胆。"他说着，就上京城自己投案，进了监狱。

　　范滂也跟陈寔一样，挺着腰板进了监狱。

　　捉拿党人的诏（zhào）书到了各郡，各郡的官员都把跟党人有牵连的人报上去，多的有几百个。只有青州平原相（相，相当于郡的太守）史弼（bì）没报。

　　朝廷的诏书接连下来催逼他，青州还派了一个官员亲自到平原去查问。

　　那个官员把史弼找去，责问他为什么不报党人的名单。史弼说："我

秦 汉

168

168

169

正月，灵帝即位，以陈蕃为太傅

九月，宦官杀窦武、陈蕃

李膺死狱中，党人死者百余人

们这里没有党人，叫我报什么？"

那官员把脸一沉说："青州下面有六个郡，五个郡都有党人，怎么平原偏偏会没有？"

史弼回答说："各地的水土风俗不一样。别的地方有党人，为什么平原就一定也有党人呢？"

那官员被他反驳得张口结舌，说不出话来。

史弼又说："你一定要冤（yuān）枉（wang）好人，那么，平原家家户户都有党人。我情愿死，要我报党人，我可一个也说不上来。"

那官员拿他没有办法，就胡乱把平原的官员收在监狱里，回报朝廷。

被捕的党人在监狱里，宦官对他们进行残酷的折磨。他们的头颈、手、脚都被上了刑具，叫做"三木"，然后被蒙住头一个挨一个地拷打，就这样关了一年多。

第二年，有一个颍（yǐng）川人贾彪（biāo），自告奋勇到洛阳替党人申冤。汉桓帝皇后窦氏的父亲窦武也上书要求释（shì）放党人。

李膺在狱中采取以攻为守的办法，他故意招出了好些宦官的子弟，说他们也是党人。宦官这才害怕了，对汉桓帝说：

"现在天时不正常，应当大赦（shè）天下了。"

汉桓帝对宦官是唯命是从的，就宣布大赦，把两百多名党人全部释放。

这批党人虽然释放，但是宦官不许他们留在京城，打发他们一律回老家，并且把他们的名字通报各地，罚他们一辈子不得做官。历史上叫做"党锢（gù）"（"锢"就是禁锢的意思）事件。

不久，汉桓帝死了。窦皇后和父亲窦武商量，从皇族中找了一个十二岁的孩子刘宏继承皇位，就是后来腐败出了名的汉灵帝。

177
大旱，七州遭受蝗灾

178
开西邸卖官，公一千万钱，卿五百万

183
张角密谋起义

黄巾起义

东汉末年，朝廷混乱，政治腐败，天灾不断，老百姓都活不下去了。张角、张宝和张梁三兄弟经过了十几年的准备，喊出了"苍天已死，黄天当立，岁在甲子，天下大吉"的口号，因为他们头扎黄巾，被称为黄巾军。

东汉末年政局不稳，外戚（qì）专政，宦（huàn）官专权，对西羌（qiāng）战争持续数十年，花费巨大，徭役兵役繁重。加上土地兼并严重，民不聊生。巨鹿（今河北巨鹿县）人张角趁机借宗教外衣发展自己的势力，希望推翻汉朝统治。

建宁年间（168—172年），他带着两个弟弟，首先在灾情特别严重的翼（yì）州一带开始传教活动。灵帝熹（xī）平年间（172—178年），他在大量招收学生、培养弟子、吸收徒众的基础上，创立了太平道。张角自称大贤良师，为太平道的总首领。他的两个弟弟，张梁、张宝则自称大医，也是太平道的首领之一。太平道成员及其信徒，如果犯有过失，只要跪拜在首领面前，承认错误，保证不再犯，便给以宽恕。张角懂得医道，给穷人治病，从来不要钱，所以穷人都拥护他。张角又派出弟子八人，到四面八方去宣传教义。发展徒众。十余年间，太

平道势力遍布青、徐、幽（yōu）、冀（jì）、荆（jīng）、扬、兖（yǎn）、豫（yù）八州，徒众达数十万人。

　　张角提出"苍天已死，黄天当立，岁在甲子，天下大吉"的响亮口号，想要告诉世人按照万物兴衰、朝代演变的规律，汉王朝气数已尽，太平道应当取代汉王朝。在二月初，各方首领及信徒便已着手准备起义。他们用石灰在洛阳的城门及州郡官府墙上书写"甲子"等标语口号。渠帅马元义首先通知荆州、扬州的信徒数万人，到邺（yè）城（河北临漳）集中，准备起义。于是，他分管的信徒们便开始向邺城集中。马元义还多次到京城

◎张角聚集太平道信徒，准备发动起义。

184
正月，张角弟子叛变告密，起义军死千余人

184
二月，黄巾起义，全国响应

184
八月，张角病卒

洛阳约定宦官中常侍封谞（xū）、徐奉为内应，在三月五日里应外合，一道起义。结果起义军内部出了叛徒，朝廷立刻在洛阳进行搜查。马元义不幸被捕牺牲，另有群众一千多人也遭到杀害。

张角等发现事已败露，立即采用各种方法，连夜通知各方，决定提前起兵。因兵士全部头戴黄巾，象征着黄天，所以人们都称他们为"黄巾军"。张角自称为天公将军，他的弟弟张宝自称地公将军，弟弟张梁自称人公将军。起义开始后，群众纷纷响应，或入伍为信徒，或送粮送衣，义军发展很快。义军攻克城镇后，往往烧毁官府，杀贪官污吏，将贪官的财产分给百姓。贪官污吏平时作威作福，一听到义军到来，便吓破了胆，如同丧家之犬，大多逃之夭夭。没多久，便天下震动，京师震动。汉灵帝拜外戚何进为大将军，同时派出大批人马，由皇甫嵩（sōng）、朱儁（jùn）、卢植率领，分两路去镇压黄巾军。黄巾军一路势如破竹，汉军无法抵挡，大将军何进不得不叫汉灵帝下了一道诏书，吩咐各州郡自己招募人马，对付黄巾军。这么一来，各地的宗室贵族、州郡长官、地主豪强，都借着打黄巾军的名义，趁机抢夺地盘，扩张势力，把整个国家闹得四分五裂。

黄巾军的主体是农民，组织不够严密，他们除了攻打官府外，还普遍攻打豪强、士家及各种有钱人家。于是，豪强、士家都迅速站出来，配合官府攻打义军。起义约十个月后，黄巾军主力被官府和豪强打败。不久，张角也在这期间病死，起义军的主力虽然失败，但是化整为零的黄巾军一直坚持战斗了二十年。东汉王朝的腐朽统治，经过这场大规模起义的致命打击，也就奄奄一息了。

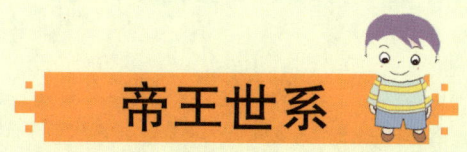

帝王世系

秦（前221—前207）

秦始皇 <<<<•••

在位时间：前246-前210

生卒年（前259-前210）。本名嬴（yíng）政，秦朝开国之君，也是中国封建社会的首位皇帝。秦庄襄王之子，秦国第三十一代君王。继位之初，因年幼，国家大事都由"仲父"吕不韦掌管。嬴政掌握实权后，起用法家李斯重整国力，相继消灭韩、赵、魏、楚、燕、齐六国，一统华夏。而后，他在中央创立"皇帝"制度，实行三公九卿制，并在全国范围内实行多项强化大一统的改革措施，推行郡县制，统一文字、货币、度量衡；焚书坑儒，加强思想控制；北击匈奴，南征百越，修筑万里长城等。秦始皇开创了中国专制主义中央集权制度，奠（diàn）定了中国两千多年政治制度的基本格局，对后世产生了深远的影响。

秦二世 <<<<•••

在位时间：前209-前207

生卒年（前230-前207）。本名胡亥（hài），秦朝第二位皇帝。秦始皇次子。年少时跟随中车府令赵高学习狱法。秦始皇病死沙丘宫，赵高与李斯秘不发丧，假托遗诏逼死秦始皇长子扶苏，辅佐胡亥继位。

胡亥与赵高狼狈为奸，实行残暴的统治，最终激起了秦末农民大起义。公元前207年，胡亥被赵高逼杀于望夷宫，时年二十四岁，很快秦朝灭亡。

秦王子婴 <<<< ·····························

在位时间：前207

生卒年（不详－前206）。本名嬴子婴，秦朝最后一位统治者。相传是扶苏之子，秦二世死后他被拥立继位。子婴继位时，秦朝已经失去了对全国的控制，于是他除去皇帝称号，自称秦王，并诛杀赵高，想要固守关中故土。很快，刘邦率军入关，子婴见大势已去，于是出城投降，秦朝灭亡。不久，项羽进入咸阳，屠（tú）城纵火，子婴被杀。

西汉（前202—公元8）

刘邦 <<<< ··

在位时间：前202-前195

生卒年（前256-前195）。庙号高祖，谥（shì）号高皇帝，西汉王朝开国之君。刘邦出身平民，曾担任沛（pèi）县泗（sì）水亭长，秦末举兵反秦，并在推翻秦朝的过程中最早到达关中，攻破咸阳，被封为汉王。之后，刘邦与西楚霸王项羽进行了历时四年的"楚汉之争"，最终在垓（gāi）下之战中击败项羽，得以统一天下建立汉朝。在位期间，对内采取休养生息的政策，恢复残破的社会经济，稳定统治秩序；对外实行"和亲"政策，缓和汉匈关系。晚年陆续消灭各个异性王，加强中央集权。作为汉朝开国之君，刘邦在政治、经济、文化等方面的举措，奠（diàn）定了汉朝四百年的制度基础。

刘盈 <<<< ··

在位时间：前195-前188

生卒年（前211-前188）。谥号孝惠皇帝，西汉王朝的第二位皇帝。在位期间，任用曹参为相，继续推行休养生息的国策，轻徭薄赋，政治清明，国泰民安，推动了西汉初年社会经济的恢复。然而，由于生性仁弱，始终无法摆脱他的母亲吕后的控制，在位七年去世，年仅二十三岁。

刘恭（gōng）<<<< ··

在位时间：前188-前184

生卒年（不详-前184）。西汉第三位皇帝。相传是惠帝与宫女所

生之子，惠帝驾崩后继位，由吕后临朝称制，最终因为受到吕后猜忌而被杀害。

刘弘（hóng）<<<< ··

在位时间：前184–前180

生卒年（不详–前180）。西汉第四位皇帝。本名刘义，最初受封常山王，后被吕后立为皇帝。在位期间，形同傀（kuǐ）儡（lěi），由吕后掌握朝政。吕后逝世后，朝臣铲除吕氏家族势力，刘弘亦被废黜（chù）杀害。

刘恒（héng）<<<< ··

在位时间：前180–前157

生卒年（前203–前157）。庙号太宗，谥（shì）号孝文皇帝，西汉"文景之治"的开创之君。刘邦第四子，最初受封代王。吕后死后，朝臣铲除吕氏家族势力，刘恒被朝臣迎立为皇帝。在位期间，励精图治，兴修水利，采取休养生息的政策，废除肉刑、田租，开放原属于国家的山林川泽，允许私人开发利用，促使社会经济获得较大发展，西汉王朝进入稳定发展时期。

刘启 <<<< ··

在位时间：前157–前141

生卒年（前188–前141）。谥号孝景皇帝，西汉"文景之治"的发展之君。在位期间，力主削弱藩国，平定七国之乱，削弱了诸侯王势力，加强中央集权。同时继续奉行文帝时期与民休息的治国政策，发展生产、减轻赋（fù）税，使"文景之治"得以延续与发展，为武帝时期的强盛局面打下了基础。

刘彻 <<<< ··

在位时间：前141–前187

生卒年（前157–前87）。庙号世宗，谥号孝武皇帝，年号建元、元光、

元朔、元狩、元鼎（dǐng）、元封、太初、天汉、太始、征和、后元，西汉中期最具雄才大略的君主。在位期间，政治方面建立中朝，设置刺史，颁行"推恩令"，解决王国问题，加强中央集权；经济方面统一发行五铢钱，实行盐铁专卖，由国家在各地统一证购和运输货物，对商人、高利贷者和手工业者征收商业税，全面控制工商业；文化方面采用了董仲舒的建议，"罢黜百家，独尊儒术"，设立五经博士，将儒学官学化，加强思想控制；对外方面通过对匈奴的战争，控制了河套地区、河西走廊，并征服了南越、西南夷、朝鲜半岛北部地区，扩大了西汉王朝的统治范围。此外，继秦始皇之后再次举行泰山封禅（shàn）仪式，强化统治的权威。在位后期频繁发动战争，又造成了"巫蛊之祸"，为其整体正面形象留下负面评价。晚年悔悟，颁布诏书反省自己罪过，停止对外战争，重新采取"与民休息"的政策，为后来的昭宣中兴奠定了基础。作为中国历史上杰出的君主，汉武帝的大一统措施不仅促成了西汉王朝的强盛局面，也造就了中国封建社会的第一个发展高峰，对后世产生了深远的影响。

刘弗陵 <<<< ·····························

在位时间：前 87- 前 74

生卒年（前 95- 前 74）。谥号孝昭皇帝，年号始元、元凤和元平，西汉王朝的第八位皇帝。汉武帝幼子，母亲为钩弋（yì）夫人。继位时年仅八岁，在霍光、金日（mì）磾（dī）、桑弘羊等辅政下，与民休息，加强北方戍（shù）防。在位期间，召开"盐铁会议"，就武帝时期盐铁官营、治国理念等问题召集大臣讨论，进一步改革武帝时期的制度，裁掉多余的官员，减轻赋税。在位十三年间，因内外措施得当，武帝后期遗留的社会矛盾基本得到了控制，西汉王朝衰退趋势得以扭转，"百姓充实，四夷宾服"。公元前 74 年因病驾崩，年仅二十一岁。

刘贺 <<<< ●●

在位时间：前 74

生卒年（前 92－前 59）。西汉历史上在位时间最短的皇帝。武帝之孙，最初被封为昌邑王，因昭帝死后无子而被拥立为帝。由于荒淫无度，在位仅二十七天即被权臣霍光废黜（chù）。随后被降为海昏侯，移居豫章国。

刘询（xún） <<<< ●●●●●●●●●●●●●●●●●●●●●●●●●●●●●●●●●●

在位时间：前 74－前 49

生卒年（前 91－前 49）。西汉中后期比较有作为的皇帝。原名刘病已，为武帝曾孙。刘贺被废后，他被拥立为帝。继位之后，励精图治，选贤任能，注意减轻人民负担，恢复和发展农业生产；重视吏治，认为治国之道应以"霸王道杂之"。此外，联合乌孙大破匈奴，迫使匈奴呼韩邪单（chán）于来朝称臣；不久平定西羌（qiāng），并置金城安置降羌，同年设西域都护府监护西域各国，正式将西域纳入汉朝版图。在位二十五年间，全国政治清明、社会和谐、经济繁荣、四夷（yí）宾服，史称"昭宣中兴"。

刘奭（shì） <<<< ●●●●●●●●●●●●●●●●●●●●●●●●●●●●●●●●●●

在位时间：前 48－前 33

生卒年（前 75－前 33）。庙号高宗，谥号孝元皇帝，年号初元、永光、建昭、竟宁。西汉王朝第十一位皇帝。他多才多艺，精通史书，擅长音律，喜好儒术，为人柔弱。在位期间，消灭郅支单于，促成"昭君出塞"，缓和了汉匈之间的紧张关系，这是值得肯定的。但是他宠信宦官，导致皇权衰微，朝政混乱不堪，西汉王朝由此走向衰落。

刘骜（ào） <<<< ●●●●●●●●●●●●●●●●●●●●●●●●●●●●●●●●●●

在位时间： 前 33- 前 7

生卒年（前 51- 前 7）。谥号孝成皇帝，年号建始、河平、阳朔、鸿嘉、永始、元延、绥和。汉元帝与皇后王政君之子。年幼即被立为太子，年少时为人谨慎，但后来逐渐贪图享乐。在位期间，终日沉湎于酒色，荒淫无道，为制衡宦官和各派外戚势力，使得王氏一族势力不断壮大，几乎掌握了全部的朝政，从而为后来王莽夺取汉朝政权埋下了祸根。

刘欣 <<<< ....

在位时间： 前 7- 前 1

生卒年（前 25- 前 1）。谥号孝哀皇帝，年号建平、太初元将、元寿。元帝之孙。继承定陶王爵位，后因成帝无子而被立为太子。继位之初，奉行节俭，勤于政事，启用有识之士，颁布限田令、限奴婢令等法令，试图抑制日益严重的土地兼并。然而生不逢时，空有治国之志，面对强大的外戚势力和已经动摇的统治根基，也只能无力回天，结果导致权力外移，朝风日坏。

刘衎（kàn）<<<< ....

在位时间： 前 1- 公元 6

生卒年（前 9- 公元 6）。庙号元宗，谥号孝平皇帝，年号元始。元帝之孙，中山孝王刘兴之子。由外戚王莽所立。九岁即位，朝政大权全部掌握在王莽手中，形同傀儡，在位六年去世，相传是被王莽所害。

刘婴 <<<< ....

在位时间： 6-8

生卒年（5-25）。年号居摄、初始，史称"孺子婴"。宣帝玄孙。被王莽立为皇太子，实为傀（kuǐ）儡（lěi）。不久，王莽篡（cuàn）汉自立，刘婴亦被囚禁，最终在战乱中被杀。

东汉（25—220）

刘秀 <<<< ··

在位时间： 25–57

生卒年（5–57）。庙号世祖，谥号光武皇帝，年号建武、建武中元，东汉王朝的建立者。王莽改制的失败导致国家大乱，天下分崩离析，本是西汉皇族后裔（yì）的刘秀于舂（chōng）陵乘势起兵。在王莽政权被推翻后，刘秀吸收赤眉军集团，控制了河北各势力建立东汉政权，先后消灭了各地的割据政权，结束了军阀混战局面。在位期间，减轻田租，停止战争，振兴文明，简化财政与官僚（liáo）制度，丈量土地，核实户口，抑制地方豪强势力，从而使混乱局面得以稳定，史称"光武中兴"。

刘庄 <<<< ··

在位时间： 57–75

生卒年（28–75）。庙号显宗，谥号孝明皇帝，年号永平，东汉第二代皇帝，为光武帝与阴丽华所生。继位后，继续推行光武帝时期的政策，提倡儒学，注重刑名文法，为政谨慎，亲自处理刑狱，法令严明，并且严令后妃之家不得封侯及干预正事，对贵戚功臣也多加防范。同时，重视对于西域的经营，命窦（dòu）固征伐北匈奴。之后又派班超出使西域，置西域都护府。此外，随着对外交往的正常发展，佛教已在西汉末年传入中国，汉明帝将佛教引进中国，使佛教开始在中国流行。汉明帝在位十八年间，吏治清明，人民安居乐业，社会经济获得较大发展。

刘炟（dá）<<<<<••••••••••••••••••••••••••••

在位时间：75-88

生卒年（57-88）。庙号肃宗，谥号孝章皇帝，年号建初、元和、章和，东汉第三代皇帝。即位后，励精图治，注重农桑，兴修水利，减轻徭役，奉行与民休息的政策，从而使东汉的经济、文化获得了较大发展。此外，他两度派班超出使西域，密切了中央政府与西域之间的关系。因为明、章两代大体承继光武时期的施政方针，励精图治，使文治、武功都有很大的成就，史称"明章之治"。但由于过分抬高儒教，致使一些官员求虚丢实，开始腐败。同时，过于放纵外戚，导致后来外戚专权，为东汉后期的政局动荡埋下祸根。

刘肇（zhào）<<<<<••••••••••••••••••••••••••••

在位时间：88-105

生卒年（79-105）。庙号穆（mù）宗，谥（shì）号孝和皇帝，年号永元、元兴，东汉第四代皇帝。汉章帝驾崩后，年仅十岁的刘肇继位，养母窦太后临朝称制，朝政由窦氏一族外戚把持。后来，和帝联合宦官势力消灭窦氏一族，夺回政权。亲政之后，勤政爱民，主张宽刑，体恤（xù）民情，使东汉王朝国力发展至于极盛。但统治期间重用宦官，致使宦官势力膨胀。和帝之后，皇帝大多年幼继位，东汉进入外戚、宦官专权的混乱时期。

刘隆<<<<<••••••••••••••••••••••••••••

在位时间：106

生卒年（105-106）。谥号孝殇（shāng）皇帝，年号延平，中国历史上继位年龄最小，也是寿命最短的皇帝。最初放在民间抚养，登基时刚满百日，不满一岁即夭折。在位期间，邓太后临朝称制。

刘祜（hù）<<<<< ●●●●●●●●●●●●●●●●●●●●●●●●●●●

在位时间： 106-125

生卒年（94-125）。庙号恭（gōng）宗，谥号孝安皇帝，年号永初、元初、永宁、建光、延光，东汉王朝的第六位皇帝。本是章帝之孙，清河孝王刘庆之子，殇（shāng）帝夭折后被邓太后立为皇帝。在位前期，内忧外患，百事艰难，朝政由邓太后把持。后期则宦官当道，后宫争位，致使朝局动荡。

刘懿（yì）<<<<< ●●●●●●●●●●●●●●●●●●●●●●●●●●●

在位时间： 125

生卒年（不详 -125）。东汉王朝以诸侯之礼下葬的皇帝，史称前少帝。本是章帝之孙，济北惠王刘寿之子，安帝驾崩后被阎（yán）太后立为皇帝。在位期间，阎氏外戚把持朝政，诛杀安帝亲信宦官，独揽大权。少帝在位不到一年驾崩，宦官势力反扑，诛杀阎氏外戚，迎立安帝之子刘保继位，并以诸侯的礼节安葬少帝，因而也有史学家不将刘懿计入东汉皇帝的行列。

刘保 <<<<< ●●●●●●●●●●●●●●●●●●●●●●●●●●●

在位时间： 125-145

生卒年（115-145）。庙号敬宗，谥号孝顺皇帝，年号永建、阳嘉、永和、汉安、建康，本是安帝太子，因后宫纷争，被废为济阴王。前少帝驾崩后，他被宦官势力拥立为皇帝。在位期间，朝政被宦官势力把持。后来，宦官与外戚梁氏一族相勾结，弄权专政，东汉吏治更加腐（fǔ）败，阶级矛盾日益尖锐。

刘炳 <<<< ···

在位时间：144-145

生卒年（143-145）。谥号孝冲皇帝，年号永憙（xǐ），顺帝之子，年仅两岁继位，由梁太后临朝称制，在位不足半年，因病夭折。

刘缵（zuǎn）<<<< ···

在位时间：145-146

生卒年（138-146）。谥号孝质皇帝，年号本初，章帝玄孙，渤海孝王刘鸿之子，天资聪颖，能辨识忠奸。冲帝夭折后，年仅八岁的刘缵被立为皇帝，由梁太后临朝称制，朝政实为梁太后兄长梁冀把控。年幼的质帝称梁冀为"跋（bá）扈（hù）将军"，梁冀怀恨在心，担心质帝年长后难以支配，遂将其毒死。

刘志 <<<< ···

在位时间：146-167

生卒年（132-167）。庙号威宗，谥号孝桓（huán）皇帝，年号建和、和平、元嘉、永兴、永寿、延熹、永康，章帝曾孙，质帝驾崩后被迎立为帝。在位之初由外戚梁冀掌握朝政，后来桓帝与宦官单超等合谋消灭梁氏，从而使朝政由外戚转到宦官势力手中。在位期间，由于国家财政困难，桓帝通过加重赋税和出卖官职的办法解决财政困难，使得吏治败坏。一些朝中官员、太学生员与外戚联合发起清议，反对宦官当权，他下诏逮捕李膺（yīng）等二百余人，禁锢（gù）终身，史称"党锢之祸"。桓帝统治时期，朝政混乱，民怨沸腾，东汉王朝自此江河日下，接近灭亡。

刘宏 ‹‹‹‹

在位时间： 168—189

生卒年（156—189）。庙号灵宗，谥（shì）号孝灵皇帝，年号建宁、熹平、光和、中平，章帝玄孙，桓（huán）帝驾崩后被迎立为帝。在位期间，宦官专权，大规模禁锢党人及其亲友，造成大量士人逃亡和被迫害。设置西园，巧立名目搜刮钱财，贩卖官职以用于自己享乐。统治晚期爆发了黄巾起义，东汉政权风雨飘摇。

刘辩 ‹‹‹‹

在位时间： 189

生卒年（176—190）。年号光熹、昭宁。东汉唯一被废黜（chù）的皇帝，史称后少帝。灵帝驾崩后继位为帝，何太后临朝称制，实权由大将军何进掌握。在位时期，以何进为首的外戚集团和以十常侍为首的内廷宦官集团发生斗争，"十常侍之乱"爆发，少帝被迫出宫。回宫后被以"勤王"为名进京的凉州军阀董卓挟持，最终被废为弘农王，后在董卓胁迫下自尽，年仅十五岁。

刘协 ‹‹‹‹

在位时间： 189—220

生卒年（181—234）。谥号孝献皇帝，年号永汉、中平、初平、兴平、建安、延康。东汉最后一任皇帝。初封渤海王，后改封陈留王。少帝被废后，由董卓立为皇帝。在位期间，东汉政权名存实亡，军阀混战，自己颠沛（pèi）流离，后被曹操控制。曹操病死后，他被迫禅位于曹丕（pī），东汉王朝正式灭亡。

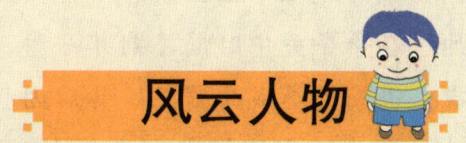

风云人物

蒙恬（tián）

生卒年（不详－前210）。秦将军。祖先为齐国人。从他的祖父蒙骜（ào）开始，蒙家三代人均为秦效力。在秦统一六国之后，蒙恬率领三十万大军与匈奴作战，并且修筑长城，防御关塞，立下赫赫（hè）功绩。但是在秦二世、赵高、李斯等人的策划下与，蒙恬和弟被迫一起自杀。

扶苏

生卒年（不详－前210）。秦始皇的长子。信奉儒家学说，与秦始皇统治思想相反。在秦始皇焚书坑儒的时候，扶苏因为进谏而触怒秦始皇，被派往上郡监视蒙恬。在秦始皇死后，由于赵高、李斯想要扶植胡亥（hài）为帝而伪造诏书，令扶苏与蒙恬一起被问以死罪。

陈胜

生卒年（不详－前208）。字涉，阳城人。中国历史上第一次农民起义领袖，秦朝末年农民起义的领袖之一，与吴广一同在大泽乡（今安徽宿州西南）率众起兵，成为反秦义军的先驱。不久后在陈郡称王，建立张楚政权。后被秦将章邯所败，遭刺杀而死，死后被埋葬在芒砀（dàng）山。刘邦称帝后，追封陈胜为"隐王"。

项羽

生卒年（前232－前202）。西楚霸王。楚国名将项燕之孙。年轻时跟随叔父项梁学习武艺兵法。陈胜吴广起义后，项羽与叔父项梁共

同举兵反秦。在推翻秦朝的过程中因击败各路秦兵而名声远播，在项梁死后成为楚军统帅。在争夺关中时慢了刘邦一步，但他的实力使各路诸侯敢怒而不敢言，进而灭秦成为霸王。其后因暴行而导致各地叛乱，并在与刘邦争斗过程中逐渐消耗战力。在垓（gāi）下之战中陷于四面楚歌的困境而败于汉军，最后自杀身亡。

赵佗（tuó） <<<< ·······················

生卒年（前240-前137）。本为中原出身，秦时参加百越远征军，出任新设置的南海郡龙川令。秦末，趁中原混乱之时，于番（pān）禺（yú）置首都，在南越之地建立了南越国，成为南越国第一代国王。一方面，对西汉王朝称臣，保持册封关系；一方面在南越国内自称武帝。最终南越国为汉武帝所灭。

萧何 <<<< ··································

生卒年（前257-前193）。早年任秦沛（pèi）县县吏，秦末辅佐刘邦起义。攻克咸阳后，他接收了秦丞相、御史府所藏的律令、图书，掌握了全国的山川险要、郡县户口，对日后制定政策和取得楚汉战争胜利起了重要作用。楚汉战争时，他留守关中，使关中成为汉军的巩固后方，不断地输送士卒粮饷（xiǎng）支援作战，对刘邦战胜项羽，建立汉代起了重要作用。萧何采用秦六法，重新制定律令制度，作为《九章律》。在法律思想上，主张无为，喜好黄老之术。汉高祖十一年（前196年）又协助刘邦消灭韩信、英布等异姓诸侯王。刘邦死后，他辅佐汉惠帝。惠帝二年（前193年）去世，谥（shì）号"文终侯"。

张良 <<<< ··································

生卒年（前250-前186）。秦末汉初杰出的谋士、大臣，与韩信、萧何并称为"汉初三杰"。他的先祖曾任韩国宰相。张良曾助刘邦鸿门宴脱险，后又以出色的智谋，协助汉高祖刘邦在楚汉战争中最终夺得天下，并扶持刘盈登上太子之位，被封为留侯。他精通黄老之道，

不留恋权位，晚年据说跟随赤松子云游。张良去世后，谥为"文成侯"。汉高祖刘邦在洛阳南宫评价他说："夫运筹帷幄之中，决胜于千里之外，吾不如子房。"这也侧面反映出张良的机智谋划、文韬（tāo）武略。后世人敬佩张良谋略出众，称他为"谋圣"。

韩信 <<<<

生卒年（前231-前196）。与萧何、张良并称为"汉初三杰"。出身于淮阴贫苦人家，年少时常受到周围之人的戏弄。陈胜吴广起义之后，韩信加入项梁项羽的军队，但因为多次进言不被项羽采纳而离开投奔刘邦，受夏侯婴的推荐拜治粟都尉。初不受刘邦重用，后得到萧何的赏识，被誉为"国士无双"，受刘邦之命拜为大将。为刘邦制定东征以夺取天下的方略，率军平定项羽一方的魏、殷、赵、代、齐、燕等国。后于垓下之战中击溃项羽，帮助刘邦平定天下。汉朝建立后，由于韩信势力过大，受到刘邦猜忌，以谋反罪被杀。

董仲舒 <<<<

生卒年（前179-前104）。汉代思想家、哲学家、政治家、教育家。著有《天人三策》《春秋繁露》，以儒家学说为基础，以阴阳五行为框架，兼采"黄老"等诸子百家的思想精华，建立起一个具有神学倾向的新儒学思想体系，被誉为公羊大师、儒家大儒。公元前134年，汉武帝下诏征求治国方略。董仲舒在《举贤良对策》中系统地提出了"天人感应"、"大一统"学说，以及"表彰六经"的主张，认为，"道之大原出于天"，自然、人事都受制于天命，因此反映天命的政治秩序和政治思想都应该是统一的。董仲舒的儒家思想维护了汉武帝的集权统治，为当时社会政治和经济的稳定作出了一定的贡献。

卫青 <<<<

生卒年（不详-前106）。西汉时期名将，汉武帝第二任皇后卫子夫的弟弟，官至大司马大将军，封长平侯。曾奇袭龙城，揭开汉匈战争反败为胜的序幕，七战七捷，收复河朔（shuò）、河套地区，击

破匈奴单于，为北部疆域的开拓作出重大贡献。卫青善于以战养战，用兵敢于深入，为将号令严明，对将士爱护有加，大度有礼，位极人臣而不立私威。

霍去病 <<<<< ●●●●●●●●●●●●●●●●●●●●●●●●●●●●●●●●

生卒年（前140－前117）。河东平阳人，西汉名将，官至大司马骠（piào）骑将军，封冠军侯。为名将卫青的外甥（shēng），善骑射，用兵灵活，注重方略，不拘古法，勇猛果断。年少之时即受汉武帝的赏识。十七岁时，被任命为骠姚校尉，随卫青出征击匈奴于漠南。初次征战即率领八百骑兵深入敌境数百里，勇冠三军，立下辉煌战功。后受封为骠骑将军，在两次河西之战和漠北之战中，大破匈奴，俘获匈奴祭天金人，直取祁连山，在狼居胥（xū）山举行祭天封礼，改变了汉朝在对匈奴战争中的守势状态，从而长久地保障了西汉在漠南地区的边境安全。后因病去世，年仅二十四岁，追谥为"景桓侯"。

李广 <<<<< ●●●●●●●●●●●●●●●●●●●●●●●●●●●●●●●●●●●

生卒年（不详－前119）。西汉时期的名将。公元前166年跟随军队出击匈奴，因功封为中郎。景帝时，先后任北部边域七郡太守。武帝即位，任命李广为未央宫卫尉。公元前129年，任骁骑将军，领万余骑出雁门击匈奴，因众寡悬殊负伤被俘。匈奴兵将他放在两马之间带走，李广假装死去，并在途中趁机跃起，夺马返回。后任右北平郡太守。匈奴畏服，称他为飞将军，数年不敢来犯。公元前119年，漠北之战中，李广任前将军，因迷失道路，未能参战，愤愧自杀。

张骞（qiān） <<<<< ●●●●●●●●●●●●●●●●●●●●●●●●●●●●

生卒年（前164－前114）。出于汉武帝对匈奴的战略，为了与同匈奴有世仇的大月氏结为同盟，张骞作为外交使团的团长，带领百余人出使西域。途中被困匈奴十余年，但仍经由大宛、康居终于到达大月氏。尽管此时大月氏已经失去向匈奴复仇的意愿，张骞没有达到目的，但仍然为汉朝带来有关西域的许多情报。

王昭君 <<<< ·····

生卒年（不详）。南郡秭（zǐ）归人，名嫱（qiáng），字昭君。于西汉元帝时入宫，公元前33年匈奴呼韩邪单于要求和亲之时，自愿远嫁匈奴。呼韩邪单于死后，按照匈奴习俗，嫁给了呼韩邪长子复株累单于。昭君出塞结束了匈奴多年的分裂和战乱，将汉族的文化传给了匈奴，加强了和亲双方的交流，保持了汉匈两族数十年的和平局面。

王莽 <<<< ·····

生卒年（前45-公元23）。建立了新王朝。他的姑母、元帝皇后王政君，在平帝幼小之时掌握实权，将国政委任给王莽。王莽为人谦恭俭让，礼贤下士，在朝野很有威名，被朝野视为"周公再世"。作为外戚，最终得以以禅让形式顺利取代刘氏王朝成为皇帝。王莽信奉儒家思想，希望通过复古西周时代的周礼制度来达到他的政治理念，因此在称帝后仿照周朝的制度，推行了基于周礼的政治改革。但由于过于理想化而超出社会实际，在内政和对外民族政策方面均告失败，导致社会动荡，激化了矛盾，招致各地起义。最后新政失败，王莽被攻入长安的绿林军杀死，新王朝被推翻。

刘玄 <<<< ·····

生卒年（不详-25）。汉景帝刘启之子长沙定王刘发的后人，更始政权建立者。公元23年，刘玄被绿林军立为皇帝，年号更始。同年新朝灭亡，刘玄入主长安。公元25年，更始政权在赤眉军和刘秀大军的两路夹击之下，土崩瓦解，刘玄向赤眉军投降，献出传国玉玺，更始政权灭亡。不久，刘玄被赤眉军所杀，后刘秀大将邓禹遵循刘秀的嘱托将刘玄安葬在长安附近的霸（bà）陵。

班固 ◀◀◀◀ ··

生卒年（32-92）。东汉右扶风安陵县人。著名的史学家、辞赋家、经学理论家，著有《汉书》、《两都赋》、《白虎通义》等。他的父亲班彪见《史记》只记载到武帝时期，于是编写了《后传》数十篇，但于中途去世。班固为了继承父亲的遗志，专心著述。但却被人告发为私修国史，遭到汉明帝的误解，班固被投入牢狱，著作也被没收。后经过他的弟弟班超的辨明，班固得以被释放，并负责掌管后宫秘书文书，继续编写《汉书》。汉和帝时，随大将军窦宪率军北伐匈奴，任中护军，行中郎将，参议军机大事，大败北单于后写下《封燕然山铭》。后来班固受窦宪擅权被杀一事株连，在《汉书》完稿之前去世，他的妹妹班昭继续撰写完成。

张仲景 ◀◀◀◀ ··

生卒年（不详）。南阳郡人，名机。东汉末年著名医学家。其生平事迹仅见于《伤寒论》自序。所著《伤寒杂病论》总结了汉代以前的医学知识。后来此书被分为《伤寒论》和《金匮要略》二书。张仲景被后世尊称为"医圣"。

3

三国·两晋十六国·南北朝

让孩子用年表读懂
中国古代历史

中国古代历史年表编审委员会

主　编：潘景林（首都师范大学历史学硕士）

副主编：孟泽众（首都师范大学历史学硕士）

　　　　缪　健（首都师范大学历史学硕士）

团结出版社

UNITY PRESS

图书在版编目（CIP）数据

让孩子用年表读懂中国古代历史 / 潘景林主编. —
北京：团结出版社，2017.11
ISBN 978-7-5126-5706-9

Ⅰ.①让… Ⅱ.①潘… Ⅲ.①中国历史—古代史—历
史年表—儿童读物 Ⅳ.①K220.8-49

中国版本图书馆CIP数据核字（2017）第258950号

让孩子用年表读懂中国古代历史

潘景林 主编　　　孟泽众、缪健 副主编

出　　版：团结出版社
　　　　　（北京市东城区东皇城根南街84号　邮编：100006）
电　　话：（010）65228880
发　　行：（010）85113874　（010）85849108
网　　址：http://www.tjpress.com
E－mail：65244790@163.com
经　　销：全国新华书店
印　　刷：三河市双升印务有限公司

开　　本：185×260　1/16
印　　张：46.5
字　　数：415 千字
版　　次：2017年11月第1版
印　　次：2020年8月第2次印刷

书　　号：978-7-5126-5706-9/F · 01
定　　价：168.00 元　（全七册）

推荐序

让孩子用年表读懂中国古代历史

过去、现在、未来，时间永远不以人的意志为转移地向前飞驰。小至个人，大至国家，都会经历一番风雨，留下一段历史，才变成现在的模样。

对孩子来说，了解、学习中国历史，有以下一些显而易见的意义。

一是增强人文修养。例如，汉语里很多成语典故，都有详细的出处，比如"纸上谈兵"，结合长平之战的惨烈，孩子才会理解得更深刻，并在言语中准确恰当地使用。再如，现在很多家长节假日时都带着孩子出门旅游，到处去走走看看，看什么呢？除了自然景观，大多是历史遗迹。去了一个地方，读了书和不读书去，那是两种体验，增长见识的效果截然不同。很多人常说这句话——中国是一个拥有五千年悠久历史的文明古国，可是，如果没有一定的历史知识，五千年历史对很多人来说，就只是一句空洞的白话。

二是重新认识自己的生活环境。当我们从历史书中了解到，自己所在的家乡，或生活熟知的地方，竟然曾经发生过一些重要历史事件，或与一些著名人士有关联的时候，自然就会产生一种特殊的情愫，往往不自觉地增强自豪感，更加热爱家乡、祖国，甚至激发自己努力向上。

三是学到一种历史智慧。往小了说，读史明智。往大了说，以史为鉴，可以知兴替。从一定的时空纵深感中，我们超越了具体的事件和条件的局限，可以总结很多经验智慧，形成格局见识，用在对未来事情的处理上。

四是获得道德品行方面的教益。人性是相通的。遨游在历史故事中，就像坐上了时光机器，去体验当事人的纠结和决断，感受真善美，鞭挞假恶丑。从历史人物身上，我们也看到了自己的影子，从而不断克服自己的

弱点，使自己变得更完美。

为此，我愿意推荐这套《让孩子用年表读懂中国古代历史》，希望孩子们能读懂历史，逐渐爱上历史，获得读史带来的益处。

这套书有下列特点：

一是历史脉络清楚。全套书分为七册，每册书的前言中，对该书历史范围内的事件作简要交代，对朝代的发展、起承转合关键事件等作清楚地描述。书中的故事，对每个朝代重要事件及相互之间的衔接，都有清晰的讲述。

二是细节故事性强，重要场景配有彩图。本书在尊重史实的基础上，注重细节描写。其中，对很多典故，例如"纸上谈兵"，进行了细致的讲述。全书还配有大量彩图，以期帮助孩子对相关事件有更好的理解。

三是提供了重要的时间线索——年表。每个故事的页眉处，都标注了与该故事大致同时的重要时间节点和历史事件，方便读者检索或对照阅读。

四是提供了丰富的资料。每个朝代的内容大致分为帝王世系、宗室藩王、文臣武将、风云人物。这些人物资料与故事线性讲述互相映衬，读者可以与正文故事进行对照阅读。

总之，希望本书能带领孩子走进中国历史，感受中国历史文化的博大精深。更希望能为孩子提供一把历史的钥匙，帮助他们更好地理解现实、世界、人性等，促进自身的全面发展。

韩兆琦

2017 年 11 月 10 日

（韩兆琦，中国史记研究会名誉会长。北京师范大学中文系教授，博士生导师。中国人民大学国学院特聘教授、博士生导师。著名《史记》与传记文学研究专家。）

前言

三国·两晋十六国·南北朝

在东汉末军阀割据、混战的过程中，曹操"挟天子以令诸侯"，刘备三顾茅庐请出诸葛亮，孙权占据江东励精图治，天下渐成三分之势，并逐渐形成魏、蜀、吴三个国家。此后吴、蜀国势渐衰，魏国实力日益增强。但因为魏国君主年少，权臣司马懿趁魏少帝出城祭扫高平陵之机，将政敌一网打尽，掌握了魏国大权。魏灭蜀后不久，司马懿的孙子司马炎篡魏自立，建立晋朝。随后晋灭吴，重新统一天下。晋朝因后来"五胡乱华"，偏安江南，分为西晋和东晋两个时期。

西晋统一之初，在晋武帝的治理下，出现了"太康之治"的繁荣局面。但是，晋武帝鉴于曹魏政权薄待宗室以致被篡，于是大封宗室为王，出镇地方，结果晋武帝去世不久即发生了持续十余年的"八王之乱"，极大地削弱了西晋的统治力量。于是匈奴、鲜卑、羯、氐、羌等五胡趁机起兵反晋，史称"五胡乱华"。公元316年，匈奴兵攻破长安，俘晋愍帝，西晋灭亡。晋愍帝去世前，令镇守江南的琅琊王司马睿继承皇位，于是司马睿在江南地区建立东晋王朝。此时北方则陷入了少数民族混战的局面，先后有十六个少数民族政权建立，史称"十六国"。

东晋政权偏安一隅，不思作为，在统治后期，军旅出身的刘裕逐渐掌握东晋的军政大权。公元420年，刘裕废晋自立，改国号"宋"，史称刘宋，是为南朝的开始。南朝政权相继经历了宋、齐、梁、陈四代更迭，其中宋文帝刘义隆统治时期，颇思励精图治，国势和社会经济均有较大发展，史称"元嘉之治"。但是南朝政权大部分时间都是在争权夺利、骨肉相残中度过的。

尤其是梁朝时发生的侯景之乱，更是给江南政权以沉重的打击。

　　反观此时的北朝，胡汉杂处百余年，渐成民族融合之势，加之北朝统治者的有力推动，政治、教化逐渐走上正轨。公元493年，北魏孝文帝率三十多万大军南下伐齐，当军队行至洛阳时，孝文帝停止前进，宣布将都城由平城迁至洛阳。进而改官制、禁胡服、断北语、改姓氏，极大地推动了北方地区的民族大融合。孝文帝之后，北魏国势日衰，公元528年契胡首领尔朱荣发动"河阴之变"，尽杀王公大臣两千余人，北魏由此陷入混乱割据之中。

　　在各方割据势力中，最强大的是东方的高欢和关中的宇文泰。他们分别扶持北魏皇族建立东魏和西魏政权。不久，高欢之子高洋废魏称帝，建立北齐。宇文泰之子宇文觉亦自立为帝，是为北周。由此，北方形成了北周、北齐对峙局面。公元577年，北周攻灭北齐，再次统一北方。然至周静帝时，其七岁即位，于是其外祖父杨坚尽掌朝政大权，并于公元581年代周称帝，建立隋朝。公元589年，隋灭陈，天下重归一统。从西晋末年"五胡乱华"到隋朝灭陈，中国历经近三百年分崩离析，重新归于统一，随之而来的便是隋唐盛世。

目录

三　国

两晋十六国

南北朝

189

四月，灵帝卒，皇子刘辩即位

189

七月，何进召董卓进京

189

八月，张让杀何进

189

八月，袁绍引兵入宫，杀宦官

董卓进京

　　汉灵帝去世后，外戚何进铲除蹇硕后与宦官之间的矛盾日益激化，袁绍劝他彻底铲除宦官。何进做事犹豫不决，就去找何太后商量，结果何太后不同意。袁绍看到这种情况，只好建议何进召集地方兵马进京，制造压力。

　　东汉灵帝时期，政权掌控在张让、赵忠为首的宦（huàn）官集团手上，他们被称为"十常侍（shì）"。中平六年（189年），汉灵帝去世，将皇子刘协托付给西园军的首领宦官蹇（jiǎn）硕（shuò）。蹇硕为了立刘协为皇帝，以方便他掌控朝政，因此想要杀掉想立另一位皇子刘辩为帝的外戚大将军何进，但最后没能够成功。之后，何进拥立年仅十四岁的刘辩（biàn）登基称帝，历史上称他为汉少帝。继位之后，由他的母亲何太后临朝主持朝政，由大将军何进掌握朝政大权。何进掌权以后，怨恨蹇硕，把他抓起来处死了。

　　何进手下的中军校尉袁绍（shào），在蹇硕被杀以后，劝说何进应该趁机把宦官势力一网打尽，彻底除掉这个集团。但何进畏惧宦官权势，不敢独自做主，去跟何太后商量。结果何太后不答应。于是，袁绍劝何进秘密召集各地的兵马进京，以此来威胁何太后同意除掉宦官。虽然主簿（bù）陈琳、侍御史郑泰、尚书卢植等人纷纷劝阻，但何进

1

| 189 | 189 | 190 | 190 |

八月，董卓率兵入
洛阳

九月，董卓废少帝，
立刘协为献帝

二月，董卓胁迫献
帝西迁

三月，董卓焚毁洛
阳宗庙及人家

一意孤行，召并州牧董卓率兵向洛阳进军。

结果何进密谋杀宦官的事情被泄露出去，十常侍等人商议后，决定先下手为强，于是率领几十名手下在皇宫里设下埋伏，假传太后的旨意召何进进宫，将他杀掉。

袁绍得知何进被杀的消息之后，立刻派他弟弟虎贲（bēn）中郎将袁术和何进手下的部将吴匡（kuāng）等人一起进攻皇宫。袁术直接放了一把火，烧掉了宫中的大门。袁绍率兵冲进宫中，捉拿宦官，不分青红皂白，只要是见了宦官一律格杀勿论，甚至有的人不是宦官，但是因为没有胡须，也被错认为是宦官而被杀。张让、段珪（guī）等人最后走投无路，只好自杀。这一场斗争，史称"十常侍之乱"。

十常侍之乱，使得东汉两大政治集团外戚和宦官两败俱伤。与此同时，何进召来的董卓在此洛阳大乱之时，乘虚而入，率军进入洛阳，

◎董卓进京。董卓出身豪富之家，通晓武艺，颇有谋略，因而能在乱世中迅速崛起。但因他生性凶狠残暴，所以又很快招致灭亡。

191
四月，董卓至长安

191
六月，袁绍自
领州牧

192
二月，王允、吕布
杀董卓

192
十二月，曹操破黄
巾军，实力大增

193
正月，曹操破袁术
于封丘

控制了汉少帝刘辩和陈留王刘协，吞并何进和执金吾丁原的部队，势力大盛，并凭借兵权掌控了朝政，独揽大权。

董卓本来是凉（liáng）州（位于甘肃境内）的地方豪强，在那一带地区结交了羌（qiāng）族，称霸一方。黄巾起义后，天下大乱，董卓趁机发展势力，领兵征讨羌胡、黄巾军，掌握了一支战力强大的部队，控制了陇（lǒng）西地区。

进了洛阳之后，为了增加自己的权威，董卓废掉了汉少帝刘辩，改立陈留王刘协为帝，历史上称为汉献帝。同时，他毒杀了少帝和何太后，控制了汉朝皇室，自称相国。在掌控大权之后，董卓倒行逆施，纵容手下士兵在洛阳城内奸淫掳掠，无恶不作，甚至连皇宫内的汉朝皇室、宫人等也难以幸免。董卓的暴虐（nüè）残忍，使得洛阳城内一片混乱，人心惶（huáng）惶。袁绍和时任典军校尉的曹操等一些官员纷纷离开洛阳。由此，拉开了汉末天下大乱的序幕。

初平元年（190年），袁绍集结各路诸侯，共同举兵，以袁绍为盟主，共同讨伐董卓。关东联军声势浩大，迫使董卓强行挟持汉献帝、朝中百官和洛阳城百姓迁都至长安。临走之时，董卓纵火焚烧洛阳城，并下令发掘汉朝各位皇帝、公卿（qīng）陵（líng）墓，东汉近二百年来在洛阳的建筑文物被毁灭殆尽。

西迁长安之后，董卓变本加厉，大肆屠杀群臣。于是司徒王允与董卓心腹大将吕布密谋，于初平三年（192年）埋伏手下，在董卓入朝时将他刺杀，并诛灭全族。朝中官员全都拍手相庆，城中百姓也纷纷走上街头庆祝。董卓死后，他的部将李傕（què）、郭汜（sì）听从谋士贾诩（xǔ）的建议率兵攻入长安，赶走吕布，杀死王允，在长安城内大肆（sì）杀戮（lù）实行报复，官吏百姓死伤者达上万人。

3

195

二月，长安李傕和
郭汜火并，献帝逃
到洛阳

195

五月，吕布败投刘备

195

八月，汉以曹操为
兖州牧

曹操挟天子以令诸侯

　　董卓之乱后，东汉王朝名存实亡，各地官僚、豪强趁机争夺地盘，发展自己的势力。曹操也打败了兖州的黄巾军，建立了自己的据点。后来他趁着汉献帝缺兵少粮，就把皇帝接到了许都，然后借着天子的名义发布号令。

　　董卓之乱以后，东汉王朝名存实亡，对各地州郡失去了控制。各地官僚（liáo）、豪强趁机争夺地盘，形成了大大小小的割据势力。势力比较大的有冀（jì）州的袁绍、南阳的袁术、荆（jīng）州（约当今湖北、湖南两省和河南、贵州、广东、广西部分地区）的刘表、徐州（约当今江苏长江以北和山东东南部）的陶谦（qiān）、吕布等，他们相互混战，打得昏天黑地。成千上万的百姓在混战中遭到杀害，许多地方出现了没有人烟的荒凉景象。

　　曹操本来势力很小。后来，他打败了攻进兖（yǎn）州（今山东省西南部和河南省东部）的黄巾军，在兖州建立了一个据点。他还从黄巾军的降（xiáng）兵中，挑选一部分精锐力量，扩大了武装。此后，他又打败了陶谦和吕布，成为一个强大的割据势力。

　　公元195年，长安的李傕和郭汜（sì）发生火并，外戚董承和一批大臣带着献帝逃出长安，回到洛阳。洛阳的宫殿，早已被董卓烧光了，到处是碎砖破瓦、枯树野草。汉献帝到了洛阳，没有宫殿，住在一个

4

官员的破旧住房里。一些文武官员，没有地方住，只好在断墙残壁旁边搭个草棚，遮避风雨。最大的难处是粮食没有来源。汉献帝派人到处奔走，要各地官员给朝廷（tíng）输送粮食。但是大家正在忙着抢地盘，根本不把皇帝放在眼里，谁也不肯送粮来。

朝廷大臣没有办法，尚书郎以下的官员，都只好自己去挖野菜。这些平时养尊处优的官员，哪儿受得了这个苦，有的吃了几顿野菜，就倒在破墙边上饿死了。

这时候，曹操正驻兵在许城（今河南许昌），听到这个消息，就召集部下的谋士商量，要不要把汉献帝迎过来。谋士荀彧（yù）建议马上把汉献帝迎来，否则一旦让别人抢先迎去，就错过机会了。

曹操听了，觉得很有道理，立刻派出曹洪带领一支人马到洛阳去迎接汉献帝。

董承等大臣害怕曹操，发兵阻拦曹洪的人马。后来，曹操亲自到了洛阳，向他们说明现在洛阳缺少粮食，许城有粮食，但是运输不便，只好请皇上和大臣们暂时搬到那边去，免得在这里受冻挨饿。

汉献帝和大臣听说到了许城有粮食，都巴不得早点迁都。公元196年，曹操把汉献帝迎到了许城，打那时候起，许城成了东汉临时的都城，因此称为许都。

曹操在许都给汉献帝建立了宫殿，让献帝正式上朝。曹操自封为大将军，开始用汉献帝的名义向各地州郡（jùn）豪强发布命令。

首先他用献帝名义下诏书给袁绍（shào），责备他地广兵多，只管扩大自己势力，攻打别的州郡，不来帮助朝廷。

尽管袁绍势力大，但是名义上他还是汉献帝的臣子，接到诏书以后，没法子，只好上个奏章给自己辩护。

曹操又用汉献帝名义封袁绍为太尉（wèi）。这一下，袁绍可生气了。

5

三　国

198　　　　　198　　　　　198

四月，李傕被杀，
董卓党羽除尽

十二月，曹操击吕
布，取徐州

汉以刘备为左将军

◎曹操挟天子以令诸侯，使自己的行动师出有
名，赢得了政治上的主动权。

他觉得曹操当大将军，自己反在曹操底下，太丢人啦，就气冲冲地说："要不是我，曹操哪有今天。现在他倒用皇上的名义号令起我来了。"他上个奏章把太尉辞了。

曹操觉得自己地位还不巩固，不愿和袁绍闹翻，就把大将军的职位让给袁绍，自己改称为车骑将军。

许都的情况暂时稳定下来了。但是日子一久，官员和大批军队的粮食供应，就发生困难。经过十年混乱，到处都在闹饥荒。如果许都的粮食问题不解决，大家也待不下去了。有个叫枣祗（zhī）的官员向曹操提出一个办法，叫做"屯（tún）田"。他请曹操把流亡的农民召集到许都郊外开垦（kěn）荒地，由官府租给农具和牲口，每年收割下来的粮食一半归官府，一半归农民。

曹操接受了枣祗的建议，发布命令，实行屯田。许都附近的荒地很快就开垦出来了。一年下来，原来已经荒废的土地上获得了丰收，光是许都的郊外就收到公粮一百万斛（hú）。曹操又在他管辖的州郡都推行屯田制，设置田官。凡是实行屯田制的地方，谷仓都装得满满的。

曹操用皇帝的名义号令天下，又采用屯田办法，解决了军粮问题，还吸收了荀攸（yōu）、郭嘉、满宠等一批有才能的谋士，他的实力就更加强大起来了。

官渡之战

　　随着局势的发展，曹操和袁绍成为北方最大的两个割据势力，他们之间的矛盾日益尖锐。袁绍感到曹操是个强大的敌人，已经对他形成了阻碍，加上他统一河北之后没有了后顾之忧，因此袁绍决心出兵进攻许都，由此爆发了官渡之战。

　　正在曹操发展势力的时候，袁绍（shào）的势力也在逐步壮大起来。建安四年（199年），袁绍消灭公孙瓒（zàn），占有了幽州、冀（jì）州、青州、并州，河北地区已经全部处于他的统治之下。袁绍集团成为华北地区第一大政治军事集团。

　　而曹操自迁都许都之后，先后击败吕布、袁术，占据了兖（yǎn）州、徐州以及部分豫（yù）州、司隶（lì），成为袁绍在北方最为强大的对手。袁绍感到曹操是个强大的敌人，已经对他形成了阻碍。但在此时，他的实力仍然比曹操强大，加上统一河北之后没有了后顾之忧，因此袁绍决心出兵进攻许都。此时袁绍手底下重要谋臣田丰劝阻袁绍，认为曹操实力虽然不及袁绍，但仍不能攻打，劝袁绍不要轻易冒进。但袁绍不听取他的意见，反认为他扰乱军心，将田丰关进了监狱。

　　与此同时，曹操则集中兵力，把守要害，重点设防，制定对抗袁绍的战略。同时，出兵向东击溃起兵反对曹操的刘备，迫使关羽战败

7

200

二月，袁绍讨伐曹操

200

六月，孙策遇刺身亡

200

十月，官渡之战，
袁军大败

投降，刘备独自逃往河北投靠袁绍。

建安五年（200年），袁绍派陈琳发布讨曹操的檄（xí）文，随后集中了十万精兵，派沮（jǔ）授为监军，从邺（yè）城（位于河北省临漳县境内）出发进兵黎（lí）阳（今河南浚县）。他先派大将颜良渡过黄河，进攻白马（今河南滑县），希望夺取黄河南岸的重要据点以保护主力部队渡河作战。曹操听到白马被围攻的消息后，准备亲自率兵前去救援。谋士荀攸（yōu）劝说曹操，认为敌强我弱，应当采用声东击西的计策，分散袁绍的兵力。可以先派一支人马往西在延（yán）津（在今河南延津西北）一带假装渡河，引诱袁绍分兵到西边。然后派一支骑兵趁机袭（xí）击进攻白马，出其不意攻其不备，打他一个措手不及。

曹操采纳了荀攸的意见，来个声东击西。果然事情正如荀攸所料，袁绍分兵到延津，曹操令张辽、关羽率军迅速袭击白马。包围白马的袁军大将颜良没有防备，被关羽在万军之中斩杀，袁军溃（kuì）败，白马之围被解除。袁绍下令全军渡河追击曹军，并且派大将文丑率兵打先锋。这时候，曹操令手下六百名骑兵埋伏在延津南坡，叫兵士解下马鞍（ān）放走战马，把武器车辆丢弃在路旁。袁军中计，纷纷争抢财物。曹操趁机发起进攻，击溃袁军，袁军大将文

◎霹雳车，因声如雷震而得名，又叫发石机，是一种远距离投掷石块的作战武器。

8

丑在乱军之中被杀。

　　袁绍连输两阵，损失手下颜良、文丑两员大将，失去了锐气，但总体兵力仍然占据优势。双方在官渡驻扎，进入战略相持阶段。袁绍命令兵士在曹营外面堆起土山，筑起高台，让兵士们在高台上居高临下向曹营射箭。曹军于是制造了一种霹（pī）雳（lì）车，可以抛射石头，将袁军的高台击毁。双方在官渡相持了三个月后。曹军粮食短缺，兵士疲（pí）劳不堪，士气疲软。曹操写信到许都告诉荀彧（yù），商议准备退兵。荀彧回信，说这是争夺天下大势的关键之战，劝曹操坚持下去。与此同时，袁绍派大将淳（chún）于琼（qióng）带领一万人马运送军粮，并把大批军粮囤（tún）积在离官渡四十里的乌巢（位于今河南省延津县境内）。袁绍的谋士许攸前来投奔曹操，建议曹操带一支轻骑兵去袭击乌巢，把袁绍军队粮草车辆全部烧光，那么袁绍就会不战自败。曹操立刻带领五千骑兵，连夜向乌巢进发。他们打着袁军的旗号，伪装成前去增援乌巢的袁军，利用天黑袭击乌巢，大破袁军，杀淳于琼，将乌巢粮屯烧得个一干二净。袁绍手下的两员大将张郃（hé）、高览率兵攻击曹军大营之时，听说乌巢被破，于是投降。袁绍军心动摇，曹军乘势猛攻，袁军四下逃散。袁绍和他的儿子袁谭（tán），带着剩下的八百多骑兵退回河北。

　　经过这场决战，袁绍的主力被消灭，曹操的实力大大增强，为他击溃袁绍，统一北方奠定了坚实的基础。过了两年，袁绍病死。曹操又花了七年工夫，扫平了袁绍的残余势力，统一了北方。

赤壁之战

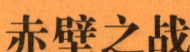

　　曹操平定北方之后，率领大军南下，准备平定南方。占据夏口的刘备和占据东南的孙权决定联合抗曹，孙刘联军和曹操的军队在赤壁发生了大战。联军用火攻大败曹军，取得了赤壁之战的胜利。

　　刘备在官渡之战后，前往荆（jīng）州投奔刘表。刘表以上宾之礼款待刘备，并且给他一部分兵力，让他在新野驻扎。建安十二年（207年），已经在荆州待了数年无所作为的刘备，从水镜先生司马徽和谋士徐庶那儿打听到卧龙诸葛亮的名号，于是前往隆中拜访诸葛亮，三顾茅庐后，终于请到诸葛亮为他效力。

　　此时，曹操平定北方以后，于建安十三年（208年）开始准备南征。他率领大军南下，进攻刘表。此时在荆州，恰逢刘表已经病死，蔡瑁（mào）、张允等就拥立刘表之子刘琮（cóng）继任荆州牧。刘琮听说曹军声势浩大，等到曹操到达新野的时候，就先派人投降了。此时刘备正在樊（fán）城（今湖北襄阳市）驻守。他听说刘琮投降的消息之后，决定把人马撤退到江陵（今湖北江陵）。荆州的百姓听说刘备待人好，都宁愿跟着他一块撤退。

　　曹操听说刘表在江陵囤积了大批军粮物资，害怕被刘备占去，于是亲率骑兵追赶刘备。刘备的人马携带装备，又有大量百姓跟随，行军速度迟缓，于是在当阳长坂（bǎn）坡（今湖北当阳东北）被曹操追上，人马被冲散。

三　国

208
八月，刘备屯兵樊城，后南走

208
八月，曹操杀孔融

208
十月，孙权刘备结成联盟抗曹

208
十月，赤壁之战

幸得张飞在长坂坡断后，使得刘备得以带着少数人马摆脱追兵，但是去往江陵的路已经被曹军截（jié）断，只好改道退到夏口（在今湖北武汉）。

此时东吴孙权在鲁肃建议下，怕荆州被曹操占领，派鲁肃来找刘备，劝说他和孙权联合抵抗曹军。诸葛亮认为此时形势危急，只有联合孙权共同对抗曹操一条路，于是跟鲁肃一起到柴桑（今江西九江西南）去见孙权。

一番激将法，理性分析后，孙权动心了。于是，鲁肃劝孙权赶快把正在鄱（pó）阳的大将周瑜（yú）召回来商量。

周瑜一到柴桑，孙权又召集文武官员讨论。周瑜在会上慷慨激昂地说："曹操名为汉朝丞（chéng）相，其实是汉室奸贼。这次他自己来送死，哪有投降他的道理。"他给大家分析了曹操许多不利条件，认为北方兵士不会水战，而且老远赶到这陌生地方，水土不服，一定会生病。兵马再多，也没有用。

孙权听了周瑜的话，胆也壮了。他站起来拔出宝剑，"豁"的一声，把案几砍去一角。他严厉地说：谁要再提投降曹操，就跟这案桌一样。

当天晚上，周瑜又单独去找孙权，说："我已经打听清楚。曹操兵马号称八十万，这是虚张声势，其实只不过二十几万，其中还有不少是荆州兵士，不一定真心替他打仗。您只要给我五万精兵，我保管把他打败。"

第二天，孙权任命周瑜为都督（dū），拨给他三万水军，叫他同刘备协力抵抗曹操。

周瑜领兵进军，在赤壁（今湖北武昌西赤矶山）和曹军前哨碰上了。果然不出周瑜所料，曹军兵士很多人不服水土，已经得了病。双方一交锋，曹军就打了败仗，被迫撤退到长江的北岸。周瑜率领水军进驻南岸，和曹军隔江遥遥相对。

正像周瑜预料的那样，曹操的北方兵士不会水战，他们在战船上，

11

三　国

| 209 | 209 | 210 | 210 |

十二月，孙权荐刘
备为荆州牧

孙权以妹嫁刘备

曹操颁求贤令

曹操建铜雀台

◎黄盖诈降。为了取信于曹操，周瑜故意痛打黄盖，让黄盖假装气愤不已，所以曹操对黄盖投降一事毫不怀疑。

遇到风浪颠（diān）簸（bǒ）就受不了。后来，他们把战船用铁索连在一起，船果然平稳不少。

周瑜的部将黄盖看到这个情况，向周瑜献个计策，说："敌人兵多，我们兵少，拖下去对我们不利。现在曹军把战船都连接在一起，我看可以用火攻办法来打败他们。"

周瑜觉得黄盖的主意好，两人还商量好，让黄盖派人送了一封信给曹操，表示要脱离东吴，投降曹操。曹操以为东吴将领害怕他，对黄盖的假投降，一点也没怀疑。

黄盖叫兵士偷偷地准备好十艘（sōu）大船，每艘船上都装着枯枝，浇足了油，外面裹（guǒ）着布幕，插着旗帜（zhì），另外又准备一

12

210	210	211	211	212
孙权派兵攻岭南	曹操辞让汉献帝所赐四县封地	九月，曹操破韩遂、马超	十二月，益州牧刘璋迎刘备入川	孙权改石头城为建业

批轻快的小船，拴在大船船尾上，准备在大船起火时转移。

隆冬的十一月，天气突然回暖，刮起了东南风。当天晚上，黄盖带领一批兵士分乘十条大船，驶在前面，后面跟随着一批船只。船队到了江心，扯满了风帆，像箭一样驶向江北。

曹军水寨的将士听说东吴的大将来投降，正纷纷挤到船头看热闹。没想到东吴船队离开北岸约二里光景，前面十条大船突然同时起火。火借风势，风助火威。十条火船，好比十条火龙一样，闯（chuǎng）进曹军水寨（zhài）。那里的船舰（jiàn），都挤在一起，根本躲不开，很快都被烧起来。一眨眼工夫，已经烧成一片火海。水寨烧了不算，岸上的营寨也着了火，曹军一大批兵士被烧死了。还有不少人被挤落江里，不会游泳，马上淹死了。

周瑜一看北岸起火，马上带领精兵渡江进攻。他们把战鼓擂得震天响。北岸的曹军不知道后面有多少人马进攻，吓得全部崩溃。

曹操拖着残兵败将向华容（今湖北潜江县西南）的小路上逃跑。那条小路全是水洼泥坑，骑兵没法通过。曹操赶忙命令老弱兵士找了一些稻草铺路。他带着骑兵好容易才通过，可是那些填铺稻草的兵士，却被人马踩死了不少。

刘备和周瑜一起，分水陆两路紧紧追赶，一直追到南郡（治所在今湖北江陵），曹操的几十万大军战死的加上得病死的，损失了一大半。曹操只好派部将曹仁、徐晃、乐进分别留守江陵和襄阳，自己带兵回到北方去了。

经过这场赤壁大战，三国分立的局面已经基本形成。

大意失荆州

赤壁之战后，刘备派关羽镇守荆州。吕蒙认为关羽有吞并东吴的野心，就建议孙权出兵攻打关羽。恰于此时，曹操也要攻打关羽，派使者来联络，要他夹攻关羽。孙权马上同意了。关羽能够战胜联军吗？

◎关羽勇猛善战，号称"万人敌"，去世后逐渐被神化，被民间尊为"关公"。

赤壁之战后，刘备入蜀，留关羽镇守荆（jīng）州。

刘备和孙权两家虽然结了盟，但是矛盾很大。鲁肃在世的时候，是主张吴蜀和好，一起对付曹操的。后来鲁肃死了，接替他职务的大将吕蒙，就和鲁肃的主张不同。

吕蒙接替了鲁肃的职位以后，率军驻扎在陆口（在今湖北嘉鱼西南）。他认为关羽有吞并东吴的野心，于是向孙权上书要求出兵对付关羽，说："刘备、关羽君臣，都是反复无常的人，不能把他们当盟友看待。"

孙权也觉得关羽狂妄（wàng）自大。孙权曾经派人去向关羽求亲，希望关羽把

　　女儿嫁给他儿子。关羽不但不答应，反而把使者骂了一顿，使孙权气得要命。这次，孙权接到了吕蒙的信，更觉得非把关羽除掉不可。

　　正好在这个时候，曹操派使者来联络，要他夹攻关羽。孙权马上复信，表示愿意袭（xí）击关羽的后方。

　　关羽也听说吕蒙厉害，他虽然亲自率大军进攻樊（fán）城，但对在他背后的吕蒙这一头，可并没有放松防备，在蜀吴交界一带，布置得严严实实。

　　吕蒙本来经常生病。这一回，他就装作旧病发作，而且说是病得很厉害。孙权也正式发布命令，把吕蒙调回去休养，另派了一个年青的陆逊（xùn）去接替吕蒙。

　　这个消息很快传到樊城。关羽得知吕蒙病重，又听说陆逊是个年青的书生，心里暗暗高兴。没过几天，陆逊从陆口特地派人拜见关羽，关羽接见使者，使者献上了书信和礼品。信中大意是称赞将军的神威，表示以后还得靠将军多多照顾！

　　关羽看了陆逊的书信，觉得陆逊态度谦（qiān）虚、老实，也就放了心，把原来防备东吴的人马陆陆续续调到樊城那边去了。陆逊把关羽人马调动的情况，随时报告给孙权和吕蒙。

　　这时候，关羽在樊城接受了于禁的投降兵十几万人，粮草供应发生了困难，就把东吴贮藏在湘（xiāng）关的粮食强占了。孙权得知湘关的米被抢，就派吕蒙为大都督（dū），命令他迅速袭击关羽的后方。

　　吕蒙到了寻阳（今湖北黄梅西南），把所有的战船都改装作商船，选了一批精锐的兵士躲在船舱里。船上摇橹（lǔ）的兵士扮作商人，一律穿上商人穿的白色衣服。就这样，一列又一列商船向北岸进发了。

　　到了北岸，蜀军守防的兵士一看都是穿白衣的商人，就允许他们

15

三国

219   219   219

五月，刘备取汉中   八月，关羽取襄阳，
围樊城   十月，关羽大意失
荆州，被吕蒙擒杀

把船停在江边。没想到一到晚上，船舱里的兵士一齐出来，偷偷摸进江边岗楼，把蜀军将士全部抓住，把岗楼占了。

吕蒙大军神不知鬼不觉地占领了北岸，进军公安。留守公安、江陵的蜀军将领本来对关羽很不满意，经吕蒙一劝降，都投降了。

吕蒙进了城，派人慰（wèi）问蜀军将士家属，并且吩咐东吴将士严守纪律，不许侵犯百姓。有一个东吴兵士，是吕蒙的同乡，因为天下雨，拿了老百姓家的一顶斗笠（lì）遮（zhē）盖铠（kǎi）甲。吕蒙发现后，认为这个兵士违犯了军令，虽说是同乡人，但是犯了军令不能不办罪，就把他杀了。这样一来，全军将士都震动了，谁也不敢违反军令。

这时候，曹操派去的徐晃率领的援军，已到了靠近樊城的前线。徐晃把孙权答应曹操夹攻关羽的信抄写了许多份，射进关羽营寨里。关羽得知吕蒙袭击后方的消息，正在进退两难的时候，徐晃发起进攻，打败了关羽，使关羽不得不撤去对樊城的包围。

关羽派使者到江陵去探听情况。使者一到江陵，吕蒙派人热情招待，还叫使者到蜀军将士家去看望，这些家属都说东吴的人待他们不错。使者回到自己的军营后，兵士们向他探问家里情况，他就照实说了。大伙儿一听东吴人好，就不愿意再跟东吴打仗，有些兵士甚至偷偷地逃回江陵去了。

关羽到这时候，才知道对东吴的防备太大意，可是已经来不及了。他只好带了人马逃到麦城（今湖北当阳东南）。

孙权进军麦城，派人劝关羽投降。关羽带着十几个骑兵往西逃走。

孙权早已派兵埋伏在小道上，把关羽十几个骑兵截住，活捉了关羽。孙权知道关羽不肯投降，下令就地把他杀了。然后，占领了荆（jīng）州。

曹操认为孙权立了大功，把孙权封为南昌侯，到了曹丕（pī）即位称帝以后，又封他为吴王。

夷陵之战

关羽被杀后，刘备为了夺回荆州，为关羽报仇，不顾大臣们的劝说，亲自率领大军攻打东吴。但是还没等刘备出兵，张飞的部下杀了张飞投奔了东吴。刘备受此刺激，再也没有办法冷静思考了，率领大军一路杀到夷陵。

公元220年，曹丕（pī）称帝，建立魏国，汉朝正式宣告灭亡。蜀（shǔ）汉大臣们认为刘备是汉家皇室后代，理应接替皇位。于是在公元221年，刘备正式在成都称帝，年号为章武，即汉昭（zhāo）烈帝。

刘备对东吴占领荆（jīng）州，关羽被杀这件事，一直是十分痛心的。

◎刘备一意孤行，率领大军讨伐东吴，欲为兄弟关羽报仇

221
六月，刘备出
兵伐吴

221
八月，孙权称臣于魏

222
二月，刘备至夷陵

222
六月，夷陵之战，
蜀军大败

为了夺回荆州，为关羽报仇，刘备登基称帝之后，即开始着手出兵攻打东吴。朝中群臣纷纷劝说，但是刘备一意孤行，不听取大臣们的意见。他把诸葛亮留在成都辅佐太子刘禅，亲自率领大军去征伐东吴。刘备一面准备出兵，一面通知张飞从阆（làng）中到江州（今重庆）与刘备会师。但是还没有等到刘备出兵，张飞的部下张达、范强叛变，杀了张飞投奔东吴。刘备一连丧失两员猛将，力量大大削弱，但他急于报仇，已经没有冷静考虑的理智了。

公元221年，刘备亲自率领蜀汉大军数万人马出兵伐吴。很快夺取峡（xiá）口，攻入吴境，又在巫地（今湖北巴东）击破吴军，占领秭（zǐ）归（今湖北秭归）。为了防范曹魏乘机袭击，刘备派黄权驻扎在长江北岸，又派马良到武陵争取当地部族首领沙摩柯（kē）起兵，加入蜀汉大军协助作战。面对来势汹汹的刘备大军，孙权知道讲和已经没有希望，于是任命陆逊（xùn）为大都督，统率五万人马抵御蜀军，同时又派人向曹丕称臣，以防备曹魏趁火打劫，避免两线作战的困境。

刘备率领主力部队一路进军，沿着长江南岸，翻山越岭一直到了猇（xiāo）亭。这时，深入吴境的蜀军遭到了驻守在此地的吴军的抵御，一路向东进军的势头遭到了遏（è）制。由于陆逊命令吴军坚守要冲，绝不应战，于是蜀军只能在从巫（wū）峡到夷（yí）陵（今湖北宜昌东）一线沿路扎下了几十个营寨，又用树木编成围栏，把大营连成一片，前后长达数百里地。刘备为了调动陆逊出战，派遣前部督张南率部分兵力围攻驻守夷道的孙桓（huán），又频繁派人到阵前辱骂挑战，还派将军吴班带了几千人在平地上扎营，在山谷中埋伏了八千人马，引诱吴军出击。但是刘备的计策都被陆逊识破，陆逊安抚东吴军中请战的将军，一直按兵不动，双方就这样相持了半年。

这样一来，刘备希望依靠优势兵力追求速战速决的战略意图就被

222
十月，孙权自称吴王

223
四月，刘备卒

223
十月，孙权绝魏联蜀

224
八月，曹丕亲攻吴，临江而返

破坏了，蜀军失去了主动优势地位。加上此时正值六月，吴地天气炎热，暑气逼人，蜀军将士不胜其苦。刘备只好将水军舍舟转移到陆地上，把军营设于深山密林里，依靠山林间溪水，屯兵休整，准备等待到秋后再发动进攻。由于蜀军是处于吴境二三百公里的（qí）崎岖（qū）山道上，远离后方，所以后勤保障非常困难，加上刘备的军营前后长达百余里，兵力分散，从而为陆逊实施战略反击提供了可乘之机。

陆逊看到了蜀军士气低落的情况，认为反击的机会已经到了。他先派了一小部分的兵力进行试探攻击，去进攻蜀军的一个营，结果刚刚靠近蜀军军营，左右两旁就冲出来蜀军，附近的几个连营里的兵士也出来增援。陆逊这次进攻未取得战果，但是已经试探出了蜀军的虚实，找到了破敌的方法。他令将士每人各带一束茅（máo）草和火种，预先埋伏在南岸的密林里，乘着夜色直奔江边，突袭（xí）蜀军营寨，火烧连营。由于蜀军的营寨（zhài）都是连在一起的，点着了一个营，火势就会点燃附近的营寨，瞬间火势蔓延了蜀军营寨，蜀军军心大乱。陆逊乘势发起反攻，蜀军大败，全线溃散，刘备冲出了火网，往马鞍山狼狈逃窜。陆逊令吴军集中兵力，四面围住马鞍山发起猛攻。刘备带着残兵败将，乘夜突围逃跑，几乎被吴将孙桓擒住。一直到依靠沿途的驿站人员，焚烧丢下的军械、粮草等物资堵塞在山口要道上，才得以阻挡住了东吴的追兵，逃到了白帝城（在今四川奉节县白帝山上）。刘备退败时，黄权所带领的撤退部队被吴军所截断，不得已率众投降曹魏。

这一场大战，蜀军几乎全军覆（fù）没，船只、器械和军用物资丧失殆（dài）尽，全部被吴军缴获。历史上把这场战争称作夷陵之战，也叫作猇（xiāo）亭之战。战后第二年，刘备于白帝城病逝，将蜀汉托付给诸葛亮。这场战役之后近四十年的时间内，三国互相之间的疆域基本保持不变，蜀吴联盟也没有发生过动摇，三国局势出现稳定的对峙（zhì）局面。

225	229	229	231	234
诸葛亮南征，平定南方战事	孙权称帝	六月，孙权还都建业	诸葛亮第四次北伐魏	诸葛亮最后一次北伐

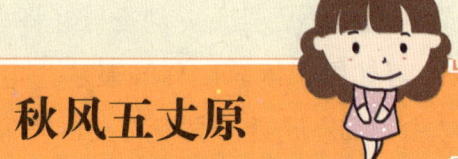

秋风五丈原

刘备去世后，诸葛亮取得了蜀汉政权的军政大权，他外与吴国结好，内修政事，发展生产，促进经济。对内七擒孟获，平定南方叛乱，获得了一个稳定的后方；对外，六出祁山，鞠躬尽瘁，最终病死在五丈原。

刘备去世后，他的儿子刘禅继位。由于刘备在白帝城将刘禅托付给诸葛亮，于是诸葛亮掌管了蜀汉军政大权。

公元229年，吴王孙权正式即位称帝。蜀汉大臣大多数认为孙权

◎白帝城托孤。诸葛亮在接过辅佐刘禅的遗诏时，也一起接过了振兴蜀汉的重任，他肩上的担子更重了。

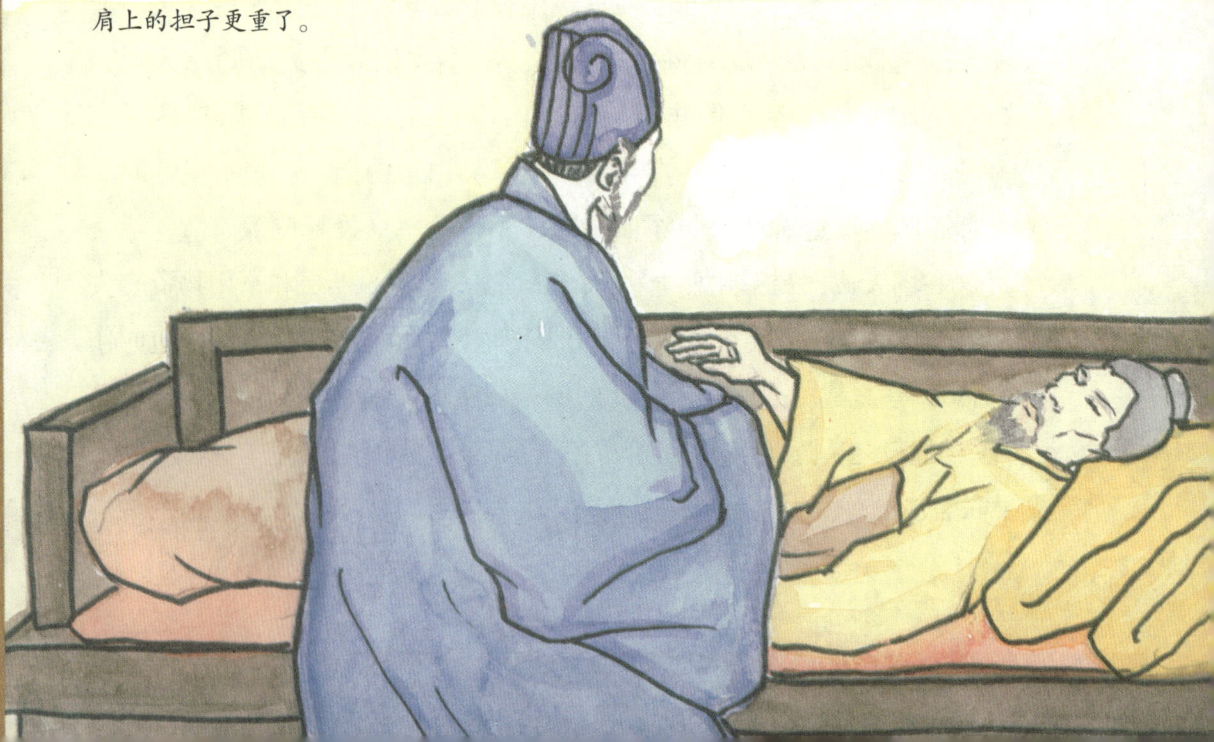

称帝是不符合礼制的，要求跟东吴断绝盟好关系。诸葛亮却认为，蜀汉眼前主要对手是魏国。他坚持和东吴保持联盟，继续准备北伐。

公元231年，诸葛亮第四次北伐，出兵祁（qí）山。魏国司马懿（yì）军队被蜀军杀得一败涂地。但是蜀军由于后方的运粮官员失职，粮草供应不上，只好主动退兵。魏大将张郃（hé）带兵紧紧追赶，赶到木门一带山谷地区，被诸葛亮预先布置好的伏兵用乱箭射杀了。

诸葛亮几次出兵，都因为粮食供应不上退兵。他接受这个教训，设计了两种运输工具，叫做"木牛"、"流马"（两种经过改革的小车），用它们把粮食运到斜谷口（在今陕西眉县西南）囤（tún）积起来。

公元234年，诸葛亮做好充分准备，发动十万大军进行最后一次北伐。他派使者到东吴，约孙权同时发起攻势，南北策应，使魏国两面受敌。

诸葛亮大军出了斜谷口，到了渭（wèi）水南岸的五丈原。为了作长期打算，他派一部分兵士构筑营垒（lěi），准备作战；另派一部分兵士在五丈原屯田，跟当地老百姓夹杂在一起耕种。蜀军纪律严明，百姓和兵士相处得很好。

魏明帝派司马懿（yì）率领魏军渡过渭水，也筑起营垒防守，和蜀军对峙（zhì）着。

孙权接到诸葛亮的信，马上三路出兵进攻魏国。魏明帝也厉害，他一面亲自率领大军到南面抵挡东吴的进攻，一面通知司马懿在五丈原坚持，只守不战。

诸葛亮等待东吴方面的消息，但是结果使他很失望，因为孙权的进攻失败了。他想跟魏军决战，但是司马懿始终稳守营垒，诸葛亮几次三番挑战都没有用，双方在那里相持了一百多天。

诸葛亮料到司马懿的心理，司马懿也在探听诸葛亮的情况。有一次，诸葛亮派使者到魏营去挑战，司马懿挺有礼貌地接待使者，跟使者聊天，

说："你们丞（chéng）相公事一定很忙吧？近来身体可好？胃口怎么样？"

使者觉得司马懿问的都是些客套话，也就老实回答说："丞相的确很忙，军营里大小事情都要亲自抓。他起得早，睡得很晚。只是近来胃口不好，吃得很少。"

使者走了以后，司马懿就跟左右将士说："你们看，诸葛孔明吃得少，事务又那么繁重，能支撑得长久吗？"

不出司马懿所料，诸葛亮由于过度辛劳，终于在军营里病倒了。

没几天，这个年纪才五十四岁的丞（chéng）相终于在军营里去世。

按照诸葛亮生前的嘱（zhǔ）咐（fu），蜀军将领没有把他去世的消息透露出去。他们把尸体裹（guǒ）着放在车里，布置各路人马有秩（zhì）序地撤退。

魏营的探子听到诸葛亮病死的风声，报告司马懿。司马懿立刻带领魏军追赶上去，刚过五丈原，忽然蜀军的旗帜转了方向，一阵战鼓响，兵士们转身杀了过来。

司马懿大吃一惊，赶快拨转马头，下命令撤退。

蜀军将领等魏军离得远了，不慌不忙地把全部人马安全撤出五丈原。

这件事传到老百姓耳朵里，百姓编个歌谣嘲笑司马懿，说："死诸葛吓走了活仲达！"

司马懿听了也不生气，说："我只能料到活的诸葛，怎么能料到死的呢！"后来，他又亲自跑到蜀军原来扎营的地方，观察了诸葛亮布置的阵势，赞叹说："诸葛亮真是天下奇才啊！"

诸葛亮想统一中原的愿望并没有实现，但是他的智慧和品格，一直被后代的人赞扬。在民间传说中，诸葛亮往往成为智慧的化身。在一篇相传是他写的《后出师表》里，有两句话，叫做"鞠（jū）躬（gōng）尽瘁（cuì），死而后已"，人们认为这正是对他一生的评价。

22

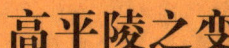

高平陵之变

　　司马懿先后在曹操和魏文帝曹丕手下担任重要职位，等到魏明帝即位，司马懿已经是魏国的元老重臣。皇族大臣曹爽忌惮司马懿的权利，不断地想各种主意削弱司马懿的势力。司马懿最终发动高平陵之变，实际上控制了魏国的军政大权。

　　诸葛亮死后几年里，蜀汉对魏国只采取守势。魏国的势力强大起来了，但是它的内部却发生了动乱。

　　魏国的大将司马懿（yì），出身大士族地主。曹操刚刚掌权的时候，曾经征召司马懿出来做官。那时候，司马懿嫌曹操出身低微，不愿意应召，但是又不敢得罪曹操，就假装得了风瘫（tān）病。

　　司马懿知道曹操不肯放过他。过了一段时期，让人传出消息，说风瘫病已经好了。等曹操再一次召他的时候，他就不拒绝了。

◎司马懿善谋奇策，在对抗诸葛亮北伐和平定辽东中立有军功，政治经济方面也多有建树，是三国时期著名的政治家、军事家。

| 250 | 250 | 251 | 251 |

十二月，魏发兵攻吴　　十二月，姜维出兵　　魏太尉淮南起兵反　　八月，司马懿卒
　　　　　　　　　　　攻魏，不克　　　　　司马氏

司马懿先后在曹操和魏文帝曹丕（pī）手下，担任了重要职位。到了魏明帝即位，司马懿已经是魏国的元老。由于他长期带兵打仗，魏国兵权大部分落在他手里。

魏明帝死后，太子曹芳即位，就是魏少帝。皇族大臣曹爽当了大将军，司马懿当了太尉（wèi）。两人各领兵三千人，轮流在皇宫值班。曹爽虽然说是皇族，但论能力、资格都跟司马懿差得远。开始的时候，他不得不尊重司马懿，有事总听听司马懿的意见。

后来，曹爽手下有一批心腹提醒曹爽说："大权不能分给外人啊！"他们替曹爽出了一个主意，用魏少帝的名义提升司马懿为太傅（fù），实际上是夺去他的兵权。接着，曹爽又把自己的心腹、兄弟都安排了重要的职位。司马懿看在眼里，装聋（lóng）作哑（yǎ），一点也不干涉。

曹爽大权在手，就寻欢作乐，过起荒唐的生活来了。为了树立他的威信，他还带兵攻打蜀汉，结果被蜀军打得大败，差点全军覆（fù）没。

司马懿表面不说，暗中自有打算。好在他年纪也确实老了，就推说有病，不上朝了。

曹爽听说司马懿生病，正合他的心意。但是毕竟有点不放心，还想打听一下太傅生的是真病还是假病。

有一次，有个曹爽的亲信官员李胜，被派为荆（jīng）州刺史。李胜临走的时候，到司马懿家去告别。曹爽要他顺便探探情况。

李胜到了司马懿的卧室，只见司马懿躺在床上，旁边两个使唤丫头伺候他吃粥。他没用手接碗，只把嘴凑（còu）到碗边喝。没喝上几口，粥就沿着嘴角流了下来，流得胸前衣襟都是。李胜在一边看了，觉得司马懿病得实在可怜。

李胜对司马懿说："这次蒙皇上恩典，派我担任本州刺史（李胜

251

八月，魏分匈奴左
部为二部

252

四月，孙权卒

253

三月，吴发兵攻淮南

253

七月，吴军久攻合
肥不下

是荆州人，所以说是本州），特地来向太傅（fù）告辞。"

司马懿喘着气说："哦，这真委屈您啦，并州在北方，接近胡人，您要好好防备啊。我病得这样，只怕以后见不到您啦！"

李胜说："太傅听错了，我是回荆州去，不是到并州。"

司马懿还是听不清，李胜又大声说了一遍，司马懿总算有点搞清楚了，说："我实在年纪老，耳朵聋（lóng），听不清您的话。您做荆州刺史，这太好啦。"

李胜告辞出来，向曹爽一五一十地说了一遍，说："太傅只差一口气了，您就用不着担心了。"曹爽听了，不用提有多高兴啦。

公元 249 年新年，魏少帝曹芳到城外去祭扫祖先的陵（líng）墓，曹爽和他的兄弟、亲信大臣全跟了去。司马懿既然病得厉害，当然也没有人请他去。

哪儿知道等曹爽一帮子人一出皇城。太傅司马懿的病全好了。他披戴起盔甲，打起精神，带着他两个儿子司马师、司马昭（zhāo），率领兵马占领了城门和兵库，并且假传皇太后的诏令，把曹爽的大将军职务撤了。

曹爽和他的兄弟在城外得知消息，急得乱成一团。有人给他献计，要他挟（xié）持少帝退到许都，收集人马，对抗司马懿。但是曹爽和他的兄弟都是只知道吃喝玩乐的人，哪儿有这个胆量。司马懿派人去劝他投降，说是只要交出兵权，决不为难他们。曹爽就乖乖地投降了。

过了几天，就有人告发曹爽一伙谋反，司马懿派人把曹爽一伙人全抓进了监狱处死。

这样一来，魏国的政权名义上还是曹氏的，实际上已经转到司马氏手里。

三 国

254
魏司马师废曹芳，
立曹髦

255
二月，司马师卒，弟司
马昭继续掌魏政

257
四月，诸葛诞寿春
起兵，讨伐司马昭

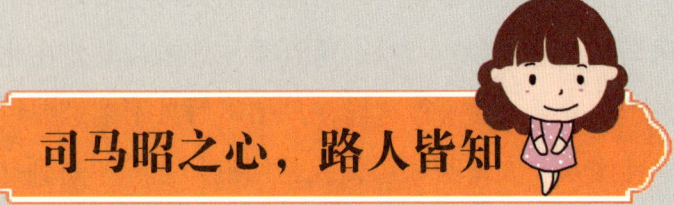

司马昭之心，路人皆知

司马懿杀了曹爽之后，魏国大权落在了司马家手里。等司马懿死后，他的儿子司马师、司马昭接替专权，废了不听话的曹芳，另立新帝曹髦。但是司马昭太专横了，曹髦也忍受不了了，准备反抗司马昭。

司马懿杀了曹爽，过了两年，他也死了。接替他职位的是他儿子司马师。魏国大权落在司马师和司马昭兄弟两人手里。大臣中谁反对他们，司马师就把他除掉。魏少帝曹芳恨透司马师。有人曾经劝曹芳撤掉司马氏兄弟的兵权，但没有等曹芳动手，司马师已经逼着皇太后把曹芳废了，另立魏文帝曹丕（pī）的一个孙子曹髦（máo）。

魏国有些地方将领本来不服司马氏的专权，司马师废去曹芳后，就有扬州刺史文钦（qīn）和镇东将军毌丘俭起兵声讨司马师。司马师亲自带兵征讨，打败了文钦和毌（guàn）丘俭。但是在回师许都之后，司马师也得病死了。

接着，司马昭（zhāo）做了大将军。司马氏父子三人，一个比一个厉害，一个比一个专横。

魏帝曹髦实在忍耐不住了。有一天，他把尚书王经等三个大臣召

三 国

257 八月，蜀姜维乘机伐魏

258 二月，魏司马昭攻
寿春，杀诸葛诞

258 九月，吴孙琳废孙
亮为会稽王，立琅
琊王孙休为帝

进宫里，气愤地说："司马昭的野心，过路人都知道了（司马昭之心路人皆知）。我不能坐着等他来收拾我。今天，我要同你们一起去讨伐他。"

大臣们知道要跟司马昭作对，简直是鸡蛋碰石头，就劝他忍耐，不要闹出大祸（huò）来。

可是曹髦从怀里掏出一道预先写好的诏（zhào）书，扔在地上，说："我已经下了决心，就是拼个死也不怕，再说还不一定死呢。"说完，他就进内宫去禀（bǐng）报太后。

哪里知道这三个大臣当中，倒有两个人偷偷溜出去向司马昭通风报信了。

◎曹髦像。曹髦擅长诗文书画，是一位很有才情的皇帝，可惜不懂政治斗争的残酷，过早凋（diāo）零。

二十岁的曹髦，根本不懂得怎样治司马昭。他集合了宫内的禁卫军和侍从太监，吵吵闹闹地从宫里杀了出来。曹髦自己拿了一口宝剑，站在车上指挥。

司马昭的心腹贾充，带了一队兵士赶来，挡住了禁卫军的去路。双方打了起来。曹髦上前大吼一声，挥动剑杀过去。贾充的手下兵士见皇帝动手，毕竟有点害怕，都退了下去。

贾充手下有个叫成济的，跟贾充说："您看怎么办？"

贾充厉声说："司马公平时养着你们是干什么的！还用问吗？"

贾充这一说，成济才胆大了，拿起长矛就往曹髦身上直刺去。曹髦来不及招架，被成济刺穿了胸膛，掉下车来死了。

258

鲜卑拓跋族移居盛
乐，与魏和亲

260

五月，曹髦欲除司
马昭，反被杀

260

六月，魏司马昭立
曹奂为帝

　　消息传到司马昭那里。司马昭听说他手下人真的杀了皇帝，也有点着慌，连忙赶到朝堂上，召集大臣们商量。司马昭假惺（xīng）惺装出悲伤的样子，跟一位老臣陈泰说："您说，叫我怎么办呢？"

　　陈泰说："只有斩了贾充的头，才多少可以向天下交代。"

　　司马昭很为难地说："还有没有其他办法，您再想想。"陈泰说："依我说，只有比这更重的办法，没有再轻的了。"

　　司马昭一听不是滋味，就不吱声了。

　　后来，司马昭用太后名义下了一道诏书，给曹髦加上许多罪状，将他废作平民，把曹髦被杀的事轻轻掩盖过去。

　　但是，大伙儿还是议论纷纷，怪司马昭不办凶手的罪。司马昭没法拖下去，就把杀害皇帝的罪责全部推给成济，给成济定了一个大逆不道的罪，满门抄斩。

　　司马昭除掉曹髦，另外从曹操的后代中找了一个十五岁的曹奂（huàn）接替皇位，这就是魏元帝。

三分归晋

　　司马昭另立新帝后，权势已是达到巅峰。于是他发起了
对蜀汉的灭国之战，一路打败蜀国军队，兵临成都。刘禅投降，
蜀国灭亡。司马昭的儿子司马炎趁势接受曹奂禅位，建立了
西晋，曹魏灭亡。随后司马炎打败了吴国，统一了中国。

　　司马昭掌控了魏国政权之后，将目光就转移到了平定外患上。

　　魏景元四年（263 年），司马昭出兵三路，大举伐蜀。一路派遣
（qiǎn）征西将军邓艾统军三万，自狄（dí）道（今甘肃临洮县）将姜
（jiāng）维军队牵制在沓中（今甘肃境内），让他无法回兵救援；一
路派遣雍（yōng）州刺史诸（zhū）葛（gě）绪率军三万，从祁（qí）
山进攻武街桥头（今甘肃文县内），彻底断绝姜维军队东归之路；一
路派遣镇西将军钟会统率十二万大军，作为主力部队进攻汉中。八月，
刘禅听说魏军出兵的消息，急忙派廖（liào）化率兵前往沓中，作为姜
维援军。又派张翼（yì）、董厥（jué）率兵向阳安关口（今陕西宁强
西北），前去支援汉中。同时，采取防御战略，命令汉中各部队不要出战，
退保汉城（在今陕西勉县城东）、乐城（在今陕西固县城东）。

　　九月，钟会大军兵分三路，分别从由斜谷、骆（luò）谷、子午谷
进入汉中，并包围了汉城、乐城，攻下了阳安关口，占领了汉中。与

三　国

264
司马昭被封为晋王

265
司马昭之子司马炎
接受曹奂禅位，建
立西晋

269
晋武帝谋划攻吴

此同时，诸葛绪的部队也已经攻下武街桥头，邓艾一路也分兵三路，进逼姜维大营。姜维听闻钟会大军已经进入汉中，急忙率军东还，使用声东击西的方法突破诸葛绪的阻拦，领军从桥头还军，与廖化、张翼、董厥等相会和，合兵一处驻守剑阁。

邓艾率领军队追击姜维到了阴平，他准备与诸葛绪的军队合二为一，经江油（今四川平武县东南）攻打成都，但诸葛绪没有同意，而是率军去与钟会军会合。钟会担心诸葛绪抢走他的功劳，于是秘密向朝廷上奏，说诸葛绪胆小，畏缩不敢前进，于是用囚车将诸葛绪押送回去，将他的部队全部收归到自己的手里，然后发兵攻打成都。姜维在剑阁率军凭借险要地势拒守，钟会多次攻打都没有拿下，加上他的部队粮草缺乏，想要准备撤军。这时候，邓艾率军，从阴平出发，一路上开辟道路，爬悬崖，经过不断努力，从险恶的山谷中开辟了一条道路到达江油，并在绵竹打败诸葛瞻的军队，直接兵临成都。蜀国人心惶惶，刘禅投降，下令姜维投降钟会，蜀国灭亡。

咸熙（xī）元年（264年），司马昭因为灭蜀有功被封为晋王。第二年司马昭去世。他的儿子司马炎继任为晋王，并在咸熙二年（265年），接受曹奂禅位，建立西晋，史称晋武帝，曹魏灭亡。

与此同时，吴国在位的君主孙皓是中国历史上有名的暴君，他在位期间骄奢（shē）淫（yín）逸（yì），专横暴（bào）虐（nuè），吴国内部矛盾尖锐，争斗频繁。后来名将丁奉、陆抗等人相继去世，朝政更加暗无天日，国势衰微。好在晋武帝登基之后，晋国内部局势不稳，因此一直未能发兵灭吴。泰始五年（269年），晋武帝命羊祜（hù）为荆州都督，镇守襄阳，谋划攻吴，任命王濬（jùn）为益州刺史，在巴蜀训练水军。

长期准备之后，咸宁五年（279年），晋武帝出兵灭吴。他命令镇

军将军、琅邪王司马伷（zhòu）率领军队出涂中（今江苏、安徽间滁河流域），安东将军王浑出江西（今安徽），建威将军王戎出武昌，平南将军胡奋出夏口，镇南将军杜预出江陵，龙骧将军王濬、广武将军唐彬（bīn）率巴、蜀军顺着长江东下，六路大军一共二十多万人。由太尉贾充担任大都督，行军将军杨济担任副将，率领中军驻守襄阳，统领各路大军。

太康元年（280 年），各路大军均击溃吴军，王濬、唐彬率领水军顺长江东下，与胡奋、王戎的军队一起攻克夏口、武昌，之后顺流而下，直接逼向吴国都城建业（今南京市）。吴国曾经在江上险要的地方，放置铁锁，横拦江中，又把几米长的大铁锥（zhuī），放在水面之下，以抗拒晋国的船舰。王濬水军乘坐的楼船到了秭（zǐ）归，被铁锥和铁锁阻拦，无法前进。于是王濬下令，制造几十只大的木筏（fá），放在楼船之前开道。铁锥碰到这些木筏，就扎在木筏底下，顺着木筏而去。王濬又下令做几米长的大火炬，浇满麻油，也放在大船前。遇到了铁锁，就点燃火炬，铁锁很快被烧断，王濬舰队因此得以通行。

吴军大败，望旗而降（xiáng）。孙皓见到大势已去，不得不把自己捆绑起来，主动投降，吴国灭亡。至此，三国时期结束，中国又重新归于一统。

◎孙皓自缚投降。孙皓是孙权的孙子，投降后被封为归命侯，后病死在洛阳。

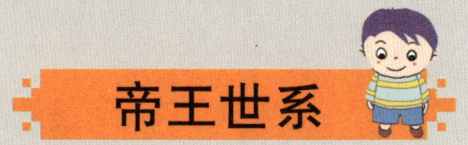

帝王世系

曹魏政权（220-265）

曹操

生卒年（155-220）。庙号太祖，谥（shì）号武皇帝。东汉末年杰出的政治家、军事家、文学家、书法家，三国中曹魏政权的奠（diàn）基人。东汉末年，天下大乱，曹操以汉天子的名义征讨四方，对内消灭袁绍、吕布、刘表等割据势力，对外降服南匈奴、乌桓（huán）等，统一了中国北方，并实行一系列恢复经济生产和社会秩序的政策，奠定了曹魏立国的基础。曹操在世时，担任东汉丞相，后来汉献帝册立他为魏王，去世后谥号为武王。他的儿子曹丕（pī）称帝后，追尊他为武皇帝，庙号太祖。此外，曹操精通兵法，擅长诗歌，常抒发自己的政治抱负，并反映汉末人民的苦难生活。他的散文也清峻整洁，开启并繁荣了建安文学，给后人留下了宝贵的精神财富，史称建安风骨。

曹丕（pī）

在位时间：220-226

生卒年（187-226）。庙号世祖，谥（shì）号文皇帝，年号黄初。曹魏第一代皇帝。曹操逝世之后曹丕继任丞相、魏王，不久接受汉献帝禅让，以魏代汉。在位期间，平定边患，击退鲜卑，和匈奴、氐（dī）、羌（qiāng）等周边部落保持友好关系，恢复汉朝在西域

的设置。经济上，发展屯田制，提倡节俭薄葬，稳定社会秩序。文学上，在诗、赋、文学等方面皆有成就，尤其擅长五言诗，与他的父亲曹操和弟弟曹植，并称"三曹"，今存《魏文帝集》二卷。由于曹丕实行九品中正制，导致了魏国实权逐步被士族控制，影响了两晋时期门阀政治的发展，也导致曹魏短命。

曹叡（ruì）

在位时间： 226-239

生卒年（204-239）。庙号烈祖，谥号明皇帝，年号太和、青龙、景初。曹魏第二位皇帝，擅长诗文，与曹操、曹丕并称魏氏"三祖"，但文学成就不及曹操、曹丕。在位期间指挥曹真、司马懿（yì）等人成功防御了吴、蜀的多次攻伐，并且平定鲜卑，攻灭公孙渊，颇有建树。然而统治后期，大兴土木，贪图享乐，而且临终前在确定继承人和顾命大臣时出现失误，托孤不当，为之后曹氏与司马氏的斗争埋下祸根，使朝政动荡。

曹芳

在位时间： 239-254

生卒年（232-274）。谥号历公，年号正始、嘉平。即位后由大将军曹爽、太尉司马懿（yì）共同辅政。之后朝政被曹爽把持。249年，司马懿发动高平陵之变，罢废曹爽，独掌军国大权。司马懿死后，他的儿子司马师把持朝政，曹芳联合李丰、张缉等想要罢除司马师，改立夏侯玄为大将军，三人被司马师搜出"衣带诏"，腰斩灭族。不久，曹芳被司马师废去帝号，贬为齐王。

曹髦（máo）<<<< ●●●●●●●●●●●●●●●●●●●●●●●●●●●●●●●

在位时间：254－260

生卒年（241－260）。年号正元、甘露。魏文帝曹丕之孙，东海定王曹霖之子，擅长诗文绘画。即位前为高贵乡公，司马师废齐王曹芳后，被立为新君，但曹髦对司马氏兄弟的专横跋（bá）扈（hù）十分不满，于260年召见王经等人，对他们说"司马昭之心，路人所知也"，随后带领冗（rǒng）从仆射李昭、黄门从官焦伯等，让他们装备上铠甲兵器，率领僮仆数百余人前去讨伐司马氏兄弟。然而此次行动却被司马昭提前知道，在司马昭心腹贾充的指使下，曹髦被武士成济所杀，年仅二十岁。

曹奂 <<<< ●●●●●●●●●●●●●●●●●●●●●●●●●●●●●●●●●

在位时间：260－265

生卒年（246－302）。谥号元皇帝，年号景元、咸熙。魏武帝曹操之孙，燕王曹宇之子，三国时期魏国最后一位皇帝。258年，封常道乡公。260年，曹髦被成济所杀，司马昭立曹奂为帝。曹奂虽名为皇帝，但其实是司马氏的傀（kuǐ）儡（lěi）。265年，司马昭死后，他的儿子司马炎继任为晋王，篡夺魏国政权，魏国灭亡，曹奂被降封为陈留王，最后得以善终去世。

蜀汉政权（221–263）

刘备

在位时间：221–223

生卒年（161–223）。庙号烈祖，谥号昭烈皇帝，年号章武。三国时期蜀汉开国君主，自称为西汉中山靖王刘胜的后代，历史上又称他为先主。少年时拜卢植为师求学，而后参与镇压黄巾起义。194年任徐州牧。后投靠曹操、袁绍、刘表等多个诸侯，208年与孙权联盟，在赤壁之战中击败曹操，趁势夺取荆（jīng）州，214年攻取益州，建立蜀汉政权。219年占领汉中，自称为汉中王。221年，刘备在成都称帝，国号汉，年号章武，史称蜀或蜀汉。222年，在夷（yí）陵之战中被吴将陆逊（xùn）击败。223年，在白帝城托孤于诸葛亮后不久逝世。刘备被陈寿评为"弘毅宽厚，知人待士，盖有高祖之风，英雄之器焉"。

刘禅

在位时间：223–263

生卒年（207–271）。庙号任宗，谥（shì）号安乐思公、孝怀皇帝，年号建兴、延熙（xī）、景耀、炎兴。蜀汉后主，在位四十二年。期间拜诸葛亮为相父，并支持姜维北伐，在位后期宠信黄皓，致使蜀汉逐渐走向衰弱。263年，刘禅投降魏军。蜀汉灭亡后，刘禅及一些蜀汉大臣被迁往洛阳居住，受封为安乐公，后在洛阳去世。

孙吴政权（222-280）

孙权 <<<< ···

在位时间：222-252

生卒年（182-252）。庙号太祖，谥（shì）号大皇帝，年号黄武、黄龙、嘉禾、赤乌、太元、神凤。三国时代东吴的建立者。200年孙策遇刺身亡后，孙权继承江东基业，成为一方诸侯。208年，孙权与刘备建立了孙刘联盟，于赤壁之战中击败曹操。219年，派吕蒙成功攻取荆州。222年，孙权被魏文帝曹丕（pī）封为吴王，建立吴国。229年，孙权正式称帝。孙权称帝后，设置农官，实行屯田，设置郡县，并继续收抚山越，促进了江南经济的发展。在此基础上，他又多次派人出海。230年，派卫温到达夷（yí）州。晚年在继承人问题上反复无常，引致群下党争，朝局不稳。

孙亮 <<<< ···

在位时间：252-258

生卒年（243-260）。年号建兴、五凤、太平。三国时期吴国的第二位皇帝，是孙权最小的儿子。252年孙权去世后即位，258年被权臣孙綝（chēn）废为会（kuài）稽（jī）王。260年，孙亮再被贬为候官侯，在前往封地途中去世，终年十八岁。

孙休 <<<< ●●●●●●●●●●●●●●●●●●●●●

在位时间：258-264

生卒年（235-264）。258年，孙綝（chēn）发动政变，将孙亮废为会稽王，迎立孙休为帝，孙休即位后，改元永安。孙休登基，封孙綝为丞相，孙綝权倾朝野，后来孙休用计谋诛杀了孙綝。孙休在位期间，颁布良制，嘉惠百姓，促进了东吴的繁荣。孙休好文，上位后于永安元年创建国学，设太学博士制度，诏立五经博士，韦昭为首任博士祭酒。

孙皓 <<<< ●●●●●●●●●●●●●●●●●●●●●

在位时间：264-280

生卒年（242-284）。孙权之孙，废太子孙和之子，三国时期吴国末代皇帝。在位初期虽施行过明政，但不久即沉溺（nì）酒色，专于杀戮（lù），变得昏庸暴虐。280年，吴国被西晋所灭，孙皓投降西晋，被封为归命侯，四年后在洛阳去世。

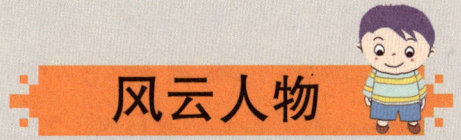

风云人物

董卓 <<<< ●●●●●●●●●●●●●●●●●●●●●

生卒年（不详-192）。东汉末年权臣，凉州军阀，东汉末期群雄割据状态的罪魁（kuí）祸首。早年平定羌（qiāng）族势力有功，后屯兵凉州。十常侍之乱时，受召进洛阳。袁绍诛杀宦官后，董卓趁机独揽朝中大权，废少帝，拥立献帝，排除异己。董卓残忍嗜（shì）杀，倒行逆施，使各割据势力联合起来进行讨伐。190年，董卓迁都长安，之后联合军瓦解。最后司徒王允设计联合董卓部将吕布将他诛杀。董卓倒行逆施，造成了东汉末年政权的极度混乱，极大地破坏了东汉王朝统治的稳定，加速了东汉政权的灭亡，并造成了东汉末年各个割据势力实力壮大、群雄并起的状态。

袁绍 <<<<

生卒年（不详 -202）。东汉末年军阀。出身名门望族，他的家族有"四世三公"之称。何进被杀后，袁绍入宫斩杀宦官。董卓进京控制政权后，袁绍逃离洛阳，后被推举为反董卓联合军的盟主，与董卓交战，迫使董卓迁都。不久，从韩馥（fù）手中夺取冀州，又击败公孙瓒（zàn），占领河北，势力达到顶点。官渡之战中被曹操打败，不久病逝。

诸葛亮 <<<<

生卒年（181-234）。三国时期蜀汉丞相，杰出的政治家。早年随叔父豫章太守诸葛玄南迁，隐居在荆（jīng）州南阳郡隆中。刘备三顾茅庐请诸葛亮出山，定下三分天下的基本战略。曹操占领荆州后，诸葛亮赶赴江东说服孙权联合刘备对抗曹操。赤壁之战后，受命为军师中郎将，统领荆州南部地区。后帮助刘备入蜀，被拜为军师将军，留守后方。刘备称帝后，诸葛亮被拜为丞相。刘备去世之后，辅佐刘禅，被封为武乡侯，并重新恢复与东吴的友好关系。之后，诸葛亮率军南征，平定南方，进而五次率军北伐，后积劳成疾，病逝于五丈原，葬于汉中定军山。诸葛亮去世后，刘禅追谥他为忠武侯，后世常尊称他为诸葛武侯。诸葛亮一生鞠躬尽瘁，死而后已，被视为忠臣的代表、智慧的化身。

关羽 <<<<

生卒年（不详 -219）。三国时期蜀汉政权名将。早年在刘备举兵之时，与张飞共同追随刘备。200年，曹操率军击败刘备时，关羽被活捉，曹操拜关羽为偏将军。官渡之战前，在白马斩杀袁绍部下大将颜良，解白马之围，被封为汉寿亭侯。后来关羽得知刘备身处袁绍军营之中，于是辞别曹操，重新为刘备效力。赤壁之战后，被刘备任命为襄阳太守。刘备入蜀后，关羽留守荆州。219年，刘备称汉中王，拜关羽为前将军。后来关羽率军围攻樊城，水淹七军，擒获魏将于禁，斩杀庞德，声势一度威震华夏。曹操派大将徐晃前来增援，东吴吕蒙趁机偷袭荆州，使得关羽腹背受敌，最后败走麦城被杀。后世关羽形象逐渐被神化，在民间具有很大影响力，被奉为"关公"。

张飞 ‹‹‹‹‹

生卒年（不详 -221）。三国时期蜀汉政权名将。208 年，刘备被曹操追赶逃离荆州，在长坂坡败退的时候，张飞率二十骑兵断后，并拆毁桥梁，最终吓退曹操追兵，在危急关头挽救了刘备。进取西川时，张飞招降严颜，争取到了军心，被任命为巴西太守。随后又在汉中大败魏将张郃。刘备称帝后，张飞被封为车骑将军、司隶校尉、西乡侯。张飞治军残暴而无恩信，不体恤士卒，后来在准备攻打荆州时，被范强、张达暗杀。

周瑜 ‹‹‹‹‹

生卒年（175-210）。东汉末年吴政权名将。年少时与孙策是知己好友，曾随孙策平定江东。在孙策去世之后辅佐孙权，以中护军的身份与长史张昭共同掌管军政大事。曹操率军南下时，周瑜一力主战，与刘备联合，率领孙刘联军在赤壁之战中大败曹军，奠定三分天下的基础。后在进军南郡时，身负重伤仍率军击退曹仁，被拜为南郡太守。曾上书给孙权，建议软禁刘备，但未被采纳，后来在准备讨伐益州时，因病去世。

鲁肃 ‹‹‹‹‹

生卒年（172-217）。东汉末年吴政权著名政治家。好友周瑜将他推荐给孙权，得到孙权的重用。劝说孙权与刘备结盟共同对抗曹操，奠（diàn）定赤壁之战胜利的基础。赤壁之战后，主张将荆（jīng）州借给刘备。在周瑜去世之后，代替周瑜统领东吴全军。后来刘备夺取蜀地，拒绝归还荆州南部，于是两家交恶。鲁肃坚持顾全大局，主张应当维持孙刘联盟，共抗曹操，最后两家以湘水为界平分荆州。终其一生，鲁肃为孙刘联合抗曹的战略竭尽全力。

两晋十六国

281 | 284 | 284

司马炎沉湎酒色，
怠于政事

塞外匈奴太阿厚率部降晋

刘毅上书请废九品中正制

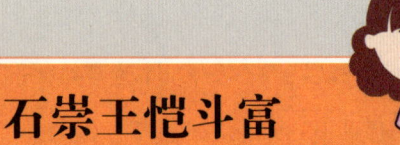

石崇王恺斗富

　　晋武帝统一全国后，失去斗志，耽于享乐，穷奢极侈。在他的示范下，朝廷里的大臣都热心于争奢斗富。当时，在京都洛阳有两个大富豪经常斗富，一个是晋武帝的舅父、后将军王恺，还有一个是散骑常侍石崇。

　　晋武帝统一全国后，完全沉湎（miǎn）在荒淫生活里。在他带头下，

◎石崇和王恺互相攀比，看谁的珊瑚更大，谁更富有。

两晋十六国

286
匈奴各部众降晋

288
司马炎令推举清正
贤能之士

289
五月，鲜卑慕容降晋

朝廷里的大臣都热心于争奢（shē）斗富。

在京都洛阳，当时有三个大富豪：一个是掌管禁卫军的中护军羊琇（xiù），一个是晋武帝的舅父、后将军王恺（kǎi），还有一个是散骑常侍石崇（chóng）。

羊琇、王恺都是皇帝的亲戚，他们的权势比石崇大，但是却比不上石崇富有。石崇的钱是哪儿来的呢？原来石崇当过几年荆州刺史，在这期间，他搜刮了大量钱财，甚至还干过抢劫——有些外国的使臣或商人经过荆（jīng）州地面，石崇就派部下敲诈（zhà）勒索，甚至像江洋大盗一样，公开杀人劫货。这样，他就掠夺了无数的钱财、珠宝，成了当时最大的富豪。

石崇到了洛阳，一听说王恺的豪富很出名，就想跟他比一比。他听说王恺家里洗锅用糖水，就命令他家厨房用蜡（là）烛（zhú）当柴火烧。这件事一传开，大家都说石崇家比王恺家有钱。

王恺不服气，于是在他家门前的必经大路两旁，夹道四十里，用紫丝编成屏障。这个奢华的装饰，把洛阳城都轰动了。但石崇成心压倒王恺，他用比紫丝贵重的彩缎，铺设了五十里屏障，比王恺的屏障更长，更豪华。

王恺这下又输了。但是他还不甘心罢休，向他的外甥（shēng）晋武帝请求帮忙。晋武帝觉得这样的比赛挺有趣，就把宫里收藏的一株两尺多高的珊（shān）瑚（hú）树赐给王恺，好让王恺在众人面前夸耀一番。于是，王恺特地请石崇和一批官员上他家吃饭。

宴席上，王恺得意地对大家说："我家有一件罕见的珊瑚，请大家观赏一番，怎么样？"

大家当然都想看一看。王恺命令侍女把珊瑚树捧了出来。那株珊

41

两晋十六国

264

290

290

十一月，司马炎以
刘渊为都慰

司马炎卒，惠帝立

以刘渊为匈奴五部大
都督

瑚有两尺高，长得枝条匀称，色泽粉红鲜艳。大家看了赞不绝口，都说真是一件罕见的宝贝。

只有石崇在一边不以为然。他看到案头正好有一支铁如意，顺手抓起，朝着大珊瑚树正中，轻轻一砸（zá），一株珊瑚被砸得粉碎。

周围的官员们都大惊失色。主人王恺更是满脸通红，气急败坏地责问石崇："你……你这是干什么！"

石崇轻松地说："您用不着生气，我还您就是了。"王恺又是痛心，又是生气，连声说："好，好，你还。"

石崇立刻叫他的随从人员回家去，把他家的珊瑚树全部搬来让王恺挑选。

很快，随从搬来了几十株珊瑚树。这些珊瑚中，三四尺高的就有六七株，有的竟比王恺（kǎi）的高出一倍。

周围的人都看呆了。王恺这才知道石崇家的财富，比他不知多出多少倍，也只好认输。

这场闹剧结束，石崇的富有就在洛阳出了名。当时有一个大臣傅咸，上了一道奏章给晋武帝。他说，这种严重的奢（shē）侈（chǐ）浪费，比天灾还要严重，不但不被责罚，反而被认为是荣耀的事，这样下去怎么了得。

晋武帝根本不理睬。他跟石崇、王恺一样，一面加紧搜刮，一面穷奢极侈（chǐ）。

291

正月，杨骏专权，
贾后杀杨骏

291

六月，八王之乱始

300

三月，贾后矫诏杀太子

八王之乱

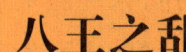

晋武帝为了巩固统治，在他即位后，分封了二十七个同姓王，让他们镇守各地。他以为由皇室子弟拱卫，司马氏的统治就可以稳如泰山了。谁知道，他死后没多少年，就爆发了八王之乱。

晋武帝认为魏朝的灭亡，是因为没有给皇族子弟权力，导致皇室孤立。所以，他在即位以后，封了二十七个同姓王，每个王国都有自己的军队，可以任命自己的文武官员。他以为这样有许多亲属子弟支持皇室，司马氏的统治就可以稳固了，却不知反而种下了祸（huò）根。

晋惠帝即位以后，外戚杨骏用阴谋手段排挤了汝（rǔ）南王司马亮，取得单独辅政的地位。一些诸侯王不甘心，只是一时没有机会动手反对他。

晋惠帝相传智商低下，愚（yú）蠢（chǔn）糊涂，但是他的妻子贾（jiǎ）后却是一个心狠手辣的人。她不愿让杨骏操纵政权，秘密派人跟汝南王司马亮和楚王司马玮（wěi）联络，要他们带兵进京，讨伐杨骏。

楚王司马玮从荆（jīng）州带兵进了洛阳。贾后有了楚王司马玮的支持，就宣布杨骏谋反，派兵围了杨骏的家，把杨骏杀了。

杨骏被杀之后，汝南王司马亮进洛阳辅政。他想独揽大权，可是兵权在楚王司马玮手里。两个人之间就闹起矛盾来。贾后嫌留着汝南

王司马亮也碍（ài）事，就假传晋惠帝的密令，派楚王司马玮把汝南王司马亮抓起来杀了。

　　楚王司马玮本来是贾后的同党，但是贾后怕他连杀两王之后，权力太大。当天晚上，又宣布楚王司马玮假造皇帝诏（zhào）书，擅（shàn）自杀害汝南王，把楚王司马玮定了死罪。楚王司马玮知道上了贾后的当，大叫冤（yuān）枉，但已经没有用了。

　　自那以后，朝廷上没有辅政的大臣，名义上是晋惠帝做皇帝，实际上是贾后专权。

◎贾后面貌丑陋而生性好妒，她利用惠帝的懦（nuò）弱把持朝政，是"八王之乱"的始作俑者。

　　贾后掌权七八年，骄横无比，胡作非为。太子司马遹（yù）不是贾后生的，贾后怕他长大以后，自己的地位保不住，就千方百计想除掉太子。

　　有一回，贾后事先叫人起草一封用太子口气写的信，内容是逼晋惠帝退位。贾后把太子请来喝酒，把他灌得烂醉，趁太子不清醒的时候，骗他把那封信抄了一遍。

　　第二天，贾后叫晋惠帝召集大臣，把太子写的信交给大家传看，宣布太子谋反。大臣们怀疑（yí）这封信不是太子写的。贾后要大家核（hé）对笔迹。大家一看果然是太子的亲笔，不敢再说。

　　于是，贾后就把太子废了。朝廷大臣对贾后的凶狠本来十分不满，现在见她废掉太子，背地里十分气愤（fèn），议论纷纷。

齐王讨赵王，成都
王、长沙王应之，
武装混战始

成都王杀赵王，迎
惠帝复立

六月，齐王入朝执政

掌握禁军的赵王司马伦觉得这是个好机会，想起兵反对贾后，但他又怕让太子掌了权，也不好对付，就在外面散播谣言，说大臣正在秘密打算扶植太子复位。贾后听到这个谣传，真的害怕起来，派人毒死了太子。这样一来，赵王司马伦抓住了把柄（bǐng），派禁军校尉、齐王司马冏（jiǒng）带兵进宫逮捕贾后。

专门玩弄别人的贾后，这一下也中了别人的计。她一见齐王司马冏带兵进宫，大吃一惊，质问他们想干什么。

齐王冏说："奉皇上的诏（zhào）书，特来逮捕你。"

贾后大叫："皇上的诏书都是我发的，哪里还有什么别的诏书！"

贾后还指望惠帝来救她，赵王司马伦直接把她抓起来杀了。

赵王司马伦掌握了政权，野心更大。他当了相国还不满足。过了一年，直接把晋惠帝软禁起来，自己称起皇帝来。他一即位，就把他的同党，不论文官武将，或是侍从、兵士，都封了大大小小的官职。那时候，当官的戴的官帽上面都用貂（diāo）的尾巴做装饰。赵王伦封的官实在太多了，官库里收藏的貂尾不够用，只好找些狗尾巴来凑数。所以，民间就编了歌谣来讽刺他们，叫做"貂不足，狗尾续"。

各地的诸侯王听说赵王伦做了皇帝，谁都想夺这个宝座。这样，在他们之间就展开了一场又一场的厮（sī）杀。这些诸侯王分别是赵王司马伦、齐王司马冏、成都王司马颖、河间王司马颙（yóng）、长沙王司马乂（yì）、东海王司马越，加上已经被杀的汝（rǔ）南王司马亮、楚王司马玮（wěi），一共有八个诸侯王，历史上称为"八王之乱"。

八王之乱前后延续了十六年。公元306年，八王中的七个都死了，留下的最后一个东海王司马越，毒死了晋惠帝，另立了惠帝的弟弟司马炽（chì），这就是晋怀帝。

五胡乱华

八王之乱严重消耗了晋朝的国力，北方的匈奴、鲜卑、羯、氐、羌五个少数民族纷纷起义。匈奴的刘渊建立了汉国，攻进了洛阳，俘虏了晋朝的皇帝，西晋灭亡。其他少数民族的上层纷纷建立自己的政权，前前后后一共出现了十六个割据政权。

自从西汉末年起，有一部分匈（xiōng）奴人分散居住在北方边远郡县，他们和汉族人相处久了，接受了汉族的文化。匈奴贵族认为上代多次跟汉朝和亲，是汉朝皇室的亲戚，后来就改用汉皇帝的姓——刘。曹操统一北方后，把匈奴三万个部落分为五个部，每个部都设部帅，匈奴贵族刘豹（bào）是其中一部的部帅。

刘豹的儿子刘渊（yuān），从小读了许多汉族人的书，力气大，武艺高，能够拉三百斤重的大弓（gōng）。刘豹死后，刘渊继承父亲的职位。后来，他在西晋的成都王司马颖（yǐng）部下当将军，留在邺（yè）城，专管五部匈奴军队。

八王之乱开始后，匈奴部落里一些贵族们在左国城（今山西离石北）开会商量。他们认为，匈奴从汉朝开始跟汉人结为兄弟。经过魏、晋两个朝代，匈奴单（chán）于后代虽然有封号，却没有自己的尺寸土地，跟一般百姓没有什么两样。现在晋朝发生内乱，自相残杀。这正是匈奴人恢复地位的好时机。会上，大家一致认为刘渊有才能，威望高，

推他当单于挺合适。

　　贵族们派使者到邺城，请刘渊回来。刘渊很高兴，就借口要回匈奴葬自己的父亲，向司马颖请假。可司马颖不同意，刘渊只好让使者先回去，并且要五部匈奴集结兵力，向南移动。

　　后来，晋朝的并州刺史司马腾（téng）、将军王浚（jùn）联络鲜卑贵族攻打司马颖，司马颖失败了，逃往洛阳。借这个机会，刘渊向司马颖要求回去带匈奴兵马来助战，司马颖才让他走了。

　　公元304年，刘渊回到左国城，大伙儿拥立他做大单于。他集中了五万人马，亲自率领南下，帮助晋军攻打鲜（xiān）卑（bēi）兵。有人问他，为什么不趁这个机会把晋朝灭掉，反倒去帮助晋军。刘渊说：

◎刘渊率领匈奴士兵向中原进发，成为"五胡乱华"的开始。

47

"我看汉朝立国的年代最长，在百姓中影响大。我们的上代又是汉朝皇室的兄弟。现在汉朝亡了，我们用继承汉朝的名义，也许可以得民心。"

刘渊称汉王后，很快攻下了上党、太原、河东、平原等几个郡（jùn），势力越来越大。一些势力比较小的各族反晋力量也都来归附刘渊。

公元308年，刘渊称汉帝。第二年迁都平阳（今山西临汾西南），集中兵力进攻洛阳。洛阳的老百姓虽然恨透腐朽的西晋王朝，但是也不愿受匈奴贵族的统治。所以刘渊两次进攻，都遭到洛阳军民的猛烈抵（dǐ）抗，不得不退兵。

那时候，西晋王朝也不争气，八王中最后的一个王——东海王司马越还在和一批大臣互相仇杀。晋朝留下的一点点兵力也消损得差不多了。

后来刘渊死去，他儿子刘聪接替做汉国皇帝，又派大将刘曜（yào）、石勒（lè）进攻洛阳。洛阳的军民奋勇抵抗，但是毕竟寡（guǎ）不敌众。公元311年，洛阳城终于被攻陷，晋怀帝做了俘（fú）虏（lǔ）。

刘聪进洛阳后，杀了大批晋朝的官员和百姓，有一次，刘聪举行宴会，让晋怀帝穿着奴仆穿的青衣给大家倒酒。一些晋朝的遗臣看了，禁不住失声痛哭。刘聪看晋朝遗臣还对怀帝这样有感情，一发狠，就把怀帝杀了。

晋怀帝死后，在长安的晋朝官员拥立怀帝的侄儿司马邺（yè）继承皇位，这就是晋愍（mǐn）帝。公元316年，刘聪攻下长安。晋愍帝也遭到了怀帝同样的命运，在受尽侮（wǔ）辱（rǔ）后被杀。西晋王朝维持了五十二年，终于灭亡。

西晋灭亡之后，北方的匈奴、鲜卑、羯（jié）、氐（dī）、羌（qiāng）五个少数民族纷纷起义，他们中间的上层分子乘机起兵，像李雄、刘渊一样建立政权，前前后后一共出现十六个割（gē）据政权，历史上称为"十六国"（旧称五胡十六国，胡是古时候对北方少数民族的一种称呼）。

两晋十六国

| 317 | 317 | 317 |

三月，司马睿在建
康即位，东晋开始

三月，以王导为丞相

刘聪杀愍帝

王与马共天下

司马睿在继承皇位的过程中得到了王导、王敦的大力支持。司马睿即位后就让王导担任尚书掌管朝内的大权，让王敦掌管军事，王家的子弟中很多人也都封了重要官职。当时民间流传着一句话，叫做"王与马，共天下"。

刘聪攻下长安后，南方还在晋朝官员手里。晋愍（mǐn）帝在被俘前留下诏（zhào）书，要镇守在建康（229年孙权在此建都时称建业，282年改为建邺，313年改为建康，今江苏南京市）的琅琊王司马睿（ruì）继承皇位。

司马睿在西晋皇族中，地位和名望并不高。晋怀帝的时候，他被派到江南去镇守。他带去了一批北方的士族官员，其中最有名望的是王导。司马睿对王导言听计从，把他看作知心朋友。

司马睿刚到建康的时候，江南的一些大士族地主嫌他地位低，不怎么看得起他，也不来拜见他。为此，王导帮他想了个办法。

王导有个堂哥王敦（dūn），当时为扬州刺（cì）史，很有势力。两人想出一个主意来。这年三月初三，按照当地的风俗是禊（xì）节，百姓和官员都要到江边去"求福消灾"。这一天，王导让司马睿坐上华丽的轿子到江边去，前面有仪仗队鸣锣（luó）开道，王导、王敦和

从北方来的大官、名士，一个个骑着高头大马跟在后面，排成一支十分威武的队伍。

这一天，在建康江边看热闹的人本来很多。大家看到这种从来没见到过的大排场，都轰动了。江南有名的士族地主顾荣等听到这个消息，从门缝里偷偷张望。他们一看王导、王敦这些有声望的人对司马睿这样尊敬，大吃一惊，怕自己得罪了司马睿，一个接一个地出来排在路旁，拜见司马睿。

这一来，提高了司马睿在江南士族地主中的威望。王导接着就劝司马睿说："顾荣、贺循（xún）是这一带的名士。只要把这两人拉过来，就不怕别人不跟着我们走。"

司马睿派王导上门请顾荣、贺循出来做官，两个人都高兴地来拜见司马睿。司马睿热情地接见了他们，封他们做官。

◎晋元帝邀请王导一起坐在御座上接受百官朝拜。

打那以后，江南大族纷纷拥护司马睿，司马睿在建康就站稳了脚跟。

北方发生大乱以后，北方的士族地主纷纷逃到江南来避（bì）难。王导又劝说司马睿把他们中间有名望的人都吸收到王府来。司马睿听从王导的意见，前前后后吸收了一百零六个人，在王府里做官。司马睿听从王导的安排，拉拢（lǒng）了江南的士族，又吸收了北方的人才，巩（gǒng）固了地位，心里十分感激王导。

公元317年，司马睿在建康即位，重建晋朝。这就是晋元帝。在这以后，晋朝的国都在建康。为了和司马炎建立的晋朝（西晋）相区别，历史上把这个朝代称为东晋。

晋元帝登基的那天，王导和文武官员都进宫来朝见。晋元帝见到王导，从宝座站了起来，把王导拉住，要他一起坐在宝座上接受百官朝拜（bài）。

这个举动使王导大为吃惊。王导急忙推辞，他说："这怎么行，如果太阳跟普通的生物在一起，生物还怎么能得到阳光的照耀呢？"

王导这一番吹捧（pěng），使晋元帝十分高兴。晋元帝也不再坚持。但是他总认为他能够得到这个皇位，全靠王导、王敦兄弟的力量，所以，对他们特别尊重。他让王导担任尚书，掌管朝内的大权，又让王敦掌管军事。王家的子弟中，很多人都封了重要官职（zhí）。

当时，民间流传着一句话，叫做"王与马，共天下"，意思就是王氏同司马氏共同掌握了东晋的大权。

但王敦掌握军权后，自以为了不起，把晋元帝不放在眼里。晋元帝也因此另外重用了大臣刘隗（wěi）和刁（diāo）协，对王氏兄弟渐渐疏远起来。这样，刚刚建立的东晋王朝内部就出现了裂痕。

两晋十六国

338
拓跋部首领建代国

350
后赵大将冉闵称帝建魏

352
前燕灭冉魏

桓温北伐

桓温是个很有军事才能的人，他向皇帝上书，要求带兵北伐。桓温带领大军一度打到长安附近，但是由于军粮断了只好退兵。后来，他又进行了两次北伐，都取得了很大的胜利。但是由于长期掌握东晋的军事大权，他的野心越来越大，后续会怎么样呢？

北方后赵国主石虎（石勒儿子）死了以后，内部发生大乱，后赵大将冉（rǎn）闵（mǐn）称帝，建立了魏国，历史上称为冉魏，鲜卑族贵族慕（mù）容儁（huàng）建立的前燕又灭了冉魏。公元352年，氐（dī）族贵族苻（fú）健也乘机占领了关中，建立了前秦。

后赵灭亡的时候，东晋的将军桓（huán）温向晋穆（mù）帝（东晋的第五个皇帝）上书，要求带兵北伐。桓温是个很有军事才能的人，他在当荆（jīng）州刺史的时候，曾经进兵蜀地，灭掉了成汉，给东晋王朝立了大功。

但晋穆帝表面上提升了桓温的职位，实际上又猜疑他，另派了一个殷（yīn）浩带兵北伐。

殷浩是个只有虚名、没有军事才能的文人。他出兵到洛阳，被羌（qiāng）族人打得大败，死伤了一万多人马，连粮草武器也丢光了。

两晋十六国

352

354

氐族苻健建立前秦

桓温北伐，领晋军
进攻前秦长安

　　桓温又上了道奏章，要求朝廷把殷浩撤（chè）职治罪。晋穆帝没办法，只好把殷浩撤了职，同意桓温带兵北伐。

　　公元354年，桓温统率晋军四万，从江陵出发，分兵三路，进攻长安。前秦国主苻健派兵五万在峣（yáo）关（今陕西西安市蓝田县城南）抵抗，被晋军打得落花流水。苻健只好带了六千名老弱残兵，逃回长安，挖深沟坚守。

　　桓温胜利进军，到了灞上（今西安市东）。长安附近的郡县官员纷纷向晋军投降。桓温发出告示，保证百姓安居乐业。百姓欢天喜地，牵牛备酒，到军营慰劳。

　　自从西晋灭亡以后，北方百姓受尽混战的痛苦。他们看到桓温的晋军，都高兴地流着眼泪说："想不到今天还能够重新见到晋军。"

　　桓温驻兵灞（bà）上，想等关中麦子熟了的时候，派兵士抢收麦子，补充军粮。可苻健也厉害，他料到桓温的打算，就把没有成熟的麦子全部割光，让桓温收不到一粒麦子。

　　桓温的军粮断了，待不下去，只好退兵回来。但是这次北伐毕竟打了一个大胜仗，晋穆帝把他提升为征讨大都督（dū）。

　　以后，桓温又进行了两次北伐。最后一次，进攻前燕，一直打到枋头（今河南浚县西南），后来，因为被前燕切断粮道，遭到失败。

　　桓温长期掌握东晋的军事大权，野心越来越大。有一次，他自言自语地说："男子汉如果不能流芳百世，也应当遗臭万年。"

　　有个心腹官员知道他的野心，向他献计，说要提高自己的威信，就先得学西汉霍光的办法，把现在的皇帝废了，自己另立一个皇帝。

　　那时候，晋穆（mù）帝已经死去，在位的皇帝是晋废帝司马奕（yì）。桓温带兵到建康，把司马奕废了，另立一个司马昱（yù）当皇帝，这

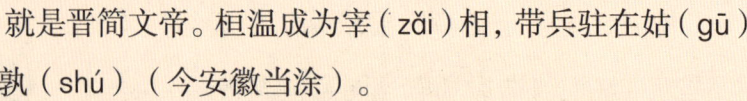

六月，符健卒，子
符生立

十二月，符生杀丞相，
诸羌皆有离心

就是晋简文帝。桓温成为宰（zǎi）相，带兵驻在姑（gū）孰（shú）（今安徽当涂）。

过了两年，晋简文帝病重，留下遗诏由太子司马曜（yào）继承皇位，这就是晋孝武帝。桓温本来以为简文帝会把皇位让给他，听到这个消息十分失望，就带兵进了建康。

桓温到达建康那天，随身带的将士，都是全副盔（kuī）甲，手里拿着明晃晃的武器。朝廷官员到路边去迎接时，看到这个情景，吓得变了脸色。

桓温请两个最有名望的士族大臣王坦（tǎn）之、谢安到他官邸（dǐ）去会见。王、谢两人早已听说桓温在客厅的背后埋伏一批武士，想杀掉他们。

◎宰相谢安性情闲雅，处事公允，少年时即得到宰相王导的重视，此外还擅长书法，精通音乐，可谓多才多艺。

所以，王坦之到了相府，浑身出冷汗，连衣服都湿透了。

谢安却十分镇静。进了厅堂坐定之后，他对桓温说："我听说自古以来，讲道义的大将，总是把兵马放在边境去防备外兵入侵，桓公为什么却把兵士藏在墙后呢？"

桓温听了，也有点不好意思，说："我也是不能不防备点儿。"说着，就命令左右把后面埋伏好的兵撤（chè）去。

同时，桓温看到建康的士族中反对他的势力还不小，不敢轻易动手，不久就病死了。

桓温死后，谢安担任宰（zǎi）相，桓温的弟弟桓冲担任荆（jīng）州刺史，两人同心协力辅佐晋孝武帝，东晋王朝出现了团结的气氛（fēn）。

淝水之战

　　苻坚统一北方之后，带着号称百万的雄师大举南下，欲一战而决天下。面对着气势汹汹的敌军，谢安以谢玄为将，带着八万精兵和秦兵正面交锋，一举击溃了秦军的前锋部队，并在淝水河畔用计大败前秦大军，留下了"风声鹤唳，草木皆兵"的故事。

　　就在东晋政权出现团结气氛（fēn）的时候，北方各少数民族政权则纷争迭起。由氐（dī）族人建立的前秦国先后灭掉前燕、代、前凉等国，统一了黄河流域。前秦寿光三年（357 年）六月，国主苻（fú）生欲除苻坚，苻坚先下手为强，杀掉苻生，自立为大秦天王。苻坚重用汉人王猛，励精图治，国力大增，于公元 373 年攻占了东晋的梁（今陕西汉中）、益（今四川成都）二州，向北吞并鲜卑拓（tuò）跋（bá）氏建立的代国，向西兼并前凉（liáng），远征西域，一统北方。

　　王猛在死前，一直阻止苻坚南进，劝苻坚不要攻击东晋王朝，因为他认为前秦的国力虽比东晋强，但由于前秦刚刚才统一北方，时机未成熟，且东晋有长江天险。王猛死后七年，苻坚认为时机成熟，决定攻击东晋。

　　太元八年（383 年），苻坚亲率步兵六十万，骑兵二十七万，开始大举南侵。东晋面对大军压境，下达诏令，任命谢石、谢玄等人共分三路兵马北上迎击前秦军。

苻融攻下了寿阳，之后又派部将梁成率领五万人马进攻洛涧（在今安徽淮南东），切断了胡彬水军的后路。晋军被围困起来，军粮一天天少下去，情况十分危急。

苻坚自认为能速战速决，就派了一个使者到晋军大营去劝降。这个使者是前几年在襄阳坚决抵抗过秦军、后来被俘虏的朱序。他现在虽然已经是秦国尚书，但是心里还是向着晋朝。他到晋营见了谢石、谢玄，向谢石提供了秦军的情报，说："这次苻坚发动了百万人马攻打晋国，但还在进军中。如果全部人马一集中，恐怕晋军难以抵御。只要能击败其前锋部队，挫其锐气，就能击破秦百万大军。"朱序走了以后，谢石再三考虑，决定听朱序的话，改变作战方针，转守为攻，主动出击。

谢玄就派北府兵的名将刘牢之率领精兵五千人，先对洛涧的秦军发起突然攻击，大破秦军，斩杀了梁成。洛涧大捷大大鼓舞了晋军的士气，谢石、谢玄一面命令刘牢之继续援救硖（xiá）石，一面亲自指挥大军，乘胜前进，直到淝水（今淝河，在安徽寿县南）东岸，把人马驻扎在八公山边，和驻扎寿阳的秦军隔岸对峙。

苻坚命令秦兵严密防守，晋军没能渡过淝水，谢石、谢玄十分着急。如果拖延下去，只怕各路秦军到齐，对晋军不利。谢玄派人给苻坚送去一封信，说："你们带了大军深入晋国的阵地，现在却在淝水边摆下阵势，按兵不动，这像是来打仗的吗？如果你们能把阵地稍稍往后退一点，让我军渡过淝水，双方就在战场上比一比。"

秦军将领认为将晋军拦在淝水对岸比较安全，但苻坚认为半渡而击可主动对决。谢石、谢玄得到苻坚答应后撤的回音，迅速整好人马，准备渡河进攻。

约定渡河的时刻到来了，苻坚一声令下，苻融就指挥秦军后撤。他们本来想撤出一个阵地就回过头来总攻。没料到许多秦兵一半由于

厌恶战争，一半由于害怕晋军，一听到后退的命令，拔腿就跑，再也不想停下来了。谢玄率领八千多骑兵，趁势飞快渡过淝水，向秦军猛攻。这时候，朱序在秦军阵后叫喊起来："秦兵败了！秦兵败了！"后面的兵士不知道前面的情况，只看到前面的秦军往后奔跑，也转过身跟着边叫喊，边逃跑。秦军阵脚大乱，随后晋军全力出击，大败秦军。谢玄、谢琰（yǎn）和桓（huán）伊（yī）率领晋军七万，战胜了苻坚和苻融所统率的前秦十五万大军，并斩杀苻融。

◎淝水之战中，朱序率人在阵后大喊"秦军败了"，秦军阵脚大乱，兵士们纷纷逃跑。

经过这场大战，强大的前秦大丧元气。苻坚逃到洛阳，收拾残兵败将，只剩下十几万。但是慕容垂的兵力却丝毫没受到损失。不出王猛所料，鲜卑族的慕容垂和羌（qiāng）族的姚苌（cháng）终于背叛了前秦，各自建立了新的国家——后燕和后秦，苻坚本人也被姚苌杀了。

| 386 | 395 | 398 | 407 |

拓跋珪召集旧部，
建北魏

后燕慕容垂攻北魏

北魏拓跋珪迁都平城

后燕被北燕取代

北魏统一北方

　　淝水之战后，前秦遭到重大打击，国力衰弱下去，鲜卑拓跋部趁机复兴，拓跋珪建立魏国，史称北魏。拓跋珪大力提倡学习汉族的文化习俗及制度，任用汉族士人，用胡汉结合的政策推动拓跋鲜卑部落的汉化过程，为统一北方奠定了基础。

　　北魏是鲜卑族拓（tuò）跋（bá）部所建。鲜卑拓跋部原来的居住地区在现在的东北大兴安岭一带，后来部落逐渐地向西南方迁移到蒙古草原，靠游牧为生。东晋咸康四年（338 年），拓跋部的首领拓跋什翼（yì）犍（jiān）自称代王，建立了代国。在建国三十九年（376 年）后，被前秦苻坚所灭。

　　淝（féi）水之战后，前秦遭到重大打击，国力衰弱下去，拓跋部趁机复兴。北魏登国元年（386 年），拓跋什翼犍的孙子拓跋珪（guī）召集旧部，继承了代王之位，不久将国号改为魏，历史上称为北魏。之后，魏国在拓跋珪的带领下逐渐强大起来，对于当时的后燕形成了威胁。于是，慕容垂决定消灭这个敌人。

　　北魏登国十年（395 年），慕容垂派遣太子慕容宝为主帅，率领八万大军进攻北魏。拓跋珪采取诱敌深入的战术，迫使慕容宝在后燕军队长途远征且追击困难的情况下决定撤兵。拓跋珪抓住时机，趁机率领二万骑兵追击后燕军队，在参合陂一战中以弱胜强，大败慕容宝。

409

拓跋嗣即位，后大
败柔然

423

拓跋焘即位，后统
一北方

425

夏国建立者赫连勃
勃病死

　　之后，年迈的慕容垂率领大军再次进攻北魏，拓跋珪实力仍比不过敌军，被迫选择战略撤退。但年老的慕容垂，在行军途中生病，后燕不得不选择撤军，慕容垂病逝于撤军途中。拓跋珪趁机整顿兵马，两年之后率军反攻。后燕实力大减，最终被北魏所灭。

　　拓跋珪率军占领了北方大片土地，于天兴元年（398年）迁都于平城（今山西大同市），并称帝，历史上称他为北魏道武帝。为了缓和与汉族人的民族矛盾，稳固统治，拓跋珪大力提倡学习汉族的文化习俗及制度，任用汉族士人，打破过去通过血缘而结合的部落组织形式，实行"分土定居"，通过划分地域的形式从游牧经济向农业经济转型，用胡汉结合的政策推动拓跋鲜卑部落的汉化过程，以适应中原地区的生活方式。

　　拓跋珪死后，长子明元帝拓跋嗣（sì）继位。拓跋嗣在位期间，大败柔然，并且亲自率军征伐南朝宋，夺取大片领土。拓跋嗣死后，他的儿子拓跋焘（tāo）即位，史称为北魏太武帝。拓跋焘在位期间，完成了统一北方的大业。

◎太武帝拓跋焘。他在位期间励精图治，扫平北方各国，是一位优秀的帝王和军事统帅。但晚年脾气暴躁，诛戮过多，终被人杀害，年仅四十五岁。

　　拓跋焘继位之时，北魏经过其祖父拓跋珪和其父亲拓跋嗣的发展，

432
北魏灭夏国

436
北魏灭北燕

439
北魏灭西凉

国力强盛。拓跋焘继承并发展了北魏前期实行的政策，为统一北方打下了坚实的基础。他大规模征召中原地区汉族士人入北魏为官参政，重用崔宏、崔浩父子等大批北方高门士族子弟。这些士人为北魏统一北方作出了重要的贡献。

始光二年（425年），夏国的建立者赫（hè）连勃（bó）勃病死。第二年，西秦国的国主乞（qǐ）伏炽（chì）磐（pán）派使者来朝见拓跋焘，请求北魏出兵征讨夏国。针对此事，大臣们意见纷纷。崔浩建议说，夏国土地方圆不过千里，易于征讨。加上赫连勃勃对夏国的统治残忍暴虐，不得民心。如果要平定北方，应当先从征讨夏国入手。于是拓跋焘采纳他的意见，趁赫连勃勃死后，夏国内部政局不稳之时出兵进攻，大败夏军。之后，又转而向北进军，反击不断南下侵扰的蠕（rú）蠕部落。在延和元年（432年）灭亡夏国后，又向东进军，于太廷二年（436年）攻灭北燕。最后，在太延五年（439年）率军西进，灭亡西凉。至此，北魏统一北方，与南朝宋政权形成南北方对立的形势。

在统一北方的过程中，崔浩是北魏政权中辅佐拓跋焘完成大业的重要人物。他历经北魏道武帝到太武帝三朝，参与过多次重大问题的讨论和战略政策的制定，是北方高门士族子弟的代表人物。但是由于他表露出的门第优越感和对鲜卑人的看不起，招致强烈不满。后来奉命主持编写国史，结果他直言不讳（huì），写出了一些北魏皇室早期不为人知的敏感问题，拓跋焘因此大怒，将崔浩满门抄斩，并且将崔浩的家族和与他有姻亲关系的北地汉人士族统统杀掉。

在太武帝统治后期，由于他晚年的严苛刑罚和喜好杀戮（lù），北魏的政局一度陷入混乱，很长时间没有稳定的局面。

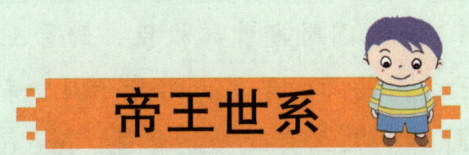

帝王世系

西晋（265—316）

司马懿 ‹‹‹‹ •••••••••••••••

生卒（179-251）。庙号高祖（追尊），谥（shì）号宣皇帝（追尊），三国时期魏国杰出的政治家、军事家，西晋王朝的奠（diàn）基人。曾任职曹魏的大都督、大将军、太尉、太傅，是辅佐了魏国四代君主的托孤辅政重臣，后期成为掌控魏国朝政的权臣。善谋奇策，多次征伐有功，其中最显著的功绩是两次率大军成功抵御诸葛亮北伐和远征平定辽东。对屯（tún）田、水利等农耕经济发展有重要贡献。73岁去世，葬于首阳山。他的二儿子司马昭封晋王后，追封司马懿为宣王；司马炎称帝后，追尊司马懿为宣皇帝。

司马师 ‹‹‹‹ •••••••••••••••

生卒（208-255）。庙号世宗（追尊），景皇帝（追谥）。三国时期曹魏权臣，官至大将军，西晋奠（diàn）基人之一。他是司马懿的长子，司马昭的兄长，西晋开国皇帝司马炎的伯父。司马师沉着坚强，雄才大略，与夏侯玄、何晏齐名。与他的父亲司马懿谋划诛杀曹爽，成功后被封为长平乡侯，食邑（yì）千户，随后又加封卫将军。司马懿死后，以抚军大将军的名义辅政，独揽朝廷大权。掌权后，制定选拔官吏的法规，命百官推荐贤才。司马师也有卓越的军事才能，曾用计击溃吴国诸葛恪（kè）的大军。公元254年，魏帝曹芳与中书令李丰等密谋除司马师，事情泄露，司马师杀死参与者，强迫郭太后废掉魏帝曹芳，改立高贵乡公曹髦（máo）为帝。第二年，司马师亲率兵平定毌（guàn）丘俭、文钦之乱，途中病死。晋朝建立后，被追尊为景皇帝，庙号世宗。

司马昭 ‹‹‹‹

生卒年（211－265）。三国时期曹魏权臣，西晋王朝的奠基人之一。他是司马懿的次子，司马师的弟弟，西晋开国皇帝晋武帝司马炎的父亲。早年随父抗蜀，多次立有战功。曹髦（máo）时，接替兄长司马师担任大将军，专揽国政，走向取代魏国之路。甘露五年，魏帝曹髦死后，立曹奂（huàn）为帝。景元四年，分兵三路灭蜀。封晋公，咸熙元年加为晋王。咸熙二年，司马昭病死，时年五十四岁。数月后，他的儿子司马炎称帝，建晋朝，追尊司马昭为文帝，庙号太祖。

司马炎 ‹‹‹‹

在位时间：266－290

生卒年（236－290）。庙号世祖，谥号武皇帝，年号泰始、咸宁、太康、太熙。晋朝开国皇帝。司马懿之孙，司马昭嫡（dí）长子。咸熙二年（265年）继承父亲爵位成为晋王，数月后逼迫魏元帝曹奂让位给自己，国号晋，建都洛阳。咸宁五年（279年）他又命杜预、王濬（jùn）等人分兵伐吴，于第二年灭吴，统一全国。他采取一系列经济措施以发展生产，太康元年，颁行户调式，包括占田制、户调制和品官占田荫客制。太康年间出现一片繁荣景象，史称"太康之治"。但灭吴后，逐渐荒废政事，奢（shē）侈（chǐ）腐化。太熙元年（290年）病逝。

司马衷 ‹‹‹‹

在位时间：290－307

生卒年（259－307）。谥号孝惠皇帝，年号永熙、永平、元康、永康、永宁、太安、永安、建武、永兴、光熙。为人愚钝，著名的"白痴皇帝"。最初由太傅杨骏辅政，后来皇后贾南风杀害杨骏，掌握大权。在"八王之乱"中，惠帝的叔祖赵王司马伦夺取了惠帝的帝位，让惠帝成为太上皇，将他囚禁在金墉城。齐王司马冏（jiǒng）与成都王司马颖起兵反司马伦，群臣共同谋划诛杀司马伦党羽，迎晋惠帝复位。但此后惠帝又由各诸侯王辗转挟持，形同傀（kuǐ）儡（lěi），受尽凌辱。

306年，东海王司马越将惠帝迎回洛阳。307年去世。一般认为他智力低下，但这种说法缺乏史实依据，最多只能认为他作为一个皇帝处理事务的能力不足。

司马炽（chì）<<<< ●●●●●●●●●●●●●●●●●●●●●●●●

在位时间：307-313

生卒年（284-313）。谥号孝怀皇帝，年号永嘉。初封豫章王，惠帝在位期间，被立为皇太弟。司马越毒死惠帝后，司马炽被扶植为帝，改年号为"永嘉"。在此期间，五胡开始建立独立的政权，但是晋朝内部的权力斗争也日渐严重。311年正月，晋怀帝密诏荀晞（xī）讨伐司马越，三月发布诏书讨伐，司马越于同月病死，众人共同推举王衍（yǎn）为元帅。四月王衍与石勒战于宁平城，晋军全军覆没。六月，匈奴刘聪的军队攻入洛阳，晋怀帝在逃往长安途中被俘。313年，晋怀帝被刘聪用毒酒毒杀，享年三十岁。

司马邺（yè）<<<< ●●●●●●●●●●●●●●●●●●●●●●●●

在位时间：313-316

生卒年（300-318）。谥号孝愍（mǐn），年号建兴。西晋最后一位皇帝。最初被过继给伯父秦献王司马柬（jiǎn），被封为秦王。永嘉七年（313年），晋怀帝于平阳遇害之后，司马邺于长安即位称帝，改元建兴。司马邺即位时，西晋已经没有可以作战的战力，而且长安也没有可用的物资可以与前赵作战。建兴四年（316年），刘曜（yào）发兵攻打长安，并且切断长安的粮运，晋愍帝在食粮断绝的情况之下于十一月十一日（12月11日）投降前赵。之后晋愍帝被送往平阳，封为怀平侯，并且遭受作为狩猎队伍前导以及宴会洗杯子杂役的屈辱。建兴五年十二月二十日（318年2月7日），被刘聪杀害，终年十八岁，葬处不明。

东晋（317—420）

司马睿（ruì）<<<<...

在位时间： 318-323

生卒（zú）年（276-323）。庙号中宗，谥（shì）号元皇帝，年号建武、太兴、永昌。东晋的开国皇帝。司马懿（yì）的曾孙，琅琊武王司马伷（zhòu）之孙，琅琊恭王司马觐（jìn）之子。290年袭封琅琊王，曾经参与讨伐成都王司马颖的战役，但是由于作战失利，司马睿便离开洛阳，回到封国。晋怀帝即位后，司马睿被封为安东将军、都督扬州诸军事。后来在王导的建议之下前往建康，并且极力结交江东大族。311年晋愍（mǐn）帝封司马睿为丞（chéng）相、大都督中外军事。晋愍帝被俘后，司马睿在晋朝贵族与江东大族的支持下于317年称晋王，318年即帝位，为晋元帝。323年去世。

司马绍（shào）<<<<...

在位时间： 323-325

生卒年（299-325）。庙号肃宗，谥号明皇帝，年号太宁。东晋第二位皇帝。太宁二年（324年）平定王敦（dūn）的叛乱，停止对王敦党羽的追究，为安定皇帝的权威全力重用王导，并且与江东大族保持和谐的态度，成功对"王敦之乱"作出善后，稳定东晋王朝的局势。太宁三年（325年）病逝。司马绍为人聪慧善断，明于事理。东晋政权初建之时，兵荒马乱，生灵涂炭，国力空虚，权臣王敦等作威作福，东晋政权随时面临着灭亡的危险。司马绍在位期间，凭借弱势的中央，成功做到对权臣的制衡。他还在一定程度上调和南渡侨（qiáo）姓与吴姓士族之间的矛盾，稳定时局，使社会呈现安定发展的趋势。虽在位时间短暂，但对安定国家大局有着非常深远的影响。

司马衍（yǎn）‹‹‹‹ ···

在位时间：325-342

生卒（zú）年（321-342）。庙号显宗，谥（shì）号成皇帝，年号成和、咸康。东晋第三位皇帝。因年幼继位，所以由母亲庾太后辅政，庾太后死后由王导与庾亮辅政。司马衍在位期间，任用外戚庾（yǔ）亮执政，试图排斥王导势力，振作东晋王室。但庾亮疑忌大臣，任意杀逐重要官员，引起统治集团内部冲突。327年，历阳镇将苏峻、寿春镇将祖约以杀庾亮为名，起兵叛乱，攻入建康。后被陶侃（kǎn）、温峤起兵平定，王导再次出山执政，东晋王朝又一次转危为安。晋成帝在位期间曾经命令庾亮北伐，但是被石虎打败。336年，晋成帝颁布壬（rén）辰（chén）诏书，禁止豪族将领将山川大泽私有化；341年，又以土断方式将自江北迁来的世族编入户籍。本人也是书法名家。

司马岳 ‹‹‹‹ ···

在位时间：342-344

生卒年（322-344）。谥号康皇帝，年号建元。东晋第四位皇帝。司马岳在其兄晋成帝继位后，受封吴王。后改封琅琊王，担任散骑常侍、骠（piào）骑将军、侍中、司徒等职。咸康八年（342年），晋成帝病重，在掌权的庾冰等人建议下，舍弃二子，立弟司马岳为皇位继承人。同年，晋成帝去世，司马岳继位。司马岳在位只有短短三年，没有大的政绩。但是他的书法造诣很深，代表作《陆女帖》，被收进宋代《淳化阁帖》。

司马聃（dān）‹‹‹‹ ···

在位时间：344-361

生卒年（343-361）。庙号孝宗，谥号穆（mù）皇帝，年号永和、升平。东晋第五代皇帝，晋康帝司马岳之子。344年晋康帝驾崩，晋穆帝即位，由于年幼而由太后褚（chǔ）蒜（suàn）子掌政，并由何充辅政。何充过世后改由蔡（cài）谟（mó）与司马昱（yù）辅政。晋穆帝在位期间东晋虽然北伐失败，但是由于桓温消灭了在四川立国的成汉，并且于356年夺回洛阳，虽然不久就因为粮运不继而撤（chè）退，但是东晋的版图仍然有所扩大。361年晋穆帝过世，享年十九岁。

司马丕（pī）<<<<·········

在位时间： 361-365

生卒年（341-365）。谥号哀（āi）皇帝，东晋的第六位皇帝。公元342年，司马丕受封琅琊王。361年，晋穆帝去世，皇太后令司马丕登基，改元隆和。364年，司马丕服药以求长生，结果中毒，崇德太后临朝摄政。365年，在太极殿西堂去世，时年二十五岁。葬于安平陵。在位时期，军阀（fá）斗争激烈，桓（huán）温当国，几次北伐，国家战乱不断，东晋已走向衰（shuāi）败。司马丕还是一位书法家，代表作品有《中书帖》等。

司马奕（yì）<<<<·········

在位时间： 365-371

生卒年（342-386）。年号太和。东晋第七位皇帝，是东晋唯一一位在位期间被废掉的皇帝。司马奕即位之时，桓（huán）温掌握朝政，桓的手下建议桓温效仿伊（yī）尹（yǐn）、霍（huò）光，废除天子以立威信，但司马奕本身并无过失可言，桓温便指司马奕没有生育能力，指田、孟二妃所生三位皇子并非司马弈亲生，于太和六年废司马奕为东海王，之后再贬（biǎn）为海西县公，迁居吴县，并将田、孟二妃及三位皇子处死。司马奕遭此挫折，心灰意冷，又怕再遭祸端，便苟且偷生。之后司马奕更是沉迷于酒色，甚至生了孩子也不养，桓温也因此对他不再防范。司马奕于386年过世，享年四十五岁。

司马昱（yù）<<<<·········

在位时间： 371-372

生卒年（320-372）。东晋第八位皇帝。历仕元、明、成、康、穆、哀、废帝七朝，先封琅琊王，后封会稽王，先后担任散骑常侍、右将军、抚军将军等职。穆帝即位后，由太后褚（chǔ）蒜（suàn）子临朝听政，司马昱升任抚军大将军、录尚书六条事，与何充共同辅政。何充逝世后，司马昱总统朝政，后升任司徒。桓温灭成汉后，威权逐渐加重，司马昱利用名士殷（yīn）浩等对抗桓温，但殷浩空有虚名，又在北伐中失败，最终为桓温所废。废帝司马奕即位后，司马昱再次改封琅琊王，又升任丞相、录尚书事。桓温废司马奕后，立司马昱为帝。在位8个月后便忧愤而死。期间朝政完全在桓温控制之下。有文集五卷（《隋书经籍志》注作一卷）传于世。善于清谈，在他提倡下，东晋中前期玄学呈现发展态势。《淳化阁帖》收录他的书法作品《庆赐帖》。

司马曜（yào）<<<<·····························

在位时间：372-396

生卒（zú）年（362-396）。庙号烈宗，谥（shì）号孝武皇帝，年号宁康、太元。东晋第九任皇帝。四岁时被封为会（kuài）稽（jī）王，372年晋简文帝去世前夕被立为皇太子并继承皇位，时年十一岁。最初由大司马桓（huán）温辅政，373年桓温死，又由从嫂崇德太后褚（chǔ）蒜（suàn）子临朝听政。376年太后归政，实权由谢安为代表的陈郡谢氏掌握。383年在谢安等的辅佐下，击败前秦大军，赢得淝水之战的胜利，保全了东晋王朝的国运。司马曜利用士族门阀人才断层的空档期，致力于冲破门阀政治的格局，恢复司马氏皇权，遂令弟弟司马道子代替谢安执政，并成为东晋开国江左以来最有权力的君主。但他只知享乐，沉湎酒色，又与司马道子争权，形成"主相相持"的局面，造成朝政日趋昏暗。后因司马曜与宠姬张贵人酒后戏言，导致张贵人一怒之下杀了他，享年三十五岁。司马曜擅长书法和文学。《淳化阁帖》收录有他的书法作品《谯王帖》。

司马德宗 <<<<····································

在位时间：397-419

生卒年（382-419）。谥号安皇帝，年号隆安、元兴、大亨、义熙，东晋第十位皇帝。司马德宗即位后，内乱频发，国势日衰，419年驾崩，时年三十七岁。

司马德文 <<<<····································

在位时间：418-420

生卒年（386-421）。谥号恭皇帝，年号元熙。东晋最后一位皇帝。晋孝武帝司马曜（yào）次子，晋安帝司马德宗之弟。司马德文初封琅琊王，之后担任中军将军、散骑常侍、卫将军、开府仪同三司、侍中、司徒、录尚书六条事等官职。晋安帝被桓（huán）玄所废时，司马德文与晋安帝都居住在浔阳，桓玄败死后被迁至江陵。元熙元年（419年）刘裕杀晋安帝，立司马德文为帝，年号元熙。元熙二年（420年）六月，司马德文禅位于刘裕，东晋自此灭亡。司马德文被废为零陵王，同年九月，刘裕派人以棉被闷死司马德文，时年三十六岁。

风云人物

刘渊（yuān）<<<<..

生卒年（不详－310）。十六国时期前赵政权开国皇帝，304－310年在位。刘渊在父亲死后接掌其部属，八王之乱时诸王互相攻伐，刘渊乘朝廷内乱而在并州自立，称汉王，建立汉国。

石勒（lè）<<<<..

生卒年（274－338）。十六国时期后赵建立者，史称后赵明帝，是中国历史上的唯一一个奴隶皇帝。石勒发迹于第一次反东海王起义时，追随牧帅汲（jí）桑投靠公师籓（fān）。石勒这个姓名是汲桑替他取的。后投靠汉赵（前赵）刘渊。石勒在汉人张宾辅助之下以襄国为根据地，先后灭了王浚、邵续与段匹磾（dī）等西晋在北方的势力，又吞并曹嶷。前赵平阳政变后正式与刘曜（yào）决裂，319年十一月称赵王，定都襄国。329年吞并关中，攻取上邽（guī），并消灭前赵。北征代国，令后赵成为当时北方最强的国家。石勒实行多项措施，推动了文化教育和经济的发展。

王导<<<<..

生卒年（276－339）。东晋时期著名政治家、书法家，先后在晋元帝、明帝和成帝三朝为官，是东晋政权的奠（diàn）基人之一。出身于魏琅琊王氏，早年便与琅琊王司马睿友善，后建议司马睿到建邺驻防，又为他联络南方士族，安抚南渡北方士族。东晋建立后，先拜骠（piào）骑大将军、仪同三司，封武冈侯，又进位侍中、司空、假节、录尚书事，兼任中书监。与从兄王敦一内一外，形成"王与马，共天下"的格局。322年，王敦（dūn）谋反并攻入建康，想要废掉元帝而拥立幼主，因王导不赞同，只得退回武昌。不久，王导受元帝遗诏辅立明帝，升迁为司徒。"王敦之乱"平定后，升任太保。325年明帝崩，王导与外戚庾（yǔ）亮等共同辅政。庾亮不听王导劝谏，执意命令历阳太守苏峻入京，致使苏峻举兵反叛。329年"苏峻之乱"平定后，王导驳斥众人迁都的念头，稳定局势。此后联合郗鉴继续执政，虽与陶侃、庾亮矛盾颇重，但终无大乱。339年卒，葬礼规格与霍（huò）光、司马孚相同，是东晋著名的中兴之臣。

祖逖（tì）<<<<<

生卒年（266-321）。东晋军事家，出身于范阳祖氏，早年曾任司州主簿（bù）、大司马掾、骠骑祭酒、太子中舍人等职，并于西晋末年率亲党到江淮避乱。后被授为奋威将军、豫州刺史，率军北伐。祖逖率领的部队军纪严明，得到各地人民的响应，数年间收复黄河以南大片土地，使得石勒不敢南侵，进封镇西将军。但朝廷却因他势力强盛，对他非常忌（jì）惮（dàn），还派戴渊去牵制他。大兴四年（321年），祖逖因朝廷内明争暗斗，国事日非，忧愤而死，追赠车骑将军，部众被弟弟祖约接掌，北伐大业也因祖逖之死而功败垂成。

桓（huán）温<<<<<

生卒年（312-373）。东晋政治家、军事家、权臣。桓温是晋明帝的驸马，因灭亡成汉政权而声名大振，又三次出兵北伐（北伐前秦、羌族姚襄、前燕），战功累累。独揽朝政十余年，操纵皇帝废立，有意夺取帝位，终因第三次北伐失败而令声望受损，受制于朝中王谢势力而未能如愿。桓温曾在晚年逼迫朝廷封赏自己"九锡"，但因谢安等人借故拖延，直至去世也未能实现。死后谥号宣武。他的儿子桓玄建立桓楚后，追尊他为"宣武皇帝"。

王猛<<<<<

生卒年（325-375）。十六国时期著名的政治家、军事家。为人谨严庄重，深沉刚毅，胸怀大志，受到前秦政权苻（fú）坚的重用，被拜为丞（chéng）相。王猛主政期间，积极整顿吏治，兴办教育，调整民

族关系，兴修水利，发展社会生产，前秦国力迅速增强，逐渐统一北方。他去世后，苻坚一意孤行，最终兵败身死，前秦政权亦土崩瓦解。

苻（fú）坚 <<<<·········

生卒年（338-385）。十六国时期前秦政权皇帝。其在位前期励精图治，重用汉人王猛，推行一系列政策与民休息，发展社会生产，国势日盛，逐渐统一北方，形成与东晋对立局面。后不顾群臣反对，倾全国之兵攻打东晋，兵败淝水，自己亦为部将杀害，前秦政权土崩瓦解，北方再次陷入混乱。

谢安 <<<<·········

生卒年（320-385）。东晋著名政治家，字安石。年少时因为善于清谈而闻名。隐居在会稽郡山阴县的东山，与王羲之、许询等游山玩水，并教育谢家子弟，多次拒绝朝廷征召。后来谢氏家族在朝中做官的人相继逝去，谢安才入朝为官，任桓（huán）温征西司马，此后相继担任吴兴太守、侍中、吏部尚书、中护军等职。简文帝死后，谢安与王坦之挫败桓温篡位意图，并在桓温死后与王彪之等共同辅政。在淝水之战中作为东晋一方的总指挥，以八万兵力打败了号称百万的前秦军队，为东晋赢得几十年的安静和平。战后因功名太盛而被孝武帝猜忌，被迫前往广陵避祸。后病逝，享年六十六岁。谢安多才多艺，善行书，通音乐。

慕容垂 <<<<·········

生卒年（326-396）。十六国后燕开国君主。在前燕时屡有战功。369年，枋头之战中领导前燕军大败桓温，反遭受当政的慕容评排挤，无奈逃奔前秦。前秦苻坚对他非常赏识，任命他为冠军将军。383年，淝水之战中前秦大败，他护驾北返。后乘势而起，384年，建立后燕。394年，台壁之战取胜吞并西燕。395年，后燕、北魏参合陂之战，太子慕容宝惨败。随后慕容垂率军再攻北魏，期间发病加重，在退军时去世。

刘宋代晋

刘裕自幼家贫，后来投入军旅，在频繁的战争中，屡立战功，而在刘裕屡立战功的过程中，刘裕也逐步夺取了东晋的最高权力。最终，刘裕迫使东晋末代皇帝司马德文禅位给自己，并建立刘宋王朝，拉开了南北朝的序幕。

晋安帝复位后，刘裕掌握了东晋大权。刘裕出身贫苦，在士族中没有什么地位，他为了提高自己的威望，决定发动北伐。

公元409年，刘裕从建康出发，出兵包围了南燕（十六国之一）的国都广固（今山东益都西北）。南燕的国主慕容超赶紧向后秦请求救兵。

此时的后秦在北方是个比较大的国家，实力较强。后秦国主姚（yáo）兴派使者到晋军大营去见刘裕，说："燕国和我们秦国是友好邻国。我们已派出十万大军驻守在洛阳。你们一定要逼燕国，我们不会坐视不救。"

刘裕毫不客气，冷笑一声说："你回去告诉姚兴，我本来打算灭掉燕国之后，休整三年再来消灭你们。现在既然你们愿意送上门来，那就来吧！"

使者走了以后，有人对刘裕表示担忧："您这样回答他，只怕激怒了姚兴，如果秦兵真的来攻，我们怎么对付？"

刘裕泰然说："俗话说'兵贵神速'，他们如果真的要出兵，就会偷偷出兵，何必先派人来通知呢？这完全是姚兴虚张声势，吓唬我们。我看他自己都顾不过来，哪有什么能力救人呢。"不出刘裕所料，那时候后秦正跟另一个小国——夏国互相攻打，还打了败仗，更谈不上出兵救南燕。没有多久，刘裕就把南燕消灭了。

过了几年，刘裕平定了南方的割据力量后，再一次北伐，这次是进攻后秦。他派大将王镇恶、檀（tán）道济带领步兵，从淮河一带出兵向洛阳方向进攻，自己亲自率领水军沿着黄河进军。

可是，那时北方鲜卑族建立的北魏开始强大起来，它的势力已经发展到黄河北岸，北魏在北岸集结了十万大军，威胁晋军。刘裕的水军沿着黄河前进，有时风猛水急，晋军的船只被水冲到北岸，就受到魏兵的攻击。刘裕只好派水军上北岸去打魏军，可一接触，魏兵就逃，等晋军回到船上，他们又在北岸骚扰，使得晋军来回奔跑，没法顺利进兵。

刘裕派一个将军带七百兵士、一百辆兵车登上北岸，沿岸摆出"却月阵"：只见一个半圆形的阵势，两侧紧紧靠着河岸，中间鼓出，当中的一辆兵车上竖一根白羽毛，这种布阵形状像个月钩，所以名"却月阵"。

魏兵不懂是什么意思，也无人敢动。

一会儿，只见晋军中间车上有人举起白羽毛，两侧便涌出了二千名兵士，带着一百张大弓，奔向兵车。魏兵看看这个阵势，觉得也没有什么大不了，就集中三万骑兵向河岸猛攻晋阵。晋军一百辆兵车上的弓箭齐发，仍旧挡不住魏兵。

可是没料到晋军在却月阵后面，另外布置好一千多支长矛，装在大弓上。这种长矛约有三四尺长，矛头特别锋利。魏兵猛攻的时候，果然，晋军兵士们就用大铁锤敲动大弓，驱动长矛往魏军飞去。每支长矛就能射杀魏兵三四个，三万名魏兵一下子就被射死了好几千。其

417

刘裕灭后秦

420

刘裕即位，改国号为宋

他魏兵不知道晋军阵后还有多少这种武器，吓得抱头乱窜，全线崩溃。晋军又乘胜追击，杀死了大批魏兵。

刘裕打退魏军，打通了沿黄河顺利西进。这时，王镇恶和檀道济已经攻下洛阳，在潼关和刘裕水军会师。随后刘裕派王镇恶攻下长安，灭了后秦。刘裕灭了后秦，把十二岁的儿子和王镇恶留在长安，自己带兵回南方。

过了几年，晋安帝死去，刘裕认为时机成熟，就派人劝说刚刚即位的晋恭帝让位。公元420年，刘裕即位做了皇帝，改国号为宋。这就是宋武帝。东晋王朝在南方统治了一百零四年，到这时候灭亡了。

◎晋军士兵利用长矛射杀魏军。刘裕凭"却月阵"以二千七百名步兵破魏军三万骑兵，显示了强大的威力

元嘉之治

　　南朝宋文帝刘义隆时期，因其政治较为清明，又努力推行繁荣经济文化的各项政策，从而出现了短期内经济有所恢复，人民生活较为安定的政治局面。开创了魏晋以来最好的社会局面，也是东晋南北朝国力最为强盛的历史时期。

　　刘裕登基称帝以后，励精图治，积极加强皇权，削弱中央朝廷中士族和地方上豪强的势力，以掌控朝政。他掌权之后，便着重整顿吏治，同时，重视门第出身较为寒微的人才，大量提拔这些寒士，如刘穆之、檀（tán）道济等人。通过培养这些寒门势力，以抗衡士族，并且轻徭薄赋，严禁地方官吏滥征赋税、徭役。

　　此外，在义熙九年（413年），刘裕下令实行土断政策，史称"义熙土断"。所谓"土断"，就是在东晋南朝时期，中央政府实行的一种重新整理居民户籍和调整地方行政区划的政策。由于西晋末年的战乱，北方有大量民众流落到南方。东晋政府为了安置这些人，在他们聚集的地方划出了州、郡、县，称为侨州、侨郡、侨县，以与北方旧有的州、郡、县加以区分。这些侨居于南方的侨人，长期以来已与当地百姓混杂居住。但是他们的户籍不同，享有一定的优待，不便于政府管理，也容易激发社会矛盾。因此东晋和南朝政府实行土断，将所有的百姓，无论侨民还是南方土著居民，统一编入正式户籍，统一交纳赋税。同时取消一些侨州、侨郡、侨县，重新划定郡县行政区划，从原有的土

南北朝

425
宋文帝亲政，逐渐
掌握大权

438
宋文帝杀檀道济

438
宋文帝立"四学"

地中划出一部分作为保留的侨州、侨郡、侨县的土地。

刘裕推行"义熙土断"，更加关注清查地方世家大族隐藏的户口，搜索逃亡农民和由地方豪强隐占的私有家奴，以充作政府的赋役对象。同时，禁止地方豪强乱收租税，抑制土地兼并。

雄才大略的刘裕在位三年后，便因病去世。临终时，由于太子刘义符尚年轻，刘裕任命徐羡（xiàn）之、傅亮、檀（tán）道济、谢晦（huì）等为顾命大臣，辅佐太子继位，是为宋少帝。但宋少帝年轻贪玩，继位后整天不理朝政，只顾寻欢作乐，使得几位顾命大臣对他深感失望，于是废掉刘义符，改立刘裕的第三个儿子刘义隆为帝，继承皇位，改元为元嘉，为宋文帝。

宋文帝在位初期，朝政仍然被几位顾命大臣掌控。元嘉二年（425年）宋文帝亲政之后，与他的心腹亲信王华、王弘、王昙（tán）首等人一起，谋划除去几位顾命大臣，先杀掉了徐羡之、傅亮，逼得谢晦起兵，公然与朝廷对抗，后派遣檀道济出兵平定谢晦，由此掌控朝政大权。

在加强了皇权之后，宋文帝开始将目光放在了整顿朝政，发展经济之上。他继承并发展了宋武帝的政策，提拔重用了诸如王华、王昙首、刘湛（zhàn）等人，在义熙土断的基础上清理户籍。宋文帝很重视农业生产，令地方官员对地方上农业生产进行监督，鼓励百姓从事种植、养蚕业，轻徭薄赋，减轻百姓负担。

此外，宋文帝也很重视教育。元嘉十五年（438年），宋文帝请雷次宗到建康，在鸡笼山开学馆，聚集学生，教授儒学。宋文帝有几次亲自到学馆，去听雷次宗讲学。同时，宋文帝还令何尚之教授玄学，何承天教授史学，谢元教授文学，与雷次宗的儒学并称为"四学"。

文帝在位期间，百姓得以休养生息，经济繁荣，文化领域发展兴盛，国力强大，史称"元嘉之治"。

　　然而此后，北魏政权逐渐发展强大，对南朝形成了威胁。宋文帝于元嘉七年（430年）派遣到彦之、檀道济等大将出兵北伐，但最终未取得战果，草草宣告失败。之后，宋文帝又听信谗（chán）言，于元嘉十三年（436年）杀檀道济等将领。元嘉二十七年（450年）再次北伐也未能取得战果，反而被北魏军队趁机南侵。刘宋国力遭到重创，元嘉之治以来的兴盛局面被破坏。南宋时辛弃疾作《永遇乐·京口北固亭怀古》一词，中间有描述："元嘉草草，封狼居胥（xū），赢得仓皇北顾。"

　　此后，刘宋皇室内部为争权夺位而自相残杀，宋文帝本人也被儿子刘劭（shào）所杀。其后继位的宋孝武帝、前废帝、宋明帝等人多数残忍嗜杀。他们不理朝政，荒淫无道，倒行逆施，多次上演骨肉相残的惨剧，国力日益衰微，最后刘宋政权被权臣萧道成夺取，萧道成建立南齐政权。

◎宋文帝和皇太子刘劭。因为太子刘劭不肖，宋文帝想废黜他。刘劭先发制人，举兵杀死了父亲，从而开了骨肉相残之端。

471

北魏孝文帝即位

473

正月，魏诏劝课农桑

473

四月，魏以孔子孙
为崇圣大夫

479

刘宋权臣萧道成建
立南齐政权

孝文帝改革

年仅 4 岁的拓跋宏接受了父亲的禅让，登上皇帝宝座，成为北魏新一代君主—孝文帝。他在冯太后的培养下对汉文化产生了浓厚的兴趣。成年后，他和冯太后一起，自上而下掀起了一场改变北魏社会面貌的改革运动。

就在南朝刘宋政权逐渐衰落之时，北魏政权却日益兴盛。自从北魏太武帝死去后，政治腐败，鲜卑贵族和大商人压迫人民，不断引起北方人民的反抗。公元 471 年，魏孝文帝即位后，决心采取改革措施。

魏孝文帝规定了官员的俸禄，严厉惩（chéng）办贪官污吏。实行"均田制"，把荒地分配给农民，成年男子每人四十亩，妇女每人二十亩，让他们种植谷物，另外还分给桑地。农民必须向官府交租、服役。农民死了，除桑田外，都要归还官府。这样一来，开垦（kěn）的田地多了，农民的生产和生活比较稳定，北魏政权的收入也增加了。

魏孝文帝认为，要巩固魏朝的统治，一定要吸收中原的文化，改革一些落后的风俗。为此，他决心把国都从平城（今山西大同市东北）迁到洛阳。

他怕大臣们反对迁都的主张，先提出要大规模进攻南齐。有一次上朝，他把这个打算提了出来，大臣纷纷反对，最激烈的是任城王拓（tuò）跋（bá）澄。

孝文帝发火说："国家是我的国家，你想阻拦我用兵吗？"拓跋

南北朝

493
六月，北魏孝文帝
声称南伐

493
九月，孝文帝到洛阳
时下雨不止，群臣恐
伐齐，定迁都之计

494
十一月，魏从平城迁
都洛阳

澄反驳说："国家虽然是您的，但我是国家的大臣，明知用兵危险，哪能不讲。"

◎孝文帝拓跋宏。拓跋宏治国经验丰富，锐意进取，又注意真抓实干，是中国历史上杰出的少数民族政治家、改革家。

退朝后回到宫里，孝文帝单独召见拓跋澄，跟他说："老实告诉你，刚才我向你发火，是为了吓唬大家。我真正的意思是觉得平城是个用武的地方，不适宜改革政治。现在我要移风易俗，非得迁都不行。这回我出兵伐齐，实际上是想借这个机会，带领文武官员迁都中原，你看怎么样？"

拓跋澄恍然大悟，马上同意魏孝文帝的主张。

公元 493 年，魏孝文帝亲自率领步兵骑兵三十多万南下，从平城出发，到了洛阳。正好碰到秋雨连绵，足足下了一个月，道路泥泞（nìng），行军发生困难。但是孝文帝仍旧戴盔披甲、骑马出城，下令继续进军。

大臣们本来不想出兵伐齐，趁着这场大雨，便出来阻拦。孝文帝严肃地说："这次我们兴师动众，如果半途而废，岂不是给后代人笑话。如果不能南进，就把国都迁到这里。诸位认为怎么样？"

大家听了，都很惊讶，没有说话。孝文帝说："不能犹豫不决了。同意迁都的往左边站，不同意的站在右边。"

一个贵族说："只要陛（bì）下同意停止南伐，那么迁都洛阳，

494

十二月，魏孝文帝
诏禁胡服，改汉服

495

五月，魏孝文帝亲
祀孔庙

495

六月，孝文帝令断
鲜卑语

496

正月，孝文帝改拓
跋氏为元氏

我们也愿意。"许多文武官员虽然不赞成迁都，但是听说可以停止南伐，也都只好表示拥护迁都了。

孝文帝把洛阳这边安排好了，又派任城王拓跋澄回到平城去，向那里的王公贵族宣传迁都的好处。后来，他又亲自到平城，召集贵族老臣讨论迁都的事。

平城的贵族中反对的还不少。他们搬出一条条理由，都被孝文帝驳倒了。最后，那些人实在讲不出道理来，只好说："迁都是大事，到底是凶是吉，还是卜个卦吧。"

孝文帝说："卜卦是为了解决疑难不决的事。迁都的事，已经没有疑问，还卜什么。要治理天下的，应该以四海为家，今天走南，明天闯北，哪有固定不变的道理。再说我们上代也迁过几次都，为什么我就不能迁呢？"

贵族大臣被驳得哑口无言，迁都洛阳的事，就这样决定下来了。

孝文帝把国都迁到洛阳以后，决定进一步改革旧的风俗习惯。

有一次，他跟大臣们一起议论朝政。他说："你们看是移风易俗好，还是因循（xún）守旧好？"

咸阳王拓跋禧（xǐ）说："当然是移风易俗好。"孝文帝说："那么我要宣布改革，大家可不能违背。"接着，孝文帝就宣布几条法令：改说汉语，三十岁以上的人改口比较困难，可以暂缓，三十岁以下、现在朝廷做官的，一律要改说汉语，违反这一条就降职或者撤职，规定官民改穿汉人的服装，鼓励鲜卑族跟汉族的士族通婚，改用汉人的姓。北魏皇室本来姓拓跋，从那时候开始改姓为元。魏孝文帝名元宏，就是用了汉人的姓。

魏孝文帝大刀阔斧的改革，使北魏政治、经济有了较大的发展，也进一步促进了鲜卑族和汉族的融合。

499

南齐派兵攻打北魏

499

孝文帝病死

499

宣武帝即位，北魏开
始衰落

519

二月，魏羽林军等近
千人骂烧中书省，胡
太后杀为首者

六镇起兵

北魏首都南迁洛阳后，北方六镇的作用日渐式微，军镇
将领也逐步失去往日优厚的待遇。加之政治腐化，守宰暴敛，
赋役、兵役繁重。长期戍守北边的沃野等六镇的将卒遂于正
光四年爆发六镇起义，边镇军事豪强乘机扩充实力，其中尔
朱荣实力最盛。

北魏孝文帝迁都洛阳以后，曾经两次调动大军攻打南齐。但由于
南齐军民的抵抗，没有胜利。公元499年，南齐派兵攻打北魏。魏孝文
帝带病抵抗，打退了齐兵。不久，孝文帝就病死了。

孝文帝死后，魏宣武帝元恪（kè）继位，北魏便开始衰落。到了
魏孝明帝继位后，因为年纪太小，由他母亲胡太后掌权。胡太后是个
专横奢（shē）侈（chǐ）的人。她相信佛教，认为佛法能减轻她的罪过。
她在皇宫旁边造起一座气势宏伟的永宁寺。寺里供奉的佛像有用金子
塑的，也有用白玉雕的，寺的旁边又建造了一座九十丈高的九层宝塔。
寺里有一千间僧房，都用珠玉锦绣装饰，叫人看了眼花缭（liáo）乱。
据说从佛教传到中国以后，像这样华丽的寺院，还从来没有过。

北魏的统治者还动用大量人力物力，开凿石窟，建造佛像。在建
都洛阳之前，他们花了三十多年时间，在云冈（在今山西大同市武周山）
开凿大批石窟，有大小佛像十万尊以上。从宣武帝到胡太后，又在洛阳
伊阙的龙门山开凿石窟，建造佛龛（kān）。前前后后开凿了二十四年，
花了八十多万人工。这些石窟和佛像虽然表现了我国古代人民高超的

雕塑艺术水平，但也大大加重了当时劳动人民的负担。

由于北魏前几代国力强盛，统治阶级搜刮了不少财富，有一次，胡太后偶然到库房去看，发现那里积累的绫罗绸（chóu）缎（duàn）多得用不完，就想出一个主意，下命令叫贵族大臣都到库房里来，把

◎李崇、元融双双摔倒在地上。胡太后的荒唐行为助长了北魏社会的奢侈腐化之风。

绫罗赏赐给他们。她规定各人凭自己的力气，拿得动多少就拿多少。这批贵族都想多拿一些，可是平时养尊处优，根本拿不动太多的绢匹。尚书令李崇（chóng）、章武王元融两个人各背了一叠绢，累得汗流浃背，刚迈开两步，就连人带绢跌倒在地上。李崇伤了腰，元融崴（wǎi）了腿，都躺在地上哼哼叫疼。

胡太后派人把他们两人背上的绢匹全夺了下来。两个大臣一个揉着腰，一个拐着腿，一步一拐空手出了宫门。宫里宫外的人看见了，都笑得前俯后仰。

胡太后带头，下面的贵族豪门，也都奢侈成风。

北魏的河间王元琛（chēn）举行宴会，宴席上用的食器，有水晶杯、玛（mǎ）瑙（nǎo）碗，都非常精巧华丽。甚至他家喂马的食槽也是用银子打的。

北魏的皇室贵族这样奢侈挥霍，人民忍受不住，终于起来反抗了。

532	534	535	535
魏三帝先后被杀	北魏孝武帝逃到长安投靠宇文泰	宇文泰杀孝武帝，另立文帝，即西魏	高欢立孝静帝，迁都邺城，即东魏

那时候，北魏在北方边境设立了六个镇，派了将士防守。公元523年，沃野镇（今内蒙古五原北）的匈奴人破六韩拔陵首先带领士兵杀死镇将，发动起义，其他五个镇的兵士也纷纷响应。反对北魏的起义势力越来越大。由于北魏联合北方的柔然族人共同镇压，六镇兵士的起义失败了。

北魏政府为了防止六镇兵民的反抗，把起义失败的二十多万六镇兵士都押送到冀（jì）州、定州、瀛（yíng）州（治所都在今河北）。这些兵士哪里肯受魏朝的奴役，在冀州，又开始发动起义。鲜卑族的葛荣率领起义军，进攻瀛州。北魏政府派章武王元融为大司马，广阳王元深为大都督，发动大军镇压。

这些只知吃喝玩乐的贵族根本不会打仗。葛荣起义军到了博野镇（今河北省中部），派出一支轻骑兵偷袭元融的大营。元融没有防备，被起义军杀了。元深听到元融被杀，退到定州，也被葛荣的骑兵抓住了。

葛荣把各路起义兵士都合在一起，号称百万，准备向洛阳进军，声势浩大。这时候，秀容（在今山西省）有个部落酋（qiú）长尔朱荣，手下有八千精良的骑兵，专门和起义军作对。北魏孝明帝就利用尔朱荣的兵力来对付葛荣。

葛荣认为尔朱荣人马少，容易对付。他把兵士在几十里的阵地上散开，准备围捕尔朱荣。想不到尔朱荣把兵埋伏在山谷里，发动精兵突击，把葛荣的兵士冲散，再前后夹击。起义军遭到失败，葛荣本人也被杀害了。

葛荣起义失败后，北魏内部也发生大乱。尔朱荣和胡太后、孝明帝在内乱中互相残杀。最后北魏的实权落在两员大将高欢和宇文泰手里。公元534年，北魏的孝武帝逃到长安投靠宇文泰。第二年，宇文泰杀了孝武帝，另立文帝。高欢另立魏孝静帝，迁都邺（yè）城（今河北省临章县西）。从那时候起，北魏就分裂成两个朝廷。历史上把建都在长安的叫西魏，建都在邺城的叫东魏。

547

正月，东魏高欢死，
侯景以河南之地降
西魏

547

二月，侯景又遣使
降梁

547

十一月，东魏败梁
军于彭城

侯景之乱

　　侯景本为东魏叛将，被梁武帝萧衍所收留，因对梁朝与东魏通好心怀不满，遂于548年以清君侧为名义在寿阳起兵叛乱，屠戮天下。侯景之乱使江南地区的社会经济遭到毁灭性的破坏，沉重的打击了士族门阀。出身江南寒人的陈霸先趁势崛起，建立陈朝。

　　502年，南齐被灭亡后，萧衍（yǎn）正式在建康（今南京）称帝，改国号为梁，史称南梁。他当皇帝以后，实行温和的政策，以发展经济为重点，也重视文化的发展。但统治稍稳固，国力开始呈上升势头之后，萧衍便渐渐变得好大喜功。同时，他大力崇佛，在统治区域内极力营造佛教气氛，鼓动周围的王公贵族也信佛。他还四次出家同泰寺，每次又都让群臣聚财千万赎他，为此耗费了大量国家财力。

　　这个时候，西魏的大将侯景派人来，说他跟东魏、西魏都有冤仇，决心向南梁投降，还表示愿意把他控制的函谷关以东十三个州都献给南梁。

　　侯景本来是东魏丞相高欢手下的一员大将。高欢让他带兵十万，镇守黄河以南。高欢临死的时候，怕侯景靠不住，派人把侯景召回洛

548
东魏大败侯景

548
侯景在寿阳起兵叛乱

阳。侯景听到高欢死了，就不接受东魏的命令，带着人马投降了西魏。西魏丞（chéng）相宇文泰也不信任侯景，一面接受侯景的献地，一面召侯景到长安去，准备解除他的兵权。侯景不肯上宇文泰的当，又转向南梁投降。

梁武帝接受了侯景的投降，把侯景封为大将军、河南王。东魏高澄派出慕容绍宗讨伐侯景及梁军，梁武帝也派侄儿萧渊明援助侯景，结果被东魏军打败，萧渊明被俘。次年（548 年），东魏又在涡（guō）阳大破侯景，侯景率 800 余名残兵败将逃到梁朝境内的寿阳（今安徽寿县），东魏便收复了侯景献给梁朝的土地。

东魏赶走侯景及梁军以后不久，就让萧渊明写信给梁武帝，声称若两国重归于好，便可放还萧渊明。侯景害怕自己会被梁朝作为交换筹码，于是以寿阳为基地，密谋叛乱。548 年，侯景以清君侧的名义在寿阳起兵叛乱，很快就打到长江北岸。梁武帝派他的侄儿萧正德在丹阳驻防，没想到侯景和萧正德相互勾结，萧正德秘密派了几十艘大船，以运芦苇为名，暗中帮助运送侯景的军队。侯景顺利地进入建康，

◎梁武帝一生大力发展佛教，但佛祖却未能护他周全，梁武帝最终在侯景之乱中被活活饿死。

带兵围攻梁武帝居住的台城。由于有羊侃（kǎn）的坚守，久攻不下，于是侯景筑长围墙以断绝台城内外的联络。

这时，各地来救援的诸侯王带了二三十万人马，在建康周围按兵不动。大家都推三阻四，说要等别的救兵来。临时被推为大都督的柳仲礼，躲在自己家里，每天喝酒作乐。之后叛军攻进了台城，梁武帝被俘。侯景自封为大都督，掌握了朝廷大权。他先杀了一心想做皇帝的同伙萧正德，又把梁武帝软禁起来，最后，将他活活饿死在台城里。梁武帝死后，侯景又先后立了两个梁朝皇帝当傀（kuǐ）儡（lěi）。公元551年，自立为皇帝。

侯景到处屠杀掠夺，给百姓带来深重的灾难，百姓对侯景切齿痛恨。552，梁朝大将陈霸先、王僧辩率领大军从江陵出发，进攻建康。侯景的叛军立刻土崩瓦解。最后，侯景只带了几十个心腹乘了一只小船狼狈逃走，半路上被他的部下刺杀了。

南梁王朝经过这场大乱，内部四分五裂。公元557年，陈霸先在建康建立了陈朝，这就是陈武帝。

554

正月，西魏宇文泰
废元钦，立恭帝

554

正月，西魏皇族复姓
拓跋氏

554

正月，宇文泰以九命
取代九品

宇文泰改革

　　宇文泰是南北朝时期杰出的军事家、军事改革家，西魏的实际掌权者，亦是北周政权的奠基者。他掌权期间，对内团结各方，澄清政治，创府兵制；对外立足关陇，争战东魏，蚕食南梁，奠定了其身后关陇政权一统天下及隋唐王朝强盛的基础。

　　在东西魏并立之后，北朝的历史进入了东魏高欢与西魏宇文泰两大军事政治势力对立的状态。在对立状态的初期，高欢的实力无论是在经济上、军事上还是人口上，各方面相比宇文泰都处于优势状态。双方之间发生多次冲突，其中主要有五次较大规模的战争。

　　第一次是发生在 536 年，即西魏大统二年（东魏天平三年）的小关之战。宇文泰出其不意攻其不备，率骑兵突袭（xí），击杀东魏大将窦泰，取得胜利。第二次是在 537 年，即西魏大统三年（东魏天平四年）的沙苑之战，宇文泰大败高欢，使其损失士卒 8 万余人，进一步巩固了关陇地区的统治基础，而东魏高欢的战略优势逐渐丧失，东魏对西魏压制的局面被打破，对立局势正式形成。第三次是在 538 年，即东魏元象元年的河桥之战，宇文泰在此战中被箭射中战马，险些被俘虏，

554

十一月，西魏攻江
陵，杀梁元帝

554

十二月，江陵之变

554

十二月，西魏新立
萧詧为梁主

◎宇文泰的一系列军事行动和政治改革奠定了北周政权的基础，是一名杰出的军事家、改革家。

但之后西魏援军赶到，宇文泰反败为胜，东魏折损大将高昂。第四次是在543年，即东魏武定元年的邙（máng）山之战，此战西魏大败，几乎全军覆没。第五次是在546年，即东魏武定四年的玉璧（bì）之战，西魏大将韦孝宽抵抗住了东魏军的大举进攻，使高欢最终无功而返。

高欢死后，他的儿子高洋于公元550年建立了北齐政权，代替了东魏。北齐击退了周边各个少数民族的侵袭，势力南下一直扩张到长江北岸，国力初期较为强盛，经济较为富足。北齐统治集团的核心是六镇集团，具有一定的反汉化性质。因此，北齐政权内部存在着重大的政治隐患，就是鲜卑集团与汉人士族之间的民族矛盾，从始至终未能缓和，加上北齐后期朝政昏暗，皇帝多数昏庸且残暴不仁，导致统治日益衰落。

而与此同时，宇文泰则团结内部，整顿政治，以强大自身势力。他的核心是以武川镇等六镇军人为主，同时重用关陇地区的汉族士人豪强等。他任用苏绰（chuò）、卢辨等人，实行多方面改革。

在经济上，恢复均田制，制定较为严密的户籍管理制度，促进经济发展。政治制度上，仿照《周礼》官名改革官制，推行复古之法，实行六官制，以此标榜其继承汉族正统地位，以此吸引招纳汉族士人阶层。军事上，建立了府兵制度，加强中央对于军队的掌控力，并且

南北朝

| 555 | 555 | 556 | 556 |

萧詧在江陵自称皇帝，史称西梁（后梁）

突厥破柔然

西魏初建六官，宇文泰为太师

宇文泰卒

为后世隋唐所继承。同时，为了整顿吏治，于西魏大统七年（541 年），颁布了由苏绰制定的六条诏书。

苏绰总结了历代王朝统治经验，整理归纳为六条，作为朝廷的施政纲领及地方官员的行政原则，包括：先治心、敦（dūn）教化、尽地利、擢（zhuó）贤良、恤（xù）狱讼、均赋役。

"先治心"是六条诏书的基本原则，包括两个层面。一个是治民者的关键在于"清心"，所谓"清心"就是要使人民"心气清和，意志端静"，以杜绝邪恶的想法。另一个是统治者要做到治身，要躬行"仁义""孝悌（tì）""忠信""礼让""廉平""俭约"，以身作则。

其余五条则是从不同的方面，讲述官员的具体行政原则。

"敦教化"就是指要宣扬道德文化教育，移风易俗，培养人民慈爱、和睦、敬让的品质。

"尽地利"就是官员要因地制宜，不违农时，引导百姓从事农桑，发展农业生产。

"擢贤良"就是在选拔人才方面，不要受限于资历和门第，要善于发掘人才，要勇于起用人才，让人才在实践中成长起来。同时，精简机构，裁掉多余的官员。

"恤狱讼"就是官员应该明断狱案，不能滥施刑罚，而且不应刻板行事，要"随事加刑，轻重皆当"。

"均赋役"就是要均平赋役，调济贫富，不可舍豪强而征贫弱。

六条诏书是指中国历史上颁行的著名诏书，对西魏政治的改革及国力的发展起到很大作用。同时，其中包含的行政原则与理念在今天也很有借鉴意义。

556

宇文觉接受西魏恭
帝禅位，建立北周

557

陈霸先建立陈朝

581

杨坚即位，建立隋朝

南北统一

公元 581 年，杨坚废北周静帝，建立隋朝，改年号开皇，随即消灭各地的割据政权，结束了魏晋南北朝以来三百年的天下大乱南北分治的状况，使南北重归于一统。隋文帝励精图治，使政治、军事、经济、文化各方面都取得了很大的发展。

西魏在宇文泰改革之后，获得了极大的发展。宇文泰去世之后，他的儿子宇文觉于 556 年接受西魏恭帝禅（shàn）位，建立北周政权。北齐和北周互相攻战，到了北周武帝宇文邕（yōng）时，北周进入了全盛时期。

北周武帝是个比较有作为的皇帝，但是继承他的周宣帝却无比荒淫暴虐（nüè）。周宣帝死去后，他的岳父杨坚夺取了政权，后于 581 年，建立隋（suí）朝，这就是隋文帝。

在北方政治动乱的时候，南陈王朝获得了一个暂时的安定局面，经济渐渐恢复起来。传到第五个皇帝，即陈后主。

陈后主名叫陈叔宝，是个完全不管国事，只知道喝酒享乐的人。他大兴土木，造起了三座豪华的楼阁，让宠妃们住在里面。手下的宰相江总、尚书孔范等，也都是一伙腐朽的文人。陈后主和宠妃经常在宫

里举行酒宴，也让他们一起参加。大家通宵达旦地喝酒赋诗，相互唱和，还把诗配上曲子，挑选了一千多个宫女，为他们演唱。

陈后主这样穷奢（shē）极侈（chǐ），自然对百姓的搜刮（guā）非常残酷。百姓流离失所，到处可见倒毙的尸体。有个大臣叫傅縡，实在看不下去，上奏章说："现在已经到了天怒人怨、众叛亲离的田地了。这样下去，恐怕东南的王朝就要完了。"

陈后主看到奏章大怒，派人对傅縡说："你能改过认错吗？如果愿意改过，我就宽恕你。"

傅縡说："我的心同我的面貌一样。如果我的面貌可以改，我的心才可以改。"于是陈后主就把傅縡杀了。

陈后主过了五年的荒唐生活，这期间，北方的隋朝渐渐强大起来，决心灭掉南方的陈朝。

隋文帝听从谋士的计策，没有急于正面强攻，而是每逢江南将要收割庄稼的季节，就在两国边界上集结人马，扬言要进攻陈朝，使得南陈的百姓没法收割。等南陈把人马集中起来，准备抵抗隋兵，隋兵又不进攻了。这样一连几年，南陈的农业生产受了很大影响，守军的士气也松懈（xiè）下来。隋兵还经常派出小股人马袭击陈军粮仓，放火烧粮食，使陈朝遭到很大损失。

公元588年，隋文帝造了大批大小战船，派他的儿子晋王杨广、丞相杨素担任元帅，贺若弼（bì）、韩擒（qín）虎为大将，率领五十一万大军，分兵八路，准备渡江进攻陈朝。

隋文帝亲自下了讨伐陈朝的诏书，宣布陈后主二十条罪状，还把诏（zhào）书抄写了三十万张，派人带到江南各地去散发。陈朝的百

南北朝

588

588

588

三月，隋文帝下诏
伐陈，历数陈后主
二十条罪状

三月，隋以杨广、杨素
为元帅，分八路伐陈

十二月，隋军临江，
陈后主不作任何防范

姓本来恨透陈后主，看到了隋文帝的诏书，人心更加动摇起来。

杨素率领的水军从永安（今重庆市奉节县东）出发，乘几千艘黄龙大船沿着长江东下，满江都是隋军的军旗，战士的盔甲在阳光下闪闪发光。南陈的江防守兵看了，都吓呆了，哪里还有抵抗的勇气。

其他几路隋军也都顺利地开到江边。北路贺若弼（bì）的人马到了京口（今镇江），韩擒虎的人马到了姑孰（今安徽当涂）。江边陈军守将告急的警报接连不断地送到建康。

陈后主正跟宠妃、文人们醉得七颠八倒，他收到警报，连拆都没有拆，就往床下一丢了事。后来，警报越来越紧了。有的大臣一再请求商议抵抗隋兵的事，陈后主才召集大臣商议。

陈后主说："东南是个福地，从前北齐来攻过三次，北周也来了两次，都失败了。这次隋兵来，还不是一样来送死，没有什么可怕的。"他的宠臣孔范也附和着说："陛下说得对，我们有长江天险，隋兵又没长翅膀，难道能飞得过来！这一定是守江的官员想贪功，故意造出这个假情报来。"

大家你一言，我一语，根本不把隋兵进攻当作一回事，笑话了一阵，又照样叫歌女奏乐，喝起酒来。

公元589年正月，贺若弼的人马从广陵（今江苏扬州西北）渡江，攻克京口。韩擒虎的人马从横江渡江到采石（今安徽马鞍山西南），两路隋军逼近建康。到了这个火烧眉毛的时候，陈后主才有些惊醒过来。城里的陈军还有十几万人，但是陈后主手下的宠臣江总、孔范一伙都不懂得怎么指挥。陈后主急得哭哭啼啼，手足无措。隋军顺利地攻进建康城，陈军将士被俘的被俘，投降的投降。

隋军打进皇宫，到处找不到陈后主。后来，捉住了几个太监，才知道陈后主逃到后殿（diàn）投井了。

◎陈后主带着宠妃躲入枯井中。陈后主喜好诗文，著名的亡国之曲《玉树后庭花》便出自其手。陈后主被俘后迁往洛阳，十六年后病死。

　　隋军兵士找到后殿，果然有一口井。往下一望，是个枯井，隐约看到井里有人，就高声呼喊，井里没人答应。兵士们威吓着叫喊说："再不回答，我们要扔石头了。"说着，真的拿起一块大石头放在井口，装出要扔的样子。井里的陈后主吓得尖叫了起来。兵士把绳索丢到井里，才把陈后主和两个宠妃拉了上来。

　　南朝的最后一个朝代陈朝灭亡了。中国自从公元316年西晋灭亡起，经过二百七十多年的分裂局面，重新获得了统一。

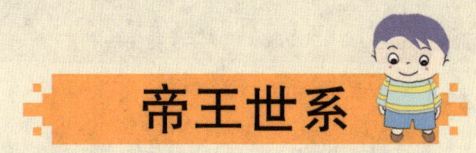

帝王世系

南朝（420—589）

刘宋政权（420—479）

刘裕（yù）

在位时间： 420-422

生卒（zú）年（363-422）。庙号高祖，谥（shì）号武皇帝，年号永初。南北朝时期政治家、改革家、军事家，曾两次北伐，收复洛阳、长安等地，功勋卓著，后来自立为帝，国号"宋"，史称刘宋或南朝宋。执政期间，吸取前朝士族豪强挟主专横的教训，抑制豪强兼并，实施土断，整顿吏治，重用下层人才，发展生产，轻徭薄赋，废除苛法，亲自审理诉讼，振兴教育，注意选拔人才，举善纳贤，多次派人访问民间疾苦，改善政治和社会状况，使南方农业生产得到了恢复和发展。为元嘉之治打下坚实的基础，同时也奠定南朝政治的雏（chú）形。

刘义符

在位时间： 422-424

生卒年（406-424）。谥号少帝，年号景平，南朝宋第二位皇帝。刘裕长子，在位时守丧期间不遵守礼制，贪图玩乐，不理朝政。后来，文武将官徐羡之、檀（tán）道济等人发动兵变，以太后的名义将他废为营阳王。不久将他杀害，年仅十九岁。

刘义隆 ‹‹‹‹ ···

在位时间： 424-453

生卒年（407-453）。庙号太祖，谥号文皇帝，年号元嘉。南朝宋的第三位皇帝，宋武帝刘裕第三子。刘义隆继续实行刘裕的治国方略，在东晋义熙土断的基础上清理户籍，下令免除百姓欠政府的赋税，又实行劝学、兴农、招贤等一系列措施，使百姓得以休养生息，社会生产有所发展，经济文化逐渐繁荣，史称"元嘉之治"。军事上，刘义隆继承刘裕北伐的政策，三度出师北伐，但都无功而返，特别是450年的北伐失败导致北魏长驱直入，威胁建康，造成刘宋国力的损耗。后来，被太子刘劭（shào）所杀。

刘劭（shào）‹‹‹‹ ··································

在位时间： 453

生卒年（426-453）。谥号元帝，年号太初。南朝宋的第四位皇帝。元嘉三十年（453年），因巫蛊（gǔ）之事，刘义隆欲废太子。刘劭得知后，先发制人，杀掉刘义隆，自立为帝。刘劭因杀父篡位，导致众叛亲离。仅在位三个月，即被率兵讨逆的武陵王刘骏击溃。刘劭兵败被俘，遭到处斩，史称宋元帝。

刘骏 ‹‹‹‹ ···

在位时间： 453-464

生卒年（430-464）。庙号世祖，谥号孝武皇帝，年号孝建、大明。南朝宋的第五位皇帝。宋文帝刘义隆第三子。为人聪颖，又擅长骑射，最初被封为武陵王。刘劭杀君篡位后，刘骏起兵讨伐，取得帝位，史称孝武帝。在位期间，刘骏担心各藩王会对自己不利，大量杀害宗室藩王，刘宋势力更加削弱。后因病去世。

刘子业 <<<<

在位时间：464－465

生卒年（449－465）。年号永光、景和，南朝宋的第六位皇帝。在位期间，凶残暴虐，滥杀大臣，就连他的叔叔也没能幸免。因他乱伦残暴，最终被叔叔湘东王刘彧（yù）等人所杀，时年十七岁。

刘彧（yù） <<<<

在位时间：465－472

生卒年（439－472）。庙号太宗，谥号明皇帝，年号泰始、泰豫。初封淮阳王，改封湘东王，任南豫州刺史。因刘子业凶残暴虐，滥杀大臣，故将他杀死，自立为帝。在位前期任贤用能，平定江南和淮南各地的叛乱。后期，宠臣专权，货赂公行，又奢（shē）侈（chǐ）无度，残忍好杀，刘宋王朝自此而衰。

刘昱（yù） <<<<

在位时间：472－477

生卒年（463－477）。年号元徽。刘宋第八任皇帝。在位期间凶狠残暴，元徽五年七月七日被杨玉夫等人杀害，时年十五岁，死后被废为苍梧王，史称宋后废帝、苍梧王。

刘准 <<<<

在位时间：477－479

生卒年（467－479）。谥号顺皇帝，年号升明。南朝刘宋的最后一位皇帝。在萧道成的拥立下即位，是为宋顺帝。封萧道成为相国、齐王，虽然刘准名义上是皇帝，但是权力都被萧道成掌握。升明三年（479年），萧道成要求刘准让位，并且派部将王敬则率军进宫。同年四月十六日，刘准让位于萧道成，刘宋政权到此灭亡。

萧齐政权（479—502）

萧道成 <<<< ·····························

在位时间： 479-482

生卒年（427-482）。南齐开国皇帝。最初是南朝宋国的将军，后被封为齐王，接受禅让成为皇帝，改国号为齐，定都建康。在位期间革除暴政，清明政治；兴办学校，培养人才，重视礼教；减免租税，让百姓休养生息；反对奢（shē）侈（chǐ），提倡节俭，是一位推动了历史进步的皇帝。借鉴宋灭亡的教训，以宽厚为本，不要手足相残。他临死前，要求儿子萧赜（zé）继续自己的统治方针。武帝遵其遗嘱，继续统治国家，使南朝出现了一段相对稳定发展的阶段。

萧赜（zé） <<<< ·····························

在位时间： 482-493

生卒年（440-493）。南朝齐第二任皇帝。在位期间，政治清明，处事刚毅果断，使得境内经济得到一定发展，社会暂时安定。

萧昭业 <<<< ·····························

在位时间： 493-494

生卒年（473-494）。南朝齐第三任皇帝。在位一年，遇政变被萧鸾（luán）杀死。

萧昭文 <<<< ·····························

在位时间： 494

生卒年（480-494）。谥号恭王，年号延兴。南朝齐第四任皇帝，仅在位七十五天。隆昌元年（494年）七月，辅政大臣萧鸾杀害萧昭业，立萧昭文为帝。十月，萧鸾废萧昭文为海陵王，自立为帝。十一月，萧昭文被萧鸾所杀，时年十五岁。

萧鸾（luán）

在位时间：494－498

生卒年（452－498）。庙号高宗，谥号明皇帝，年号建武、永泰。南朝齐第五任皇帝。萧鸾自小父母双亡，由萧道成抚养，萧道成对他视若己出。宋顺帝时，萧鸾担任安吉令，任命严格而闻名。后升职淮南、宣城太守，辅国将军。萧赜死时，以萧鸾为辅政大臣，辅佐萧昭业。不久，萧鸾废杀萧昭业，改立他的弟弟萧昭文，随后又将萧昭文废为海陵王，自立为帝。萧鸾任内长期深居简出，要求节俭，停止各地向中央的进献。萧鸾晚年病重，相当尊重道教与厌胜之术（符咒法术），将所有的服装都改为红色，在位四年病逝。

萧宝卷

在位时间：499－501

生卒年（483－501）。谥号炀，年号永元。南朝齐第六位皇帝。萧宝卷在危难重重的局势下登基，废杀六位辅政大臣，肃清朝野，政由己出。平定陈显达和崔慧景的叛乱，但因裴叔业投降魏国，南齐丢掉了南豫州。盘踞雍州的萧衍（yǎn）在襄阳起兵。不久，萧宝卷被近臣所害，年仅十九岁。

萧宝融

在位时间：501－502

生卒年（488－502）。南朝齐最后一位皇帝。最初被封为随郡王，后改封南康王。萧宝卷死后，他被萧衍立为皇帝。萧衍进入建康后不久，萧宝融便被迫禅位于萧衍，南朝齐至此灭亡。萧衍即位后，封萧宝融为巴陵王，在姑孰建立宫室供他居住。不久，萧衍派人杀害萧宝融，时年十五岁。

萧梁政权（502—557）

萧衍（yǎn）

在位时间： 502-549

生卒（zú）年（464-549）。庙号高祖，谥（shì）号武皇帝，年号天监、普通、大通、中大通、大同、中大同、太清。南北朝时期梁朝政权的建立者。萧衍是兰陵萧氏的世家子弟，是汉朝相国萧何的二十五世孙。父亲萧顺之是齐高帝的族弟，封临湘县侯，曾担任丹阳尹。他原来是南齐的官员，南齐中兴二年（502年），齐和帝被迫"禅位"于萧衍，南梁建立。萧衍在位时间达四十八年，在南朝的皇帝中列第一位。前期任用陶弘景，在位颇有政绩。在位晚年爆发"侯景之乱"，都城陷落，被侯景囚禁，死于台城，享年八十六岁，葬于修陵。

萧正德

在位时间： 548-549

生卒年（不详 -549）。年号正平。少年时期凶残邪恶。起初为梁武帝萧衍养子，萧衍长子萧统出生后，萧正德回归本宗，后封西丰县侯。普通六年（525年），被授为黄门侍郎，兼轻车将军，不久，萧正德投奔北魏，次年回朝。大通四年（532年），授信武将军、吴郡太守。又被封为侍中、抚军将军，封为临贺王，左卫将军。侯景之乱后，自立为帝，改元正平，台城陷落后被废，又恢复太清年号，被降为大司马。因心怀怨言，正平二年（549年）为侯景所杀。

萧纲

在位时间：549-551

生卒年（503-551）。南北朝时期梁朝皇帝、文学家。萧衍第三子。由于长兄萧统早死，萧纲在大通三年（531年）被立为太子。太清三年（549年），侯景之乱，梁武帝被囚禁饿死后，萧纲即位，大宝二年（551年）为侯景所害，葬于庄陵。萧纲因创作风格独特，形成了"宫体"诗的流派。

萧栋

在位时间：551

生卒年（不详-552）。年号天正。南朝梁朝的第三代皇帝。史称豫章王、淮阴王。551年，侯景废简文帝之后，立萧栋为皇帝，改元天正。四个月后侯景废萧栋为淮阴王并自立为汉皇帝，并将萧栋与他的弟弟萧桥、萧樛囚于密室之中。梁元帝收复建业后，萧栋与弟弟都逃出密室，但之后都被梁元帝派人沉入水中杀害。

萧纪

在位时间：552-553

生卒年（508-553）。年号天正。萧纪自小勤学，被封为武陵郡王、彭城太守、扬州刺史等职，后来出任益州刺史。侯景之乱时，萧纪坐拥四川军政资源，不前往平乱。梁武帝死后，萧纪在世子萧圆照的提议下，于公元552年于成都即帝位，年号天正。萧纪称帝之后就面临西魏的进攻与梁元帝的讨伐，最后萧纪被梁元帝的部将樊猛俘获，与他的第三子萧圆满被杀于硖口，萧纪享年四十六岁。

萧绎 ‹‹‹‹‹

在位时间：552—554

生卒年（508—555）。庙号世祖，谥号孝元皇帝，年号承圣、天正。早年任荆州刺史、镇西将军。侯景之乱时，梁武帝派人到荆州宣读密诏，任命萧绎为侍中、大都督中外诸军事等职位。549年梁武帝饿死台城后，萧绎首先发兵攻灭自己的侄儿河东王萧誉与哥哥邵陵王萧纶，并击退襄阳都督萧詧（chá）。之后再命王僧辩率军东下消灭侯景。侯景死后，萧绎在江陵即位称帝。后因在战争中被西魏打败，于是带领太子等人到西魏军营投降。不久被襄阳都督萧詧用土袋闷死。

萧渊明 ‹‹‹‹‹

在位时间：555

生卒年（不详—556）。庙号肃宗，谥号闵（mǐn）皇帝，年号天成。最初被封为贞阳侯。太清年间，任豫州刺史，承圣三年（554年），萧渊明的堂兄梁元帝萧绎被西魏杀害，承圣四年（555年），萧渊明被北齐立为傀（kuǐ）儡（lěi）皇帝，不久病死。

萧方智 ‹‹‹‹‹

在位时间：555—557

生卒年（543—558）。庙号穆宗，谥号敬皇帝，年号绍泰、太平。初封兴梁侯，后改封晋安王，出任平南将军、江州刺史。承圣三年（554年），西魏攻陷江陵，梁元帝遇害。王僧辩、陈霸先商定，拥立萧方智为梁王、太宰。承圣四年（555年），王僧辩被迫拥立萧渊明为帝，立萧方智为太子，改元天成。同年九月，陈霸先袭杀王僧辩，废掉萧渊明，拥立萧方智为帝，改元绍泰，是为梁敬帝。太平二年（557年），萧方智禅位于陈霸先，南朝梁灭亡。陈霸先封萧方智为江阴王。永定二年（558年），陈霸先派人将萧方智杀害，时年十六岁。

陈政权（557—589）

陈霸先 <<<<

在位时间：557-559

生卒（zú）年（503-559）。庙号高祖，谥（shì）号武皇帝，年号永定。南北朝时期陈朝开国皇帝。陈霸先出身低微，受萧映赏识，随任为广州府中直兵参军，不久出任西江督护、高要太守。通过平定"侯景之乱"，陈霸先渐渐控制了梁朝的政权，太平二年（557年）废梁敬帝，自立为帝，建立大陈，改元永定，是为陈武帝。

陈蒨（qiàn） <<<<

在位时间：559-566

生卒年（522-566）。庙号世祖，谥号文皇帝，年号天嘉、天康。陈朝第二位皇帝。早年深受叔父陈霸先的赏识与栽培，令他处理军政，后受封为临川郡王。永定三年（559年），陈霸先去世，陈蒨即位，是为陈文帝。在位时期，励精图治，整顿吏治，注重农桑，兴修水利，使江南经济得到一定的恢复。当时陈朝政治清明，百姓富裕，国势比较强盛，是南朝历代皇帝中难得一见的有为之君。

陈伯宗 <<<<

在位时间：566-568

生卒年（554-570）。年号光大。陈朝第三位皇帝。陈文帝去世后即位。因年少即位，他的叔父陈顼（xū）专擅朝政，后以皇太后名义下令将他废为临海郡王。不久，去世，年仅十九岁。

陈顼（xū）<<<<

在位时间：569-582

生卒年（530-582）。庙号高宗，谥号孝宣皇帝，年号太建，陈朝第四位皇帝。在位期间，兴修水利，开垦荒地，鼓励农民生产，社会经济得到了一定的恢复与发展。此外，派大将吴明彻趁北齐大乱之机北伐，攻占了吕梁和寿阳，一度占有淮、泗之地，但最后被北周夺走。

陈叔宝 <<<<

在位时间：583-589

生卒年（553-604）。谥号炀，年号至德、祯明。陈朝亡国之君。在位时大建宫室，生活奢（shē）侈（chǐ），不理朝政，日夜与妃嫔、文臣寻欢作乐，制作艳词。隋军南下时，自恃长江天险，不以为然。隋军攻入建康，陈叔宝被俘，后在洛阳病死。

北朝（439—581）

北魏政权（386—534）

拓跋珪（guī）

在位时间：386—409

生卒年（371—409）。庙号烈祖、太祖，谥号道武皇帝，年号登国、皇始、天兴、天赐。北魏开国皇帝。公元386年，十六岁的拓（tuò）跋（bá）珪趁乱重兴代国，即位称代王。又在当年四月定国号为"魏"，是为北魏，改元"登国"。公元398年，将国都从盛乐迁到大同，并称帝。即位初年，积极扩张疆土，励精图治，将鲜卑政权推进封建社会。在位后期贪图酒色，刚愎（bì）自用，不团结兄弟，导致在公元409年的宫廷政变中遇刺身亡，终年仅三十九岁。

拓跋嗣（sì）

在位时间：409—423

生卒年（392—423）。庙号太宗，谥号明元皇帝，年号永兴、神瑞、泰常。北魏第二任皇帝。公元403年，拓跋嗣被立为太子。公元409年，诛杀谋逆的拓跋绍后，登基为帝，改元永兴。公元410年，北伐大破柔然。公元423年，亲征刘宋，积劳成疾而终。拓跋嗣文武双全，在位期间，勤政爱民，拓展疆土，励精图治，在北魏历史中处于承上启下的枢纽地位。

拓跋焘（tāo）

在位时间：424—452

生卒年（408—452）。庙号世祖，谥号太武皇帝，年号始光、神䴥（jiā）、延和、太延、太平、真君、正平。北魏第三位皇帝，同时也是优秀的军事统帅。拓跋焘出生于平城（今山西大同），422年被立为太子。423年登基，改元始光。拓跋焘自幼就表现出过人的军事天赋，十二岁时

就远赴河套抗击柔然骑兵，迫使柔然不敢入侵。拓跋焘继位后重用汉族大臣崔浩、高允等人，整顿吏治，励精图治。拓跋焘善于使用骑兵，亲率大军先后攻灭胡夏、北燕、北凉，征服柔然、山胡、鄯善，驱逐吐谷浑，攻取刘宋的虎牢（今河南荥阳汜水镇）、滑台（今河南滑县东）等重镇要地，最终统一中国北方。但是在晚年刑罚过于残酷，诛戮过多。452年，拓跋焘被中常侍宗爱杀害。

拓跋余 <<<< ⋯⋯⋯⋯⋯⋯⋯⋯⋯⋯⋯⋯⋯⋯

在位时间：452

生卒年（不详－452）。谥号隐王，年号承平。北魏皇帝，在位仅八个月。初受封吴王，后改封南安王。太武帝被杀后，拓跋余被拥立为帝。拓跋余滥行封赏，国库挥霍一空，而且纵情声色犬马，喜好野外狩猎，出入没有限度。又不过问国家大事，边境告急，不出兵救助，致使百姓愤恨。后来拓跋余怀疑宰相宗爱将要作乱，就想谋划削夺他的大权，宗爱知道后非常愤怒，于是先发制人，将他杀害。

拓跋濬（jùn）<<<< ⋯⋯⋯⋯⋯⋯⋯⋯⋯⋯⋯⋯

在位时间：452－465

生卒年（440－465）。庙号高宗，谥号文成，年号兴安、兴光、太安、和平，北魏第五位皇帝。即位之后，诛杀权臣宗爱，按照节令使老百姓得以休养生息、安心种植，尽量减少高压手段，实行怀柔统治，安抚远近内外民众，使民心又得以安定下来。此外，下令恢复佛教，始建云冈石窟。和平六年（465年）病逝。

拓跋弘 <<<< ⋯⋯⋯⋯⋯⋯⋯⋯⋯⋯⋯⋯⋯⋯

在位时间：465－471

生卒年（454－476）。庙号显祖，谥号献文皇帝，年号天安、皇兴。北魏第六位皇帝。太安二年（456年），拓跋弘成为太子。和平六年（465年），继承皇位。拓跋弘崇文重教，兴办教育，减轻赋税，推崇玄学、佛教。皇兴三年（469年），将年幼的长子拓跋宏立为太子。皇兴五年（471年），拓跋弘传位于太子拓跋宏，自己做太上皇，专心信佛。承明元年（476年），拓跋弘被毒死，时年二十三岁。

拓跋宏 <<<<

在位时间：471-499

生卒年（467-499）。庙号高祖，谥号孝文皇帝、年号延兴、承明、太和。北魏第六位皇帝，原名拓跋宏，后改名元宏。杰出的政治家、改革家。即位时仅五岁。公元490年亲政，推行改革。公元495年（太和十九年），从平城迁都洛阳，后改鲜卑姓氏"拓跋"为汉姓"元"，以改变鲜卑风俗、语言、服饰。此外，鼓励鲜卑和汉族通婚，评定士族门第，加强鲜卑贵族和汉人士族的联合统治。参照南朝典章制度，制定官制朝仪。孝文帝的改革，对各族人民的融合和各族的发展，起到了积极作用。

元恪（kè） <<<<

在位时间：499-515

生卒年（483-515）。庙号世宗，谥号宣武皇帝，年号景明、正始、永平、延昌。统治初期（499年至508年），由他的叔父北魏宗室咸阳王元禧、尚书令王肃辅政。北魏对南朝发动了一系列战争，攻取南朝梁的四川之地，北击柔然，国势盛极一时，北魏疆域大大向南拓展。因信奉佛教，宣武帝取消子贵母死制度，让宣武灵皇后活着。但此时北魏已经出现贪官污吏这些蛀虫。元恪的叔父元禧昏庸无能，侵吞了大量田地和盐铁产业。另一辅政亲王元详，则利用手中权力，大肆赚取钱财。上行下效，加上元恪没有及时严惩，使朝廷上贪污腐败的现象越来越严重。到宣武帝统治末年，人民起义此起彼伏，宣武帝花了大量的精力才将这些起义一一镇压。他在位的后半期，外戚高肇专权，朝政一片黑暗，北魏逐渐衰弱。

元诩（xǔ） <<<<

在位时间：515-528

生卒年（510-528）。庙号肃宗，谥号孝明皇帝，年号熙平、神龟、正光、孝昌、武泰。北魏第十位皇帝。延昌元年（512年），成为皇太子。延昌四年（515年），宣武帝去世，是为孝明帝。元诩即位后，他的母亲胡氏开始专权乱政，直接导致北魏土崩瓦解。武泰元年（528年），元诩对胡氏专权非常不满，于是发密诏命尔朱荣率兵前来帮忙。不料密诏被查出，胡氏大怒，将他杀害，时年十九岁。

元子攸（yōu）

在位时间：528—530

生卒年（507—531）。庙号敬宗，谥号孝庄帝，年号建义、永安。武泰元年，孝明帝去世，尔朱荣将元子攸拥立为皇帝，改元建义。不久，发动河阴之变，讨平葛荣、元颢（hào）叛乱。永安三年，斩杀权臣尔朱荣、元天穆。后来尔朱兆攻破洛阳，将元子攸劫掠北上，勒死在晋阳三级佛寺，时年二十四岁。

元晔

在位时间：530—531

生卒年（不详—532）。庙号孝宗，年号建明。北魏第十二位皇帝。530年被尔朱兆与尔朱世隆拥立为帝。531年被废为东海王。第二年被北魏孝武帝赐死。

元恭

在位时间：531—532

生卒年（498—532）。庙号烈宗，谥号节闵皇帝，年号普泰。北魏第十三位皇帝。最初继承广陵王爵位，后来担任散骑常侍、仪同三司等职。530年，尔朱荣堂弟尔朱世隆杀害元晔，立元恭为帝。532年，被高欢所废，后被毒死。

元朗

在位时间：532

生卒年（513—532）。庙号明宗，年号中兴。北魏第十四位皇帝，太武帝拓跋焘五世孙。公元531年被立为皇帝，不久传位于平阳王元修，高欢攻入洛阳后，与元晔一同被杀。

元修

在位时间：532—534

生卒年（510—535）。庙号显宗，谥号孝武帝，年号太昌、永兴、永熙。北魏最后一位皇帝。遍体有鳞文，好武术，性格强硬胆大，为人无礼。中兴二年被高欢拥立为帝，后来他与高欢决裂，投奔宇文泰。最终宇文泰以有伤风化之名将他杀死。

东魏／北齐政权（534—577）

元善见（东魏）<<<

在位时间： 534-550

生卒年（524-552）。庙号昭宗，谥号孝静皇帝，年号天平、元象、兴和、武定，东魏皇帝。北魏永熙三年十月，经高欢和百官详细商议后，决定立元善见为皇帝，继位于邺城东北，改元天平，东魏正式建立，元善见时年仅十一岁。由于年幼，由权臣高欢辅政。高欢权倾朝野，令善见如坐针毡。高欢死后，他的儿子高澄承继父职，权势更大。北齐天宝元年，继任父兄职位的北齐文宣帝高洋见篡魏时机已到，在第二年逼迫元善见将皇位传给自己，改国号为齐，东魏灭亡。

高欢<<<

生卒年（496-547）。年号高祖，谥号神武皇帝。东魏权臣，北齐王朝奠基人。早年参加杜洛周起义军，归顺葛荣，成为亲信都督。后来投奔尔朱荣，并收编六镇余部，镇压青州流民起义，任第三镇酋长、晋州刺史。后来起兵消灭尔朱氏残余势力，以大丞相的名义控制北魏朝政。不久逼走孝武帝，立元善见为帝，是为孝静帝，迁都邺城，史称东魏。高欢专擅东魏朝政16年。在与西魏连年兼并作战中，因恃众轻敌，在东西魏潼关之战、沙苑之战中被打败。武定元年（543年），领兵十万到黄河北岸与西魏军作战，他先在河桥上游攻破西魏军用来放水的船只，使河桥免遭烧毁。然后渡过黄河，占据邙山（今洛阳北）作为阵地，迎战西魏军，先胜后败，仅率数人逃走。武定四年（546年）十月，率军围攻西魏玉壁（今山西稷山西南），他用堆土山挖地道的方法，苦攻50天，昼夜不息，但在西魏大将韦孝宽固守下，始终未能成功，于是忧愤成疾，不久病逝。随后，他的次子高洋建立北齐，追尊高欢为太祖献武皇帝，后被改尊为高祖神武皇帝。

高洋

在位时间： 550—559

生卒年（526—559）。庙号显祖，谥号文宣皇帝，年号天保。北齐的开国皇帝。武定八年，高洋强迫东魏孝静帝传位给自己，于是登基称帝，改国号为齐，史称北齐。在位初期，高洋励精图治，厉行改革，劝农兴学，编制齐律。其时，重用杨愔等人才，删削律令，合并州郡县，减少冗官，严禁贪污，注意肃清吏治。前后筑北齐长城四千里，置边镇二十五所，多次打败柔然、突厥、契丹，出击萧齐，将疆域招展到淮南，四处征伐。然而执政后期骄傲自负，纵欲酗酒，残暴滥杀，大兴土木，赏费无度，最终饮酒过度而暴毙。

高殷

在位时间： 559—560

生卒年（545—561）。谥号闵悼王，年号乾明。北齐第二任皇帝。天保元年（550年），立为太子。天保十年（559年），文宣帝去世，高殷即位，改元乾明。乾明元年（560年），常山王高演篡位，将高殷废为济南王。皇建二年（561年），被高演杀害。

高演

在位时间： 560—561

生卒年（535—561）。庙号肃宗，谥号孝昭皇帝，年号皇建。北齐第三位皇帝。他发动政变，废侄子高殷，自立为帝，改元为皇建。即位后，进行改革，注意民生问题，释放奴隶，大力屯田，广设粮仓，有效解决北齐粮食危机，同时依法量刑，大力宣传汉文化。政治清明，广收人才，礼贤下士，孝敬母亲。在位时间虽仅一年，但作为较多，死时传位于弟弟高湛。高演去世，时年二十七岁。

高湛

在位时间： 561—565

生卒年（537—568）。庙号世祖，谥号武成皇帝，年号太宁、河清。北齐第四位皇帝。在位期间，宠信奸臣，自己也在朝廷之上公然淫乱，

并随意诛杀宗室以及大臣，一时间，北齐朝政混乱，社会也处于动荡之中，国势因此转衰。河清四年（565年），高湛传位于太子高纬，自己成为太上皇帝。天统四年（568年），因酒色过度而死。

高纬

在位时间： 565—577

生卒年（556—557）。年号天统、武平、隆化，北齐第五位皇帝。任用奸臣，残害忠臣，纵情声色，终导致亡国。577年，被诬陷与宜州刺史穆提婆谋反，与北齐文襄帝高澄、第五子高延宗等数十人，皆被周武帝宇文邕（yōng）赐死。

高延宗

在位时间： 576

生卒年（544—577）。年号德昌，北齐宗室，北齐文襄帝高澄第五子，北齐文宣帝高洋之侄，是兰陵王高长恭异母弟，北齐后主高纬的堂兄。幼时由叔父文宣帝所抚养，天保六年（555年）封安德王，先后担任定州刺史、司徒、太尉、相国、并州刺史。武平七年（576年），被部下拥立为帝，改元德昌。同年被周军抓获，承光元年（577年）与高纬一起被杀。

高恒

在位时间： 577

生卒年（570—577）。年号承光，北齐最后一位皇帝。当时北周不断进攻腐朽的北齐，齐军屡战屡败。高纬便传位于儿子高恒。即位二十五日后，齐京师邺城沦陷，高恒等十余人骑马想要逃往南方的陈朝。高恒发布文书，将皇位传让给大丞相、任城王高湝（jiē）。高恒自称大齐守国天王，高纬称大齐无上皇。高纬父子委派侍中斛（hú）律孝卿将禅位诏书和玉玺（xǐ）送给高湝，斛律孝卿却没有将它送给高湝，而是送给了北周武帝宇文邕，以此作为卖身投靠的资本。跟随高纬多年的心腹大臣高阿那肱（gōng）与北周里应外合，使高恒、高纬一行数十人全被北周俘虏，北齐灭亡。建德七年（578）十月，高纬、高恒等人被宇文邕处死。

西魏／北周政权（534—581）

元宝炬（西魏）<<<<

在位时间： 535-551

生卒年（507-551）。庙号德宗，谥号文皇帝，年号大统。西魏开国皇帝。生于正始四年，他的父亲元愉反叛兵败后自杀，元宝炬兄弟几人也被幽禁在宗正寺，直到宣武帝元恪驾崩后才恢复自由并重新编入宗室属籍，初任直阁将军，先后被封为邵县侯、南阳王，不久升任太尉、加侍中。永熙二年（533年），进位太保、开府、尚书令。次年孝武帝元修与权相高欢决裂，元宝炬随孝武帝投奔宇文泰，同年进拜太宰，当年十二月，孝武帝元修被杀。群臣本来打算立孝武帝的侄子广平王元赞，侍中元顺却向宇文泰建议立元宝炬为帝，宇文泰遂上表劝进，元宝炬于大统元年（535年）正月初一日即位，改元大统，定都长安，元宝炬在位十七年，四十五岁时去世。

元钦（西魏）<<<<

在位时间： 551-554

生卒年（525-554）。年号大统，西魏第二位皇帝。公元525年生于范阳（今北京），551年即位，沿用文帝年号，552年去年号，称元年。元宝炬病死后，元钦继承君位。元钦时期，宇文泰独揽朝政，与东魏多次激战。西魏军政多所革新。554年被宇文泰所废，不久被毒死。

元廓（西魏）<<<<

在位时间： 554-557

生卒年（537-557）。谥号恭皇帝。西魏最后一位皇帝。557年，掌握军事大权的宇文护废掉西魏恭帝，立宇文觉为帝，建立北周政权，西魏灭亡。

宇文觉 <<<......................

在位时间：557

生卒年（542-557）。谥号孝闵（mǐn）皇帝，年号天和。北周开国皇帝。公元557年，在堂兄宇文护的扶持下，宇文觉正式即位称天王，国号大周，史称北周。宇文觉称帝后想亲自执政，与大冢（zhǒng）宰宇文护冲突，被逼退位，一个月后被杀。北周武帝宇文邕登基十二年后，诛杀宇文护，派遣蜀国公尉迟迥在南郊追谥宇文觉为孝闵皇帝。

宇文毓（yù） <<<......................

在位时间：556-560

生卒年（534-560）。庙号世宗，谥号明皇帝，年号武成。北周第二位皇帝。大统十四年，封宁都郡公。随后又加封大将军，镇守陇右。556年，孝闵帝宇文觉即位后任柱国、岐州刺史等，在地方治理很有政绩，深受百姓感激。次年九月，宇文护废掉孝闵帝，迎宇文毓继位。武成元年（559年），宇文毓认为称王不足以威震天下，于是改称皇帝，建元武成。武成二年（560年），宇文毓被宇文护派人毒死。

宇文邕（yōng） <<<......................

在位时间：560-578

生卒年（543-578）。庙号高祖，谥号武皇帝，年号保定、天和、建德、宣政，北周第三位皇帝。在位期间，诛杀权臣宇文护，摆脱鲜卑旧俗。整顿吏治，使北周政治清明，百姓生活安定，国势强盛。宇文邕生活俭朴，能够及时关心民间疾苦。575年大举进攻北齐，并于一年半后消灭北齐。578年，宇文邕准备率军分五路讨伐突厥，未出发即病死。

宇文赟（yūn） <<<......................

在位时间：578-579

生卒年（559-580）。庙号高宗，谥号宣皇帝，年号大成。北周第四位皇帝。曾率军西征吐谷浑。宣政元年（578年）继位，年号大成。宇文赟继位后沉湎酒色，暴虐荒淫，大规模装饰宫殿，且滥施刑罚，经常派亲信监视大臣言行，北周国势日渐衰落。大象元年（579年）传位于长子宇文衍，自称天元皇帝，但仍掌控朝权，第二年病逝。

南北朝

宇文阐 <<<

在位时间：579-581

生卒年（573-581）。谥号静皇帝，年号大象、大定。北周最后一位皇帝。大成元年（579年）正月，被立为皇太子。二月接受父亲传位，登基为帝，不久被迫禅位于杨坚，北周灭亡，开皇元年（581年），被杨坚派人害死，时年九岁。

风云人物

宇文泰 <<<

生卒年（507-556）。南北朝时期杰出的军事家、军事改革家、统帅，西魏的实际掌权者，北周政权的创始人。曾参加六镇起义军，后来跟随贺拔岳进入关陇地区，他死后他的后代一直占据关中。534年北魏孝武帝西奔长安，投靠宇文泰，宇文泰被授为大丞相。同年十二月宇文泰杀孝武帝，立元宝炬为帝，是为西魏，定都长安。从此宇文泰专制长达二十年，556年去世。他的儿子宇文毓继位，追谥他为文皇帝，庙号太祖。宇文泰掌权期间，对内团结各方，澄清政治，创府兵制。对外立足关陇，争战东魏，蚕食南梁。奠定了之后关陇政权一统天下及隋唐王朝强盛的基础。

侯景 <<<

生卒年（503-552）。字万景，北魏怀朔镇（今内蒙古固阳南）鲜卑化羯（jié）人。因左足生有肉瘤所以步态不稳，但是擅长骑射，因此被选为怀朔镇兵，后又被提升为功曹史、外兵史等低级官职。北魏末年边镇各胡族群起反抗鲜卑族的统治，侯景开始建立功业，后来侯景投靠东魏丞相高欢。梁武帝太清元年（547年）率部投降梁朝，驻守寿阳。548年，侯景叛乱起兵进攻梁。551年篡位自立为皇帝，改国号为"汉"，称南梁汉帝，史称"侯景之乱"。其后，江州刺史王僧辩、扬州刺史陈霸先先后发兵，率领军队进攻侯景，侯景军队一触即溃。侯景死后，尸体被分成好几份，被人抢食。

4

隋唐五代

让孩子用年表读懂
中国古代历史

中国古代历史年表编审委员会

主　编：潘景林（首都师范大学历史学硕士）

副主编：孟泽众（首都师范大学历史学硕士）

　　　　缪　健（首都师范大学历史学硕士）

团结出版社

图书在版编目（CIP）数据

让孩子用年表读懂中国古代历史 / 潘景林主编. —
北京：团结出版社, 2017.11
　ISBN 978-7-5126-5706-9

　Ⅰ.①让… Ⅱ.①潘… Ⅲ.①中国历史—古代史—历
史年表—儿童读物 Ⅳ.①K220.8-49

中国版本图书馆CIP数据核字（2017）第258950号

让孩子用年表读懂中国古代历史

潘景林　主编　　　　孟泽众、缪健　副主编

出　　　版：团结出版社
　　　　　　（北京市东城区东皇城根南街84号　邮编：100006）
电　　　话：（010）65228880
发　　　行：（010）85113874　　（010）85849108
网　　　址：http://www.tjpress.com
E - m a i l：65244790@163.com
经　　　销：全国新华书店
印　　　刷：三河市双升印务有限公司

开　　　本：185×260　1/16
印　　　张：46.5
字　　　数：415 千字
版　　　次：2017年11月第1版
印　　　次：2020年8月第2次印刷

书　　　号：978-7-5126-5706-9/F·01
定　　　价：168.00元　（全七册）

推荐序

让孩子用年表读懂中国古代历史

过去、现在、未来，时间永远不以人的意志为转移地向前飞驰。小至个人，大至国家，都会经历一番风雨，留下一段历史，才变成现在的模样。

对孩子来说，了解、学习中国历史，有以下一些显而易见的意义。

一是增强人文修养。例如，汉语里很多成语典故，都有详细的出处，比如"纸上谈兵"，结合长平之战的惨烈，孩子才会理解得更深刻，并在言语中准确恰当地使用。再如，现在很多家长节假日时都带着孩子出门旅游，到处去走走看看，看什么呢？除了自然景观，大多是历史遗迹。去了一个地方，读了书和不读书去，那是两种体验，增长见识的效果截然不同。很多人常说这句话——中国是一个拥有五千年悠久历史的文明古国，可是，如果没有一定的历史知识，五千年历史对很多人来说，就只是一句空洞的白话。

二是重新认识自己的生活环境。当我们从历史书中了解到，自己所在的家乡，或生活熟知的地方，竟然曾经发生过一些重要历史事件，或与一些著名人士有关联的时候，自然就会产生一种特殊的情愫，往往不自觉地增强自豪感，更加热爱家乡、祖国，甚至激发自己努力向上。

三是学到一种历史智慧。往小了说，读史明智。往大了说，以史为鉴，可以知兴替。从一定的时空纵深感中，我们超越了具体的事件和条件的局限，可以总结很多经验智慧，形成格局见识，用在对未来事情的处理上。

四是获得道德品行方面的教益。人性是相通的。遨游在历史故事中，就像坐上了时光机器，去体验当事人的纠结和决断，感受真善美，鞭挞假恶丑。从历史人物身上，我们也看到了自己的影子，从而不断克服自己的

弱点，使自己变得更完美。

为此，我愿意推荐这套《让孩子用年表读懂中国古代历史》，希望孩子们能读懂历史，逐渐爱上历史，获得读史带来的益处。

这套书有下列特点：

一是历史脉络清楚。全套书分为七册，每册书的前言中，对该书历史范围内的事件作简要交代，对朝代的发展、起承转合关键事件等作清楚地描述。书中的故事，对每个朝代重要事件及相互之间的衔接，都有清晰的讲述。

二是细节故事性强，重要场景配有彩图。本书在尊重史实的基础上，注重细节描写。其中，对很多典故，例如"纸上谈兵"，进行了细致的讲述。全书还配有大量彩图，以期帮助孩子对相关事件有更好的理解。

三是提供了重要的时间线索——年表。每个故事的页眉处，都标注了与该故事大致同时的重要时间节点和历史事件，方便读者检索或对照阅读。

四是提供了丰富的资料。每个朝代的内容大致分为帝王世系、宗室藩王、文臣武将、风云人物。这些人物资料与故事线性讲述互相映衬，读者可以与正文故事进行对照阅读。

总之，希望本书能带领孩子走进中国历史，感受中国历史文化的博大精深。更希望能为孩子提供一把历史的钥匙，帮助他们更好地理解现实、世界、人性等，促进自身的全面发展。

韩兆琦

2017 年 11 月 10 日

（韩兆琦，中国史记研究会名誉会长。北京师范大学中文系教授，博士生导师。中国人民大学国学院特聘教授、博士生导师。著名《史记》与传记文学研究专家。）

前　言

隋唐五代

  隋朝统一全国后，隋文帝在政治、经济上采取了一系列整顿措施，从而使隋初社会呈现出稳定繁荣的局面，史称"开皇之治"。隋文帝次子杨广拉拢权臣杨素，骗得文帝信任，终于取代兄长而被立为太子。公元604年，杨广即位，是为隋炀帝。隋炀帝统治期间，营建东都洛阳，开凿大运河，巡幸江都，三征高句丽，这一系列举措最终激化社会矛盾，人民揭竿而起。公元618年隋炀帝被部下杀死于江都，隋朝灭亡。

  隋炀帝被杀后，唐国公李渊于长安称帝，建立唐朝，此后数年，唐王朝陆续消灭地方割据势力，统一全国。在此期间，李渊次子李世民由于军功卓著，和太子李建成之间的矛盾日益加深。公元626年，李世民在玄武门埋下伏兵，趁太子李建成和齐王李元吉入宫朝见时将其杀害，是为"玄武门之变"。李世民不久后登基称帝，是为唐太宗。太宗统治期间，注意吸取隋朝灭亡的教训，勤于政事，励精图治，遂成就"贞观之治"。

  高宗延续太宗之治，大唐国势继续发展，但是在唐高宗后期，政事均由皇后武氏处理，武氏逐渐掌握军政大权。唐高宗死后的第七年，即公元690年，武氏废唐称帝，改国号为周，是为一代女皇武则天。武则天执政注重社会生产，稳定边疆局势，国势继续向前发展。公元712年，武则天的孙子李隆基即位，是为唐玄宗。玄宗任用贤能，裁汰冗官，整顿吏治，兴修水利，发展农业生产，大唐国势进入全面鼎盛时期，史称"开元盛世"。

  但是玄宗统治后期，朝政日趋腐败。公元755年安禄山发动"安史之乱"，虽然经过八年时间，叛乱终被平定，但是唐王朝的统治却不复从前。唐王朝外有藩镇割据，各自为政，内有宦官掌握禁军，操纵皇帝废立。唐后期的代宗、文宗、武宗、宣宗等均为宦官拥立，宪宗、敬宗更是被宦官所杀。朝廷之上还有朋党之争，大臣之间互相倾轧，意气用事，整个国家一片黑暗混乱。公元875年，王仙芝、黄巢率众起义，在起义军的冲击下，唐王朝的统治分崩离析。

公元907年，节度使朱温废唐称帝，建立后梁，是为五代十国的开始。此间中原地区相继有后梁、后唐、后晋、后汉、后周五个政权更迭，是为"五代"。同时在南方和河东地区先后或同时并存着十个割据政权，是为"十国"。至后周世宗时，锐意进取，南征北战，逐渐成统一之势。周世宗在位六年而崩，公元960年，大将赵匡胤发动陈桥兵变，代周建宋。其后，宋朝君主采用"先南后北"的战略方针，逐步消灭各割据政权，统一全国，五代十国分裂割据的局面结束。

目录

隋唐五代

开皇之治

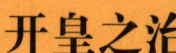

　　隋文帝统一全国以后，经过一番整顿改革，政局稳定，社会经济呈现了一幅繁荣的景象。他还派人修订刑律，但是隋文帝本人却完全不按照这个刑律办事，经常不顾刑律规定随便下令杀人。大理寺少卿赵绰常常据理力争，顶撞隋文帝。

　　隋文帝统一全国以后，采取了各种巩固统治的措施，如改革官制、兵制，建立科举制度，选用能干的官员，严办贪官污吏。经过他的一番整顿改革，政局稳定，社会经济呈现了一片繁荣的景象。

　　隋文帝还派人修订刑律，废除了一些残酷的刑罚。但是隋文帝本人却不完全按照这个刑律办事，经常一时气愤，不顾刑律规定，随便下令杀人。

　　这让大理寺（管理司法的官署）的官员很为难。大理寺少卿赵绰常常据理力争，顶撞隋文帝。

　　隋朝建立之初，隋文帝曾经下令禁止使用不符合标准的钱币。有一次，大兴（隋朝的都城名，今陕西西安市）大街上有人拿次币换好币，被发现了。隋文帝听说有人竟敢违反他下的禁令，于是就下令把换钱的两个人统统砍头。

　　赵绰知道后急忙进宫求见隋文帝。他说："这两个人犯了禁令，按刑律只能打板子，不该处死。"

隋唐五代

585

588

589

隋核查户口

隋文帝下诏伐陈

隋军攻入建康，陈朝灭亡

隋文帝说："这是我下的命令，不干你的事。"

赵绰说："陛下叫我担任大理寺官员，现在遇到问题，怎么能说跟我没关系呢？"

隋文帝气冲冲地说："你想做什么？想挑战我的权威吗！"

赵绰说："我只是想劝说陛下改变主意。"

隋文帝又说："你是想触犯天子吗？"

赵绰不管隋文帝怎样威吓，还是坚持自己的意见。隋文帝没法，很不高兴地进内宫去了。后来，隋文帝终于省悟，取消了杀人的命令。

又有一次，官员辛亶被人告发搞不法的迷信活动。隋文帝又命令大理寺把辛亶处死。

赵绰上朝对隋文帝说："辛亶罪不至死。"

隋文帝气得浑身发抖，说："你想救辛亶，就没有你自己的命。"

赵绰面不改色，说："陛下可以杀我，但是不该杀辛亶。"

左右侍从把赵绰扭下朝堂，准备处斩。这时候，隋文帝气消了，就派人跟赵绰说："你还有什么话说？"

赵绰跪在地上，挺直了腰说："臣当以死护法。"

隋文帝并不真想杀赵绰，他想赵绰能忠于执法，这也是有利于他的统治的，就把赵绰放了，过了一天，还派人慰问赵绰。

有一个官员来旷，听说隋文帝对赵绰不满意，就背着赵绰给隋文帝上了一道奏章，认为大理寺执法太宽。隋文帝认为来旷说得很对，就给他升了官。

来旷得寸进尺，就昧着良心，诬告赵绰徇私舞弊，把不该赦免的

592

十一月，名将韩擒虎卒

592

十二月，杨素为尚书右仆射，掌朝政

596

规定工商业者不得为官

犯人放了。

隋文帝对来旷的上告，有点怀疑。他派亲信官员去调查，根本没有这回事。隋文帝于是勃然大怒，立刻下命令把来旷处死。

隋文帝认为这一回来旷诬告的是赵绰自己，赵绰一定同意。哪知道赵绰却说："来旷有罪，但是不该判斩。"

隋文帝很不高兴，袖子一甩，离开了。

赵绰在后面大声嚷着说："陛下留步！臣还有别的要紧事，请求面奏。"

隋文帝信以为真，就答应让赵绰进内宫。

赵绰说："臣有三大罪，请陛下发落。首先，臣没有把下面的官吏管好，使来旷触犯刑律；其次，来旷不该处死，臣不能据理力争；再次，臣请求进宫，本来没有什么事，这是欺骗陛下。"

隋文帝禁不住哑然失笑。旁边坐着的独孤皇后（独孤是姓），也很赏识赵绰，命令左右赐给赵绰两杯酒。隋文帝也同意赦免来旷死罪，改判革职流放。

隋文帝比较注意节俭，发现官吏有贪污奢侈的行为，都要严办，连皇子们也不例外。三皇子秦王杨俊造了华丽的宫室，他发觉了，于是大怒马上撤了杨俊的爵位，把杨俊禁闭起来。

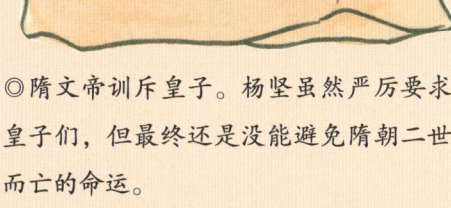

◎隋文帝训斥皇子。杨坚虽然严厉要求皇子们，但最终还是没能避免隋朝二世而亡的命运。

大臣们说："秦王没有什么大错误，应该宽恕他。"

宰相杨素也认为对杨俊处罚太重。隋文帝说："我是一国之主，只能依一个刑律办事。依你们说，是不是还要为皇子另外制订一种刑律？"

大臣们听了，都不说话了。

隋文帝又发现太子杨勇生活奢侈，讲究排场，于是十分严厉地训斥杨勇说："自古以来，凡是喜欢奢侈的帝王，国运没有能够长得了的。你是太子，怎能如此铺张！"

皇子晋王杨广心机非常深，他摸到他父亲脾气，装得特别朴素老实，骗得了隋文帝的信任，再加上大臣杨素帮他说话，于是，隋文帝把杨勇废了，改立杨广为太子。杨广害死了父亲，夺取皇位，是为隋炀帝。

605

三月，营建东都洛阳

605

五月，隋炀帝在东京筑西苑，极尽奢华

605

八月，隋炀帝乘龙船巡幸江都

荒淫的隋炀帝

隋炀帝是历史上有名的暴君，甚至他的名字都成为荒淫无道的代名词。可是翻开历史书，我们发现，隋炀帝开凿了京杭大运河，加强了南北的沟通，促进了沿线经济的发展；推行科举制度，打破了贵族对官职的垄断；三征高句丽，消除了边疆隐患。那么隋炀帝到底是一个什么样的人呢？该如何评价他呢？

中国历史上出过很多暴君，比如说秦始皇、隋炀帝，以至于他们的名字成为荒淫暴政的代名词。但是，对一个古代帝王的评价，我们应该更加公正客观一点，也要看到他的功绩。

隋炀帝，名广，又名英，小名阿摩，是隋文帝的第二个儿子。他的母亲是独孤皇后。炀帝容貌俊美，而且从小就很聪明，在诸位皇子中，他深受隋文帝及独孤皇后的宠爱。在北周时，因父亲的功勋，他被封为雁门郡公。隋文帝开皇元年（581 年），他被封为晋王，授予柱国和并州总管之职。当时，他年仅十三岁。

隋文帝命王韶、李彻两个人负责辅导。杨广善于写文章，性格深沉隐晦，严肃认真，深受朝野人士的瞩目。隋文帝驾临晋王的府第，发现乐器的弦大多断绝，又布满了灰尘，似乎许久不曾使用，就以为他不爱好歌舞声色，隋文帝对此很高兴。其实，杨广为人虚伪，对人

正月，东都洛阳建成　　　　七月，杨素为炀帝所忌，忧惧而卒　　　　十月，修建洛口仓

常常不表露真实情感，被当时很多人赞誉为仁爱孝顺。

　　开皇六年（586年），杨广调任淮南道行台尚书令。同年，他被征召入长安，担任雍州牧、内史令。开皇八年冬天，隋文帝大举兴兵讨伐南朝陈，命杨广出任行军元帅。在平定陈后，杨广下令逮捕了施文庆、沈客卿、阳慧朗及刑法监徐析、尚书都令史暨慧，在平陈战役中立有大功。与此同时，他将南朝陈国的府库封存，不取私财，天下人无不称颂。隋文帝不久任命他为太尉，并赐予象征权力地位的名器。不久，江南发生大规模叛乱，隋文帝又将杨广调任扬州总管，隋文帝认为只有杨广能够治理江南，所以不久就让杨广坐镇江都，每年到长安朝见一次。隋文帝至泰山封禅时，大奖诸臣，杨广也因此兼任武侯大将军。后来，等到太子杨勇被废后，隋文帝将杨广立为皇太子。

　　仁寿四年（604年）七月，杨坚去世，杨广即位，是为隋炀帝，第二年改元大业。大业元年（605年），炀帝命令著名的建筑家宇文恺在洛阳老城的西郊营造新的都城，横跨洛水两岸，向南北延伸。隋炀帝把新都称为东京，作为他统治的基本阵地。他在这里做的第一件大事就是开凿大运河。

　　隋炀帝开凿大运河的过程，简要归纳如下。

　　大业元年（605年）三月，征发河

◎隋炀帝与大运河。大运河开通后有效地促进了南北地区的经济文化交流，是一件功在当代，利在千秋的好事情，只是隋炀帝太急于求成，劳民伤财最终导致亡国。

南淮北诸郡男女百万人，开凿通济渠。

大业元年三月，征发淮南民众十余万人，开凿邗（hán）沟（淮水至长江）。

大业四年正月，征发河北诸郡男女百万余人，开凿永济渠（黄河至幽州）。

大业六年十二月，征发人数不详，开凿江南河（长江至杭州）。

开凿大运河是一项极其艰苦的工程，因运河这条干线的建成，中国的南方与北方首次连为一体。大运河凿成以后，隋炀帝即命令建造一艘高达四层、船身雕刻有精美图案的龙舟，以便乘坐此船前往江都（今扬州）游玩。

大业元年，对于广大的民众来说，是一场巨大灾难的开始。这一年，为了建造新都洛阳，每个月征发的民工就有两百万人。此外隋炀帝还在洛阳郊外建造豪华壮丽的显仁宫，并在新都附近建造了巨大的庭园西苑。隋炀帝行幸江都之际，沿途极尽劳民伤财之事，与隋文帝大相径庭，老百姓叫苦连天，怨声载道。然而，喜欢到处走动且热衷于大兴土木的炀帝却置若罔闻，一意孤行。

好大喜功的隋炀帝在稳定了国内的局势后，将眼光投向了东北方的朝鲜半岛。隋炀帝前后三次发动了远征高句丽的战争。

大业八年（612年）正月，隋军总计一百三十万军队，号称两百万，大举向高句丽进发。但在高句丽举国抗战的情况下，隋军不得不全线撤退。这场战役的结局十分悲惨：渡过辽水进入高句丽境内的隋朝九支部队共计三十万五千人，最后回去的仅仅有两千七百人。

然而隋炀帝并不死心。第二年再度整顿军队，于四月份发兵进攻辽东。可是，杨素的儿子杨玄感于六月在黎阳（位于河南省）竖起了

隋唐五代

610
开凿江南运河，大运河全部贯通

611
隋炀帝下诏讨伐高丽

613
四月，隋炀帝亲征高句丽

叛旗。这是将要陷入全国性动乱之前，政权内部的第一次分裂，隋炀帝火速撤兵镇压了叛乱。

第三次远征高句丽是在次年即大业十年，逃亡的隋军络绎不绝，高句丽也长期陷于战争导致国力极度消耗。于是在高句丽提出求和的请求时，炀帝趁机撤出了朝鲜。

三次远征高句丽失败缩短了隋朝的寿命。在全国各地风起云涌的武装起义中，隋炀帝已经束手无策，只能在他的老巢江都度过最后的时光。

远征高句丽失败后的第二年（615年），炀帝又前往北方突厥的根据地附近巡游，却不幸被突厥包围，经过九死一生才捡回一条命，从此，他对政治失去了兴趣。在江都，他对政治不闻不问，沉湎于声色犬马。周围留下的虞世基等人只知道溜须拍马，敢于说真话的都被排挤出去。于是，大业十四年（618年）三月，宇文化及发动政变，隋炀帝被杀死，享年五十岁。

613

六月，杨玄感起兵反隋

613

八月，杨玄感败死

613

杜伏威、辅公祏起兵反隋

隋末动乱和瓦岗寨起义

隋炀帝在位期间，开凿大运河，三征高句丽，征发了大量的徭役，加之天灾不断，导致民不聊生，起义不断。其中最著名的莫过于瓦岗寨起义，卖马的秦琼、三板斧的程咬金、武艺高强的李元霸、足智多谋的徐茂公，这些人物的演义故事久久流传在民间。

隋炀帝自大业元年（604年）即位时开始，便开始连年游玩和扩张，等到大业六年（609年）击破吐谷浑，设立西海、河源等四郡，看起来诸事顺利、志得意满的时候，却是广大民众遭受暴政，难以忍耐的时候。

大业六年（610年）夏历正月初一日，拂晓前有壮士数十人，白衣白冠，焚香持花，自称弥勒佛，进入建国门（端门），守门官兵都叩头礼拜。壮士夺取武器，进入宫内，与卫兵发生打斗，壮士斗败被杀死。这显然是隋末农民大起义的第一个信号。

大业七年（611年）隋炀帝征发大量兵士和民夫，准备第一次侵略战争。山东民众受祸尤重，大规模的农民起义也首先在山东地区爆发起来。隋大业九年（613年）以前，民众起义地区在山东。杨玄感反隋后，起义地区扩大，局部地区起义转成全国到处起义。炀帝于是征发丁男十万修大兴城（西京），下令全国各地都修城。又令各郡县将城区迁移到驿路附近五里以内，甚至命令郡县官员籍没起义人的家产和人口。

9

为夺取财物和人口，郡县官员更加任意杀掠，逼得广大民众再也不能留恋乡土，更难以容忍隋朝的暴政。这时候，隋朝兵力虽然还很强大，但政治腐败已经到不可收拾的地步，兵力也就无济于事了。

在各地出现的反隋集团形形色色，种类繁多，在群雄之中，最有影响的为以下几大势力：出自关陇集团的名门而投身于盗贼的李密，他后来领导了著名的瓦岗寨起义；出身农民但很有名望，并建立了礼仪之乡的窦建德；以长江下游为根据地的杜伏威、辅（fǔ）公祏（shí）等。其中以李密领导的瓦岗寨起义影响最大，最具传奇色彩。

李密出身官宦世家，曾在朝廷任亲卫大都督一职。后对隋炀帝不满，在大业九年（613 年）参与杨玄感起兵反隋。他曾向杨玄感献上、中、下三策：上策是袭据涿（zhuō）郡（今北京市），扼守临榆关（今河北抚宁东），使隋军溃散关外；中策是攻占长安，占据关中和隋炀帝对抗；下策是攻打洛阳。杨玄感恰恰采取了必败的下策，攻打洛阳。失败后李密被监禁，不久在押送途中逃脱。大业十二年（616 年），翟让在东郡（今河南滑县东）发动农民起义，因以韦城瓦岗寨（滑县南）为根据地，所以称为瓦岗军。李密投奔于翟让军中，向翟让进献称霸天下的计策。在李密的全力帮助下，翟让很快实现了夺取荥阳（今河南荥阳）的目标，李密也因此得到了翟让的赏识和重用，他的威望在起义军中大大提升。

大业十三年（617 年）春天，李密率七千人，攻取兴洛仓（即洛口仓，因地处洛水入黄河之口而得名），占领仓城，打开了粮仓，赈济灾民，得到百姓的拥护，李密的队伍很快壮大，并步步逼近东都洛阳。由于众望所归，李密被翟让和众将领拥戴为主，称"魏公"，年号"永平"。接着，李密率兵攻克巩县（今巩义市境），轻取回洛仓（在隋

615
七月，隋炀帝令李渊镇压山西地区反隋势力

615
八月，隋炀帝北巡雁门，被突厥兵围困

615
十月，隋炀帝令江南再造龙舟数千艘

唐洛阳城北七里），兵临洛阳城，与隋军大战于东都郊外。就在瓦岗军势将灭隋的关键时刻，内部发生了分裂。平时李密结党拉派，十分着意于培植私人势力，早为部下不满，众将于是劝翟让自立，但翟让从大局出发，以团结为重，说服众属要接受李密领导。李密稍有所闻，嫉妒在心，在617年十一月十一日，以庆贺石子河战役胜利名义，设宴招翟让入席，暗使他的部下蔡建德将翟让杀死。王儒信、翟弘、摩侯同时遇害，大将徐世勣（jì）也被砍伤，王伯当、单雄信叩头求饶，才得幸免。翟让被害以后，大部分部将非常寒心，他们认识到李密原是个气度狭窄、忘恩负义之徒，所以离心逐渐加重，战斗力也逐渐下降，瓦岗军从此走向了下坡路。在此期间，李密大量起用隋朝的降官降将，并杀害了翟让，从而取得了瓦岗军的绝对领导权，但瓦岗军的军事实力也因此受到重创。

大业十四年（618年）正月，李密率三十万大军，进占金墉城（位于河南省洛阳附近），加紧修复城门、城墙和其他防御设施，并兵屯邙山（位于河南省洛阳市北），直逼上春门（隋东都城东垣北门），洛阳城告急。正在这时，政局突变，宇文化及在江都用白巾勒死隋炀帝，立秦王浩为傀儡皇帝，自率十万大军北上，这对当时在洛阳城内的隋朝残余势力和李密领导下的瓦岗军都是严重的威胁。李密为避免两面作战，腹背受敌，决定暂时放弃洛阳城，集中兵力对付宇文化及领导下的北上大军。

李密和宇文化及竭力拼杀之时，王世充趁机灭掉了异己，取代了宇文化及。同年九月，王世充趁李密战后疲惫之机发动进攻，李密兵败，东逃虎牢关（今河南省荥阳市西北）。再后李密西逃长安，投奔李渊。当年瓦岗军的战将秦叔宝、徐懋功、罗士信、程咬金等也都先后降唐。

　　战败后李密归附唐朝，被封为邢国公。不久，李密奉命东征，行军到桃林（今灵宝），李密在被逼无奈、进退两难之时，终于决定率众叛唐，自立为王。在陆浑（今嵩县境），李密大军遭到李渊追兵的打击，全军覆没，李密战死，年仅三十七岁。

　　瓦岗军是隋末农民起义中三大义军之一。经过八年浴血奋战，瓦岗军始终高举灭隋大旗，专杀赃官、诛恶吏、开仓放粮、赈济贫民，得到广大人民的拥戴。起义军转战中原，浴血奋战，兵至百万，坚持八年，所向披靡（mǐ），为推翻隋朝统治立下了不朽功勋。

　　最终，取代隋朝重新统一天下的不是这些轰轰烈烈的农民起义军，而是隋朝在太原的贵族李渊和李世民父子。

617

五月，太原李渊父子起兵反隋

617

七月，李渊率军三万西进

617

十一月，李渊率军攻入长安

李渊起兵建唐

隋末农民起义此起彼伏，各地的官僚和豪强地主纷纷起兵。在众多的反隋武装中，不得不说的是李渊，李渊是隋炀帝的姨表兄弟，深受隋炀帝的器重。在众多的反隋武装之中，李渊异军突起，后来居上，最终完成了取代隋朝，建立统一王朝的大业。

在隋末农民起义的沉重打击之下，盛极一时的隋王朝轰然倒塌。各地的官僚及豪强地主，纷纷趁机起兵，一时间隋王朝处于风雨飘摇之中。在众多的反隋武装之中，李渊异军突起，后来居上，最终完成了取代隋朝，建立统一王朝的大业。

李渊，字叔德。天和元年生于长安，自称西凉李暠（hào）后人。祖父名李虎，西魏八大柱国之一，封陇西郡公，死后追封唐国公。父亲李昞（bǐng），北周时历官御史大夫、安州总管、柱国大将军，隋朝的唐公。母为隋文帝独孤皇后姐，李渊是隋炀帝的姨表兄弟。他曾深受隋炀帝的器重。隋炀帝登基后，李渊任荥阳、楼烦二郡太守。后被召为殿内少监，迁卫尉少卿。大业十一年（615年），担任山西河东慰抚大使。十三年，任命为太原留守。太原在当时是"控带山河，踞天

隋唐五代

下之肩背，为河东之根本"的军事重镇。隋炀帝派李渊至山西主要是前去镇压当地的反隋起义。而李渊对这一任命颇为欣喜，远离长安可以躲避隋炀帝的监视，太原向北可退，向南可攻，既可笼络河东士族，也可招兵买马。不过隋炀帝也不是完全对他放心，于是又任命王威为副留守来监视李渊。这时雄才大略的李渊假装沉湎于酒色，不理事务，显出胸无大志的状态，而暗中却不惜花费重金招兵买马，收买人心，培植自己的势力。

李渊分别将长子李建成、四子李元吉留在河东结交当地的英雄豪杰；二儿子李世民留在身边，寻找时机起兵反隋。当世之时，众多豪杰英武之才纷纷来到太原，被李渊招揽至麾（huī）下。其中晋阳县令刘文静，因为亲家是瓦岗军首领李密而受到牵连，被关进了监狱。李世民识其才干，亲自至监狱中探视，两人一见如故，在监狱里就商定了反隋的计划。除此之外，晋阳宫副监裴寂也是个例子，又有长孙顺德和刘弘基逃避辽东之役。再如柴绍、唐检、刘世龙、许世绪等都受到李渊的重用。同年二月，马邑（山西朔州）人刘武周杀掉太守王仁恭，起兵造反，自称皇帝。农历三月，刘武周攻破楼烦（今山西娄烦县），进占汾阳宫，并与突厥勾结，图谋南下争夺天下。炀帝闻讯后大怒，要提李渊至江都治罪。在此危急情势下，李世民说："事情紧急，可以举事了。"同时心腹裴寂、许世绪、武士彟等也纷纷劝李渊起兵，李渊终于下定了反隋的决心。于是，李渊以防备刘武周和突厥南下为借口，派李世民、刘文静、长孙顺德等人至各地募兵，短时间内便招到数千人。

太原副留守王威得知李渊招兵买马，怀疑李渊要造反，便密谋骗李渊父子至晋祠祈雨，除掉李氏父子，向隋炀帝邀赏。他们哪里知道

618
六月，李渊立李建成为太子，李世民为秦王

618
九月，李密、魏征等人归降唐朝

618
十二月，李密叛唐出走，被杀

密谋早已被晋阳人刘世龙获知并告诉李渊。大业十三年农历五月十五日，李氏父子先发制人，指使亲信告发王威、高君雅二人暗中勾结突厥，引突厥入寇，借此将其二人囚禁。农历五月十七日，暗中发假军情，称数万突厥军队进攻晋阳，立刻名正言顺地命人将二人推出斩首。六月，又遣二子李建成、李世民率军攻杀拒命的西河郡丞高德儒。同时，李渊又设下空城计，吓退了突厥的军队。接着，李渊开始作起兵反隋的准备工作。大业十三年（617 年）农历七月，李渊率军三万誓师，正式起兵。在发布的檄（xí）文里斥责隋炀帝听信谗言，拒纳诤谏、喜怒无常、残害骨肉、杀害忠良，穷兵黩（dú）武，巡游无度；天怒人怨，众叛亲离。这样，李渊就公开地打出了废昏立明、安定隋朝的旗号，

◎李渊起兵。趁瓦岗军与王世充激战方酣之际，李渊起兵南下，乘机进取关中。

隋唐五代

619
刘文静受谗言被杀

621
二月，李渊以李靖为行军总管，委以军事

621
五月，王世充降唐

宣布在晋阳正式起兵。

李渊让四子李元吉留守太原，自己则与李建成、李世民率领三万大军，沿着汾河南下，于霍邑（今山西霍县）全歼隋朝将领宋老生部，又连克临汾、绛（jiàng）郡等地，成功度过了黄河，西向挺进关中平原。

李渊大军一路势如破竹，顺利到达长安城下。大业十三年（617年）九月，李渊命李建成选调守永丰仓和潼关的精兵经新丰（今临潼东北）进兵灞上（今西安市东）。李世民从盩（zhōu）厔（zhì）进屯长安故城。李渊从朝邑西上，经冯（píng）翊（yì）、下邽（今渭南市北）、栎阳（今临潼北）到达长安东郊。三路合兵齐集二十余万，会攻长安。这时长安隋兵已成为无援的孤军，隋刑部尚书领京兆内史卫文升听说李渊兵围长安，忧惧成疾，不能理事，左翊卫将军阴世师、京兆郡骨仪拥代王杨侑（yòu）拒守。李渊发动猛攻，大将孙华被隋军射死。十月二十七日，李渊命李建成从东、南两面，李世民从西、北两面，同时向长安城发起进攻。十一月九日，李建成部将、军头雷永吉等先登入城，诸军继进，攻克长安，擒斩阴世师、骨仪等人，拥立杨侑为隋恭帝，改元义宁，遥尊隋炀帝为太上皇。

义宁二年（618年）三月，宇文化及在江都发动兵变，隋炀帝被杀。消息传到长安后，李渊于五月废掉杨侑，自己登基称帝，改义宁二年为武德元年，正式建立唐朝。李渊就是唐高祖。此时，全国并没有完全统一，但是经过几年多的征战，李渊家族后来居上，逐渐成为各支反隋起义军里实力最强劲的一支。由李唐来完成中国的大统一，已经成为历史的大趋势。

621
七月，刘黑闼起兵作乱

621
十月，李世民开文学馆，设十八学士

621
十月，以李世民领左、右十二卫大将军

玄武门政变

李渊父子经过艰苦的奋斗，相继歼灭了各支割据武装力量。在征战的过程中，李世民脱颖而出，表现出非凡的军事、政治才能，威信高涨。为了争夺皇位，李世民兄弟间展开了激烈的斗争，最终发生了"玄武门之变"。

在隋末各支反隋的力量角逐中，李渊家族后来居上，东征西讨，在长安建立唐政权，并大有一统天下的趋势。过了没几年，李渊父子经过艰苦的斗争，相继歼灭各支割据武装力量，统一全国指日可待。但是就在李唐即将完成统一大业的时候，李渊家族内部却因为权力问题出现了分裂，最终演化成一场兄弟阋墙的残酷政变，即玄武门之变。

提到玄武门之变，不得不说一说李世民，即当时的秦王，后来的唐太宗。自从唐朝建立后，李渊次子李世民的表现非常引人注目，尤其是李世民一举平定王世充和窦建德以后。随着李世民威信的高涨，李氏兄弟的关系开始出现一些微妙的变化。看着弟弟的成功，太子李建成十分不安。

有一天，皇太子李建成请李世民赴宴，喝酒以后李世民吐血数升。人们认为这是皇太子一方在酒里下了毒。据说李，渊因此提议李世民前去洛阳，兄弟俩分别住在东京和西京。两大势力以长安为舞台的明

争暗斗，终于迎来了武德九年（626年）六月的大爆发。

公元626年，突厥进攻乌城（今甘肃武威），朝廷要派兵进讨。就是这么一个寻常战事，点燃了"玄武门之变"。李建成建议，让李元吉带兵出征，李渊采纳了太子的意见。李建成的策略是：李元吉带兵后，就有权调拨秦王府的战将参战，统帅拥有对战将的生杀大权，李元吉可以很容易就消灭李世民的有生力量。而在出征那天，朝廷要为李元吉饯（jiàn）行，李建成将代表皇帝参加，正好趁机斩杀李世民。要说李世民的谋略深，他的情报工作做得相当成功也是一个例证，李建成的密谋被李世民安插的奸细获得。在了解情况后，李世民火速召集秦王府的人研讨对策，最后决定先发制人。就在秦王府商定计策之时，又一件不巧的事冒了出来。六月三日，发生了太白金星划过天空的天象，天象部门报告李渊，说是太白金星在秦地落下，秦王当拥有天下。相关史料没有具体说明，这个信息是否属于东宫的蓄意，但它明显在提醒李渊，秦王要来夺他的皇位了，于是他拿着这个信息去审问李世民。

李世民当然知道这是个要命的信息，但是他很镇静，他向父亲揭发一个机密——李建成、李元吉淫乱后宫，其后果可想而知。李渊决定，召集这三个儿子第二天到宫里来对质。正是这个看似拙劣的理由，却促成了之后的玄武门之变。李世民是无法掌控李建成的行动的，但父亲的一个诏令下来，李建成就必须在六月四日的早晨从他的东宫经玄武门，走到皇宫里去。这样，他走的这一段路程就可以被李世民掌握了。

接下来就是我们熟知的一幕了：六月四日清晨，李建成和李元吉骑着马从东宫那边出来，朝西行进到玄武门外。他们看见那些守门的卫士们都是熟悉的面孔，很放心地朝里走去，可他们哪里知道，这些卫士们早就被李世民收买了。也许在进门的那一刻，李建成感觉到了

626

八月，李渊自称太上皇，传位于李世民

626

九月，太宗置弘文馆，选文学之士实之

626

十二月，太宗引魏征入内室，访以得失

◎玄武门之变中，李世民射杀太子李建成。

某种不妙，他调转马头想往回跑。这时，他听见二弟在背后大喝一声，命他站住。在下意识回头的那一刹那，他感觉到有一种划破空气的尖厉声音直朝喉咙钻来，他还没明白过来是怎么回事，就已经翻落马下，被利箭射死。李世民继承了他父亲的良好箭法。当年，他的父亲两发两中，射中屏风上孔雀的两只眼睛，从而把窦氏娶回家。现在，他只发一箭，就直穿大哥的咽喉，他知道，这一箭射出去，换回来的可是皇太子的宝座。

随后，尉迟敬德帮他解决了李元吉，其他将领帮他解决了两个兄弟的儿子们。他再派杀得满身是血的尉迟敬德去"保护"父皇。这种"保护"，实际上是以一种温柔的方式软禁唐高祖，要唐高祖以皇帝的名义宣布他的"平叛"合法，并授予他以军权和行政权。接下来是一连串的人事变化：六月七日，唐高祖正式立李世民为皇太子；六月十六日，李渊手诏"朕当加尊号太上皇"；八月九日，李世民即皇帝位。这一年，他还不到二十八岁，改年号为"贞观"。公元627年，成为贞观元年。

在李世民的治理下，唐朝出现了贞观之治，成为当时世界性的大帝国，因此，他也成为历史上明君的代表人物。

627
玄奘从长安启程前往天竺取经

628
正月，太宗与魏征讨论君主之得失

629
二月，房玄龄为左仆射，杜如晦为右仆射

贞观之治

李世民即位后，选贤举能、虚怀纳谏，励精图治，开启了贞观之治，奠定了大唐盛世。取得这样的成就不得不提到贞观之治的主角皇帝李世民以及魏征。在中国历史上，唐初宰相魏征以敢于向皇帝直言进谏著称，最终辅佐唐太宗实现了贞观之治。

李世民是在戎马生涯中闯荡出来的。按他自己的话说，自己从前是不读书的，他喜欢宝马、良弓和鹰犬。可是当上皇帝就不能这样了，还必须学习，寻求治国的经验教训。于是他开始努力学习，并常常与大臣们讨论治国之道，虚心接受臣下的意见和批评。

太宗纳谏是贞观之治的一道风景线，为后世所推崇。唐太宗李世民从谏如流，大臣们对他也是知无不言积极进谏，上到军国大事，小到君王的一举一动。唐太宗积极采纳建议，为他的唐帝国增砖添瓦，大臣协力同心，为创建大唐盛世贡献自己的力量。

贞观四年六月，李世民发了一道命令，要修建洛阳宫。有一个名叫张玄素的大臣提了反对意见，给唐太宗上奏，并在奏疏中以隋炀帝亡国为例，告诫太宗小心前车之鉴。唐太宗对张玄素说："你说我不如隋炀帝？那么与桀、纣相比如何？"答道："如果此项劳役不停，

恐怕也要一样地遭致变乱！"唐太宗感叹道："我考虑的不周到，以至于此！"回头对房玄龄说："朕以为洛阳地处大唐中央地段，四方朝贡路途均等，想着便利百姓，所以派人营造。刚才玄素所说的确有道理，应立即停止此项工程。日后如有事去洛阳，即使居于露天也不碍事。"于是赐给张玄素彩绸二百匹，并下令停止修建洛阳宫。

太宗在鼓励大臣进谏的同时，还不拘一格地发现人才，马周的故事就是一例。

唐太宗经常发布要求大家献言献策的命令，四品官以上的都要提，不提不行。皇上让提意见，不能无中生有乱提意见，但提不出来怎么办呢？将军常何没文化，对这事一筹莫展。他家有个门客叫马周，是一个文人。常何就求他，帮自己给皇帝提点意见吧。马周满腹经纶，

◎魏征劝谏唐太宗。魏征以直言敢谏著称于世，他辅佐唐太宗共同开创了「贞观之治」的局面。

630
三月，西北各民族推戴唐太宗为"天可汗"

630
三月，名臣杜如晦卒

632
党项羌三十万人内附

哗哗地写了二十多条，以常何的名义呈上。皇帝一看，常何文章写得不错，问题提得也好，就对常何说，真没想到，原来你深藏不露啊。常何不敢欺骗唐太宗，就实话实说，文章根本不是他写的，是他家的门客马周写的。皇帝赶快派人请马周，派人去了，不到，再请，还不到，再接着请，非要尽快见到这个人。后来马周来了，与皇帝深夜长谈，被授予官职。马周做事漂亮，他提出了不少建议，改善了长安的环境，后来官越做越大，官至宰相。

贞观之治的主角是皇帝李世民，而最具风采的大臣当属魏征。自古以来谈到贞观之治，首先表扬的是李世民，其次就是魏征。大部分缘由是魏征对皇帝的直言上谏。

在中国历史上，唐初宰相魏征以敢于向皇帝直言进谏著称。不管什么时候，只要唐太宗有不对的地方，魏征就会据理力争，进行劝说，即使唐太宗因此而大发脾气，他也毫不畏惧，照旧慷慨陈词。

有一年，唐太宗李世民派人征兵。唐太宗根据右仆射（掌管奏章文书的官员）封德彝的建议，决定十八岁以上身体强壮还没有服役过的男子都要去当兵。但魏征不同意，将诏书扣住不发，唐太宗催了几次，魏征还是不发。因为按照当时的规定，皇帝的敕（chì）令，要由谏议大夫签名才能生效。唐太宗大发雷霆，训斥魏征为何扣发他的诏书，唐太宗问他："你不同意这样做，有什么理由？"魏征回答："臣作为谏议大夫，有义务向陛下指出，这样做违背了治国安民的方针。我朝开国后即立下'男子二十岁当兵，六十岁可免'的规定，怎么能随便改变呢？"唐太宗非常生气，大声指责道："你太固执己见！"

魏征毫不退让，语重心长地说道："陛下！把河水放光捕鱼，确实能捕到许多鱼，但明年就没有鱼了；把森林烧了打猎，确实会打到

634

以李靖为行军大总管，征吐谷浑

635

太上皇李渊卒

636

长孙皇后卒

许多猎物，但明年就没有野兽了。如果让十八岁以上身体强壮的男子都去当兵，今后国家的税赋徭役去向谁要呢？"唐太宗这才幡然醒悟，收回了命令。

唐太宗成功处理与少数民族的关系，是其被尊称为天可汗的一大缘由。

唐朝初期，北方的突厥时常出兵南下骚扰。东突厥的颉利可汗乘唐太宗登基之初还根基不稳，亲率十万大军，直逼长安，驻兵便桥之北。唐太宗忙于国内战争，对突厥的进军采取守势，尽可能维持和好关系。但是在这种情况下，其实是不能退缩的，越退缩，越对唐朝不利。为此，唐太宗亲自率军出拒突厥。他自己率先跨上御马，带着大臣出长安城，抵达渭水。颉利可汗在营中听唐太宗来了，立即上马出营，也来到河边。唐太宗独自与颉利对话，经过一番谈论，没过多久，颉利就派人来请和。唐太宗又亲临渭水，与颉利可汗相会。他们两人就在便桥上，杀了白马，歃血为盟。双方互赠礼物，颉利答应不再进犯唐朝，随后，引兵而去。

公元629年，唐朝的社会经济得到了恢复，唐太宗的统治也已初步巩固。而突厥地区连年遭到霜旱天灾，牲畜大量死亡。颉利加重对各部的勒索，各部纷纷叛离。唐太宗认为时机成熟，就在这年冬天派大将李勣（jì）、李靖带领十几万军队出击突厥。第二年，追击突厥至阴山以北，俘虏了颉利可汗，东突厥灭亡。

颉利可汗至长安后，唐太宗当面数说了他不断背盟、恃强好战、掠夺百姓等五大罪状。最后又对他说："不过自从便桥会盟以来，你一直信守诺言，所以我可以不杀你。"颉利可汗感激不杀之恩，哭谢而退。唐太宗把颉利和他的家属安置在太仆寺，厚加款待。但是颉利可汗不住房屋，在院子里搭了帐篷，经常同家人悲歌哭泣，日渐消瘦。

隋唐五代

637
武士彟女（武则天）入宫为才人

638
八月，吐蕃再次请婚，太宗许婚

639
吐谷浑来朝，太宗许以弘化公主

唐太宗知道了，就改任他为虢（guó）州（今河南灵宝）刺史，并说："虢州地近山区，麋（mí）鹿野兽很多，可以游猎。"颉利不愿前去，唐太宗就又任他为右卫大将军（禁军的高级武官），赏赐了大量田宅。后来颉利病死，唐太宗按照突厥风俗施行火葬，还在灞水东面为他筑了高大的坟墓，并让颉利的儿子终身继承父亲的职位。

唐太宗如此对待突厥的手下败将，以及妥善处理与少数民族的关系，让其他民族也纷纷向唐朝归属。几个重要的少数民族首领共尊唐太宗为各族共同的首领"天可汗"。

唐太宗选贤举能、虚怀纳谏，励精图治。在农业生产方面，休养生息、不夺农时，实行均田制、轻徭薄赋，心存百姓，与民休息。在政治方面，完善科举制，精简机构，并大力平定外患，与少数民族修好，稳固边疆，创造了贞观之治，同时为后来的开元之治奠定了厚实的基础。

640

以李靖为行军大总管，征吐谷浑

641

正月，礼部尚书李道宗送文成公主入藏

641

十二月，李勣大败薛延陀

文成公主入藏和亲

　　一提到拉萨，大家都会想到布达拉宫。大家都知道布达拉宫是松赞干布建造的，但是你知道他什么要建造布达拉宫吗？说起来这还和一段历史故事有关，那就是唐太宗时期，文成公主入藏和亲。

　　话说唐朝建立，天下安定，四海升平，边远地区部落和民族，全都服从唐朝政府的统治。到李世民当皇帝的时候，出现了历史上特别繁荣的时期，也就是唐朝初年的贞观盛世。这时候，唐朝周边许多部落和民族纷纷派出使者到唐朝首都长安城，向唐朝要求永结亲好，就是求娶唐朝皇室的女儿，与唐朝结成亲戚，于是便有了文成公主入藏。

　　吐蕃是一个位于青藏高原的古代王国，从松赞干布到达磨延续两百多年，是西藏历史上创立的第一个政权。"赞普"是藏语的音译，意思是雄强的男子汉，后来就成了吐蕃君长的称号。松赞干布继承赞普之位后，在他叔叔的辅佐下，彻底清查叛乱旧贵族，使内部迅速稳定下来，而后又亲自带兵征伐苏毗和羊同等反叛残部，约于公元644年最后兼并了羊同，完成了统一西藏的任务。完成统一大业后的松赞干布非常希望与唐接触，建立关系。

　　贞观八年（634年），松赞干布第一次派遣的使节翻越雪山，克服

隋唐五代

642
643
643

以魏征为太子太师

正月，魏征卒

四月，太宗废太子承乾为庶人，立李治为太子

重重困难，到达了唐朝首都长安进行访问。唐太宗非常重视这个新兴的政权，很快就派遣冯德遐回访。从此，拉开了唐朝与吐蕃交往的历史序幕。

第二年底（635年），吐蕃的使节再次来到长安城，向唐朝皇帝进献当地的特产。唐太宗也同样予以热情的招待。这次出使唐朝的使节返回吐蕃之后，带回一个重要的消息，那就是唐朝的皇帝已经答应将公主嫁给突厥与吐谷浑。

松赞干布听到这个消息后，马上决定派遣使节，带着丰厚的礼物，到唐朝求婚。因唐朝刚开始与吐蕃交往，对其了解还不是很多，所以当时就没有答应。不过，松赞干布并不甘心，于是再次派使者到唐朝，坚决要求和亲。唐太宗感于松赞干布的诚心，于是决定将文成公主许配给他。松赞干布得知唐朝已经许婚，非常高兴，便于贞观十四年（640年）冬派大相禄东赞奉献黄金五千两，作为聘礼，向唐朝正式求婚。求婚使者达百人之多，禄东赞为正使，智塞恭顿为副使。禄东赞虽然文化不高，但聪明刚毅。

传说文成公主长得非常美丽，当时有印度、波斯等五个国家的使节先后来到长安求婚，他们都带着极其昂贵的礼物，想迎娶公主。唐太宗不太喜欢吐蕃，但已经答应又不好反悔，便设法刁难这些使节，但是没想到禄东赞非常聪明，一一化解了下面这几个难题。

1. 将绫绸穿过绿松石的眼孔：禄东赞将绫绸系在蚂蚁的腰部，让它从石孔中穿过。

2. 辨别出一百只鸡的母子关系，禄东赞用酒糟诱鸡法很快分清。

3. 一天之内吃完一百只羊并揉好一百张羊皮，喝完一大瓶酒而不醉，禄东赞也通过了。

4. 夜晚入宫而不迷路，禄东赞因预先做了记号而顺利通过。

◎文成公主像。松赞干布为了迎接文成公主，特意修建了一座雄伟的宫殿——布达拉宫。

5. 从二千五百名年轻貌美的女子中认出哪一位是文成公主，禄东赞因事先向寓舍女主人问清了公主的身体形态，一眼就把她认出。

贞观十五年（641 年）正月丁丑这天，文成公主一行离开长安，经凤翔、秦州、河州向龙支城（今青海民和县）进发。随着文成公主的入藏，中原的芜菁种子与其他谷物种子，以及汉族工匠、厨役、珠宝一起到了西藏。据藏史记载，文成公主带到西藏"诸种府库财帛，金镶书厨，诸种金玉器具，诸种造食器皿、食谱、玉瓷与金鞍，诸种花缎、锦、绫、罗与诸色衣料两万匹"。也就是说，她把中原的丝织品、服饰、生活用具及烹饪技术等各种文化带到西藏。藏史又载，文成公主带进了"四百有四医方，百诊五观六行术，四部配剂术"等医疗技术。除此之外，松赞干布还请求唐朝送给吐蕃"蚕种及造酒、硙、纸、墨之匠"。唐朝全部答应了。

文成公主在吐蕃生活四十年后，于永隆元年（680 年）在拉萨去世，时年五十六岁。因文成公主对藏族的经济发展和社会进步作出了突出贡献，在她去世后，藏族人民用两个节日来纪念她。一个是藏历四月十五日"沙喝达瓦节"，也是文成公主到达拉萨的日子，另一个是藏历十月十五日，相传是文成公主的诞辰。

27

649
武才人（武则天）入感业寺削发为尼

651
武氏再度入宫

655
高宗废王皇后，立武昭仪为皇后

一代女皇武则天

　　武则天是中国历史上唯一的一位女皇帝，她在 67 岁那年登上帝位，一直到 82 岁退位。在她执政期间，不仅改革了科举制度，还搜罗了很多人才。大名鼎鼎的狄仁杰就是她发现和提拔起来的。

　　公元 690 年，中国古代历史上发生了一件从未有过的新鲜大事。九月九日，正是一年之中秋高气爽、艳阳高照的重阳佳节。中原大地、神都洛阳正在举行一场隆重的登基仪式，只见一位神情庄重的女子，头戴皇冠、身披黄袍，一步步迈向宫城正门城楼，这里正是唐王朝经常举行重大活动的地方。她登上城楼后，威严地环视四周，庄严宣告：革唐命，建立大周政权，改元天授，大赦天下。俯伏在她脚下的文武百官、黎民百姓爆发出了震耳欲聋的三呼万岁之声。她就是中国历史上第一个也是唯一一个女皇帝——武则天。

　　武则天本名武照，曾被唐太宗赐名媚娘，称帝后改名武曌（zhào），晚年尊号"则天大圣皇帝"。她的父亲武士镬（yuē）原为大木材商人，因在唐朝开国中立功，官至工部尚书。武则天十四岁被选入宫，成为唐太宗的才人。她以出众的美貌、才气和运气，得到了唐太宗李世民及其太子李治的垂青。649 年太宗死，武则天被迫到感业寺出家为尼。

　　然而命运的眷爱给了武则天东山再起的机遇。李治登基后不久，

660

高宗目不能视，委武后处理政事

664

宰相上官仪请废武后，事败，被下狱死

664

徐敬业起兵反，随即失败

便将她召入宫，晋升为昭仪。此后几年，武则天先联合王皇后一起斗倒了萧淑妃，后又以掐死一个女儿的代价来诬陷王皇后，使王皇后被打入冷宫。655年，武则天终于成为皇后。中国历史上第一次出现了一位侍奉二朝（二夫），并且登上皇后之位的女性，可谓空前绝后。若从中国的传统观念来看，此举应该说绝对属于不可容忍的事情。从这一方面说，我们也可以感受到唐代弥漫的北方游牧民族气息。

然而，武后对此并不满足。每当高宗处理政务时，武后就在朝堂的御座之后挂一块帘子，隔着帘子参与朝政。历史上将此称之为"垂帘听政"。人们也将唐高宗与武后两个人并称为"二圣"。在前后三十余年的高宗统治时期，除了最初的数年外，实际上都是由武后在操控着朝政。

显庆五年（660年），高宗"风眩病"发作，头痛且目不能视，武则天开始名正言顺地参决政事。664年，高宗因对武则天不满，与上官仪谋划废后，武则天先发制人，控制了高宗，处死了上官仪，从此真正掌握了大权。

剩下可能阻挡武则天成为皇帝的只有她的几个儿子了。长子李弘曾被立为太子并代父理政，三十三岁时死去，时人传说是被武则天毒死。次子李贤继立，后被武则天废掉，第三子李显继立。683年高宗死，李显登基为中宗，但很快也被武则天所废。武则天让第四子李旦为傀儡，自己临朝称制，独揽大权。随后，武则天为清剿朝内外的反对派，大兴告密之风，并委任崇元礼、周兴、来俊臣等酷吏进行刑讯逼供，此后包括李氏宗室在内的大臣被杀的不计其数，官场一时为恐怖气氛所笼罩。武则天在做好充分准备之后，于690年正式登上帝位，改唐为周。

我们可以看到，这个新政权的诞生绝非一朝一夕之功，而是经过

29

690

武则天即皇帝位，改唐为周

697

张昌宗、张易之兄弟得宠于武则天

705

张柬之等发动政变，迎中宗即位，武则天卒

武后当皇后以后三十五年的准备。武后倾注全力，一边排除朝野上下对于女性从政的抵抗和干扰，一边致力于确立自己的政治基础。所以，武后认为有必要培植自己的政治势力，于是便把根据地选在了洛阳。在武后时期，洛阳改名为"神都"。

武后当政时期，影响最大的举措莫过于对科举制度的改革和对人才的搜求。在科举制方面，武则天首创的有殿试、自举、武举和制科等。除了科举制之外，武则天还通过其他各种办法搜罗人才，狄仁杰、魏元忠、张柬之等均为当时名臣，而姚崇、宋璟等则为开元名相，开元盛世的人才基础，正是武则天时期打下的。

◎一代女皇武则天。在经过几十年的准备与谋划后，武则天终于推翻李唐王朝，登上帝位，成为我国历史上唯一的女皇帝。

神龙元年（705年）正月，以张柬之为首的大臣们抓住时机，联合羽林军，发动了政变，杀死了武则天宠幸的张易之、张昌宗兄弟，拥戴时为太子的李显即唐中宗复位，并将武后软禁起来，武周王朝宣告终结，唐朝再度复活。十一月二十六日，武则天病死于上阳宫仙居殿，享年82岁。

武则天作为中国历史上唯一的女皇帝，能够排除万难，在长达半个世纪的统治时期里，形成强有力的中央集权，社会安定，经济发展，上承"贞观之治"，下启"开元盛世"，革除时弊，发展生产，完善科举，破除门阀观念，不拘一格任用贤才，顺应历史潮流，大刀阔斧改革。她的历史功绩，昭昭于世。

707

韦后等谋废太子，太子兵败被诛

708

安乐公主等人贿赂公行，卖官鬻爵

709

三月，宗楚客为中书令，滥官充溢

唐前期的制度创新

　　唐朝继承和发展了隋朝首创的三省六部制、科举考试制度，统辖全国行政大权的宰相一职实行复数制，由数名宰相组成集体领导班子。召开宰相会议的地点叫做政事堂，开始的时候政事堂设在宫城内的门下省，后来改到中书省，所以"中书门下"就成为政事堂的代名词。

　　隋朝首创的制度在唐代发展到新的高度，最突出的例子，就是三省六部与科举考试制度。

　　在唐代，三省的中心是中书省，主要为皇帝提供咨询，负责起草各种议案，长官叫做中书令。对于中书省制定的各种议案予以审议，并且拥有将提案退回重审的叫做门下省，侍中是门下省的长官，专门负责提意见的谏官，即谏议大夫也属于这个部门。门下省的背后，是各种贵族势力，但是随着皇权不断加强，门下省的地位也在削弱，所以，对皇帝的提案进行驳回没有那么容易。尚书省，主要也是六个部门，只是在贞观年间为了避唐太宗讳，将民部改为户部，形成后来人们所熟知的吏、户、礼、兵、刑、工六大部门。

　　统辖全国行政大权的宰相一职实行复数制，由数名宰相组成集体领导班子。宰相本来是由三省的长官出任，但后来为了选拔其他方面的人才担任宰相，便给予担任宰相的人以"同中书门下平章事"等头衔。

九月，太平、安乐公主各树朋党，互相诋毁

二月，送金城公主赴吐蕃

六月，安乐公主毒死中宗，韦后临朝摄政

召开宰相会议的地点叫做政事堂，开始的时候政事堂设在宫城内的门下省，后来改到中书省，所以"中书门下"就成为政事堂的代名词。

如何确保这种新兴的制度能够最大限度发挥作用呢？于是人才的选拔成为重要的课题，在这种背景下，科举制产生了。

◎学子在考场参加科举考试。通过科举考试，大批寒门弟子得以入朝为官，打破了世家大族垄断政治的局面。科举制在中国实行了一千三百年，对中国社会有着深远的影响。

隋炀帝杨广登基后，首创进士科，国家用考试的方法以才取人，考取的就可以到中央或地方政府中做官，这就是我国科举制度的开始。

到了唐朝以后，科举的重点转到了考核儒家经典内容的明经科，以及测试文学素养的进士科，后来凡是提及科举即指进士科。考进士科的人很多，考中则特别难，录取率只有百分之一二。明经科相对比较容易，十个人中就能录取一两个，所以当时有"三十老明经，五十少进士"的说法，意思是考进士比考明经难，一个人三十岁考中明经已经算比较晚了，而五十岁考中进士还是很年轻的。考中进士虽然如此艰难，但及第后更容易飞黄腾达，因此当时读书人趋之若鹜（wù）。

710

六月，太平公主、李隆基诛杀韦后，睿宗即位

710

十一月，以姚崇为中书令

710

十二月，以宋璟为吏部尚书

尽管如此，考中进士并不意味就能马上做官，只是取得了一个做官的资格，要真正得到官职还要经过吏部的考试。这个考试叫做选试，内容有四项：一是"身"，考察相貌外表是否端正；二是"言"，看语言表达是否清楚；三是"书"，看字写得是否端正美观；四是"判"，看写文章的能力，内容和逻辑是否有条理。四项都及格，然后按道德品行的好坏、才能高低和是否能吃苦耐劳为顺序来录取分配官职。

考中了进士，称为"及第"。第一名名做状元，第二名名做榜眼，第三名名做探花。在武则天的时候还创立了殿试，就是皇帝在宫殿上亲自出题考试，所以有人把进士称为"天子门生"。考中进士很难，往往需要很高的文学修养。唐朝大诗人白居易到长安应考，将自己的诗集投给当时的名士顾况。顾况很有才气，但脾气高傲，瞧不起后辈的文章。顾况一见白居易是个乳臭未干的年轻人，心里就已经不以为然了。等到接过诗集一看，上写着"太原白居易诗稿"，心里认为这个年轻人毫不谦逊，便取笑他说："名居易，只恐长安米价太贵，居之不易。"白居易听出话中的讥笑之意，但一言不发。顾况打开诗集，映入眼帘的首先是一首《赋得古原草送别》："离离原上草，一岁一枯荣。野火烧不尽，春风吹又生……"刚读完前四句，顾况就不由得高声赞叹说："好诗！"又想起刚才自己挖苦的话，就反过来赞许地对白居易说："能写出这样的句子，不要说是长安，就是整个天下，你也可以'居易'了！"从此，白居易在京城声名鹊起。

需要注意的是，虽然唐代使用科举制作为选贤任能的重要手段，但是同时也保留了贵族政治时代的一些选官办法，比如"恩荫"，就是通过家族门望来获得某些职位，特别是在武后与玄宗时期表现得更明显，一些官员通过家族的关系被提拔上来。

33

711
睿宗令太子监国，处理军国政事

712
睿宗下诏传位太子，是为唐玄宗

713
唐玄宗赐死太平公主，并清洗其党羽

盛唐之际的开元新政

　　唐玄宗掌握朝政之后，励精图治，致力于改变武则天和韦后带来的政治动荡，希望可以克服新兴地主阶级兴起带来的社会矛盾，为此他提拔了两位宰相姚崇和宋璟。他们能够实现自己的目的吗？

　　话说唐玄宗击败姑姑太平公主而掌握朝政以后，又过了半年时间，到公元713年十二月改年号为"开元"。因而通常提起玄宗统治时期，就意味着开元时代的到来，也意味着盛唐时代的到来。在唐代的皇帝中，玄宗在位时间最长，一共有四十四年之久，从公元741年之前为开元，之后到756年则是天宝。安史之乱之后，唐玄宗让位于儿子唐肃宗。

　　玄宗李隆基于垂拱元年（685年）出生于洛阳，是唐睿宗李旦第三子。李隆基出生的时候正是武则天主政要做女皇的时候，所以他小时候就经历了错综复杂的宫廷变故，这也许促使他形成了意志坚定的性格。他小时候就很有大志，在宫里自诩为'阿瞒'，虽然不被掌权的武氏族人看重，但他一言一行依然很有主见。在他七岁那年，一次在朝堂举行祭祀仪式，当时的金吾大将军（掌管京城守卫的将军）武懿宗大声训斥侍从护卫，李隆基马上怒目而视，喝道："这里是我李家的朝堂，干你何事！竟敢如此训斥我家骑士护卫！"弄得武懿宗看着这个小孩儿目瞪口呆。

　　武则天得知后，不但没有责怪李隆基，反而对这个年小志高的小孙子

716
五月，山东大蝗，姚崇令各州县捕杀

716
六月，睿宗卒

721
二月，令宇文融检括逃移户口及籍外田

备加喜欢。到了第二年，李隆基就被封为临淄郡王。李隆基长期住在外地，经常骑马到郊外接触当地百姓，熟悉民情。而且他生来性格豪爽，具有强烈的正义感，因而在皇族中显得非常突出。

人们对于刚刚登上皇位的年轻皇帝充满了期待，盼望他可以力挽狂澜，改变武则天和韦后带来的政治动荡，希望他可以克服新兴地主阶级兴起带来的社会矛盾。于是。唐玄宗任命了两位新的宰相——姚崇及稍后的宋璟。

开元四年（716年），在我国北方爆发了一场大蝗灾，是否灭蝗，在朝中出现了两派：一派主张灭，一派主张应该祈祷上苍。姚崇就是极力主张灭蝗的，因唐朝盛行佛教，人们迷信思想很严重，说服皇上和各位大臣很不容易，经过多次的交锋，最后得到玄宗的支持，取得了灭蝗的成功。在那个封建社会里，姚崇有着无畏的精神，不信鬼邪，不仅取得了灭蝗的胜利，更是人定胜天这种思想的胜利。宋璟进士及第时，年仅十七岁，初入仕便露锋芒，睿宗称帝后，更是被封为宰相，后来遭贬。玄宗时，宋璟得到姚崇举荐，再度任相。他也很重视对人才的选拔任用，虽然他掌握朝政大权，但他决不徇私枉法，相反，对自己的亲属还更加严格地要求。一次，他的远房叔叔宋元超在参加吏部的选拔时，对主考官说了自己和宋璟的特殊关系，希望能予以照顾，弄个好官儿做做。结果被宋璟得知后，不但没有给他说情，反而特地关照吏部不给他官做。在治理国家上，他与姚崇一道进行大刀阔斧的改革，为开元盛世奠定了政治基础。

但是对于如何从根本上解决财政问题，姚崇、宋璟便无能为力了。于是要想重新修复并振兴唐朝的统治体制，就必须寻求与他们不同类型的人才。在这方面，先是有宇文融崭露头角，之后出现了李林甫。

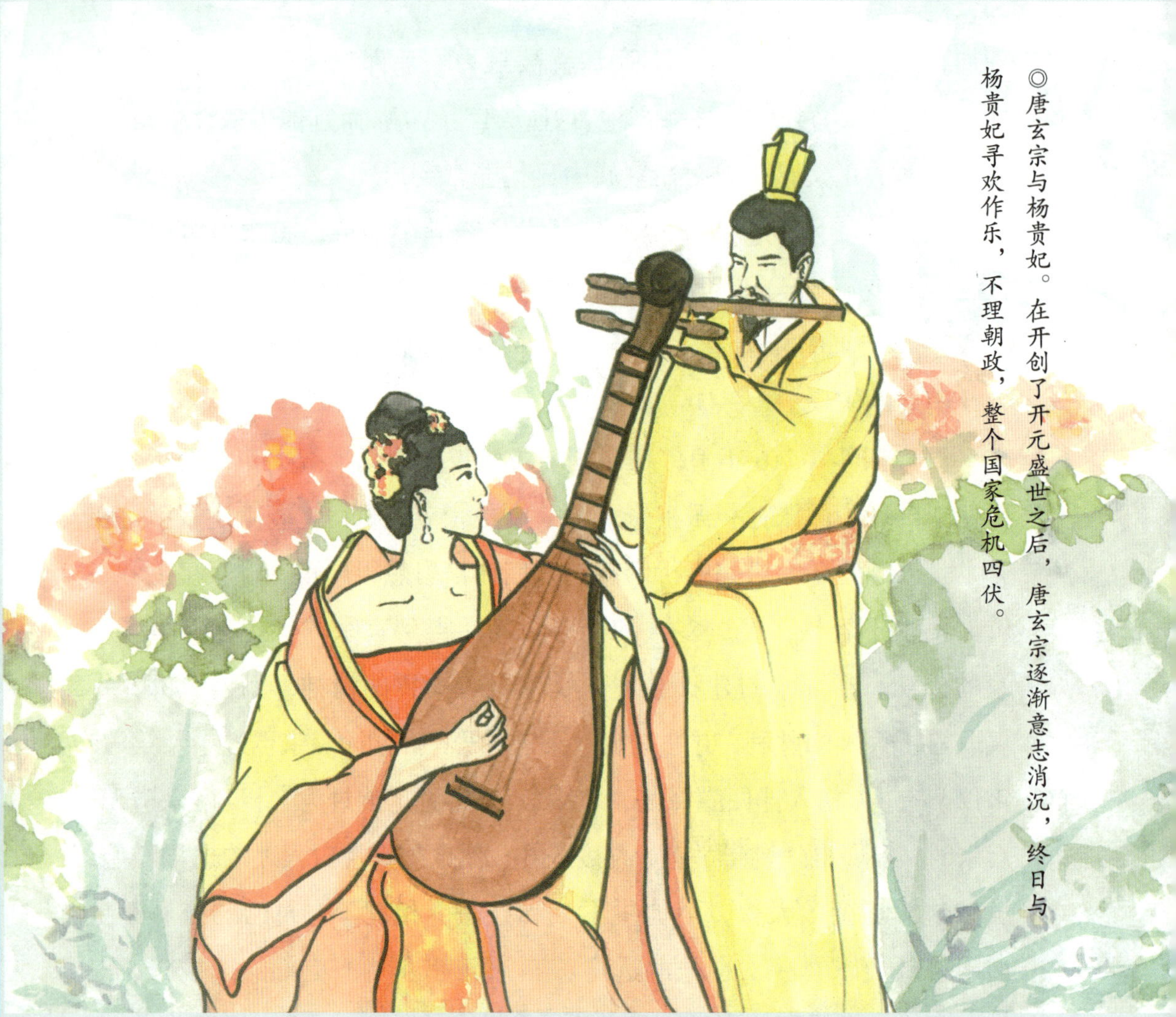

◎唐玄宗与杨贵妃。在开创了开元盛世之后，唐玄宗逐渐意志消沉，终日与杨贵妃寻欢作乐，不理朝政，整个国家危机四伏。

宇文融出身于官僚家庭，他的祖父在贞观时期任过尚书右丞，他的父亲后来任过莱州长史。开元初，他担任富平县（今陕西富平县）主簿。京兆尹源乾曜（yào）赏识他"明辨有吏干"，推荐他入京任监察御史。

农民流亡问题，到开元时期已成为重大的社会问题之一。广大农民被沉重的赋役所逼，逃离原籍，有的沦为"浮人"（流民），有的成为地主的佃（diàn）户，全国的户籍大大减少，严重影响了唐朝的

财税收入。宇文融于是上书唐玄宗，建议检括逃户，增加租赋收入。这个提议正中玄宗下怀，玄宗便命他制定检括之法，并依簿籍检括逃户。但是宇文融的括户政策马上遭到了各方面的阻力。唐玄宗迫于压力，无法再继续支持宇文融。这个时候，颇有能力的李林甫走进了玄宗的视野。

李林甫，小名哥奴，远房宗室，唐高祖堂弟长平王李叔良的曾孙。他初出茅庐，补了一个不起眼的小官，随后又来到太子身边供职，几经周折，被调到最高教育机构国子监当了名官员。凭着不同寻常的政治嗅觉，他打破层层阻力、重重障碍，一次次寻找机会和创造机会，终于进入了梦寐以求的中枢，做了统领百官的宰相。

李林甫大权独揽，紧接着一个后果就是许多趋炎附势、唯唯诺诺的人聚集到了他的周围。然而其中还是出现了李林甫没有预料到的，这就是作为镇守边关的幽州（今天的北京）节度使而崭露头角的安禄山，以及杨贵妃一族的杨国忠，他们以玄宗对杨贵妃的宠爱为后盾，逐渐巩固了自己的地位，并最终发展到威胁李林甫地位的地步。在这些新宠咄咄逼人的脚步声中，因恩宠而掌握大权的李林甫被斗败。

李林甫、杨国忠、安禄山等人的相继出现，对唐朝来说是不幸的征兆。在李林甫死后的第四年，安史之乱爆发，原本强盛的唐王朝不可避免地迅速衰败下去。

751
以安禄山为河东节度使

752
五月，以杨国忠为御史大夫，权倾朝野

752
十一月，李林甫卒，以杨国忠为右相

安史之乱

　　边关传来的马蹄声，惊破了《霓裳羽衣曲》，惊醒了大唐繁华盛世的迷梦。安史之乱成为唐朝的转折点，由开元盛世的繁华局面转向衰败，人口锐减，经济发达的黄河流域遭受了巨大破坏，促使北方人口为避战乱，向南方地区迁移。

　　唐朝在经历开元盛世的繁华局面后，却发生了重大转折的事件——安史之乱。唐玄宗在执政前期，社会呈现出前所未有的盛世，但在位后期，一场历史上罕见的社会大动乱导致唐朝由盛转衰。

　　唐玄宗执政后期重用杨国忠、李林甫，致使朝政腐败。杨国忠前期在四川做一个小官，因缘际会，成为当朝显贵。杨贵妃被唐玄宗专宠后，杨国忠借杨家关系进入中央。杨国忠善于利用手段，很快就高升。不到一年，他就身兼十五种朝廷职位，地位越来越显赫，对下面极尽搜刮之能，大搞贪污腐败，使得朝中大臣离心离德。

　　口蜜腹剑的宰相李林甫为了铲除异己势力，常讨唐玄宗的欢心，助长唐玄宗的骄奢之心，杜绝唐玄宗的言路，嫉妒有才能的大臣，重用杨国忠之类人物，搞得朝廷一片混乱。开元二十四年十月，唐玄宗想从洛阳回长安，宰相张九龄、裴耀卿因为农民秋收还未完成，建议修改日期，不耽误秋收和劳民伤财。李林甫为迎合唐玄宗，说：“长安、洛阳不过是陛下的东、西皇宫而已，随时可以来住，何必还挑一个日子。

755

安禄山于范阳起兵反唐

756

六月，玄宗奔蜀，至马嵬驿士兵哗变

756

七月，太子李亨于灵武即位，是为肃宗

即使耽误农民的秋收，那就免去他们给国家交的租税就行了。可以即日出发。"唐玄宗听后很高兴，听从李林甫的建议。十二月，唐玄宗听信李林甫的谗言，罢免了宰相张九龄、裴耀卿的职务，让李林甫当宰相。张九龄在朝中以忠诚讲真话著称，在他被罢相后，大臣们明哲保身，不敢将真话讲给皇上听了。扰乱朝政的李林甫、杨国忠之流是造成唐朝政治腐败与混乱的重要因素，为安史之乱埋下了伏笔。

安史之乱主角之一安禄山的崛起得益于当时的社会现状。安禄山出生于辽宁朝阳市，是一位胡人。年轻时投靠幽州节度使，被收为养子，后在对契丹等少数民族作战中建立战功。他善于逢迎与贿赂上级官员，官职直线上升。天宝元年，安禄山升任为平卢节度使，成为一个地区的最高军事长官。

安禄山成为节度使之后，用尽方法向唐玄宗献媚取宠。安禄山很狡猾，善于伪装成忠厚之状，以讨唐玄宗的欢心。有一次安禄山对唐玄宗说："我出身是胡人，皇上对我的恩宠太多，但我没有非凡的才能，只希望为陛下献出我的生命。"唐玄宗认为他忠诚，更加喜欢他。唐玄宗令安禄山去拜见太子，安禄山不拜，随从指责安禄山。安禄山辩解说："我不辨识朝廷礼仪，皇太子是什么官？"唐玄宗说："是候补

◎安禄山像。安禄山原名轧荦山，父亲早死，他从小随母在突厥部族生活，长大后逃离突厥，改名安禄山，是安史之乱的始作俑者。

39

的皇上，我百年以后，皇位就是他的。"安禄山说："我愚蠢，只知道陛下，不知道太子，罪该万死。"这他才向太子拜了两拜。安禄山特别肥胖，挺个肚子，矮个子，做出一副傻乎乎的样子，唐玄宗一见到他就乐。有一次，唐玄宗指着安禄山的肚子说："这么大的肚子，里面装的是什么东西？"安禄山想都没想回答道："没有别的，只有一颗忠心耿耿的心。"安禄山在皇帝面前装憨扮愚，把许多拍马屁行为表现得憨厚且忠诚。

安禄山在受皇帝恩宠后，升官了，做了三镇节度使，拥有三大军区的兵力，足以与全国抗衡。经过十多年的谋划和准备，安禄山叛乱的条件日渐成熟。终于在天宝十四年，举兵指向长安，发动震惊大唐的军事叛乱。

安禄山打出清君侧的旗号，以奉密旨讨伐杨国忠为名，率领麾（huī）下三个军区的军队在范阳起兵，跨过潼关，直逼长安，唐玄宗逃亡四川。在逃亡过程中，在陕西马嵬（wéi）驿发生兵变，随行将士杀了杨国忠，逼迫唐玄宗处死了杨贵妃。

太子李亨在陕西灵宝即皇位，世称唐肃宗，他带领大将郭子仪平叛，在安史之乱中上演了一出悲壮的睢（suī）阳保卫战。

安史之乱爆发以来，黄河南北广大地区，有的被叛军所控制，有的变成战场，人民流离失所。朝廷主要的财政来源均依赖于江淮以南地区，睢阳（河南商丘）是江淮地区与关中地区的重要枢纽，战略位置极其重要。唐军控制睢阳，可以防止叛军南下江淮地区。

叛军为了切断关中地区与江淮地区的经济联系，特派尹子奇率重兵奔袭睢阳。睢阳形势危急。张巡率三千人支援睢阳。张巡激励将士昼夜苦战，一天冲杀二十余回合，坚持到十六天，活捉叛将六十余人，杀敌二万余，士气倍增，迫使叛军暂时退去。

　　两个月后，尹子奇又率兵进攻睢阳。张巡宰牛杀羊，激励将士，亲自扛着大旗，身先士卒，冲入敌阵，叛军死伤严重，奔逃数十里。过了几天叛军又来围城，张巡率众反击，一昼夜与敌大战数十回合，仍未解围。一天夜里，张巡在城中鸣鼓，使得叛军彻夜警备无法休息。天亮以后，张巡把守军隐藏起来。叛军不见城内有兵，便解甲休息。这时，张巡、许远、南霁（jì）云等将领率领骑兵出城出击，致使叛军损伤惨重。此战中大将南霁云一箭射中叛军首领尹子奇的左眼，尹子奇伏鞍逃跑。

　　七月，尹子奇又纠集几万叛军进攻睢阳。此时城中粮食极度匮乏，将士只能每天吃一点米，混着树皮、纸充饥。士兵减员严重。但张巡加固城防工事，没给叛军以可乘之机。尹子奇没办法，只得停止进攻，在城外挖三道壕沟，准备长期围城。到了十月，城内连鼠雀都吃尽了。张巡的小妾愿意杀身给将士们作食物，张巡也只能听任她自杀。许远杀了自己的奴婢给士兵充饥。最后城中只剩四百多人，饥病难支，睢阳终于落于敌手。张巡、许远英勇就义。睢阳战役持续十个月之久，以少敌多，为唐军的反攻赢得了时间，对平定安史之乱作出了重大贡献。

　　由于叛军内部矛盾激发，安禄山被他的儿子安庆绪杀死，安庆绪自己称帝。叛军内部明争暗斗，唐政府利用此机会反攻，收复部分失地。不久安庆绪被部将史思明杀死。唐军经过几年的奋战，于公元763年收复全部失地，历经八年的安史之乱就此结束。

　　安史之乱是唐朝由盛转衰的分水岭。安史之乱破坏了北方经济，破坏了生产力，人口锐减，经济发达的黄河流域遭受了巨大破坏，促使北方人口为避战乱，向南方地区迁移。

763

六月，以田承嗣为魏博节度使

775

节度使田承嗣杀卫州刺史，尽占其地

776

田承嗣入朝，代宗赦其罪

藩镇割据与两税法

安史之乱后，中央对地方的掌控力迅速下降。为了迅速结束战争，只要叛军降将名义上服从朝廷，朝廷就任命他们为节度使。他们由原来安、史部将摇身一变，成了唐朝地方藩镇的将领，割据一方。

虽说安史之乱已经被平定，但是这场动乱却使得唐代的社会发生了深刻的变化。在平定叛乱的过程中，唐朝苦于长期用兵，为了尽快结束战争，采取了息事宁人的办法，对叛军降将妥协退让，只要他们名义上服从朝廷，朝廷就任命他们为节度使，这样就使得他们由原来安、史部将摇身一变，成了唐朝地方藩镇的将领。

地方割据势力最强大、为祸最严重的是卢龙、成德、魏博三镇。这三个军镇都处在唐代的河北行政区域内，遂被称做河北三镇或河朔三镇。

三镇节度使人物的选任，或下传给儿子侄儿，或由部下推选将领出来争夺。公元781年正月，成德节度使李宝臣逝世，他的儿子李惟岳要求继承其父的职位。唐德宗才做皇帝不久，极想改变这种状况，拒绝了这一要求，于是李惟岳、田悦与占据今山东地区的淄青节度使李正己、据今湖北西北部的山南东道节度使梁崇义等联兵抗命，发动武装叛乱。

直到公元784年正月唐德宗下罪己诏，再次声明像以前那样对待河北

777

宰相元载贪横，赐自尽

779

五月，代宗病逝，李适即位，是为德宗

779

八月，以杨炎为宰相

◎宰相杨炎向唐德宗建议改革税制，实行两税法。

三镇，乱事才慢慢平息。以后，河北三个军镇自己推立自己的军镇统帅成为常态。唐宪宗时期扫平强大的淮西吴元济割据势力后，河北三镇曾一段时间内归顺朝廷，但至穆宗时又回复到以前的割据状态。

藩镇掌控所辖地区军事、民政尤其是财政大权，他们借鉴安史之乱的教训，独自占有了征税权，这是他们同中央王朝对抗的最大资本。唐朝决定采用新的对策加以反制，这就是历史上著名的两税法。

公元 779 年五月，唐德宗登基，八月份，任命杨炎为宰相，决心推行税收制度的改革。杨炎建议实行两税法。至第二年正月五日，朝廷正式发布两税法的内容。

两税法的原则主要是：收税家庭不分是登记在户籍的主客还是依

780

正月，改租庸调制为两税法

780

七月，刘晏被杨炎构陷，下狱死

780

九月，置吏向商贾收税，为商税之始

附于主客的人，都是依照居住地户籍登记为标准；不按照人口数量交税，而是按照家庭经济划分标准收税。不区分是本地户口，还是外来户口。他人在这个地方拥有土地、财产，划归当地收税范围。这样，就能解决一些官员、有钱人家为逃避家乡所征收的租庸调，到其他地区购买土地，以外来户之名缴纳很轻的税收，获取税收政策优待的问题。

在改善中央财政的同时，两税法也有抑制藩镇的作用。两税法首先是从唐王朝的直辖地开始实施的，进而向周边推广。由于按事先选定好的对象和税额来收税，藩镇很难随意扩大征税的范围。由此藩镇的势力被削弱，唐中央开始占据优势地位。

805

正月，德宗卒，太子李诵即位，为顺宗

805

二月，王伾、王叔文始用事

805

二月，贬京兆尹李实为通州长史，罢宫市

二王八司马

为了解决安史之乱产生的各种问题，唐顺宗支持以"二王"为核心的改革，迅速推行一系列改革措施。但因为改革触动了很多人了利益，朝中一批元老重臣、亲信宦官，以及地方节度使开始联手对改革进行反击。主持改革的八位主要成员均被贬为"司马"。

安史之乱后的唐王朝产生了许多问题，积弊深重。唐代后期的政治发展中又增添了宦官的影响。唐德宗时期禁军职位全由宦官充任。这些宦官逐渐掌握中央禁军的军权，借此逐渐参与政治，成为一股不可小觑（qù）的势力。

公元805年，唐德宗病逝，太子李诵登基，即唐顺宗，年号永贞。唐顺宗登基时，因为中风，不能说话，无法亲自处理政事，但坚持上朝，垂帘听政。同时任命韦执谊为宰相，王伾（pī）、王叔文为翰林学士，帮他处理政事。韩晔、韩泰、陈谏、凌准、程异、柳宗元、刘禹锡等人参与议论政事，出谋划策，支持变革。以"二王"为核心的改革集团迅速推行一系列改革措施。因年号为永贞，史称永贞革新，具体如下。

罢免京城地方官李实。李实是皇族宗室，封为道王。当了京兆尹后，继续敛财。一年关中大旱，但严重歉收，当唐德宗问及京城一带

的情况时，他却说今年虽然干旱，但庄稼很好，并没有灾荒的迹象。他想继续敛财上奉给唐德宗，以讨皇帝的恩宠。监察御史韩愈看不惯，上奏举报，被贬职。优人成辅端因编了几句歌谣，竟被李实以诽谤国家政策的罪名杀头。第二年，唐德宗下旨免除京城地区的所欠租税。李实却违反旨意征收欠租，逼迫农民卖地交税，在催租的过程中，有十几个人死在他手里。唐顺宗执政后，贬李实为地方上的一个长史。

罢免不公平的"宫市"。唐德宗时，宦官借皇宫采购物品之名，低价强购或者白抢白拿，对城乡市场上的人民进行掠夺。罢免这项弊政，深得士民尤其商人之心。还罢免一些宫廷的差役。五坊是宫廷里的五个娱乐机构。在这五个机构当差的人在长安城内外到处张网捕雀，有时把网盖在门口或井上，不许人们打水，只有给了钱，才能打水。他们到饭店吃饭不给钱，有时留下一筐蛇，让店主好好饲养，说这是用来捉雀进奉给皇上的。主人见状，惊恐不已，赔钱赔礼，他们才肯将蛇筐带走。这些恶劣行径，使百姓见之如避瘟神一样。罢免这些差役，深得百姓欢心。杜绝地方节度使每个月或者每天进奉钱财的现象。释放宫女和女乐九百人。

任命理财能手杜佑掌管财政税收，控制理财的大权。后杜佑不能到职，派王叔文、刘禹锡参与财政事宜的管理。随后准备夺取宦官的兵权，计划逐步派人夺取宦官的军中职位，但引起执掌禁军实际权力的大宦官俱文珍、刘光琦的警觉，密令禁军不得接受其他人的命令，于是夺权失败。王叔文有意改革地方，但因改革集团内部意见不一，没有进行。

改革中的许多措施，涉及财权、兵权，并触及地方节度使的利益，引起了从中央到地方许多人的不安、不满和愤怒。于是，朝中一批元

老重臣、亲信宦官，以及地方节度使开始联手对改革进行反击。

宦官极力拉拢顺宗长子李纯，想用他取代唐顺宗，以阻挠改革的进行。利用唐顺宗患病卧床，不能说话，记忆力不行时，宦官推立李纯为太子成功。随后，这些反改革势力从中搞鬼，削去王叔文的翰林学士职位，调他做户部侍郎，剥夺事实上的宰相之职。此后最重要的一步是逼唐顺宗退位，让太子登基。此时，王叔文因母亲去世在家守丧，改革集团失去中心。俱文珍等人看到外有节度使的声援，内有朝廷大臣的支持，又有禁军在手，便逼迫唐顺宗退位。唐顺宗发出诏令，自己禅位，将皇位传给太子李纯。唐顺宗只坐了七个月的皇帝宝座，之后"二王"改革集团所进行的改革事宜面临分崩离析的境地。太子李纯登基，史称唐宪宗。由此可见，宦官势力把持着皇帝的进退，给政治造成极大影响。

支持"二王"改革的唐顺宗在政治舞台上退出后，唐宪宗登基，意味着"永贞革新"彻底结束，改革派人物的噩（è）运由此开始。

宪宗在登基前，便贬王伾为开州司马，王叔文为渝州司户。不久，王伾死在开州。第二年，王叔文被赐死。宪宗将改革集团中的其他人物贬到边远地区做小官。韦执谊贬为崖州司马，韩泰被贬为虔（qián）州司马，韩晔贬为饶州司马，柳宗元贬为永州司马，刘禹锡贬为朗州司马，陈谏贬为台州司马，凌准贬为连州司马，程异贬为郴（chēn）州司马。"二王"革新集团中的八位主要成员均被贬为"司马"，连同"二王"的被贬，史称这次失败的革新为"二王八司马"事件，也可称"永贞革新"。

"二王八司马"所推行的改革只进行了一百四十六天，就如昙（tán）花一现般夭折了。但这是唐王朝一群有识之士面对积弊所做的一次努力，是一场具有进步意义的政治革新运动。这些严重的积弊问题，比如宦官干预政治、操纵皇帝的进退，还会影响以后唐王朝历史的发展。

元和中兴

　　唐宪宗即位后，勤勉政事，抑制宦官势力，整顿财政税收，重用有才能的人处理政事，先后平定剑南、西川、镇海、淄青节度使的叛乱，使衰败的唐王朝一度呈现出中兴的气象，史称"元和中兴"。

　　唐宪宗是唐朝后期较有作为的皇帝。在位期间，勤勉政事，抑制宦官势力，整顿江淮地区的财政税收，重用有才能的人处理政事，先后平定剑南、西川、镇海、淄青节度使的叛乱，迫使成德、魏博、卢龙等势力强大的节度使相继归顺朝廷，使衰败的唐王朝一度呈现出中兴的气象。因唐宪宗执政时年号为元和，史称"元和中兴"。

　　唐宪宗非常注重纳谏和提拔贤能。即位之初，大臣元稹（zhěn）建议恢复唐太宗时期提意见的谏官跟随宰相议论朝廷政事的制度，以广开言路。唐宪宗听后立即召见元稹，听听其对朝廷政事的看法。同年，诗人白居易写了百余首新乐府诗，反映民间疾苦，暗指朝廷施政的不足之处。这些诗歌传到宫中，唐宪宗看后很受启发，立即请白居易当翰林学士，作为皇帝的顾问。

　　大宦官吐突承璀（cuǐ）是唐宪宗最宠幸的人。元和五年，翰林学士李绛揭露这个宦官专横跋扈，目无大臣，但唐宪宗却认为李绛说得

太过头了。李绛痛哭流涕，慷慨陈词，表示自己是皇帝的重臣，不能辜负皇上给自己的重托，看见朝中的问题却不讲。皇帝当场称赞李绛是个忠臣。后大宦官吐突承璀犯了其他事情，唐宪宗最终惩办了他，并提拔李绛为皇帝身边的秘书。

为解决税收带给人们的弊端，唐宪宗改革两税法。老百姓交税时主要缴纳粮食和绢等实物，但政府主要征收粮食和钱，老百姓只能将绢折合成钱来交税。以前绢的市场价格高，到唐宪宗时价格下跌，给老百姓增加负担。唐宪宗降低了绢折合为钱的纳税标准，并减少地方政府的税收分配，增加中央政府的税收额度。

唐宪宗大力整顿漕运。当时唐朝政府的经费基本上依靠江南地区。漕运所经地区大多会受地方节度使的干扰破坏。唐宪宗削平运河沿岸的地方割据势力，派干练的官员管理运输，督运江南地区物资供应关中地区。同时精简机构裁汰冗员，以应对官员数量多、人浮于事、浪费国家财政的现象。

唐宪宗时期，地方节度使割据严重，他们称霸一方，动不动公开与朝廷对抗。唐宪宗极力平定地方节度使，先后平定西川节度使、镇海节度使的叛乱。元和八年，魏博节度使

◎李愬率领军队趁着雪夜加紧行军，出其不意地来到蔡州城下。

49

死去，其内部发生分裂，暂时归顺朝廷。这鼓舞了唐宪宗平定地方节度使割据的信心与决心。淮西镇节度使成为其下一个目标。元和十一年，唐宪宗任命大将李愬征讨淮西节度使吴元济。

元和十二年（817年）李愬到任后，表面上治军非常宽松，有意示弱于敌军。他还与士卒同甘共苦打成一片，经常到军营里去视察，探望那些负伤生病的战士，并亲自端汤送药，军心逐渐振作起来，士气也慢慢恢复。为了孤立蔡州，他采取声东击西的战术，扫除蔡州外围的据点。朝廷讨伐淮西战争进行到最关键的时刻，降将李祐向李愬提出一个大胆建议，即趁蔡州空虚，派精锐部队直捣老巢，活捉吴元济。李愬完全赞同这个出奇制胜的妙招，就和他制定了一个作战计划。

十月初十夜，天空下起了大雪。李愬认为这样的气候条件，敌军会放松警惕，于是下令开始行动。命令下达后，大部分将士纷纷询问要到哪里去，李愬回答道：“向东开拔。”

部队冒着大雪急行军六十里，占领蔡州不远的张柴村，稍事休息，连夜开拔。将士们又问到底去哪里，李愬才说：“到蔡州城，活捉吴元济。”大家听了大吃一惊，只得硬着头皮冒雪行军。雪越下越大，风越刮越猛，一路上有许多人马被冻伤，但慑于军令森严，谁也不敢退缩。半夜时分，部队终于到达蔡州。为了迷惑敌人，李愬叫士兵将城外池塘里的鸭鹅赶得呱呱乱叫，以掩盖唐军行军的声音。

淮西军一点防备也没有，敌军一个人也没察觉到唐军的到来。李祐等将领在城墙上挖出一条土坎，身先士卒，登上城墙，把守城士兵全部杀死，只留下更夫继续打更，然后打开城门，大队人马一拥而进。

黎明鸡叫时分，李愬率军攻入吴元济的外宅。吴元济的亲兵被惊醒，赶紧报告主帅：“官军来啦！”吴元济在被窝里笑着说：“准是小偷

50

隋唐五代

818

819

820

李愬与平卢军十一战，皆胜

平卢归顺朝廷

宪宗暴亡，太子恒即位，是为穆宗

们在偷东西！等天亮把他们全部杀掉！"过一会儿就有人跑来报告："城已陷落！"吴元济说："这一定是前线的子弟兵们来向我讨奖励呢。"吴元济才起床，来到大厅，忽听见李愬正在传令，声势浩大。他见唐兵真的来了，带领亲兵进行抵抗。到下午时，吴元济见大势已去，只好在城上举白旗投降，经过一段时间，唐军相继解决了剩余的淮西军。就这样，为害三十多年的淮西割据政权就这样彻底消灭了。平定淮西，极大地提高了朝廷的威望，强烈震慑了其他观望中的地方节度使。

唐宪宗是唐朝中后期一位锐意进取、颇有作为、颇具特色的皇帝。他知人善任，虚怀纳谏，卓有成效地实行政治经济改革，不失时机地开展平藩斗争，终于再创一统局面，史称"元和中兴"。虽然唐宪宗平定了部分节度使的叛乱，但还是不能从根本上消除造成这种割据的根源。元和中兴只是唐朝中期在政治上的一度振作，在唐宪宗死后，各藩镇又出现了叛乱，形成了宦官专权的局面。

822
穆宗得风疾，自此不见大臣

823
以牛僧孺为中书侍郎，牛李党争日炽

824
穆宗卒，太子湛立，是为敬宗

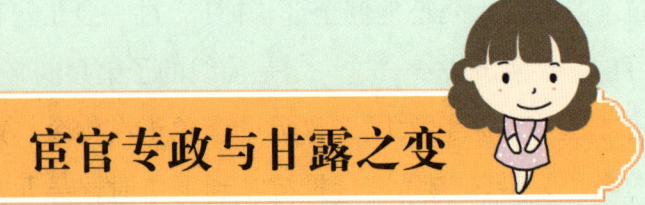

宦官专政与甘露之变

一天，金吾大将军韩约说："大明宫左金吾大厅后院内的石榴树上出现了甘露，请皇帝立即亲自去观赏。"唐文宗让宦官仇士良、鱼弘志等率领宦官前去探视，以将整个宫中的宦官集团歼灭。但是韩约行事不密，漏了马脚，行动失败了。

唐朝后期，除了节度使割据地方以外，另一个最重要的政治势力就要属宦官了。由于宦官们整天在宫中，很容易掌握一些其他大臣都无法掌握的情况或者事情，一些意图不轨的朝中大臣开始与他们勾结，最后发展成握有较大权力的宦官直接干预朝政。

唐文宗登基后，决心铲除宦官势力。唐文宗曾经与宰相密谋，设法除掉以宦官王守澄为首的宦官集团，但事情泄露，计划胎死腹中。

这时两个人物进入唐文宗的视野：一个是李训，出身于名门，中过进士，因依附于奸相李逢吉被流放地方；另一个是郑注，曾经做过大将李愬的幕僚。唐文宗和他们谈得很投机，把他们二人看做是"奇才"，任命为翰林学士，可以自由出入宫中，并秘密将消灭宦官的重任托付给他们。

郑注、李训利用朝中党派之争严重，将党派之争的两派首领及其许多重要成员贬到地方任官，同时将一些人物充实到中央政府中。唐文宗又用计外派王守澄，解除他在禁军中的指挥权。王守澄丧失兵权

52

828 宦官杀敬宗，文宗即位

830 正月，牛僧孺为兵部尚书，排挤李德裕

830 十月，以李德裕为西川节度使

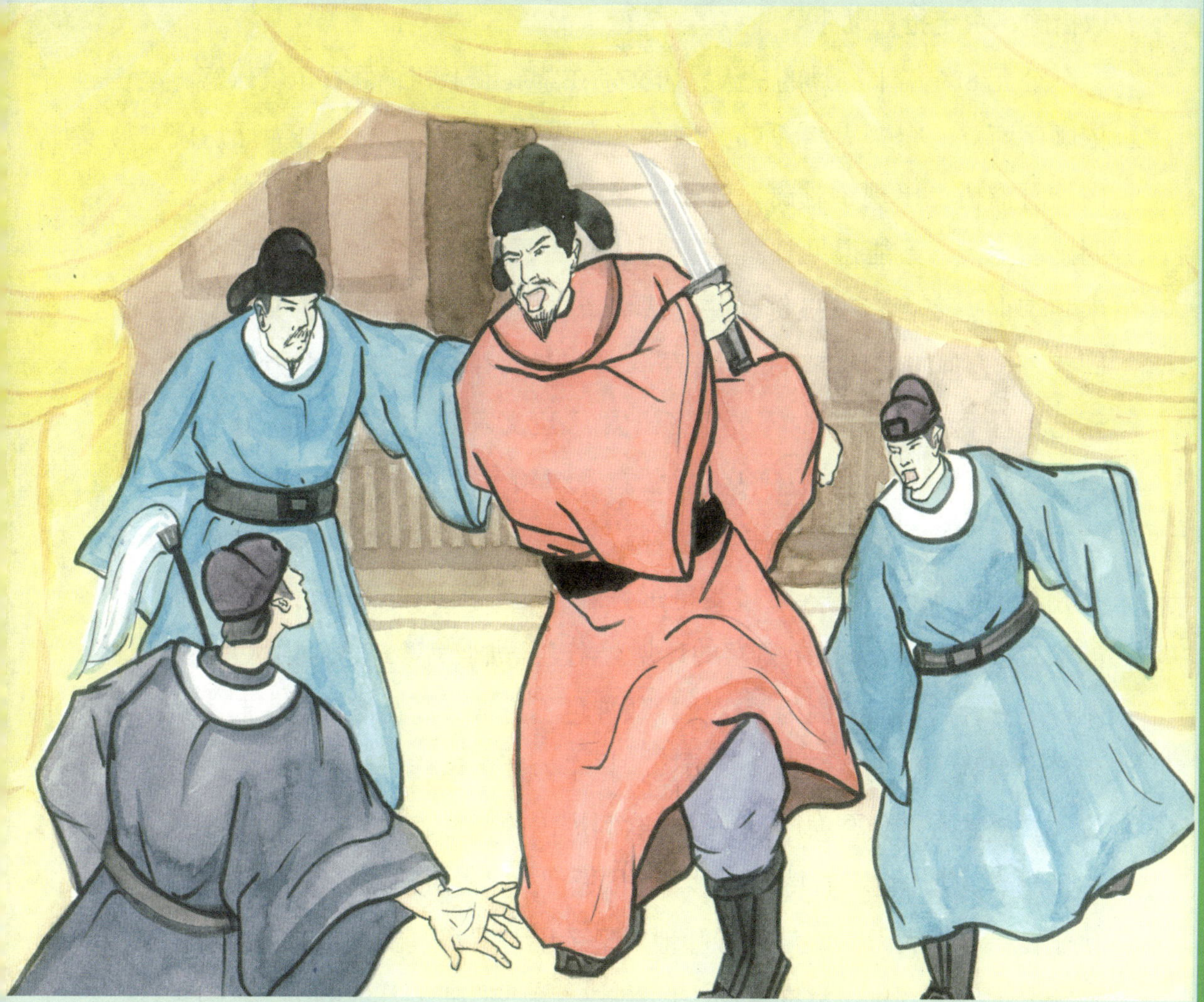

◎一片混乱中，李训拔出匕首刺向仇士良，但是以失败告终，这也意味着诛杀宦官集团的失败。

后，随即被赐死。

不久，李训做了宰相，郑注外派做了节度使，他们想利用内外联合的办法来消灭宦官。本来，郑注和李训已经商量好了，计划在宦官王守澄下葬的时候，派亲兵身藏锋利的斧头，将所有前来参加葬礼的宦官全部砍杀。但李训立功心切，在条件还不成熟的情况下，轻率采

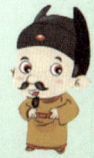

隋唐五代

831
维州归降，牛李两党矛盾加深

833
宦官王守澄引见郑注、李训于文宗

835
七月，文宗欲以郑注、李训除宦官

取措施，决定抢先动手。

　　公元 836 年十一月的一天，唐文宗在紫宸殿上朝，百官鱼贯入宫，依顺序而立。金吾大将军韩约匆匆上奏说："大明宫左金吾大厅后院内的石榴树上出现了甘露，这是天降吉祥的征兆啊！如果不是陛下圣明感动上天，不能得见甘露。" 说完以后，韩约连忙地给皇帝磕头，宰相李训也率百官来祝贺，并且请皇帝立即亲自去观赏。唐文宗欣然同意。于是他叫宰相李训先去看看。李训很长时间才回来，禀报说："甘露已经看不清了，但暂时不要宣扬出去。"唐文宗说："有这样的事吗？"唐文宗随后示意宦官仇士良、鱼弘志等率领宦官前去探视。此举是诱骗大宦官带领众多宦官前往观看甘露，以将整个宫中的宦官集团歼灭。宰相李训召集亲信，入殿接受皇帝旨意。随后李训召集随行携带武器的亲兵数百人，部署捕杀宦官的计划。当宦官仇士良等进入金吾大厅时，刚好遇见韩约，韩约因为紧张，导致神色不正常，汗流满面，引起了仇士良的警觉。仇士良惊讶地问道："将军为什么这样紧张？"话还没有说完，忽然看见金吾大厅里一阵风吹起周围的帐幕，埋伏在后面的士兵全部暴露。仇士良一看情况不妙，急忙返回大殿，想劫持皇帝往内宫跑。仇士良一跑进大殿，就气喘吁吁地对皇帝说："宫里要发生暴乱了！"宰相李训等看到仇士良向大殿方向跑去，急忙招呼金吾厅的卫士，对他们说："赶快到含元殿保卫皇帝陛下，进去以后，每人赏钱一百缗（mín）。"

　　金吾卫士刚要登含元殿，仇士良眼明手快，急忙令宦官抬着皇帝从殿后出去。李训上前拦住轿子，对唐文宗说："臣下奏事还没有完，请陛下暂时留步。"仇士良怒气冲冲地说："你们在宫中布置武装，要谋反吗？"唐文宗说："这不可能。"仇士良根本不听，抢上前来打李训，被李训推倒。随后李训从靴子里拔出匕首，要刺杀仇士良，却被其他

835

十月，郑注、李训除王守澄

835

十一月，甘露之变，谋除宦官失败

838

牛僧孺为左仆射

宦官拦住。仇士良被抢走。这时，李训的属下带兵赶到，会同金吾卫士，登殿杀宦官十多人。仇士良令宦官在外面抵挡，自己引领唐文宗走向宣政门。李训在后面追赶，被宦官截住并打倒。宦官把唐文宗抬到宣政门。等李训挣扎着站起来时，宣政门已经紧闭。李训知道镇压宦官的计划已经失败，急忙换上小官的绿衫，化妆出宫。其他参与镇压宦官集团的官员也各自寻找藏身之所。仇士良等宦官逃脱后，立即派出禁军全城搜捕，大开杀戒，凡是见到官员就杀。最后宦官杀红了眼，不管三七二十一，将与此事有关无关的朝廷官员，甚至是普通百姓几千人滥杀，制造了震惊朝野的"甘露之变"。

此次事变后，宦官气焰更嚣张，唐文宗如同被软禁一样。他们上挟天子，下凌宰相，唐朝政治变得更加腐败。甘露事变之后，由于宦官取得了决定性的胜利，不再信任朝中大臣，朝中大臣与宦官之间更日益对立，唐王朝走向了崩溃的边缘。

840
正月，文宗卒，武宗即位

840
九月，以李德裕为门下侍郎，同平章事

841
李德裕罢免牛僧孺太子太师职位

牛李党争

从唐穆宗时期开始，至唐宣宗时结束，朋党之争历时近四十年时间。党争也由最初的政见不同变成了意气之争，为了反对而反对，为了党争而党争，使得唐朝的政治更加的腐败了。

话说安史之乱后，唐王朝各种问题层出不穷，最闹心的有三件：藩镇割据、宦官专政以及朋党之争。这三件事情相互交织在一起，使得唐王朝的政治变得越来越黑暗，最后彻底走向了衰败。朋党之争历时最久，其中影响最大的是以牛僧孺和李德裕为首的"牛李党争"。牛党的代表人物主要为牛僧孺、李宗闵（mǐn），李党的代表人物主要为李德裕、郑覃。牛李党争从唐穆宗时期开始，至唐宣宗时结束，持续了近四十年时间。

文宗登基后，拜吏部侍郎李宗闵为同平章事，同时，李德裕也被从浙西征召回京任兵部侍郎。大和三年（829年），李宗闵害怕李德裕也当宰相，通过宦官势力将他再次排挤出京，任义成节度使。不久，牛僧孺又再度拜相，李德裕又被调整到更远的成都任西川节度使。曾经推荐过李德裕的裴度也被放逐到汉中任山南西道节度使，牛党两大党魁同时执政，势力一时达到全盛，而李党则遭到全面打击，尽数被驱出权力核心。

843
李德裕贬李宗闵为湖州刺史

844
李德裕奏请公卿子弟任显官

846
三月，武宗病卒，宣宗即位

大和五年（831年）九月，吐蕃发生内乱，其维州副使悉怛（dá）谋率众入西川境内请降。因事关重大，李德裕向朝廷上奏，请求接纳悉怛谋归降，并增调兵力接管维州。时任宰相的牛僧孺却坚决反对李德裕的主张，令李德裕将悉怛谋及其随从者一并遣返回吐蕃。吐蕃人接到悉怛谋一行，立即将他们全部杀死在边境上，情形极其残酷。牛僧孺反对的不是李德裕的意见，而是李德裕本人，完全是私心在作怪。此时，牛李党争已经深度激化，成了你死我活的意气之争。

维州事件牛僧孺的失策，使他逐渐失去了文宗的信任，也让文宗感到朋党相争的害处，开始调整执政班子。此后，文宗开始重用李训、郑注，李郑二人先后将李德裕、牛僧孺、李宗闵等人调至地方。牛李

◎牛僧孺和李德裕。"牛李党争"历经穆宗、敬宗、文宗及武宗四朝，持续时间近四十年，大大加深了唐朝后期的统治危机。

846
四月，李德裕罢为荆南节度使

846
八月，李宗闵卒

847
贬李德裕为潮州司马

党争暂时进入一段低潮。

不过，李训、郑注的好日子也不长久。两人掌权之后，就开始策划除宦官，最终发生"甘露之变"，二人被杀，并牵连诸多朝臣，宫阙、南衙、街市被宦官指挥的神策军血洗，一时令长安陷入恐怖气氛。此时，牛李两党开始恢复元气，各自有人担任宰相。这一时期双方实力相当，均无法彻底压制对方，展开了长达五年的拉锯战。

转折点来了。甘露之变以后，文宗抑郁成病，在开成五年（840年）正月去世。颖王李瀍即位，是为武宗。武宗登基后用李德裕为宰相。武宗对李德裕极为信任，他在位六年，李德裕始终处于权力中心，李党亦得以进入全盛时期。

李德裕在建功立业的同时，并没有忘记对牛党实施打击。李德裕一上台，就借口汉水洪灾，将时任山南东道节度使、同平章事的牛僧孺改授太子少师，削去了实权。在平定泽潞之后，李德裕炮制了牛僧孺、李宗闵勾结刘从谏的黑材料，在当时的氛围下，牛李二人有口难辩，于是牛僧孺被贬为循州长史，李宗闵被贬为漳州长史。因此，李党的全盛期，也就是牛党的蛰伏期。李德裕使阴谋、耍手段的行为，也为后来牛党的疯狂报复埋下了伏笔。

李德裕也许没有料到，武宗的身体在会昌五年（845年）的时候就不行了，大概是因中风，口不能言，无法说话，因而甚至没有机会像文宗那样把儿子托付给朝臣或宦官，于是神策军左军中尉马元贽等宦官密谋定策，拥立光王李怡为皇太叔。会昌六年（846年）三月，武宗崩，光王登基，改名李忱，是为宣宗。

宣宗对武宗自然是没有好感的。所以他一切做法都故意和武宗相反，武宗特别信任倚重的李德裕，也就成了宣宗首先要清除的对象。

847
牛僧孺卒

848
贬李德裕为崖州司户

849
李德裕卒，牛李党争平息

宣宗登基后第六天，就贬李德裕为荆南节度使。一时震惊朝野。此后李德裕又被一贬再贬，直至崖州（今海口市）司户。大中三年，李德裕死于崖州。李德裕死后，李党就再也没有反扑的实力了，李党成员也遭到了彻底的清洗。同时，牛党成员纷纷登台，牛僧孺、李宗闵、杨嗣复、李钰的官职慢慢得到恢复，白敏中、令狐绹先后拜相，成为宣宗时代的主政者。至此，李党彻底失败，牛党全面胜利。牛李两党相争的局面基本结束。

牛李党争导致唐后期的政局更加混乱，两党在相互勾心斗角中，都勾结宦官作为后台，甚至不惜与他们同流合污，这样就使得唐朝的政治更加腐败。

859
宣宗卒，懿宗即位

873
懿宗卒，僖宗即位

874
王仙芝聚众起义

黄巢农民大起义

"飒飒西风满院栽，蕊寒香冷蝶难来。他年我若为青帝，报与桃花一处开。"黄巢小时候便展示了不同寻常的志向和抱负。乾符元年，他响应王仙芝起义，举起了反唐的大旗，率兵攻进了长安城。

话说在安史之乱后，开始走下坡路的李唐王朝却依然在藩镇割据的局面下又活了一个世纪，期间还一度出现了中兴。但是，安史之乱爆发的一百年后，在藩镇割据、宦官专权、党派倾轧的局面下，唐王朝终于迎来了最后的一个阶段，和大多数王朝末期一样，大规模的农民起义不可避免的发生了，这一次是黄巢领导的农民大起义。

乾符元年（874年）底，王仙芝在长垣（今河南省长垣县）举起农民起义的大旗，几天

◎黄巢吟菊花诗，展示了不同寻常的见识和抱负。

875
黄巢起兵响应王仙芝

876
王仙芝欲受降，遭黄巢反对

880
黄巢入长安，僖宗逃往成都

之内，竟有千人响应。黄巢闻讯，惊喜万分。他立即带领私盐贩子、兄弟子侄黄揆（kuí）、黄恩邺等八人在冤句（今山东菏泽市西南）起兵，响应王仙芝。起义队伍十几天就发展到几千人，与王仙芝在曹州（今山东菏泽）会师后，两军合一，兵力达到万人之众。

黄巢出身盐商家庭，善于骑射，从小便会赋诗。黄巢五岁时，祖父让他为菊花诗连句，黄巢思索半天后，口应曰："堪于百花为总首，自然天赐赫黄衣。"他的父亲觉得他太过于自大，很生气。黄巢的爷爷说："孙能诗，但未知轻重，可令再赋一篇。"黄巢答应后，不假思索，出口成章。诗曰："飒飒西风满院栽，蕊寒香冷蝶难来。他年我若为青帝，报与桃花一处开。"黄巢从小便展示了不同寻常的志向和抱负。

黄巢不仅为人正直、志向远大，而且颇有军事指挥才能。黄巢军最初东攻沂州（今山东临沂）失败后，转攻河南，攻占阳翟（今河南禹县）、郏城（今河南郏县）等八县，进逼汝州，直指东都洛阳。王仙芝部属王镣（liào）是宰相王铎（duó）的堂弟，他为王写信给蕲州刺史裴偓，表示愿意接受"招安"。同年年底裴偓诱降王仙芝，愿授左神策军押牙兼监察御史之职。黄巢闻知后坚决反对。他大骂王仙芝："始吾与汝共立大誓，横行天下。今汝独取官而去，使此五千余众何所归乎？"（《资治通鉴·卷第二百五十二》）。意思是本来我们是商量好共同起事谋取大业的，你却为了眼前的利益而将我们的誓言抛弃，那么现在和我们一起起事的这么多兄弟该怎么办呢？随后黄巢又以杖击王仙芝头部，致其头破血流，其众喧哗不已。唐乾符五年（878年）二月，王仙芝在黄梅（今湖北黄梅西北）兵败被曾元裕部斩杀，余部奔亳（bó）州（治今安徽亳州市）投靠黄巢，推黄巢为黄王，自称"冲天大将军"，转战黄淮流域，又进军长江下游一带。

881
黄巢登基，建大齐政权

883
黄巢退出长安

884
黄巢败退狼虎谷自杀，起义失败

黄巢自从与王仙芝分裂后，广明元年（880年）八月，击败曹全晟，采取灵活多样的战略战术，一路上逢山开路，遇水搭桥，连战连胜，所向披靡（mǐ），顺利度过淮河、跨过长江。淮北形势紧急，扬州太守高骈慑于其威势，坐守扬州，保存实力，各州县望风而降。十月，黄巢攻陷申州（今河南信阳），入颍州（治今安徽阜阳）、宋州（治今河南商丘）、徐州（治今江苏徐州）、兖（gǔn）州（治今山东兖州）。十一月，黄巢至汝州，十七日攻下东都洛阳，直逼长安。公元881年五月，唐僖宗带随从宦官田令孜等仓皇逃奔四川成都。十多天后，黄巢从洛阳挥兵西进，仅激战六日，十二月初三，攻下潼关（今陕西潼关东北），初四攻下华州（治今陕西华县），后抵霸上。

中和元年（881年），黄巢军进入长安，金吾大将军张直方率众迎接黄巢军进城。十一月黄巢登基于含元殿，建立了大齐政权，年号金统。当时的唐朝皇帝虽然败走他乡，但黄巢只在长安享受了四个月的安稳日子，便被唐朝节度使郑畋（tián）、程宗楚十万人马包围，无奈，只得撤出长安。公元884年，黄巢攻打陈州不下，又被唐军层层包围，无法突围，于是拔剑自刎。黄巢战死后，黄巢从子黄皓率残部流窜，号"浪荡军"。昭宗天复初年，进攻湖南时，被湘阴土豪邓进思所伏杀，至此为止，叱咤风云的唐末黄巢农民起义军，以失败而告终。

黄巢起义震撼了唐王朝，为行将就木的唐王朝挖好了坟墓，等待不久后有合适的人来埋葬。这个人就是朱温，也名朱全忠，具有讽刺意味的是他曾经是黄巢的部下，后来又帮助朝廷平定了黄巢起义。黄巢起义后，唐王朝名存实亡。

884	885	888
朱温加害李克用未果，双方结怨	李克用进逼长安，僖宗出奔凤翔	僖宗病逝，昭宗即位

晋汴争霸与朱温灭唐

黄巢起义虽然被扑灭了，但是起义军转战多地，严重破坏了社会生产生活，为行将就木的唐王朝挖好了坟墓。镇压黄巢起义出身的藩镇势力朱温把控了唐朝政治，最终灭唐，自立为帝，建立了后梁政权。

唐朝最后二十年是在晋（河东）、汴（宣武）两大藩镇的争霸冲杀中艰难度过的，这两大藩镇的首领正是镇压黄巢起义的两名最得力大将——沙陀兵将领李克用和原本为黄巢起义军部下的朱全忠（朱温）。历史上著名的"上源驿事件"揭开了两大藩镇之间的长期争霸。

唐僖宗中和四年（884年）五月，一路疯狂追击黄巢起义军的沙陀族首领、河东节度使李克用进到汴州城外。宣武节度使、汴州刺史朱全忠害怕李克用兵强马壮的沙陀军，表面上对他谦恭有礼，奉承一番，内心则萌发杀机，企图加害。朱全忠将李克用迎进城中，安顿在上源驿，设宴招待，为他庆功，恭维备至。李克用此时还不到三十岁，年轻气盛，言谈之间傲气外露，目中无人，乘着醉酒就出言不逊。朱全忠无法忍受，干脆提前下手，于当晚派兵包围上源驿，四面放火，乱箭齐射，想一举消灭李克用以及他的随从侍卫。李克用在大醉中被手下用冷水叫醒，在侍卫的拼死护卫下逃离了汴州。从此两方正式结怨，开始了这场两大藩镇之间的争霸斗争。

890
五月，昭宗令各军征讨李克用

890
十月，李克用大破唐军主力

901
朱温率军进入长安

李克用，朱耶氏，西北沙陀人，生于唐大中七年（856年），出生地为山西雁北地区。黄巢起义后，李克用率三万铁骑南下，帮助唐王朝镇压起义军。他先是大败黄巢大将尚让的十五万军队，接着再击败黄巢援军，进军长安郊外。四月，黄巢被迫退出长安，李克用进入京城，夺取了头功。李克用一胜再胜，唐朝给他的待遇与官职越来越高。七月，唐朝授李克用金紫光禄大夫、检校右仆射、河东节度使，这时他才二十八岁。

正是在李克用大展宏图的时候，却发生了上源驿事件。朱温在上源驿无故的加害，使李克用怒气冲天。此后他从未停止与朱温的明争暗斗。最初几年间，他北上攻云幽，东进讨伐镇冀，南取关中，平定三辅，甚至长驱直入山东，可以说盛极一时。乾宁三年（895年），唐昭宗赐他为忠贞平难功臣，进封晋王。

但光化元年（898年）以后，李克用的境况却每每不如以前，以致最后兵困晋阳（今山西太原），决心向北撤退。

而此时的朱温控制魏博，屡创晋军，中原再无他的对手。他便长驱直入关中。天复元年（901年），朱温应宰相之请，带兵入关。宦官却劫持昭宗逃到凤翔，投靠李茂贞。朱温派兵围住凤翔达一年多时间，关中的州镇都被朱温占领，凤翔成了一座孤城。第二年冬，天降大雪，凤翔城中粮草用完，冻死饿死了很多人。天复元年（903年），李茂贞杀死指挥禁军的宦官张弘彦等二十多人，与朱温讲和。昭宗被朱温挟持到长安。

昭宗回到长安之后，朱温被封为梁王，下令大杀宦官，解决了唐后期最严重的宦官长期专权问题，但皇帝也成了真正的孤家寡人、光杆司令。朱温完全控制了中央朝政。他让儿子朱友伦指挥一万精兵留

904
正月，朱温强迫昭宗迁都洛阳

904
八月，朱温令部下杀昭宗

907
朱温正式称帝，建立后梁政权

守京城，自己返回大梁。不久，朱友伦在打马球时坠马身亡，朱温怀疑是宰相暗中加害，就将宰相杀了。

天复四年（904年）正月，朱温强迫唐昭宗迁都洛阳，下令将长安城拆毁，拆下来的木材都扔到渭河里，长安城中哭声一片。朱温部下还公然挖掘唐朝皇陵，盗取宝物。千年古都与关中文物都毁于他手。

迁都洛阳后，朱温仍担心昭宗有朝一日会利用李茂贞、李克用等东山再起，就令朱友恭、蒋玄晖等人杀害昭宗，借皇后之命立年少的李柷（chù）为帝，是为昭宣帝。为了推卸自己的罪责，他在事前就率兵离开洛阳到前线去了，以讨伐最近归顺于李茂贞的杨崇本。事后他回洛阳演了一出戏。朱温假装听说朱友恭等人杀昭宗，号啕大哭，把自己的头向地面撞，同时说："奴辈负我，令我受恶名于万代！"而随后，他又杀人灭口以掩盖其罪行。天祐二年（905）二月，朱温又害死昭宗的九个儿子。六月，杀掉宰相裴枢、独孤损等朝臣三十余人。朱温的得力幕僚李振，因为多年参加科举考试总是不中，对裴枢、独孤损等大臣恨得要死，此时仍意犹未尽，对朱温说：这些人常自我标示为清流，应该将他们扔进黄河，让他们都变成浊流。朱温大笑，马上下令将三十多具尸体扔进黄河。

天祐四年（907）四月，朱温正式称帝，改名为朱晃，年号开平，国号大梁，史称后梁。以汴州为开封府（今河南开封），建为东都，而以唐东都洛阳为西都。废年少的昭宣帝为济阴王，迁往他地以囚禁。第二年二月，将他杀害。到此，李唐王室基本被斩草除根，唐王朝彻底覆灭，中国历史进入了五代十国的混乱时期。

908

李克用病死，子李存勖袭晋王位

916

契丹耶律阿保机称帝，建契丹国

923

四月，李存勖称帝，国号唐

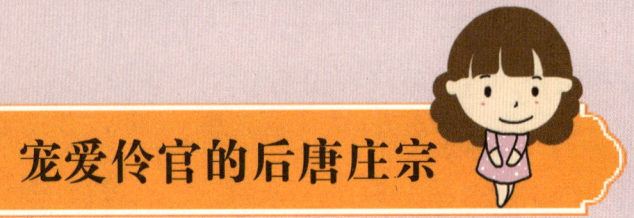

宠爱伶官的后唐庄宗

晋王李克用临死时，交给李存勖三支箭，嘱咐他要完成三件大事。李存瑁经过十多年的南征北战，李存勖终于完成了父亲遗命，但他是一个目光短浅的人，当危机渡过之后，他全然没有了往日的英勇之气，宠爱伶官，荒废朝政。

天佑四年（907年），中原大地已无敌手的朱温，终于撕开了虚伪的面具，露出了凶恶的面目，正式废掉了唐昭宗，在洛阳称帝，改元开平，国号梁，即五代的第一个王朝——后梁，朱温就是后梁太祖。但是，朱温把大部分的精力都投入到对晋王李克用的政治、军事斗争中，再加上他的继任者朱瑱昏庸无能，所以后梁仅历时十六年就宣告灭亡。灭掉后梁的正是朱温死对头李克用的继承者、后唐建立者——唐庄宗李存勖（xù）。

开平二年（908年）正月，李克用病死，李存勖承袭父职，任晋王。李存勖认为潞州是河东屏障，没有潞州对河东不利，所以他立即率军从晋阳出发，直取上党，并利用大雾的天气，乘机围攻梁军，大获全胜。李存勖用兵如神，就连对手朱温也不得不佩服，他说："生子当如李亚子，克用为不亡矣！至如吾儿，豚犬耳！"潞州围解，河东威振，控制镇州的王容和控制定州的王处直见形势骤变，也动摇了附梁的信心，竟和李存勖结成联盟共同对付后梁。后梁为了保护河北，也是拼尽了全力，于是双方展开了一场又一场的战争。

923
十月，唐攻破后梁，梁亡

923
十二月，唐迁都洛阳

925
唐采民女 3000 人入后宫

　　李克用临死时，交给李存勖三支箭，嘱咐他要完成三件大事：一是讨伐刘仁恭（刘守光），攻克幽州（今北京一带）；二是征讨契丹，解除北方边境的威胁；第三件大事就是要消灭世敌朱温。以后，李存勖将三支箭供奉在家庙里，每临出征就放在精制的丝套里，背在身上，打了胜仗，又送回家庙以此激励自己。公元 911 年，李存勖在高邑（河北高邑县）打败了朱温亲自统帅的五十万大军。接着，攻破燕地，将刘仁恭活捉回太原。此后的九年，他又大破契丹兵，将耶律阿保机赶回北方。经过十多年的南征北战，李存勖终于完成了父亲遗命，于公元 923 年攻灭后梁，统一北方，他随后在魏州（河北大名县西）称帝，国号为唐，不久迁都洛阳，年号"同光"，史称后唐。

　　唐庄宗李存勖本是出自于沙陀贵族家庭，虽然在军事上非常有才能，但在政治上确是一个目光短浅的人。他在继晋王位初期，因为面临生死存亡的问题，尚能克制自己，采取一些改革措施，虽然是头痛医头、脚痛医脚的应急之策，但毕竟还是有所作为。但是，当危机渡过之后，他性格中的劣根性就表现出来了。

　　李存勖平定中原、称帝建国之后，却一无治国之才，二无用人之法，全然没有了往日的英勇之气。他自幼喜欢看戏、演戏，登基后，常常面涂粉墨，穿上戏装，登台表演，不理朝政，并自取艺名为"李天下"。有一次上台演戏，他连喊两声"李天下"，

◎李存勖面涂朱粉，身穿戏服，登上戏台与伶人一起表演。他一生宠爱、信任伶人，最终也因伶人而亡国。

926
三月，李嗣源反唐

926
四月，伶人郭从谦杀庄宗李存勖

926
七月，契丹太祖耶律阿保机卒

一个伶人上去扇了他个耳光，周围人都吓得出了一身冷汗。李存勖问为什么打他，伶人阿谀地说："李"（理）天下的只有皇帝一人，你喊了两声，还有一人是谁呢？李存勖听了不仅没有责怪，反而予以赏赐。伶人受到皇帝宠幸，可以自由出入宫中和皇帝打打闹闹，侮辱戏弄朝臣，群臣敢怒而不敢言。有的朝官和藩镇为了求伶人在皇帝面前美言几句，还争着送礼巴结。李存勖还用伶人做耳目，去刺探群臣的言行，置身经百战的将士于不顾，而去封身无寸功的伶人当刺史。此外，李存勖还下令召集在各地的原唐宫太监，把他们作为心腹，担任宫中各执事和诸镇的监军。将领们受到宦官的监视、侮辱，读书人也断了进身之路。同时，李存勖又派伶人、宦官抢民女入宫，有一次，竟抢了驻守魏州将士们的妻女1000多人，搞得众叛亲离，怨声四起。

公元926年，李存勖听信宦官谗言，冤杀了大将郭崇韬。另一战功卓著的大将李嗣源也险遭杀害。李嗣源被逼无奈，于是在将士们的拥戴下，率军进入汴京，准备自立为帝。李存勖得讯忙逼令士兵们开赴汴水。军队行至中牟县（今河南省中牟县），听说李嗣源已进入汴京。李存勖意识到大势已去，急返洛阳，路上兵士就纷纷逃走。回到洛阳后，他试图抵抗李嗣源的进攻。四月，李嗣源先锋石敬瑭带兵逼进汜（sì）水关（河南荥阳汜水镇），李存勖没有办法只能自己率军去扼守。军队按照他的命令在洛阳城外等候出发但是就在李存勖吃早饭时，被提升为直御（亲军）指挥使的伶人郭从谦趁军队都调到城外候命之机发动兵变，火烧兴教门，趁火势杀入宫内，在混乱中射死了带领侍卫前来抵抗的李存勖。李嗣源攻入洛阳，派人从灰烬中找到了李存勖的一些零星尸骨，葬于雍陵。李嗣源自己当上了皇帝。

后唐清泰三年（936年），石敬瑭称帝，建立后晋，并以燕云十六州为代价，借助契丹兵攻入洛阳，后唐灭亡。后唐的建立至亡国历时十四年。

儿皇帝石敬瑭

　　手握军队的石敬瑭为了称帝一边在内部进行收买人心的活动，一边向外部的契丹求助。为了讨好契丹，他不惜答应割让燕云十六州给契丹，并与耶律德光约为父子，成为历史上有名的儿皇帝。

　　五代是一个分崩离析，各主其政，强凌弱、众暴寡的动乱纷争时代。朝代更迭很频繁，而且依据的是武力，如果一个皇帝没有军功或者没有军队基础，他的位置就会特别没有保障。所以，像后梁太祖朱温、后唐庄宗李存勖、后晋高祖石敬瑭、后汉高祖刘知远、后周太祖郭威，都是武夫，嗜杀成性。其中，后晋高祖石敬瑭在中国历史上出名，不仅仅因为他的暴戾，还和他的"卖国"有很大关系。

　　石敬瑭，生于公元892年。年轻时的石敬瑭慎重朴实，很少与人说笑，喜欢读兵法之类的书籍，推崇像李收、周亚夫之类人物的办事风格。先是从属李克用义子李嗣源的麾（huī）下。后梁朱温与李克用两父子争霸之时，石敬瑭奋勇冲杀，军功突出。公元915年，李存勖占领魏州，梁军突袭清平，李存勖忙着增援，被梁军包围。石敬瑭仅带十多个骑兵打败梁军，在危机之时将李存勖救出来。李存勖轻拍着他的背，感谢他救命之恩，由此一战打出了石敬瑭在军中的名声。他还多次救李

69

942
六月，石敬瑭卒，兄子石重贵即位

942
十二月，晋告哀于契丹，自称为孙

943
晋蝗灾，饿死者数十万

嗣源出险境，李嗣源对他很看重，他慢慢变成了李嗣源依仗的重要人物。李嗣源把女儿下嫁给他，并把亲兵让他带。

公元926年，李嗣源回洛阳登皇位，即历史上的后唐明宗。石敬瑭在朝政变动中建有大功，后唐明宗升任他做保义军节度使，赐他"竭忠建策兴复功臣"的名号，同时给他部分军队大权。

后唐明宗去世后，手握军队的石敬瑭开始策划自己称帝。他一边在内部进行收买人心的活动，一边向外部的契丹求助。为了讨好契丹，他不惜答应割让燕云十六州给契丹，更可耻的是，他又与耶律德光约为父子。

公元936年十一月，契丹的君主册封石敬瑭做大晋皇帝，国号晋。契丹君主亲自把穿在身上的皇帝服授给他。同月，石敬瑭攻入洛阳，被围困在晋安寨的后唐军队内无粮草，外无救兵，军心已乱，主帅张敬达遭部下反叛并惨遭杀害，全军投降石敬瑭。末帝闻讯，自焚而死，于是后唐亡。公元937年，后晋迁首都到汴梁，第二年，将汴梁改为东京开封府。

石敬瑭对契丹很守信，他称帝后，把燕云十六州割给契丹，承诺每年上贡布帛三十万匹给契丹。燕云十六州是中原地区北边的一道天然屏障，此后中原地区完全处在契丹的威胁之下。燕云十六州遂成为以后辽抢夺中原的出发基地，贻害长达四百年。这使得北方社会经济遭到严重破坏。

石敬瑭对待契丹的态度极为依顺，特别审慎。他每次给契丹写信都用朝廷中表的格式，表明君臣之间有区别。他称辽国太宗"父皇帝"，自己做"儿臣"，是个"儿皇帝"。每有契丹使者到后晋，他会跪着接受辽国的诏令。每当遇到辽国宗室内吉凶或庆祝的事情时，他会不

944

契丹借口石氏"负恩"，大举南下

946

辽太宗攻晋，晋亡

947

刘知远称帝，国号汉。契丹改国号辽

时送一些珍奇宝物给辽国。

公元 942 年，成德节度使安重荣上奏指责石敬瑭对待契丹就像是孝敬父亲一样，损害了中原地区的利益，同时表达出要与契丹决战的言语。石敬瑭派兵杀了他，并把他的头颅送到契丹。

◎石敬瑭跪着接受契丹使者诏令。他认贼作父，对契丹百依百顺，但对百姓却横征暴敛，用刑残酷。

石敬瑭生活奢侈，他所住的宫殿都用金玉珠翠来装饰。他百依百顺地侍奉契丹，用虎狼一般的手段对付百姓。他十分凶险恶毒，使用极为残暴的刑具。石敬瑭老了变得猜疑起来，不喜欢文人武士，专门挑选宦官任官。宦官势力变大。由于吏治腐败，朝纲混乱，以至民怨四起。在雁门以北过着游牧生活的吐谷浑部，不肯臣服于契丹，酋长率部落逃到河东刘知远处。公元 942 年，契丹派使者来问吐谷浑部落的事，石敬瑭不敢开罪势力强大的刘知远，也没胆子得罪自己的"父皇帝"，忧虑后得病，死时才五十一岁，庙号高祖。

石敬瑭从战乱拼杀中起家，在战乱时期，他利用契丹帮助取得天下，创立后晋。他割让燕云十六州，每年上供布帛 30 万给契丹，并甘心做听话的"儿皇帝"以换取契丹的支持，不顾北方百姓安危，人民的支持尽失。这一点，在中国历史上留下了很坏的影响。

951

郭威即帝位，国号周

954

正月，郭威卒，柴荣即位，是为周世宗

954

二月，北汉与辽联合攻周

后周世宗的改革

　　后周的开创者郭威有一段黄袍加身的故事，将士将撕裂的黄旗披在郭威的身上，拥立他做皇帝。郭威开创后周后大兴改革，使中原地区的政治、经济、军事呈现出一番崭新的气象，为后世北宋王朝繁荣昌盛的局面打下了坚实的基础。

　　后周的开创者郭威有一段黄袍加身的故事，比北宋赵匡胤的黄袍加身还早。公元950年，北边的辽国派兵南下，后汉的统治者隐帝刘承佑派郭威担任北边一个军镇的节度使，北上抵抗辽国的进攻。郭威走后，隐帝却听信谗言，认为郭威要谋反，于是将他在京城的妻儿老小都杀了。隐帝还派特使携带皇帝密诏前往前线，令郭威的部下杀了郭威。郭威知道后，就将计就计，紧急集合部下，宣布这件事的真相，激怒将士，发动兵变。郭威亲自率领大部队南下征讨开封，顺利进入京城。这时北方忽然传来辽国进攻的报告，李太后下令郭威率军出征。大军走到澶（chán）州（今河南濮阳）这个地方，将士们鼓噪起来，将撕裂的黄旗披在郭威的身上，拥立他做皇帝。郭威黄袍加身，回师京城。李太后只得令郭威监理国政，随后在朝廷百官的劝说下，授予郭威兵符和传国玉玺，下诏称郭威即皇帝位。郭威开创了后周。后周一朝，虽然只经历了两个皇帝的统治，但是却大兴改革，使中原地区的政治、经济、军事呈现出一番崭新的气象，为后世北宋王朝繁荣昌盛的局面

954
三月，周世宗率军大败北汉

955
周禁止百姓私度为僧尼

956
正月，周世宗亲征淮南

打下了坚实的基础。

郭威在位三年多时间，柴荣在位五年多时间，他们所创造的繁荣事业很可观。

郭威、柴荣比较注意节俭。郭威即皇位后，把宫廷中原有的玉器和用金银珠宝装饰的饮食起居用具几十件，在大殿上当众打碎，以告诫大臣们。他说："汉隐帝天天和宠幸的妃子嬉戏玩耍，珍贵的玩物不离身边，离此事发生的时间不远，应当引为前车之鉴！"接着就下令禁止送这类物品入宫。柴荣继承郭威的做法，重申禁止贡献珍奇食品和珠宝珍玩。

郭威和周世宗屡次下令减免农民的租税。公元958年，平均定下各地的田赋。除了田赋的数量固定，还有收税的时间也固定，还下令免收以前人民所欠政府的税收，取

◎郭威率领部下回师京城，夺取皇位，建立了后周政权。郭威建国后，大力革除唐末以来积弊，改革政治，发展生产，取得了显著的成果。

956

四月，周破南唐军于扬州

956

十月，周立二税征限，不得早征

956

十一月，周世宗诏令废除天下无名祠庙

消国家所定之税以外的苛捐杂税。

郭威和柴荣对于贪污的官吏都毫不留情地予以严惩。有位刺史，是郭威的老部下，因为贪污一万五千匹绢，一千缗钱，被郭威处以死刑。郭威派人告诉他："你触犯国法，我没有办法救你，只能抚恤你的母亲。"柴荣时期，一个主管收税的官员，因在应收的税收数量之外多收了一些耗损的数量，被处死。有人说这个官员罪不至死，但柴荣说："我也知道，但不能不以此警诫别人。"

后周北边有一个割据政权——北汉，是后汉的残余势力。公元954年，周太祖郭威去世，周世宗柴荣登基。北汉统治者认为这是千载难逢的机会，便向契丹请求派兵联合攻打后周。契丹派兵到达北汉。

周世宗得到北汉入犯的警报，决定亲自领兵，前去抗敌。这个决定遭到了许多大臣的反对，其中反对最力的是有名的老臣冯道。冯道是五代时期一个不倒翁似的大官僚，从政时间长，经验丰富。周世宗说："从前唐太宗平定天下，经常亲自出征，我怎么可以偷安呢？"皇帝说的话中透露出一股英气，老朽的冯道根本不能领会这种精神状态，以一个经历丰富的老者的口吻回答道："不知道陛下做得成唐太宗否？"世宗又说："以我兵力之强，破汉好比以山压卵，怎么不会得胜！"冯道又冷冰冰地说："不知道陛下做得成山否？"

周世宗很不高兴，他不理睬这些议论，立即领兵出征。两军在高平以南遭遇，发生的一场激战，就是历史上著名的高平（今山西晋城高平市）之战。

北汉和契丹的联军气焰很高，他们打败了后周的部队，到达潞州（位于今山西省长治市境内），并不攻城，大踏步南下。他们不在一城一地的得失，野心很大。周世宗也斗志昂扬。后周军队的前锋与北汉军队遭

958

南唐去帝号、年号，奉周为正朔

959

六月，以赵匡胤为殿前都点检

959

六月，周世宗柴荣卒，子宗训即位

遇，北汉军队稍一接触就向北撤走，周世宗怕敌人逃跑，命令全速进军。

北汉军队并没有撤走，而是引诱周世宗的军队上钩，北汉的军队主力正严阵以待。因周世宗走得太快，到达敌阵前，后续部队没有赶到，一部分将士有畏惧情绪。周世宗却是勇气百倍，也披甲骑马进行督战。

周世宗见形势危急，亲自率领亲兵，前往战场上与敌博战。北汉大将张元徽在激战中因战马倒地，死于乱军之中。北汉兵见大将已失，士气受挫，支持不住，纷纷后撤。北汉举旗收兵，也约束不住。契丹将领不敢去救，只是保全实力，自己撤走了。后来北汉统治者率领残部，利用一条山涧，与后周军队对峙。周世宗兵力少，一时打不过去。等到后周援军到达，周世宗继续进攻，这才大获全胜，北汉统治者骑马仓皇逃走。

周世宗打了个大胜仗，打破后汉统治者逐鹿中原的幻想，阻止了契丹蹂躏中原地区的可能。这次大战的胜利，为他以后的南征北战，进行统一大业奠定了基础。

同时这次战役险遭失败的教训，促使周世宗下定决心改革军政。战场上溃败的后周军队将领听到高平大捷的消息，厚着脸皮，回到高平营地。周世宗听从下属的建议，将溃败的部队军官七十余人，全部斩首，以维护严峻的军法。他同时重赏有功将士。战后，周世宗淘汰禁军中老弱兵士，进行军事改革，提高禁军战斗力。

后周史上两位皇帝所进行的一些有利于后周巩固与发展的改革措施，特别是周世宗的改革，为统一大业奠定基础，还为北宋的繁荣昌盛奠定了基础。虽然他们的改革时间很短，但也在历史上留下浓墨重彩的一笔。

帝王世系

隋（581—618）

杨坚 <<<<•••••••••••••••••••••••••••••••••••

在位时间： 581-604

生卒年（541-604）。庙号高祖，谥号文皇帝，年号开皇、仁寿，隋朝开国皇帝。在位期间，军事上攻灭陈国，成功地统一了严重分裂数百年的中国，击破突厥，被尊为"圣人可汗"；内政方面，在政治、经济等制度方面进行了一系列的改革，开创了"开皇之治"。

杨广 <<<<•••••••••••••••••••••••••••••••••••

在位时间： 604-618

生卒年（569-618）。庙号世祖，谥号炀皇帝，年号大业，隋朝第二位皇帝。在位期间开创科举制度，修建隋朝大运河，营建东都、迁都洛阳，对后世颇有影响。但他频繁发动战争，如亲征吐谷浑，三征高句丽，加上滥用民力，致使民变频起，造成天下大乱，后被叛军缢杀。

杨侑（yòu）<<<<•••••••••••••••••••••••••••••••

在位时间： 617-618

生卒年（605-619）。谥号恭皇帝，年号义宁。杨广之孙。自幼聪明，气度非凡。初封陈王，后改封代王。隋炀帝亲征高句丽时，命杨侑留守长安。李渊攻入长安后，立杨侑为帝，改元"义宁"。义宁二年（618年），李渊废黜杨侑，自立为帝，降封杨侑为鄐（xī）国公，闲居长安。武德二年死，年仅十五岁。

唐（618—907）

李渊 <<<<< ···

在位时间： 618-626

生卒年（566-635）。庙号高祖，年号武德。唐王朝开国之君。出身于北周贵族世家，七岁袭封唐国公，后任太原留守。隋末农民起义时，在太原起兵，攻破长安，建立唐朝。

李世民 <<<<< ···

在位时间： 626-649

生卒年（599-649）。庙号太宗，年号贞观。唐朝第二代皇帝。李渊次子，隋末随父太原起兵，攻破长安。李渊登基后，出任尚书令，受封秦王，在统一全国的战争中发挥了重要作用。后通过发动玄武门之变，登上皇位。在位期间，沿用均田制、租庸调制、府兵制和科举制，任命房玄龄、杜如晦、魏征等为宰相，常常反思隋亡教训，虚怀纳谏，注重吏治，使社会安定，经济复苏，史称"贞观之治"。在处理对外关系中，攻破突厥、平定高昌，与吐蕃和亲，被少数民族尊为"天可汗"。统治中期以后战争频繁，赋役逐渐加重，疏远正直的大臣。总而言之，李世民是中国历史上明君的典范。

李治 <<<<< ···

在位时间： 649-683

生卒年（628-683）。庙号高宗，年号永徽、显庆、龙朔、乾封、总章、咸亨、上元、仪凤、调露、永隆、开耀、永淳、弘道。唐太宗第九子，长孙皇后所生，性格懦弱。继位之后，修订法律《律疏》，尊礼大臣，问百姓疾苦，有贞观遗风，史称永徽之政。显庆五年（660年）起多病，将政事委托给武后，不理朝政，直至去世。在位期间，曾平定西突厥，东征高丽，罢安西四镇，封禅泰山，巡幸不休。

李显 <<<<< ●●

在位时间： 683—684 705—710

生卒年（656—710）。庙号中宗，年号嗣圣、神龙、景龙。武则天第七子，高宗死后，继承帝位。第二年被武后废为庐陵王。圣历元年（698年），重新被立为太子，后被宰相张柬之等拥立复位，恢复唐的国号。在位期间，怠于政事，纵容皇后韦氏、女安乐公主、武三思等擅权，诛杀功臣，滥封官爵，广建佛寺，不恤民疾，后被韦后毒死。

武则天 <<<<< ●●●●●●●●●●●●●●●●●●●●●●●●●●●●●●●●●●●●●●

在位时间： 690—705

生卒年（624—705）。年号、光宅、垂拱、永昌、载初、天授、如意、长寿、延载、证载、证圣、天册万岁、万岁登封、万岁通天、神功、圣历、久视、大足、长安、神龙。中国历史上唯一的一位女皇帝。十四岁入宫，最初是唐太宗的才人，后来被立为唐高宗的皇后。因高宗多病，逐渐掌握实权。天授元年（690年），改唐为周，称圣神皇帝，改名曌（zhào）。在位期间，一方面严厉镇压政敌，任用酷吏，大开告密之门，唐宗室及旧臣惨遭冤杀者众多；另一方面，开创殿试，初设武举，以提拔人才，重视农业，户口大增，经济有所发展，为开元盛世的形成奠定了基础。

李重茂 <<<<< ●●●●●●●●●●●●●●●●●●●●●●●●●●●●●●●●●●●●●●

在位时间： 710

生卒年（不详—714）。年号唐隆，中宗李显第四子，后宫庶出。中宗死后，韦后临朝，李重茂被拥立为帝。不久韦氏被杀，重茂被废。

李旦 <<<<< ●●

在位时间： 684—690 710—712

生卒年（662—716）。庙号睿宗，年号文明、景云、太极、延和。高宗第八子。早年好学，擅长草书、隶书，尤爱文字训诂。嗣圣元年（684年），武则天废中宗，立李旦为帝，但不许他参与政事。后来武则天改国号为周，李旦被降为皇嗣。景云元年（710年），中宗继位复唐，韦氏当权，李隆基发动政变，诛除韦党，拥立李旦复位。在位期间，政事由太平公主及李隆基把持。先天元年（712年），传位于李隆基，自为太上皇。第二年，李隆基诛杀太平公主，李旦归政于李隆基。

李隆基 <<<<<

在位时间：712—756

生卒年（685—762）。庙号玄宗，年号先天、开元、天宝。睿宗第三子，擅长骑射，精通音律，知晓历象。先天元年（712年）即帝位。在位期间，励精图治，任命姚崇、宋璟、张九龄等为宰相，虚心纳谏，赏罚严明，裁汰冗官，检田括户，兴修水利。大唐王朝由此出现政治清明、社会安定、经济发展、文化繁荣的局面，史称"开元盛世"。天宝以后，宠杨贵妃，任命杨国忠、李林甫为宰相，生活奢侈，政治日趋腐败，最终酿成"安史之乱"。后来太子李亨登基，尊玄宗为太上皇，幽居宫中，抑郁而死。

李亨 <<<<<

在位时间：756—762

生卒年（711—762）。庙号肃宗，年号至德、乾元、上元、宝应。玄宗第三子，安史之乱爆发后，玄宗逃入四川，李亨在灵武称帝，任用郭子仪、李光弼借回纥兵收复两京。回到长安后，先后任用宦官鱼朝恩、李辅国扰乱朝政，猜忌功臣，崇尚神佛，冤杀李俶。唐代宦官掌禁兵从此开始。

李豫 <<<<<

在位时间：762—779

生卒年（727—779）。庙号代宗，年号广德、永泰、大历，肃宗长子。登基后，借回纥兵助讨史朝义，平定安史之乱。除去宦官，任用刘晏，整理漕运及财政，任用元载，追征欠赋。后期对河北、淄青等藩（fān）镇失去控制，藩镇割据局面已成定局。

李适 <<<<<

在位时间：779—805

生卒年（742—805）。庙号德宗，年号建中、兴元、贞元，代宗长子。登基之初，革除旧弊，停止四方朝贡，改租庸调为两税法，裁抑藩镇，但无成效。任用卢杞、赵赞为相，冤杀刘晏。后发生四镇之乱、泾原之变，任命宦官统领禁军，贬斥陆贽、韩愈等人，政治更加腐败。

李诵 <<<<<

在位时间：805

生卒年（761-806）。庙号顺宗，年号永贞，德宗长子。登基后，任用王叔文、王伾（pī）等，召旧臣回朝，进行改革，史称"永贞革新"。后来被宦官威逼，被迫退位，称太上皇。第二年病死，在位仅八个月。

李纯 <<<<<

在位时间：806-820

生卒年（778-820）。庙号宪宗，年号元和，顺宗长子。登基后，贬斥"二王八司马"，整顿科举，减省官员，收复强藩方镇，魏博等藩镇纷纷归顺，史称"元和中兴"。晚年迷信方士，被宦官所杀。

李恒 <<<<<

在位时间：821-824

生卒年（795-824）。庙号穆宗，年号长庆，宪宗第三子，由宦官王守澄所拥立。朝内牛李党争严重，再失河朔，藩镇割据加重；与吐蕃议和，实现唐蕃会盟。后来服用金丹致死。

李湛 <<<<<

在位时间：825-826

生卒年（809-826）。庙号敬宗，年号宝历。在位期间，游宴击球，大肆赐赏教坊乐官，朝政混乱，被宦官所杀。

李昂 <<<<<

在位时间：826-840

生卒年（809-840）。庙号文宗，年号大（太）和、开成。敬宗弟，宦官王守澄所立。登基后，朝中牛李党争严重，感慨"去河北贼非难，去此朋党实难"。太和九年（835年），诛杀宦官不成，史称"甘露之变"，政事取决于宦官，唐朝政治更加腐败。

李炎 <<<<<

在位时间：841-846

生卒年（814-846）。庙号武宗，年号会昌。穆宗第五子，宦官仇士良等人拥立。在位期间，信赖李德裕，内政外事全部有所改善，击败回鹘，迎太和公主归朝。最后一年，下令毁佛，命僧尼还俗，没收大量寺院土地和奴婢。迷信方士，服用金丹致死。

李忱（chén）<<<<<

在位时间： 849—859

生卒年（810—859）。庙号宣宗，年号大中。宪宗第十三子，武宗之叔，为宦官马元贽所立。登基后，罢免李德裕党，重用牛僧孺党。恢复佛寺，杀道士赵归真，修撰《大中刑法统类》。回鹘势弱，吐蕃内争，张议潮率领河湟十一州内附。朝廷官员与宦官集团的关系日益紧张，地方不断发生兵变。晚年喜好神仙之术，服药致死。

李漼（cuǐ）<<<<<

在位时间： 860—873

生卒年（833—873）。庙号懿宗，年号咸通。宣宗长子，由神策中尉王宗实所立。登基后，怠于政事，游宴无度；笃信佛教，迎接佛骨，劳民伤财。宦官当道，庞勋起义，王仙芝、黄巢起义爆发。

李儇（xuān）<<<<<

在位时间： 873—888

生卒年（862—888）。庙号僖宗，年号乾符、广明、中和、光启、文德。懿宗第五子，为宦官所拥立。登基后，宠用宦官多人，无力平叛，各藩镇互相攻杀。长安被数次攻破，唐朝政权名存实亡。

李晔（yè）<<<<<

在位时间： 888—904

生卒年（867—904）。庙号昭宗，年号龙纪、大顺、景福、乾宁、光化、天复、天佑。懿宗第七子，为宦官所立。登基后，密召朱温进入长安诛杀宦官，随后被宦官挟持到凤翔。朱温进长安杀宦官，昭宗又被朱温挟持，不久被杀。

李柷（chù）<<<<<

在位时间： 905—907

生卒年（892—908）。年号天佑，唐末代皇帝。本是昭宗第九子，朱温所拥立。登基后，被朱温挟制，形同傀儡。天祐四年（907年）禅位于朱温，唐朝灭亡。

五代十国（907—960）

朱温 <<<<< ●●

在位时间：907-912

生卒年（852-912）。五代时后梁政权建立者，史称后梁太祖。宋州砀（dàng）山人，因作战雄勇而非常自负，初参加黄巢起义军，后投降唐河中节度使王重荣，任河中行营副招讨使，赐名全忠。后与李克用等联合镇压黄巢起义军，先后击败秦宗权、朱瑄等藩镇，挟制唐昭宗，大杀宦官，掌握朝政大权，并迫使昭宗迁都洛阳。不久将昭宗杀害，拥立哀帝。天祐四年（907年）废哀帝自立，改国号梁，史称后梁，开启五代历史。在位期间，令诸州灭蝗，两税外不得加税，禁州县官吏贪污，对唐朝积弊有所改革；但藩镇交兵战争依然不断。晚年淫乱，被儿子所杀，葬宣陵。

李克用 <<<<< ●●●

生卒年（856-908）。后唐政权的奠基者，沙陀部人，赐姓唐。中和元年（881年），率军镇压黄巢起义军，逐渐割据一方，染指中原。中和四年，东下追击黄巢军时，几乎被朱温所害，双方从此交恶，争斗不断。天复二年（902年），被朱温打败，忧郁而死。后来他的儿子李存勖灭后梁，建后唐，追谥他为武皇帝，庙号太宗。

李存勖（xù）<<<<< ●●

在位时间：923-926

生卒年（885-926）。五代时后唐政权建立者，史称后唐庄宗。李克用之子，继承父亲爵位成为晋王。李存勖厉行改革，整顿军纪，攻占幽州，擒杀刘仁恭父子，驱逐南下契丹兵，与后梁苦战多年。同光元年（923年）在魏州登基，国号唐，史称后唐。不久攻灭后梁政权，建都洛阳，统一黄河流域。由于宠信宦官、伶（líng）官，重用租庸使孔谦，使得国家财政混乱，朝政黑暗，危机四伏。又杀害功臣郭崇韬，猜忌大将李嗣源，使得部下离心。后来李嗣源发动政变，李存勖被伶人射杀而死。

李嗣源 <<<<< ···

在位时间：926-933

生卒年（867-933）。五代后唐皇帝，史称后唐明宗。李克用养子，战功卓著，协助庄宗攻灭后梁。庄宗死后，李嗣源进入朝廷监国辅政，不久登基，改元天成。在位期间，诛杀酷吏，重用贤明的大臣，减少宫女人数，罢黜伶人，注意民间疾苦，社会矛盾有所缓和；但因目不识丁，又兼用人不明，姑息藩镇，以致变乱迭起。最后饮恨而死。

石敬瑭 <<<<< ···

在位时间：936-942

生卒年（892-942）。五代时后晋政权建立者，史称后晋高祖。后唐明宗李嗣源的女婿，曾帮助明宗登基称帝，先后担任保义、宣武、天雄、河阳、河东节度使。因为受到后唐末帝李从珂猜忌，举兵反叛，在契丹的帮助下攻灭后唐政权，自立为帝，建立后晋政权。在位期间，割让幽云十六州，每年向契丹献帛三十万匹，并称契丹主为"父皇帝"，自称"儿皇帝"。此外，迁都汴州，升为东京，设置开封府，改洛阳为西京；命文臣纂集《大晋政统》，司天监造《调元历》，停罢明经、童子、宏词百篇等科举考试科目。执政七年间，兵乱不断，忧郁成疾而死，葬显陵。

刘知远 <<<<< ···

在位时间：948

生卒年（895-948）。五代时后汉政权建立者，史称后汉高祖。他本是沙陀部人，与石敬瑭一起为后唐明宗效力。后晋政权建立后，刘知远先后担任河东节度使、邺都北京留守，受封太原王、北平王。开运四年（947年），契丹军攻入开封，刘知远不出兵支援，坐观后晋灭亡，并于太原登基称帝，自称不忍改晋国号，仍称天福十二年，意在争取旧臣归附，减少阻力。随后契丹势力北还，刘知远于是进入洛阳，并建都于汴京，国号汉，史称后汉，在位时不修内政，重用史弘荣、苏逢吉等酷虐之臣，刑杀任清，搜括无度，民不聊生。

郭威 <<<<< ········

在位时间：951—954

生卒年（904—954）。五代时后周政权建立者，史称后周太祖。邢州尧山（今河北隆尧西）人，曾在后汉政权担任枢密使，平定河中、永兴、凤翔三镇叛乱。后来受到隐帝猜忌，家属被杀，他于是带兵入朝，废隐帝，立刘赟（yūn）为帝。不久领兵北征契丹，途中被军士拥立为帝，改国号周。他在位期间，改革弊政，禁止地方官员献奇珍异宝，减轻刑罚，除谋反罪外不得灭族。解除禁止私人经营盐、酒、皮革的禁令。裁汰僧尼，将营田给予佃（diàn）户作永业田。倡导节俭，严禁贪污等，使北方社会逐渐安定。

柴荣 <<<<< ········

在位时间：954—959

生卒年（921—959）。五代时期比较有作为的君主，史称后周世宗，郭威养子。擅长骑射，略通诗书，深知民生疾苦。在位期间，励精图治，鼓励开垦荒地，将无主土地分配给逃亡农户耕种；注意改善吏治，听取群臣建议，而且提倡节俭，裁汰宫女人数。此外，整顿军纪，编练禁军，南征北战，为后来北宋的统一奠定了基础。

钱镠（liú）<<<<< ········

在位时间：891—932

生卒年（852—932）。五代十国时期吴越国的创建者。在位期间采取了保境安民的策略，注意发展社会生产，并修建了钱塘江捍海石塘，鼓励扩大垦田，对于两浙地区的经济发展起到了重要作用。在五代十国的混乱局面下，钱镠在促进地方经济发展，保障民众安居乐业方面的努力是值得后世肯定的。

李煜（yù）<<<<< ········

在位时间：961—975

生卒年（937—978）。五代十国时期南唐政权的最后一位皇帝，史称南唐后主。在位期间，南唐国势削弱，于是臣服于宋，南唐灭国后李煜被俘北上，被封为违命侯，不久死于汴梁，相传他是被宋太宗毒杀。应该说，作为皇帝，李煜算不上是明君圣主，但是他在书法、绘画、音律、诗文等方面均有一定成就，尤其是词的成就最高，对后世词坛产生了深远的影响。

后妃公主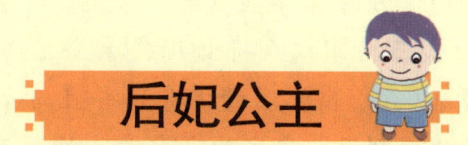

太宗文德皇后 <<<<

生卒年（600-636）。唐太宗皇后，高宗生母，史称长孙皇后。年少时即喜爱读书，通识礼法，生三子一女，即李承乾、李治、李泰及长乐公主。对太宗也多有劝谏，在协助李世民开创"贞观之治"的过程中发挥了积极作用。长孙皇后死后，李世民追念说："每能规谏，补朕之阙，今不复闻善言，是内失一良佐，以此令人哀耳！"

高阳公主 <<<<

生卒年（不详）。唐太宗爱女，生母不详。贞观中期下嫁房玄龄次子房遗爱。高宗永徽初年晋封高阳长公主，永徽四年因谋反罪赐自尽，她的儿子均被流放。唐显庆年间追封合浦公主。

文成公主 <<<<

生卒年（625-680）。唐宗室女，嫁吐蕃赞普松赞干布为妻。贞观年间，松赞干布想要与大唐和亲，并于640年遣大相禄东赞至长安求亲。太宗于是将文成公主许配给他。第二年，文成公主入吐蕃。文成公主入藏，为吐蕃带去了先进的文化，密切了汉藏关系。文成公主在喇嘛教中被认作绿度母的化身，即藏族佛教传说中的观音化身。

太平公主 <<<<

生卒年（不详-713）。唐高宗、武则天幼女。武则天认为她很像自己，因而对她非常宠爱。初嫁薛绍，再稼武攸暨（jì）。神龙元年（705年），参与诛杀张易之兄弟，因而权势大增，凡是太平公主所引荐的官员，多数位极人臣。唐隆元年（710年），与李隆基共谋诛杀韦后、安乐公主，拥立睿宗，权震天下。当时宰相多出自她的门下，而且禁兵也掌握在她手中，朝政也由她掌握。玄宗登基后，又试图发动政变，失败后被赐死。

韦皇后 <<<<

生卒年（不详–710）。唐中宗李显皇后。京兆万年县（今陕西西安市）人。干预朝政，使武三思掌权，将女儿安乐公主嫁给武崇训。又杀害许多功臣，卖官鬻（yù）爵，滥营佛寺。并且与女儿安乐公主合谋将中宗毒死，企图效法武则天，自立为女皇帝。临淄王李隆基引兵入宫，韦后被乱兵所杀。

安乐公主 <<<<

生卒年（不详–710）。唐中宗、韦后幼女，小名裹儿。初嫁武三思的儿子武崇训，再嫁武承嗣的儿子武延秀。安乐公主很得中宗和韦后宠爱，并恃宠而骄。干预朝政，卖官鬻爵，大树党羽。曾自请立为皇太女，有继承帝位的图谋。景云元年（710年），与韦后一起毒死中宗。不久被李隆基所杀。

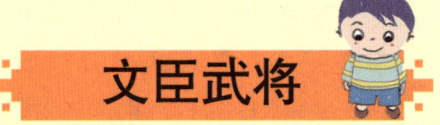

文臣武将

长孙无忌(zhǎng sūn) <<<<

生卒年（594–659）。唐河南洛阳人，字辅机。先世出于北魏皇族。太宗长孙皇后的兄长。常跟随太宗征战，武德九年策划发动玄武门之变，帮助太宗夺取帝位。贞观元年提拔为吏部尚书，拜尚书右仆射，封赵国公。后与褚遂良受诏辅立高宗，进升为太尉、同中书门下三品。奉命与于志宁等编成《唐律疏议》三十卷。永徽六年，反对废王皇后立武昭仪为皇后，反对失败后，受到武后忌恨。后来许敬宗根据武后的指使，诬造长孙无忌谋反，将他流放到黔州，逼令他自缢。

杜如晦(huì) <<<<

生卒年（585–630）。唐京兆杜陵人，隋末任雀阳尉。唐兵进入关中后，秦王李世民（太宗）任命他为府兵曹参军，此后杜如晦常跟随李世民东征西讨，并为他出谋划策，临机而断，为秦王府十八学士之首。武德九年（626年）参与玄武门之变，受封蔡国公。贞观年间，与房玄

龄共掌朝政。因房玄龄善谋，杜如晦善裁断，时称"房谋杜断"。作为贞观年间重臣，杜如晦对于"贞观之治"的形成发挥了重要作用。

房玄龄 <<<<< ··

生卒年（578-648）。唐齐州临淮（今山东淄博东北）人，名乔，字玄龄。隋开皇进士，后追随李世民，任秦王府记室。因参与策划玄武门之变，提拔为中书令。贞观年间，出任宰相，前后为相二十余年，尽心尽力，受到世人称颂。治家甚严，为防止子孙骄侈，于是收集各类家训，写于屏风上，令每个儿子各取一具。封梁国公名列凌烟阁功臣。

魏征 <<<<< ··

生卒年（580-643）。唐巨鹿下曲阳（今河北晋州）人，字玄成。曾劝太子李建成防范李世民夺权。太宗登基，将他提拔为谏议大夫。魏征性情刚直，对太宗知无不言，经常以历代兴亡劝谏太宗，劝他远离小人、亲近贤臣，轻徭薄赋、爱护百姓。前后进谏达二百多件事情，多被采纳。后进封郑国公，拜特进，知门下省事。又连上《十思疏》和《十渐疏》提醒太宗"居安思危"，"慎终如始"。魏征死后，太宗感叹失去魏征就像失去了一面可以明得失的镜子。作为贞观年间的"诤臣"，魏征对于"贞观之治"的形成发挥了重要作用。

高士廉 <<<<< ··

生卒年（577-647）。唐德州脩县（今河北景县）人，名俭。北齐宗室，因为参与玄武门之变，受到太宗器重。后因隐匿王硅密奏，密不上报，而被贬为安州都督，后转任益州长史，在地方任职期间，政绩显著。贞观五年，升为礼部尚书，进封许国公。参与撰成《氏族志》。又与魏征等撰《文思博要》一千二百卷，但已经遗失，《全唐文》中现存有二篇他的文章。

尉迟（yù chí）敬德 <<<<< ··························

生卒年（585-658）。唐朔州善阳（今山西朔州）人，隋末从军，骁勇善战，曾担任刘武周副将。武德三年，败降归唐，跟随秦王李世民击破王世充、窦建德等。后因参与玄武门之变，射杀李元吉，受到唐太宗重用。后因与宰相失和，离开朝廷处出担任襄州都督。名列凌烟阁功臣。晚年笃信方术，居家闭门不出，亦不与宾客相往来。死后陪葬昭陵（在

今陕西礼泉东北）。

李靖 <<<<<

生卒年（571-649）。唐朝开国名将。本是隋朝名将韩擒虎的外甥，文武双全，隋末入李世民幕府，征战四方，战功卓著。贞观年间，受命出击东突厥，擒颉利可汗，后拜为尚书右仆射，成为后世出将入相的典范。晚年再次统兵平定吐谷浑，进封卫国公，名列凌烟阁功臣。

萧瑀（yǔ）<<<<<

生卒年（575-648）。祖籍南兰陵（治今江苏武进西北），字时文。后梁明帝之子，他的姐姐是隋炀帝的妃子，于是他也进入隋朝做官，任内史侍郎、河池郡守等职。李渊兵入京师后，投降李渊，封宋国公，任民部尚书，后来封为内史令、尚书右仆射，总掌政务，深得李渊信任。太宗即位后，任尚书左仆射。但是为人心地偏狭，不能容人。曾诬告房玄龄结党谋反，被太宗斥责。后来自请出家却又食言不行，太宗因而削夺他的爵位，将他贬为商州刺史。不久征还，恢复爵位，随后卒。

狄仁杰 <<<<<

生卒年（630-700）。并州太原（今山西太原西南）人，字怀英。高宗时参加明经考试，被任命为汴州参军，后任大理丞、侍御史、度支郎中等职，政绩卓著。武则天时期，拜为宰相。为相期间，宽赋敛，轻刑罚，重耕织，停建佛像，安抚夷狄。尽心推举贤才，所荐张柬之、姚崇、桓彦范、敬晖，皆为一代名臣。并以母子关系亲于姑侄关系劝说武则天立庐陵王李显为太子。睿宗时，追封梁国公。

裴炎 <<<<<

生卒年（不详-684）。绛州闻喜（今山西闻喜东北）人，字子隆。精通《左传》《汉书》，高宗死后，受遗诏辅佐中宗。弘道元年（683年）任中书令，迁政事堂于中书省。与武后废中宗为庐陵王，拥立豫王李旦为帝。武则天临朝后，奏请武后归政，被诬为谋反，斩于洛阳。

许敬宗 <<<<<

生卒年（592-672）。杭州新城（今浙江富阳西南）人，字延族。隋

大业年间被推举为秀才，后投奔瓦岗军李密。唐建立后，太宗召他为秦王府十八学士之一。贞观年间，先后担任著作郎、中书舍人、给事中等职。高宗时，支持立武昭仪为皇后，与李义府诬陷长孙无忌、褚遂良等人谋反，使他们被流放而死。显庆二年（657年），拜侍中，第二年，进升为中书令，被封为高阳郡公。

褚（chǔ）遂良 <<<<

生卒年（596-659）。杭州钱塘（今浙江杭州）人，字登善。广泛涉猎文史，尤其擅长隶书和楷书。贞观年间，因擅长书法而为太宗所倚重。太宗去世后，与长孙无忌一同遵照遗命辅佐高宗，封河南郡公。后因反对高宗立武昭仪为皇后，而为武后所忌恨。被贬爱州刺史，忧愤而卒。他的书法与欧阳询、虞世南、薛稷并称唐初四大家，自成一体，方整流美，对后世影响颇深。

张说（yuè）<<<<

生卒年（667-731）。河南洛阳人，字道济，又字说之。武则天时，对策贤良方正，授太子校书郎。玄宗登基后，任中书令，封燕国公。后任兵部尚书、朔方军节度使等职。建议玄宗废除百姓义务当兵的府兵制，改为另外招募壮士来充实军队，开唐代募兵制之先河。后因反对宇文融括户，被命令交还官职。张说文采出众，亦能作诗，当时朝廷重要文诰多数由他执笔书写，与许国公苏颋并称"燕许大手笔"。

张九龄 <<<<

生卒年（不详 -740）。韶州曲江（今广东曲江西北）人，字子寿，一名博物。进士出身，授校书郎。玄宗登基后，上书奏请重视地方守令，不任地方官者不得入中央。后任中书令，监修国史。曾反对李林甫为相，又认为安禄山狼子野心，建议及早诛灭，以绝后患，皆未被采纳。后被李林甫谗言所害，贬为荆州长史。

姚崇 <<<<

生卒年（650-721）。陕州峡石（今河南陕县东南）人，本名元崇，字元之。武则天时，因得罪权臣张易之兄弟，被贬到地方做官。武则天

末年，参与谋划杀张易之兄弟，迎中宗复位。睿宗时，因奏请将太平公主迁到东都，触怒公主，再次被贬。玄宗时，因避开元讳，改名为崇。后出任宰相，为政简肃，直言敢谏。是开元盛世的重要缔造者，与宋璟并称"姚宋"。

宋璟（jǐng） <<<<

生卒年（663-737）。邢州南和（今属河北）人，历经武后、睿宗、玄宗三朝，以刚正不阿著称于时。曾任杭、相等州刺史，在任清严，政绩卓著。开元年间，由姚崇推荐，出任宰相。为官重视选拔贤才，根据才能授以官职，刑赏无私，又注意减轻苛政，是开元名相，与姚崇并称"姚宋"。后以尚书右丞相致仕。

高仙芝 <<<<

生卒年（不详-756）。唐时高丽人。善骑射，二十余岁时随父亲至安西（今新疆库车），任安西副都护。玄宗时提拔为安西四镇节度使。在怛（dá）罗斯之战中被大食兵击败，被俘唐军将士中有造纸工匠，造纸术由此传入西方。玄宗后期，率军镇压安史之乱，被宦官诬陷军败弃地，盗减军粮，于是被斩于军中。

郭子仪 <<<<

生卒年（697-781）。华州郑县（今陇西华县）人。在玄宗、肃宗、代宗、德宗四朝为将，前后共六十余年。安史之乱期间，出任天下兵马副元帅，与李光弼通力合作，平定安史之乱，收复两京。后又成功击退吐蕃、回纥的入侵，天下安危系于一身。德宗登基后，尊郭子仪为尚父，进太尉、中书令。死后谥号"忠武"。

李光弼 <<<<

生卒年（708-764）。营州柳城（今辽宁朝阳）人。契丹酋长李楷洛之子。有勇谋，善骑射，能读《汉书》。天宝十五年，经郭子仪推荐为河东节度副使，参与平定安史之乱，是平定安史之乱的重要将领，与郭子仪齐名。后屡遭宦官鱼朝恩、程元振馋毁，晚年因惧怕被宦官陷害，不敢入朝，死于徐州。

李泌（bì）

生卒年（722-789）。京兆（治今陕西西安）人，字长源。年少聪颖，七岁便能写文章。历仕玄宗、肃宗、代宗、德宗四朝。得肃宗器重，对其以宾友相待，事无大小皆向他咨询，他对肃宗也多有劝谏，权力甚至超过了宰相。后因惧怕宦官李辅国和张皇后陷害，归隐衡山。唐代宗时，召为翰林学士。又被权相元载、常衮（gǔn）排斥，外出任官。唐德宗时再次入相，官至中书侍郎、同平章事，封邺县侯，世称李邺侯。

杨炎

生卒年（737-781）。凤翔天兴（今陕西凤翔）人，字公南。初为河西节度使吕崇贲幕僚，后召为司勋员外郎，迁中书舍人，与常衮同知制诰，文笔雅丽，时称"常杨"。唐德宗建中元年（780年），废除以丁夫为本的租庸调制，改行以资产为定税标准的两税法。后逐渐弄权，诬杀刘晏。因而被德宗疏远，随后又被贬为崖州司马同正，被赐死于道。

陆贽（zhì）

生卒年（754-805）。苏州嘉兴（今属浙江）人，字敬舆（yú）。大历进士。德宗登基，召为翰林学士。诏令多由他书写，多用排偶，条理精密，文笔流畅，颇受德宗信任。外廷虽有宰相主持军国大事，而陆贽常居中参裁，被称为"内相"。后因指斥宠臣裴延龄罪恶，触怒德宗，被免为太子宾客，又贬忠州别驾。在忠州十年，生活深居简出。

李绛（jiàng）

生卒年（764-830）。赵州赞皇（今属河北）人，字深之，贞元进士。初期担任历渭南尉、监察御史。元和二年为翰林学士，知制诰。元和六年拜相，为中书侍郎，同中书门下平章事。常犯颜直谏，匡正得失。前后论谏，多被宪宗采纳。后因为足疾辞去宰相职务，授礼部尚书。大和四年，山南兵变，李绛为乱军所害，年六十七。追赠司徒，谥号"贞"。

李吉甫

生卒年（758-814）。赵郡人（今河北赵县）人，字弘宪。以父荫入仕，博学多闻，明练典故。宪宗时期出任宰相，颇受倚重。为相时，精简机构，裁省冗官八百人，冗吏一千四百人，并注意减轻百姓负担。因

憎恶举子牛僧孺、李宗闵等评论时政得失，所以故意不提拔他们升官，成为牛李党争肇端。后主动奏请到淮西做官，以制衡淮西节度使吴元济，未行而卒。

裴度 <<<<<

生卒年（765-839）。河东闻喜（今山西闻喜东北）人，字中立。贞元进士。为将相二十余年，荐引李德裕、李宗闵、韩愈等名士，重用李光颜、李愬等名将，辅佐宪宗实现"元和中兴"。元和十二年，自请率军征讨淮西吴元济，建议罢免由宦官担任的监军，统一号令。并任用李愬为将，攻破蔡州，擒吴元济，裴度因功勋卓著加封晋国公。开成四年（839年）去世，年七十五。获赠太傅，谥号"文忠"。

李德裕 <<<<<

生卒年（787-850）。赵郡（治今河北赵县）人，字文饶。李吉甫之子，自幼苦学，善文章。穆宗时，因与牛僧孺、李宗闵政见不合，发展成为党争。武宗朝受到重用，出任宰相。为相期间，罢郡县冗官二千余人，并讨平泽潞节度使刘稹叛乱。打击牛僧孺、李宗闵，将他们流放岭南。宣宗即位，牛党执政，李德裕被贬为潮州司马，再贬崖州司户参军，在贬所去世。

张议潮 <<<<<

生卒年（799-872）。沙州敦煌（今甘肃敦煌西）人。安史乱后，河西、陇右等州均被吐蕃占据。唐宣宗大中二年（848年），乘吐蕃内乱之机，张议潮于沙州率众起义，驱逐吐蕃镇将，收复沙州和晋昌等十一州，驱逐了盘踞河西地区上百年的吐蕃。宣宗在沙州设置归义军，任命他为归义军节度使。咸通八年，张议潮入朝，拜为右神武统军，赐田宅于京师，后卒于京。

韩愈 <<<<<

生卒年（768-824）。字退之，三岁时父母双亡，寄居兄长家。好读书，通六经百家之学。贞元八年（792年）登进士第。先后担任都官员外郎、史馆修撰、中书舍人等职。元和十二年（817年），出任宰相裴度的

行军司马，参与讨平"淮西之乱"。元和十四年（819年），又因谏迎佛骨一事被贬至潮州。韩愈是唐代古文运动的倡导者，被后人尊为"唐宋八大家"之首，与柳宗元并称"韩柳"。

冯道 <<<<

生卒年（882-954）。中国大规模官刻儒家经典的创始人。五代时期，冯道曾历四代十君，拜相二十余年，人称官场不倒翁。他最重要的成就是大规模官刻儒家典籍，从后唐长兴三年起至后周广顺三年，冯道主持雕刻了"九经"，依唐刻《开成石经》成例，以端楷书写，能匠刊刻。大规模官刻儒家经典有利于文化的传承，对后世影响深远。

安重荣 <<<<

生卒年（不详-942）。五代朔州（今属山西）人，任后晋成德军节度使，石敬瑭降契丹，以此为巨大耻辱，天福六年（941年），遂起兵声讨石敬瑭，第二年兵败被杀。

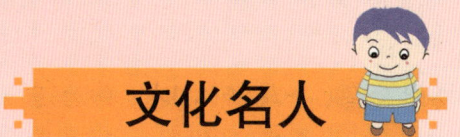

文化名人

玄奘 <<<<

生卒年（不详-664）。唐朝初年著名高僧，法相宗的创始人，以论证"万法唯实"、"心外无法"为宗旨。贞观年间，玄奘法师远赴天竺（今印度）求法，游学十九年，足迹遍布五天竺，后带回梵文佛经657部，促进了中印之间的文化交流。此外，他还将游历所经各地区的风土人情撰成《大唐西域记》，这对于研究中古时期中亚、印度半岛等国的历史、地理情况具有重要的参考价值。可以说，玄奘法师既是一位佛学大师，又是一位中印文化交流的友好使者。

孔颖达 <<<<

生卒年（574-648）。唐冀州衡水（今属河北）人，字冲远。生于北齐，年少时曾跟随大儒刘绰学习。大业初，举明经高第，后补太学助教。

入唐，历任国子博士、给事中、太子右庶子、国子司业、国子祭酒等。精通《左传》、《郑氏尚书》、《王氏易》、《毛诗》、《礼记》，并且擅长历算。曾与魏征等撰成《隋书》。奉太宗诏与颜师古、司马才章、王恭等撰写《五经正义》，作为科举考试的标准用书。他的经学思想兼取南、北之学，主张"疏不破注"。故不同观点之间，矛盾之处颇多。永徽二年（651年），再次由多名博士、学士等考正，经大臣于志宁等增删之后，颁行天下。《全唐文》存文七篇，

王勃 <<<<

生卒年（649-676）。唐绛州龙门（今山西河津）人，字子安。王通之孙。年少时即才华横溢。乾封初，为沛王府修撰。后为参军，因罪被革职后，南下交趾探望父亲返回时，渡海溺水卒。王勃诗文成就均非常高，与杨炯、卢照邻、骆宾王齐名，称初唐四杰。他反对奢华的文风，认为诗歌应表现出强烈的感情，以及庞大的气势。代表作有《滕王阁序》。

骆宾王 <<<<

生卒年（不详）。唐婺州义乌（今属浙江）人。初为道王府属吏，担任武功、长安主簿，升任为侍御史，后贬临海丞。后徐敬业在扬州起兵反对武则天，骆宾王为其作《讨武曌檄》，文中逐一数落了武则天为政的弊端，且文笔流畅。据说武则天看后发出了"宰相安得失此人"之叹。兵败后被杀，也有说法认为他投江而死，或落发为僧。为初唐四杰之一。擅长七言歌行，又善骈（pián）文，代表作为《帝京篇》。

李白 <<<<

生卒年（701-762）。绵州彰明（今四川江油）青莲乡人，一说祖籍陇西成纪（今甘肃秦安西北），出生于碎叶（属安西都护府，今吉尔吉斯斯坦托克马克附近）。字太白，号青莲居士。年少聪颖，豪放不羁。天宝年间曾供职于翰林院，后因遭谗毁而离开京城。安史之乱时，永王李璘招募他为幕僚，永王兵败后，李白被流放夜郎（今贵州正安西北），途中遇赦得还。他的诗歌富有积极浪漫主义精神，诗风雄伟豪放，取得了较高成就。

阿倍仲麻吕 <<<<

生卒年（698-770）。唐代日本诗人。汉名晁衡，又作朝衡。青年时以留学生身份入唐朝学习，后留居中国。擅长诗文，与李白、王维、储光羲等结为诗友，相互酬唱。先后担任司经校书、左补阙等。天宝十二年（753年），随日本遣唐使归国，他留恋自己生活多年的中国和中国友人，写下"西望怀恩日，东归感义长。平生一宝剑，留赠结交人"的诗句。中国诗友也纷纷赠诗送行。但途中船遭风险，漂流到安南（今属越南）。后来他历尽千难万险，终于复归中国，终老于唐。为中、日友谊和文化交流作出了贡献。

鉴真 <<<<

生卒年（688-763）。日本佛教南山律宗开山祖师，著名医学家。日本人民称鉴真为"天平之甍（méng）"，意为他的成就足以代表天平时代文化的屋脊。鉴真是唐代律宗僧人。俗姓淳于，扬州江阳县（今江苏扬州）人。晚年受日本留学僧礼请，六次东渡弘传佛法，履险犯难，双目失明，终抵奈良。在传播佛教与盛唐文化上，有很大的历史功绩。

杜甫　生卒年（712-770）。襄阳（今属湖北）人，生于巩县（今河南巩义东北），字子美。杜审言孙。开元年间，考进士不中，于是漫游全国各地。天宝年间，与李白相识，成为知己。安史之乱后，辗转至凤翔，拜谒肃宗，授左拾遗。后漂泊至成都，入剑南节度使严武幕府，任检校工部员外郎，并筑草堂于浣花溪旁。晚年贫病交加，忧郁而亡。他的诗作揭露了深刻的社会矛盾与统治集团的昏庸腐朽，反映了广大人民的苦难，被誉为"诗史"。

刘知几 <<<<

生卒年（661-721）。唐彭城（今江苏徐州）人，字子玄。少以文词知名。开耀年间进士，曾担任获嘉主簿。证圣元年（695年），上书言时政得失，词甚切直。又著《思慎赋》讽刺酷吏。长安年间，升左史、凤阁舍，人兼修国史。景龙年间，担任太子率更令、秘书少监，仍兼修史。曾经指出多人监修国史、官设史局的弊端。景云年间，迁太子左庶子，兼崇文馆学士。开元三年，迁左散骑常侍，修史如故。后贬安州别驾。今存有刘知几所著《史通》二十卷，为中国首部史学评论专书，详述

历代史书及其体例利弊得失。

王维 <<<<<

生卒年（699-761）。太原祁县（今属山西）人，字摩诘。开元进士，后得张九龄荐拔，任右拾遗，迁给事中。安禄山叛军攻陷长安后，他接受伪职。叛乱平定后，被降为太子中允，后任尚书右丞。后笃信佛教，半官半隐，晚年隐居蓝田。擅长五言诗歌，他的边塞诗慷慨雄健，山水田园诗悠闲有情趣，苏轼评价他的诗歌为"诗中有画，画中有诗"。

李商隐 <<<<<

生卒年（不详）。怀州河内（今河南沁阳）人，字义山，号玉生。幼年丧父，门庭衰落。开成进士，授校书郎，调补弘农尉。李商隐因为娶李党河阳节度使王茂元的女儿，而为牛党令狐绹（令狐楚子）长期排抑，于是一生不得志。大中年间，曾任职桂管、剑南、东川等州判官。大中十年，任盐铁推官。李商隐生值晚唐，关心政治，反对藩镇割据、宦官擅权，但是又怀才不遇，所以诗中多带伤感情调。

杜牧 <<<<<

生卒年（803-852）。京兆万年（今陕西西安）人，字牧之。杜佑之孙。太和进士。曾任淮南节度使掌书记、监察御史、史馆编撰以及黄、池、睦等州刺史。晚年居住于樊川别业，所以世称杜樊川。杜牧性情刚正，豪放不拘小节，也不屑于逢迎权贵。他的诗、文均享有盛名。诗作明丽隽永，脍炙人口。绝句诗尤其受人称赞，与李商隐齐名。代表作《泊秦淮》《江南春》《赤壁》《题乌江亭》等。

韦应物 <<<<<

生卒年（737-不详）。京兆长安（今陕西西安）人。天宝年间，为玄宗侍卫。唐代宗时，任洛阳丞、京兆府功曹等职，贞元年间，任江州刺史、苏州刺史，后卒于苏州，所以世人称他为"韦江州""韦苏州"。韦应物年少时豪放不羁，后发奋读书，以诗文著称。擅长写田园诗，并多有讽刺奸邪、同情劳苦人民的作品，诗风高雅闲淡。

宋辽金夏·元

让孩子用年表读懂
中国古代历史

中国古代历史年表编审委员会

主　编：潘景林（首都师范大学历史学硕士）

副主编：孟泽众（首都师范大学历史学硕士）

　　　　缪　健（首都师范大学历史学硕士）

团结出版社
UNITY PRESS

图书在版编目（CIP）数据

让孩子用年表读懂中国古代历史 / 潘景林主编. —
北京：团结出版社, 2017.11
　　ISBN 978-7-5126-5706-9

　　Ⅰ. ①让… Ⅱ. ①潘… Ⅲ. ①中国历史—古代史—历
史年表—儿童读物 Ⅳ. ①K220.8-49

中国版本图书馆CIP数据核字（2017）第258950号

让孩子用年表读懂中国古代历史

潘景林 主编　　　孟泽众、缪健 副主编

出　　版：团结出版社
　　　　　（北京市东城区东皇城根南街84号　邮编：100006）
电　　话：（010）65228880
发　　行：（010）85113874　（010）85849108
网　　址：http://www.tjpress.com
E－mail：65244790@163.com
经　　销：全国新华书店
印　　刷：三河市双升印务有限公司

开　　本：185×260　1/16
印　　张：46.5
字　　数：415千字
版　　次：2017年11月第1版
印　　次：2020年8月第2次印刷

书　　号：978-7-5126-5706-9/F·01
定　　价：168.00元　（全七册）

推荐序

让孩子用年表读懂中国古代历史

过去、现在、未来，时间永远不以人的意志为转移地向前飞驰。小至个人，大至国家，都会经历一番风雨，留下一段历史，才变成现在的模样。

对孩子来说，了解、学习中国历史，有以下一些显而易见的意义。

一是增强人文修养。例如，汉语里很多成语典故，都有详细的出处，比如"纸上谈兵"，结合长平之战的惨烈，孩子才会理解得更深刻，并在言语中准确恰当地使用。再如，现在很多家长节假日时都带着孩子出门旅游，到处去走走看看，看什么呢？除了自然景观，大多是历史遗迹。去了一个地方，读了书和不读书去，那是两种体验，增长见识的效果截然不同。很多人常说这句话——中国是一个拥有五千年悠久历史的文明古国，可是，如果没有一定的历史知识，五千年历史对很多人来说，就只是一句空洞的白话。

二是重新认识自己的生活环境。当我们从历史书中了解到，自己所在的家乡，或生活熟知的地方，竟然曾经发生过一些重要历史事件，或与一些著名人士有关联的时候，自然就会产生一种特殊的情愫，往往不自觉地增强自豪感，更加热爱家乡、祖国，甚至激发自己努力向上。

三是学到一种历史智慧。往小了说，读史明智。往大了说，以史为鉴，可以知兴替。从一定的时空纵深感中，我们超越了具体的事件和条件的局限，可以总结很多经验智慧，形成格局见识，用在对未来事情的处理上。

四是获得道德品行方面的教益。人性是相通的。遨游在历史故事中，就像坐上了时光机器，去体验当事人的纠结和决断，感受真善美，鞭挞假恶丑。从历史人物身上，我们也看到了自己的影子，从而不断克服自己的

弱点，使自己变得更完美。

为此，我愿意推荐这套《让孩子用年表读懂中国古代历史》，希望孩子们能读懂历史，逐渐爱上历史，获得读史带来的益处。

这套书有下列特点：

一是历史脉络清楚。全套书分为七册，每册书的前言中，对该书历史范围内的事件作简要交代，对朝代的发展、起承转合关键事件等作清楚地描述。书中的故事，对每个朝代重要事件及相互之间的衔接，都有清晰的讲述。

二是细节故事性强，重要场景配有彩图。本书在尊重史实的基础上，注重细节描写。其中，对很多典故，例如"纸上谈兵"，进行了细致的讲述。全书还配有大量彩图，以期帮助孩子对相关事件有更好的理解。

三是提供了重要的时间线索——年表。每个故事的页眉处，都标注了与该故事大致同时的重要时间节点和历史事件，方便读者检索或对照阅读。

四是提供了丰富的资料。每个朝代的内容大致分为帝王世系、宗室藩王、文臣武将、风云人物。这些人物资料与故事线性讲述互相映衬，读者可以与正文故事进行对照阅读。

总之，希望本书能带领孩子走进中国历史，感受中国历史文化的博大精深。更希望能为孩子提供一把历史的钥匙，帮助他们更好地理解现实、世界、人性等，促进自身的全面发展。

韩兆琦

2017 年 11 月 10 日

（韩兆琦，中国史记研究会名誉会长。北京师范大学中文系教授，博士生导师。中国人民大学国学院特聘教授、博士生导师。著名《史记》与传记文学研究专家。）

前言

宋辽金夏·元

宋朝因靖康之变的缘故，分为北宋与南宋两个时期。宋太祖建立北宋后，鉴于自己兵变夺权的经历，于是"杯酒释兵权"，解除大将石守信等人的兵权，赏赐以良田美宅，令其出镇地方。同时将地方的吏治、兵权、财赋全部收归中央，消除藩镇割据的基础。但这同时造成了北宋军力疲敝、地方孱弱的局面。以至于养兵虽多却外战不利，养官虽多却效率低下，收税虽多却财政枯竭，逐渐形成困扰北宋政府的"冗兵""冗官""冗费"问题。

此时北方的少数民族逐渐强大起来，由契丹族建立的辽国，成为中原王朝的劲敌。辽宋双方围绕幽云地区展开了争夺战争。宋太宗两度北伐，均无功而返。宋真宗时，辽军大举攻宋，双方相持不下。后宋军士兵射杀阵前督战的辽军统帅萧挞览，于是辽国请和，双方订立"澶渊之盟"，辽宋自此使者往来不绝，边境晏然，百年间再无大规模战争发生。除却辽人外，西北党项人元昊建立西夏政权。宋夏之间多有激烈战事，北宋败多胜少，最后以和议告终。

至北宋中期时，"三冗"问题日益严重，政府财政亏空，难以为继，于是出现了改革的需要。宋神宗早在做太子时，即对王安石非常倾慕，待其登基后便正式任用王安石主持变法。通过变法，北宋财政收入增加，军事力量也有所增强，一度呈现振兴之象。但是在反对势力的不断攻击下，王安石逐渐心灰意冷，遂辞官归隐。宋神宗也因变法艰难，加之对西夏作战失利，抑郁而亡。此后数十年，北宋朝政日坏，社会矛盾逐渐激化。

此时，辽国境内的女真族崛起，建立金政权。金灭辽后，长驱直入中原，于1127年攻入汴京，俘虏徽钦二宗、后宫妃嫔及王公贵族三千余人北去，是为"靖康之变"。此时，原本应奔赴金营求和的徽宗第九子康王赵构，在途中逃脱，并在各路抗金势力的拥护下，逃往江南，建立南宋政权。公元1141年，宋金绍兴和议，宋向金称臣，输送岁币。此后宋金双方时战时和，一直维持了百余年的对峙局面。

就在宋金和战期间，北方草原的蒙古部落兴起。公元 1206 年，铁木真统一蒙古。1271 年，忽必烈改国号为"大元"，建立元朝。1276 年，元军攻破临安，南宋灭亡。元朝虽缔造了空前统一的大帝国，但是在治理国家上却鲜有建树，国内阶级矛盾、民族矛盾严重。加之元朝皇位之争激烈，曾短短二十余年间，更易八帝，政治败坏。最终在元末农民起义的冲击下，1368 年元顺帝北逃，元朝灭亡。

目录

宋辽金夏

元

黄袍加身

公元 951 年，功臣郭威受到后汉隐帝的猜忌，郭威起兵叛变，手下将士撕裂黄旗披在郭威身上，建立后周。九年后，后周恭帝即位，年仅七岁，主少国疑，赵匡胤策划了陈桥兵变，重演了黄袍加身的故事。这中间发生了什么事情，为什么会再一次发生黄袍加身的故事？

唐朝中期以来的藩镇割据，虽然经过唐中央政府几度调整，但终于在黄巢起义的动乱下，发展为五代时期的诸侯割据。中央权威丧失，地方将领割据一方。

后唐天成二年（927 年），赵匡胤出生在洛阳，他的父亲赵弘殷当时担任禁军将领。后汉乾祐元年（948 年），枢密使郭威征讨李友守，赵匡胤应募从军，开启了军事生涯。不久，赵匡胤与投靠郭威的年轻军官石守信、王审琦等结为"义社十兄弟"。公元 951 年，后汉隐帝猜忌功臣郭威，派人到邺都杀害他，结果事情败露。情急之下，郭威起兵叛变，建立后周。当时，手下将士撕裂黄旗披在郭威身上，拥护他当皇帝，这是黄袍加身的最早例子。显德元年（954 年）正月，后周世宗即位后，开始重用赵匡胤。三月，后周在与北汉的高平之战中大胜，赵匡胤因作战有功被升为殿前司都虞侯，成为禁军高级将领，并与张

永德建立了密切的关系。

经过高平之战，周世宗感到禁军战斗力不强，命令赵匡胤淘汰老弱，招募强壮，从而提高军队实力。后周禁军分侍卫司、殿前司两大系统。侍卫司是老牌禁军，兵冗将众，总兵力约十万人左右。而殿前司是周太祖郭威创建，共二万人，战斗力较强，但兵力单薄。殿前司系统原由李重进统领，李重进与张永德素来不合。李重进统领殿前司仅一年便改为统领侍卫司，张永德出任殿前都指挥使。这次禁军调整给了赵匡胤绝好的机会，他一方面把原侍卫司的部分精壮士兵补充到殿前司，另一方面把新招募的"天下壮士"选拔到殿前司。殿前司兵员大增，战斗力则更强。与此同时，侍卫司经过淘汰后，兵额亦大大下降，殿前、侍卫二司的势力已大致均衡。更重要的是，赵匡胤选拔他的亲信担任禁军中低级将领，又对士兵和小校之类的基层军官也加以任命。这就使得他在殿前司系统中打下了深厚的"群众基础"。显德三年，周世宗首次设置殿前都点检一职，作为殿前司的最高统帅，由张永德担任。赵匡胤亦升任殿前都指挥使，成为禁军高级将领之一。这次调整也使两大禁军系统之间的矛盾加深。

显德六年（959年）四月，周世宗率兵北伐契丹，一路连收三关三州，正准备夺取幽州时，突然病重而返。在北伐期间，又发生了一件奇怪的事情：有人在土中发掘出一块长约二三尺的木板，上面写着"点检做天子"。这很可能是有人诬陷殿前都点检张永德想当皇帝。六月，周世宗班师回到汴京，自感到所剩时间不多，就准备为幼子掌权铺路。他首先晋封长子柴宗训为梁王，任命宰相范质、王溥兼任参知枢密院事以加强顾命大臣的职权，并册立军中声望很高的符彦卿之女为皇后。同时，对名位已高又是后周太祖驸马的张永德做出防范，以张永德缺

2

960
北汉与契丹入侵，后
周派赵匡胤率军抵抗

960
正月，赵匡胤在陈桥
驿黄袍加身

960
后周恭帝禅位于赵匡胤

960
赵匡胤先后平叛昭义
军节度使、淮南节度
使的两次叛乱

乏主见为由，令他出镇宁军（治所澶州）节度使，而令名位较低的赵匡胤任殿前都点检，令此次北征中有功的韩通任侍卫亲军副都指挥使。不久，周世宗病逝，柴宗训继位，是为恭帝。恭帝即位，

◎赵匡胤黄袍加身。赵匡胤被部下拥立为皇帝，看上去是无奈之举，其实是精心策划的一场政变。

为百官加官晋爵，顺便扫清障碍。禁军的最高将领、侍卫亲军都指挥使、后周太祖外甥李重进，即在晋爵之后被调任淮南（治所扬州）节度使，虽然保留军队职位，但已经远离京城。与此同时，赵氏的心腹高怀德、张令铎等人相继进入侍卫司，侍卫司原副统帅韩通事实上已被架空。经过此次调整后，在京的高级军事将领名位都较低于赵匡胤，而赵匡胤派系实际上控制了整个京城禁军。在这次加官晋爵中，赵匡胤晋升为开国侯，改为归德军（治所宋州，今河南商丘）节度使。

　　后周恭帝即位时年仅七岁，由皇后辅政。在"主少国疑"的情况下，赵匡胤利用"点检做天子"的天命符契，精心策划了陈桥兵变，重演了九年前黄袍加身的故事。显德七年（960年）正月初一，朝廷突然收到地方军情，说北汉与契丹联合入侵。宰相范质立刻与副相王溥商量对策，决定派赵匡胤率领禁军抵抗。赵匡胤首先派慕容延钊先行出发，

3

去控制河北地区，又散布流言说"军队出发的时候，就是策立点检为天子之时"，引发京城市民恐慌。皇宫内却一点也不知情，因为赵匡胤的亲信石守信、王审琦等负责皇宫护卫，已经被部署为内应。

正月初三，赵匡胤率大军北上，当晚到达陈桥驿。当天晚上，赵匡胤喝得酩（mǐng）酊（dǐng）大醉，手下士兵却喧哗着另立新帝。赵匡胤的亲信赵普、李处耘等人谋划政变，约定大军于第二日返回京城夺取政权，并且严禁士兵杀掠。第二日凌晨，赵匡胤刚从懵懂中醒来，而将士们已拿着兵刃在营帐外高声道："将士们没有主子，愿拥立你当皇帝"。赵匡胤还没来得及说话，已被黄袍加身，士兵跪呼万岁。赵匡胤被将士推着上马，他抓着缰绳，说道："我有号令，你们听不听？"，众将士跪拜。赵匡胤说："太后、皇上都是我侍奉的人，你们不可以侵犯；朝中大臣都是跟我并肩的人，你们不可以欺负；朝廷的库藏、百姓、士大夫的家，你们不可以烧杀掳掠。听命的有重赏，不听命的军法处决。"众将士听命，于是军队浩浩荡荡地回京。当时，侍卫司副都指挥使韩通听说兵变，立刻谋划抵御，却被赵匡胤亲信王彦昇（shēng）追杀于家中。赵匡胤率军到达皇宫门口，先命令将士回营，自己回到办公处。不久，将士们押着宰相范质、王溥等到来。一见面，赵匡胤就痛哭流涕说自己被迫如此，而另一边将士们又以刀逼迫。宰相范质等无可奈何，被迫跪拜。随即，召集文武百官，举行禅位大典，突然发现没有诏书，而翰林学士陶谷却从袖中拿出早已准备好的圣旨。一切准备妥当后，于是赵匡胤登基为帝，建国号为宋，改元建隆，大肆封赏，改封周恭帝为郑王，符太后为周太后。

黄袍加身使赵匡胤一下成为帝王，如何避免此类事情再次发生？面对五代以来将士跋扈、君弱臣强的局面，如何加强皇帝的权威？这些都成了他必须面对的问题。

宋辽金夏

| 961 | 961 | 961 | 961 |

赵普提出解除功臣统领禁军的大权

五月，三佛齐国贡于宋

六月，南唐李煜继位

七月，赵匡胤杯酒释兵权

杯酒释兵权

　　赵匡胤通过陈桥兵变，黄袍加身，当上了皇帝。当皇帝是一件开心的事情，但是赵匡胤一想到手下的军队虽然由亲信统领但是难保不会再次发生黄袍加身的故事，他就很头疼。赵匡胤能找到好办法解决这个难题吗？你觉得他的解决办法好吗？

　　出身禁军将领的赵匡胤，通过精心策划陈桥兵变，成功地夺得了皇位，并且平定了李筠和李重进的叛乱。然而，摆在他面前的却是内忧外患。在内，中央禁军虽然由亲信统领，但难保不会再次发生黄袍加身的故事。而地方节度使则掌握着地方的军政、民政和财政大权，难免不会一朝发生叛乱，割据一方。在外，北方则有北汉、契丹虎视眈眈，南方则有南唐、后蜀、南汉等割据政权。如何加强皇权并进而平定天下，成了宋太祖必须思考的问题。

　　宋太祖于是召见赵普，问道："自唐末以来，天下在数十年间，轮流做皇帝的就有八姓，并且战乱不止，以至于生灵涂炭，这是什么缘故呢？我想要平定天下动乱，使国家长治久安，有什么方法呢？"赵普认为之所以如此，是因为"方镇太重，君弱臣强"，并提出了"稍夺其权，制其钱谷，收其精兵"的建议。当时，太祖的故人石守信、王审琦等统领着禁军，他们既是后周旧臣又是大宋开国功臣，影响力

961

八月，南唐、女真遣
使于宋

961

十二月，回鹘遣使于宋

961

赵匡胤加强中央集权，
削弱节度使的职权

961

雪夜访赵普，赵匡胤定
下先南后北的统一方略

很大。赵普有感于他们可能威胁到皇权，建议太祖首先解除功臣统领禁军的大权。太祖顿悟。

一日，太祖召禁军将领喝酒，酒酣耳热之际，屏退左右近臣，道："要不是你们的帮助，我也不能有今天的地位。你们的功德，我难以回报。然而当天子也太艰难了，还不如当节度使快乐，我每天晚上都睡不着觉啊！"众将领问是什么原因。太祖说道："这也不难知道，有谁不想像我那样当皇帝呢。"闻言，石守信等将领顿感惶恐，立刻跪拜磕头道："陛下何出此言，今天命已定，谁还敢有二心。"太祖回道："不然。你们虽然没有二心，但是如果你们手下有想要富贵的，一旦以黄袍加在你们身上，你们不想当皇帝，能行吗？"众将领痛哭流涕道："我们实在是太愚蠢了，希望陛下怜悯，给我们一条生路。"太祖缓缓说道："人的一生啊，如白驹过隙一样短暂，那些追求富贵的人，不过是想要多积累些钱财，使自己欢乐度日，使后世子孙不会贫穷而已。你们不如解去兵权，镇守一方，选择良田美宅购买，为子孙添置永久的家业，多买些歌妓舞伶，每天饮酒作乐，颐养天年。我与你们结为儿女亲家，君臣之间没有猜忌，上下相安，不是很好么！"众将士跪谢，第二天都心照不宣地上奏有病，请求解除兵权。宋太祖大喜，给予十分丰厚的赏赐，不久就让他们到地方当节度使。

在解除了内部的威胁后，宋太祖开始进行统一战争，他首先要征求赵普的意见，于是发生了"雪夜访普"的故事。

太祖喜欢微服私访功臣之家，赵普每次退朝后都不敢穿便服。一天，大雪直下到深夜，赵普以为皇上不会出来了。突然传来一阵敲门声，赵普十分奇怪，赶忙出来，见太祖正站在风雪之中，于是慌忙叩拜迎接。

太祖说："我已经约了二弟。"随后赵光义也到了，赵普在厅堂铺上

962

十月，赵匡胤观习水战

962

宋军借平叛之机占据荆湘

964

本年至965年，宋军西征平定后蜀

969

九月，宋军南下讨伐南汉，两年后灭南汉

双层垫褥，三人席地而坐，用炭火烤肉吃。赵普的妻子在一旁斟酒，太祖喊他为嫂嫂。酒过三巡，赵普从容不迫地问道："长夜漫漫，天气冷寒。陛下何以至此？"太祖说道："我睡不着觉，一榻之外，都是他人家！因此来见你。"赵普回道："陛下以为天下很小么？南征北战正是时候，不知陛下有什么谋划。"太祖说道："我想攻打太原"。赵普沉默良久，回道："这不是臣能知道的"。太祖问他原因。赵普答道："太原阻挡着西、北两面，如果被攻下来后，就要由我们来独挡了，不如等到平定各国后，那么太原这样的弹丸之地，还能逃到哪里去呢？"太祖笑道："我的想法正是这样，只是试探一下你罢了。"太祖于是确定了"先南后北"统一战略方针。

在相继灭亡后蜀、南汉后，南方剩下的只有稍为强大的南唐了。宋灭南汉后，南唐后主李煜十分恐慌，一面上表自称江南国主以向宋示弱，一面修缮兵甲、扩充兵力，暗暗准备抵抗。开宝七年，宋太祖感觉出师无名，遂召后主李煜入朝，被拒。宋太祖以此为借口派军征讨，十一月宋军渡过长江，次年正月围攻南唐首府金

◎赵普。北宋初年的重要政治事件赵普均有参与，他一生三次出任宰相，制定出加强中央集权、分散地方权力的政策，对结束战乱、实现国家统一有着重要贡献。

975
宋军攻下金陵，后主
李煜投降，南唐灭亡

976
赵匡胤暴卒，其二弟
赵光义继位

978
宋设置诸道转运判官

陵，却久攻不下。南唐使臣徐铉到开封觐见宋太祖，指责北宋无故攻打南唐。太祖与他争辩，而徐铉更加声色俱厉。宋太祖终于理屈词穷，以一句"卧榻之侧岂容他人酣睡"严厉斥责了徐铉。开宝八年（975年）十一月，金陵城被攻破，后主李煜投降，南唐灭亡。开宝九年二月，在为攻灭南唐论功行赏之际，太祖对主帅曹彬说："接下来替我攻取太原。"同年八月，召令征讨北汉，部署五路大军，准备直攻太原，大有席卷之势。

正当宋太祖踌躇满志、一统天下之时，却突然一夜暴卒，年仅五十岁。斧声烛影之间留给后人一大千古疑案。他的二弟赵光义于灵柩前继位，是为宋太宗。宋太祖虽然经常睡不好觉，但总算励精图治，为大宋朝打下了坚实的基础。

978
陈洪进献泉州、
漳州于宋

978
吴越国王钱俶献
国土于宋

979
宋太宗亲征，北
汉降宋

979
宋军对辽高粱河
之战战败

雍熙北伐

宋太宗平定北汉后，发兵攻辽，一直打到燕京城下。但是由于人疲马乏，将无斗志，恰逢辽军援军赶到，大败而归。雍熙三年，宋太宗再次北伐，结果再次失败，留下了可歌可泣的杨家将的故事。

宋初三大疑案之一，斧声烛影与宋太宗颇有关系，尽管留给后人许多疑惑，但他总算取得了皇位，并且一即位就改年号为太平兴国，这与皇帝继位应于第二年改年号的礼法颇不符。太宗即位后，继续进行统一战争，并在统一南方后，着手消灭北方的北汉政权。

太平兴国四年初，太宗任命潘美为主帅，带领崔彦进、李汉琼等攻打太原城，随即下诏亲征。面对强势的宋军，北汉向辽朝乞援，辽朝派军南下援助。宋石岭关都部署郭进，趁辽军在石岭关东南的白马岭（位于山西阳泉孟县境内）渡河之际，率军猛击，辽军大败。北汉期待救援无望，而宋太宗又亲自到太原城外督战，宋军士气大增。五月初，宋军攻打至太原城下，北汉将领开始出城投降。不久，北汉末帝刘继元在大臣马峰的规劝下降宋。辽军在得知北汉降宋后，退往燕京。至此，五代时留下的最后一个割据政权终于被消灭。

消灭北汉后，太宗决定乘势挥师东进，一举收复幽云十六州，但

宋军已是人疲马乏，将领也无攻辽之心。宋军初战顺利，所过之处各州稍作抵抗即投降，一直打到燕京城下，围攻半月之久，战斗十分激烈。辽统帅耶律休哥来援，在燕京西北郊的高粱河之地与耶律斜轸（zhěn）夹攻宋军，浴血奋战，宋军溃败。当时，宋太宗正在城西北方巡视，也中箭受伤，慌乱之中乘着驴车逃跑，随乱军到宋境的涿州才稳定下来，即命令各军防御。宋太宗攻燕京失败后，辽景宗决定报复宋军围城之仇。太平兴国四年（979 年）九月，辽军大举南下，被宋将崔翰在满城（今河北满城西）大败，这被辽景宗视为奇耻大辱。此后辽方又数次攻宋，发生了瓦桥关之战、唐兴口之役等，双发互有胜负。辽景宗乾亨四年（宋太平兴国七年，982 年），辽景宗大举攻宋失败后，于九月病逝。十二岁的辽圣宗即位，萧太后摄政，对宋采取防御措施。然而辽的退让，却被宋朝边将视为软弱，乘机请求宋太宗出兵。于是宋太宗进行了声势浩大的雍熙北伐。

雍熙三年（986 年）正月，宋太宗再度兵分三路北伐。东路军以曹彬为主帅，出瓦桥关，进军幽州；中路军以田重进为统帅，出飞狐口（今河北涞源北），攻打蔚州（今河北蔚县）；西路军以潘美为统帅，名将杨业为副帅，出雁门，进军云中（今山西大同）。刚开始，中西两路进军顺利，收复了不少地方，但东路军遇辽军主力，虽然攻占了涿州，但粮道被切断，仓皇撤退。退至岐沟关时，被契丹南京留守耶律休哥大败。宋军夜渡拒马河时，耶律休哥乘胜追击，宋军溺死于河中者不可胜数。宋太宗急令中、西两路军全面撤退，并且命令潘美、杨业护送云、应、寰、朔等四州百姓内迁。西路军撤退时，辽将耶律斜轸率十万大军反攻寰州。

986
二月，党项降契丹

986
三月，占城国遣使于宋

986
七月，杨业败退陈家谷被俘，绝食而死

986
十月，高丽遣使贡于宋

面对辽大军追击，杨业对潘美等说：“目前辽军势力正强盛，不能同他们交战。”监军王侁说：“你一直被人号称杨无敌，今日见敌军却畏首畏尾、不与之交战，难道还有其他企图吗？”杨业回道：“我并非贪生怕死，只因时机对我方不利，如果强行出兵，只会白白牺牲将士性命，而不能立功。现在你拿我不愿意牺牲来责备我，那我就在你们之前出战。”临出兵前，杨业哭着对潘美说：“这次出兵必然失败。”

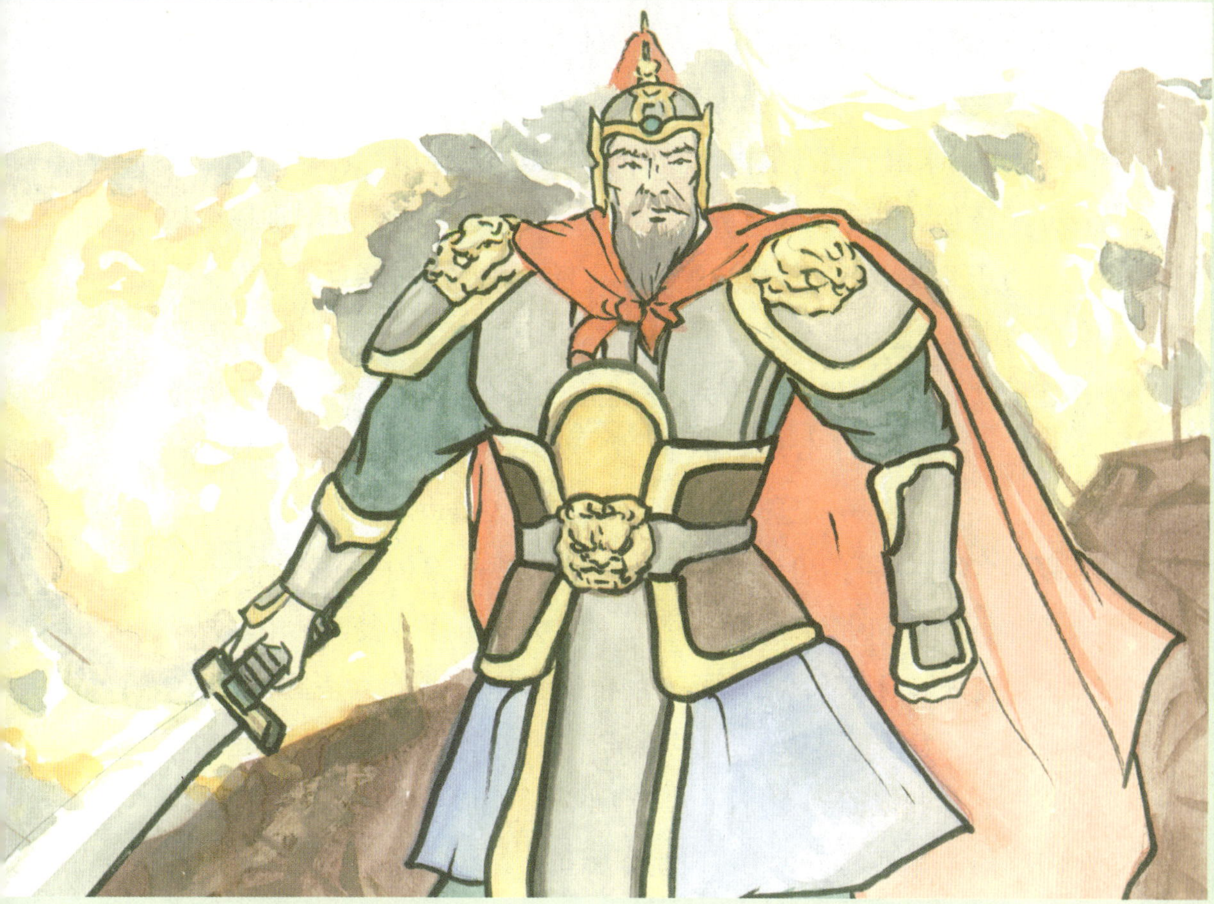

◎北宋名将杨业。杨业归宋后，因熟悉边事，宋太宗任命他为代州刺史，长驻代州抵抗辽兵。后在雍熙北伐中战败而死，杨业将自己的一生奉献给了抗辽事业。

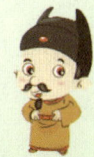

986

十一月，契丹大举南侵

986

经历高粱河之战、雍熙北伐失败，北宋对辽消极防御

987

二月，宋修河北诸州、军城，以防御契丹

于是，杨业指着代州西北的陈家谷口说："请各位将军在这里埋伏下步兵和弓箭手，分左右两翼准备支援。等我战败退到这里时，你们伏击敌军救援我，否则只怕我会全军覆没。"潘美和王侁率军设伏于陈家谷。

从凌晨等到日近中午时，还不见敌军到来，王侁就派人登高远望战场，以为契丹军被杨业打败，就想与杨业争功劳，马上率军离开陈家谷。潘美不能制止，只得带领军队沿着交河前进二十里，不久听闻杨业兵败的消息，立即指挥军队撤退。杨业奋力杀敌，从中午一直打到傍晚，果然退至陈家谷。见谷内空无一人，杨业捶胸痛哭，只得率领士兵奋力作战，身受数十伤，士兵也几乎全部战死，而杨业仍然独自亲手杀死百十来人。后来由于战马重伤，无法前行，被契丹俘虏，绝食三日而死，他的儿子杨延玉也在此战中牺牲。杨业原是太原人，青年时即以勇猛矫健效力于北汉皇帝，每战必胜，人称杨无敌。太宗亲征太原时，听说他的名声，曾想出重金求购他。攻下太原后，即召见杨业，予以重任。一次辽军以十万大军侵入雁门关，杨业率部下数千骑兵，抄小路迂回至辽军背后发动猛攻，辽军大败。从此，契丹军一见杨业旗帜，就立刻撤退。杨业死后，他的六子杨延昭和孙子杨文广也久镇边陲，是北宋抗辽、抗西夏的名将。其一门忠烈故事，被后人演化为著名的《杨家将传奇》。

高粱河之战和雍熙北伐的失败，使北宋放弃了收复幽云十六州的计划，对辽采取消极防御的政策。为防止契丹南下，自太宗朝末年起，北宋政府先后发动军民从保州（今保定）以东到滨海，增修许多塘泊，广开水田；保州以西到太行山，广种树木，构成一条防线，并配备军队巡守。可是，辽朝骑兵仍不时南下骚扰，给北宋政府带来了巨大的军事压力。

澶渊之盟

宋真宗咸平元年，辽圣宗、萧太后亲自率大军南侵。宋真宗在寇准的坚持下，御驾亲征，最终宋辽两军在澶州形成对峙局面。宋辽两国征战二十五年后议和，缔结了澶渊之盟，迎来了百余年的和平时期。但是历史上对这一称臣纳贡的盟约诟病颇多，你怎么看这一盟约？

太宗雍熙北伐失败后，采取守内虚外的军事防御措施，把注意力集中在内政方面。此后，虽然辽宋边境小有摩擦，但双方十年间没有发生大规模的军事行动。宋真宗咸平元年（998年）十二月，耶律休哥去世，辽圣宗之弟耶律隆庆继任南京留守，辽侵宋又进入了高峰期。宋景德元年（1004年）九月，辽圣宗、萧太后亲自率大军南侵。

消息传来，大宋朝廷内部对是否御驾亲征展开了激烈的争论。副相寇准请真宗北上澶州（今河南濮阳），并让人准备起驾。真宗害怕，想要退缩，但在寇准的说服下才稍微鼓起勇气。于是，真宗召群臣商讨亲征之事。不久，契丹包围瀛洲，并进犯贝、魏等州，宋朝群臣惊恐。参知政事王钦若，是江南人，提出立刻迁都金陵；陈尧叟是蜀人，就请迁都成都。真宗就此事询问寇准。寇准知道是王、陈二人的计谋，但假装不知道，说："是谁为陛下谋划此事的，其罪当诛！今陛下英明神武，文臣武将同心，如果御驾亲征，敌军自然退去。不然，就出

13

奇兵打乱敌军计划，坚守阵地，消磨敌人的士气，使敌人疲惫困乏，如此，我们就有必胜的把握。为什么要抛弃祖庙，逃跑到楚、蜀这样边远的地方去呢？如果人心溃散了，敌人乘势而入，天下还能保得住么？"于是力请真宗前往澶州。

真宗到南城时，契丹军队正士气高昂。百官都要求真宗暂时停留，观察军事形势。寇准则坚决请求真宗渡过黄河。群臣都害怕辽军，不肯渡河，但寇准极力争辩，使得真宗一时难以抉择。寇准走出大殿来，遇见高琼，就对他说道："太尉，您深受国恩，今天有意报答朝廷么？"高琼回道："我是军人，愿意拼命。"寇准又入殿见真宗，高琼则站在庭下。寇准厉声说道："陛下不认为我说的对，何不问一问高琼等人？"高琼即抬头奏道："寇准所言是对的。"寇准说："时机不容错过，应当赶快出发。"高琼立即指挥卫士让真宗乘车前行。真宗于是渡过黄河，亲临澶州北城门楼上。远近的士兵看见皇帝的华盖，跳跃着欢呼，声音传到几十里以外。契丹兵士面面相觑，十分惊讶，连阵仗都排不成列。真宗把军事大权委交给寇准，让他留在城上督军，自己则回到行宫，不久又派人去看寇准所作所为。寇准却与杨亿喝酒赌博，唱歌笑骂。真宗听说后，高兴地说道："寇准如此淡定。我还有什么好担忧的呢？"

宋辽两军相持十余日后，辽军统帅萧挞（tà）览到阵前督战，被虎威军头张瑰（guī）用床子弩射杀。辽军暗地里派人来议和，寇准不许。而辽使来请和更加强烈，真宗打算同意。寇准就要求辽国称臣，并且献上幽州之地。真宗不喜欢打仗，只想笼络辽人以换取和平而已。这时，又有人弹劾寇准想借打仗提高自身地位。寇准不得已，答应了议和。真宗于是派曹利用到辽军中议论岁币，临行前说："百万以下都可以答应。"寇准召曹利用到帷幕，说："虽然有皇上的旨意，但你答应的岁币不能超过三十万。超过三十万，我就砍了你的脑袋！"曹利用

1004
十二月，契丹赐韩德让姓耶律

1005
二月，契丹置榷场于振武军（朔州）

1005
三月，宋禁止边民出境掠夺

1005
四月，宋修葺河北城池

◎辽国派使者到北宋请求议和。澶渊之盟后，宋辽两国礼尚往来，使者络绎不绝。辽朝边地发生饥荒，宋朝派人在边境赈济救灾，宋真宗逝世，辽圣宗为其举哀。

果然以白银十万两、绢帛二十万匹达成了和约。澶渊之盟后，宋辽百年间再没有发生大规模的战争，为两国社会经济的发展提供了和平的环境。辽军退兵，是寇准的功劳，但寇准不久就因此事受到打击。

澶渊之盟后，真宗十分厚待寇准，这引起了王钦若的嫉妒。一日早朝，寇准先行退朝，真宗目送他离开。王钦若乘机进言道："陛下敬重寇准，是因为他有功于社稷么？"真宗称是。王钦若不以为然道："澶渊之盟，陛下不以为耻，反而认为寇准对朝廷有功，为什么呢？"真宗惊问何故。王钦若回道："《春秋》书中以城下之盟为耻。澶渊之盟，是城下之盟。陛下以万乘之君定下城下之盟，简直是奇耻大辱！"真宗脸色为之一变，十分不高兴。王钦若继续说道："陛下听说过赌博么？赌博的人快输光所有钱时，就倾其所有做赌注，这被称为孤注。陛下，就是寇准的孤注，这是多么危险的事啊。"自此，真宗开始疏远寇准，第二年便罢免了寇准宰相的职位。

澶渊之盟是北宋王朝的一个重要转折点，虽然在外交上与辽进入了和平时期，而宋朝的社会危机却开始渐渐显现，积贫积弱的形势开始形成。

宋夏战争

　　党项人李元昊本是部族首领，幼年时在辽国做人质，后来被辽国封为夏国王，被宋封为西平王。但是李元昊不满于宋辽的统治，想建立自己的王朝。于是他建立了西夏，四处攻略。李元昊的西夏能够在宋辽的夹缝里成长吗？

　　西夏是党项人建立的政权。公元1032年李元昊继承父职，成为党项族的首领。李元昊年幼时曾在辽国做人质，后来成为辽国驸马，继位时被辽封为夏国王，而宋则封他为西平王、定难军节度使。然而，李元昊并不想臣服于宋，想建立自己的王朝。宝元元年（1038年）十月，李元昊称帝，建国号夏，史称"西夏"。次年正月，李元昊派遣使者到宋京城，要求宋仁宗承认他称帝的事实，遭宋仁宗的拒绝。六月，宋仁宗以李元昊谋反的罪名，削去他所有封官，并加强西北的战略部署。西夏随后不断侵边，发生了三次大规模的宋夏战争。

　　康定元年（1040年），李元昊乘宋军不备，突然大举进攻保安军（今陕西志丹），延州（今陕西延安）知州范雍十分惊慌，立即调遣宋将刘平、石元孙前去救援。而西夏军已经占据延州的西北门户金明寨，直达延州城下。范雍急令刘平、石元孙回援，并命令其他将领也来救援。刘、石二人即刻率军日夜赶回延州，又会合其他前来救援的三将所部，

1007
契丹建中京

1032
李元昊继位，被辽封为夏国王

1038
李元昊称帝，建立西夏

1039
宋仁宗拒绝承认李元昊称帝

共计步骑万余人，结阵向延州进发。结果在延州西北的三川口，与西夏军遭遇，双方展开激烈战斗，后军黄德和率军先逃，宋军于是溃退。第二天，刘平、石元孙率领残部千余人抗击西夏军，兵败被俘。西夏军也因伤亡惨重而退兵，延州解围。

同年八月，宋朝改任陕西经略安抚副使范仲淹兼任延州知州。范仲淹到任后，改革军制，把鄜（fū）延路军队分六部分，让将领亲自训练士兵，改变了以前"将不知兵，兵不知将"的局面。范仲淹又依据西夏入侵军队多少，派相应的军队数量抗击，并且要求官位高的将领率先出战。这些措施加强了延州的防御，连西夏人也感叹道："不要打延州的主意，如今小范（范仲淹）老子腹中有兵甲，不比大范（范雍）

◎西夏国主李元昊。李元昊称帝后，国号夏，定都兴庆，修建宫殿，设置官员，创立文字，西夏国初具规模。

老子可欺。"

庆历元年（1041 年），李元昊又派人到泾原路表示请和，企图再次欺骗宋军。北宋名臣韩琦巡视边防，得知李元昊准备进攻渭州（今甘肃平凉），立即赶往镇戎军（今宁夏固原），命任福率领镇戎军所有驻军及招募的"敢勇"军万余人，讨伐西夏军，并嘱咐他设伏敌军，不要轻易出击。任福出军后，遇上另一路宋军常鼎率领的军队，战胜一股西夏军，斩首数百。西夏军假装败退，任福的先锋官桑怿（yì）率军追赶，任福率军紧随其后。任福不知是计，脱离主力部队，只率一小部分兵力轻装尾随追击，当晚屯兵于好水川，令朱观率部分兵力驻扎在龙落川，两军相距五里，约定明日会兵杀敌。第二日，西夏军诱敌深入，任福不知是计谋，率军继续追击到羊牧隆城（今宁夏隆德西北），遭遇西夏大军。西夏军结阵抗击宋军，宋军才知中计。宋军由于长途追击，粮草不继，人困马乏，饥渴交迫。任福、桑怿只得率军勉强作战，结果全部战死。西夏军在击败任福后，又转攻朱观所率领的部队，从中午杀到傍晚，宋军死亡惨重。直到泾原路部署王仲宝率军来援，再加上伤亡过重，西夏军才趁夜撤退。

宋军两战皆败，于是在战略部署上改进攻为防守。庆历二年闰九月，李元昊又率军进犯泾原路，王沿命令副都部署葛怀敏率军抗击。葛怀敏贪功冒进，将军队分为四路向定川寨（今宁夏固原北）进发，结果在定川寨被西夏军包围，又被切断水源。葛怀敏与部将曹英突围，战败逃回，在仓促之中差点被士兵踩死。第二天凌晨，主将葛怀敏再三指挥大军出发，但大军不听指挥，葛怀敏斩杀了几个不听命令的人，结果士兵溃散。葛怀敏不得已骑马向东南逃去，大批将领跟随行动，才前进二里多，就被西夏军包围。其余二万人军队据守城寨，都不敢

出兵救援，结果葛怀敏等战死，近万人被俘虏。

由于连年征战，人力、物力、财力损失惨重，西夏出现了严重的经济危机。此外，由于民间贸易中断，西夏百姓也怨声载道。不久，西夏与辽之间又出现了嫌隙。宋夏战争中，三战皆以宋朝失败而告终，再加上由于战争征敛而导致的国内农民暴动，宋朝也不想再发生大规模战争。于是双方都有议和的意愿。庆历四年（1044年）六月，宋夏和议，条约主要内容为：西夏元昊向北宋称臣，被宋封为夏国主，而北宋每年给西夏绢十五万匹、七万两银和三万斤茶叶。从此，双方和平相处长达半个世纪。

然而在宋夏战争中，宋军军备边防落后、军队战力不强的弊端彻底暴露出来，而宋朝国内也不断地发生农民起义。面对严重的内外危机，宋朝统治者中要求进行内政改革、加强边防的呼声也越来越高涨。

庆历新政

说到"庆历"，估计你最先想起来的是"庆历四年春，滕子京谪守巴陵郡"。滕子京为什么会谪守巴陵郡呢？范仲淹又为什么会在文章里发出"先天下之忧而忧，后天下之乐而乐"的呼声？庆历年间到底发生了什么呢？

宋真宗时期，宋朝的社会危机已经开始显现，在仁宗时期的宋夏战争中彻底暴露了出来。这主要表现在宋朝的积贫积弱上，根本原因是由于三冗（rǒng），即所谓的冗兵、冗官、冗费。

宋朝建国后，南征北战，统一天下后，却不像其他朝代那样让士兵归农，而是保留了军队。宋朝的军队数量一直增长，到仁宗时已上百万，而且禁军的待遇很好，终身服役，经常赏赐。但是，宋朝老弱夹杂的禁军战斗力并不高，而且还存在五代以来的跋扈习气。再加上宋朝承平数十年，士兵多不习战事，军备大多废弛。

宋朝在太祖时，每年招收的科举人数，不过数十人。到了太宗时，人数已达数百，有时格外加恩达到上千人数，此后人数也呈不断上涨趋势。因此宋代的官职机构十分复杂和臃肿，而且也存在许多官员只拿俸禄而不办事情的情形。

到宋仁宗时，朝廷一年的财政收入过半用来养兵，再加上给官员俸

禄赏赐、皇宫宗室用度、辽国岁币，使得财政越来越入不敷出。面对着外部的威胁和社会内部的危机，范仲淹领导了著名的"庆历新政"。

庆历三年（1043年），元昊请求议和，西方边事稍稍安定，仁宗召范仲淹回京，授枢密副使，又提拔欧阳修、余靖、王素和蔡襄为谏官，锐意改革。八月，

◎范仲淹。范仲淹不仅是一位政治改革家，同时还是著名的文学家、教育家，他的诗词散文不仅文辞优美，而且兼具政治家的宽阔视野和豁达气度。

仁宗拜范仲淹为参知政事。九月，召见范仲淹、富弼，责令他们陈述政事得失，谏官欧阳修等人也纷纷上疏言事。范仲淹与韩琦草拟了有名的《答手诏条陈十事》，提出了明黜陟、抑侥幸、精贡举、择官长、均公田、厚农桑、修武备、减徭役、覃恩信、重命令等十项以整顿吏治为中心的改革主张。这十条事分为整顿吏治、富国强兵和加强法治三个部分，其中大部分措施被仁宗接受，颁布实施。

1044
四月，新政受毁谤，宋仁宗放弃

1044
宋夏和议

1046
范仲淹作《岳阳楼记》

1047
八月，宋分河北为四路，各置都总管

1047
十二月，高丽遣使贡于契丹

为澄清吏治，范仲淹亲自审察地方官吏才干，尤其重视对负有监察州县之权的"监司"长官的选拔。庆历三年（1043年）十月，朝廷任命张温之为河北都转运按察使、王素为淮南都转运按察使、沈邈为京东转运按察使、施昌言为河东都转运按察使，对地方官员进行考察和任免。在选择各路转运按察使时，范仲淹翻阅班簿，发现不称职的一笔勾去，毫不留情。富弼忧心忡忡地说："一笔勾下去，就会有一家人痛哭啊！"范仲淹回答道："一家哭总好过一地的老百姓哭。"范仲淹还派出按察使到各地进行监督官吏，他任命的提点江东刑狱王鼎、转运使杨纮、转运判官王绰就因为竞相揭发官吏，招致当地官员怨恨不已，将三人视为三虎。

庆历四年（1044年）四月，因新政实施后，触及了部分人的利益，于是朝中毁谤新政的言论逐渐增多，纷纷指责范仲淹等是"朋党"。仁宗对范仲淹也开始产生怀疑，范仲淹提出"小人之党、君子之党"的说法予以反击，欧阳修也撰写《朋党论》一文上奏仁宗。不久，夏竦（sǒng）令人诬蔑富弼想要另立皇帝。仁宗虽不相信，但范仲淹等人惶恐不安，此时恰好边境战争再起，范仲淹、富弼于是请求到边疆抗敌。随着宋夏议和的完成，宋朝西北部的危机暂时解除了，宋仁宗也就放弃了改革，逐渐废除各项改革措施，主持变法的人全被逐出朝廷，但并不等于解决了宋朝社会内部的危机。

庆历六年（1046年），范仲淹应好友巴陵郡太守滕子京的邀请，为重修的岳阳楼作记。两人都是被贬之人，有着共同的思想情感和政治抱负，范仲淹借此勉励他。面对着人生际遇，范仲淹提出"不以物喜，不以己悲"，高呼"先天下之忧而忧，后天下之乐而乐"，成为唤醒士大夫责任意识的时代最强音。

王安石变法

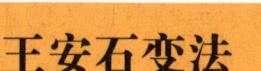

庆历新政失败后，积累的社会矛盾不仅没有消失，随着时间的积累越发的严重了。到了神宗时期，财政匮乏，有积重难返之像。王安石恰逢其时，提出"天变不足畏，祖宗不足法，人言不足恤"的论断，推动变法。他的变法能成功吗？

庆历新政实行不到一年，就宣告失败了，但这并不意味着社会矛盾会自己消失不见。到神宗时，冗兵、冗官、冗费有增无减，财政亏空，难以为继。公元1067年，仅二十岁的宋神宗赵顼（xū）继位，意气风发，他有感于政府积弊、财政匮乏，决心改革内政以达到富国强兵的目的。神宗在当淮阳郡王、颖王及太子期间，王安石的好友韩维担任教书先生。每当神宗称赞他的见解时，韩维即说道："这不是我说的，是我朋友王安石的见解。"长此以往，神宗对王安石十分崇拜，引为知己，恨不得立刻见上一面。

王安石，字介甫，江西临川盐阜岭（今江西抚州）人。庆历二年，登进士第四名，先后任签书淮南东路节度判官公事、鄞（yín）县知县。在任鄞县知县期间，为人正直，执法严明，为百姓做了不少有益的事。他组织民工修堤堰，挖陂塘，改善农田水利灌溉，便利交通。在青黄不接时，将官库中的储粮低息贷给农户，解决百姓度荒困难。这些措施成为他后来变法的内容。

神宗继位时，王安石因送母归葬，正在江宁收徒讲学。闰三月，神宗即任命他为江宁知府，九月被任命为翰林学士，到京城时，已是熙宁元年四月了。神宗终于与倾慕已久的王安石见面，开始了他们对宋代政治经济改革的探讨。熙宁二年二月，以庆历新政主将富弼为首相，王安石为参知政事做副相。不久，在知枢密院事陈升之及王安石的建议下，设立专门的变法机构"制置三司条例司"作为变法的指导机构。王安石的变法主要集中在经济方面，想通过理财达到"民不加赋而国用饶"的目的。当时，一些官员用祖宗之法不可变、自然灾害和舆论等手段，作为攻击变法派的口实。对这些舆论，王安石置之不理，提出了著名的"三不足"论断，即"天变不足畏，祖宗不足法，人言不足恤"。从熙宁二年七月中旬开始，新法陆续推行，主要落实在富国、

◎王安石变法。王安石在宋神宗的支持下，顶住各方面压力，力行变法。

强兵和培养变法人才三个方面。其中富国之法包括：青苗法、募役法、方田均税法、农田水利法、市易法、均输法等。强兵之法包括：保甲法、保马法、将兵法、军器监法等。培养人才方面：废除明经科，进士科专考经义和时务策，整顿太学，实行三舍法。

通过这些变法，宋廷的财政明显好转，军队的战斗力有所提高，在与西夏的一些战斗中取得胜利。王安石执政期间，还派章惇（dūn）开发南方湘西地区，支持王韶经略西北河湟地区，并且击败了交趾的入侵。然而，王安石变法并不是一帆风顺。宋神宗变法的意志不是十分坚定，再加上保守派的激烈反对，王安石推行变法举步维艰。

熙宁七年（1074 年），恰好遇上春旱，太皇太后曹氏及神宗生母向太后高氏流着眼泪说："王安石变法乱天下。"神宗在两宫的压力下，再加上对新法的怀疑，于是罢免王安石相位，用韩绛为宰相，吕惠卿为副相，继续推行改革。吕惠卿一心想取代王安石，事事迎合神宗，引起民间骚乱。韩绛于是请求神宗重新起用王安石担任宰相。第二次任相，王安石企图通过统一思想推进变法，于是制定了《三经新义》作为太学教材。然而，改革派内部分裂，自己身患疾病，神宗对变法态度冷淡，这一切都让变法变得困难重重。尤其是熙宁九年六月，儿子王雱（pāng）病逝，更是让王安石心灰意冷。王安石于是上书请求解除职务，退居江宁，直到去世。

不久，神宗亲自主持变法，在加强新法力度的同时，改革官制，这就是有名的"元丰改制"。元丰四年，宋朝进攻西夏灵州时惨败。次年，宋军又在新建的永乐城（银川寨）被西夏军大败，损失一万二千多人。神宗得知消息后，早朝时对着辅臣痛哭流涕，彻底放弃了讨伐西夏的念头，抑郁成疾，三年后病重而亡。

元祐党争

　　王安石变法在王安石罢相、神宗去世后依然产生了巨大的影响。北宋朝廷内围绕着是继续坚持改革还是照旧统治，进行了激烈的争辩，最后发展成党派斗争，改革脱离了原来的意味，成为权力斗争的工具。

　　神宗在忧郁中死去，然而他所推行的新政却给北宋中后期政治产生了巨大的影响。神宗虽然进行了一定程度的改革，缓和了社会矛盾，但是三冗现象并没有从根本上解决。北宋朝廷内围绕着是继续坚持改革还是照旧统治，进行了激烈的争辩，最后发展成党派斗争，并且越演越烈。改革脱离了原来的意味，成为权力斗争的工具，大宋内部消耗不已，直到北宋灭亡。

　　元丰八年（1085年）三月，神宗长子、年仅十岁的哲宗即位，政权完全掌握在太皇太后高氏手中。这时，闲居洛阳的保守派代表人物司马光，在程颢（hào）的鼓动下到京城观察政治动向，这引起了高太后的注意。高太后不久即起用保守派代表人物司马光与吕公著为宰执，开始逐渐废除新法。元祐元年，以司马光为首的保守派开始全面废除新法，改革派与保守派之间进行了日益激烈的斗争。同时，保守派阵营内部，在全面废除新法，还是局部废除新法、保留部分有益新法

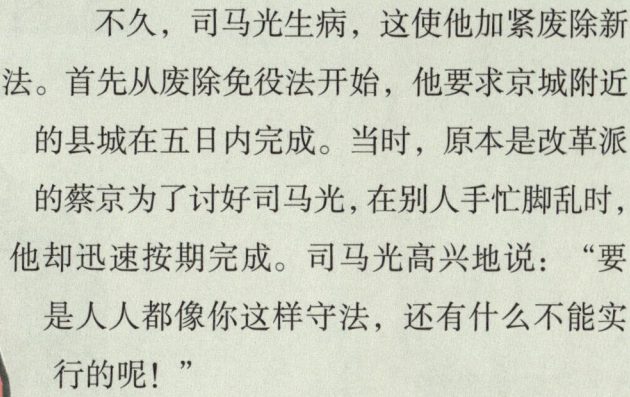

的问题上，产生了巨大的分歧，以致于引起了保守派内部的激烈争论。

不久，司马光生病，这使他加紧废除新法。首先从废除免役法开始，他要求京城附近的县城在五日内完成。当时，原本是改革派的蔡京为了讨好司马光，在别人手忙脚乱时，他却迅速按期完成。司马光高兴地说："要是人人都像你这样守法，还有什么不能实行的呢！"

保甲法、方田均税法、市易法等纷纷被废除，但大多废除都是改头换面，因为王安石的改革中是有合理因素的。王安石在金陵闲居，听说朝廷要变其法时，不以为意。当听到司马光要废除免役法时，惊讶失声道："连这个也罢除？"良久，又说道："这项法令最终是不可能被废除的。想当年，我与先帝议论了两年才实行，其中利弊算计无疑。"王安石看着一个个自己耗费心血建立的新法被逐渐废除，不免心情抑郁，终于一病不起。

司马光在年初生病时，曾将青苗、免役、将官三项新法以及与西夏的战事没有结果，视为让他死不瞑目的"四患"。为了加速废除新法，他甚至

◎司马光像。早在王安石变法时，司马光便竭力反对，强调祖宗之法不可变。待到王安石辞归故里，神宗去世后，他终于有机会将新法尽行废除。

27

1087	1087	1087	1092
正月，宋册封李乾顺为西夏国王	三月，高丽遣使贡于辽	八月，蜀洛党争开始	日本国遣使贡于辽

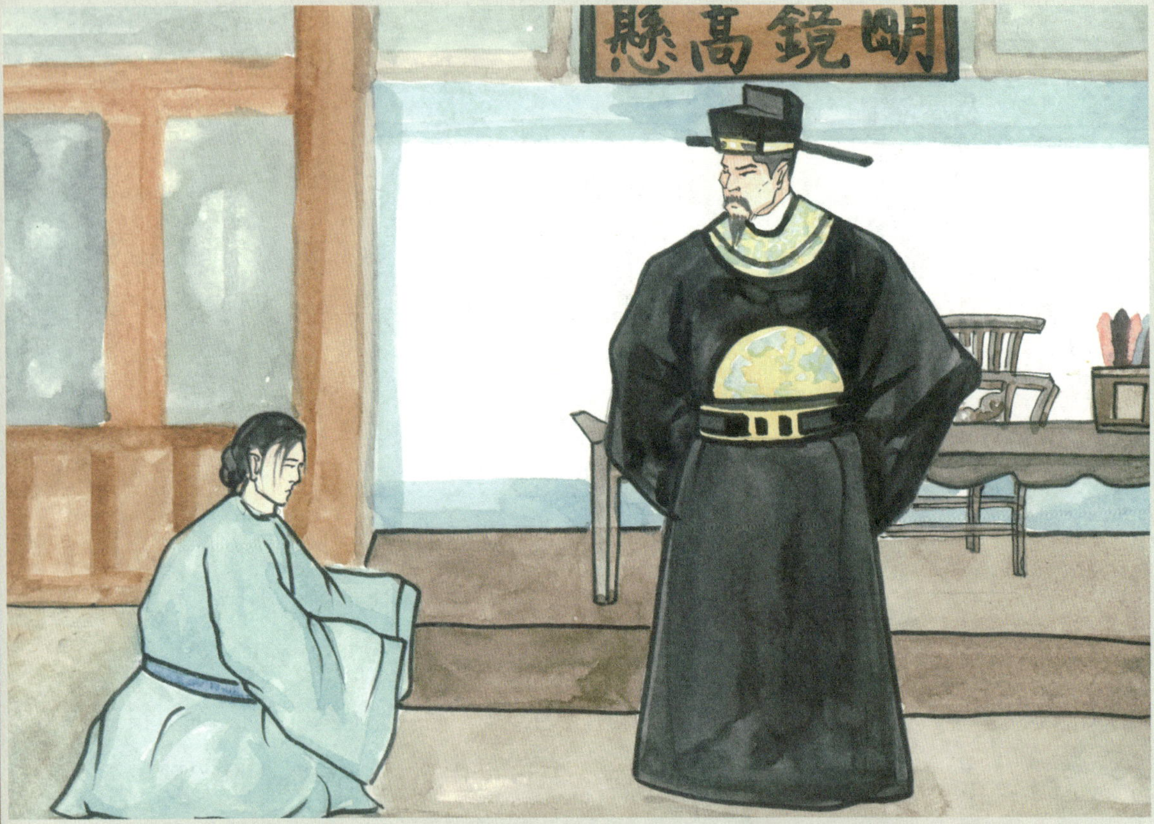

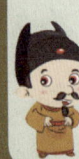

◎阿云杀夫案。此案成为北宋中期新旧两党党争的一个博弈点。

不顾病体，夜以继日。到八月时，他消除四患的任务总算“完成”。九月初，病卒。早在十七年前，司马光就与王安石在政见上展开了激烈的争论，但神宗还是选择了王安石。一气之下，司马光请求闲职，居住在洛阳，潜心编撰《资治通鉴》，等待局势变化。到晚年，终于等到时机，在与王安石的斗争中扳回一局。从北宋有名的阿云“杀夫”案，也可以看出两人的斗争。

熙宁元年八月，登州女子阿云，年仅十三岁，正值母丧，却被叔叔卖给韦高。阿云为了抵制婚姻，乘韦高晚上在田舍睡觉时，想要杀害他，连砍十几刀，可能因为害怕和黑夜的缘故，只伤其一指。韦高惊醒后，阿云逃跑，不久自首。案子到刑部，认为应当以谋杀亲夫的罪名，判定死刑；但是，大理寺丞许遵则认为，夫妻关系并不成立，由于犯人没有杀人致死，并且自首，应当罪减两等，以故意杀人罪判处。神宗于是就此案征询司马光、王安石的意见。司马光支持刑部的意见，王安石则支持许遵的意见。最终，经过争议后，神宗与王安石一道主张宽刑于民，只判处了阿云徒刑，不久阿云遇赦被释放回家。十七年后，司马光主政，重新翻出此案，一口咬定婚姻有效，把已嫁为人妇的阿云判处斩立决，但是他并没有为韦高平反。

司马光去世后，保守派内部的意见分歧显现，逐渐分化为以地域性为主的洛、蜀、朔三党。其代表人物分别为程颐（yí）、苏轼、刘挚，其中蜀党、洛党在政治见解上进行斗争，史称"蜀洛党争"。此后三党党争不已，不能协同改善政事，不断相互攻击，在元祐后期的政事上没有多少实质性的政绩。

元祐党争，首先是从废除改革派的新法开始，保守派与改革派斗争，改革派被驱逐出朝廷，后面则有保守派内部的相互攻击。到了哲宗亲政时，起用改革派人士，于是保守派又被改革派疯狂打击，为了报复打击，已经到了是非不分的地步。新旧党争给北宋中后期政治造成了巨大的影响。在熙宁变法以前，皇帝是超越于党争之上的，但在神宗与王安石共定"国是"以后，皇帝事实上已与以宰相为首的执政派联成一党，不复具有超越的地位。到了徽宗时期，将章惇贬逐于外，改用韩忠彦、曾布为相，试图化解新旧党争，但党争已是无可化解。徽宗只好启用蔡京。蔡京当政后，与宦官童贯等勾结，打着新法的旗号，立"元祐党籍碑"，将司马光等人一一定为奸党。然而，新法早已经名存实亡了。

靖康之耻

"靖康耻犹未雪，臣子恨何时灭。"岳飞《满江红》诗中描绘的是洗刷靖康之耻，还我大好河山的激情篇章。但靖康之耻是怎样的回事呢？

12世纪初，东亚地区政治格局发生了变化。女真，一个有着悠久历史的民族，他们的祖先最早可以追溯到先秦的肃慎，主要活动在今东北地区的三江流域。隋唐时称靺（mò）鞨（hé），其中以黑水靺鞨、粟末靺鞨两个部落势力最大。生女真完颜部一直过着游牧生活，直到10世纪初才定居下来，过着农耕生活。10世纪中期，完颜部接受了辽朝的节度使官职，成为统一女真诸部落的核心。辽天庆四年（1114年），完颜阿骨打顺应女真反抗长期压迫的要求，正式举兵反辽，并于第二年正式称帝，国号"大金"。建国后，阿骨打不失时机地向辽发动攻击。早已腐朽堕落的辽朝统治者，已经失去了建国初的团结进取精神，内部权力斗争不止，被金军打得大败。

宋元符三年（1110年）正月，年仅二十五岁的哲宗去世，无子。向太后与宰执大臣商讨继位之君，宰相章惇提出立简王赵似，而向太后则主张立端王（赵佶）。章惇厉声反对道："（赵佶）轻佻不可以君天下。"但向太后坚持立端王为帝，再加上曾布、蔡卞等的附和，最终赵佶（jì）登

基。赵佶是中国历史上有名的昏君宋徽宗，他最终将北宋推上了灭亡的道路。他继位之后，向太后"权同处分军国事"，还拿出一番励精图治的模样。不久，向太后去世，在童贯和邓洵武的推荐下，他起用奸臣蔡京为相。

北方金国攻打辽国的节节胜利，让好大喜功的徽宗看到了收复燕云十六州的机会。宣和二年（1120年），宋朝以买马的名义，派赵良嗣等从登州出发渡海到辽东，此时金太祖完颜阿骨打正在攻打辽上京。赵良嗣等晋见金太祖，商议夹攻契丹，收取燕云旧地的事情。经过双方谈判，最后商定：金攻取辽中京大定府，宋攻取辽的燕京析津府；灭辽之后，燕云地区归宋，宋把每年给辽的岁币给金国。史称宋、金"海上之盟"。盟约签订后，金朝如约对辽展开新攻势。但是正当北宋统治者集结军队准备攻打南京时，由于花石纲引起的方腊起义在江浙地区爆发，宋徽宗慌忙派这支集结的军队去镇压起义，没有如约出兵。

直到宣和四年（1112年）五月，童贯才率领十万大军向燕京出发。结果在卢沟被辽军阻击，自乱阵脚，在慌乱中烧营而逃。宋朝军队的不堪一击，暴露无遗。童贯为了掩饰失败和逃避罪责，暗中派人到金营见金太祖，约请金攻打燕京。年底，金军攻占燕京，辽南京臣僚奉表投降。

金军攻占燕京后，宋开始向金交涉燕云地区的接管问题。女真贵族在攻城中，看见宋军腐败、将帅无能，以种种借口拒绝履行条约，只答应将燕京所辖的六州交还给宋朝。宋朝不但全盘接受，还愿意给金每年岁币四十万外，另加一百万贯作为燕京的代税钱。在得到宋的许诺后，金军把燕京的财物和人口全部掠走，宋朝只得到几座空城。金交割燕京给宋时，改平州为南京，并任命原辽国的平州守将张觉继续留守平州。燕京官民北迁路过平州时，请求张觉归附宋朝。张觉暗中与宋联系，起兵反金，结果平州城被攻破，张觉逃到燕京。金人指

◎靖康之耻。宋徽宗、宋钦宗以及后妃、宗室、官员等三千余人随金兵北上。一路上饱受折磨，尤其妇女遭受蹂躏者更多，到达金国后，只剩下一千几百人。

名要宋军交出张觉，宋朝竟然杀了张觉，将他的人头献给金朝。这对原辽国降宋的将领产生了巨大的消极影响。

宣和七年（1125年）十月，金朝以宋收纳降将张觉为借口大举进攻，开始了灭亡北宋的战争。当金军南下的消息传到开封，宋徽宗惊慌失措，把京城禁军交给宦官梁方平，让他守卫黄河北岸，并下罪己诏，让各路军勤王；一面立刻传位给太子赵桓，自己则带着童贯、朱勔（miǎn）等逃跑到江南避难。宋钦宗继位后，改元靖康。

驻守在黄河北岸的北宋禁军，一见到金兵就狼狈溃散。金军于是向开封进逼，主和派竭力煽动钦宗离京逃跑，被主战派李纲两次劝阻。宋钦宗于是起用李纲，布置京城的防御，战守初具规模。金军统帅完颜宗望见宋各路勤王军已陆续到达，开封城军民群情激昂，自己又孤军深入，于是匆匆撤军北退。金军退后，宋钦宗以为太平无事，遣还各地勤王之师，再次罢免李纲，根本不作抗金的准备。宋徽宗也回到了开封，北宋朝廷又恢复了"文恬武嬉"的故态。

靖康元年八月，金兵经过几个月休整后，以宋不履行割让三镇为借口，再次南侵。由于宋军没有任何防御准备，金军很容易再次渡过黄河，包围开封。此时，宋徽宗等竟然荒唐地派骗子郭京等带领所谓的"六甲神兵"出战。结果一出城就被金军击溃，郭京大败后出逃，于是开封城被金军占领。

从靖康二年（1127年）正月，金军在开封城大肆搜刮宫廷内外府库及官民的金银财帛。三月，金主下诏废宋徽宗、宋钦宗为庶人，并立一向主和的张邦昌为楚国皇帝，统治黄河以南地区，史称"伪楚"。四月，金军将徽宗、钦宗二帝和后妃、皇子、宗室，连同朝官共三千多人一起押解北撤，宋朝皇室也被洗劫一空。北宋亡。

泥马渡康王

金军第二次南侵时宋钦宗为了议和，派康王赵构前往河北的金东路军军营求和。赵构达到磁州时拜谒了城北的崔府君庙。庙吏抬应王轿舆、拥庙中神马，请康王乘归馆舍。赵构第二天返回相州。正是这一突发事端，成为南宋官私记载中极力渲染的"泥马渡康王"故事的缘起。

靖康元年（1126 年）八月，金军第二次南侵。宋钦宗为了议和，派康王赵构前往河北的金东路军军营求和。途径磁州时，发生了一系列事件，成为赵构命运的转折点。

赵构达到磁州时，曾由宗泽陪同拜谒（yè）了城北的崔府君庙。当地人称为应王祠，这个庙位于通往邢州的驿道侧旁。众多百姓担心康王取道于此继续北行，聚集在府庙周围呼喊着劝谏。进入祠堂后，康王卜得"吉"签。庙吏抬应王轿舆、拥庙中神马，请康王乘归馆舍。纷乱中，群众误认力主使金的副使王云为金人奸细，把他杀死，赵构则留了下来，并于第二天返回相州（今河南安阳）。正是这一突发事端，尽管当时使赵构惊惶不安，其后却成为南宋官私记载中极力渲染的"泥马渡康王"故事的缘起。南宋人假托太学生陈东所做的《靖炎两朝见闻录》中记载了这一事情：

康王答应了宗泽的请求，不出使北方，打算偷偷回去。听说去年斡离不（完颜宗望）亲自遣送康王回国后，十分后悔，又得知康王再

度出使，就派遣数名骑兵走小道加快催促他赶路。康王一人骑着马，四处躲避，在赶路中感到困乏，因此在崔府君庙里休憩，不觉疲劳，就靠在台阶边假寐。一会儿，忽然有人喝道："赶快起来上马，追兵快到了！"康王说道："没有马，怎么办。"那人回道："已经备好了马，请大王赶快加鞭。"康王环顾四周，果然有一匹马在身旁，于是翻身上马，一夜间奔行七百里。突然，马僵立走不动了，康王下来一看，原来是崔府君的泥马。

此时赵构不在开封城内，因而避免了被掠北去的命运。随后他收集人马，率部前往应天府。公元1127年五月，赵构即位于应天府，是为宋高宗，并改元为建炎元年（1127年），重建赵氏王朝，后迁都临安，史称南宋。

高宗即位后，依旧派人向金奉表请和，但金太宗决定消灭南宋。然而，金在先集中兵力平定河北、再南下灭宋，还是先平定陕西以控制西夏、再灭南宋问题上，争论不已，直到十月才决定两路同时出击。而宋高宗等一行已经在十月乘船南逃到扬州了。在金军南下灭宋、高宗南逃同时，北方和江淮地区义军抗金斗争，有力地牵制了金军南下，使得宋高宗有时间喘息，在南逃中组织军队抵抗。

建炎三年正月，东路金军南下攻占徐州、泗州，渡过淮河。二月初，金朝完颜宗翰派兵奔袭扬州，次月初即攻陷天长（今安徽天长），前锋距离扬州城仅有数十里。一天深夜，高宗正与一位宫女寻欢作乐，突然宫外大呼"金兵渡江了"。高宗得报后，未告知他人，慌忙中带着少数随从乘马出逃，赶到瓜州（位于今扬州南部长江边）渡江逃跑。金军追到扬州，得知高宗已出逃，又追到瓜州，没有结果，于是回扬州劫掠焚烧后北返。

宋高宗逃到杭州后，因为扬州防守不力将黄潜善、汪伯彦等贬

◎宋高宗赵构乘马渡江而逃，躲过了金兵的追赶。

任地方官。三月，任命朱胜非为宰相，任命御敌无策导致扬州溃退的御营司都统制王渊为同知枢密院事。这引起了将领苗傅、刘正彦的不满愤恨，加上武将们对高宗身边宦官的专横跋扈久已不满，于是发动兵变，杀死了王渊及宦官百余人，并逼迫宋高宗退位，由宋高宗三岁的儿子赵旉（fū）即位，孟太后垂帘听政，改元为明受，史称"苗刘之变"。虽然叛乱被韩世忠率兵赶来平定，但这件事却给了高宗极大的刺激——他那三岁的独子赵旉在惊吓中不久死去，他对自己地位不稳固以及武将的跋扈也有了深刻的认识。

赵构在徽宗的儿子中排行第九，母亲是个宫女，地位低下，怎么也轮不到当皇帝的。赵构也不得徽宗宠爱，因此连金军也看不上，但这种不幸却使他成为漏网之鱼。在北宋宗室北迁时，他有了机会重建宋朝。高宗为了稳固地位，一方面对威胁自己皇位的漏网宗亲设法弄死，另一方面抓住机会大肆宣扬自己是天命所归。"泥马渡康王"传说此后也被官方高度宣传。

1127	1128	1128	1128	1132
三月，金将兀术率军北归，在黄天荡几乎全军覆没	金立刘豫为子皇帝，建"伪齐"	高宗重用秦桧，以求和为主	宋开始发行交子	金攻打陕西失败，改为防守

绍兴和议

　　高宗即位后，表面上做出抗金的姿态，暗地里却派人偷偷议和。金军进攻南宋也屡遭挫折，感觉没办法短时间内消灭南宋，就派了秦桧回南宋，让他劝说宋高宗投降。宋高宗和金人的计划能够实现吗？

　　高宗恢复帝位后，前往江宁府（改成建康府），做出抗金的姿态，但暗地里遣使向完颜宗翰求和，遭到完颜宗翰的拒绝。金军占领建康后，宋高宗惊慌失措，开始了海上流亡，而金军则紧追不舍。建炎四年正月初，宋高宗逃到台州（浙江临海）海面。金军已占领明州，乘船入海追击，在昌国附近被张公裕所率水军击败。金军自知水军不如南宋，放弃了继续追击，焚烧明州后退兵，不久沿着大运河北上。三月中旬，金将兀术率部北归，在黄天荡被韩世忠水军拦击，几乎全军覆没。

　　金太宗派军渡江灭亡南宋的计划不仅未能实现，反而在北归时差点命丧江中，深感不能短时间内消灭南宋，于是在黄河以南建立傀儡政权，作为宋金的缓冲区，转而集中精力巩固黄河以北的统治。建炎四年（1130年）十月初，金监军挞（tà）懒放秦桧回南宋，让他劝说高宗投降于金。宋高宗重用秦桧以表示向金求和，绍兴元年（1131年），即任命秦桧为参知政事，同年八月又升任右相兼知枢密院事，执掌军

1132	1133	1134	1137	1140
宋将陈规创竹竿火枪击敌	岳飞控制江州段，成为南宋临安政府的西南屏障	岳飞收复襄阳	高宗让秦桧跪接金熙宗诏书	金军分四路南下侵宋，被岳飞等击败

政大权，标志着以求和为主的政策转向。

与此同时，岳飞也着手进行收复长江中游襄阳地区的斗争。建炎四年十二月，高宗任命张俊为江南招讨使，讨伐盘踞在江淮数州的流寇李成，并命通泰镇抚使岳飞的部队归属张俊。绍兴元年正月，张俊和岳飞收复江州，李成退向江北，后归附伪齐。岳飞被留在洪州以镇抚江西地区，不久因为战功卓著升任神武军副军都统制。绍兴三年，岳飞又奉命扫清长江中游的农民起义军，以便控制长江中游江州段，成为南宋临安政府的西南屏障。岳飞到临安朝见高宗时，高宗亲自书写"精忠岳飞"军旗赐予他，岳飞所率的部队也改为神武后军，成为南宋五大主力军之一。绍兴四年春，岳飞奏请出兵收复襄阳，作为恢复中原的根本。由于岳飞率军英勇作战，在八月下旬即收复襄阳地区，将南宋中部防线由汉水北推至淮水一线，大大稳固了南宋政权。

绍兴七年，金朝统治内部主和派挞懒掌握实权。二月，宋高宗派王伦为使者，乘迎奉徽宗灵柩（jiù）回朝的机会，向金传达求和之意。十一月，金废除伪齐，左元帅挞懒护送王伦归宋时，表达了议和之意。绍兴八年，宋高宗决心向金求和，遂定都临安府，十月任命秦桧为宰相，单独主持降金议和的事情。十一月，金朝派张通古为使者，随王伦到南宋，按属国的地位，宋高宗必须跪接金熙宗的诏书，这遭到文武大臣和临安市民的激烈反对。宋高宗想极力跪接诏书，甚至说："以前在明州（指下海南逃事）时，我想跪百次都不被理睬啊！"但高宗还是以自己居丧为由，让秦桧跪接金熙宗诏书，南宋君臣终于完成了臣属金朝的典礼。南宋每年向金交纳银五十万两、绢五十万匹，金把河南、陕西地区划归给南宋。

南宋与金签订的议和条约，招致一片反对声，抗金名将岳飞更是

◎岳飞率领八百骑兵迎战金兀术。岳飞统帅的岳家军军纪严明、英勇善战，加之岳飞指挥得当，因而成为南宋初年抵抗金兵的一支劲旅。

极力反对。绍兴九年，正当高宗与秦桧庆贺议和得逞时，金朝统治集团内部发生了巨变，主战派兀术在首相斡本的支持下，诛杀挞懒等，并撕毁条约。正当南宋派人接管河南、陕西时，金兀术已经率军南下。绍兴十年，金军分四路兵南下侵宋，

　当金兀术南侵时，宋高宗命令韩世忠、岳飞和张俊兼任河南、河北招讨使，摆出收复失地的架势，其实只是希望稍微抵挡一下金军，而随时准备班师回朝。岳飞却以为北伐中原的时机到了，派张宪先后攻下蔡州（今河南省汝南）、颖昌府（今河南许昌东），后与牛皋合师攻下宁府城；另一军队在王贵的率领下，继续北上攻占郑州，袭取中牟县（今河南中牟县），距离金军指挥中心仅百里之遥，不久又西

40

1141

六月，宋造克敌弓

1141

宋高宗解除岳飞等人
的兵权

1141

十一月，宋金签订议
和条约，南宋称臣

1141

高宗处死岳飞

上攻下洛阳。金兀术不甘心失败，率一万精兵奔袭郾（yǎn）城，遭到岳飞军队的阻击，金军大败。金兀术奔袭郾城失败后，又派三万多人马，于七月中旬进攻颖昌府城，岳飞派八百骑兵冲入金军阵营，经过几十个回合恶战，直到中午，仍不分胜负。岳飞部下董先、胡清率领两支生力军出西门突入，金军终于溃败而逃，宋军杀敌五千，俘敌二千、马三千。金军在平原上向来以骑兵取胜，但在与岳家军的较量中屡屡失败，以致于金兀术自叹道："撼山易，撼岳家军难！"

正当岳飞节节胜利时，宋高宗害怕失去与金求和的机会，连发十二道诏书，要求岳飞班师回朝。岳飞军队北伐以来，连续进行战斗，得不到修整，如果违反诏令贸然进军，得不到其他宋军的配合，难免孤军深入。而且金兀术并没有丧失主力，因此岳飞权衡再三，决定班师回朝。

绍兴十一年四月下旬，宋高宗宣布韩世忠和张俊、岳飞任枢密正副使，明升暗降，不久罢宣抚司，解除了三人的兵权。九月，秦桧联合张俊谋杀岳飞，指使王俊告岳飞部下张宪谋反，将他逮捕，不久也将岳飞、岳云父子逮捕入狱。绍兴十一年十一月，宋金签订议和条约：以淮河西到大散关为界，将唐、邓二州让给金；南宋称臣，每年给金白银二十五万两、绢二十五万匹。南宋与金签订和议后，高宗即以"莫须有"的罪名将岳飞与张宪处死。宋朝在战胜的情况下，弃地求和，因为宋高宗害怕金军放出宋钦宗作为傀儡与他抗衡。

绍兴和议是南宋与金订立的屈辱和约之一，"绍兴和议"后，宋、金之间维持了近二十年的和平，从此北方汉人不但完全在名义上成为金国臣民，而且不能南逃，否则将被遣返。这造成了北方汉人没有选择地成了宋的敌国子民，以致宋朝实力大损。

| 1161 | 1161 | 1161 | 1161 |

九月，金完颜亮大
举攻宋

十月上旬，金世
宗继位

十月下旬，宋军歼灭
金胶县全部水军

十月，金军渡淮河

张浚北伐

"遗民泪尽胡尘里，南望王师又一年。"这是大诗人陆
游在 1192 年秋天被罢斥归故乡时所做的《秋夜将晓出篱门
迎凉有感》中的一句，描写了沦陷区百姓盼望朝廷军队前来
收复失地，可是一年又一年，他们所等来的只有失望和痛苦。
张浚北伐能改变这种现象吗？

绍兴和议以后，奸相秦桧开始长期擅权，担任宰相。因为金朝统
治者把秦桧是否掌权看作宋高宗是否对金屈服的标志，并且还拿捏着
赵桓这张牌。秦桧掌权后，在杀害岳飞、排斥韩世忠后，为了独揽大
权，又迫使张浚辞职。秦桧公开受贿，一门富贵，亲党故旧无不高升。
绍兴二十五年（1155 年）正月，出现了殿前司低级军官施全，乘秦桧
坐轿上朝时刺杀未遂的事件。秦桧因此受到惊吓，在九月开始生病，
于十月去世。奸臣秦桧死后，上自官员，下自田夫野老，无不庆贺。

北宋初年，宋太祖赵匡胤暴卒，他的弟弟赵光义继位。虽然太宗
一脉拥有天下，但这件疑案不免落人口实，成为宋皇室的心病。北宋迅
速瓦解，被金所灭；新建南宋王朝，被金军追赶，颠沛流离。在这样的
形势下，"太祖之后当有天下"的传言十分盛行。孟太后也认为赵匡胤
对其弟夺位不满，因而导致太宗一系子孙远囚异域，日有所思，夜有

1161
十一月初，采石之战

1161
十一月下旬，金军占领扬州

1161
十一月，完颜亮被部将杀于扬州，金军北返

1162
金内乱不断，宋高宗接受金讲和

所梦，并告诉了高宗，高宗醒悟。在扬州逃溃时，高宗失去了生育能力，不久丧失独子，于是打算立太祖之后，以慰太祖在天之灵。绍兴二年，将赵伯浩、赵伯琮（cóng）等选入宫中，召见时恰好有猫经过，赵伯浩用脚踢猫，而赵伯琮静立未动，于是赵伯浩被认为性格轻浮而被退回。赵伯琮由张婕妤抚养。绍兴四年，吴才人争宠，也请求收养一个孩子，于是选宗室子赵伯玖入宫。高宗对两人经过漫长的考察，直到绍兴三十年才暂时确立赵瑗（赵伯琮）为皇太子。绍兴三十二年（1162年）六月初，高宗完成与金世宗议和后，于中旬禅位给赵昚（shèn）（赵瑗），自己当太上皇，移居德寿宫，颐养天年。

孝宗继位后，决心用武力改变宋金关系。隆兴元年（1163年），

◎赵伯浩、赵伯琮二人备选太子。赵伯琮最后当选，是为宋孝宗。他继位后重视农业生产，整顿吏治，平反岳飞冤案，锐意收复中原，成为南宋最杰出的皇帝。

| 1162 | 1162 | 1163 | 1163 | 1164 |

六月，高宗禅位于孝宗

七月，高宗给岳飞平反

二月，宋逐秦桧党人

五月，符离之战，宋败

十二月，隆兴和议达成，宋纳岁币，此后宋金维持了40多年的和平

孝宗起用张浚为枢密使。五月初，张浚命宋将李显忠、邵宏渊率军六万，号称二十万，分别渡淮北上。战争之初，李显忠顺利占领灵璧（今安徽灵璧），邵宏渊围攻虹县不下。李显忠率军助攻，金守将却未经战斗即向李显忠投降，这引起邵宏渊的忌恨。宋军乘胜攻下淮北重镇宿州，孝宗即命李显忠、邵宏渊准备收复北宋旧土。这时，金左副元帅纥石烈志宁亲率精兵十万，攻打宿州。李显忠驻军城外，主动迎击，双方恶战，金军败退，各伤数千人；邵宏渊被恶战吓倒，当金军再攻时，邵宏渊部将率军逃跑。李显忠知道宿州已不可守，于是趁打退金军攻城之时，率军撤退，金军以为计谋没有追击。由于宿州旧名符离，史称"符离之战"。

符离之战使主战派受挫，秦桧党羽汤思退于七月出任右相，与左相陈康伯立主求和。金人也遣使者致书南宋，称可改金宋的君臣关系为叔侄关系，并索取宋占领淮北的金旧地。宋高宗得知后，十分高兴，但孝宗不想退回新占土地。宰相汤思退请孝宗向宋高宗请示，孝宗一气之下将汤思退罢免（不久贬死），但顶不住高宗的压力，最终接受议和。隆兴二年十二月，宋金重新签订合约，规定：宋金关系由君臣关系改为叔侄关系；"岁贡"改为"岁币"，银绢各为二十万两匹；南宋放弃所占海、泗、唐、邓、商、秦六州，双方疆界恢复绍兴和议时原状。

隆兴议和是基于一种新的政治地缘的实力平衡，金朝的让步在于内部的不稳定，而宋朝的妥协则在于战场上的不争气。隆兴和议后，宋金关系再度恢复正常，直到南宋开禧北伐。

鹅湖之会

　　隆兴和议后，宋孝宗整顿内政，是南宋政治最清明的时期，形成了南宋经济文化最为繁荣的时期。理学大师朱熹与心学派创始人陆九渊及其季兄陆九龄在鹅湖寺举行了激烈的争辩，成为中国思想学术史上的佳话，这就是著名的"鹅湖之会"。

　　南宋初年，理学派兴起。由于北宋末年蔡京打着新学派与崇奉王安石旗号进行腐朽的统治，当金军南侵之际，被蔡京起用的理学家杨时，乘机攻击新学派，试图取代新学的官方主流地位，为人所不齿。南宋建立初期，南宋理学家杨时、宋高宗及大部分官员，都将北宋的灭亡归结为王安石与新学派的罪过，以此来掩饰宋徽宗昏庸统治导致北宋灭亡的事实。秦桧也与理学派人士有着千丝万缕的关系，曾暗中支持和提拔理学派人士，后来被理学派极力掩盖。

　　隆兴和议后，宋金暂时处于和平关系，宋孝宗于是转而整顿内政。孝宗在位期间，注意吏治，慎选官员，惩治腐败，形成了良好的政治风气，是南宋政治最清明的时期。他还关心民间疾苦，轻徭薄赋，兴修水利，改善纸币流通状况，形成了南宋经济文化最为繁荣的时期。孝宗在学术政策上一改高宗树立一派打击一派的做法，兼收并蓄，形成了有利

于百家争鸣、各个学派自由发展的学术环境。这一时期，除了王安石的新学仍是主流学派外，原有的理学、蜀学两派都有了新的发展。

鹅湖山位于武夷山的支脉山峰，在今江西省东北的潜山县。唐代大义禅师在鹅湖峰顶建禅院，北宋初年禅院移至山下，后人称此院为鹅湖寺。淳熙二年（1175年）六月初五，理学大师朱熹与心学派创始

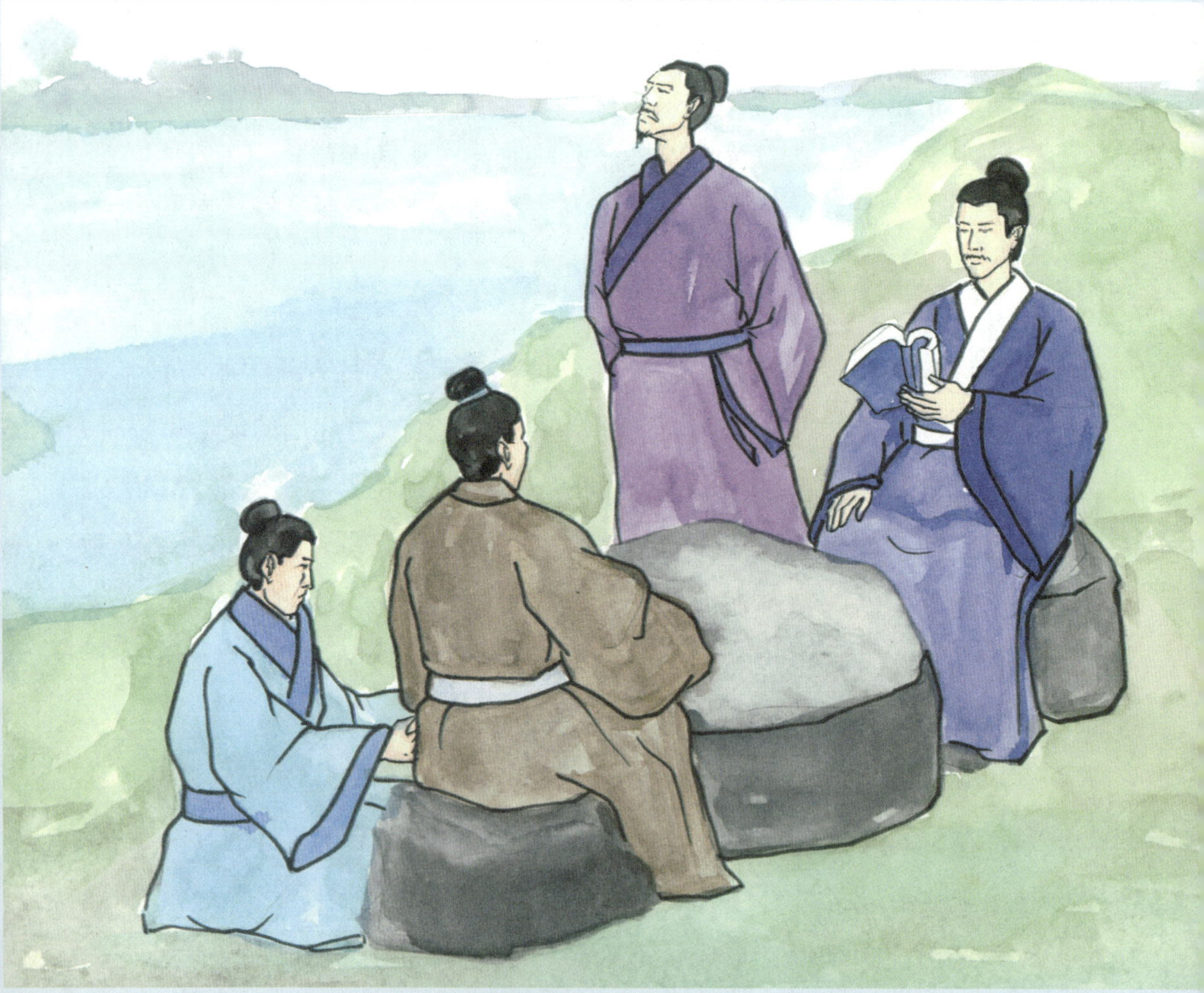

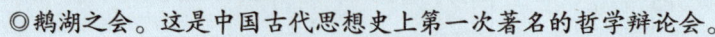

◎鹅湖之会。这是中国古代思想史上第一次著名的哲学辩论会。

1183

金祭孔子

1184

五月，金世宗至上京，
倡导女真风俗

1184

七月，宋禁将领于屯
田驻地私置田产

人陆九渊及其季兄陆九龄在鹅湖寺举行了激烈的争辩，成为中国思想学术史上的佳话，这就是著名的"鹅湖之会"。

朱熹，字元晦，又字仲晦，号晦庵，晚称晦翁，谥文，世称朱文公。祖籍江南东路徽州府婺源县（今江西省婺源），出生于南剑州尤溪（今属福建省尤溪县）。曾先后担任过泉州同安主簿、知南康军、知漳州、知潭州、两浙东路平茶盐司等，一生从事讲学和著述，是宋朝著名的理学家、思想家，儒学集大成者，建立了完整的理学体系，世人尊称为朱子。

陆九渊，字子静，江西抚州市金溪县陆坊青田村人，因在贵溪象山聚徒讲学，世称象山先生。曾任靖安主簿、国子正、知荆门军，是南宋著名理学家、思想家和教育家，宋明两代"心学"的开山之祖。

两人在哲学观点及治学方法上的差异，很快发展为争论。当时与朱熹、张栻（shì）齐名的"东南三贤"之一吕祖谦，在宇宙观上倾向于陆九渊，而在认识论上倾向于朱熹。为调和两人的矛盾，他就约请朱熹和陆九渊至鹅湖寺进行争辩，希望两人能达到思想上的统一。

淳熙二年（1175年），吕祖谦先到达福建，与朱熹在寒泉精舍相会，五月末两人到达鹅湖。六月初，陆氏兄弟到达鹅湖。一到鹅湖寺之后，朱陆就展开了激烈的辩论。参加这次鹅湖之会的人数有百人之多，多为浙江、福建、江西的学者，实为一时盛会。

会议一开始，气氛就显得相当紧张。陆九龄赋诗说：

孩提知爱长知钦，古圣相传只此心。

大抵有基方筑室，未闻无址忽成岑。

留情传注翻榛塞，着意精微转陆沉。

珍重友朋相切琢，须知至乐在于今。

宋辽金夏

1186
宋诏伪造会子一经使
用即为死罪

1187
十月，赵构卒

1187
十二月，金禁女真人
改汉姓及学南人衣装

陆九龄认为，人有天赋道德之心，强调自古圣贤相传的不过就是这种本心。人应该牢牢地掌握先天具有的良知良能，这是入圣成贤之根本，何必将精力耗费于诠释古人经典，探求什么精微之义上呢？当陆九龄此诗才念到一半，朱熹就听出了意思，他对吕祖谦耳语道："子寿早已上子静船也。"认定陆九龄所持的乃是与其弟完全相同的观点。紧接着，陆九渊也作诗一首：

墟墓兴衰宗庙钦，斯人千古不磨心。

涓流滴到沧溟水，拳石崇成泰华岑。

易简工夫经久大，支离事业竟浮沉。

欲知自下升高处，真伪先须辩只今。

"易简工夫经久大，支离事业竟浮沉"，这是讥讽朱熹在为学上搞旁枝末节，自己的"简易功夫"才是长久之道。朱熹一听此句，就很不高兴，当然不能接受。双方激烈地辩论了三天。会上，陆氏兄弟联手，似乎占了上风。最后会议于六月八日结束，双方不欢而散。

朱陆之争是由于二人治学方法的不同所引起，双方的鹅湖治学方法之争辩在学术文化史上产生了重要影响，促进了当时学术思想的发展，使得双方的观点进一步明确，各自在考虑对方批评的基础上，丰富和完善了自己的思想，由此促进了理学的发展。

开禧北伐

　　随着草原上蒙古人的兴起，金朝内忧外患不断，南宋主战派认为收复中原的机会来临了，积极推进北伐。在开禧四年，宋对金展开了全面进攻的姿态，开始了开禧北伐，这次北伐能够实现他们的目标吗？

　　淳熙十六年（1189 年）二月，宋孝宗传位给太子赵惇（dūn），是为宋光宗。

　　光宗即位初，也重视朝政，减刑薄赋，关心民间疾苦。但是光宗皇后李氏，性格剽悍残忍，又喜欢揽权。光宗有一次看到一个宫女手白，表现出喜悦之状，不久就接到装着该宫女双手的盒子，吓得魂飞魄散。绍熙二年（1191 年），李皇后乘着光宗去祭祀天地，将光宗的爱妃黄贵妃杀死，以暴病而亡告诉光宗。加上当天正值大风雨，祭祀典礼未能举行。多重打击之下，光宗恐惧成疾，逐渐神志不清。于是，李皇后逐渐掌握朝政大权，又趁机挑拨孝宗与光宗父子关系，使得父子失和。绍熙五年五月，孝宗病重，光宗及李皇后拒绝群臣之请，不去看望孝宗，引起临安臣民恐慌。六月，太上皇孝宗病逝，但李皇后以光宗有病为由，拒绝参加丧礼，使丧礼无法正常举行。七月，知枢密院事赵汝愚发动政变，迫使光宗退位，立嘉王赵括为帝，是为宁宗，史称"绍熙内禅"。

　　此次政变的成功，主要得力于外戚韩侂（tuō）胄（zhòu）和宗

49

1196	1204	1206	1206	1208
金禁道学	南宋封岳飞为鄂王	南宋夺秦桧爵位，否定对金乞降求和的国策	韩侂胄北伐，辛弃疾积极参与	嘉定和议

室赵彦逾。作为吴太后的侄女婿，韩侂胄在劝说吴太后主持禅位大事时起了主要作用。此后韩侂胄节节高升，被封为少师、平原郡王等，虽然没有实权，但权势日盛，成为宁宗早期的权臣。

随着草原蒙古的兴起，金朝屡受攻击，境内又不断发生小规模的农民起义。为防止南宋乘机攻金，金在与宋接壤地区屯兵聚粮，并封锁消息。这反常的举动，使得南宋统治者以为金即将发动南侵战争。不久，南宋知道金朝内忧外患的实情后，主战派认为收复中原的机会终于来临。嘉泰四年（1204年），朝廷建韩世忠庙于镇江，不久又追封岳飞为鄂王，大力表彰抗金名将，鼓舞士气。开禧元年（1205年）七月，权臣韩侂胄被任为平章军国事，位在宰相之上，走上前台。开禧二年四月，又追夺奸臣秦桧的申王爵位，改其谥号忠献为谬丑，全面否定对金乞降求和的国策。

韩侂胄北伐受到当时著名爱国诗人陆游、词人辛弃疾的称颂，后者还积极参加北伐的进程。开禧二年四月，宋对金摆开了全面进攻的态势。金于是布置多种防御措施。然而南宋军队防守有余，对外战斗力不强，虽然

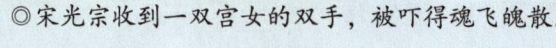

◎宋光宗收到一双宫女的双手，被吓得魂飞魄散。

主动进攻，但经常一触即溃。同年六月，四川吴曦暗中投降金国，被封为蜀王，使宋朝失去一大助力。金于是抽调川陕边境的人马，集中兵力于东、中两路。十月，金全力渡淮南侵，先后攻占盱眙、真州，宋金形势直接逆转。虽然毕再遇坚守楚州时多次打败进攻的金军，但是南宋指挥两淮军事的宣抚使丘崇（chóng）已被派遣去向金求和了。金也有和意，于是退兵淮北，只占领濠州（位于安徽境内，治所凤阳）一城，以便随时渡河南侵。

开禧三年正月中旬，被韩侂胄寄予厚望的吴曦，在金章宗的引诱下，公开叛宋。吴曦的叛变，遭到四川大部分军民的反对。二月末，兴州仓管杨巨源联合中军正将李好义，伪造圣旨，率领一百多人冲入伪蜀王宫，将吴曦杀死。

吴曦的降金使韩侂胄威望严重受挫，而吴曦被杀的消息也没能使韩侂胄放弃北伐。礼部侍郎史弥远于是勾结宁宗皇后，伪造宁宗密旨，指令殿前司长官夏震将权臣韩侂胄杀死，将他的首级送给金。然而昏庸的宁宗在得知韩侂胄死讯后，也不追究原因，使得史弥远奸计得逞。不久，史弥远升为礼部尚书，掌握政府实权，积极进行求和活动。嘉定元年（1208 年）九月，宋金重新签订和议，规定：改金宋关系为伯侄关系；岁币每年由银、绢各二十万两、匹增为各三十万；另给金一次性三百万贯的犒军费（战争赔款），这是宋金间最屈辱的和议。史称"嘉定和议"。史弥远行乞求辱的行为，引起朝野的不满。爱国诗人陆游第二年带着"王师北定中原日，家祭无忘告乃翁"的遗憾辞世。

端平入洛

端平年间，宋蒙联手覆灭了金朝。宋朝军队趁着蒙古主力撤回北方的时机，出兵占领了开封、洛阳。但是因为南宋军队准备不足，在蒙军的反攻之下节节败退。宋军只好弃城南归，这也拉开了宋蒙之间四十年战争的序幕。

嘉定和议后，史弥远升任右相，开始了长达二十年的擅权。奸相史弥远为了改善自己的丑陋形象，表彰朱熹，引用理学人士，大力地倡导理学，以争取理学派人士对他丑恶行径的掩饰。史弥远擅权期间，贿赂公行，朝典法治败坏，甚至直接在家中处理政事，"其上无人主，旁无同列，下无百官士民"。绍定六年（1233 年）十月，奸臣史弥远病死，十一月理宗与史弥远帮凶右相郑清之深知史弥远不得人心，遂改元为端平，以示革新，随即贬斥史弥远朝中党羽。

此时，新兴的蒙古族正崛起于北方草原，并不断向外扩张。蒙古军在进攻金朝时，也不断侵扰南宋川陕边境。绍定六年（1233 年）八月，蒙古军都元帅塔察儿派王檝（jí）出使至南宋襄阳，约宋出兵与蒙古联合进军金哀宗避居的蔡州（今河南汝南）。十月，京湖制置使史嵩之派副都统制孟珙与部将江海率军二万，运粮三十万石，与蒙古军合攻蔡州。宋端平元年（1234 年）正月十一，蔡州攻破之际，金哀宗传位给族人完颜承麟，是为金末帝。传位仪式刚结束，宋军已攻上南城，随即又开西门接蒙古军入城。金哀宗自尽，末帝也为乱军所杀，金亡。

金朝灭亡后，按照宋蒙协议，原金朝统治的河南分为两部分，陈、

1234	1234	1234	1234	1235
六月，宋下诏出师收复三京	六月，收复洛阳失败，宋损失惨重	八月，蒙古兵至洛阳	冬，蒙古派人责问南宋违约攻蒙，要求纳岁币，未果	六月，蒙古大举侵入南宋

蔡西北之州郡归蒙古占领，以南地区则归宋占领。双方军队后撤，蒙古军主力撤回北方，南宋军队也撤回襄阳、信阳等地驻扎。这时，南宋两淮军事将领赵范、赵葵提出乘蒙古主力北撤之机，一举收复北宋三京（洛阳、开封、应天府），随后西据潼关，北守黄河，建立不世之功。宋理宗也想在亲政之时，有所作为。同年六月，宋理宗先令宋庐州（今安徽合肥）知州全子才率军北上，占领开封；又令京河制置使兼淮东制置使赵葵率军五万，经泗州到达开封。两军会师后，又分兵占领洛阳。蒙古军得知宋占领开封和洛阳后，即刻由陕州反攻洛阳。由于这次南宋进军没有认真准备，军队出发后粮饷不济，使洛阳的宋军陷入绝境，而派去支援的宋军被蒙古军阻击，相继溃散。蒙古军又决黄河水灌开封，宋军遂弃城南归。"端平入洛"的失败，使南宋损失惨重，在军事力量上大伤元气。

同年冬，蒙古使者王檝前来，责问南宋违约攻蒙的事情，要求南宋如同臣服金朝那样，向蒙古称臣纳岁币。十二月，理宗虽然接见了王檝，但并未达成协议。次年，蒙古遂以"端平入洛"事件为借口，大举侵入南宋，开启了长达四十年的侵宋战争序幕。

◎金灭亡后，宋蒙军队开始正面交锋，南宋政权将面临一个更为强大的敌人。

1235	1238	1239	1258	1259
南宋孟珙在江陵击退蒙古军	孟珙收复荆门	孟珙出击蒙古军，三战三捷，收复襄阳	蒙古兵分三路攻打南宋	六月，蒙哥败宋援蜀军于长江

"蟋蟀宰相"贾似道

贾似道身兼宰相与枢密使，集军、政、财大权于一身，却喜欢斗蟋蟀玩，把朝政丢在一边。边关急报一封接着一封，可这些却挡不住贾似道斗蟋蟀，还写下了世界上第一部研究蟋蟀的专著——《促织经》。

端平二年（1235年），蒙古以"端平入洛"事件为借口，大举入侵南宋。然而南宋后期，政治日益腐败。宋理宗在"端平入洛"事件后，收复中原的雄心一落千丈，整日纵情声色，挥霍无度；面对日益衰落的王朝，也只有通过大力扶持理学，强化思想统治来维持。南宋的军政大权逐渐落入贾似道手中。

贾似道，台州人，出生于官宦人家，他的父亲为制置使贾涉。贾似道十岁时，父亲去世，家道中落。端平元年，贾似道因父亲恩荫，被补为嘉兴司仓、籍田令。嘉熙二年（1238年）登进士，为理宗所看重。加上他的姐姐此时为宋理宗贵妃，因而贾似道一路高升。宝佑二年（1254年）加同知枢密院事、临海郡开国公。四年，加参知政事。五年，加知枢密院事。六年，改任两淮宣抚大使，他的主要职任均为护边、屯垦、招徕。可见，贾似道领军事长达十几年，有丰富的经验。

宝佑六年（1258年）初，蒙古兵分三路进攻南宋：大汗蒙哥率主力进攻四川，其次忽必烈率军攻打鄂州（湖北武昌），又命人侵云南

| 1259 | 1259 | 1259 | 1260 | 1260 |

七月，蒙哥率军围攻钓鱼城，被击退，染病而亡 ｜ 十一月，忽必烈攻鄂州，因争夺汗位北归 ｜ 十一月，贾似道私下求和于蒙古，忽必烈许之 ｜ 三月，贾似道假报诸路大捷 ｜ 贾似道酷爱斗蟋蟀，被称为蟋蟀宰相

的兀良由云南北上，攻取潭州（今湖南长沙），企图在鄂州与忽必烈会师，然后与蒙哥会合，东向攻下南宋临安。蒙哥率军入蜀后，南宋凭借余玠经营的防御体系，进行顽强的抵抗。开庆元年二月（1259年）蒙哥率大军包围合州城所在的钓鱼城，宋合州守将王坚据城固守。从二月到七月，蒙哥一再督师进攻，均被击退，直到染病身亡于钓鱼山下。进攻四川的蒙哥军被迫撤退。

进攻鄂州的忽必烈行军迟缓，当蒙哥死讯传来时，忽必烈正在进军鄂州途中，他有感自己不能无功而返，于是继续进军。九月，忽必烈率军渡过长江，围攻鄂州。在蒙哥大举入侵时，贾似道被任命为京西、湖南湖北、四川宣抚制置使，只身负责抵御三路蒙古军入侵的重任，且在军中被任命为枢密院使者，掌握军政大权。贾似道镇守鄂州时期，在一天时间内建成环城木栅，与士卒同甘共苦，数次击退蒙古军进攻，以致于忽必烈叹道："吾安得如似道者用之！"十一月下旬，忽必烈接到妻子所遣使臣急讯，告知宗室正在争夺汗位，请他立刻北归夺位。忽必烈遂扬言直取南宋，作为渡江北归的掩护，但暗地里一边派人与贾似道议和，一边准备撤退。宋、蒙双方正在鄂州城头谈判

◎贾似道与小妾一起趴在地上斗蟋蟀。

时，蒙使者按照忽必烈的嘱咐，一见蒙军旗动，就立即返回。鄂州围解，贾似道于是奏称击退蒙军，连奉"捷报"。宋理宗以为贾似道立下了不世之功，下诏特加褒奖，令朝中文武官员恭迎贾似道"凯旋"。之后理宗罢免丞相丁大全，让贾似道当政。

贾似道当权后，开始作威作福，向理宗报告在军营中对他"无礼"的曹士雄与向士璧，称他们曾在军中贪污及盗取官钱，结果两人被流放。贾似道还与同党编辑《福华编》，用以"歌颂"他抗蒙时的"英勇事迹"。在西湖边，宋理宗给贾丞相造了一个前所未有的庄园，取名为"后乐园"，园中奇花异草，穷极奢华。贾府与皇宫隔湖相对，早晨听到上朝钟声，贾丞相才下湖。船系在一条粗缆绳上，绳端连着一个大绞盘，行走不必划桨撑篙，十几个壮夫拼命推绞盘，船行如飞，一会儿便到宫前。贾似道把大小朝政都交给大小门客处理，自己每日在园中享乐，娼妓、尼姑、旧宫女都被他弄来，日夜喝酒淫戏，只有年轻时结识的酒朋赌友能进贾府。

南宋灭亡前夕，襄阳被元军围攻，南宋边关告急。贾似道却以玩乐为首，国事次之，一律不上朝。一天，贾丞相又趴在地上，与群妾斗蟋蟀玩，他的一个赌友笑着对他说："这就是大人的军国重事吧？"贾丞相闻言也狂笑起来。蟋蟀，在古代称促织。贾似道酷爱蟋蟀，经常与赌友斗蛐蛐，并总结经验写下一本《促织经》。贾似道的《促织经》，是世界上第一部研究蟋蟀的专著，共二卷，分论赋、论形、论色、决胜等，对蟋蟀进行了详尽的论述，堪为一绝，人称"蟋蟀宰相"。

贾似道身兼宰相与枢密使，集军、政、财大权于一身，但却奢靡腐化，以权谋私，视军国大事为儿戏，大大加速了南宋的灭亡。

1261	1262	1262	1263	1264
南宋刘整因畏惧贾似道而投降忽必烈	二月，李璮叛蒙古降宋，后败	蒙古禁诸路民间私藏兵器	忽必烈根据刘整建议，贿赂吕文德，在襄樊外围筑造土墙	理宗病死，贾似道拥立度宗

襄阳保卫战

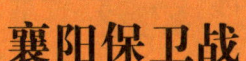

在金庸的武侠小说《射雕英雄传》中，郭靖黄蓉夫妇为了保卫襄阳，奋勇拒敌，在城破之后，双双阵亡。那么在真实的历史上，襄阳保卫战是什么样子的？郭靖黄蓉又是以谁为原型塑造的人物形象？

宋理宗在位期间，只知道享乐，置国势危亡不问，颇与北宋末年相似。唯一务实的政绩是赞同李曾伯经营华中重镇襄阳，使襄樊（汉水南为襄阳，汉水北为樊城）成为退可守、进可攻的堡垒，在南宋末年的抗蒙战争中起到关键作用。

景定五年（1264年），宋理宗病死，赵禥（qí）继位，是为宋度宗。由于度宗是贾似道拥立的，度宗对贾似道特别尊敬，称他为"师臣"。度宗的荒淫比理宗更严重，将政事全部委托给贾似道。

忽必烈北返后，于第二年春夺取了汗位。宋景定二年（1261年），刘整任潼川府路安抚副使兼知泸州时，因畏惧贾似道迫害，于是带领自己管辖的十五军、州、户口三十万向忽必烈叛变。刘整投降蒙古对南宋是毁灭性的打击，他不但提出了先取襄阳的战略构想，还为蒙古组建了一支强大的水军，使南宋的水军优势荡然无存。

早在景定四年（1263年）夏，忽必烈就根据刘整的建议，派人以玉带等礼物贿赂南宋荆湖制置使吕文德，请求在襄樊城外置榷（què）场，贪婪的吕文德不知是计，于是准许了。不久，蒙古使者又以防

止盗贼、保护货物为名,要求在襄樊外围筑造土墙,作为宋军将领的吕文德竟然再次同意。于是元军在襄樊东南的鹿门山修筑土墙,内建堡垒,建立了包围襄樊的第一个据点。元军由此切断了援襄宋军之路,至咸淳六年(1270年),襄樊被围困五年,粮饷断绝,极为困难。襄樊告急,贾似道却一直向度宗隐瞒。

◎龙尾洲遭遇战。宋元双方在水上展开较量,宋军力不能敌,将领张贵牺牲。

咸淳七年(1271年),蒙古改国号为元,以表明元王朝取代南宋成为正统,于是元军加紧了对南宋的进攻。南宋西起四川,东至襄樊,全线告急。咸淳八年春,元军对樊城发动总攻。三月,樊城外城失守,宋军退守内城。张顺、张贵率领死士三千,救援襄阳。临行前张顺激励士卒说:"这次救援行动,任务十分艰巨,成败也在此一举,我们每个人都要有必死的决心,你们当中的有些人并非出于自愿,或是牵挂家中父母妻儿的,那就赶快离去,不要影响这次救援大事。"当时广大兵士们群情振奋,斗志昂扬,谁也不愿离去,都表示坚决完成任务。五月,救援战斗开始,张顺和张贵集结船队,把船连成方阵,每只船都安装火枪、火炮,准备强弓劲弩,张贵张顺一前一后,突入元军重围。船队到达磨洪滩,被蒙军船舰阻住,无法通过。张贵率军强攻,将士一鼓作气,先用强弩射向元军船只,然后用大斧与元军厮杀,冲破重重封锁。元军被杀溺而死者不计其数,宋军胜利抵达襄阳城中。

　　此时襄阳被困已有五年之久，张贵、张顺入援成功，极大地鼓舞了城中军民的斗志。然而这次战斗中宋将张顺阵亡，几天以后，襄阳军民在水中得到他的尸体，发现他仍旧是披甲执弓，怒目圆睁。襄阳军民怀着沉痛敬佩的心情安葬了张顺，并立庙祭祀。张贵入援虽然给襄阳守军带来希望，但在元军严密封锁下，形势并不是很乐观。张贵于是联络郢州的殿帅范文虎，约定南北夹击，打通襄阳外围交通线，二人谋划，范文虎率精兵五千驻龙尾洲接应，张贵则率军和范文虎会师。张贵按约定日期率兵顺汉水而下，但是检点士兵时，发现少了一名因犯军令而被鞭笞的亲兵，张贵大惊。他果断地改变了秘密行动，而是大张旗鼓地乘夜放炮开船，杀出重围。元军中阿术、刘整得知张贵突围，立即派数万人阻截。张贵边战边行，接近龙尾洲，远远望见龙尾洲方向战舰如云，旌旗招展，以为是范文虎接应部队，于是赶紧举火晓示。等到近前，才发现来船全是元军，而范文虎早已率军逃跑了。张贵于是率军与元军展开大战，宋军因极其疲惫，伤亡过大。张贵最终也因力不能支，被元军俘获，不屈而死。元军派四名南宋降卒抬着张贵尸体来到襄阳城中，迫使吕文焕投降。吕文焕杀掉降卒，把张贵与张顺合葬，立双庙祭祀。至此，襄樊援绝。

　　咸淳九年（1273 年），蒙古将领史天泽在襄樊西部的万山包百丈山筑长围，又在南面的岘（xiàn）山、虎头山筑城，连接各个堡垒，完全切断了襄阳与西北、东南的联系，襄阳成为一座孤城。同年正月中旬，坚守长达五年之久的孤城樊城首先被攻破，都统范天顺兵败自杀，统制牛富也在巷战中受伤自尽。二月中旬，孤立无援的襄阳知府吕文焕，率城投降。襄阳保卫战的失败，使南宋处于危在旦夕的境地。消息传来，南宋朝野震动，但仍然没有认识到问题的严重性。实际掌握政权的贾似道，依旧文过饰非，只是对防务略作调整。

1274	1274	1275	1275	1275
度宗病亡，四岁恭帝即位	十二月，元军渡江，鄂州守将程鹏飞以城降元	元军顺江南下，各地望风归附	二月，丁家洲之役战败，宋军主力丧失	二月，贾似道被罢官，后被押送官杀死

崖山之役

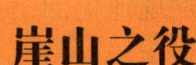

在元军的进攻下，南宋朝廷逐渐退到南海崖山。文天祥被元军押到前线劝降，文天祥坚决拒绝，写下了"人生自古谁无死，留取丹心照汗青"的历史名句。最终，陆秀夫背着九岁的小皇帝跳海，南宋灭亡。

咸淳十年（1274年）七月，南宋灭亡前夕，年仅三十五岁的度宗因荒淫过度而病死。四岁的长子赵㬎继位，是为恭帝。尊皇太后谢道清为太皇太后，垂帘听政。同年，元军分兵两路，大举伐宋，并在丁家洲之役中大破宋军，宋朝的主力军几乎丧失殆尽，无力再抵抗元军。

谢太后迫于群臣压力，将贾似道罢官，但准许他不死。贾似道才从扬州回到临安，便被贬往循州（今广东龙川西），后被押送官郑虎臣杀死在路上。德祐元年（1275年）十一月，伯彦亲率主力攻陷常州，遂兵分三路直取临安。德祐二年正月，伯彦率军进攻到皋亭山（今杭州东北），南宋任命文天祥为右丞相兼枢密使前往议和，被元军扣留。二月末，谢太后不顾文天祥、张世杰等人反对，带领恭帝出降，临安陷落。

宋度宗的杨淑妃由国舅杨亮节陪同，在江万载父子带领的殿前禁军护卫下，带着儿子益王赵昰（shì）、广王赵昺（bǐng）出逃，在婺州（浙江金华）与大臣陆秀夫会合。当元军追至婺州，又到温州后再与张世杰、陈宜中、文天祥等会合。五月一日，扶立年仅七岁的赵昰为帝，是为

1275	1275	1276	1276	1277
二月，宋廷下诏各地起兵勤王，文天祥等起兵救援临安	十一月，元分三路攻打临安	二月，谢太后领恭帝出降，临安陷落	五月，杨妃扶立七岁端宗即位，将福州作为首都	福州沦陷

端宗。端宗母杨妃为太后，垂帘听政，改福州为福安府，作首都，改元景炎，继续进行抗元斗争，这时南宋的疆域仅剩闽、广及浙东南和江西南部等地，以及淮东、重庆等坚守之地。

景炎三年（1279年）四月，端宗因落水而受惊吓，不久病死。年仅四岁的异母弟广王赵昺即位，改元祥兴，仍由杨太后听政。陆秀夫为左丞相，张世杰为枢密副使。在元军的进攻下，南宋流亡朝廷不久退至南海崖山作为最后据点。

祥兴二年（1279年）二月初六，元军率大军向崖山发起进攻。元军用小船装满茅草和膏脂等易燃物品，顺着风势纵火冲向宋船。针对元军的火攻，宋军在船身外层涂了一层泥，并在每条船上横放一根长竿，以抵御飞奔而来的元军火船。元军多次火攻不成后，于是改变战术，用水师封锁海湾，围困宋军，陆军则断绝宋军取淡水及砍柴的道路。宋军被迫吃干粮十多日，粮食吃尽后，不得不捕鱼充饥。张世杰为摆脱被动的局面，决定首先消灭元军水师，打开缺口，遂向元军海湾封锁线发起进攻。双方在珠江入海口的海湾外围激战数日，但是宋军势单力薄，损失惨重，未打破元军的封锁。就在宋元军队在南海激战时，文天祥被元军随船由潮阳经零丁洋押至崖山，李恒以死要挟文天祥写书信劝降张世杰，文天祥坚决拒绝，并写下《过零丁洋》诗，以"人生自古谁无死，留取丹心照汗青"作为答复。

次日，海面上大雾。元统帅张弘范决定

◎文天祥是理宗朝的状元，南宋灭亡后他被押送至燕京，囚禁三年后英勇就义。

向宋军发起决战。张弘范率军将军队分成四支，计划从四面包围宋军，各路军相约以奏乐为信号发动攻击。首先元北军乘涨潮假装发起进攻，被宋军击败，首领李恒率队顺潮而退。正午，元军奏乐，宋军听后以为元军正在举行宴会，肯定不会此时进攻，于是放松了防备，而元军此时却已经从四个方向发起突袭。张弘范率水师正面进攻，用帆布遮挡住预先埋伏的伏兵船楼，并趁着大雾天气的掩护，一点点驶近宋船。突然出现在眼前的元军舰船，使宋军阵脚大乱，四面包围的元军都汹涌而来。很快，宋军中央的旗舰已在敌弓箭射杀范围之内。忽然，张世杰见到一条宋船降下了旗帜，其他战船也降下旗帜，他知道大势已去，急忙将精兵集中到中军，又派出一只小船去接赵昺前来，准备突围。

赵昺这时正由左丞相陆秀夫守护着，待在一艘大船上。小船来接赵昺，陆秀夫不知真假，又担心赵昺如果突围不成而被元军截获，坚决拒绝。他知道君臣都难以脱身了，就连忙跨上自己的座船，用剑驱使自己的妻子投海自尽。然后，换上朝服，回到大船礼拜皇帝赵昺，哭着说："陛下，国事至今一败涂地，陛下理应为国殉身。恭帝当年被掳北上，已经使国家遭受了极大的耻辱，今日陛下万万不能再重蹈覆辙了！"赵昺则给吓得哭作一团。陆秀夫说完，将传国玉玺系在腰间，背起九岁的赵昺奋身跃入大海，顷刻间君臣二人就沉没得无影无踪。船上的大臣、宫眷和将士听此噩耗，顿时哭声震天，几万人纷纷投海殉国。

张世杰率领水军余部突围而出来到海陵山脚下，不久，有人带来了陆秀夫背负赵昺共同殉国的噩耗。张世杰悲痛不已，他希望奉杨太后的名义再找宋朝赵氏后人为主，以图后举。但杨太后在听闻宋帝赵昺的死讯后，痛哭流涕道："我艰关忍死者，正为赵氏祭祀尚有望尔，今天命至此，夫复何言！"遂投海殉国而死。张世杰将杨太后葬在海边后，不久也投海自尽。南宋亡。

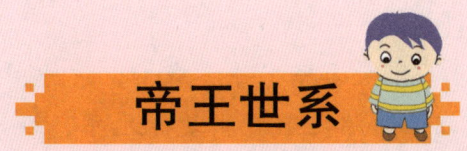

帝王世系

北宋（960—1127）

赵匡胤 <<<<<

在位时间： 960—976

生卒年（927—976）。庙号太祖，年号建隆、乾德、开宝。宋朝开国皇帝。他的父亲赵弘殷是后唐将领，所以赵匡胤早年就从军。跟随后周君主郭威、柴荣南征北战，颇受倚赖信任。柴荣任命他为殿前都点检，掌管殿前禁军。柴荣英年早逝之后，赵匡胤利用其掌握的禁军发动著名的"陈桥兵变"，黄袍加身，占领东京，定国号为"宋"，登基称帝。在位期间，灭后蜀、破荆湖，攻南唐，基本平定江南。

赵匡义 <<<<<

在位时间： 976—997

生卒年（939—997）。庙号太宗，年号太平兴国、雍熙、端拱、淳化、至道。宋朝登基继统存在争议的一位皇帝。早年跟随太祖左右，"义社十兄弟"之一。通过著名的"烛影斧声"，继承帝位。在位期间采取政治压迫手段，使南唐、南汉献地纳土归降。太平兴国年间，挥师北进灭北汉，重新完成全国统一。后又两次北伐幽州攻辽，皆以失败而告终。政治上大开科举，取士名额大大扩充，限制节度使权力，为宋代长治久安做出重要贡献。

赵恒 <<<<<

在位时间：998—1022

生卒年（968—1022）。庙号真宗，年号咸平、景德、大中祥符、天禧、乾兴。在位期间签订"澶渊之盟"。景德元年，辽军大举攻宋，宰相寇准力排众议与真宗御驾亲征，击败辽军，签订"澶渊之盟"，向辽输送岁币，互称南北朝，互称天子。在这之后，真宗内心受到极大羞辱，通过各种方式来证明他正统合法的"天下共主"地位，采用伪造天书祥瑞，东封泰山。

赵祯 <<<<<

在位时间：1023—1063

生卒年（1010—1063）。庙号仁宗，年号天圣、明道、景祐、宝元、康定、庆历、皇祐、至和、嘉祐。宋代士大夫评价很高的一位皇帝。登基初期由刘太后垂帘听政，把持朝政。明道年间，正式亲政。康定元年，宋夏战事紧张，三川口、好水川、定川寨宋军三次大败于西夏。仁宗被迫整顿军政，对内改革。任用范仲淹为参知政事，进行"庆历新政"，待西夏战事好转，改革告终。在位期间，性情宽厚，广纳谏言，被后世不断称颂，有"嘉祐之政"的说法。

赵曙 <<<<<

在位时间：1064—1067

生卒年（1032—1067）。庙号英宗，年号治平。在位期间体弱多病。因仁宗无子，英宗被收为养子。登基之后，生病多时，由曹太后把持朝政。病愈不久，韩琦提出英宗生父称谓的问题，造成了长达18个月之久著名的"濮议"问题。英宗在位期间因"濮议"耗费了大量精力，整个政治生态遭到了破坏。

赵顼（xū） <<<<<

在位时间：1068—1085

生卒年（1048—1085）。庙号神宗，年号熙宁、元丰。宋代评价并不高的皇帝，而民国后评价很高的皇帝。在位期间，政治上，熙宁年间任用王安石，君臣遇合，大力进行改革，实行青苗法、募役法等；元丰

年间，自己主持改革，改定官制。外交上，熙宁年间任命王韶开拓熙河，史称"熙河开边"。任命章惇（dūn）开拓梅山地区，史称"梅山之役"。对辽采取屈从态度，重划河东疆界，弃地百里。对西夏采取强硬态度，元丰年间两次伐西夏，均以战败告终。

赵煦（xù）<<<<<

在位时间： 1086—1100

生卒年（1077—1100）。庙号哲宗，年号元祐、绍圣、元符。北宋年龄最小即位的皇帝。9岁即登基，由他的祖母高太后垂帘听政。高太后起用司马光等人，推翻熙丰变法，史称"元祐更化"。绍圣年间，亲政以后，对旧党打击报复，重新起用神宗旧臣章惇等人，史称"绍圣绍述"。内政方面恢复熙宁新法，外交方面对西夏采取强硬态度，收复青唐之地。内政外交虽有可为之处，但北宋党争由此开始。

赵佶（jí）<<<<<

在位时间： 1101—1125

生卒年（1082—1135）。庙号徽宗，年号建中靖国、崇宁、大观、政和、重和、宣和。中国古代艺术造诣极高的皇帝。早年对绘画、书法研究颇深。登基后，建中靖国年间，采取两派调停态度。后任用蔡京，蔡京排除异己，设立"元祐党籍碑"，政局陷于混乱局面。对内采取剥削百姓政策，赋税严酷。对外方面，对西夏战争取得胜利，对辽积极收复燕云十六州，与金订立海上之盟。最终因战略失误，导致都城陷落。

赵桓（huán）<<<<<

在位时间： 1126

生卒年（1100—1156）。北宋的亡国之君。金兵南下之际，徽宗将帝位传于钦宗。危难之际，徽宗与钦宗的矛盾，宰相之间的矛盾，太学生与朝廷的矛盾，文臣与武臣的矛盾集中于一处，莫衷一是，议论多而成效少，无法达成一致。最终导致决策失误，尽失北方。

南宋（1127—1279）

赵构 <<<<<

在位时间： 1127-1162

生卒年（1107-1187）。庙号高宗，年号建炎、绍兴。南宋的首位皇帝。早年出身藩邸，金攻入开封后，因在河北，侥幸逃脱。后在南京（应天府）称帝，改元建炎。后南渡，绍兴年间，两次求和于金，最终杀岳飞，订立和议。经济上，推行经界法，促进南方经济发展。《宋史》中将其定为"中兴之主"，民国以来成为屈辱投降的代表。

赵昚（shèn） <<<<<

在位时间： 1163-1189

生卒年（1127-1194）。庙号孝宗，年号隆兴、乾道、淳熙。中国两位可以真正称为"孝"的皇帝，一位是宋孝宗，另一位是明孝宗。孝宗为高宗养子，绍兴末期，高宗禅位于孝宗。孝宗起用旧臣主战派张浚，为岳飞平反，锐志北伐。但在隆兴元年兵败符离，签订"隆兴和议"。晚年传位于儿子赵惇。《宋史》称为"卓然为南渡诸帝之首"。

赵惇（dūn） <<<<<

在位时间： 1190-1194

生卒年（1147-1200）。庙号光宗，年号绍熙。一位精神失常的皇帝。孝宗晚年禅位于光宗，光宗一直身体较弱，精神不好。后赵汝愚、韩侂（tuō）胄（zhòu）发动政变，禅位于宁宗。

赵扩 <<<<<

在位时间： 1195-1224

赵扩　1195-1224　生卒年（1168-1224）。庙号宁宗，年号庆元、嘉泰、开禧、嘉定。大臣赵汝愚等所立的皇帝。宁宗内禅后，免去赵汝愚官职，禁道学，只信任韩侂胄一人。开禧年间主持北伐，后失败告终，杀韩侂胄，签订嘉定和议。

赵昀（yún）<<<<

在位时间： 1225—1264

生卒年（1205-1264）。庙号理宗，年号宝庆、绍定、端平、嘉熙、淳祐、宝祐、开庆、景定。史弥远所立的皇帝。宁宗死后，史弥远假传诏书，立理宗为帝。史弥远死后，才开始亲政。在位期间崇尚表彰理学，使理学占统治地位。端平年间，利用蒙古南下之际，收复三京。

赵禥（qí）<<<<

在位时间： 1265—1274

生卒年（1240-1274）。庙号度宗，年号咸淳。宋代后期君主。理宗无子，于是赵禥被收为养子，并继承皇位。即位后，沉溺于酒色之中，任用贾似道专理国事。朝政混乱，襄阳、樊城相继失守。南宋危在旦夕，没有亡于他的手，实属侥幸。

赵㬎（xiǎn）<<<<

在位时间： 1275

生卒年（1271-1323）。庙号恭帝，年号德祐。宋代亡国之君。度宗死后，贾似道兵败芜湖，元军进入临安。恭帝奉表投降。后出家为僧。

赵昰（shì）<<<<

在位时间： 1276—1278

生卒年（1269-1278）。庙号端宗，年号景炎。宋末三帝之一。临安陷落后，逃至福建，诸位大臣所立的皇帝。因惊风浪成疾，去世。

赵昺（bǐng）<<<<

在位时间： 1278—1279

生卒年（1272-1279）。年号祥兴。崖山跳江的帝王。宋元海军在崖山展开决战，宋军战败，陆秀夫抱着赵昺跳海。

辽、金、西夏①

耶律阿保机 ≪≪≪≪≪

在位时间：916-926

生卒年（872-926）。庙号太祖，年号神册、天赞、天显。辽朝开国君主。早年英勇善战，通晓世务。吞并契丹各部。任用汉人韩延徽等人，制定法律，改革习俗，创造契丹文化，发展农业、商业。在北方建立起辽阔的辽王朝。

李元昊 ≪≪≪≪

在位时间：1032-1048

生卒年（1003-1048）。庙号景宗，年号显道、开运、应运、大庆。西夏开国君主。始建国号大夏，定都兴庆府（今宁夏银川），造西夏文。与宋交战攻占瓜州、沙州、肃州。在宋仁宗时期取得三川口之战、好水川之战、定川寨之战的胜利。同时在河曲之战中击败御驾亲征的辽兴宗。西夏正式得以建国。

完颜阿骨打 ≪≪≪≪

在位时间：1115-1123

生卒年（1068-1123）。庙号太祖，年号收国、天辅。北宋时期金政权建立者。汉名旻（mín），女真族完颜部人。最初接受辽的官职，征伐女真族未归附各部。1113年，继任都勃极烈（部落联盟首领）。第二年起兵反辽，在宁江州（今吉林扶余东北）等地大败辽军。1115年，正式称帝，国号大金，建元收国，定都会宁（今黑龙江阿城）。在位期间，订立刑法等制度，创制女真文字，加强皇权，推行"猛安谋克"制，实行军民合一，国力大强。1123年，在回师途中病卒，追谥为太祖。

---

① 辽（907-1125）。金（1115-1234）。西夏（1038-1227）。

完颜亶 <<<<<

在位时间： 1135-1150

生卒年（1119-1150）。金太祖孙。公元1135-1150年在位。天会十年（1132），立为谙（ān）班勃极烈（大宰相）。1135年，太宗死，完颜亶即帝位。废除勃极烈制，改行汉官制度，敬礼宗室大臣。废齐国。京都会宁府，建号上京。设御史台，制礼仪，造女真文字。朝中贵族纷争。先有宗磐、希尹、宗弼等相互残杀，后有宗敏、宗本与完颜勖、完颜亮（海陵王）相互倾轧。酗酒，杀皇后及贵族、嫔妃多人。皇统九年十二月（1150年），被海陵王等杀死于寝所。

文臣武将

赵普 <<<<<

生卒年（922-992）。宋初时期重要宰相。早年为太祖"义社十兄弟"之一。建隆时期，向太祖建议加强中央集权，对地方节度使削夺其权，收其精兵，制其钱谷。同时与太祖定"先南后北"统一全国的计策，为统一全国做出重大贡献。后因权力斗争被贬，在宋太宗时期被重新起用。所谓"半部《论语》治天下"便是他的名言。

杨业 <<<<<

生卒年（不详-986）。宋初重要将领。早年为北汉将领，后宋太宗平北汉，降宋。雍熙北伐时，因战略配合失误，导致兵败，被辽军俘虏，绝食三日而死。他的忠勇善战被历代王朝所表彰。

石守信 <<<<<

生卒年（928-984）。宋初统一全国期间重要将领。早年为太祖"义社十兄弟"之一。跟随太祖平定泽潞、扬州立有大功。后宋太祖采用"杯酒释兵权"的策略，剥夺他统领禁军的权力。石守信从此不过问朝廷政事，晚年安适。

寇准 <<<<<

生卒年（961-1023）。宋真宗时期重要宰相。早年就获得宋太宗信任，向太宗建议立储。景德年间，辽军大规模入侵，寇准力主真宗御驾亲征，

获得成功，击退辽军，签订"澶渊之盟"。为宋辽和平确立了良好的基础。

范仲淹 〈〈〈〈〈

生卒年（989-1052）。宋代优秀士大夫的典型代表。早年家贫，通过苦读，考取科举。天圣年间，上书请求太后还政于仁宗。景祐年间，不满吕夷简怠政，多次上书表达"宁鸣而死，不默而生"，请求仁宗罢免吕夷简。西北与西夏战势兴起，范仲淹到边地主持抵抗，写下名篇"燕然未勒归无计，羌管悠悠霜满地，人不寐，将军白发征夫泪"。庆历年间，主持改革，提出"明黜陟，抑恩幸"等十条意见。后因朋党之争，新政废罢。范仲淹是中国古代优秀士大夫的典型代表，留有名言"先天下之忧而忧，后天下之乐而乐"。

韩琦 〈〈〈〈〈

生卒年（1008-1075）。北宋仁宗时期重要宰相，相州（今河南安阳）人，参加科举，步入仕途。宝元年间，与范仲淹共同在边地主持对西夏作战。作战理念与范仲淹不同，主张大军出动，与西夏主力决战。后因战败而归，被贬。庆历年间，陕西地区发生灾荒，韩琦通过常平仓救灾得力，使上百万饥民得到救助。英宗即位后，力主太后还政于英宗。神宗时期，反对王安石变法。《宋史》称为"相三朝，立二帝"，当政十年，与富弼齐名，号称"贤相"。

王安石 〈〈〈〈〈

生卒年（1021-1086）。中国历史上重要改革家，字介甫，江西临川盐阜岭（今江西抚州）人。庆历二年，登进士第四名，先后任签书淮南东路节度判官公事、鄞县知县。仁宗时，上书皇帝《上仁宗皇帝言事书》。神宗登基后熙宁年间，与王安石君臣遇合，任命王安石主持变法。颁布"青苗法""募役法"等改革措施，后因与神宗意见不合，罢相。元丰年间曾再度出任宰相，但因变法派内部分崩离析，王安石不久辞职。死于元祐年间。他的改革精神被历代传颂，列宁曾评价他为"中国11世纪的改革家"。

苏轼 〈〈〈〈〈

生卒年（1037-1101）。北宋时期著名士大夫，字子瞻，四川眉山人。仁宗嘉祐年间进士及第。自幼奋厉有天下志，入仕之后，主张改革弊政。神宗时熙宁年间，因与王安石政见不同，先后至杭州、密州、徐州等地任职，后因"乌台诗案"贬为黄州团练副使，在任期间写有《前赤壁

赋》《后赤壁赋》。哲宗时，司马光等当政，重新起用苏轼任翰林学士、兼侍读。因在募役法上有不同意见，与吕大防、范纯仁等人意见不合，自请到杭州、颍州等地任职。绍圣年间，吕惠卿再度执政，被远贬惠州、儋州。后遇赦，卒于常州。

苏辙 <<<<<

生卒年（1039-1112）。北宋著名散文家、政治家，字子由，苏洵次子。19岁时与兄苏轼同中进士。神宗时，因反对王安石新法，屡遭贬谪。哲宗时，司马光执政，被起用，官至尚书右丞、门下侍郎。绍圣年间，变法派当权，被贬到汝州、雷州等地。徽宗即位后，苏辙重新受到任用。蔡京设"元祐党籍碑"，重新被降职。苏辙晚年深居简出，沉默寡言，闭门写书。1112年病逝。苏辙为"唐宋八大家"之一。

司马光 <<<<<

生卒年（1019-1086）。北宋重要士大夫。陕州夏县（今属山西）涑水乡人。仁宗时参加科举，得到庞籍等人的赏识。英宗时，开始撰写《资治通鉴》。熙宁年间，因与王安石政见不同，于是到西京洛阳继续写《资治通鉴》。元祐时，重新归朝当政，废除新法，主持"元祐更化"。《资治通鉴》是中国历史上一部伟大的编年体史书。

沈括 <<<<<

生卒年（1031-1095）。被后世称为科学家的一位宋代士大夫，字存中，嘉佑年间进士。熙宁年间参与王安石变法运动。熙宁八年，出使辽国，驳斥辽的争地要求。次年任翰林学士，权三司使，整顿陕西盐政。元丰年间知延州（今陕西延安），加强对西夏的防御。元丰五年因宋军在永乐城之战中被西夏打败，连累被贬。晚年以平生见闻，在镇江梦溪园撰写《梦溪笔谈》。

狄青 <<<<<

生卒年（1008-1057）。宋代中期唯一一位担任枢密使的武臣。字汉臣，汾州西河（今山西汾阳）人。行伍出身，擅长骑射。仁宗时以延州（今延安）指使的名义随禁军出征西夏，因勇猛有谋，四年中取得25次大捷。经范仲淹推荐，被仁宗层层提拔。嘉祐元年官至枢密副使、正使。到两广平定侬智高叛乱，巩固了北宋中期对岭南的统治。狄青是北宋中

期屈指可数的名将。

岳飞 <<<<

生卒年（1103-1142）。南宋著名将领，字鹏举，相州（今河南安阳市汤阴县）永和乡孝悌里人。早年在西北从军，北宋东京被攻下之际，岳飞到河东招兵买马。高宗在南京（今河南商丘一带）称帝，命岳飞北伐抗金。绍兴初年取得节节胜利，后因宋高宗急于求和，一再妥协退让，杀岳飞签订"绍兴和议"。宋孝宗淳熙六年追谥为"武穆"，宋宁宗追封"鄂王"，所以后人也称岳飞为"岳武穆"或"岳王"。

韩世忠 <<<<

生卒年（1089-1151）。南宋中兴四大将之一，字良臣，绥德（今属陕西）人。18岁应募入伍。宋金战争爆发后，韩世忠率部以少击众，是北宋末年军官中少见的一支劲旅。南宋初，韩世忠任御营左军统制，驻守镇江。金完颜宗弼率军渡江南侵，韩世忠退保长江口一带，在金兵北归时，以水军8000大败金军于黄天荡（今江苏南京东北），又追至建康（今南京）。绍兴四年（1134），韩世忠伏兵大仪镇（今江苏扬州西北），击败金军。此后，韩世忠移屯淮东地区（今江苏淮安）积极发展生产，联合山东义军，以不足3万人的兵力，使淮东成为保卫东南的重要屏障。在南宋朝廷对金乞和的岁月里，韩世忠多次上书主战。绍兴十年，在岳飞北伐的同时，韩世忠接连攻克海州等地，十一年，奉命救援淮西，后被朝廷调回，任枢密使，解除兵权。秦桧迫害岳飞，没有人敢言语，只有韩世忠站出来，为岳飞伸张正义。绍兴和议后，他杜门谢客，以家乡清凉山为名，自称清凉居士，

张浚 <<<<

生卒年（1097-1164）。字德远，号紫岩居士，汉州绵竹（今属四川）人。南宋名相、抗金派领袖，唐朝名相张九龄弟张九皋的后人。张浚四岁成孤儿。1118年中进士，调山南府士曹参军，后担任枢密院编修官、川陕宣抚处置使、同中书门下平章事兼枢密院事都督诸路军马等职。先后平定苗刘叛乱，与金军在关陕地区展开斗争。终身不主和议。秦桧当权时被贬十多年。金完颜亮南侵时再获起用北伐。因部下不和，在符离之战中大败。随后张浚积极部署抗金措施，却又被主和派排挤。

72

虞允文 <<<<<

生卒年（1110-1174）。字彬甫，隆州仁寿（今属四川）人。早年，因父亲一人独居，体弱多病，虞允文一直留在家中照顾父亲。父死，绍兴二十三年（1153）始登进士第。官至中书舍人、直学士院。采石之战中，他临危受命，毅然把无所统辖散处沿江的军队迅速组织起来，督师抗击，挫败金军渡江南侵计划，取得了著名的采石之战大捷。宋孝宗赵昚即位，他反对朝廷放弃陕西五路，前后十五次上疏谏争，后被贬为湖北、京西宣抚使。又因再次反对和议放弃唐（今河南唐河）、邓（今河南邓州市）二州，再度被贬。

文天祥 <<<<<

生卒年（1236-1283）。南宋著名爱国士大夫，吉州庐陵（今江西吉安）人。理宗时状元。蒙古兵攻入临安后，文天祥进元大营中谈判，被扣押。后逃脱，由海道南下。召集义军抵抗元军，转战浙江、福建、江西各地。后兵败潮州（今广东潮安）被元兵所俘，押送燕京，囚居四年，坚贞不屈，"人生自古谁无死，留取丹心照汗青"成为千古名句，以身殉国。

赵汝愚 <<<<<

生卒年（1140-1196）。字子直。饶州余干（今江西余干）人，宋朝宗室，孝宗年间考中进士第一名。上书陈述南宋自治方略，得到孝宗的称赞，升为著作郎。之后担任江西转运判官、吏部侍郎兼太子侍讲、知枢密院事等职。宁宗即位后他为右相。曾引荐朱熹入朝。后因抑制韩侂胄权势而遭其排挤，被罢相，贬至福州。随后又被韩党诬为"谋不轨"，贬至永州（今湖南零陵），经衡州（今湖南衡阳）病卒。直到韩侂胄被诛后，才被恢复官爵，追封沂国公。

陆秀夫 <<<<<

生卒年（1236-1279）。南宋抗元名臣。汉族，字君实，楚州盐城长建里（今属江苏建湖）人。宋理宗宝佑年间进士。担任过礼部侍郎等职。临安失守后至福州，与张世杰等立赵昰为帝。赵昰死，又拥立赵昺，伴随皇帝居住在崖山（今广东新会南），任左宰相，继续组织抗元。祥兴二年（1279年）组织崖山海战，被元军所败，于是背负赵昺投海自杀。有《陆忠烈公遗集》。

文化名人

晏殊 <<<<<

生卒年（991-1055）。北宋前期婉约派词人，字同叔，抚州临川（今江西抚州）人。十四岁时就因才华洋溢而被朝廷赐为进士。之后到秘书省做正字，北宋仁宗即位之后，升官做了集贤殿学士，仁宗至和二年，六十五岁时过世。性刚简，自奉清俭，能荐拔人才，如范仲淹、欧阳修均出自他的门下。他生平著作相当丰富，计有文集一百四十卷。

欧阳修 <<<<<

生卒年（1007-1072）。北宋时期的大文豪，出生于绵州（今四川绵阳），早年家贫，学习韩愈文章，手不释卷。参加科举，步入仕途后，参与编修《崇文总目》。与宋祁著有《新唐书》，单独著有《新五代史》，还编有《集古录》。晚年担任科举主考官，发掘苏轼、苏辙、曾巩等一批人才。欧阳修对北宋文风有深刻影响，大力提倡古文。对中国金石学也有重要影响，尤以《集古录》一书为代表。

李清照 <<<<<

生卒年（1084-1155）。号易安居士，齐州章丘（今山东章丘）人。她通晓书画，善写诗文，尤其以写词著称，是南宋婉约派词人的代表。她出身于一个文学修养很高的家庭，少女时代写的词就远近闻名了。十八岁那年，李清照嫁给了太学生赵明诚。赵明诚是当时的吏部侍郎赵挺之的幼子，是宋代著名的金石学家。李清照与赵明诚志同道合，除都能诗善文外，还有一个共同的爱好，就是收藏金石。金兵攻入青州后，流域南方，不久，赵明诚病卒。辗转流离中，文物全部丧失。前期诗歌多写其悠闲生活，后期诗歌往往融入悲愤交集之感。后人有《李清照集》辑本。

黄庭坚 <<<<<

生卒年（1045-1105）。北宋诗人，书法家，字鲁直，号山谷道人，又号涪翁。洪州分宁（今江西修水县）人。治平四年（1067年）进士，

召为校书郎、《神宗实录》检讨官，后担任起居舍人，绍圣初，被新党污蔑撰写实录有误，遭到贬谪。黄庭坚为苏门四学士之一，是江西诗派的开山祖师，生前与苏轼齐名，世称"苏黄"。

陆游 <<<<<

生卒年（1125-1210）。南宋著名诗人、字务观，自号放翁，越州山阴（今浙江绍兴市）人。他始终坚持抗金主张，在仕途上不断受到当权派的排斥和打击。中年入蜀，在国防前线上担任过军中职务。军事的生活实践丰富了他的文学内容，作品从此吐露出万丈光芒。他一生的精力贯注在诗歌方面，成为南宋最杰出的诗人。自言"六十年间万首诗"今尚存九千三百余首。

杨万里 <<<<<

生卒年（1127-1206）。字廷秀，自号诚斋野客，吉水南溪（今吉水县黄桥乡湴塘村）人。先后担任太常丞兼礼部右侍郎、广东提点刑狱、吏部左司郎兼太子侍读，官至宝谟阁学士。他是南宋杰出的诗人，与陆游、范成大、尤袤齐名，被后人推为"南宋四大家"。绍兴二十四年（1154）春，杨万里进士及第，授赣州司户参军。二十九年（1159），调任永州零陵县丞。乾道三年（1167）春，杨万里至临安，上政论《千虑策》三十篇，深刻总结了靖康之难以来的历史教训，直率批评了朝廷的腐败无能，提出了一整套振兴国家的方针策略，充分显示了杨万里的政治才能。

陈亮 <<<<<

生卒年（1143-1194）。字同甫，号龙川，婺（wù）州永康（今属浙江）人。绍熙四年（1193年）考中进士第一，被任命为签书建康府判官厅公事，还未来得及赴任便去世了。陈亮曾力主抗金，后来被诬陷入狱。为人才气毫迈，喜欢谈论军事，议论风生。文章雄放恣肆。词作感情激越，风格豪放，多议论，与辛弃疾相唱和。有《龙川文集》《龙川词》存词七十四首。

朱熹 <<<<<

生卒年（1130-1200）。中国历史上的大思想家。宋徽州婺源（今属江西）人，生于南剑州（今福建）。在地方任官，知南康军，救荒革除弊政。思想上，集北宋以来理学之大成。所注《四书章句集注》，成为元明清三代科举考试的必备教科书。

一代天骄成吉思汗

公元十二世纪，漠北草原上分布着许许多多大大小小的游牧部落，这些游牧部落之间及部落内部，为了争夺人口、领地和财富，常常混战。在这些战争中，蒙古部落逐渐强大起来。后来，铁木真在斡难河召开贵族大会，即大汗位，称号为"成吉思汗"。

公元十二世纪，漠北草原上分布着大大小小不一的游牧部落集团，如克列、塔塔儿、蔑儿乞、乃蛮、蒙古。这些游牧部落之间及部落内部，为了争夺人口、领地和财富，常常处于混战之中，形成"天下扰攘，互相攻劫，人不安生"的局面。在这些战争中，蒙古部落逐渐强大起来。成吉思汗的出现，结束了北方草原诸部族争雄的混乱格局。成吉思汗东征西讨、南征北战，建立起庞大的蒙古帝国，对世界历史产生了深远的影响。

成吉思汗原名铁木真，1162年出生于蒙古的氏族贵族。年幼时，随其父亲也速该前往舅舅家求亲。途中遇见了弘吉刺部的特薛禅，特薛禅将其女儿孛儿帖许配给他。也速该将铁木真留下来，自己回部落准备礼物，途中被塔塔儿毒死。随后，蒙古部众离散，铁木真随着母

| 1289 | 1296 | 1203 | 1206 | 1208 |

十三翼之战，铁木真败退　　铁木真被金封为部落族长　　铁木真打败脱里汗　　铁木真即大汗位，建立大蒙古国，称"成吉思汗"　　铁木真统一漠北草原

亲与几个弟弟艰难度日，靠拾野果、挖草根、抓鱼捉鼠度日。无数的艰难困苦磨炼了这个没落的草原青年贵族。铁木真成年后，凭借祖先声望和个人智慧，渐渐收复了部族，重建了以本家族为核心的统治集团。经过数年战争，铁木真逐步消灭强大的扎木合及脱里汗，称雄草原。

1206 年，铁木真在斡（wò）难河召开贵族大会，即大汗位，建立大蒙古国。萨满教巫师阔阔出声称得到上天启示，命铁木真为普天下至汗、诸王之王，称号为"成吉思汗"。到 1208 年时，铁木真已肃清了残余的反对势力，统一了整个漠北草原。至此，一个强大的游牧帝国崛起。

成吉思汗在统一草原的时候，开始向南方扩展。早在 1205 年，一度攻入西夏，劫掠大批牲畜、财物而还。1209 年，成吉思汗对西夏发

◎成吉思汗。铁木真依靠个人的智慧和毅力统一草原各部，南征北战，是世界史上杰出的政治家、军事家。

1209	1214	1242	1221	1224
西夏向成吉思汗称臣	金向成吉思汗求和，迁都开封	成吉思汗降服朝鲜	花剌子模成为成吉思汗属地	西夏与金共同对抗蒙古

动更大规模进攻，连败西夏军队，围攻西夏首都中兴府，想引河水筑堤灌城，反而被淹。成吉思汗遂与西夏讲和，西夏向成吉思汗称臣纳贡。蒙古军北还，此后西夏附蒙攻金。1208 年，金卫绍王即位，遣使者至蒙古颁诏，成吉思汗瞧不起懦弱无能的卫绍王，拒绝跪拜，蒙金关系破裂。1211 年，成吉思汗以为先辈报仇为名，大举进攻金朝。金军迎战于野狐岭、浍河堡，均告失败。1214 年，金宣宗献公主、金帛求和，并迁都南京（河南开封）。在向南方扩张的同时，蒙古也向东北地区进军，在 1231 年降服朝鲜，并在两年后消灭蒲鲜万奴新建的东真国。

在成吉思汗统治时期，蒙古发动了第一次大规模西征，征伐的对象是中亚势力逐渐上升的花剌子模。花剌子模是伊斯兰教古国，统治中心位于阿姆河下游。1218 年，蒙古所遣派商队路过花剌子模边境后，被其将领所杀，财物被劫掠。成吉思汗派使臣前去交涉，被摩诃末处死。成吉思汗大怒，于 1219 年派十几万军大举征讨。1220 年，蒙古军围攻花剌子模首都撒麻耳干（今乌兹别克斯坦撒马尔罕），摩诃末弃城而逃，不久病死。1221 年，成吉思汗率军东返，花剌子模成为属地。之后，蒙古贵族拔都和旭烈兀先后发动大规模的西征，兵锋远及中亚、西亚乃至东欧。通过三次大规模的西征和消灭宋金夏的南征，建立起了横跨亚欧大陆四分之三的大蒙古帝国。

西夏自归附蒙古后，长期帮助蒙古攻打金国，且不断满足蒙古的索取，国力日益疲乏。1223 年，西夏献宗继位，次年与金结盟为兄弟，共同对抗蒙古。成吉思汗西征回来后，遂于 1226 年亲率大军，以抗命之罪对西夏发起进攻。西夏献宗忧惧而死，他的侄子李睍（xiàn）继位。此时，西夏主战派得势，坚决抵抗，但终因力弱不敌，蒙古军一路攻城略地，屠戮军民无数。1227 年，蒙古军包围中兴府，胜利在即。七月，

1227

成吉思汗进攻西夏

1227

蒙古军包围西夏中兴府，后西夏军民出降，西夏亡

1227

七月，成吉思汗病死

多年征战的成吉思汗终于病死，临终前吩咐秘不发丧，待西夏军民出城投降时将他们全部消灭。不久，兴中府城中粮食吃尽，李睍出降被杀，西夏亡。

　　成吉思汗在建立蒙古国前后，还创建了一系列带有浓厚草原游牧帝国特征的国家制度。首先，建立千户、百户授封制度。原来草原上是大大小小的以血缘为基础的部落联盟，彼此间很难融合，很难形成一个长期统一的民族或国家。成吉思汗在统一过程中，将草原牧民按照十户、百户、千户方式加以编组，使其在指定的牧地范围内游牧，接受征调服役，派那颜分别管理。这种按地域分布、兵农合一的组织制度，使草原上各部族逐渐融合成一个具有生命力的蒙古族，意义影响深远。其次，成吉思汗还创建了贵族子弟组织的怯薛护卫军，他们对外制约贵族将帅，对内护卫辅佐大汗，到元朝时则发展成为高级官员的主要来源。此外，成吉思汗还令人创建了蒙古文字，颁布法律，分封子弟等等。这些制度的创设对蒙古国家的巩固、强盛和管理，发挥了重要作用。

忽必烈建元

蒙古国建立后，大汗只能从成吉思汗的子孙中选出，但新汗的具体人选并不固定，而且必须通过忽里台会议的拥戴。这种汗位继承制度，虽然有利于推选出有才能和威望的最高统治者，但也成为成吉思汗家族（黄金家族）内讧和分裂的根源。

与以前的漠北草原游牧政权一样，蒙古国的汗位继承没有固定的顺序，内部纷争不断。蒙古国草建初期，既有氏族首领公选制的残余，又有国家世袭制的存在。因此，汗位的继承需经过前任大汗的遗命指定，再经过诸王、贵族的"忽里台"会议推选确认，才能正式继位。忽里台是部落和部落联盟的议事会议，有拥立大汗、决定对外征伐等诸多大权。这种汗位继承制度，虽然有利于推选出有才能和威望的最高统治

◎元世祖忽必烈。忽必烈虽来自游牧民族，但却十分重视中原农业的恢复和发展，也是少数能够重视汉文化，推崇儒术的蒙古统治者之一。

者，但也成为成吉思汗家族（黄金家族）内讧和分裂的根源。

成吉思汗去世后，依次由窝阔台、贵由、蒙哥担任蒙古大汗。1259 年七月，蒙哥染病死于军中。由于他生前没有指定汗位继承人选，汗位继承危机又一次爆发。汗位争夺主要在蒙哥的同母弟——忽必烈与阿里不哥之间展开。此时，忽必烈正统军与南宋作战，而阿里不哥则奉命留守和林，掌握了镇守漠北军队。忽必烈收到蒙哥死讯后，采纳谋士郝经的建议，假意与贾似道秘密合约，迅速北归。1260 年，忽必烈迅速在领地开平召开忽里台大会，仓促继位，建元中统；阿里不哥也几乎同时在和林继位，蒙古出现了一国两君局面。经过甘州之战和昔土木脑儿两次交战，阿里不哥失败，在中统五年（1264 年）投降忽必烈。至此，忽必烈最终控制了蒙古的龙兴之地——漠北地区，确立了蒙古国大汗的地位。

为了更好地统治中原，忽必烈在位初期有计划地吸收、采取前代王朝的典章制度和统治经验。首先，建立年号、国号及有关礼仪制度。至元八年（1271 年）忽必烈取《易经》，"大哉乾元"之义，改国号为大元，以开平为上都，并在燕京营建大都。此外，又设太庙祭祀祖先，按中原王朝仪制制定节日庆典使用的朝仪。忽必烈继位后，在汉族儒臣的帮助下，模仿金朝政治制度，建立一整套官僚机构。在中央，设中书省掌政事，为宰相机构，下辖户、兵、吏等六部，处理具体政务；又设枢密院掌军事，御史台掌监察。在地方，最初设立十道宣抚司，下辖路、府、州、县，后来设置行省作为地方一级行政区，在行省与路之间又设置宣慰司。地方监察由提刑按察司负责，后改为肃政廉访司负责。在经济方面，实行重农政策，在中央设置大司农，督劝

全国农事，并以此作为官员考核的首要标准，还颁发《农桑辑要》一书，用以指导农业生产。在文化方面，采取宗教信仰自由政策，而对于儒学也加以重视，鼓励勋臣子弟学习儒家文化。

然而，虽然忽必烈推行了一系列"汉法"，但仍保留了蒙古国的许多旧制。元王朝仍然带有明显的二元性特征，即蒙古国旧制与中原王朝体制相混合，如大元国号在蒙古语中译为"大元大蒙古国"，元朝皇帝既是汉族臣民的皇帝，也是蒙古草原百姓的大汗。这种二元性成为制约元朝社会发展的根本因素，但同时两者的融合也给中原带来了一些新的元素。

在蒙古国走向分裂的同时，忽必烈也逐渐把重心转移到汉地，重建中国大一统，很快发动了灭亡南宋、统一中国的战争。至元五年（1268年），忽必烈命阿术、刘整督军围攻襄阳，揭开了灭宋战争序幕。至元十一年，元世祖忽必烈正式下诏伐宋，以伯颜为统帅兵分两路，沿长江而下。至元十六年正月，四川宋军的最后一个据点合州钓鱼台被元军攻占，又在二月的崖山之战消灭了南宋的残余力量。至此，元统一了中国。

关汉卿与《窦娥冤》

　　元朝具有强烈的民族歧视与压迫色彩，其官僚、豪绅、喇嘛三位一体的残酷统治，民族与阶级的双重压迫和剥削，使得百姓生存空间极其恶化，斗争也异常尖锐。在这样的社会环境下，关汉卿嫉恶如仇，在作品中，揭露社会的一切丑恶黑暗和残暴，讴歌反抗压迫的斗争精神。

　　关汉卿，大约生于金代末年（约公元 1220 年前后），卒于元成宗大德初年（约公元 1300 年前后），号已斋或一斋、已斋叟，金末元初杂剧作家，是中国古代戏曲创作的代表人物。汉族，解州（今山西运城）人，关于他的籍贯，还有祁州（今河北安国）伍仁村、大都（今北京市）人的说法。关汉卿与马致远、郑光祖、白朴并称为"元曲四大家"，且位于"元曲四大家"之首。有关关汉卿生平的资料缺乏，只有零星的记载。他的职业，可能是元代太医院里的一个医生。所谓知人论世，在了解他所创作的窦娥冤之前，我们先需要大概了解关汉卿所处的时代环境。

　　作为由北方民族建立的统一王朝，元朝具有很强烈的民族歧视与压迫色彩。元朝统治者按照被征服的先后顺序，将全体百姓分为四个等级：一为蒙古人，是元朝的国族，"自家骨肉"，是统治者依靠的基本力量；二为色目人，主要来自蒙古以外的西北、西域各族人，包括回回、畏兀儿、

83

1279

二月，崖山海战，元军舰船围攻宋军，陆秀夫背皇帝投海

1279

二月，杨太后、张世杰等投海自尽，南宋亡

1279

元押解文天祥至大都

1281

征日本的范文虎等遇飓风，十万人仅余一二

吐蕃、钦察等等；三为汉人，主要指淮河以北金朝统治区及较早被蒙古征服的四川、云南等地的汉族人，以及北中国汉化了的契丹、女真人；四为南人，是最后被征服的原南宋统治区内的汉人。四等人在法律地位、政治地位、经济负担以及其他权利方面有种种不平等的规定。比如，蒙古人殴打汉人，汉人不得还手，只能向官府申诉。蒙古人打死汉人，只需打五十七下，给些烧埋钱。而汉人打死蒙古人，则要处死，主犯赔偿家产，余者出烧埋钱。

◎窦娥刑场受冤。关汉卿借助窦娥之口表达了对黑暗社会现实的不满。

　　元朝选官制度独具特色。元朝时期，"凭借学而优则仕"的儒士受到排挤压迫。作为上升途径的科举考试举行的次数极少，八十九年的统治期间仅仅17次，录取的总人数才1135人。进士分配名额也极不公平，蒙古、色目、汉人的人口数相差极端悬殊，名额却一样多，而且蒙古、色目人的试题难度远远小于汉人。高级官员基本上为蒙古人、色目人及极少数的汉族勋贵垄断，这些人绝大部分出自大汗宿卫亲军——怯薛组织。中、下级官员中，出身吏职者占了绝大多数。吏员脱离吏职、担任官职，是元朝最主要的一条入仕途径。这是因为蒙古统治者的实用主义观念，以致于出现了"我元有天下所与共治，出刀笔吏十九"的局面。儒士极受压抑和排挤，在仕途上的失意使他们转而面向底层社会，流连歌舞妓院，关心百姓的生活，抨击黑暗的现实。

元

| 1283 | 1285 | 1285 | 1291 |

命大官子弟皆赴京师
为人质

六月，命女真水达达
造船征日本

八月，罢禁海商之令

遣兵征琉球

这种选官制度产生的官员，大多数素质低下，贪赃枉法，草菅（jiān）人命。王公大人之家，或占民田近于千顷，不耕不稼，谓之草场。在元代，有些农民再度沦为奴隶或农奴的命运，"驱丁"或"驱口"是主人的私产，可任意买卖。由于农业生产受到掠夺战争的破坏和城市经济的畸形发展，高利贷盛行，成为官员剥削压榨的重要手段。元朝冤案遂层出不穷。据历史记载，元成宗大德七年，仅一次弹劾，就查获贪官污吏 18743 人，赃银 45864 锭，冤案 5126 件。元代官僚、豪绅、喇嘛三位一体的残酷统治，民族与阶级的双重压迫和剥削，使得百姓生存空间极其恶化，斗争也异常尖锐。总之，元朝统治十分黑暗，民不聊生。

在这样的社会环境下，关汉卿嫉恶如仇，用自己的方式表达对现实的不满。《窦娥冤》剧情取材自东汉"东海孝妇"的民间故事，讲述了一位穷书生窦天章为还高利贷将女儿窦娥抵给蔡婆婆做童养媳，不出两年窦娥的夫君早死。张驴儿要蔡婆婆将窦娥许配给他不成，将毒药下在汤中要毒死蔡婆婆结果误毒死了自己的父亲。张驴儿反而诬告窦娥毒死了自己的父亲，昏官桃杌（wù）最后做成冤案将窦娥处斩，窦娥临终发下"血染白绫、天降大雪、大旱三年"的誓愿。窦天章最后科场中第荣任高官，回到楚州听闻此事，最后为窦娥平反昭雪。在《窦娥冤》第三折【滚绣球】中，关汉卿借窦娥的口吻，控诉统治者的残暴和社会的不公：

天地也！只合把清浊分辨，可怎生糊突了盗跖、颜渊？为善的受贫穷更命短，造恶的享富贵又寿延。天地也！做得个怕硬欺软，却原来也这般顺水推船！地也，你不分好歹何为地！天也，你错勘贤愚枉做天！哎，只落得两泪涟涟。

窦娥将一腔怒火倾向天地。天地指的是社会秩序，窦娥实则是骂当时的黑暗统治，有着鲜明的社会批判性质。

85

两都之战

　　元朝中期，边疆战事逐渐平息，但更严重的政权内部危机——激烈的皇位争夺战出现了。致和元年（1328年），泰定帝在上都去世。武宗旧臣伯颜拥护图帖睦尔在大都继位，是为元文宗。与此同时，泰定帝的左丞相倒剌沙在上都拥立阿剌吉八，定年号为天顺。这次皇位争夺造成了两都的对峙。

　　元朝中期，边疆战事虽然逐渐平息，但更严重的政权内部危机——激烈的皇位争夺战出现了。这是因为蒙古国忽里台选汗的传统观念在元朝依然延续下来了。大德十一年（1307年）春，元成宗驾崩，因没有指定继承人，皇位传承出现危机。经过一系列残酷的政治斗争，元成宗的侄子海山，在弟弟爱育黎拔力八达的拥立下，即位称汗，是为元武宗。为报答弟弟的功劳，他将爱育黎拔力八达立为太子，相约兄终弟及，叔侄相承，共享皇位。这就埋下了祸根。

　　至大四年（1311年），元武宗死，爱育黎拔力八达继位，是为元仁宗。按照约定，他应当立武宗的长子和世㻋（là）为太子。但仁宗怎么愿意让出得来不易的胜利果实呢！延祐二年十一月（1315年），仁宗封和世㻋为周王，于第二年三月就让他出居云南。同年十月，立自己儿子硕德八剌为皇太子。和世㻋不甘心失败，在赶往云南途中行至

陕西，在一批武宗旧臣的拥戴下，发动兵变，东渡黄河，袭破河中府（今山西永济）。史称"关陕之变"。不久叛军内部分裂，自相残杀，元廷又调重兵围剿，叛乱遂以失败结束。和世㻋远走察合台汗国依附诸王。

延祐七年（1320年），仁宗去世，硕德八剌即位，是为元英宗。元英宗意气风发，锐意改革，仍用年轻的勋臣后裔拜住为相，清算已故权臣铁木迭儿的腐朽势力。铁木迭儿余党、御史大夫铁失等人十分不安，遂决定先下手为强。至治三年（1323年），当英宗由上都南返大都、驻扎于上都以南三十里的南坡时，铁失等人率军队闯入行帐，杀死了英宗和拜住。史称"南坡之变"。铁失计划拥立的新君正是镇守漠北的晋王也孙铁木儿，后者也积极谋取皇位。九月，也孙铁木儿继位于漠北，随后南下大都，于第二年改元泰定，是为泰定帝。为了掩饰弑君罪责，泰定帝果断迅速地处决了铁失及其主要党羽，暂时稳定了政局。

致和元年（1328年），泰定帝在上都去世。八月，留守大都的签枢密院事燕铁木儿利用手中兵权发动政变。燕铁木儿早年受到武宗提拔，于是决定密谋拥立武宗后人。武宗有嫡（dí）子两人，长子和世㻋已逃亡西北，次子怀王图帖睦尔正居住在江陵（今属湖北）。燕铁木儿于是封府库，收印符，派遣使者紧急迎接图帖睦尔。图帖睦尔在另一位武宗旧臣、时任河南行省平章事的伯颜（与平宋勋臣同名）护送下，平安到达大都。九月，图帖睦尔继位，改元天历，是为元文宗。史称此次政变为"天历之变"。与此同时，泰定帝的左丞相倒剌沙在上都拥立年幼的皇太子阿剌吉八，定年号为天顺。

所谓一国不容二君，这次皇位争夺造成了两都的对峙，必然演化为大规模的内战。在两都对峙时期，陕西、四川两行省站在上都一方。陕西官员涂毁文宗的诏书，扣留使者，并发兵三路攻入河南、山西；四川行省平章事囊加台则自称镇西王，烧绝栈（zhàn）道，与文宗对抗。在

两都之战中，大都因为拥有全国主要行省的支持，能集中物力资源，于是逐渐占据优势。十月，大都军队包围上都，倒剌沙出降被杀，天顺帝阿剌吉八不知所终。而四川、云南两地，元文宗直到第二年四月才通过软硬兼施的手段平息。

元文宗初步稳定局势后，并没有立刻当皇帝，而是仿效仁宗的故事。他先派节度使到西北恭请他的兄长和世㻋，声称要把夺来的皇位让给大哥。天历二年（1329年）正月，和世㻋在漠北继位，是为元明宗，文宗则被

◎元朝两都之战。此次战争虽然所历时间不长，却削弱了元朝的统治力量，为元朝的最终灭亡埋下了伏笔。

立为太子。文宗的让位不过是故作姿态，他和燕铁木儿绝不甘心放弃到手的胜利果实。八月，文宗和燕铁木儿北迎明宗，相会于旺忽察都之地（位于河北省张北县的北面）。欢宴数日后，明宗"暴卒"，而文宗"名正言顺"地重登帝位。

文宗在位时，立长子阿剌忒纳答剌为太子，但仅一个月即夭折。文宗因此产生迷信心理，遂在去世前夕遗诏立明宗之子为皇太子。文宗驾崩后，皇后卜答失里与大臣拥立明宗次子、年仅七岁的懿璘质为帝，但也一月而卒，是为宁宗。于是，明宗的长子妥懽帖睦尔被迎接到大都继位，是为元顺帝。元顺帝继位后，国内阶级矛盾和民族矛盾终于爆发出来。

元末农民起义

　　元朝大一统带来的有利优势没有得到充分的利用，统治者"嗜利黩武"，"内用聚敛之臣，外兴无名之师，戕民名如草芥"。早在忽必烈统治时期，大规模的起义在江南发生，仅元二十六年时已经发生四百多次叛乱。这些叛乱虽然被镇压，但反抗的火苗并没有熄灭。元朝的残暴统治，最终淹没在农民起义的风起云涌中。

　　大一统带来的有利优势，在元朝并没有得到充分的利用。统治者"嗜利黩武"，"内用聚敛之臣，外兴无名之师，视民命如草芥"，促使统治危机在元朝过早地出现。早在忽必烈统治时期，大规模的起义在江南发生，至元二十六年（1289年）就已经发生四百多次叛乱。其中规模较大的，有至元十七年（1280年）江西的杜可用通过秘密宗教——白莲会组织起义，还有至元二十年广东清远的欧南喜、福建南宋降臣黄华率领的十万"头陀军"起义。这些叛乱虽然被镇压，但也促使元朝廷调整统治政策，对外战争也因忽必烈的去世而逐渐终止。

　　仁宗继位后，在"守成"幌子下，虽然停止了敛财活动，但君臣不思进取，没有及时纠正忽必烈统治后期的政治弊端，腐败风气日益

严重。元朝的官员大多出自怯薛和吏员，他们缺乏正统的儒家思想熏陶，没有社会责任感和道义感，只知道刻薄百姓、营私聚敛。元朝中期官员还动用公款买色目商人的奇异珠宝给皇室，然后从商人手中提成分利，称之为"中卖宝物"。

仁宗以后，又频繁出现权臣专政的局面。元朝皇帝经常不举行朝会，满足于深居宫中，享乐安逸，而让带有"家臣"性质的朝廷高官当政。这些权臣都是贪污腐败的高手，如铁木迭儿私家之富超过了忽必烈时期的阿合马、桑哥，仅一次宴会，就宰杀13匹马。在这样的大气候下，上行下效，地方官员贪污不以为耻，百姓也不以为怪。地方官员收受贿赂，名目繁多，初次接见下属要收"拜见钱"，逢年过节要收"追节钱"，处理诉讼要收"公费钱"等等不一而足。上下贿赂，公行如市，地方监察官员到州县巡视，还带着手下检查和称量受贿来的钞票和银

◎元朝严格的等级制度。在等级制度下人被分成四个等级，以蒙古人地位最高，享有种种特权，而南人（原南宋境内的汉人）地位最低，经常被随意欺凌。这使得民族矛盾严重，加剧了元朝的统治危机。

1351

八月，徐寿辉、邹胜
普等起义

1351

九月，徐寿辉攻陷蕲
水县

1351

十月，徐寿辉在蕲水
称帝

两。从中央到地方，大小官吏贪污成风，"官吏都欢天喜地，百姓却啼天哭地"。

元朝统治虽然不断敛财，但财政支出巨大，往往入不敷出。为了弥补财政赤字，元统治者大量地印刷无本的钞币，造成纸币贬值，通货膨胀。至顺十年，财政危机积重难返，元廷又在币制上打主意，印发了所谓的中统交钞，并铸造至正铜钱，以交钞为母，铜钱为子，意在放手印刷钞票，以虚代实，掠夺民间财富。新钞旧钞并用，导致币制混乱，使得百姓不得不放弃使用纸币，一些地方甚至直接用货物互相交换。

与此同时，自然灾害也更加严重，黄河发生决口，河南河北大片州郡遭受水患，土地荒芜，人烟绝迹。元朝廷采纳都漕运使贾鲁的主张，修复河道，但工程十分巨大，民众负担沉重。至正十一年（1351年）四月，贾鲁征发民工15万、戍卒2万人治河。这次工程就治河本身而言是成功的，但大河南北的百姓经过连年的灾荒，民不聊生。元朝廷此次大举征发民工，并派兵严厉镇压看守，死者无数，于是群情激愤。民工大批集聚于工地，又为反抗活动的策划和宣传提供了有利时机。这次治河工程遂与至正十年的变更钞法共同成为元末农民大起义的导火线。

至正十一年治河工程开工后，北方白莲教首领韩山童、刘福通等加紧在民工中宣传白莲教"明王出世"、"弥勒下生"的口号，并将一个独眼石人埋在治河工地上，同时散布谶（chèn）言"石人一只眼，挑动黄河天下反"。河工挖出石人，相互传告，人心思动。同年五月，韩山童、刘福通等人聚众于颍水上，誓告天地，准备起事。韩山童发出文告："蕴玉玺于海东，取精兵于日本；贫极江南，富称塞北。"前两句是假托南宋卫王赵昺出走崖山、丞相陈宜中出走日本的故事，

1353

正月，张士诚起义

1353

十一月，高邮之战

1355

刘福通迎韩林儿为帝，并北伐

从汉族的角度号召人们反元复宋；而"贫极江南，富称塞北"则是指责汉族人被蒙古、色目人剥削搜刮造成贫富悬殊，从而把民族矛盾和阶级斗争结合起来了。韩山童自称宋徽宗八世孙，当为中国主，刘福通则自称刘光世的后人。

　　但由于起义还没有发动，消息便泄露了，韩山童被地方官捕杀。刘福通遂仓促起事，攻占颍州（今安徽阜阳）。起事者头裹红巾，故称红巾军，而大多数人又是白莲教徒，故又称香军。起事发动后，迅速占领了黄、淮之间许多州县，聚众十万，多次打败元军，百姓纷纷归附。而全国其他地方也纷纷起兵响应，天下大乱。南方白莲教徒徐寿辉、邹普胜起兵于蕲（qí）水（今湖北浠水）并建立政权，徐寿辉称帝，国号"天完"。芝麻李据守徐州，郭子兴据守濠州（今安徽凤阳东北）。这些都是以白莲教为号召。

　　此外，还有非白莲教系统的。世代以卖盐为生的方国珍，是台州黄海（今浙江黄岩）人，占据庆元、温州、台州等地，称雄浙东二十余年。泰州白驹场（今江苏东台）人张士诚，以运输盐为生，因不堪富户欺凌及弓兵丘义的羞辱，于至正十三年（1353年）正月，愤而杀死丘义及各大富户，起兵反元。第二年四月，以高邮（今江苏高邮）为都城，建国大周，自称诚王，建元天佑。同年十一月，元丞相脱脱率领四十万号称百万的元军，围攻高邮一个月之久，但随后脱脱被元顺帝解去兵权和官职，临阵易帅，元军大乱。张士诚乘机反击，大败元军，使得元朝军队丧失了对农民起义军的优势。高邮之战后，刘福通迎接韩山童之子韩林儿为帝，国号宋，建元龙凤，随即举行了大规模的北伐。元朝的残暴统治，在农民起义的风起云涌中淹没。

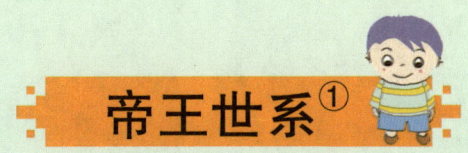

帝王世系①

铁木真 <<<<<

在位时间： 1206-1227

生卒年（1162-1227）。庙号太祖。蒙古帝国的创建者，尊号"成吉思汗"。姓孛儿只斤，幼年丧父，在艰苦的环境中成长起来，并逐渐统一蒙古各部，建立蒙古帝国。此后多次发动对外征服战争，征服地域西达中亚、东欧的黑海海滨。成吉思汗戎马倥偬，征战终生，他发动的对外征服战争在促进东西方之间的交流、推动世界历史进程方面具有重要意义。

窝阔台 <<<<<

在位时间： 1227-1241

生卒年（1186-1241）。庙号太宗。蒙古帝国大汗。是成吉思汗第三子，承袭汗位后南下灭亡金朝，并派拔都远征欧洲，使蒙古帝国的疆域版图空前扩大。同时，他在位期间，任用契丹人耶律楚材为中书令，采

①铁木真于1206年建国。1271年忽必烈定国号为元，1279年灭南宋。1368年，明军攻占元大都，元朝对中原的统治结束。

用汉法，开科取士，重用中原文人，从而奠定了元朝的基础。

贵由 <<<<< ··

在位时间：1246-1248

生卒年（1206-1248）。庙号定宗。蒙古帝国大汗。他是窝阔台长子，窝阔台病逝后，贵由西征未归，由其母后乃马真临朝称制，后经忽里台大会确认，继位为汗。在位期间，滥行封赏，昼夜沉溺酒色之中，致使帝国出现衰败局面。不满两年，因病去世。

蒙哥 <<<<< ··

在位时间：1251-1259

生卒年（1209-1259）。庙号宪宗。蒙古帝国大汗。他是成吉思汗之孙，拖雷长子。贵由病逝后，海迷失皇后临朝称制，不久蒙哥在多数宗王大臣的拥戴下，经忽里台大会确认，登基为汗。他继位后，一方面镇压了反对者，巩固自身权利；另一方面致力于攻灭南宋、大理等国。并派遣旭烈兀西征西亚诸国，从而使帝国版图进一步扩大。后来，他在进攻南宋钓鱼城时暴毙。蒙哥的继位，标志着帝国的统治权由窝阔台家族转移到托雷家族；而他的暴毙引发了忽必烈与阿里不哥的汗位之争，最终导致了帝国的分裂。

忽必烈 <<<< ●●

在位时间：1260-1294

生卒年（1215-1294）。庙号世祖，年号中统、至元。元朝的建立者。成吉思汗之孙，蒙哥汗同母弟。初受封为王，负责统领漠南汉地事务，后统兵灭亡大理国，攻入南宋境内。蒙哥汗去世后，他在开平继位为汗，击败阿里不哥，不久改"大蒙古国"为"大元"，迁都元大都，将统治中心迁入汉地，随后消灭南宋，统一中国。在位期间，一方面十分注重中原农业的恢复与发展，重用汉人，提倡儒学，推行汉法，建立行省制度，加强对全国的控制；另一方面，继续推行扩张政策，两度远征日本，均遭到失败，而且实行四等人制，这都为元朝的早衰埋下了隐患。

铁穆耳 <<<< ●●

在位时间：1294-1307

生卒年（1265-1307）。庙号成宗，年号大德。元朝的第二位皇帝。忽必烈之孙，因父亲真金早逝，故受封皇太孙，总兵镇守漠北。忽必烈去世后，在上都登基为帝。在位期间，停止了对外征伐，专力整顿国内军政；采取了限制诸王势力、减免部分赋税、新编律令等措施，使社会矛盾有所缓和。此外，出兵平定了西北诸王叛乱，表面上维持了蒙古帝国的统一。执政后期，滥行封赏，国库资财匮乏，朝政日

渐衰败，而他后继无人也埋下了元朝中期皇位争夺战的隐患。

海山 <<<<<·····································

在位时间： 1307—1311

生卒年（1281—1311）。庙号武宗，年号至大。元朝第三位皇帝。真金之孙，成宗之侄，初受封怀宁王，后因成宗无嗣而夺取帝位。在位期间，设立尚书省，营建元中都，推行理财政策，发行"至大银钞"和"至大通宝"，强化海运，增课赋税；同时，进一步推行尊儒的政策，追封孔子为"大成至圣文宣王"，缓和蒙汉矛盾。由于英年早逝，他的改革措施未收成效便戛然而止。

爱育黎拔力八达 <<<<<·····························

在位时间： 1311—1320

生卒年（1285—1320）。庙号仁宗，年号皇庆、延祐。是武宗之弟，成宗死后无子，他于是发动宫廷政变，拥立其兄海山继位，自己则受封皇太弟，相约"兄终弟及，叔侄相继"，后于武宗驾崩后如约登基。在位期间，废除了武宗时期的改革措施，减裁冗员，整顿朝政，推行"以儒治国"政策，恢复科举制度，推动元朝的汉化进程。但是由于在继承人问题上，未能履行"叔侄相继"的誓约，最终导致了此后二十

余年的政治混乱及宫廷斗争。

硕德八剌 <<<<••

在位时间： 1320-1323

生卒年（1303-1323）。庙号英宗，年号至治。元朝被弑的皇帝。他是仁宗之子，自幼受到儒学的熏陶，继位后推行"以儒治国"的政策，大量起用汉族官僚和士人，颁布新法律，采用"助役法"以减轻人民的差役负担等。英宗的新政使元朝国势大有起色，但是也触及到了保守贵族的利益，引起了他们的强烈不满。最终，保守势力发动"南坡政变"，英宗死于其中，年仅二十岁。

也孙铁木儿 <<<<••

在位时间： 1323-1328

生卒年（1293-1328）。年号泰定、致和。元朝无汉文尊号、庙号的皇帝，史称泰定帝。他是忽必烈嫡曾孙，初受封晋王，英宗被弑后以世祖嫡曾孙的资格登基为帝。在位五年间以守成和维稳为主要目标，通过开设经筵笼络汉人、南人。驾崩后，元朝再次发生皇位之争。

阿速吉八 <<<< ●●●●●●●●●●●●●●●●●●●●●●●●

在位时间： 1328

生卒年（1320-1328）。年号天顺。泰定帝之子，泰定帝驾崩后，他在上都被权臣倒剌沙拥立为帝，并与在大都登基的元文宗展开了皇位争夺战争，即"两都之战"。不久，上都方面战败，阿速吉八被杀。

图帖睦尔 <<<< ●●●●●●●●●●●●●●●●●●●●●

在位时间： 1328-1329　1329-1332

生卒年（1304-1332）。庙号文宗，年号天历、至顺。元朝唯一一位两次登基的皇帝。本是武宗次子，泰定帝驾崩后，他在大都被权臣燕帖木儿拥立为帝，并在"两都之战"中击败上都，巩固了帝位。此时，他的长兄和世瓎也在漠北和林继位，于是他将皇位让给兄长和世瓎。很快，和世瓎暴毙，文宗复位。之后，权臣燕帖木儿擅权恣纵，吏治更加腐败。

和世瓎（là）<<<< ●●●●●●●●●●●●●●●●●●●●●

在位时间： 1329

生卒年（1300-1329）。庙号明宗。他是武宗长子，根据叔侄相继的约定，本应是仁宗的继承人。"两都之战"后，受到北方宗王拥戴，并在未通知文宗的情况下于和林即皇帝位。文宗表示让位于兄，然而很快

和世㻋暴毙,文宗复位。

懿璘质班 <<<<‥‥‥‥‥‥‥‥‥‥‥‥‥‥‥‥‥‥‥‥‥‥

在位时间:1332

生卒年(1326-1332)。庙号宁宗,年号至顺。明宗次子,文宗驾崩时遗诏让元明宗之子懿璘质班继承皇位。由于宁宗年幼,卜答失里太后临朝称制,成了元朝的实际统治者。宁宗在位仅五十余天后病逝。

妥懽帖睦尔 <<<<‥‥‥‥‥‥‥‥‥‥‥‥‥‥‥‥‥‥‥‥‥

在位时间:1332-1370

生卒年(1320-1370)。庙号惠宗,年号元统、至元、至正。元朝在中原的最后一位皇帝,史称元顺帝。他是明宗长子,宁宗长兄。宁宗病逝后,他被卜答失里太后立为皇帝。登基后不久,扳倒权相伯颜而亲政。亲政之初,勤于政事,任用贤臣脱脱改革弊政,以挽救统治危机。然而,此时元朝社会已经积重难返,弊端丛生,"变钞"与"开河"最终导致了元末农民大起义。加之元廷内部纷争不断,逐渐失去了对全国的控制。公元1368年,明军攻入大都,元顺帝北逃,元朝由此结束了对全国的统治。

风云人物

耶律楚材 <<<<

生卒年（1190-1244）。蒙古帝国早期重臣。本是契丹人，精通汉文，博览群书，成吉思汗攻打金朝时被召至漠北，随后陪同西征；窝阔台大汗时逐渐受到重用，并且在经济、政治和文化等方面提出了一系列政策与措施，对于被征服地区社会生产力的恢复和发展起到了重要作用。窝阔台大汗死后，耶律楚材受到反汉化大臣的排挤，不久郁郁而终。总之，作为蒙古帝国前期重臣，他对于政权建设以及汉化措施的推行起到了重要作用。

乃马真太后 <<<<

生卒年（不详-1246）。蒙古帝国首位临朝称制的太后。本是窝阔台汗皇妃，窝阔台驾崩后，临朝称制达五年之久。期间，滥行封赏，结党营私，排除异己，为自己的儿子贵由继位创造了条件，但也为后来蒙古帝国内部纷争埋下了隐患。

李璮（tǎn）<<<<

生卒年（不详-1262）。本是蒙古帝国益都行省长官，当忽必烈正

与阿里不哥展开皇位争夺战争的关键时刻，李璮起兵反叛。虽然叛乱很快平息，但此事大大加深了忽必烈对汉人的猜忌，在北方汉地实施兵、民分治，罢世侯、置牧守、行迁转法，易置汉人将领部属、将不擅兵等制度，强化了对华北地区的集权统治。

八思巴 <<<<< ···

生卒年（1235-1280）。元朝第一代帝师。本是西藏高僧，萨迦第五祖，深受忽必烈推崇。忽必烈即皇帝位后，八思巴被封为国师，统领天下佛教事务；后又令他领总制院事，统辖藏区事务。此外，八思巴还创造了蒙古新字，被加封为大宝法王。

阿合马 <<<<< ···

生卒年（不详-1282）。元世祖忽必烈近臣。其为色目人，本是忽必烈察必皇后的陪嫁奴隶，后受到忽必烈赏识，逐渐升至中书平章政事，主政十余年。其主政期间，以清理户口、推行专卖制度、发行纸币等方式来增加收入。元征服南宋之后，他又在江南实行发钞和药材限制专卖政策，使元初的财政收入大为增加。由于他种种财政措施引起其他大臣不满，武官王著联络僧人高和尚，趁世祖北往上都时，假传太子之命设计将阿合马刺杀。

燕铁木儿 <<<< •••••••••••••••••••••••••••••••••••

生卒年（1285-1333）。元朝中期著名权臣。他本是武宗宿卫，后在大都掌管宿卫军。泰定帝驾崩后，他发动宫廷政变，拥立武宗次子图帖睦尔继位，并在"两都之战"中击败上都方面，巩固了文宗帝位。而后，其又参与谋害明宗，助文宗复位，拜为右丞相，独掌政务，权倾一时。他死后，家族势力被另一权臣伯颜所铲除。

脱脱 <<<< •••••••••••••••••••••••••••••••••••••••

生卒年（1314-1355）。元朝末年著名的政治家、军事家。出身于蒙古蔑儿乞部，是权臣伯颜的侄子。元顺帝继位后，他因帮助顺帝扳倒伯颜有功，而受到重用，出任中书右丞相。上台后，大刀阔斧地废除伯颜"旧政"，推行一系列新政，整顿吏治，恢复科举考试，减轻对人民的控制与剥削，一时之间天下翕然。然而，元朝社会矛盾已积重难返，脱脱的改革终究无法挽救统治危机，开河变钞激起了大规模的农民起义，脱脱也因镇压起义不利而被贬死，元朝的覆灭已然无法挽回了。

许衡 <<<< •••••••••••••••••••••••••••••••••••••••

生卒年（1209-1281）。元朝著名理学家，世称"鲁斋先生"。他自幼勤学好读，师从江汉先生姚枢，学习程朱理学。之后应忽必烈之召，

出任京兆提学，授予国子祭酒，并奉命与徐世隆定朝仪、官制。因他在建言时务中颇有贡献，故谥"文正"，从祭孔庙。代表作品有《读易私言》、《鲁斋遗书》等。

关汉卿 <<<<

生卒年（1219-1301）。元朝著名戏剧家，元杂剧的奠基人，与白朴、马致远、郑光祖并称"元曲四大家"。他的生平事迹不详，现已知他著有杂剧67部，存世18部。他的作品具有极高的现实性和强烈的反抗精神，代表作品有《感天动地窦娥冤》等。

刘福通 <<<<

生卒年（1321-1366）。元末北方农民起义的领袖。本是颍州人，长期与韩山童以宣传白莲教的名义从事组织活动。韩山童被害后，他率红巾军起义，从而掀起了元末农民大起义的烽火。他迎立韩山童之子韩林儿为帝，号称"小明王"，建立龙凤政权，并作出三路北伐的重大决策，推动北方农民起义进入全盛时期。然而由于三路北伐军各自为战，很快失败，刘福通困守安丰，最终为张士诚大将吕珍所杀。

陈友谅 <<<< ●●●●●●●●●●●●●●●●●●●●●●●●●●●●●●●●

生卒年（1320-1363）。元末农民起义领袖，大汉政权建立者。他本是徐寿辉天完政权部将，后反杀徐寿辉，自立为帝，建立大汉政权，成为当时南方起义军中实力最强的武装力量。随后他亲率六十万大军进攻朱元璋，最终鄱阳湖大战全军覆没，自己也中箭而死。

张士诚 <<<< ●●●●●●●●●●●●●●●●●●●●●●●●●●●●●●●●

生卒年（1321-1367）。元末农民起义领袖。本是盐商出身，因不满富户欺压，遂起兵反元，后势力逐渐壮大，遂以高邮为都城，建立大周政权，自称诚王。之后，高邮一战，大败元军，从此使元军丧失了对农民军的优势。然而随着势力的发展，张士诚日益骄奢，并逐渐走向农民军的对立面，最终在朱元璋的进攻下兵败身死。

6

明

让孩子用年表读懂中国古代历史

中国古代历史年表编审委员会

主　编：潘景林（首都师范大学历史学硕士）

副主编：孟泽众（首都师范大学历史学硕士）

　　　　缪　健（首都师范大学历史学硕士）

团结出版社

图书在版编目（CIP）数据

让孩子用年表读懂中国古代历史 / 潘景林主编. —
北京 : 团结出版社, 2017.11
ISBN 978-7-5126-5706-9

Ⅰ. ①让… Ⅱ. ①潘… Ⅲ. ①中国历史—古代史—历
史年表—儿童读物 Ⅳ. ①K220.8-49

中国版本图书馆CIP数据核字（2017）第258950号

让孩子用年表读懂中国古代历史

潘景林 主编　　　孟泽众、缪健 副主编

出　　版：团结出版社
　　　　　（北京市东城区东皇城根南街84号　邮编：100006）
电　　话：（010）65228880
发　　行：（010）85113874　（010）85849108
网　　址：http://www.tjpress.com
E－mail：65244790@163.com
经　　销：全国新华书店
印　　刷：三河市双升印务有限公司

开　　本：185×260　1/16
印　　张：46.5
字　　数：415千字
版　　次：2017年11月第1版
印　　次：2020年8月第2次印刷

书　　号：978-7-5126-5706-9/F・01
定　　价：168.00元　（全七册）

推荐序

让孩子用年表读懂中国古代历史

过去、现在、未来，时间永远不以人的意志为转移地向前飞驰。小至个人，大至国家，都会经历一番风雨，留下一段历史，才变成现在的模样。

对孩子来说，了解、学习中国历史，有以下一些显而易见的意义。

一是增强人文修养。例如，汉语里很多成语典故，都有详细的出处，比如"纸上谈兵"，结合长平之战的惨烈，孩子才会理解得更深刻，并在言语中准确恰当地使用。再如，现在很多家长节假日时都带着孩子出门旅游，到处去走走看看，看什么呢？除了自然景观，大多是历史遗迹。去了一个地方，读了书和不读书去，那是两种体验，增长见识的效果截然不同。很多人常说这句话——中国是一个拥有五千年悠久历史的文明古国，可是，如果没有一定的历史知识，五千年历史对很多人来说，就只是一句空洞的白话。

二是重新认识自己的生活环境。当我们从历史书中了解到，自己所在的家乡，或生活熟知的地方，竟然曾经发生过一些重要历史事件，或与一些著名人士有关联的时候，自然就会产生一种特殊的情愫，往往不自觉地增强自豪感，更加热爱家乡、祖国，甚至激发自己努力向上。

三是学到一种历史智慧。往小了说，读史明智。往大了说，以史为鉴，可以知兴替。从一定的时空纵深感中，我们超越了具体的事件和条件的局限，可以总结很多经验智慧，形成格局见识，用在对未来事情的处理上。

四是获得道德品行方面的教益。人性是相通的。遨游在历史故事中，就像坐上了时光机器，去体验当事人的纠结和决断，感受真善美，鞭挞假恶丑。从历史人物身上，我们也看到了自己的影子，从而不断克服自己的

弱点，使自己变得更完美。

为此，我愿意推荐这套《让孩子用年表读懂中国古代历史》，希望孩子们能读懂历史，逐渐爱上历史，获得读史带来的益处。

这套书有下列特点：

一是历史脉络清楚。全套书分为七册，每册书的前言中，对该书历史范围内的事件作简要交代，对朝代的发展、起承转合关键事件等作清楚地描述。书中的故事，对每个朝代重要事件及相互之间的衔接，都有清晰的讲述。

二是细节故事性强，重要场景配有彩图。本书在尊重史实的基础上，注重细节描写。其中，对很多典故，例如"纸上谈兵"，进行了细致的讲述。全书还配有大量彩图，以期帮助孩子对相关事件有更好的理解。

三是提供了重要的时间线索——年表。每个故事的页眉处，都标注了与该故事大致同时的重要时间节点和历史事件，方便读者检索或对照阅读。

四是提供了丰富的资料。每个朝代的内容大致分为帝王世系、宗室藩王、文臣武将、风云人物。这些人物资料与故事线性讲述互相映衬，读者可以与正文故事进行对照阅读。

总之，希望本书能带领孩子走进中国历史，感受中国历史文化的博大精深。更希望能为孩子提供一把历史的钥匙，帮助他们更好地理解现实、世界、人性等，促进自身的全面发展。

韩兆琦

2017 年 11 月 10 日

（韩兆琦，中国史记研究会名誉会长。北京师范大学中文系教授，博士生导师。中国人民大学国学院特聘教授、博士生导师。著名《史记》与传记文学研究专家。）

前言

明

　　1368 年，朱元璋在应天府登基称帝，国号明，年号洪武，是为明太祖。当年秋天，徐达攻破元大都，元顺帝北逃，元朝灭亡。太祖朱元璋登基后，进行了一系列的政权建设，为明朝近三百年的江山打下了坚实的基础。太祖朱元璋一方面通过废丞相、裁撤中书省等措施加强中央集权，另一方面轻徭薄赋，劝课农桑，从而为社会经济的发展奠定了基础。此外，为巩固朱家天下，朱元璋大肆屠戮开国功臣，并分封朱姓子孙为王，以藩屏皇室。

　　建文帝登基后，鉴于藩王权力过重，遂决意削藩。公元 1399 年，燕王朱棣以诛杀奸臣齐泰、黄子澄为名，起兵"靖难"。双方僵持了四年，公元 1402 年，朱棣从北逃的皇宫太监处得知京城守备空虚，于是越过山东主战场举兵南下，直抵京师，建文帝不知所终。同年，朱棣登基称帝，是为明成祖。成祖即位后，对内发展生产，迁都北京，对外征漠北、定安南、下西洋，明朝的国势逐渐走向鼎盛。仁宗、宣宗时期，大规模的对外征战停止，经济继续发展，社会稳定。

　　明朝中期，朝政日趋腐败。明英宗时，在宦官的怂恿下，率大军五十万亲征蒙古瓦剌部，却在土木堡被瓦剌击败，英宗也被掳走。稍后的明武宗，恣意玩乐，于紫禁城西华门外修筑"豹房"，搜罗各地美貌女子置于其中，以供享乐。此外，嘉靖皇帝一心沉溺于修道炼丹之中，在位数十年却不理朝政。这一时期的明王朝，南有倭寇，北有蒙古骑兵，内有土地兼并，各种问题纷至沓来，统治岌岌可危。

万历时期，内阁首辅张居正在万历皇帝生母李太后的支持下，对病入膏肓的明王朝进行了大刀阔斧的改革。张居正通过"考成法"，提高官员办事效率。清查全国土地，实行"一条鞭法"，整顿国家财政税收。任用戚继光、李成梁等人镇守北方，增强国家防御力量。张居正的改革取得了显著成效，但是也触动了一批官僚地主的利益。1582年，张居正忧劳成疾，猝然而逝。其死后，家产被抄，家属或死或流放，改革成果付诸东流。明王朝的统治也江河日下。

明朝后期，宦官专权到达极致，朝政腐败日甚一日，土地兼并严重，社会矛盾日益激化，经年的自然灾情得不到政府的有效救济，最终演变为明末农民大起义。公元1644年，李自成率领农民军攻破北京，崇祯皇帝朱由检自缢煤山，在农民起义的烽火中建立起来的大明王朝也最终在农民起义的风暴中覆灭。从公元1368年到公元1644年，大明王朝共传十六位皇帝，享国276年。

目录

明

1344

黄河多处决口，山东大饥

1346

山东地震七日

1348

西北军民饥馑

挑动黄河天下反

时间走到公元 1344 年五月，元朝已经统治中原 70 多年了。由于蒙元入主中原以来实行民族压迫政策，社会矛盾早已激化。恰逢黄河决堤，百姓流离失所，民不聊生。韩山童、刘福通等人利用"挑动黄河天下反"的预言进行宣传，号召民众反抗元朝的统治。

公元 1344 年五月，连续二十余天的大雨使得黄河水位上涨，多处决堤。沿河的山东、河南、安徽等多地遭受水灾，房屋毁坏，田地被淹，百姓流离失所，民不聊生。元朝政府于是征调二十万民工，欲疏通旧河道，并堵塞决口。征调的民工本是黄河两岸受灾的民众，他们不仅没有得到政府的有效救济，反而在开河的过程中屡遭盘剥，以致民情骚动，一条预言逐渐在民工中间传播开来：石人一只眼，挑动黄河天下反。

由于蒙元入主中原以来实行民族压迫政策，社会矛盾早已激化，人心思动。韩山童、刘福通等人以宣传白莲教为形式聚集民众，宣称韩山童为宋徽宗八世孙，当为中国主，而刘福通为南宋名将刘光世的后代，应当辅佐韩山童驱除胡虏，恢复大宋的天下。他们打出"虎贲三千，直捣幽燕之地；龙飞九五，重开大宋之天"的旗帜，号召民众反抗元朝的统治。

1349

黄河决口，胶州大饥，人相食

1351

韩山童、刘福通起义。韩山童牺牲

1352

朱元璋投奔郭子兴，加入起义队伍

　　黄河的决口让韩山童、刘福通看到了起事的时机，于是便利用"挑动黄河天下反"的预言进行宣传。他们暗地造了一个独眼石人，在背后刻上"莫道石人一只眼，此物一出天下反"，然后埋于黄河故道。河工们挖出石人后，开始奔走相告，民众的愁苦立刻转化为起事的骚动，起义的时机已然成熟。

　　公元 1351 年五月的一天，正当韩、刘等人密谋起义之时，消息却不幸走漏，官军立刻前来搜捕，韩山童被捕牺牲。刘福通带着韩山童的妻儿逃至颍州（今安徽阜阳界首市），发动起义。因起义军头裹红巾，故称红巾军。红巾军很快占领了亳（bó）州（安徽亳州）、罗山（河

◎韩山童、刘福通等三千人于颍州颍上县，杀黑牛白马，祭告天地，宣誓起义。

南省罗山县）、真阳（位于河南省正阳县境内）等地，队伍迅速发展到十余万人，足见元朝之不得人心。

红巾军的迅速发展极大地鼓舞了各地群众，南北各地的白莲教徒纷纷起事，农民起义渐成燎原之势。公元1353年，贩盐出身的张士诚起兵反元，并于第二年以高邮为都城，建立大周政权，自称诚王。同年十月，元朝丞相脱脱率军四十万进攻高邮。因久攻不下，脱脱被元顺帝免职，这种临阵易帅的举动致使元军大乱，张士诚趁势反击，大破元军。至此，元朝丧失了对农民起义军的优势，只剩招架之功，再无镇压之力。

公元1355年，刘福通在亳州拥立韩山童的儿子韩林儿为帝，号称小明王，建立龙凤政权，不久又攻占北宋旧都汴梁（河南开封），并定都于此，这对于中原各地的农民起义军具有极大的号召力。与此同时，龙凤政权兵分三路北伐，以彻底推翻元朝的统治，北方农民起义进入全盛时期。然而由于三路北伐大军各自为战，相互之间不能协同配合，很快陷入失败。龙凤政权的都城汴梁也重新被元军攻占，刘福通保护韩林儿撤退至安丰（今安徽寿县）。不久，张士诚派兵围攻安丰，刘福通被部将所杀，北方农民起义的烽火逐渐被平息了下来。

正当农民起义陷入低潮时，以应天为基地的朱元璋逐渐发展壮大起来。

朱元璋建立明朝

　　在风起云涌的反元起义大潮中，朱元璋步步为营，逐渐具备了统一天下的实力。公元 1367 年，朱元璋任命徐达为征虏大将军，常遇春为副将军，统兵二十五万，北伐中原，攻取元大都。公元 1368 年，朱元璋在应天府登基称帝，国号大明，改元洪武，是为明太祖。

　　在风起云涌的元末农民起义过程中，平民出身的朱元璋逐渐崭露头角，脱颖而出。

　　朱元璋本是安徽凤阳太平乡孤庄镇人，父母均是农民，以耕田为生，他幼年也曾为地主家放牛，生活虽然清苦，但尚能糊口。怎料一场瘟疫先后夺去了他父母兄长的性命，只有他命硬活了下来，孤苦无依的他不得已到

◎朱元璋，幼名重八，参加农民起义军后改名元璋，字国瑞。

4

皇觉寺为僧。朱元璋没有多少文化，而且面相丑陋，说得好听些也只能算是"天生异相"了。但是他为僧期间，游历各地，深知民间疾苦，常抱济世安民之志。

当农民起义烽火席卷中华大地之时，他投奔了占据濠州（治凤阳，辖蚌埠、凤阳、怀远、明光等地）的郭子兴，因他胆大心细、能力出众而深得郭子兴器重，郭子兴更是将养女马秀英许配给他为妻。郭子兴胸无大志，朱元璋绝非池中之物，于是在征得郭子兴同意后，回到家乡招兵，很快组织起了自己的队伍，其中既有徐达、汤和等能征善战的武将，也有李善长、冯国用等知兵善谋的文人，这些人大都成了后来大明王朝的开国功臣。

公元 1355 年，郭子兴病死，朱元璋实际控制了郭子兴的队伍。不久，朱元璋攻下集庆（今江苏南京），改名应天府，遥奉龙凤政权为正朔，并自任江南行省丞相。此时群雄并起，应天府西有陈友谅兵强马壮，东有张士诚富可敌国，形势不容乐观。朱元璋审时度势，听从了谋士朱升提出的"高筑墙、广积粮、缓称王"的九字方针，以应天为根据地，恢复社会生产，稳定民心，招揽人才，实力逐渐壮大。

公元 1360 年，陈友谅联合张士诚准备夹击朱元璋。朱元璋的部将见此形势，有主张投降的，也有主张先攻击实力较弱的张士诚，再与陈友谅决一死战的，只有刘基向朱元璋献计说："张士诚坐拥富庶之地，但此人胸无大志，且生性多疑，没有十足把握，不会贸然出兵，因此不足为虑，如果先攻击张士诚，他必以死抗战，我军则限于腹背受敌之困境。陈友谅割据长江上游，时刻有灭我之心，应该先拔出他。陈友谅劫主胁下，部将多不顺从，貌似强大，实际上不足为惧，他本人勇猛少智谋，设下伏兵必能将他打败。"朱元璋采纳了刘基的建议，

设伏兵于金陵城下，陈友谅果然轻率冒进，大败而回。张士诚也如刘基所言按兵不动。

公元 1363 年，张士诚派兵围攻龙凤政权小明王所在地安丰，刘福通遂派人到朱元璋处调兵解围。当时龙凤政权实际上已经无力向各地起义军发号施令了，但是这个旗号仍然具有一定的号召力，于是朱元璋力排众议，亲率大军北上安丰，救援小明王。此时占据武昌的陈友谅趁机起兵六十万，顺江而下，企图一举攻下应天，消灭朱元璋。但是陈友谅出师不利，大军围攻洪都，竟数月都没有攻下，贻误战机。朱元璋救回小明王，立即率领二十万大军救援洪都，关系中国历史走向的一场大战在鄱阳湖一带展开。最终，朱元璋针对陈友谅战船机动性差的弱点，仿效赤壁之战，采用火攻的方式以少胜多取得了胜利，陈友谅本人也在混战中被射死。

在啃掉陈友谅这块硬骨头之后，朱元璋趁势东灭张士诚，南平方国珍，逐渐具备了天下一统之势。公元 1367 年，朱元璋任命徐达为征虏大将军，常遇春为副将军，统兵二十五万，北伐中原，攻取元大都。此时的朱元璋已经不再需要龙凤政权这个旗号了，于是派大将廖永忠在迎接韩林儿至应天的途中，将他溺死于瓜步，龙凤政权至此结束。

公元 1368 年，朱元璋在应天府登基称帝，国号大明，改元洪武，是为明太祖。当年秋天，徐达攻破元大都，元顺帝带着三宫后妃、皇太子等北逃，元朝灭亡。明朝建立之后，朱元璋又前后用了近二十年的时间消灭地方割据势力，最终完成了对全国的统一。

洪武四案诛功臣

　　发生在明朝初期的空印案、郭桓案、胡惟庸案以及蓝玉案，牵涉面广，株连开国功臣甚多。经过这四大案，明朝的开国功臣几乎被诛杀殆尽，许多江南豪族也在此过程中被诛灭。像朱元璋这样"狡兔死，走狗烹"，在中国王朝史上是极其稀少的。

　　洪武四大案是指朱元璋在位时期发生的空印案、郭桓案、胡惟庸案以及蓝玉案，因牵涉面广，尤其是胡、蓝两案株连开国功臣甚多，所以在当时影响巨大。

　　太祖朱元璋出身平民，深知民间疾苦，更知江山来之不易，因此他非常注重吏治的整顿，尤其是对基层贪官的惩处十分严厉，凡贪赃白银六十两以上的都要"枭首示众"，并且"剥皮实草"，其中最具影响力的便是空印案与郭桓案。

　　按照明朝的制度，地方的财政官员每年都要到京师户部去核算钱粮数目，如果数目不合，还需层层修改。这些官员为了减少往返盖章的麻烦，于是将预先加盖官印的空白文册随身携带，若数目不合，则在这些空白文册上重新填写。这种做法由来已久，且经年相传，并无太大的异议。洪武九年（1376年），朱元璋发觉此事后，认为其中必

7

1377

胡惟庸出任左丞相

1380

朱元璋杀胡惟庸，废丞相，权分六部

1385

郭桓案起，株连数万人

有猫腻，于是下令将地方衙门掌印的官员一律处死，副官以下的杖刑一百，发配戍边，这便是所谓的"空印案"。

洪武十八年（1385年），御史余敏、丁廷举告发户部侍郎郭桓利用职权贪污，经查实，郭桓曾与应天、镇江、太平等五府、州的官员相互串通舞弊，将这一地区官田减半征收的数十万石（dàn）夏税私分。而且他还勾结管理库房的官吏，盗取大量的金银财宝。也曾接受浙西各府的贿赂，让浙西各府的官员将未上缴的近两百万石秋粮私分。太祖朱元璋得知此事后，甚为恼怒，感叹道："古往今来，贪赃枉法的大有人在，但是做得如此过分的，实在是不多。"于是，太祖将六部侍郎以下以及各省的涉案官吏全部处死，达数万人之多，这便是所谓的"郭桓案"。郭桓等人贪赃枉法，伏诛本是罪有应得，但朱元璋打击面过广，而且为了追缴赃款，致使江南的许多大户破产，引发了民众的骚动。后来，朱元璋也感觉自己杀多了，为平息民愤，又将审理此案的吴庸处死作为交代。

空印案和郭桓案是太祖朱元璋针对中下层官员展开的打击措施，虽然有些矫枉过正，但毕竟是出于整顿吏治、惩处贪污这样光彩的动机。与这两案相比，胡惟庸案和蓝玉案，动机恐怕就没有那么光彩了。

胡惟庸与李善长同为淮西人，早年追随朱元璋起义，因他善于逢迎，颇得朱元璋信任。明朝开国后不久接替李善长为中书省丞相，日益骄纵。刘基曾言："胡惟庸得志，必定祸害百姓"，胡惟庸得知后非常记恨他，于是趁刘基患病期间在其用药中动了手脚，将刘基谋害。之后胡惟庸更加独断专行，不受节制，这逐渐引起了朱元璋的警觉与不满。洪武十三年（1380年），朱元璋接到举报，称胡惟庸意图谋反，遂以"谋不轨"的罪名将胡惟庸处死，并以此为契机，大肆杀戮，受牵连的官员多达万余人，只要被说成是胡党，立刻被投入监狱。

1390
韩国公李善长被赐死

1392
太子朱标卒，立朱允炆为皇太孙

1393
朱元璋杀凉国公蓝玉

　　胡惟庸案中受牵连被诛杀的以文官为主，而蓝玉案中被诛杀的则以武将为主。蓝玉本是常遇春的妻弟，早年随朱元璋征战，屡立战功，后官拜大将军，受封凉国公。然而他居功自傲，私自蓄养庄奴、义子，横行霸道，于是引起了朱元璋的不满。洪武二十六年（1393年），朱元璋接到特务机构锦衣卫关于蓝玉意图谋反的报告，于是以谋反罪将蓝玉处死，并剥皮实草，以警示后人，受此案牵连者亦多达万余人。

　　历史上"狡兔死，走狗烹"的事件并不稀奇，然而像朱元璋这样大规模屠戮功臣，甚至延及微末小吏的，在中国王朝史上却是绝无仅有的。经过洪武四大案，明朝的开国功臣几乎被诛杀殆尽，许多江南豪族也在此过程中被诛灭。相传太孙朱允炆（wén）曾谏太祖不要滥杀，朱元璋则拿一根棘杖来作比喻，说道："爷爷是要替你把刺拔掉，这样就不怕扎手了。"

　　朱元璋千防万防，最终没有防得了祸起萧墙。

◎胡惟庸案。明太祖朱元璋先后任命过四员丞相（李善长、徐达、汪广洋、胡惟庸），其中胡惟庸主政时间最长、权最重。任相七年，权势显赫，遇事专断，为太祖所忌。

1398

1398

1399

五月，朱元璋卒，朱允炆即位，是为建文帝

六月，建文帝议定削藩

七月，靖难之变，燕王反

燕王起兵靖难

朱元璋驾崩后，建文帝为了节制藩国，解决藩国尾大不掉之势，同大臣齐泰、黄子澄等商议"削藩"。燕王朱棣不甘心交出权力，以诛杀齐泰、黄子澄为名起兵，称自己的举动为"靖难"。最终兵临南京城下，废建文帝，自立为皇帝，是为明成祖。

明初太祖朱元璋分封子孙为王，希望可以靠朱氏子孙"分制海内"，巩固朱家天下。诸王在藩地食粮万石，领兵万余，尤其是塞北诸王更是可以直接处理军务。

洪武二十五年（1392 年），威望颇高的太子朱标病逝，朱标的儿子朱允炆被立为皇太孙，成为皇位继承人，然而领兵在外的藩王却并不甘愿将来听命于自己的这位侄子，尤其是镇守北平（今北京）、手握重兵的燕王朱棣（dì），渐成尾大不掉之势。相传朱允炆曾与太祖有过这样一段对话，太祖对朱允炆说："我让诸王守边，可使边尘不动，你可以做个太平皇帝了。"

朱允炆反问道："胡虏犯边，有藩王抵挡。如果藩王造反，该当如何呢？"

太祖半天没有说话，只是说："那你的意思呢？"

朱允炆想了想说："以德怀之，以礼治之。如果不行，就削去他

1399

八月，燕王大败耿炳文于真定

1400

李景隆军大败

1401

燕王率军南下，直取京师

的封地；如果再不行，就废掉他的封号；如果还是不行，那就只能兴兵讨伐了。"太祖沉默不语，若有所思。

洪武三十一年（1398 年），太祖朱元璋驾崩，皇太孙朱允炆即位，是为建文帝。朱允炆即位之初，即以太祖遗诏的名义下令，诸王留在各自藩国，不得赴京奔丧。藩国所在的文武吏士要听朝廷节制，只有护卫亲军听诸王的号令。不久，建文帝便开始同大臣齐泰、黄子澄等商议"削藩"之事，黄子澄建议先削掉内地几个力量较弱的藩王，然后再向力量最大的燕王开刀。朱允炆一方面采纳了黄子澄的建议，另一方面向北平派出忠于中央朝廷的官员，严密监视燕王的举动。

燕王朱棣本是太祖第四子，镇守北平，长期的征战经历锻炼了他超常的军事才能和坚毅的性格。在得知朝廷"削藩"意图后，朱棣准备先发制人，一方面在燕王府内秘密练兵，打造军械。另一方面装疯卖傻、胡言乱语，迷惑驻北平的朝廷官员。建文元年（1399 年）七月，燕王朱棣将中央驻北平的最高军政长官张昺（bǐng）、谢贵诱杀于燕王府，然后以诛杀齐泰、

◎朱元璋在《皇明祖训》中规定藩王："朝无正臣，内有奸逆，必举兵诛讨，以清君侧。"朱棣以此为理由，发动"靖难之役"。

1402

燕王称帝于南京

1403

正月，改北平为北京
顺天府

1403

七月，开始编纂
《永乐大典》

黄子澄为名起兵，称自己的举动为"靖难"，即平定祸难，并迅速控制了北平及周边地区。

燕王起兵的消息传到京师，建文帝祭告太庙，削朱棣宗室属籍，废为庶人，昭示天下，并任命老将耿炳文为征虏大将军，统兵十三万北上平叛。

耿炳文率军北上后先在雄县（河北雄县）战败，接着又丢失鄚州（位于河北省任丘市西北），十万大军退至真定城（今河北正定）与燕军相持。耿炳文出战失利的消息传到京师，朱允炆认为耿炳文年事已高，不堪重用，于是根据黄子澄的推荐，任命曹国公李文忠之子李景隆为大将军，代替耿炳文与燕军作战。

李景隆代替耿炳文后轻率冒进，屡屡被朱棣打败，损兵折将，而燕军开始南下。之后，双方在河北、山东、河南等地来来回回打了三年多，互有胜负。由于朱允炆多次叮嘱不要杀死燕王，不要让他背上杀叔的罪名，这在很大程度上束缚了官兵的手脚，比如白沟河之战、济南攻防战中燕王多次遇险，却又死里逃生。

当战争进入第四个年头时，朱棣从皇宫太监处得到了京城空虚的消息，于是决定举兵南下，直捣京师。建文帝得知燕军即将兵临城下时，大为震恐，他所重用的齐泰、黄子澄终究是书生，谋国之忠有余而制胜之策不足。无奈之下，朱允炆只得罢了齐、黄二人的官职，并向燕王许以江北之地，请求罢兵议和。燕王不许，率军渡江，长江水师不战而降，曾受朱允炆重用的李景隆竟然打开金川门，迎燕王入城。此时皇宫燃起熊熊大火，有人说建文帝自焚宫中，也有人说不知所终。

建文四年（1402年），朱棣登基称帝，废建文年号为洪武三十五年，第二年改元永乐，是为明成祖。历时四年的靖难之役，以燕王胜利而告终，这也成为中国历史上唯一的一次地方战胜中央的皇位争夺战争。

1405
郑和第一次出使西洋

1407
九月，郑和自西洋还。第二次出使西洋

1407
十一月，《永乐大典》成书

1409
郑和自西洋还。第三次出使西洋

郑和七下西洋

　　从永乐三年（1405 年）到宣德八年（1433 年），郑和先后七次下西洋，历时二十余年，最远到达了红海海口和赤道以南的非洲东海岸地区。郑和下西洋不仅传扬了中国的国威，促成了"万国来朝"的局面，还开辟了海上"丝绸之路"，促进了中国同亚非之间的交流。

　　话说燕王朱棣夺了帝位以后，却是昼夜难安，一方面是因为建文帝不知去向，随时可能回来号召人们讨伐自己；另一方面朝内外的许多人对于他的皇位还有许多非议。为了证明自己是"天命所归"，也要展示新朝廷的气象，成祖迫不及待地想要做出几件大事来，这其中有编修《永乐大典》，亲征漠北，平定安南，当然最为后人所称道的还属郑和下西洋了。

　　郑和本姓马，回族人，出生云南，世奉伊斯兰教，他父亲和祖父都曾到伊斯兰教圣地麦加朝拜过。明朝平定云南时，年幼的他被带到宫中做了小太监，十二岁那年进入燕王藩邸，因他聪明伶俐，深得朱棣的喜爱。燕王起兵靖难后，他因在郑村坝之战中立下军功而被赐姓郑。成祖登基后升任郑和为内官监太监，因他小名叫三保，世称三保太监。郑和少时即追随朱棣，深得朱棣的信任。

　　从永乐三年（1405 年）到宣德八年（1433 年），郑和先后七次

◎郑和船队完全按照海上航行和军事组织进行编排，具有外交和贸易双重性质。英国学者李约瑟认为："明代海军在历史上比任何亚洲国家都出色，甚至同时代所有欧洲国家联合起来，都无法与明朝海军匹敌。"

下西洋，历时二十余年，到访了占城（位于越南境内）、爪哇（印尼爪哇岛）、旧港（位于印尼境内）、暹罗（今泰国）等亚非三十多个国家和地区，最远到达了红海海口和赤道以南的非洲东海岸地区。此外，郑和所率领的船队也是无与伦比的，每次出使配有大型船只六十余艘，另有马船、粮船、坐船及战船数十艘，官兵两万余人，可称得上是当时世界上最庞大的船队。

郑和船队所到之处，当地的国王或酋长全都以最高礼遇迎接他。郑和则首先向当地国王或酋长宣读大明皇帝的诏书，并赏赐大量物品，然后即展开贸易活动，主要是以中国的丝绸、瓷器、铁器等手工业品换取当地的珍珠、珊瑚、香料等土特产品，也包括一些珍禽异兽，所以郑和的船队每次都是满载而归，又被称为宝船。

郑和下西洋是和平进行的，没有征讨和杀伐，有的也完全是出于自卫。比如在第一次航行中，船队途经马六甲海峡时遭遇了以陈祖义为首的海盗，这群海盗常年活动于此，以劫掠过往商船为业，并企图抢劫郑和宝船，最终被郑和剿灭，陈祖义则被带回国内伏诛。在第二次

1418

明成祖谋臣姚广
孝（道衍）卒

1419

郑和第五次自西洋还

1421

郑和第六次出使西洋，次
年返回

航行中，船队途经锡兰山（今斯里兰卡），国王亚烈苦奈儿发兵欲劫宝船，郑和将他俘虏带回大明，成祖训诫后放他归国。

郑和下西洋传扬了中国的国威，促进了中国同亚非之间的交流。永乐十三年（1415年）开始，先后有东非麻林国（位于今坦桑尼亚境内）、苏禄（位于菲律宾境内）、忽鲁谟斯（今霍尔莫斯）等国使者来朝，一时之间出现了各国使者盈朝，不同语言、肤色的人种穿行于京城的局面。这或许正是成祖所期盼的"万国来朝"的盛况局面。

需要特别强调的是，与后来西方人的海外探险不同，郑和下西洋虽然在一定程度上也促进了海外贸易，但主要还是出于为王朝政治服务的目的，依赖于统治者的政策和国力的强弱，缺乏内在的可持续的动力。随着大明王朝国势转衰，广袤无垠（yín）的海面上再没有出现过郑和宝船的身影。

1424
成祖卒，朱高炽即位，是为仁宗

1425
仁宗卒，朱瞻基即位，是为宣宗

1430
郑和第七次出使西洋，1433 年返回

英宗被俘土木堡

公元 1449 年，北方蒙古瓦剌部首领也先率大军犯边。英宗在宦官王振的蛊惑下，带兵亲征。但是因为英宗和王振都不会指挥打仗，一路上胡乱指挥，结果明军大败，王振在乱军中被杀，英宗被也先俘虏。

明成祖在位二十二年，于公元 1424 年死在了北征回京的途中，之后的仁宗宣宗统治时期，吏治相对清明，社会经济继续发展，边疆稳固，这段时期史称"仁宣之治"。大明王朝似乎已经进入了稳定发展的轨道，然而正当人们沉浸在国泰民安、四海升平的祥和局面中时，堂堂大明天子竟被北方蒙古人掳去了。这究竟又是怎么回事呢？

此时的明朝，宣宗去世，年仅九岁的太子朱祁镇继承大统，是为英宗。英宗继位之初，国事由太皇太后张氏和"三杨"主持，基本上延续了"仁宣之治"的稳定局面。随着张氏和"三杨"的相继去位，为英宗所宠信的宦官王振开始干预朝政，他移除了太祖严禁内臣干政的铁牌，勾结内外官僚，诛杀正直大臣，皇帝称他为"先生"，公侯勋戚尊他为"翁父"。接下来发生的皇帝被俘便与这位王振有着直接的关系。

正统十四年（1449 年）七月，北方蒙古瓦剌部首领也先派贡使两千人到北京贡马，却虚报三千人，企图多些赏赐。明朝以实际人数给赏，

1435

宣宗卒，朱祁镇
即位，是为英宗

1438

王振陷害兵部尚书王骥，
开始弄权

1439

瓦剌酋长脱欢死，子也先
嗣位

并将其所求财物只给十分之二。于是也先以明朝减少赏赐为由，兵分四路大举内犯，自己亲率主力进攻大同一带，明军被杀得大败。

边报传至北京，英宗惊慌失措，不知如何是好，这时王振说："我朝以马上得天下，太祖成祖都曾亲自率兵出征，如今皇上春秋鼎盛，为什么不像太祖成祖一样，御驾亲征呢？"英宗听后便询问群臣的意见。朝臣们担心会生出其他变故，全部反对皇帝亲征，认为派大将前往即可。然而王振为了建功立业，坚决劝说英宗亲征，于是英宗最终决定御驾亲征。

在没有充分准备的情况下，英宗仓促征调五十万大军，北出居庸关，向着前线进发。一路上王振可谓是威风八面。八月初大军刚刚抵达大同，

◎英宗突围失败后，坐在地上，任凭自己被也先的人马掳了去。

1442

王振毁禁宦官干政铁牌

1449

五月，也先进犯，王振劝
英宗亲征

1449

八月，英宗被俘土木堡，
王振被杀

王振就得到了前线明军战败的消息，担心起来，劝英宗班师回朝。

大军返回途中，王振想陪同英宗经他的家乡蔚州（今河北蔚县）回师，这样就可以炫耀乡里，然而大军向着蔚州出发不久，他又担心军队会踩踏家乡的庄稼，于是改道宣府回师。这样大军回师的时间被一再耽误。也先兵马紧追而来，王振却只派出了三万骑兵拦截，很快全军覆没。王振陪同英宗继续缓慢南行，当大军行至土木堡（位于河北省怀来县境内）时，群臣希望继续前行二十余里，入怀来城过夜休息。然而王振却因为千余辆辎重车被落在后面，要求大军就地修整。半夜，也先的部队追至土木堡，发动了突然袭击，英宗惊慌失措，王振也吓得没了主意。混战中护卫将军樊忠愤怒道："皇上遭此大难，都是你王振一人主使，致将士伤亡，生灵涂炭，我今天为天下杀了你这个奸贼。"于是挥动手中铁锤，将王振锤死，然后扶英宗上马，冒死突围。但英宗始终无法突破包围，樊忠也在混战中被杀死。英宗没有办法，只能任凭敌兵掳了去。

堂堂大明天子竟被人掳去，史称"土木之变"。也先俘虏英宗后，如获至宝，挟持他继续南下，并很快兵临北京城下，大明王朝面临着空前的危机。

所谓"时势造英雄"，大明王朝在空前的危机下出现了一位极富传奇色彩的英雄人物。

1449

八月，也先挟英
宗至大同，索黄
金二万余两

1449

九月，朱祁钰即位，是为
景泰帝

1449

九月，于谦任兵部尚书

于谦力保北京城

公元 1449 年，北方蒙古瓦剌部首领也先率大军犯边。英宗在宦官王振的蛊惑下，带兵亲征。但是因为英宗和王振都不会指挥打仗，一路上胡乱指挥，结果明军大败，王振在乱军中被杀，英宗被也先俘虏。

土木堡兵败、英宗被俘的消息传到北京，明朝朝野震动。当时北京的主要部队大都随英宗亲征了，京城内只剩下老弱兵员不足十万人，朝中的大臣们惊惶失措，不知道该如何是好。众臣商量应对之策，侍讲学士徐有贞发言："我夜观天象，见北方王星昏暗，气数已尽，不如暂且迁都南京，以寻安宁。"话音未落，只听一人大声斥责道："哪个敢倡议迁都？主张迁都的人，是在扰乱人心！京师为天下根本，京师一动，天下震动，北宋南渡的教训难道忘了吗？当务之急应该迅速征调各地兵马，保卫京师。"说话者原来正是兵部侍郎于谦。

于谦本是浙江钱塘人，因受封过"少保"官衔，所以后人称他为于少保。于谦少时志向高远，常以南宋抗元英雄文天祥为楷模，土木堡之变时，于谦正在兵部左侍郎任上。于谦力斥南迁之论，受到了朝中大臣的支持，于是坚守北京的决议就此确定了下来。所谓"国不可一日无君"，九月，在朝臣的支持下，郕王朱祁钰以皇太后之命即位

1449

十月，也先犯京师，被于
谦打败

1450

也先送还英宗

1452

景泰帝废黜太子朱见深，
立朱见济为太子

为帝，是为景泰帝，并遥尊英宗为太上皇。

也先抢走了英宗，如获至宝，想以英宗为诱饵，向明朝大加勒索；而明朝方面断然拒绝了也先的要挟。当也先得知明朝新皇继位的消息后，如意算盘落空。随后，也先挟持英宗南下，诱袭大同未达目地，于是孤注一掷，破关而入，来到北京城下，京师大震。

此时，于谦已经调集二十二万大军，列阵于北京城外。京营总兵

◎于谦力保北京城。于谦虽然在北京保卫战中立了大功，但英宗复辟之后，由于"不杀于谦，则出师无名"，于是以谋反罪将于谦处死，直到明宪宗即位后于谦冤案才得以沉冤昭雪。

1457

正月，英宗复辟，
杀于谦

1457

二月，景泰帝被废为郕王，
随即病死

1457

三月，英宗立朱见深为皇
太子

石亨提议坚守以待，不要主动出击，于谦斥道："敌人气焰嚣张，我军岂能示弱？"于是披甲出城，亲率兵马于德胜门外，然后关闭城门，以示与敌决一死战。也先亲率主力进攻德胜门，被明军用火器打得大败，也先的弟弟也战死了。其他城门处瓦剌军亦受挫退回。也先在北京城下盘桓数日，知道攻不进北京城，只得携英宗仓促逃跑。在于谦的指挥下，北京保卫战取得了胜利。

也先进攻北京失败，英宗也失去了利用价值，于是景泰元年（1450年），瓦剌放回英宗。景泰帝亲至东安门迎接自己的兄长。相见之时，二人相互参拜，对视而泣，景泰帝表示要把皇位归还原主，英宗则坚辞不允，表示要闭门静思，这一幕着实感动了在场的一众朝臣。然而兄弟二人的内心想法，自己心里最清楚。

英宗回京后被安排在南宫居住，受到景泰帝的监视。景泰帝坐皇位时间一久，便不再想还政给英宗，而且希望能够传位给自己的儿孙，于是便废英宗太子朱见深为沂（yí）王，改立自己的儿子朱见济为太子。但是朱见济仅做了一年的太子就死了，此时朝臣们又请求立朱见深为太子，景帝大为不快，渐成心病。景泰七年（1457年）正月，景帝病重，朝臣石亨、徐有贞等联合宦官曹吉祥发动了"夺门之变"，拥立英宗复辟。朱祁钰被削掉帝号，仍为郕王，不久病逝。而在北京保卫战和英宗回銮过程中立有大功的于谦则以"迎立外藩，意欲谋逆"的罪名被处死。于谦临刑前，愁云惨雾，遮天蔽日，道旁百姓，没有不为之哭泣的。

于谦是大明王朝极具传奇色彩的英雄。国难当头，他挺身而出，保卫京师，使大明王朝转危为安，然而就是这样力挽狂澜的英雄人物却最终成为政治斗争的牺牲品，足见明朝政治的败坏，大明王朝已由盛转衰。

1464
英宗卒，朱见深即位，是
为宪宗

1487
宪宗卒，太子朱佑樘即位，
是为孝宗

1505
孝宗卒，朱厚照即位，是
为武宗

荒唐天子朱厚照

正德皇帝朱厚照是孝宗皇帝的独生子，自幼生长在宫中，备受宠爱。他登基后，恣意玩乐，不理朝政。不仅在宫中仿建市场，由宦官扮演商人和客人，他也穿着商人的衣服，到一家家商店里算账。还在紫禁城西华门外另筑"豹房"，搜罗珍禽异兽等以供赏玩。

明英宗之后，历经宪宗、孝宗，传至明武宗。这便是明朝历史上非常荒唐的正德皇帝朱厚照，那么他究竟是位怎样的皇帝呢？

朱厚照还是太子的时候就喜欢和宦官们混在一起，并对他们十分信任。朱厚照继位后，根本不理朝政，他贬斥了孝宗的老臣，把政事委任给宦官，自己只知道纵情嬉戏。当时得宠的宦官有刘瑾、马永成、古大用等八人，被称为八党，又称"八虎"，其中刘瑾最为嚣张跋扈。后来刘瑾因为宦官之间的相互倾轧而倒台，所抄家财有金一千二百余万两，银二亿五千余万两，只银子一项就相当于大明王朝六十年的国税收入。

除了宠信宦官，武宗的恣意玩乐也是出了格的。对他而言，摔跤踢球也太无趣。他觉得市场买卖很有意思，于是就下令在宫中开设了宝和、和远、顺宁等六处所谓的"皇店"，由宦官扮演商人和客人，

1507

武宗命人于西华
门外筑"豹房"

1510

武宗将刘瑾凌迟处死

1517

武宗至宣府，大肆淫乐

而武宗自己也穿着商人的衣服，到一家家商店里算账。此外，武宗还在紫禁城西华门外另筑"豹房"。从全国各地搜罗能歌善舞的美貌女子，送入豹房享用。相传后军都督府右都督马昂的妹妹已嫁人有孕，但武宗听说她貌美，就将她召入豹房。从此马氏一家甚得宠幸。豹房里夜夜灯火通明，武宗流连忘返，不理朝政。

在京城待久了的武宗非常希望能到外边的世界去寻欢作乐，他的宠臣江彬鼓动他说宣府一带"乐工多美貌女子，而且可以趁此巡视边防，驰骋千里之间，为何要待在京城，受大臣们的制约呢？"于是武宗在没有与朝臣商量的情况下就来到宣府，自称"总督军务威武大将军总兵官朱寿"，自封"镇国公"，这种荒唐举动，前所未见。每次"北巡"途中，武宗所到之处骚扰百姓，搜掠妇女，搅得边镇百姓不得安宁。不过，

◎刘瑾引诱朱厚照玩乐。刘瑾一面引诱皇帝纵情享乐，一面趁机为非作歹。

1519

王守仁平朱宸濠叛乱。武
宗南下

1520

行献俘礼，武宗赐死朱
宸濠

1521

武宗卒，朱厚熜即位，是
为世宗

武宗在巡视过程中也确实与蒙古骑兵遭遇过，他亲自指挥战斗，在占绝对优势的情况下，斩敌十六人，将蒙古骑兵击退，明军伤五百六十三人、死二十五人，这便是所谓的"应州大捷"。

武宗在领略了北国佳丽的风采后，又决定南行，去欣赏江南的青山绿水和秀丽佳人。正当他被大臣所阻，找不到合适的理由出行时，分封南昌的宁王朱宸濠举兵反叛，这便给了他一个南行的机会。于是，他又以"威武大将军朱寿"的名义亲征朱宸濠。在南征的路上，武宗却并不着急平叛，而是醉心于游山玩水、寻欢作乐，八个月后才到达南京，而朱宸濠叛乱早已在六个月前就被王守仁平定了。武宗于是命令把朱宸濠放回，由自己再抓一次。如此荒唐的举动，朝臣们坚决拒绝了，但是为了满足武宗，大臣们无奈进行了一次特殊的"献俘"仪式。仪式上武宗与近侍们身穿戎装，将朱宸濠去掉枷锁，释放于空旷之地，然后伐鼓鸣金，将他生擒，重新给他戴上枷锁，列于队伍前面，武宗则做出凯旋的样子，假装取得了一次大捷。

返回北京途中，当武宗在清江浦捕鱼玩耍时不慎跌入水中，虽然很快被救起，但是由于惊吓过度，身体每况愈下。第二年，也就是正德十六年（1521年）三月，武宗病危，临终之前对身边的太监说："先前的事是由我的失误造成的，不关你们的事。"说完便驾崩于豹房，年仅三十岁。

尽管朱厚照恣意玩乐，但终其一生未能留下一儿半女，而且没有兄弟，所以由谁来继承皇位就成了至关重要的问题。最后，内阁首辅杨廷和援引《皇明祖训》中"凡朝廷无皇子，必兄终弟及"的原则请兴献王世子朱厚熜入承大统，却没想到由此而出现了长达十数年之久的"大礼仪之争"。

1521
世宗令群臣商讨生父尊号，大礼仪之争开始

1523
"吴中四才子"之一唐寅卒

1524
二月，杨廷和因"大礼仪"之争请辞

君臣相争"大礼仪"

　　荒唐天子朱厚照驾崩后，因为没有子嗣，只好按照"兄终弟及"的原则则请兴献王世子朱厚熜入承大统，是为嘉靖皇帝。但是因为礼仪问题，皇帝和大臣之间发生了争论，这场长达十余年的斗争，实际上是君臣之间、朝臣内部的权力之争，那到底谁得胜了，谁得利了呢？

　　话说武宗突然驾崩于豹房，皇太后急忙召内阁辅臣讨论后事。因为武宗既无兄弟，也无子嗣，于是皇太后以武宗遗诏的名义宣布迎兴献王长子朱厚熜（cōng）来京，承继大统。

　　却说朱厚熜经过月余的路程，终于抵达了北京郊外。当他看到礼部官员以皇太子之礼前来迎接时，非常不满地说："先皇遗诏是请我来继承皇帝位的，而不是皇子位的"，当即表示拒绝以皇太子之礼入京。于是皇太后令群臣到郊外，以皇帝的礼仪迎接朱厚熜进京。朱厚熜在郊外接受群臣的劝进，然后由大明门直接进入文华殿，中午在奉天殿即皇帝位，以明年为嘉靖元年，大赦天下，是为明世宗。

　　因为世宗是以武宗堂弟、孝宗侄子的身份来承继皇位的，那么这就存在一个世宗如何对待自己亲生父母的问题。世宗继位后的第七天，便下令朝臣讨论他的生父兴献王的尊号问题。内阁首辅杨廷和及礼部官员认为世宗应以孝宗过继之子的身份尊孝宗为"皇考"，尊兴献王

1524

九月，世宗追生父为"皇考献皇帝"

1526

"吴中四才子"之一祝允明卒

1527

张璁任礼部尚书兼文渊阁大学士

为皇叔父，对亲生父母自称"侄皇帝"。世宗看了这个奏议后，非常生气地说："难道父母是可以这样互换的吗？"于是下令再议。但是朝臣们坚持己见。世宗无奈，只好暂且搁置下来，直到三个月后进士张璁入京观政，这种僵局才被打破。

张璁本是浙江人，当世宗因"大礼仪"与朝臣们争得不可开交时，作为观政进士的张璁迎合世宗的意愿，上疏主张"继统不继嗣"，并举出很多例子，认为世宗应该仍以兴献王为父，追尊帝号，而以孝宗为"皇伯考"。世宗看到张璁的上疏后，非常高兴地说："这样的话，我父子便恩义两全了。"于是世宗命人将张璁的上疏拿给朝臣们看，首辅杨廷和看疏后说道："新进书生，知道什么大体呀？"说完就将上疏封驳退给了世宗，君臣相争呈愈演愈烈之势。

就在此时世宗生母从藩地来到京郊，听说朝臣们希望世宗尊孝宗为皇考，埋怨道："我的亲生儿子，为何要尊他人为父？尊他人为母呢？"并表示尊号未定不愿进京。世宗又以退位归藩威胁朝臣，于是部分官员开始支持张璁的主张，朝臣内部发生了分裂。此后，世宗逐渐在"大礼仪"之争中占据了上风。嘉靖元年（1522年）三月，世宗颁诏尊孝宗为皇考，尊本生父母为兴献帝、后。这个结果应该说是君臣妥协的产物，然而事情并没有结束。

嘉靖三年（1524年），杨廷和辞职。不久，世宗再度提出大礼之议，要求在兴献帝、后的尊号前加"皇"字。"反议礼"派的杨慎、何孟春等以"仗节死义"号召朝官二百二十人跪在左顺门大哭力争，君臣相争达到白热化。结果世宗大怒，将四品以下的官员一百三十四人抓起来下锦衣卫狱，另有八十多人待罪。最后有八人充军，一百八十多人受杖刑，受刑致死者十七人。经过此次激烈冲突，世宗完全占据了

◎嘉靖皇帝数十年不理朝政，一心沉溺神仙方术之中。

主动，不久兴献王被尊为"皇考恭穆献皇帝"，孝宗被称为"皇伯考"。之后，因"大礼仪"而引发的朝臣争论虽然时有发生，但是大局已定。

嘉靖七年（1528年），世宗颁布《明伦大典》，详细记述了大礼仪之争的始末，并定反议礼诸臣的罪名，终嘉靖一朝不再起用。嘉靖十七年（1538年），世宗追奉"皇考恭穆献皇帝"庙号睿宗，配享于太庙，至此持续十余年的大礼仪之争宣告结束。

"大礼仪"之争表面上是君臣对于尊号问题的争论，实际上是君臣之间、朝臣内部的权力之争。在这场长达十余年的斗争中，武宗时期的旧臣势力受到了沉重打击，世宗的皇权得到了巩固。此后，世宗沉溺于道教方术不能自拔，自称"真君""仙翁"，并移居西苑，潜心修炼。以擅写青词而为世宗所宠信的严嵩，被委任为内阁首辅，专擅国政达二十年之久。严嵩当政期间陷害忠良，排除异己，结党营私，使得原本混乱的朝政向着更加败坏的方向发展。边防废弛，长期困扰大明王朝的"南倭北虏"问题表现得尤为突出起来。

1550
"庚戌之变"，俺答汗围
困京师八日

1556
戚继光始组织"戚家军"

1561
戚继光出击倭寇，九战
皆捷

"南倭北虏"扰明境

　　东南沿海的倭寇和长城以北的蒙古骑兵是明朝最大的两个敌人。为了抵御倭寇，明朝实行严厉的禁海政策，结果不仅没有打击到倭寇，反而大大加剧了倭寇的声势。就在这时，蒙古骑兵也常常犯边，甚至一度在京郊肆意焚掠八日。

◎倭寇。倭寇中既有日本的武士浪人，也有中国的海盗和走私者，他们为避免株连九族，纷纷假冒倭寇。

　　"南倭北虏"是指东南沿海的倭寇和长城以北的蒙古，这也是大明王朝边防的重点。

　　东南沿海的倭寇，自元朝起就已经出现了。倭是当时对日本的通称，明朝时期日本正值战国内乱，国内经济凋敝，大批失去生计的武士、浪人纷纷将目光投向海上，他们亦盗亦商，常常以劫掠为业，所以被称为倭寇。明朝前期，倭寇对东南沿海的骚扰就时断时续，但规模较小，影响不大。至明中后期，明政府为了抵御倭寇，实行了严厉的海禁政策。这同时损害了东南沿海一带海商的利益，于是他们铤而走险，或与倭寇相勾结，或以"倭寇"的名义从事劫掠、走私，从而大大加剧了倭寇的声势。嘉靖中叶，倭患遍及东南数省，烧杀抢掠，造成了巨大的损失。

1562
严嵩因罪被罢免，
其子严世藩下狱

1565
戚继光、俞大猷荡平东
南沿海倭寇

1567
世宗卒，朱载垕即位，是
为穆宗

　　面对倭寇猖獗的局面，大明王朝出现了两位著名的抗倭英雄：戚继光和俞大猷（yóu）。

　　戚继光，山东蓬莱人，早年负责防御山东沿海的倭寇，智勇双全，并写下"封侯非我意，但愿海波平"的豪言壮语。嘉靖三十三年（1555年），戚继光奉命前往东南沿海，与倭寇作战。戚继光见当地明军战斗力弱，于是招募农民、矿夫等组成了一支新军，严加训练，人称"戚家军"。同时，他又根据东南一带的地形以及倭寇活动的特点，创造出了一种鸳鸯阵，将兵士十二人为一队，用长短兵器相配合，这样便可以有效地杀伤倭寇。在作战中，"戚家军"屡战屡胜，令敌人闻风丧胆。此外，另一位抗倭名将俞大猷也招募组建了"俞家军"，以对付倭寇。戚继光与俞大猷在抗倭过程中相互配合，并称"俞龙戚虎"。经过戚、俞等将领十余年的征剿，至嘉靖四十四年（1565年），东南沿海的倭寇基本被平定，抗倭斗争取得了重大胜利。同时，明朝也认识到海禁政策是倭患产生的重要原因，到了隆庆年间开始解除海禁，有条件地允许私人从事海外贸易。明朝后期，东南沿海私人海外贸易获得重大发展，

◎戚继光不仅能征善战，而且年少时风流倜傥，风度翩翩，并且喜好读书，通晓经史，是一位杰出的军事家、书法家和诗人。

1567
张居正入内阁，参与机要

1568
戚继光督理蓟州、保定、昌平练兵

1571
明朝封俺答汗为顺义王，史称"隆庆和议"

倭患也随之消失了。

相比于东南沿海的倭寇，长城以北的蒙古骑兵对大明王朝的威胁要大得多。嘉靖二十九年（1550年）六月，蒙古土默特部领主俺答汗亲率大军进犯大同，八月，俺答汗引兵向东，自古北口内犯，长驱直入，直抵北京城下。当时明朝勤王兵马已经赶到北京郊外，但是腐朽的明朝廷却畏敌如畏虎，命令各军不得轻举妄动。于是三十万勤王之师未放一枪一箭，只由得俺答兵马在京郊肆意焚掠八日，饱掠之后仍由古北口退去，这便是震惊大明王朝的"庚戌之变"。

俺答汗内犯很大程度上是出于经济目的的考虑。当时蒙古部族人口激增，物资短缺，而与明朝之间的朝贡贸易却又被限制。俺答汗曾多次上书明朝，希望扩大双方的"互市"规模，但是明朝内部对于俺答的"互市"要求不予理睬。于是俺答汗只能发动战争劫掠财物，并以此逼迫明朝扩大"互市"贸易。

隆庆年间，东南沿海平静后，明朝开始集中精力着手"北虏"问题。抗倭名将戚继光被调任蓟（jì）镇总兵，负责防范蒙古，他大规模修缮和加固了沿边的长城，新筑敌台一千余座，明朝的边防力量得到加强。恰在此时，俺答汗强娶其孙把汉那吉已聘之妻三娘子，致使把汉那吉愤而降明。明朝抓住这个机会，与俺答汗展开合议，俺答汗表示愿意与明朝盟约立誓，世代臣服。明朝封俺答汗为顺义王，在明蒙边界开设多处马市，定期贸易。俺答汗死后，他的妻子三娘子主政掌兵三十年，继续执行与明朝友好的政策。至此，蒙古诸部极少犯边，蒙汉之间的交流日益加强，长期困扰明朝的"北虏"问题得到了缓和。

当大明王朝的"南倭北虏"问题得到基本解决之后，一股新的力量正在东北的白山黑水之间逐渐兴起。

1572	1572	1573
五月，穆宗卒，朱翊钧即位，是为神宗	六月，张居正升任内阁首辅	张居正立考成法，整顿吏治

居正改革谋中兴

十岁的神宗即位后，张居正受到神宗生母李太后的信任和倚重，大权在握，终于可以施展他的宏伟抱负了。万历元年（1573 年）十月，张居正上疏开始推行变法，然而他的改革措施触动了贵族、官僚的利益，他的改革能进行下去吗？

话说世宗在位四十五年后去世，裕王朱载垕（hòu）承继大统，改元隆庆，是为明穆宗。穆宗在位仅六年便驾崩了，此时年仅十岁的太子朱翊（yì）钧继位，改元万历，是为明神宗。因为皇帝年幼，内阁首辅张居正主国，他在神宗生母李太后的支持下对大明王朝进行了一次大刀阔斧的改革。

张居正本是湖广荆州府江陵县人，少年时代即天资聪颖，才华出众，十二岁应考便以头名得中秀才，成为名震荆州的才子。十三岁那年张居正第一次参加乡试，湖广巡抚顾璘非常重视这位少年才子，但是考虑到他年纪尚小，担心若一举高中恐会滋生傲气，误了前程，于是故意使他落第，以磨炼他的心志。后来张居正考中举人后，专程拜会顾璘。顾璘非常高兴，感慨地说："古人说'大器晚成'，这是对中才的说法，而你并非中才，乃是大才。我耽误了你三年功名，这是我的错误。你千万不要以现在的成就作为满足，要有更大的抱负。"说完后解下自己身上的犀带送与了他。张居正对于顾璘始终身怀感激之情。嘉靖

31

1578

李时珍《本草纲目》
撰写完成

1578

开始清丈天下田亩

1581

全面推行"一条鞭法"

二十六年（1547年），二十三岁的张居正考中进士，入职翰林院，正式步入官场。神宗继位后，升任内阁首辅。此时神宗年仅十岁，身为首辅的张居正受到神宗生母李太后的信任和倚重，可谓国柄操于手，终于可以施展他的宏伟抱负了。

张居正指出大明王朝的积弊在于政治败坏、边防废弛、财政不足，尤其是官吏因循苟且更是令他痛心疾首，于是改革首先从整顿吏治开始。万历元年（1573年）十月，张居正上疏开始推行考成法，即规定六部和督察院各衙门，把所属官员应办的公事根据轻重缓急规定完成期限，并分别登记在三个文簿上，一本由部院留作底册，一本送科道备案，一本送内阁查考。六部和督察院要按照文簿记录，对官员应办之事逐月检查，完成一项，注销一项。考成法推行后，一时之间大小官吏不敢玩忽职守，往昔的因循苟且之风为之一变，行政效率大大提高，各项改革工作也开始稳定而有序地展开。

张居正曾亲眼目睹"庚戌之变"，深知明朝边防废弛。张居正主政之后，继续任用抗倭名将戚继光、谭纶负责蓟门一带的防御，起用李成梁镇守辽东，王崇古镇守宣化，对他们的防务战略予以支持，给他们专断之权，并让地方督抚配合行动。在张居正的支持下，这批智勇双全的将领充分发挥了自身的才华与智慧，短短几年间，明朝扭转了长期以来边防废弛的局面，防御力量大大增强。

张居正改革从政治、军事开始，逐渐向经济领域推广。明朝中叶以来，土地兼并日益严重，由于豪强大户隐瞒土地，逃避赋税，从而导致了严重的财政危机。为此，张居正不顾官僚和缙绅地主的反对，于万历六年（1578年）下令清查全国土地，并责成户部尚书张学颜亲自主持。尽管清丈工作阻力重重，但是张居正知难而进，表示"只要

◎张居正改革挽大明于将倾，是中国古代较为成功的改革之一，取得了较大成就，使明朝的寿命得以延长数十年。

对国家有利，个人安危不足惜"。在清查全国土地的基础上，张居正针对赋役制度存在的弊病，于万历九年（1581年）在全国范围内推行"一条鞭法"，即原先的田赋、徭役折合白银上缴，二者合并后直接交由地方官府。张居正清丈土地，改革赋役制度，使明朝的财政状况有了一定的好转与改善，国库中的存粮可支十年之用。

然而他的改革措施触动了相当数量贵族、官僚的利益，得罪了不少人。万历十年（1582年）六月，张居正去世后，在神宗的主导下，朝廷对张居正进行了一连串的反攻倒算。张居正死后，荣誉尽毁，家产被抄没，家属或发配充军，或死于非命。张居正生前重用的文臣武将悉数被罢免，改革措施大部分被废止，改革成果付诸东流。大明王朝不可避免地在覆灭的道路上越走越远。

万历三征固疆土

　　神宗皇帝亲政后亲自主持了"万历三大征"，即宁夏之役、播州之役以及朝鲜之役。战争历时近十年，虽然都以胜利告终，但同时也付出了惨重的代价，明王朝不可避免的走向了下坡路。你怎么看"万历三大征"呢？

　　神宗将张居正问罪抄家后，终于成了名副其实的皇帝，并亲自主持了"万历三大征"，即宁夏之役、播州之役以及朝鲜之役。

　　宁夏之役是指平定哱拜之乱。宁夏是大明王朝防御蒙古骑兵进犯的重镇。哱拜本是蒙古鞑靼人，嘉靖年间因得罪首领，归降明朝，后升任都指挥使。万历初年统率标兵家丁千余人，横行于宁夏，并招纳了许多亡命之徒。万历十九年（1591年），哱拜率所部三千人出兵抵御外敌入寇。哱拜来回途中，见明军各部兵马大多军纪废弛，于是心生反叛之念。万历二十年（1592年）二月，宁夏巡抚党馨想要抑制他，查出了他冒领军饷之罪，于是哱拜趁此纠合党羽，焚烧公署，占据宁夏，发动叛乱。并与河套一带的蒙古取得联系，互为支援，俨然成为一个割据政权。神宗对于此次叛乱非常重视，特任命萧如薰为总兵，调麻贵为副总兵，领兵阻击河套的蒙古骑兵。另一方面又任命李如松为宁夏总兵，以梅国桢为监军，统帅大军前往宁夏。七月，麻贵捣毁河套蒙古大营，将蒙古骑兵逐到塞外。随后神宗以甘肃巡抚叶梦熊总督陕西、延、宁、甘肃军务。

1592

九月，哱拜兵败
自杀，叛乱平定

1594

朝臣请早立太子，"国
本"之争开始

1597

日军逼近朝鲜王京

各路大军在叶梦熊的统帅下，将宁夏城团团围住，并引水灌城。困于城中的叛军，既失外援，又发生火并，军心涣散。九月，李如松破城而入，哱拜自尽，其余人等被擒。至此，历时半年之久的哱拜之乱被平定。

播州之役是指平定苗疆土司杨应龙叛乱。播州位于今四川、贵州、湖北之间，地势险要，广袤千里。自唐朝杨端之后，杨氏世世代代统治此地，接受中央王朝的任命。隆庆五年（1571年），杨应龙世袭了播州宣慰司使的职位，但杨应龙骄横跋扈，不受节制，并于万历十七年（1589年）公开作乱。他引兵攻入四川、贵州、湖广的数十个屯堡和城镇，屠戮百姓，奸淫掳掠。万历二十七年（1599年），神宗起用李化龙为兵部侍郎，节制川、湖、贵三省兵事，并调刘綎及麻贵、陈璘等南征，决心平定杨应龙之乱。万历二十八年（1600年）二月，二十余万南征大军集结完毕，在李化龙指挥下，明军兵分八路进剿。各路明军势如破竹，六月即将杨应龙老巢海龙囤团团围住。杨应龙知大势已去，自缢而死，明军入城，其子杨朝栋被擒，播州遂平。其后，播州之地被分为遵义、平越二府，分属四川、贵州。

朝鲜之役是指援朝逐倭之役。万历二十年（1592年），日本丰臣秀吉派遣战舰数百艘，侵入朝鲜，攻占釜山，又接连攻下王京（汉城，今首尔）、开城、平壤等城，朝鲜八道几乎全部沦陷。朝鲜国王李昖遣使向明朝求援。在这种形势下，大明王朝应朝鲜之请，出兵援朝。年底，神宗任命宋应昌为经略，李如松为东征都督，统兵四万渡过鸭绿江，大举援朝。

万历二十一年（1593年）正月，在朝鲜军队的配合下，明军收复平壤，迫使日军南逃，从根本上扭转了朝鲜战局。不久，中朝军队协同作战，相继收复开城、王京以及汉江以南的大部分疆土。于是丰臣秀吉假意与明朝议和，企图诱明朝撤军，以卷土重来。万历二十五年（1597年），

1598	1598	1600
八月，丰臣秀吉病死	十一月，邓子龙、李舜臣率军大败日军	杨应龙兵败自杀，播州平

◎梁鸣海战。中朝联军在梁鸣海战中大败日军，并最终取得了对日战争的胜利。

日军再次大举进攻。神宗任命邢玠为蓟辽总督率军入朝，中朝军队紧密配合，大败日军。万历二十六年（1598年）八月，丰臣秀吉病死，中朝军队趁机反攻，明将陈璘督率水师与日军在朝鲜南海海面展开激烈决战，在这场海战中，朝鲜民族英雄李舜臣以及明朝老将邓子龙并肩指挥作战，壮烈牺牲，日军则大部分被歼，其余的人狼狈逃去。至此，日本发动的侵朝战争以失败告终。

万历三大征是神宗亲政后主持的三场大的军事行动，巩固了大明王朝在西北、西南以及东北方向上的边疆安全。然而"三大征"旷日持久，历时近十年，虽然都以胜利告终，但同时也付出了惨重的代价，极大地消耗了国力。万历中后期，神宗罢朝怠政，"三大征"的胜利与其说是大明王朝的军事辉煌，倒不如说是王朝行将就木前的回光返照，待到最后的这点余晖散尽时，大明王朝的覆灭也就无法挽回了。

1600

烟草传入我国

1601

明神宗封皇子朱常洛为
太子

1602

思想家李贽遇害

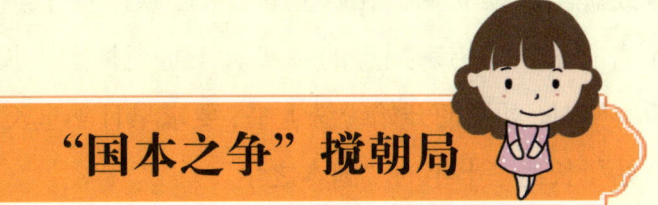

"国本之争"搅朝局

在中国古代，皇位继承遵循"有嫡立嫡，无嫡立长"的原则，可是神宗喜欢的不是他的皇长子，而是他和郑贵妃生的小儿子。于是，神宗就想废长立幼，立幼子当皇太子。大臣们都不同意，纷纷反对。神宗还能够达成他的目的吗？

话说神宗亲政初期，尚能励精图治，颇有勤勉明君的风范，然而很快他便晏处深宫，罢朝怠政，不再为江山社稷操心，只顾眼前的逸乐。皇帝消极怠工，朝臣得过且过，中央决策机构几乎停止运转，大明王朝也逐渐滑向穷途末路。这种奇怪局面的形成还要从神宗与朝臣进行的"国本之争"说起。

万历十年（1582 年）张居正去世后不久，神宗的皇长子朱常洛出生。这本是皇家的喜事，但是神宗心中却并不高兴。因为朱常洛的生母王恭妃原是李太后身边的服侍宫女，神宗并不喜欢她，所以对自己的这位长子也是漠不关心。此时，神宗宠爱的是新晋的淑嫔郑氏。这位淑嫔从入宫起便受到了神宗的宠幸，两人如胶似漆，很快淑嫔有孕被晋为德妃，生下公主后晋为贵妃，两年后又生下皇子朱常洵，进而被晋封为皇贵妃，时人称她为郑贵妃。由于爱屋及乌，自朱常洵出生后，神宗便与郑贵妃酝酿废长立幼，立朱常洵为皇太子。在中国古代，皇

1603
努尔哈赤移居赫图阿拉

1604
顾宪成讲学于东林书院，东林党始于此

1606
李成梁弃辽东六堡，徙居民于内地

位继承遵循"有嫡立嫡，无嫡立长"的原则，废长立幼在传统士大夫看来不合礼法，是招来祸患的源头。于是当神宗废长立幼的意向被朝臣们所察觉时，朝臣们开始纷纷上书，要求早日立皇长子朱常洛为太子，由此开始了长达三十年的"国本之争"。

面对朝臣们的上书，神宗首先处罚了讨论此事的部分官员，企图把舆论压下去，结果却是招来朝臣们更大的反弹，甚至连李太后也加入了劝谏的队伍中。一天，神宗服侍太后用膳，太后问道："朝臣们多次请求立储，你为什么不立皇长子呢？"神宗回答说："他是宫女所生，不好册立。"太后生气道："你难道不是宫女所生吗？"说完就把筷子扔在了地上，神宗慌忙下跪，半天不敢起来。对于太后和朝臣的逼迫，神宗采取了拖延战术，一方面说皇长子年纪尚幼，待到稍长后再行册立，另一方面晏处深宫，罢朝怠政，既不与朝臣见面，对他们所上奏章也置之不理。

万历二十九年（1601年），朱常洛已年满二十岁，朝臣们再次提出立储之事，神宗无奈之下终于做出让步，正式册立朱常洛为皇太子，册封朱常洵为福王。然而朱常洵被册封后却迟迟不前往藩地，朝臣们害怕他留在京城，威胁太子地位，于是又不断上书向神宗施加压力，直到万历

◎梃击案，张差手持木棍殴打守门太监。

四十二年（1614年）福王才动身前往洛阳。为了弥补自己这位心爱的儿子，神宗特拨田两万顷，并花重金为他打造了福王宫。"国本之争"至此看上去大局已定了，可是事情并没有因此结束。

万历四十三年（1615年）五月初四傍晚，有一名叫张差的男子手持枣木棍，悄悄地闯进了皇太子朱常洛居住的慈庆宫，打伤守门太监，企图谋杀太子，这便是轰动明朝后宫的"梃击案"。此事发生后，时人大都认为是郑贵妃谋划的，于是郑贵妃成为众矢之的，连神宗也不便维护她。无奈之下，郑贵妃来到慈庆宫，向太子哭诉，说自己如何如何的冤枉。太子自知地位不稳固，有意改善与郑贵妃的关系，如今郑氏有求于自己，于是顺水推舟，亲自出面要求将凶犯即刻正法，不要再牵扯他人。经过这起案件，郑贵妃有所收敛，神宗对于太子出面解决案件的行为大加赞赏，朱常洛的太子地位基本上算是稳固了。

万历朝经过"国本之争"，朝臣分化成一些党派，并且在几十年的斗争中逐渐的公开化、尖锐化，政治日益败坏。而神宗也因此事搞得焦头烂额，罢朝怠政近三十年，加上他本人穷奢极欲，矿监税使横行，致使民变迭起，国事越发不可收拾。

正当大明王朝在下坡路上滑行时，一股兴起于东北白山黑水间的力量已经吹响了进攻大明王朝的号角。

1615
努尔哈赤定八旗制度

1615
明辽东守将李成梁卒

1616
努尔哈赤即位称汗，
国号大金

萨尔浒明军大败

努尔哈赤凭借祖上留下来的十三副铠甲起兵，逐渐统一了女真各部，建立了军政合一的后金政权。努尔哈赤和明军在萨尔浒地区发生大战，最终打败明军，接连攻下开原、铁岭，十万铁骑南下，兵锋直指辽沈。

话说在援朝逐倭之役的过程中，东北地区的一位少数民族部落首领曾向明神宗请命，带兵入朝，没有获得准许。当时这股力量尚未引起大明王朝足够的重视，然而此后十余年间其迅速发展，最终给早已病入膏肓的大明王朝以致命的打击。这股力量正是活跃于东北白山黑水之间的女真部族，而这位首领便是日后统一女真各部，誓师讨明的努尔哈赤。

努尔哈赤是明初建州左卫都督、女真酋长猛哥帖木耳的后裔，姓爱新觉罗氏。努尔哈赤幼年丧母，因不满继母虐待，离家出走，成年后常到抚顺经商贸易，通汉语，识汉字，深受汉文化影响。同时他精于骑射，骁勇无比，富有政治谋略。万历初年，明朝辽东总兵李成梁先后攻杀了女真部落中较为强大的王杲（gǎo）父子，而努尔哈赤的祖父与父亲也在战争中被明军误杀。万历十一年（1583 年），努尔哈赤以祖上遗留下来的十三副铠甲起兵，讨伐挑唆明军杀害自己祖、父的尼堪外兰，

1618

努尔哈赤以"七大恨"
誓师伐明

1619

二月，杨镐于辽阳誓师
伐金

1619

三月，萨尔浒之战，明
军大败

从而开始了他统一女真各部的战争。

努尔哈赤经过二十余年的征战，基本上完成了对女真各部的统一大业。在统一女真各部的过程中，努尔哈赤创立八旗制度，这是一项"以旗统人，以旗统兵"的社会组织形式，以三百人为一牛录，五牛录为一甲喇，五甲喇为一旗，每旗七千五百人。八旗兵丁平时生产，战时出征，兵民一体，军政合一，各旗主既是军事统帅，又是政治首领，努尔哈赤则是八旗最高统帅。万历四十四年（1616年），努尔哈赤于赫图阿拉（位于辽宁抚顺新宾满族自治县境内）即位称汗，建元天命，不久定国号大金，表示要恢复女真先祖完颜阿骨打的事业。这样，一个新兴的后金政权在东北地区正式出现。

◎在八旗制度下，每一个女真男子既是生产主体，也是战斗主体，这种兵民合一的体制使女真族的实力大大提升，图为女真战士像。

努尔哈赤建立后金政权后，积极准备对明朝的战争。万历四十六年（1618年）四月，努尔哈赤以杀祖杀父之仇等"七大恨"告天，正式与大明王朝宣战，并接连攻占了抚顺和清河等地区，给明王朝以极大的震撼。

随着告急文书一天数十次地传入宫中，罢朝怠政三十年的神宗终于意识到

1619

明朝加派赋税八百万两

1620

正月，后金征朝鲜

1620

明朝加派赋税
五百二十万两

了问题的严重性，急忙在全国加派"辽饷"，调集军队。万历四十七年（1619年），神宗任命杨镐为辽东经略，赐尚方宝剑，统兵十万，号称四十七万，兵分四路，直扑赫图阿拉，企图一举消灭后金政权。努尔哈赤根据战场形势以及敌我力量的分析，采取了"任你几路来，我只一路去"的原则，集中优势兵力在萨尔浒（位于辽宁抚顺东浑河南岸）全歼明朝西路军，然后乘萨尔浒战胜的军威全力扑向北路军，明军不敌，全军覆没。明军两路丧师，经略杨镐大惊失色，合围赫图阿拉的战略已不可能实现，于是下令李如柏和刘綎率领的两路大军撤回。谁知道李如柏庸懦怯弱，刚到虎栏山，听到山上有号角声，怀疑后金兵杀来，没有接到回军命令就撤退下来，撤退途中，兵士相互踩踏，死伤千余人。素有"刘大刀"之称的猛将刘綎（tīng）所率领的东南路明军，出师较早，深入三百余里，既不知道西、北两路已溃，也未及时收到杨镐的撤退命令，继续前行至赫图阿拉五十里处，最终在后金军的夹击下全军覆没，刘綎战死。

萨尔浒之战前后历时五天，明军大败，文武将吏死亡三百余人，军士死亡四万五千余人，损失粮草辎重不计其数。此战之后辽东局势发生了根本变化，明朝在军事上失去了主动进攻的力量，转入被动和防御。后金则由防御转入进攻，不久接连攻下开原、铁岭，十万铁骑南下，兵锋直指辽沈。

萨尔浒战败的消息传到北京，神宗被深深地震动了。他或许原本还沉浸在"三大征"胜利的辉煌之中，等待着前线胜利的捷报。然而严峻的现实让他感到了前所未有的困顿和凄凉，不久就染上病症，一病不起。

1620

九月，光宗卒，朱由校即位，是为熹宗

1620

九月，光宗卒，朱由校即位，是为熹宗

1621

三月，后金攻陷沈阳、辽阳

魏忠贤祸国殃民

明熹宗不喜欢治理天下，他最喜欢的是做木匠活，常常躲在宫里制作各种木制品。他为了不让人打扰自己做木匠活，就选了魏忠贤来替自己治理天下。魏忠贤能够替他治理好天下吗？大臣们又会怎么看这件事呢？

万历四十八年（1620年）七月，明神宗万历皇帝驾崩，太子朱常洛即位，是为明光宗。但光宗在位仅一个月，便因服用"红丸"一命呜呼。随后皇长子朱由校登基，改元天启，是为明熹宗。熹宗的继位给本已摇摇欲坠的大明王朝带来了更大的不幸。

因为朱由校的父亲朱常洛做太子时不讨神宗的喜欢，所以朱由校少时没有受到良好的皇家教育，对于治国理政一窍不通。熹宗最大的爱好是做木匠活儿，为了让自己的业余爱好不受打扰，熹宗需要选择一个信得过的人来替自己治理天下，这个人便是魏忠贤，正是这个魏忠贤将大明王朝的根基全部挖空。

魏忠贤本是市井无赖，因无力偿还赌债而自阉入宫，不久即负责朱由校生母王氏的膳食，因他巧于逢迎，工于心计，所以甚得王氏与朱由校的欢心。同时他还与朱由校的乳母客氏结成了"对食"关系，也就是宫中名义上的夫妻关系。熹宗继位后，客氏被封为奉圣夫人，魏忠贤则升任司礼监秉笔太监，并掌管东厂。魏忠贤总是趁着熹宗全神贯注

43

1621

五月，魏忠贤掌司礼监秉
笔，开始弄权干政

1622

明、后金战于广宁，明
军大败

1623

孙承宗镇山海关，袁
崇焕筑宁远城

于做木匠活儿时跑来向他汇报朝臣的奏章，熹宗非常不耐烦地说："朕知道了，你看着办好了。"久而久之，朝政大权就落到了魏忠贤手里，熹宗反倒成了傀儡。

魏忠贤掌权后的第一件事，便是对付由士大夫组成的东林党集团，对于冒犯自己的官员进行残酷的打击报复。天启四年（1624年），东林党人杨涟上疏弹劾魏忠贤二十四"大奸恶"，一时朝臣响应，参劾奏章不下数百，魏忠贤对此恨之入骨。自天启五年（1625年）开始，魏忠贤先将杨涟、左光斗、魏大中、周朝瑞、顾大章、袁化中六人入狱，将他们杖毙狱中，随后又将高攀龙、周顺昌、周起元、缪昌期、李应昇、周宗建、黄尊素七人迫害致死。又提供所谓的"东林党"名单，按名捕杀。至此，东林党人被逐杀殆尽，魏忠贤总揽内外大权，朝中官僚为其走狗者，有所谓"五虎""五彪""十狗""十孩儿""四十孙"等名号，自内阁、六部至四方督抚，莫不是"阉党"的天下。大明王朝的政治进入了最黑暗的一段时期。

◎魏忠贤，字完吾，原名李进忠，出任秉笔太监后改名魏忠贤。

魏忠贤在清除东林党人的同时，又将注意力投向了边关，希望通过冒领边功来巩固自己的权势。当时熹宗的老师孙承宗经略辽东，积

1625
三月，后金迁都沈阳，
后更名为盛京

1625
十月，孙承宗因忤逆魏
忠贤而去职

1626
正月，明军取得宁远
大捷

极整顿边关防务，修城筑炮，并提拔了袁崇焕、满桂等一批富有才干的将领，一时之间使得努尔哈赤无机可乘。魏忠贤见孙承宗的声望一天比一天高，于是借熹宗派宦官去前线犒军的机会，竭力拉拢他，结果却碰了一鼻子灰。魏忠贤因此怀恨在心，唆使党羽在熹宗面前诽谤孙承宗，致使孙承宗被迫辞官归乡，关外明军尽撤，只剩宁远一座孤城，

◎心灵手巧的朱由校。据史料记载，熹宗擅长做小木人，男女老少，神态各异，动作惟妙惟肖。熹宗设计的床，雕有精美花纹，而且可以折叠，携带移动都很方便，为当时的工匠所叹服。

1626

九月，努尔哈赤卒，皇太
极即位

1627

八月，熹宗卒，朱由检
即位，是为思宗

1627

十一月，思宗诛杀魏
忠贤及客氏

辽东形势更加危机。

魏忠贤专擅国政，作威作福，他在宫内乘轿而行，到了皇帝所居住的乾清宫也不下轿。出宫时侍从数以万计，规模超过皇帝。内外官员称他为九千岁，甚至称为九千九百岁，仅次于皇帝的"万岁"。此外，善于溜须拍马的地方官纷纷在各地为魏忠贤建立生祠，这些生祠有的"宫殿九楹"，有的用黄金塑像，魏忠贤毒焰之烈可想而知。

对于魏忠贤祸乱朝政、甚至僭越皇权的举动，熹宗并非完全不知道。有一次，熹宗来到张皇后寝宫，见她在读《赵高传》，不由感慨万千。然而无知懦弱的熹宗早已被魏忠贤和客氏牢牢控制在手中，纵然他想疏远魏忠贤也是不可能了。相传张皇后就是因为得罪了魏忠贤与客氏，被他们玩弄诡计导致小产，使得熹宗失去了唯一的皇子。其他后宫嫔妃就更是他们折磨的对象了。

天启六年（1626年），熹宗因划船落水，身体日渐虚弱，第二年八月驾崩，临终前将皇位传给了自己的弟弟信王朱由检，这便是明思宗，也就是崇祯皇帝。朱由检即位后不久便将魏忠贤的罪行公布天下，发配凤阳。途中魏忠贤见大势已去，在绝望中自缢而死。

魏忠贤专权可以说是中国历史上宦官专权的顶峰，危害程度也最深，虽然他专权仅仅七年的时间，但足以使大明王朝万劫不复了。

1628

四月，袁崇焕任兵部
尚书，督师蓟辽

1628

七月，海盗郑芝龙降明

1628

十一月，王嘉胤、高
迎祥等同时起义

崇祯帝自毁长城

萨尔浒之战后，努尔哈赤四处攻占，辽东重镇沈阳、辽阳相继失陷，辽河以东尽归后金。这时候，袁崇焕上书朝廷："给我兵马钱粮，我可以守住山海关。"但是袁崇焕得不到皇帝的信任，在努尔哈赤的离间计下，被皇帝砍了头。

崇祯帝铲除魏忠贤，朝野一时无不称快。面对满目疮痍的大明江山，崇祯帝痛心疾首。然而他优柔寡断，对大臣动辄问罪，甚至砍头，以致自毁长城，无人可用。

话分两头，自萨尔浒之战后，努尔哈赤步步进逼，兵锋直指辽沈。辽东重镇沈阳、辽阳相继失陷，辽河以东尽归后金。明朝廷大为震恐，决心扼守山海关。此时，有一人上书朝廷："给我兵马钱粮，我可以守住山海关。"没错，此人便是袁崇焕。

袁崇焕本出身于商人家庭，但胸怀大志，立志做国家的栋梁之才。万历四十七年（1619年），36岁的袁崇焕考中进士，并被委任为福建邵武县知县。当时辽东战事紧张，袁崇焕在任职期间经常拜访一些从边塞退役的老兵，向他们咨询辽东的地理、军队作战等情况，这为他日后经略辽东打下了基础。天启二年（1622年），袁崇焕被破格提升为兵部职方主事。随后他主动请缨，出山海关，亲自坐镇宁远城，以一己

1629

1629

1629

正月，审理魏忠贤余孽，
论罪处罚

九月，杨镐因失陷疆土
被论罪处死

十月，后金兵分三路
攻明

之力抵抗后金军的进攻。天启六年（1626年），努尔哈赤亲率十三万大军围攻宁远城，袁崇焕亲临战阵，指挥作战，利用"红夷大炮"给后金军队以极大的杀伤，努尔哈赤本人也被打成重伤。此次战役明军大获全胜，歼敌万余，是为"宁远大捷"。这是自萨尔浒之战后明军在辽东战场上取得的首次重大胜利，极大地鼓舞了明军士气，坚定了明朝守御关外的信心。

努尔哈赤在宁远之战中负伤，不久过世，他的儿子皇太极继承汗位。天启七年（1627年）五月，皇太极发动了宁锦之战。在袁崇焕的指挥下，明军坚守宁锦一线，后金军伤亡惨重，被迫撤退，这便是明朝称为的"宁锦大捷"。崇祯帝继位后，袁崇焕被提升为右都御使，不久又以兵部尚书的名义经略辽东。

崇祯二年（1629年）十月，皇太极亲率五万大军绕过山海关，直逼北京城下。因为袁崇焕先前曾提议与后金议和，所以朝臣们

◎袁崇焕坐镇宁远。在明朝辽东土地尽失的情况下，宁远已成为一座孤城，袁崇焕率领军民修筑城墙，据城坚守。当后金军大举进攻时，袁崇焕与士卒坚守孤城宁远，誓与此城共存亡，最终取得宁远大吉。

1629

1629

1630

十一月，后金军直趋
北京，京师告急

十二月，思宗中反间计，
将袁崇焕下狱

思宗杀袁崇焕，籍没
其家

诬陷是他引敌军来京的，目的是要迫使朝廷议和。恰在此时，皇太极设下离间计，说已与袁崇焕达成协议，并故意将这个消息透露给被俘的太监，然后暗地里将他放走。这个太监跑回皇宫后立刻将这个天大的情报告诉了崇祯帝。原本就多疑的朱由检知道后，火冒三丈，毫不怀疑地相信了这个太监对袁崇焕"通敌"的举报。不久，崇祯帝以"议饷"的名义召袁崇焕入宫，然后将他逮捕。

崇祯三年（1630年）八月十六日，袁崇焕被凌迟处死，传首九边。崇祯帝杀袁崇焕，无异于自毁长城，袁崇焕死后，辽东边事遂一发不可收拾，《明史》称："自崇焕死，边事益无人，明亡征决矣！"

◎袁崇焕最终被处磔（zhé）刑，即分裂肢体之刑，弃尸于市，卒年四十七岁。据说行刑当日，刽子手割一块肉，百姓付钱，取之生食。直到南明政权时此冤案才得以平反。

崇祯八年（1635年），皇太极定族名为满洲，次年在沈阳称帝，改国号为"大清"，改元崇德，其入主中原之心昭然若揭。崇祯十三年（1640年），明清双方展开松锦大战，明军惨败，经略洪承畴叛明降清，关外城池全部陷落，仅剩宁远孤城。正当大明王朝在关外节节败退之时，天启末年爆发于陕北的农民起义愈演愈烈，渐成燎原之势。崇祯皇帝对外无法抵抗八旗铁骑的进攻，对内无法救百姓于水火，大明王朝已经走向了崩溃的边缘。

1630
李自成、张献忠投身起义
队伍

1631
王嘉胤牺牲，李自成入
高迎祥部

1634
高迎祥等各路义军会
于荥阳

农民军转战南北

　　明朝土地兼并严重，王公贵族、官僚地主占地千亩，而小农几乎无立锥之地，百姓生活于水深火热之中。崇祯元年高迎祥、张献忠纷纷领导饥民起义，起义军最初只在陕西、山西一带分散活动，后来队伍迅速壮大，转战于河南、湖广、四川、陕西等多省。

　　明朝中叶以来，土地兼并日益加剧，王公贵族、官僚地主占地千亩，连田阡陌，而小农几乎无立锥之地。另外，明朝后期，全国各地几乎连年遭灾，饥荒遍野，百姓生活于水深火热之中。天启七年（1627年）三月，陕西大旱，澄城知县张斗耀不仅不救济灾民，反而加紧催逼赋税，此时农民王二聚集数百灾民，高呼："谁敢杀死知县？"大家异口同声地说："我敢杀！"于是王二率领饥民冲进县城，杀死张斗耀，从而揭开了明末农民起义的序幕。

　　王二起义后，各地的人们纷纷效仿他，响应者群起。崇祯元年（1628年），府谷（陕西府谷）人王嘉胤、安塞（陕西安塞）人高迎祥、肤施（陕西延安）人张献忠纷纷领导饥民起义。崇祯二年（1629年），皇太极兵临北京城下，甘肃边兵奉命进京勤王，途中因将官克扣军饷，士兵发生哗变，陕西米脂人李自成带领哗变的士兵投靠了王嘉胤的起义军，

1636

四月，皇太极称帝，
改国号为清

1636

七月，高迎祥牺牲，李
自成继为"闯王"

1640

李自成至河南，提出
"均田免粮"口号

后又转投闯王高迎祥的队伍，被封为"闯将"。起义军最初只在陕西、山西一带分散活动，崇祯六年（1633 年）冬，起义军冲破明军包围，进入河南，队伍迅速壮大，之后转战于河南、湖广、四川、陕西等多省，农民起义开始形成全国性规模。

崇祯七年（1634 年），当时主要的起义军首领高迎祥、罗汝才、张献忠等，在荥阳举行大会，确定了联合作战，分兵出击的战略。荥阳大会以后，高迎祥、李自成和张献忠率军东征，一举攻克明朝中都凤阳，捣毁明朝祖陵，给明廷以沉重打击。崇祯九年（1636 年），高迎祥作战失利，兵败子午谷，被俘后押至北京处死。高迎祥牺牲后，李自成继称"闯王"，继续领导起义军作战，并逐渐发展为起义军中的主要力量。

崇祯十年（1637 年）三月，明廷起用杨嗣昌为兵部尚书，并制定了"四正、六隅，十面网"的围剿战略，加大了镇压农民起义的力度。在这种形势下，起义军接连受挫，很多起义军首领先后投降明廷。崇祯十一年（1638 年）四月，张献忠的队伍在谷城（湖北谷城县）接受招抚。李自成在四川北部的梓潼作

◎张献忠。张献忠出身贫苦家庭，从小聪明倔强，生性刚烈，是大西政权唯一的一位皇帝，后在与清军对抗时中流矢而死。

1641
李自成攻克洛阳，杀福王

1643
皇太极卒，子福临即位

1644
正月，李自成于西安
建国，国号大顺

战失利，退入陕南的商洛山中，农民起义一时转入低潮。

崇祯十二年（1639 年）五月，张献忠在谷城再举义旗，明廷急派杨嗣昌督师襄阳，统兵十万，对张献忠大举围剿。张献忠奋力突破包围进入四川，杨嗣昌率军尾随而至。张献忠采取了"以走致敌"的游击战略，巧妙地避开了杨嗣昌的主力，半年内驰骋大半个四川，把明军拖得狼狈不堪。当时有民谣唱道："前有邵（捷春）巡抚，常来团传舞；后有廖（大亨）参军，不战随我行；好个杨（嗣昌）阁部，离我三天路！"崇祯十七年（1644年）八月，张献忠率军攻克成都，十一月，张献忠在成都即皇帝位，国号大西。

崇祯十三年（1640 年），正当明军全力追击张献忠的时候，李自成率军进入河南，明确提出了"均田免粮"的口号，深得广大农民的拥护，民间开始到处传唱"开了大门迎闯王，闯王来时不纳粮"的歌谣。第二年正月，李自成率军攻克洛阳，执杀福王朱常洵，火烧福王宫。相传朱常洵养尊处优，体型肥大，他被擒后，李自成亲自公布了他的罪行，然后从王宫后园弄出几头鹿，和福王的肉一起煮了，名为"福禄宴"，可见起义军对统治阶层的痛恨。接着，李自成又取得了新蔡之战、襄城之战、朱仙镇之战等一系列胜利，消灭明军十余万人，全部占领了河南之地。

崇祯十六年（1643 年），李自成率军一路向西，斩杀明军四万余人，一举攻破潼关，西安不战而降。至此，大明王朝在北方的主力基本被消灭，再也无力抵挡李自成的进攻了。

崇祯十七年（1644 年）正月，李自成改西安为长安，称西京，建立大顺政权，改元永昌，并即将准备渡河东征，目标直指大明王朝的心脏——北京。

1644

正月，李明睿劝崇祯帝放弃北京，尽快南迁

1644

正月，李建泰督师攻打李自成，惊惧而病

1644

二月，李自成攻入山西，破太原等地

崇祯帝身死国亡

李自成率领的农民军打进了北京城，崇祯皇帝眼见大势已去，就爬上了煤山自缢而死，至此，通过农民起义建立起来的大明王朝统治二百七十六年之后也在农民起义的烽火中寿终正寝。但是，李自成的农民军能够治理好这个国家吗？

崇祯十七年（1644 年）正月初一，按照传统，皇帝要在这一天的清晨接受百官的新年朝贺，然而当崇祯皇帝早早来到皇极殿时，满朝文武，全都不见了，只有守门锦衣卫一人。朱由检不禁有些诧异，于是下令打开宫门，不停鸣钟，召唤大臣，但依旧没有一个人前来。后来虽然勉强凑起了一些大臣，但却朝班混乱，毫无喜气可言。崇祯皇帝或许自己也知道，他苦苦支撑了十七年的大明王朝已如同一位行将就木的老人，再无半点生气了。

正月初八，李自成命李友等人留守西安，自己则亲率大军东渡黄河，向北京进发。

面对来势汹汹的大顺军，崇祯皇帝束手无措，这时东阁大学士李建泰突然上奏说："臣家乡在曲沃，颇有家资，我愿以家产充军饷，领兵前往讨贼。"听到这里，朱由检大喜过望，随即加封李建泰兵部尚书，赐尚方宝剑，命他以督师辅臣的身份"代帝亲征"，并亲自在正阳门上目送李建泰出京。其实李建泰率领的"大军"一行不过五百

明

1644

二月，思宗召天下兵
马勤王

1644

二月，思宗罢首辅陈演，
以魏藻德为内阁首辅

1644

三月，思宗急调吴三
桂率军入卫京师

余人，所以他刚一出京，士气便急转直下，士卒不断逃走。没过几天，当李自成率大顺军打到北京城时，李建泰立即带着他的"大军"投降了，一场"代帝亲征"的闹剧就此滑稽收场。

当时大明王朝在北方的军队已经被消灭殆尽，崇祯皇帝可以倚仗的军队就只剩下辽东边关吴三桂所统领的关宁铁骑了。面对严峻形势，蓟辽总督王永吉、巡抚杨鹤等联合奏请放弃关外的宁远城，调吴三桂率军入卫京师。崇祯皇帝对此犹豫不决，于是让内阁大臣陈演和魏藻德拿主意，谁知他们二人恍若呆鹅，谁都不表态，私下里讨论说："如今皇上着急了，才考虑调吴三桂入京，等到事情平定下来再以放弃关外土地的罪名杀掉我们，这可怎么办？"所以这二人互相推诿，谁也不敢拿主意。于是调吴三桂入卫之事便搁置下来。直到三月初六，随着形势的日益严峻，崇祯皇帝终于拿出了政治领袖本应有的强硬态度，强令吴三桂放弃关外的宁远，火速率军入京，然而此时大顺军已经近在咫尺，关宁铁骑显然远水救不了近火。

"代帝亲征"无非是虚张声势，调兵入卫也是缓不济急，在这种情况下，"迁都"或许是崇祯皇帝摆脱困境的唯一选择了。然而南迁建议却遭到了朝中大臣的反对。不仅内阁首辅陈演反对"南迁"，言官们也猛烈抨击"南迁"的主张。迫于群臣的压力，崇祯皇帝最终做出了死守北京的决定，"南迁"之议就此作罢。在当时内无强兵、外无援军的形势下，困守北京实际上就是坐以待毙，大明王朝的覆灭已经无法挽回了。

话分两头，李自成自西安出发后，亲率主力东进，一路上所向披靡。三月十七日，大顺军进入北京郊外，明军京师三大营溃降，大顺军于是利用俘获的火炮猛轰京城，炮声隆隆日夜不绝。十八日晚，李自成

1644

三月，督师李建泰奏
请南迁，未果

1644

三月，思宗自缢于煤山，
明朝灭亡

1644

三月，明督师李建泰
投降李自成

下达了总攻的命令，太监曹化淳打开彰仪门投降，大顺军进入外城。

崇祯皇帝登上煤山，看见城外已是烽火连天，知道大势已去，徘徊许久后回到宫里处理后事。他派太监将三个儿子送到外戚家里避难，临行前叮嘱他们："今天你们是太子和皇子，明天就是普通百姓了。出宫后见了老者叫伯伯，年轻的叫先生。你们要学会保护自己，如果能够活下来，记得为父母报仇。"然后逼迫周皇后自缢，并挥剑杀死了幼女昭仁公主，砍断长女乐安公

◎崇祯帝煤山自缢身亡。其虽有心为治，却无治国良方，不是亡国之君却经受了亡国悲剧。

主左臂。十九日凌晨，崇祯帝换了行装，带领太监王承恩等数十人出东华门，想要逃出城外，但是到了崇文门、正阳门等处，守门官兵不知是皇帝出城，以为是发生了叛乱，坚决不放行。之后又来到安定门，城门已被锁死，无奈之下崇祯帝只得回宫，鸣钟召集大臣，却无一人到来。最后，崇祯皇帝来到煤山，自缢而死，并在衣襟里留下遗书："朕自登极十七年，致敌入内地四次，逆贼直逼京师，虽朕薄德匪躬，上干天咎，然皆诸臣之误朕也，朕无面目见祖宗于地下，去朕冠冕，以发覆面，任贼分裂朕尸，勿伤百姓一人。"

至此，通过农民起义建立起来的大明王朝统治二百七十六年之后也在农民起义的烽火中寿终正寝。

开城门闯王进京

崇祯皇帝自缢后，整个北京城乱作一团。农民起义军迅速占领了北京城，军队入城之前，李自成首先申明军纪，并将弓箭去掉箭头，向后军连射三箭，声称："大军入城，有敢伤及百姓者，斩！"进城之后的农民军能做到这一点吗？

公元 1644 年农历三月十九日，天蒙蒙亮，阴云密布，下着微雨。崇祯皇帝朱由检已于这一天的凌晨在煤山自缢，整个北京城乱作一团。大顺军的先头部队，一支由少年组成的孩儿军迅速爬上城头，进入北京城内。很快，内城其他城门也都打开了。北京城即将迎来它的新主人——闯王李自成。

军队入城之前，李自成首先申明军纪，并将弓箭去掉箭头，向后军连射三箭，声称："大军入城，有敢伤及百姓者，斩！"中午，李自成率领大军，从大明门浩浩荡荡进入皇城。当走到紫禁城承天门前时，李自成抬头看到了匾额上写着的"承天之门"四个大字。意气风发的李自成抽箭弯弓，对着门匾自信地说："如能安定天下，则一箭射中四字的中心。"说完，一箭射去，射中"天"字偏下，李自成于是面露不悦之色。宰相牛金星连忙劝慰道："中间偏下，当中分天下。"听到这话，李自成投弓大笑，心中阴影也消散了，队伍继续前进，直抵皇宫大内。

大顺军进入北京城后，于三月二十一日中午，在煤山上发现了崇

1644

三月，山海关总兵吴三桂
投降清军

1644

四月，福王朱由崧即位，
改元弘光

祯皇帝和太监王承恩的遗体。李自成得知消息后立刻下令将崇祯帝的遗体妥善安置，周皇后的遗体也被从宫中抬出放在了一起。李自成将两人遗体入棺收敛，并允许明朝旧臣及内监以帝后之礼祭奠崇祯帝后。随后大顺军打开天寿山的田妃坟，将崇祯帝后的梓宫放了进去。从此，天寿山上又增添了一陵，十二陵变成了十三陵。与此同时，李自成抓获了明太子以及永王、定王两位皇子，被崇祯帝砍断臂膀的乐安公主也被送到了李自成面前。李自成对这几位皇子、公主不仅毫无加害之意，反而安慰他们"以后你们就如同我的孩子一样"，封太子为宋王，安置在皇宫内，派人好生照顾，又命大夫为乐安公主治疗创伤。

◎闯王进京。李自成率领农民军攻入北京城，推翻了存续二百七十六年的明王朝。

57

1644
四月，部分大顺军南下与
南明军对峙

1644
四月，明大臣陈演、魏藻
德等拷掠完赃后被杀

大顺军入城后遍贴安民榜，声称："大帅临城，秋毫无犯，敢有擅掠民财者，凌迟处死。"并榜示民间"照常生理，罢市者斩"。这些告示并不只是表面文章，确有兵士因违令抢劫遭到处斩。四月初六、初九日，李自成分别在文华殿、武英殿召见京师父老，征询民间疾苦，并问士兵有没有骚扰地方。

虽然大顺政权采取了一些稳定民心的举措，但是其自身存在的弱点很快就暴露了出来。

因为李自成以"均田免粮"的口号来取得农民的支持，并且承诺三年免征，这样一来军饷供应就成了很大的问题。于是李自成设立了由刘宗敏、李过主持的"比饷镇抚司"，开始对在押的明朝官员进行追赃助饷，而且范围越来越广，逐渐扩及一般的富绅，追赃也慢慢演变为劫掠，造成了很坏的社会影响。

此外，大顺军进城之后，领导层开始享乐腐化，军纪也逐渐松弛，士兵危害百姓的现象屡有发生，百姓失望之心和怨离之心与日俱增。但是大将军刘宗敏却认为："现在不怕民变，就怕兵变。不能满足士兵，那么就无人打仗了，而且每天军饷耗费巨大，若不强取于民，又从何而来呢？"于是听任士兵为所欲为。

正当大顺政权沉浸在眼前胜利的时候，原本决定归降的明朝总兵吴三桂在进京途中突然折回，重新占领山海关，并集众誓师，公开反叛大顺。吴三桂公开反叛的消息传到北京，李自成大怒，随即决定东征。四月十三日，李自成留下老弱残兵万余人看守北京，自己亲率十万大军出齐化门，携带明太子及吴三桂父亲吴襄，向着山海关进发，一场决定中国历史走向的大战即将上演。

1644
四月，李自成讨伐吴三桂，失败后退回北京

1644
四月，李自成于北京称帝，随即弃城西走

1644
五月，多尔衮率军入关

战山海清军入主

崇祯帝自缢煤山后，吴三桂的关宁铁骑顿时无君可忠，无国可守。就在吴三桂准备归降李自成农民起义军的时候，突然得知，不仅自己的产业被充公，连自己的爱妾陈圆圆也被霸占。吴三桂顿时冲冠一怒为红颜，引清军入关。

在大明王朝最后的二十年时间里，将领吴三桂率兵员三万余人，驻守山海关、宁远一线。在与清军的反复攻守搏杀中，这支军队经过千锤百炼而成为明朝军队中最为强悍的一支，号称"关宁铁骑"。崇祯帝自缢煤山后，吴三桂顿时无君可忠，无国可守，他于是率军驻扎山海关，密切注视形势的发展。

李自成进入北京以后，便派人携四万两白银以及吴三桂父亲吴襄的亲笔信前往山海关招降吴三桂。吴三桂审时度势，决定归降。但就在吴三桂前往北京城的途中，突然得知，大顺军在北京对明朝官员进行追赃助饷，自己的家产业已充公，甚至连自己的爱妾陈圆圆也被大顺军将领刘宗敏霸占，顿时瞋目大怒："大丈夫不能保一女子，还有何颜面立于世上？"随即率军东返山海关，这便是"冲冠一怒为红颜"的故事。

重新占领山海关的吴三桂以给父亲回信的方式向李自成表达了自己的态度，在信中他表示"父亲既然不能作忠臣，儿子又如何能做孝子呢？父子今日诀别，纵然敌人将父亲放在油锅旁边威胁我，儿子也

59

1644

五月，清为崇祯帝发丧改葬

1644

七月，清取消正额外一切
加派赋税

1644

七月，李自成退回西安

将义无反顾。"当吴三桂公开反叛的消息传到北京，李自成大怒，随即决定东征山海关。正当大顺军向山海关进发时，另外一股力量也已经集结完毕，从相反的方向朝山海关进军，这便是关外的大清。

早在前一年，也就是公元1643年农历八月，清太宗皇太极病逝，年仅六岁的福临继位，是为清世祖，年号顺治，由叔父多尔衮摄政。李自成攻破北京后，吴三桂自知难以抵挡来势汹汹的大顺军，于是派人向清军求援。此时吴三桂虽然没有明确表示要投降清军，但是二者在对付大顺军的问题上已经实现联合，而李自成对此缺少足够的思想准备。

李自成的东征大军于四月十三日从北京出发，二十一日抵达山海关，立刻向吴三桂发动了进攻，双方大战于石河。大顺军猛攻狠打，炮矢不绝，多次直逼山海关城下，但吴军拼死抵抗，双方僵持一天。

◎多尔衮率领八旗劲旅奔向山海关，与大顺军展开厮杀，并由此开启了清朝问鼎中原、统一全国的序幕。

1644

九月，顺治帝自盛京
移至北京

1644

十月，顺治帝举行登基典
礼，即皇帝位

在大顺军的强烈攻势下，吴三桂已经有些招架不住了，一天之内派使者探访清军多达八次，可谓望眼欲穿。二十二日凌晨，吴三桂得知清军已到山海关，立即亲赴清军大营，面见多尔衮。此时的吴三桂已无讨价还价的余地了，于是剃发称臣，投降清军，并且以白马乌牛祭天地，歃（shà）血为盟，引清军进入山海关。

四月二十二日上午，多尔衮命吴三桂先行与大顺军交战。双方从上午打到中午，战场上炮声隆隆，弓箭如雨点一般，战斗相当惨烈。李自成骑马立于高岗之上，眼看吴军就要被消灭了，忽然狂风大起，数万拖着长辫子的骑兵从吴军右翼如潮水般杀出，战局立刻发生了重大变化。大顺军在清军和吴军的夹击之下阵脚大乱，全军溃败，兵退四十里。山海关之战，大顺军被杀者不计其数，横尸遍野，河水也被染红。

山海关战败，李自成率残部退回北京，清军尾随而至。大顺军精锐在山海关之战中已消耗殆尽，李自成见北京无险可守，决定放弃北京，返回西安。四月二十九日，李自成在武英殿仓促举行登基典礼，接受百官朝贺，三十日凌晨即满载金银珠宝撤离北京，一路向西而逃，七月抵达西安。公元1645年，清军攻破潼关，李自成放弃西安，经蓝田、商州，通过武关，进入襄阳，清军则紧追不舍。当年五月，李自成在湖广武昌府通山县九宫山遇难，年仅三十九岁，大顺政权归于失败。

山海关之战后，多尔衮率军直趋北京，凡所过之处，皆宣布安乱定民，因而州县官民都开城迎降。五月初二，京城传言吴三桂将护送太子回京，于是原明朝官员备好仪仗，出城五里相迎，谁知迎来的却是大清摄政王多尔衮，这才明白已然改朝换代。随后顺治帝抵达北京，举行定鼎登基典礼，在皇极殿即皇帝位，颁诏天下，定都北京。这标志着清朝政权正式入主中原，中国历史翻开了崭新的一页。

史可法困守扬州

　　清军入主中原后，留守南京的明朝官员拥立福王朱由崧登基称帝，改元弘光，史称南明。弘光政权兵部尚书史可法开府扬州，积极准备抗清，然而，弘光政权内部纷争不断，使得清军几乎毫不费力地攻占了淮安和泗水，包围了扬州，史可法孤立无援。

　　正当清军入主中原之时，留守南京的明朝官员拥立福王朱由崧（sōng）登基称帝，改元弘光，继续使用大明国号，史称南明。面对北方复杂的形势，弘光政权采取了"联清灭顺"的策略，派人携带大量礼物前往北京，答谢清军替他们报了君父之仇，并幻想清军在消灭李自成后可以退回关外。然而清廷入主中原之心已久，所以对南明的态度十分强硬，并于当年十月发布檄（xí）文，严加斥责弘光政权，然后派豫亲王多铎（duó）统军南下。面对清廷的强硬态度，弘光政权兵部尚书史可法立刻丢掉幻想，开府扬州，节制江北诸镇，积极准备抗清。

　　当时南明在江北尚有相当的军事实力，刘泽清、高杰、刘良佐、黄得功统率十余万军队驻扎在江北的淮安（江苏淮安）、泗水（山东泗水）、临淮（位于江苏泗洪县境内）、庐州（今安徽合肥）等地，号称"江北四镇"，四镇将领飞扬跋扈，相互攻杀，不受节制。史可法开府扬

州后，尽力协调江北四镇之间的关系，团结各方力量共同抗清。然而，身居南京的朱由崧每天只顾饮酒作乐，不求振作。弘光政权内部纷争不断，马士英和阮大铖专擅国政，结党营私，排除异己。公元 1645 年四月，坐镇武昌、拥兵数十万的左良玉，因与马士英不合，于是以"清君侧"之名回师东下，逼近南京。马士英不顾大局，急调刘泽清、黄得功等阻击左良玉大军。虽然左良玉很快病死九江，双方未酿成大的内战，但是刘、黄的调离使南明在江北的防御力量大为削弱。很快清军几乎

◎史可法坚守扬州。面对来势汹汹的清军，史可法率领军民坚守扬州，虽然最终扬州失陷，但是史可法的民族气节是值得肯定的。

1645

五月，福王朱由崧被俘，
弘光政权瓦解

1645

五月，李自成于九宫
山遇害

毫不费力地攻占了淮安和泗水，四月十八包围扬州，史可法孤立无援，困守扬州。

清军包围扬州后，统帅多铎派人到城里劝史可法投降，一连派去五批，均遭到史可法的严词拒绝。史可法勉励众官员、将士，希望他们能够同心协力抵抗清军，并亲自登城扼守最为险要的西门。清军没日没夜地轮番攻城，扬州军民在史可法的领导下奋勇作战，打退了清军的一次次进攻。四月二十五日，清军猛烈炮轰西门，城墙被炸开了缺口，大批清军蜂拥般冲进城来。史可法知道扬州已经无法再守，想要挥刀自尽，却被部将拦下。当部将们保护他从小东门突围时被赶来的清军俘获。

多铎见到史可法后礼敬有加，劝他归顺清朝，为一统天下出力。史可法断然拒绝，声称："我身为大明臣子，岂可苟且偷生，成为千古罪人！我头可断，但决不投降。"于是慷慨就义，年仅四十四岁，其他剩余兵士同清军展开了激烈的巷战，直至全部战死。扬州陷落后，清军因攻城伤亡惨重，于是对扬州百姓进行了屠杀报复，几世繁华的扬州城顿时成为人间地狱。大屠杀持续十天，史称"扬州十日"。

清军攻占扬州后，很快兵临南京城下，弘光帝朱由崧早已逃走，留守的礼部尚书钱谦益开城迎降。不久，朱由崧在芜湖被清军俘获，弘光政权仅维持一年便宣告覆灭。清军占领南京后，开始强迫江南汉人剃发易服，民族矛盾进一步激化，江南抗清形势高涨。

1645

六月，唐王朱聿键即帝位，
年号隆武

1646

八月，唐王被杀，隆武政
权瓦解

1646

十月，桂王朱由榔即位，
年号永历

朱由榔身死云南

公元 1646 年十月，桂王朱由榔在广东肇庆登基称帝，改元永历，再次竖起了抗清的旗帜。但是，永历政权大将孙可望、李定国因功发生内讧，永历政权一蹶不振，朱由榔最终被吴三桂杀死，大明王朝的皇统彻底灭亡。

弘光政权覆灭后，鲁王朱以海在张国维、郑遵谦等人的拥立下，以浙东为基地，监国于绍兴，与此同时，郑芝龙、黄道周等人在福州拥立唐王朱聿（yù）键称帝，建元隆武。但是在清军的强大攻势下，这两个政权都很快覆灭了。

公元 1646 年十月，明广西巡抚瞿式耜（sì）、湖广总督何腾蛟等在广东肇庆拥立桂王朱由榔登基称帝，改元永历，再次竖起了抗清的旗帜。与此同时，大顺军、大西军余部，与永历政权实现联合，为永历政权注入了强大而新鲜的血液。公元 1651 年，皇帝朱由榔为清军所迫，离开了广东，逃奔贵州安隆所，改名安龙府，永历政权暂时转危为安。

公元 1652 年春清军兵分两路向西南挺进，永历政权大将孙可望、李定国商议后决定以攻为守，粉碎清军的进攻。于是孙可望留守贵州，李定国率主力出湖广，刘文秀率偏师攻四川，出征前为保证军纪和部队的战斗力，特定约法五条：不杀人、不奸淫、不抢财货、不宰耕牛、不放火。李定国出师不到一年，纵横数省，击败清军数十万，并取得

1651

永历帝走奔贵州

1652

李定国北伐军破湖南
清军

1656

永历帝前往云南

桂林、衡州两次大捷，可谓"两厥名王，天下震动"。然而正当全国掀起一片抗清浪潮之时，永历政权又陷入了严重的内讧之中。

李定国抗清成果显著，永历帝朱由榔想要封他为西宁王，这引起了孙可望的嫉妒。公元1653年正月，孙可望擅自破坏原定的作战计划，并欲加害李定国。李定国得到密报后不计前嫌，并希望彼此可以齐心协力，共同恢复大明江山。但孙可望仍执意发兵攻打李定国。为避免自相残杀，李定国主动退入广西。他血战收复的土地得而复失，原本开创的大好局面也急转直下。孙可望的行为引起了将士们的反抗，朱由榔也多次密诏李定国铲除孙可望。穷途末路的孙可望最终逃往长沙，投降清军，沦为了可耻的叛徒。南明的军事实力本来尚可支撑一段时日，但是无穷无尽的内讧削弱和抵消了自身的实力，也给了清军以可乘之机。经过此番内讧，永历政权一蹶不振。

清军从孙可望处了解了南明军队的布防情况，并于公元1658年兵分三路进攻云贵。面对清军的进攻，本就懦弱的朱由榔惊慌不已，于是自弃祖宗与臣民，逃入缅甸。李定国在磨盘山设伏准备袭击来追的清军，结果因作战计划被叛徒出卖而失败。之后李定国退入滇缅边境，在艰苦的条件下继续抗清斗争。

此时清朝在全国的统治基本稳固，缅甸国王从维护本国利益出发，不愿继续维护流亡的永历朝廷。公元1661年五月，缅甸发生宫廷政变，新任缅甸国王希望借大明皇帝致贺来增强自己的政治地位，但却遭到了朱由榔的拒绝，致使双方关系更加恶化。同年七月，缅甸国王假意邀永历朝臣同饮咒水，以结友好，结果却派兵将永历帝朝臣及侍从全部杀死，这便是"咒水之难"。经此之变，朱由榔真正成为了孤家寡人，永历政权实际上已不复存在。

1657

孙可望降清，以西南
虚实相告

1658

清军攻入云南境内

1659

二月，永历帝兵败，
出走缅甸

◎永历帝朱由榔被绞死于云南昆明，共在位十六年，终年四十岁。

　　公元1662年春，吴三桂率军逼近缅甸，缅王遂将朱由榔献给吴三桂。朱由榔被吴三桂带回云南昆明后，以弓弦绞杀于篦子坡。朱由榔身死云南，大明王朝的皇统彻底灭亡。李定国闻讯后，悲愤成疾，不久病逝于勐（měng）腊。

　　当李定国转战西南边陲坚持抗清之时，在东南沿海还活跃着一支队伍，这便是郑成功率领的海上义师，这也是坚持到最后的一支抗清力量。

1659

六月，郑成功北上进
兵江宁

1659

十月，郑成功败退厦门

1660

吴三桂进兵攻永历帝

郑成功收复台湾

　　郑成功受封延平王、招讨大将军，以金门、厦门为基地，聚集了郑氏家族的海上力量，坚持抗清斗争。公元 1659 年郑成功亲率十七万水陆大军直捣南京城下，但不幸失败。北伐失败后，抗清形势日益严峻，于是他决定收复台湾。

　　郑成功，本名郑森，字大木，父亲郑芝龙，母亲为日本人翁氏。郑森出生于日本，七岁时返国读书，进入南京国子监，曾受教于江南名儒钱谦益。唐王朱聿键在郑芝龙的拥立下称帝于福州，建元隆武。郑成功因受到隆武帝的赏识而被赐姓朱，改名成功，世人称之"国姓爷"。当清军进逼福建之时，郑成功对于父亲郑芝龙变节降清非常气愤，决心抗清，以死报国。

　　隆武政权崩溃以后，郑成功聚集了郑氏家族的海上力量，遥尊永历帝为正朔，受封延平王、招讨大将军，以金门、厦门为基地，通过海外贸易获取经济来源，坚持抗清斗争。由于郑成功善于治军，军纪严明，势力日益强大。抗清十余年间，郑成功多次北伐与南征，并打败清军，其中以公元 1659 年夏秋之际的北伐声势最大。

　　公元 1659 年五月，郑成功同浙江抗清的张煌言配合，亲率十七万水陆大军，分为八十三营，扬帆北上，直捣南京城下。但由于力量对比悬殊，郑军不敌，最终败退回金、厦。郑成功此次北伐给清廷以强

1661
正月，顺治帝病逝，康熙帝即位

1661
三月，郑成功进兵台湾，驱逐荷兰人

1661
十二月，吴三桂俘永历帝

烈震撼，于是清廷派大军进入福建，直逼金门、厦门。面对严峻形势，郑成功将目光投向了海的那边——台湾。

随着新航路的开辟，西方殖民势力东来，公元1624年荷兰殖民者侵入台湾南部，并修筑了赤坎城和热兰遮城，作为他们殖民统治的据点。荷兰人在台湾实行强制统治，推行奴化教育等。台湾各族人民不断掀起反侵略反奴役的斗争浪潮。

公元1659年郑成功北伐失败后，抗清形势日益严峻，于是他决定收复台湾。

公元1661年农历三月二十三日，郑成功命他的儿子郑经及部分将

◎郑成功像。郑成功是我国的民族英雄，他以私人力量赶走荷兰殖民者，收复了被霸占三十八年之久的宝岛台湾。

1662

二月，荷兰殖民者投降，
撤出台湾

1662

四月，吴三桂缢杀永历帝，
永历政权瓦解

1662

五月，郑成功卒，子郑经
继任延平郡王

领留守金门、厦门，自己亲率军队两万五千人、大小战船四百艘，由金门料罗湾出发，第二日抵达澎湖。在澎湖驻扎数日后，大军冒风雨继续前行。四月初一拂晓，在浓雾密布中船队驶入台湾海面，由熟悉水路的何斌引导，通过了港滩众多、没有设防的鹿耳门航道，顺利登岸扎营。荷兰殖民者见郑成功登岸，迅速指挥军队从海、陆两个方面反扑过来，郑成功打退了敌人的进攻，并一举攻克了赤坎城（位于台湾台南市），迫使荷兰殖民者退守热兰遮城（今台湾安平古堡）。郑成功收复赤坎城后，分水、陆两路包围了热兰遮城，并致书荷兰总督揆一："台湾自古是中国的领土，被你们长期霸占，如今我率军收复，理当归还中国。"但是荷兰殖民者并未轻易投降，他们企图负隅顽抗，等待外援。郑成功为减少伤亡，切断了城中水源，并做好长期围困的准备。就在此时，巴达维亚（今雅加达）的数百名荷兰殖民者前来增援，结果被郑成功的水师击败，困守城堡的荷兰殖民者只能坐以待毙了。年底，郑成功已围城九个月，于是开始强攻，荷军陷入绝境。十二月十三日（1662年2月1日），荷兰总督揆一被迫在投降书上签字，荷军撤离台湾，被荷兰殖民者霸占三十八年之久的台湾重新回到祖国怀抱。

郑成功收复台湾后，改台湾为东都，设一府二县，组织士兵屯田，并招徕福建、广东居民迁移台湾，推动了台湾地区的开发。不幸的是，郑成功收复台湾后仅四个月就因病去世，年仅三十九岁。

清康熙二十二年（1683年），清廷派大将施琅率水师进军台湾，郑氏集团归降，实现祖国统一。

帝王世系①

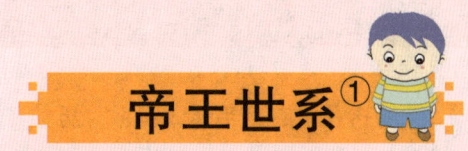

朱元璋 <<<<

在位时间： 1368—1398

生卒年（1328—1398）。庙号太祖，年号洪武。出身平民，早年出家为僧，游历四方，一直怀有济世安民的志向。从元末乱世中起家，顺势而为，经过十五年的战斗最终成就帝业，平定天下。在位三十年间，废除丞相，裁撤中书省，将权力下分到六部，加强皇权专制；轻徭薄赋，劝课农桑，使明初社会生产得以恢复；兴办学校，开设科举考试，实行八股文，强化思想控制；分封子孙，镇守地方，屠戮功臣，为"靖难之役"的爆发埋下了隐患。作为明朝开国之君，朱元璋在政治、经济、文化及军事等方面的举措，奠定了明朝三百年的制度基础。

朱允炆（wén） <<<<

在位时间： 1398—1402

生卒年（1377—不详）。庙号惠宗，年号建文。以皇太孙的身份承继大统，成为明朝的第二代君主。即位之初，亲贤好学，重用文人，对于太祖时期的严刑峻法进行了较多改变，史载建文帝"四年宽政解严霜"，可称得上是一位治世守成之君。然而他天性软弱，在处理"削藩"问题上优柔寡断，最终断送了自己的皇位。

朱 棣（dì） <<<<

在位时间： 1402—1424

生卒年（1360—1424）。庙号成祖，年号永乐。太祖第四子，初受封燕王，镇守北平，本与皇位无缘，然而长期的征战经历锻炼了他超常的军事才能和坚毅的性格，最终在"靖难之役"中成功地从侄子手中夺去了皇位。在位期间，对内励精图治，知人善任，宽严并济，稳定社会生产；对外远征漠北，平定安南，七下西洋，"耀威域外"，外国受封者三十余国，国势达于鼎盛。但是，朱棣好大喜功，多疑好杀，尤其是他的皇位取得方式颇受争议，且即位之初对建文旧臣的处罚过于苛刻，这些多为后世所诟（gòu）病。

①明代起止时间为 1368 年至 1644 年。

71

朱高炽（chì）<<<<

在位时间：1424-1425

生卒年（1378-1425）。庙号仁宗，年号洪熙。历史盛赞他为开明的儒家君主，在位仅一年时间，废除了成祖时期的许多苛政，并且停止了大规模用兵，与民休息，发展生产，文化也得以复兴，开启了"仁宣之治"的升平局面。

朱瞻（zhān）基 <<<<

在位时间：1425-1435

生卒年（1398-1435）。庙号宣宗，年号宣德。大明王朝为数不多的比较贤德的君主。经过几代君主的经营，朱瞻基即位之时，大规模的对外征战已经停止，社会环境也比较安定。他在位期间，礼敬大臣，君臣关系较为融洽；严惩贪官污吏，吏治相对清明；与民休息，经济继续发展；边防稳固，国力强盛，万国来朝，史称"仁宣之治"。朱瞻基也被后世史家称为太平天子、守成之君。

朱祁（qí）镇 <<<<

在位时间：1435-1449

生卒年（1427-1464）。庙号英宗，年号正统。明朝唯一的一位两次登基，拥有两个年号的皇帝。第一次少年登基，国事由太皇太后张氏以及"三杨"掌控，延续了"仁宣之治"的景象，随着张氏摄政集团的去位，他开始宠信宦官王振，"土木之变"中被瓦剌军俘虏，被放还后成为太上皇，后来成功复辟，再次登基，冤杀于谦，晚年任用贤能，仁俭爱民，废除嫔妃殉葬制度，受到后世称赞。但是纵观英宗的一生，绝对算不上是明君，在位的二十二年间，宦官开始干政，朝政逐渐腐败，明朝国势由盛而衰。

朱祁钰 <<<<

在位时间：1449-1457

生卒年（1428-1457）。庙号代宗，年号景泰。宣宗次子，初受封郕王，本无缘皇位，然而"土木之变"造成的严峻形势最终将他推上了皇帝的宝座。朱祁钰受命于危急存亡之际，重用于谦，反对南迁，取得了北京保卫战的胜利，从而使明朝转危为安，可谓力挽狂澜。在位七年间，励精图治，任用贤能，在一定程度上恢复了朝野清明的局面。然而由于他在对待英宗以及太子问题上的失误，奸臣趁机作乱，终究造成了自己的政治悲剧。

朱祁镇（复辟） <<<<<..

在位时间：1457—1464

生卒年（1427—1464）。庙号英宗，年号天顺。

朱见深 <<<<<..

在位时间：1464—1487

生卒年（1447—1487）。庙号宪宗，年号成化。原为英宗太子，代宗承位后将他废为沂（yí）王，英宗复辟后再次被立为太子。即位之初恢复了朱祁钰的皇帝尊号，平反了于谦冤案，任用贤明大臣商辂等治理国政，妥善安置荆襄流民，颇有明君风度。然而在位的二十三年间，专宠万贵妃，在东厂之外设立西厂，强化特务机构，设立皇庄和"传奉官"，日渐加深了明朝政局的黑暗程度。

朱佑樘 <<<<<..

在位时间：1487—1505

生卒年（1470—1505）。庙号孝宗，年号弘治。明朝中期唯一可称得上明君的帝王，在位期间，驱除奸臣，任用贤能，勤于政事，朝政腐败的局面有所扭转。轻徭薄赋，兴修水利，经济继续发展，史称"弘治中兴"。为人宽厚仁慈，人品极佳，终其一生仅娶皇后张氏一人，历史上几乎绝无仅有。当然，朱佑樘归根到底只是一位守成之君，这就决定了他不可能对日渐腐朽的明朝进行根本性的变革。

朱厚照 <<<<<..

在位时间：1505—1521

生卒年（1491—1521）。庙号武宗，年号正德。明朝极具传奇色彩的皇帝。他少年继位，处事刚毅果断，诛杀宦官刘瑾，平定宁王之乱，大败蒙古王子，且多次赈灾免赋，这是他的主要政绩。但是纵观朱厚照的一生，也有很多荒唐昏庸的行为，他热衷嬉游玩乐，沉湎于豹房，荒淫无度，而且亲近奸臣，甚至自署官号，视国事朝政为儿戏，以致朝纲混乱。因此，朱厚照纵然不是昏君，也绝算不上称职的皇帝。

朱厚熜（cōng） <<<<<..

在位时间：1521—1567

生卒年（1507—1567）。庙号世宗，年号嘉靖。明朝颇具争议的君主，他本是孝宗之侄、武宗堂弟，是兴献王朱祐杬次子，然而由于武宗死后无子，最终根据"兄终弟及"的原则以皇室近枝的身份承继大统。

执政前期，诛杀奸臣，抑制宦官，整顿朝纲，完善内阁制度，一扫武宗时期的秽气，并且减免赋税，赈济灾荒，"天下翕然称治"；执政后期，移居西苑，迷信方士，误用奸佞，朝政败坏，边防废弛。终嘉靖一世，前期有所作为，后期日益腐化，当然他虽移居西苑，却对朝政有着绝对的控制，属于昏而不庸的"中材之主"。

朱载垕（hòu）<<<<●●●●●●●●●●●●●●●●●●●●●●●●●●●

在位时间：1567-1572

生卒年（1537-1572）。庙号穆宗，年号隆庆。世宗第三子，因兄长早亡而承继大统。继位之后，亲近贤臣，远离奸臣，在徐阶、高拱等阁臣的辅佐下，采取了革弊施新的政策，朝政为之一振。困扰明朝多年的"南倭北虏"问题也在此时期得到缓解。然而，他本人纵情声色，沉迷媚药，荒于政事，加上"宽恕有余而刚明不足"，从而加剧了内阁之间的权力争斗。在位六载，只算得上是平庸之主。

朱翊（yì）钧 <<<<●●●●●●●●●●●●●●●●●●●●●●●●●●●●

在位时间：1572-1620

生卒年（1563-1620）。庙号神宗，年号万历。明朝在位时间最长的君主。在位的前十年时间里，因为年幼，内阁首辅张居正主持朝政，进行了大刀阔斧的改革，社会经济获得很大发展，成就了明朝最有生机的十年。他亲政初期，尚能励精图治，颇有勤勉明君的风范，并主持了"万历三大征"，巩固疆土。统治中期以后罢朝怠政近三十年，加剧了朝堂党争，使得政治日益败坏。他本人穷奢极欲，矿监税使横行，民变迭起，阶级矛盾日趋尖锐。朱翊钧本可成为一代英主，然而他的消极怠政、横征暴敛，置江山社稷、人民利益于不顾，最终使得大明王朝不可避免地在覆灭的道路上越走越远。《明史》评价"明之亡，实亡于神宗"。

朱常洛 <<<<●●●●●●●●●●●●●●●●●●●●●●●●●●●●●●●

在位时间：1620

生卒年（1582-1620）。庙号光宗，年号泰昌。明朝在位时间最短的君主。他在即位之初，废除矿税，犒赏边防将士，整顿朝纲，颇有振作之意，然而他纵欲无度，在位仅一月便命丧红丸，史称"一月天子"。

朱由校 <<<<●●●●●●●●●●●●●●●●●●●●●●●●●●●●●●●●

在位时间：1620-1627

生卒年（1605-1627）。庙号熹宗，年号天启。不知道是历史的误会，

还是历史对明朝政治的讽刺，朱由校最大的爱好是做木匠活，若他是个木匠，或许会做得非常出色，可他偏偏是个皇帝。在他统治的七年时间里，党争与宦官专权达到顶峰，朝政黑暗已极，明末农民大起义正式拉开序幕，兴起于东北的后金政权步步紧逼，内忧外患使得明朝江山千疮百孔，岌岌可危。

朱由检 <<<<

在位时间： 1627-1644

生卒年（1611-1644）。庙号思宗，年号崇祯。明朝最具悲情色彩的君主。他本是藩王，无缘皇位，却因熹宗无子而"兄终弟及"，然而他接手的大明王朝早已积重难返。尽管他志向远大，励精图治，在位十七年兢兢业业，事必躬亲，但他绝非力挽狂澜的中兴之主，既没有治理国家的谋略，也缺乏驾驭人才的手段，且优柔寡断，刚愎自用，对大臣动辄问罪、砍头，以致自毁长城，无人可用。此外，他虽然屡次下罪己诏，但在政策上却没有多少改变，苛捐杂税层出不穷，民不聊生。在位的最后时间里，在南迁和调兵入卫的问题上犹豫不决，图虚名而招实祸，终究落得个自缢煤山的悲惨结局。应该说，朱由检的所作所为确实不似历代亡国之君那般昏庸，也着实强过他的父兄，若他生于太平之世或可成为一代守成之君，可历史偏偏让他生于"事事皆亡国之象"的时代，纵然是太祖、成祖那般英明神武恐也无力回天。

后宫妃嫔

太祖孝慈高皇后 <<<<

生卒年（1332-1382）。本名马秀英，明朝一代贤后。本是郭子兴养女，是朱元璋的原配妻子。马氏为人知书达理，能文能武，且颇具胆识。在朱元璋平定天下、创建帝业的过程中，她与朱元璋患难与共，是朱元璋的贤内助；待到天下已定之时，作为皇后，她克勤克俭，不奢不骄，提倡任人唯贤，辅佐太祖治奸除害，安邦定国。此外，马皇后不忘民间疾苦，注意体察民情，贤慈远扬。由于马皇后没有缠足，世人都称她为"大脚马皇后"。

成祖仁孝徐皇后 <<<<

生卒年（1362-1407）。本名徐妙云，明朝继马皇后之后的第二位贤后。

明朝开国功臣徐达的长女，为人德才兼备，贞静聪明，精通四书五经，少时便有"女诸生"的称号。做燕王妃时，内助藩国二十余年，将燕王府安排得井井有条。朱棣起兵靖难，徐氏留守北平，指挥若定，为朱棣解除后顾之忧。位居中宫后，对内安抚宫廷，约束外戚，教子有度，对外则助成祖治理朝政，安邦定国，为永乐盛世的形成起到了重要作用。

仁宗诚孝张皇后 <<<<<

生卒年（不详－1442）。明朝第一位皇太后，也是明朝第一位太皇太后，历经六位帝王。张氏本是兵马副指挥使张麒之女，许配给燕王世子朱高炽为妃，为人孝谨温顺，深得成祖与徐皇后喜爱。仁宗继位后被册封为皇后，主事中宫，对朝中政事莫不知晓。仁宗驾崩后，张氏以皇太后的身份参与国事，重用"三杨"、蹇义、夏元吉等忠实正直的大臣，并且注意体恤民间疾苦，先后辅佐宣宗、英宗两帝，对于"仁宣之治"的开创与延续发挥了重要作用。

宪宗昭德皇贵妃 <<<<<

生卒年（1428－1487）。本名万贞儿，宪宗朱见深的宠妃，也是中国历史上第一位在世时即被册封为皇贵妃，且死后有谥号的妃子，后人常称她为万贵妃。最初为英宗母亲孙太后宫中婢女，十九岁时开始照顾年仅两岁的太子朱见深，此后二人形影不离。自古帝王多薄情，但是宪宗一朝，朱见深都始终如一地专宠万贵妃，倒不失为一段千古佳话。关于万贵妃本人，《明史》记载她品行不端，为人恶毒，多有劣迹，强迫后宫嫔妃饮药堕胎，毒杀孝宗生母纪妃等。

神宗孝定李太后 <<<<<

生卒年（不详－1611）。其出身寒微，本是裕王府侍女，受到裕王朱载垕钟爱，生朱翊钧。裕王继位后，被册封为贵妃。穆宗驾崩后，朱翊钧承继大统，被尊为慈圣皇太后。作为皇帝生母，李太后对内严厉管束年幼的神宗皇帝，对外则支持张居正改革，为万历初年的"富国强兵"起到了重要的作用。晚年醉心佛事，不再过问政事，神宗罢朝怠政，大明王朝不可避免地在覆灭的道路上越陷越深。

神宗恭恪皇贵妃 <<<<<

生卒年（不详－1630）。明神宗宠妃，搅动明朝后期宫廷波澜的重要人物，世人称之为郑贵妃。她容貌艳丽出众，机智聪敏，且善于逢迎，入宫不久即得到神宗的宠爱，生皇三子朱常洵。郑氏并不是一个安分守己的人，她腐化无度，野心勃勃，极力谋求立常洵为太子，由此掀

起了万历朝长达几十年的"国本之争",并且与明宫三大案有着千丝万缕的联系,搅得明朝内外不得安宁。神宗驾崩后,郑氏被认定为祸国殃民的妖孽,得不到朝中群臣的同情,独居深宫,直到崇祯年间去世。

光宗李选侍 <<<<

生卒年(不详-1674)。明朝后期"移宫案"的主角。李氏自幼被选进宫,成为太子朱常洛的选侍,因居于西宫,史称西李。李氏颇有心计,受到朱常洛的宠幸,且负责照看皇孙朱由校。光宗在位一月即驾崩,李氏居乾清宫,企图挟持朱由校垂帘听政,后在廷臣的力争下方才使朱由校摆脱她的控制,顺利登基,这便是轰动明朝后期政局的"移宫案"。熹宗继位后,李氏因与客魏集团关系尚可,得以在宫中安度残年。

熹宗乳母客氏 <<<<

生卒年(1588-1627)。明朝后期扰乱后宫的重要人物。客氏本是一名普通的村妇,后被选入宫,成为朱由校的乳母。朱由校即位后对客氏眷顾有加,尊为奉圣夫人。客氏本人狠毒残忍,横行后宫,并与魏忠贤狼狈为奸,成为有明一代最邪恶的宦官宫人集团的首脑人物之一,搅得明朝宫廷不得安宁。思宗即位后,客氏被笞死于浣衣局。

思宗周皇后 <<<<

生卒年(1611-1644)。本名周玉凤,明朝末代皇后。最初为信王妃,朱由检继位后被册立为皇后。为人深明大义,勤于治家,协助思宗铲除魏忠贤,并劝说朱由检要爱惜百姓,宽以待人,安定民心,在朝内外颇有威望。李自成攻陷北京后,周皇后自缢殉国,结束了悲壮凄美的一生。

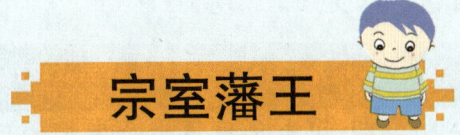

宗室藩王

汉王朱高煦(xù) <<<<

生卒年(1380-1426)。继朱棣之后又一位起兵造反的藩王。朱高煦本是朱棣次子,初受封高阳郡王,后随其父起兵靖难,多次立有战功。成祖登基后,被封为汉王,却迟迟不肯前往云南,欲谋求太子之位,并且私募精兵卫士,超越等级使用乘舆器物。宣宗继位后,起兵造反,但很快失败。他本人被废为庶人,囚禁于西安门内,不久被杀。总的来说,朱高煦只不过是一个居功自傲,蓄意制造叛乱的政治野心家,他在违逆形势的情况下发动叛乱,欲重演"靖难"故事,实则自取灭亡。

宁王朱宸濠 <<<< ···

生卒年（1479-1520）。明朝武宗时期起兵造反的藩王。朱宸濠本为太祖五世孙，宁康王朱觐（jìn）钧庶子，初受封上高王，因宁康王无嫡子，乃袭封宁王。朱宸濠野心勃勃，在藩地南昌巧取豪夺，随意杀逐幽禁地方文武官员和无罪百姓，为发动叛乱清除障碍。阴谋败露后起兵造反，仅四十三天便宣告失败，他本人也被废为庶人，随后被处死，封国被废除。

福王朱常洵 <<<< ···

生卒年（1586-1641）。神宗第三子，光宗朱常洛异母弟。其母郑贵妃专宠，欲立他为太子，遂引发了万历年间长达几十年的"国本之争"，结果朱常洛被立为太子，常洵被封为福王。为此，神宗特拨田两万顷，并花重金为其在洛阳营造了福王宫。朱常洵就藩洛阳后，沉溺酒色，生活腐化，不闻民间疾苦。李自成攻破洛阳以后，朱常洵被义军执杀。可以说，福王朱常洵是明朝后期宗室藩王的典型。

福王朱由崧（sōng）<<<< ·······························

生卒年（1607-1646）。南明的首位皇帝。原为福王朱常洵之子，其父被义军执杀后，承袭爵位。崇祯皇帝自缢殉国后，朱由崧在凤阳总督马士英和江北四镇的拥立下，在南京称帝，以次年为弘光元年，史称"南明"。但是南明小朝廷内部腐朽不堪，不到一年便宣告崩溃，朱由崧亦被清军俘获，押送北京后不久即被杀害。应该说朱由崧即位时，大明王朝在江南的形势尚能维持，然而他毕竟不是中兴之主，他的昏庸失德、不求振作，使得明朝难以复兴。

鲁王朱以海 <<<< ···

生卒年（1618-1662）。太祖朱元璋第十子朱檀的后人，明末承袭鲁王爵位，驻守台州。南明弘光政权覆灭以后，朱以海在张国维、郑遵谦等人的拥立下，以浙东为基地，出任监国。由于政权内部腐朽，军队互不统属，且与福建称帝的唐王政权分庭抗礼，不能通力合作，鲁王政权很快崩溃。朱以海拒绝清廷方面的招降，出逃后继续以"监国"身份招揽人才，谋求明朝的复兴，然而他毕竟是深养王宫的龙子龙孙，过惯了骄奢淫逸的贵族生活，既缺乏治国之才，又不肯放弃小朝廷的地位，加上地方矛盾重重，很难有大的作为。

唐王朱聿（yù）键 <<<< ·······························

生卒年（1602-1646）。南明诸帝中较有能力的皇帝，太祖第二十三子唐王朱桱（jìng）的后代，承袭唐王爵位。明末因私自率军勤王，被废为庶人，幽禁于凤阳高墙之内，待到朱由崧在南京称帝后方才获释。弘光政权覆灭后，朱聿键逃往福建，在郑芝龙、黄道周等人的拥立下登基称帝，改元隆武。朱聿键锐意进取，颇有中兴之主的气概，战略上将"平寇"改为"御虏"，开始联合农民军共同抗清。内政方面提出了"消除党争""用舍公明"的方针，而且自奉节俭，关心民间疾苦。由于朱聿键以远藩子孙入继大统，缺乏足够的号召力，而且用人失误，所掌握的军事力量不足以与清军抗衡。随着郑芝龙降清，福建很快陷落，隆武政权随之崩溃，朱聿键被清军所俘获，绝食而亡。

桂王朱由榔 <<<<•••••••••••••••••••••••••••••••••

生卒年（1623-1662）。南明最后一位皇帝，也是坚持时间最久的皇帝，神宗之孙，桂端王朱常瀛之子，承袭桂王爵位。南明隆武政权覆灭后，在瞿式耜（sì）、丁魁楚等人的拥立下在肇庆出任监国，不久即皇帝位，以次年为永历元年。永历朝廷内部矛盾重重，腐败不堪，但是由于先后得到大顺军和大西军余部的支持，所以在南明诸多政权中坚持时间最久。然而朱由榔本人遇事毫无主见，在清军的进攻下只知道逃跑，且用人不当，实在难以承担起中兴的重任。清军攻入云南后，朱由榔出走缅甸，自弃祖宗与臣民，陷自己于孤立无援的困境，以致"咒水之难"，成为真正的孤家寡人，进退两难。清康熙元年（1662年），吴三桂于缅甸俘获朱由榔，带回云南后不久用弓弦将他绞杀。朱由榔死后，大明王朝的皇统彻底灭亡。

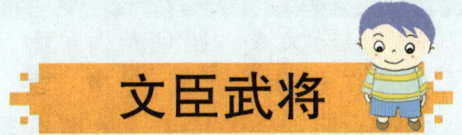

文臣武将

徐达 <<<<•••••••••••••••••••••••••••••••••

生卒年（1332-1385）。谥号武宁，明朝开国功臣。出身农民，早年随朱元璋南征北战，屡立战功，并于洪武元年率军攻破元大都，推翻了元朝的残暴统治。官至中书右丞相，封魏国公，成为中国历史上出将入相的典范。徐达善于治军，戎马一生，为明朝的建立立下了汗马功劳，死后追封为中山王。

常遇春 <<<<•••••••••••••••••••••••••••••••••

生卒年（1330-1369）。谥号忠武，明朝开国功臣。出身农民，精于

骑射，元末投奔朱元璋，勇猛善战，屡立战功。洪武元年随徐达北伐中原，推翻元朝。常遇春为人忠正耿直，效命疆场，死后被太祖追封为开平王。

李善长 <<<<

生卒年（1314-1390）。谥号襄愍（mǐn），明朝开国功臣。智勇双全，颇有谋略，为朱元璋供应军需粮草，确保了明军反元战争的顺利进行。明朝建立后，官拜中书左丞相，封韩国公，后因受胡惟庸案牵连而被处死，直到南明弘光政权时才获平反。

汤和 <<<<

生卒年（1326-1395）。谥号襄武，明朝开国功臣。出身农民，为人沉稳敏捷，善于谋略，初投奔郭子兴义军，后追随朱元璋南征北战，屡立战功，升任统军元帅。明朝建立后被封为信国公，晚年恭敬谨慎，告老还乡，成为明初开国功臣中为数不多的得以善终者，死后被太祖追封为东瓯（ōu）王。

沐英 <<<<

生卒年（1344-1392）。谥号昭靖，明朝开国功臣。原为朱元璋养子，年少时便随朱元璋攻伐征战。明朝建立后，沐英受命连同傅友德、蓝玉统兵征战云南，此后留滇镇守。镇滇十年间，大兴屯田、劝课农桑、礼贤兴学，为云南的开发做出了重要贡献。沐英去世后，被追封为黔宁王，子孙世代承袭，永镇云南，直到明朝灭亡。

刘基 <<<<

生卒年（1311-1375）。谥号文成，明朝开国元勋，字伯温，是明初颇具传奇色彩的人物，熟读经史，知晓天文，精通兵法，因怀才不遇而隐退；后被朱元璋请出，任为谋臣，运筹帷幄，出谋划策，为开创明朝做出了突出贡献。明朝建立后，受封诚意伯，不久即还归故里。

宋濂 <<<<

生卒年（1310-1381）。谥号文宪，明朝开国文臣，明初著名的政治家、文学家、史学家和思想家。元末辞朝廷召命，修道著书，后被朱元璋召至应天，为朱元璋世子朱标教授"五经"。明朝建立后，被任命为翰林院学士，奉命修纂《元史》、《大明日历》、《皇明宝训》，在思想、文学方面颇有成就，成明初一代名儒。后因受胡惟庸案的牵连而遭流放，卒于途中。至孝宗年间平反，武宗追谥"文宪"。

朱升 <<<<

生卒年（1299-1370）。明朝开国谋臣。元末投奔朱元璋义军，因建议"高筑墙、广积粮、缓称王"的九字方针而闻名，其后在朱元璋征战过程中亦多有献策。明朝建立后，官至翰林院学士，成为太祖顾问，后辞官隐退。

傅友德 <<<<

生卒年（不详-1394）。谥号武靖，明朝开国功臣。元末参加刘福通农民起义军，后投奔朱元璋，多有战功，位列开国第二十八勋臣，封颍川侯。此后在统一全国的战争中，傅友德继续南征北战，平巴蜀，定云贵，北征大漠，七战七胜，为明朝建立了不朽功勋。其后因受蓝玉案的牵连而被赐死，至明末方被平反，追封丽江王，谥"武靖"。

胡惟庸 <<<<

生卒年（不详-1380）。明朝开国功臣，中国历史上最后一位丞相。胡惟庸早年追随朱元璋左右，为人谨慎，颇有才干，深得朱元璋信任。明朝建立后官至左丞相，居于百官之首。此后日益骄纵跋扈，心怀异志，于洪武十三年（1380年）因"谋不轨"之名被诛杀。胡惟庸被诛后，太祖乃废除丞相一职。

蓝玉 <<<<

生卒年（不详-1393）。明朝开国功臣，常遇春妻弟，在创立明朝、统一全国的过程中屡立战功，后官拜大将军，封凉国公。然而他居功自傲，后因谋反罪被诛，剥皮实草，株连一万五千余人。

耿炳文 <<<<

生卒年（1334-1403）。明朝开国将领，官至大将军，因功勋卓著被封为长兴侯，是洪武朝极少幸存的开国元勋之一。燕王朱棣起兵靖难后，建文帝委任他为大将军，率军平叛，失败，随后用李景隆代替他。成祖登基后受弹劾，忧惧自杀。

方孝孺 <<<<

生卒年（1357-1402）。谥号文正，明初大臣，经历洪武、建文二朝。洪武年间步入仕途，受到太祖赏识。后辅佐建文帝朱允炆，支持建文帝削藩。朱棣攻破南京后，因拒绝为朱棣草拟即位诏书而被诛，并牵连其亲友，成为中国历史上唯一的一位被"诛十族"的人。方孝孺学术成就甚高，被誉为"读书种子"，姚广孝评价"杀孝孺，天下读书种子绝矣"。

齐泰 <<<<

生卒年（不详-1402）。明初大臣。洪武年间入仕，建文帝朱允炆继位后，齐泰与黄子澄共辅国政，力主"削藩"之策，然而他空有一腔报国的忠心，却缺少能够出奇制胜的谋略。朱棣以"清君侧"之名起兵靖难，攻破南京后，齐泰不屈而亡。

李景隆 <<<<

生卒年（不详）。明初将领，为开国元勋曹国公李文忠之子。靖难之役期间，被建文帝拜为大将军，代替老将耿炳文平叛，结果屡战屡败，丧失军队数十万；燕军逼近南京时，开城迎降。李景隆本纨绔子弟，建文帝用李景隆代替耿炳文，犹如用赵括代替廉颇，自取败亡。成祖登基后，李景隆加功臣勋号，后遭弹劾，削爵圈禁。

姚广孝 <<<<

生卒年（1335-1418）。谥号恭靖，明初政治家、佛学家，靖难之役的主要策划者。早年出家为僧，法号道衍，精通佛、道、儒、兵诸家之学，后随侍燕王朱棣。靖难之役期间，辅佐燕王世子朱高炽留守北平，运筹帷幄，为燕王的胜利发挥了重要作用。成祖登基后，他拒不接受封赏，人称"黑衣宰相"。

解缙 <<<<

生卒年（1369-1415）。谥号文毅，明初大臣、才子。成祖时进文渊阁参与机要，并总裁《太祖实录》、《列女传》，主持编纂《永乐大典》。解缙性情刚直，受到他人忌恨，因而屡遭贬黜，终以"无人臣礼"下狱致死，直到成化年间方才平反，追赠朝议大夫。

夏元吉 <<<<

生卒年（1367-1430）。谥号忠靖，明初重臣，受到太祖朱元璋看重。建文时任户部右侍郎，后担任采访使，任期内政治清明。成祖登基后被委以重任，详细制定赋役制度，治理浙西大水，减轻百姓负担。后又相继辅佐仁、宣二宗，为"仁宣之治"局面的形成发挥了重要作用。

蹇义 <<<<

生卒年（1363-1435）。谥号忠定，明初重臣。洪武年间入仕，永乐年间被委以重任，政绩卓越，与夏元吉并称于世，成祖后又相继辅佐仁、宣二宗，为"仁宣之治"局面的形成发挥了重要作用。

杨士奇 <<<<<

生卒年（1366-1444）。谥号文贞，明朝前期重臣，与杨荣、杨溥并称"三杨"，时人称之为"西杨"。建文年间入仕，永乐年间入内阁参与机要。仁宣时期及英宗初期，"三杨"内阁主政，息兵养民，赈荒惩贪，为"仁宣之治"的形成和延续发挥了重要作用。

杨荣 <<<<<

生卒年（1371-1440）。谥号文敏，明朝前期重臣，"三杨"中的"东杨"。建文年间入仕，成祖登基后入内阁参与机要。仁宣时期以及英宗早期，内阁主政。杨荣治事三十八年，谋而能断，老而持重，政绩卓越，堪称治世之能臣。

杨溥 <<<<<

生卒年（1372-1446）。谥号文定，明朝前期重臣，"三杨"中的"南杨"。建文年间入仕，成祖时因汉王朱高煦诬陷下狱。仁宗时期获释，并入内阁参与机要。英宗继位后与杨士奇、杨荣共同主持国政，在一定程度上延续了"仁宣之治"的局面。晚年眼见宦官王振干政，却无能为力。

于谦 <<<<<

生卒年（1398-1457）。谥号忠肃，明朝一代名臣。宣德年间入仕，曾随宣宗平定朱高煦之乱，后巡抚江西、河南、山西等地，颂声满道。土木堡之变，英宗被俘，于谦力排南迁之议，升任兵部尚书，并负责北京城的防务，大破瓦剌军，取得了北京保卫战的胜利。英宗复辟后受诬被杀。

徐有贞 <<<<<

生卒年（1407-1472）。明朝中期重臣，本名徐珵。宣德年间入仕，土木堡之变后力主南迁，长期不得晋升。因助英宗复辟，升入内阁主事，诬杀于谦、王文等，独揽大权。后因与石亨、曹吉祥相互倾轧，受到诬陷后被削职为民。

石亨 <<<<<

生卒年（不详-1460）。明朝中期重臣。早年建功边关，北京保卫战中因功封侯，后协助英宗复辟，受封忠国公，权倾朝野。因他培植党羽，干预朝政，英宗罢免他的官职，后来死于狱中。

李贤 <<<<<

生卒年（1408-1467）。谥号文达，明朝中期治世良臣。宣德年间入仕，景泰年间上书十策，颇受代宗赞赏。英宗复辟后入内阁参与机要，他廉洁奉公，不与石亨、徐有贞等为伍，政绩卓越。曾奉敕编《大明一统志》，并著有《鉴古录》《体验录》等。在天顺朝，英宗任用李贤，这对于净化朝政，抑制石亨、徐有贞起到了一定作用。

商辂(lù) <<<<<

生卒年(1414-1486)。谥号文毅，明朝中期一代贤臣，也是明朝唯一的"三元及第"（黄观被成祖除名），历仕英宗、代宗、宪宗三朝。他为人刚正不阿、宽厚有度，一生忠直，时人称"我朝贤佐，商公第一"。

万安 <<<<<

生卒年（1417-1488）。明宪宗宠臣，官拜内阁首辅。万安于英宗时考中进士，授庶吉士，后因攀亲宪宗宠妃万贵妃而升任内阁首辅。他在任十年间除了请求废除西厂外，几乎无所作为，"只知呼万岁尔"，被称为"万岁阁老"。孝宗即位后，罢官。

杨廷和 <<<<<

生卒年（1459-1529）。谥号文忠，明朝中期重臣，历仕宪宗、孝宗、武宗及世宗四朝。武宗正德年间升任内阁首辅，对于武宗的失德多有劝谏。武宗驾崩，杨廷和以"兄终弟及"的原则迎立朱厚熜，并进行了一系列的改革，朝政为之一振。其后因"大礼仪之争"引发世宗不满，辞官归乡，不久更是被削职定罪，直到穆宗继位方才平反。

张璁 <<<<<

生卒年（1475-1529）。谥号文忠，明朝嘉靖年间重臣，官至内阁首辅。张璁因在"大礼仪之争"中支持世宗而受到世宗的重用。为人清廉自守，博学明辩，主政期间清查勋戚庄田，罢免天下镇守内臣，改革科举制度，抑制官场腐败，在一定程度上起到了延续大明王朝的作用。

夏言 <<<<<

生卒年（1482-1548）。谥号文愍，明朝嘉靖年间重臣，官至内阁首辅。世宗即位后，夏言上书指出武宗朝弊政，受到世宗的赏识。他为人豪迈强直，纵横辩博，因议礼受宠而入阁参与机要，不久升任内阁首辅。其后因在收复河套的问题上被严嵩构陷，激怒世宗，惨遭冤害，直到穆宗继位方才平反。

严嵩 <<<<

生卒年（1480-1567）。明朝嘉靖年间权臣，擅长撰写青词，官至内阁首辅，专政达二十年之久。严嵩当政期间陷害忠良，排除异己，结党营私，使得原本混乱的朝纲向着更加败坏的方向发展。

徐阶 <<<<

生卒年（1503-1583）。谥号文贞，明朝中期重臣，官至内阁首辅。徐阶嘉靖朝初年入仕，后入阁参与机要，因他谨言慎行且善于迎合帝意，地位仅次于严嵩。嘉靖后期，他扳倒严嵩，继任内阁首辅，大力革除严嵩时期的弊政，减轻百姓负担，颇有"名相"之风。穆宗继位后不久辞官归乡，由于子弟横行乡里，晚节不佳。

高拱 <<<<

生卒年（1513-1578）。谥号文襄，明朝中期重臣。高拱初入裕王府讲经，受到裕王朱载垕的信任。嘉靖后期因徐阶推荐被任命为文渊阁大学士，参与机要。穆宗时，高拱受到重用，他以天下为己任，在整顿吏治、选储人才、安边强兵等方面颇有建树。为随后的张居正改革奠定了基础。由于他本人专横跋扈，以才略自负，盛气凌人，以致招来非议。神宗继位后他想要收司礼监之权归于内阁，被冯宝所构陷，罢官去职。

张居正 <<<<

生卒年（1525-1582）。谥号文忠，明朝中后期著名的政治家、改革家，万历前期内阁首辅。在职期间进行了大刀阔斧的改革。政治上推行"考成"，整顿吏治；经济上清丈田地，推行一条鞭法，改善财政状况；军事上重用戚继光、李成梁等名将，巩固国防。死后被抄家，家属流放。

海瑞　生卒年（1514-1587）。谥号忠介，明朝中后期一代名臣。任地方知县期间，清丈田地，平赋税，并屡平冤假错案，深得民心。穆宗继位后，海瑞受到重用，先后担任兵部主事、两京左右通政等要职，在任期间疏浚河道，严惩贪官污吏，推行一条鞭法，并强令贪官污吏退田还民，被誉为"海清天"。

胡宗宪 <<<<

生卒年（1512-1565）。谥号襄懋（mào），明朝著名抗倭大臣。嘉靖年间东南沿海倭寇肆虐，胡宗宪总督浙江、福建等地，积极采取抗倭措施，并初步建立起了沿海防御系统。在倭患严重的地区免除赋税，减轻百姓负担，重用戚继光、俞大猷等抗倭名将，取得了抗倭斗争的重大胜利。但是由于他与严嵩父子有着千丝万缕的联系，人品也备受

争议，严嵩倒台后受牵连含冤而死，隆庆年间平反。

俞大猷（yóu）<<<<

生卒年（1503-1579）。谥号武襄，明朝著名抗倭将领，民族英雄。俞大猷经营两浙，他一生几乎都在与倭寇作战，战功赫赫，他所率领的"俞家军"威震敌胆，与戚继光并称"俞龙戚虎"。他本人在军事、武学以及文学方面都有很深的造诣，堪称古代为将者的典范。

戚继光 <<<<

生卒年（1528-1588）。谥号武毅，明朝著名抗倭将领，杰出的军事家，民族英雄。他所率领的"戚家军"令倭寇闻风丧胆。经过十余年的征剿，东南沿海的倭患基本被平定。穆宗时，戚继光奉命镇守蓟门，整修长城，巩固了明朝的北部边境。此外，戚继光在武学及兵器改造方面也有很高的成就，对后世产生了深远的影响。

李成梁 <<<<

生卒年（1526-1615）。明朝中后期的著名边将。奉命镇守辽东，纵横北部边塞三十余年，多次击败蒙古部族的入侵，有力地阻止了蒙古部族的骚扰和女真势力的发展，从而稳定了明朝的北部边境。

顾宪成 <<<<

生卒年（1550-1612）。明朝后期东林党领袖。万历年间入仕，先后担任户部主事、吏部主事等职，为人正直，不附权贵，致力于国事却被罢官。后来重修东林书院，并在其中讲学，江南士人闻风响附，形成东林党，由此掀开了明末党争的序幕。

高攀龙 <<<<

生卒年（1582-1626）。谥号忠宪，明朝后期东林党领袖。万历年间入仕，因上疏触怒神宗遭贬，其后与顾宪成在东林书院讲学，成为当时读书人的领袖。熹宗继位后，高攀龙重返朝堂，致力于挽救统治危机，并提出了一些思想主张和改良措施。无奈朝廷内外，党争不断，政治改良收效甚微，他本人也为阉党所迫害，投水而死，直到崇祯年间方才平反。

杨涟 <<<<

生卒年（1572-1625）。谥号忠烈，明朝后期名臣。万历年间入仕，与东林党人志同道合，逐渐成为东林党的后起之秀。光宗驾崩后，杨涟在"移宫案"中辅佐熹宗顺利登基。天启年间，面对阉党祸国，他直

言上疏，弹劾魏忠贤二十四大罪，一时群僚响应，权奸震恐。然而这样一位忧国疾邪者最终为阉党所害，冤死狱中，可见大明王朝气数已尽。

杨镐 <<<<

生卒年（不详-1629）。明末将领，杨镐既缺乏军事才能，又勾结朝臣、弄权营私，在指挥抗倭援朝的蔚山战役中隐瞒失败的事实，谎称胜利，能力和人品可见一斑。万历后期经略辽东，指挥了反击后金的萨尔浒之战，大败而归，从而使明朝在辽东的战略转为被动防御。

熊廷弼 <<<<

生卒年（1569-1625）。谥号襄愍，明末辽东经略、兵部尚书。万历年间入仕，熟知辽东边防事务，萨尔浒之战后替代杨镐经略辽东，因号令严明，辽东的防御守备在他的任内得到了很大的巩固与加强。但熊廷弼秉性刚烈，因而多处受到牵制，加上官员之间不和，以致广宁大败，最终被处死，传首九边，直到崇祯年间方得以归葬故里。

袁应泰 <<<<

生卒年（不详-1621）。谥号忠节，明末大臣。万历年间入仕，颇有政绩。熹宗继位后，袁应泰替代熊廷弼经略辽东，但是他文人出身，报国之心有余而谋略不足，最终失掉辽东重镇辽阳，辽河以东全部被后金占领。

孙承宗 <<<<

生卒年（1563-1638）。谥号文正，明末大臣，辽东经略。万历年间入仕，熹宗继位后入文华殿讲经，成为"帝师"。之后自告奋勇，经略辽东，修城设炮，赢得了边境的一段安宁。后因魏忠贤构陷去职，崇祯年间在家乡抗击清军，被俘后慷慨自尽。

毛文龙 <<<<

生卒年（1576-1629）。明末将领。天启年间，广宁失守后，毛文龙占据皮岛，并以此为根据地有效地牵制住了后金对明朝的进攻，被熹宗尊称为"毛帅"。然而他本人专横跋扈，不受节制，俨然一副"海外天子"的模样，而且屡战屡败，最终被袁崇焕诛杀。毛文龙被杀本是罪有应得，但客观上为后金除去了后顾之忧。

袁崇焕 <<<<

生卒年（1584-1630）。明末著名将领，辽东经略。天启年间毛遂自荐，亲赴关外御敌，加强了辽东地区的防卫，并取得了宁远大捷，坚

定了明朝守御关外的信心与战略。思宗即位后，袁崇焕再次经略辽东，整顿边务，使后金军无计可施，俨然成为明朝守卫辽东的钢铁长城。后因崇祯帝多疑而被杀。

孙传庭 <<<<<

生卒年（1593-1643）。明末重臣。崇祯十五年（1642年）任兵部侍郎，总督陕西军务，镇压李自成、张献忠农民起义军，而孙传庭所部也成为明朝可以倚仗的最后力量。在朝廷一再催逼下，孙传庭草率出关，先胜后败，战死潼关。《明史》称"传庭死，而明亡矣。"

秦良玉 <<<<<

生卒年（1574-1648）。明末著名女将领，也是中国历史上唯一的一位作为王朝名将被载入正史的女性人物。她本是石砫宣抚使马千乘之妻，她的丈夫被害后代领夫职，先后参加了抗击后金军和张献忠农民军的作战，战功赫赫，被封为二品诰命夫人。

周遇吉 <<<<<

生卒年（1600-1644）。谥号忠武，明末将领。周遇吉勇武善战，在与后金作战中极为勇敢，颇有战功，后出任山西总兵。李自成自陕西进攻北京途中遭到了周遇吉在宁武关的顽强抵抗。周遇吉也成了守卫大明王朝的最后一位将领。

左良玉 <<<<<

生卒年（不详-1645）。明末将领。早年在辽东与后金军作战，颇有战功，后奉命征剿农民军，并在此过程中逐渐壮大，遂日益骄横，不受节制。福王朱由崧在南京称帝后，他拥兵武昌，以"清君侧"之名，统兵东下。虽然他在途中病死，未酿成大的内战，但是却由此加速了弘光政权的崩溃。

史可法 <<<<<

生卒年（1602-1645）。谥号忠正，南明抗清名臣。崇祯年间入仕，曾多次参与围剿农民军的战役，后任南京兵部尚书。南明政权建立后，史可法入阁辅政，不久即开府扬州，节制江北诸镇，积极准备抗清。由于弘光政权内讧，江北四镇兵马调离，扬州随即被围。史可法誓死坚守，城破后慷慨就义，表现了强烈的民族气节。

马士英 <<<<<

生卒年（1591-1646）。南明弘光政权重臣。明末时任凤阳总督，因

拥立福王有功，成为南明弘光政权的内阁首辅。然而马士英结党营私，使弘光政权党争不断，尤其是不顾大局，调离江北之兵的举动大大削弱了江北的防御，加速了弘光政权的灭亡。

郑芝龙 ‹‹‹‹

生卒年（1604-1661）。南明隆武政权重臣。他本是明朝末年活跃于东南沿海及台湾一带的兼具海商性质的海盗，后接受明廷招抚，镇守福建。南明弘光政权覆灭后，他与黄道周等拥立唐王朱聿键，建立隆武政权。郑芝龙因拥立有功，负责南明所有军事事务，一时权倾朝野。不久，随着清军进逼，郑芝龙北上降清，隆武政权也随之覆灭。

何腾蛟 ‹‹‹‹

生卒年（1592-1649）。谥号文烈，南明重臣。弘光政权时总督湖广，后与瞿式耜等拥立桂王朱由榔建立永历政权。他收服李自成农民军旧部，共同抗击清军，并掀起了一个抗清高潮。但由于南明内部腐朽，严重削弱了抗清力量，何腾蛟也于湘潭被俘，不屈而死。

张煌言 ‹‹‹‹

生卒年（1620-1664）。谥号忠烈，南明著名的抗清英雄。南明弘光政权覆灭后，他起兵抗清，拥立鲁王朱以海监国，并取得了一定的战果。之后与郑成功联合，一度掀起了全国性的抗清高潮。张煌言坚持抗清近二十年，随着南明诸政权的相继覆灭，他也势穷兵散，无力回天，有史评曰"煌言死而明亡"。

郑成功 ‹‹‹‹

生卒年（1624-1662）。谥号武王，南明抗清名臣，民族英雄。他本是郑芝龙之子，原名郑森，因受隆武帝赏识而赐姓朱，改名成功，世人称之"国姓爷"。郑芝龙降清后，郑成功誓死不降，遥奉永历政权为正朔，率军继续在东南沿海抗清，并一度掀起全国性的抗清浪潮。为谋求长期抗清，郑成功于1662年率军驱逐了占领台湾38年之久的荷兰殖民者，收复了台湾，并为台湾地区的开发做出了重要贡献。

李定国 ‹‹‹‹

生卒年（1621-1662）。南明著名的抗清英雄。李定国出身平民，明末追随张献忠起义，并被收为义子，勇敢善战。张献忠战死后，李定国率领大西军余部归顺南明政权，先后于桂林、衡阳打败清军，"两厥名王"，天下震动，为南明抗清斗争打开了新的局面。由于南明政权内讧不止，大

好局面终被断送，永历帝被绞杀昆明后不久，李定国病逝于勐（měng）腊。

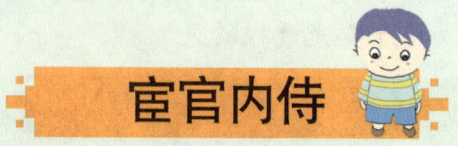

宦官内侍

郑和 <<<<<

生卒年（1371-1433）。中国历史上伟大的航海家、外交家。本姓马，回族人。明初统一云南时入宫，后追随燕王起兵靖难，因在郑村坝战役中立功，被赐姓郑。从永乐三年（1405年）到宣德八年（1433年），郑和奉命先后七次下西洋，他所率领的船队最远到达赤道以南的非洲东海岸地区，并对三十多个国家和地区进行友好访问，加强了中国同亚非各国的交流。

亦失哈 <<<<<

生卒年（不详）。明朝前期镇守辽东的著名宦官。亦失哈本是女真人，入宫后因他资质超群和殷勤侍奉而得到了成祖的信赖。为了加强对东北地区的控制，亦失哈奉命先后九次巡视黑龙江下游的奴儿干地区，并于奴儿干都司所在地兴建和重建永宁寺，从而加强了明朝政府与当地女真部族的行政联系，促进了各族之间的交流，维护了国家的统一。此外，亦失哈出任辽东镇守太监十余年，负责辽东防务，努力协调女真族内部关系、争取女真族归附，并建议与女真族互通有无，对于推动辽东地区的开发做出了重要贡献。

王振 <<<<<

生卒年（不详-1449）。英宗正统年间司礼监太监，深得英宗信任。正统十四年（1449年），蒙古瓦剌部大举内犯，王振鼓动英宗御驾亲征，当得知前线失利的情况下仓促撤退。在撤退途中，为避免军马踩毁家乡庄稼，王振舍近求远，延误行期，最终酿成土木堡之变，英宗被俘，王振本人也在混乱中被杀。

曹吉祥 <<<<<

生卒年（不详-1446）。英宗天顺年间司礼监太监。曹吉祥最早为王振门下，后因协助英宗复辟而升任司礼监太监，总督京师三大营，掌握了京城的军政大权。曹吉祥得势后居功自傲，镇压朝中正直大臣，并与权臣石亨相互倾轧，败坏朝纲。其后更意图谋反，失败被诛。

怀恩 <<<<

生卒年（不详）。宪宗时期司礼监掌印太监。他本姓戴，因族人犯罪受到牵连，而被收入宫中，赐名怀恩，由于任事恭谨，宪宗时升任司礼监掌印太监。怀恩为人刚正，性情耿直，识义理、通典故，且廉洁不贪，在朝内外颇有威望。保护孝宗安全长大。孝宗继位后，为表彰怀恩功德，特批为他建造显忠祠。

汪直 <<<<

生卒年（不详）。宪宗时期权宦，先后担任御马监掌印太监、西厂提督。宪宗为强化专制统治，在东厂之外另设西厂，由汪直管理，因多次制造大案，引起朝野强烈不满。后受命总领京兵精锐"十二团营"，开启了明朝内臣掌禁军的先河。之后遭弹劾贬往南京。

刘瑾 <<<<

生卒年（1451-1510）。武宗时期司礼监掌印太监。武宗继位后，刘瑾得势，他以内官监太监的身份总督团营，继而又掌管司礼监，势焰熏天，专擅朝政，鱼肉百姓，时人称之为"立皇帝"。最终在内臣相互倾轧中倒台而被杀。

冯保 <<<<

生卒年（1543-1583）。明朝中后期颇具争议的"太监政治家"。神宗即位之初，任司礼监太监，掌管内外事宜，权倾一时。冯保掌权后，与张居正结成政治联盟，并全力支持张居正改革，从而造就了大明王朝中后期最有生机的十年。后因贪财纳贿而被贬抄家。

王安 <<<<

生卒年（1592-1621）。明末为数不多的较为正直且有一定作为的宦官。万历年间入宫，为皇长子朱常洛伴读。光宗继位后，王安升任司礼监秉笔太监，言行忠正，朝野内外交相称赞。光宗驾崩后，王安首先揭发李选侍企图垂帘听政的阴谋，并与群臣合力助熹宗继位，颇得熹宗信任。其后，王安因不与客魏集团同流合污而最终被害，直到崇祯年间方被平反。

魏忠贤 <<<<

生卒年（1568-1627）。明末最具权势的宦官。熹宗继位后，魏忠贤升任司礼监大太监，由于熹宗怠政，朝政遂由魏忠贤全权代理。魏忠贤代理皇权后，专断国政，并产生了以他为首的阉党，残酷迫害朝中正直大臣，形成了明末政治最为黑暗的一个时期。魏忠贤大权独揽，内外官员称他为"九千岁"，生祠遍及全国各地，搅得大明王朝内外忧患，民不聊生。

思宗即位后，立即公布了魏忠贤罪状，并将他驱逐出宫，后畏罪自尽。

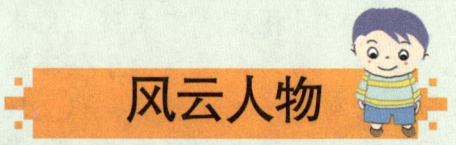

风云人物

宗喀巴 <<<<<

生卒年（1357-1419）。藏传佛教格鲁派（黄教）的创始人，佛教理论家。宗喀巴大师生于青海湟中县，法名罗桑扎巴，意为善慧。宗喀巴大师创立格鲁派，主张严守戒律，学、行并举，不与世俗争权。明成祖登基后，曾遣使征聘宗喀巴大师，后来大师命其弟子释迦也失赴京朝见，受封"大国师"。按照宗教的说法，宗喀巴大师圆寂后由他的两大弟子世世转生，传其衣钵，即后来的一世达赖和一世班禅。

唐赛儿 <<<<<

生卒年（1399-不详）。明初农民起义女领袖。成祖登基后，大兴土木，营建北京城，开凿运河，对外征伐，人民生活困苦。于是唐赛儿以白莲教为名，聚众起义，给明朝以强烈冲击。起义最终被平定，唐赛儿后来兵败，不知所终。

也先 <<<<<

生卒年（1407-1454）。明朝中叶蒙古瓦剌部的首领，南征北战，再次统一蒙古各部，并积极准备南下侵明。正统十四年（1449年），也先率军南下进攻明朝，于土木堡大败明军，俘获明英宗，并围攻北京，进攻受挫后退回蒙古。不久瓦剌部内讧，也先被杀，蒙古各部重新陷入分裂状态。

俺答汗 <<<<<

生卒年（1507-1582）。明朝中期蒙古土默特部首领，成吉思汗后裔。明嘉靖中期，蒙古部分裂为四十余个独立的领地，其中以土默特部最为强大。嘉靖二十九年（1550年），俺答汗大举攻明，兵临北京城下，抄掠而去，史称"庚戌之变"。隆庆年间，明朝边防力量有所加强，迫使俺答汗与明朝修好。明朝封俺答汗为顺义王，双方开设互市贸易，由此维持了几十年的明蒙和平局面。

三娘子 <<<<<

生卒年（1550-1612）。蒙古土默特部首领俺答汗之妻。俺答汗死后，三娘子主政掌兵达30年之久，她继续执行与明朝友好的政策，为明朝"保

边守塞"，保持了与明朝和平通贡的关系，加强了蒙汉人民之间的经济文化交流。为表彰三娘子功绩，明朝敕封其为一品"诰命夫人"。

林丹汗 <<<<

生卒年（1592-1634）。明朝后期蒙古察哈尔部首领，成吉思汗后裔。他继承汗位后，对内谋求统一蒙古各部，对外采取联明抗金的方针，企图重建成吉思汗的霸业。后来，随着后金的崛起，双方冲突不断，在后金的打击下，林丹汗败退逃往青海，蒙古帝国的汗系彻底中断。

高迎祥 <<<<

生卒年（不详-1636）。明末农民起义军领袖。明朝末年，政治腐败，土地兼并严重，加上自然灾害频发，人民生活痛苦，揭竿而起。崇祯元年（1628年）高迎祥在陕北率众起义，自称闯王。经过多年作战，高迎祥的部队成为起义军中实力最强的队伍。崇祯七年（1634年），各路义军云集荥阳，联合抗明，高迎祥被推为各路义军的首领，改变了过去起义军各自为战的局面。此后，高迎祥率军东征，直捣中都凤阳，毁明帝祖灵，给明王朝以沉重打击。崇祯九年（1636年），高迎祥率军折回陕西，想要谋取西安，遭到明将孙传庭伏击，兵败子午谷，被俘牺牲。

李自成 <<<<

生卒年（1606-1645）。明末农民起义军领袖，大顺政权的创立者。李自成本是陕西米脂人，曾当过驿卒，精于骑射。明末农民起义的过程中投奔高迎祥，号称"闯将"，勇猛且有谋略。荥阳大会时即提出了"分兵定向"的方案，受到各路首领的赞同。高迎祥牺牲后，李自成继称闯王，领导农民起义军作战。李自成针对明末土地兼并严重的问题，提出了"均田免粮"的口号，深受广大农民拥护，队伍迅速壮大。崇祯十七年（1644年），李自成在西安建立大顺政权，随即率军东征，攻破北京，推翻了大明王朝的统治。但是占领北京期间，李自成对于形势缺少正确的判断，加上内部骄傲自满，以致兵败山海关，很快退出北京。不久，李自成于湖北九宫山兵败牺牲，大顺政权也很快覆灭。

张献忠 <<<<

生卒年（1606-1647）。明末农民起义军领袖，大西政权的创立者。明末张献忠在家乡率众起义，号称"八大王"，杰出的军事才能使他迅速在义军中脱颖而出。崇祯十七年（1644年），张献忠率军进入四川，于成都即皇帝位，建立大西政权。由于大西政权没能实行切合实际的政策，且打击面过广，致使四川境内反抗不断。随着清军的入川，张献忠在西充凤凰坡兵败牺牲。大西政权余部与南明永历政权实现联合，继续坚持抗清十余年。

吴三桂 <<<<

生卒年（1612-1678）。明末清初牵动时局的重要人物。本是辽东人，将门之后，明锦州总兵吴襄之子。崇祯年间，吴三桂任宁远总兵，统率关宁铁骑，镇守山海关至宁远一线。李自成攻占北京后，吴三桂先降后叛，并联合关外清军于山海关击败李自成，引清军进逼北京。清朝定鼎北京后，吴三桂受封平西王，继续率军南下，为清朝统一全国发挥了重要的作用。此后，吴三桂镇守云南，晚年起兵反清，兵败前夕病死。吴三桂前半生叛明，后半生反清，这就使得人们对他的评价相对负面，然而就是这样一个人却成了明清交替之际的关键人物。

王守仁 <<<<

生卒年（1472-1529）。明代著名的心学思想家，他本是浙江绍兴府余姚人，弘治年间入仕，官至南京兵部尚书，因曾筑室于会稽山阳明洞，自号阳明子，故世称阳明先生。王守仁汲取了先秦思孟学派和佛教禅宗思想的营养，又直接继承了南宋陆九渊的心学主张，提出了"心外无物"、"心外无理"的哲学命题，认为理是人们心中所固有的"良知"，只要克服私欲，恢复良知就能成为圣贤，即"致良知"，并在此基础上提出了"知行合一"的主张。王守仁的心学思想是明代最具影响力的哲学思想，并传至朝鲜、日本等东亚地区，对后世产生了深远的影响。

李贽 <<<<

生卒年（1527-1602）。明末著名思想家。李贽，号卓吾，福建泉州府晋江县人，26岁中举后曾辗转各地担任中下级官员，后毅然辞官，专心从事著述和讲学。李贽反对孔孟学说的绝对权威，提出了不以孔子是非为是非的主张。反对用"德礼"、"政刑"禁锢人们的思想，束缚人们的行动，强调"率性之真"，倡导个性自由，充分发挥个人的才能。此外，李贽运用阴阳二气学说从根本上否定了"天理"的存在，动摇了"存天理、灭人欲"的理论基础。李贽反对纲常名教，倡导个性自由的思想具有鲜明的反封建色彩，反映了当时社会的剧烈变动，具有进步意义。

汤显祖 <<<<

生卒年（1550-1616）。明代著名戏曲家。汤显祖，号若士，江西抚州府临川县人，万历年间入仕，曾任南京礼部主事，因抨击内阁辅臣申时行而遭贬，不久即辞职归里，隐居著述。他的代表作《牡丹亭》，歌颂了超越生死的男女"至情"，对束缚人性的礼教进行了强烈的鞭挞。

冯梦龙 <<<<

生卒年（1574-1646）。明代著名文学家，代表作品"三言"，即《喻

世明言》《警世通言》《醒世恒言》，与明代凌濛初的《初刻拍案惊奇》《二刻拍案惊奇》合称"三言二拍"，是中国白话短篇小说的经典代表。冯梦龙以对小说、戏曲、民歌等通俗文学的创作、整理和编辑，为中国文学的发展做出了重要贡献。

唐寅 <<<<

生卒年（1470-1524）。明代著名书画家、诗人。唐寅，字伯虎，他雅姿疏朗，任意不羁，颇具个性，因涉会试泄题案而削除士籍，一生坎坷，以诗文绘画闻名于世。在诗文方面，他与祝允明、文徵明、徐祯卿并称"吴中四才子"。在绘画方面，他与沈周、文徵明、仇英合称"吴门四大家"，代表作品有《骑驴思归图》《山路松声图》。

徐渭 <<<<

生卒年（1521-1593）。明代著名的书画家、文学家、戏曲家，与解缙、杨慎并称"明代三大才子"。他既是中国"泼墨大写意画派"的创始人，也是"青藤画派"的鼻祖，对于后世画坛影响巨大。此外，他在诗文、戏曲方面也独树一帜，传世作品颇丰，他所著《南词叙录》是中国第一部关于南戏的理论专著。

潘季驯 <<<<

生卒年（1521-1595）。明代治理黄河的水利专家。他一生四次治理黄河，前后达二十七年之久。他针对黄河含沙量大的特点，提出了"筑堤束水，以水攻沙"的思想，在下游用人工筑堤的方式以加速水流，利用水的冲击力带走泥沙，从而有效地避免了河床淤塞以及河水泛滥。黄河的治理对于黄河流域的农业生产具有重要作用。

朱载堉 <<<<

生卒年（1536-1611）。明代著名的律学家、历学家、音乐家。朱载堉是太祖朱元璋九世孙，郑恭王朱厚烷世子，本该继承王位，然而他却七次上书，请求放弃王位，致力于学问。他最大的贡献是创立了十二平均律，这被广泛地应用于世界各国的键盘乐器之上，是音乐学和音乐物理学的一大变革。此外，朱载堉在舞学、数学、天文历法等方面也有突出的成就，被中外学者尊崇为"东方文艺复兴式的圣人"。

李时珍 <<<<

生卒年（1518-1593）。明代著名医药学家，湖广黄州府蕲州人。他的祖上世代行医，自幼博览医籍，年轻时便放弃科举，专心从事医学，后历经三十余年完成了医药学巨著《本草纲目》。该书共52卷、190

万字，全面系统地总结了中国 16 世纪以前的医药学成就，是中国医药宝库中一份珍贵遗产，并被译为日文、拉丁文、英文等多种文字，广为流传，影响深远。

徐光启 <<<<

生卒年（1562-1633）。明末著名科学家，南直松江府上海县人。徐光启万历年间中进士，供职翰林院，期间与传教士利玛窦频繁接触，对西方算学产生了浓厚兴趣，并先后翻译了《几何原本》《泰西水法》等西书，介绍西方知识，后被委任从事《大统历》的修订工作。此外，徐光启在农学方面也有突出成就，他所著《农政全书》在系统总结历代经验、参照西方自然科学知识的基础上，重视调查，并开展农业科技实验，体现了农书的科学性、创新性和先进性。徐光启也被誉为"中国近代科学先驱"，开中西文化交流风气之先的人。

宋应星 <<<<

生卒年（1587-1666）。明末著名科学家，江西南昌府奉新县人，他一生致力于对农业和手工业生产技术的科学考察和研究，代表作品《天工开物》，被誉为"中国 17 世纪的工艺百科全书"，并传至朝鲜、日本及欧洲国家，影响深远。

徐霞客 <<<<

生卒年（1587-1641）。明末著名地理学家、旅行家，南直常州府江阴人，其"厌弃尘俗"，志于游历名山大川。在近三十余年的地理考察过程中，他的足迹遍及了大半个中国，所到之处，探幽寻秘，记录观察到的各种人文、地理等状况。他的代表作品《徐霞客游记》，详细记录了其考察途中所看到的有关农业、手工业以及商业市镇等现象，包括西南少数民族地区的经济、历史、地理和风俗等，尤其是对中国西南岩溶地区的考察更是世界上关于岩溶地貌的最早记载。

利玛窦 <<<<

生卒年（1552-1610）。明末著名的意大利传教士，也是第一位阅读中国经典并深入钻研的西方学者，在中国受到士大夫们的敬重，被尊称为"泰西儒士"。利玛窦本是天主教耶稣会教士，于万历年间来到中国传教，期间他广泛结交中国官员和社会名流，传播西方天文、数学、地理等科学知识，这对于沟通中西文化发挥了重要作用。

清

让孩子用年表读懂
中国古代历史

中国古代历史年表编审委员会

主　编：潘景林（首都师范大学历史学硕士）

副主编：孟泽众（首都师范大学历史学硕士）

　　　　缪　健（首都师范大学历史学硕士）

团结出版社

图书在版编目（CIP）数据

让孩子用年表读懂中国古代历史 / 潘景林主编. —
北京：团结出版社, 2017.11
　ISBN 978-7-5126-5706-9

　Ⅰ.①让… Ⅱ.①潘… Ⅲ.①中国历史—古代史—历
史年表—儿童读物 Ⅳ.①K220.8-49

中国版本图书馆CIP数据核字（2017）第258950号

让孩子用年表读懂中国古代历史

潘景林　主编　　　孟泽众、缪健　副主编

出　　版：团结出版社
　　　　　（北京市东城区东皇城根南街84号　邮编：100006）
电　　话：（010）65228880
发　　行：（010）85113874　（010）85849108
网　　址：http://www.tjpress.com
E－mail：65244790@163.com
经　　销：全国新华书店
印　　刷：三河市双升印务有限公司

开　　本：185×260　1/16
印　　张：46.5
字　　数：415千字
版　　次：2017年11月第1版
印　　次：2020年8月第2次印刷

书　　号：978-7-5126-5706-9/F·01
定　　价：168.00元　（全七册）

推荐序

让孩子用年表读懂中国古代历史

过去、现在、未来，时间永远不以人的意志为转移地向前飞驰。小至个人，大至国家，都会经历一番风雨，留下一段历史，才变成现在的模样。

对孩子来说，了解、学习中国历史，有以下一些显而易见的意义。

一是增强人文修养。例如，汉语里很多成语典故，都有详细的出处，比如"纸上谈兵"，结合长平之战的惨烈，孩子才会理解得更深刻，并在言语中准确恰当地使用。再如，现在很多家长节假日时都带着孩子出门旅游，到处去走走看看，看什么呢？除了自然景观，大多是历史遗迹。去了一个地方，读了书和不读书去，那是两种体验，增长见识的效果截然不同。很多人常说这句话——中国是一个拥有五千年悠久历史的文明古国，可是，如果没有一定的历史知识，五千年历史对很多人来说，就只是一句空洞的白话。

二是重新认识自己的生活环境。当我们从历史书中了解到，自己所在的家乡，或生活熟知的地方，竟然曾经发生过一些重要历史事件，或与一些著名人士有关联的时候，自然就会产生一种特殊的情愫，往往不自觉地增强自豪感，更加热爱家乡、祖国，甚至激发自己努力向上。

三是学到一种历史智慧。往小了说，读史明智。往大了说，以史为鉴，可以知兴替。从一定的时空纵深感中，我们超越了具体的事件和条件的局限，可以总结很多经验智慧，形成格局见识，用在对未来事情的处理上。

四是获得道德品行方面的教益。人性是相通的。遨游在历史故事中，就像坐上了时光机器，去体验当事人的纠结和决断，感受真善美，鞭挞假恶丑。从历史人物身上，我们也看到了自己的影子，从而不断克服自己的

弱点，使自己变得更完美。

　　为此，我愿意推荐这套《让孩子用年表读懂中国古代历史》，希望孩子们能读懂历史，逐渐爱上历史，获得读史带来的益处。

　　这套书有下列特点：

　　一是历史脉络清楚。全套书分为七册，每册书的前言中，对该书历史范围内的事件作简要交代，对朝代的发展、起承转合关键事件等作清楚地描述。书中的故事，对每个朝代重要事件及相互之间的衔接，都有清晰的讲述。

　　二是细节故事性强，重要场景配有彩图。本书在尊重史实的基础上，注重细节描写。其中，对很多典故，例如"纸上谈兵"，进行了细致的讲述。全书还配有大量彩图，以期帮助孩子对相关事件有更好的理解。

　　三是提供了重要的时间线索——年表。每个故事的页眉处，都标注了与该故事大致同时的重要时间节点和历史事件，方便读者检索或对照阅读。

　　四是提供了丰富的资料。每个朝代的内容大致分为帝王世系、宗室藩王、文臣武将、风云人物。这些人物资料与故事线性讲述互相映衬，读者可以与正文故事进行对照阅读。

　　总之，希望本书能带领孩子走进中国历史，感受中国历史文化的博大精深。更希望能为孩子提供一把历史的钥匙，帮助他们更好地理解现实、世界、人性等，促进自身的全面发展。

韩兆琦

2017 年 11 月 10 日

　　（韩兆琦，中国史记研究会名誉会长。北京师范大学中文系教授，博士生导师。中国人民大学国学院特聘教授、博士生导师。著名《史记》与传记文学研究专家。）

前言

清

在明王朝积弊难返的时候，生活于东北白山黑水之间的女真族再度崛起。公元 1616 年，努尔哈赤称汗，建立后金政权。公元 1635 年，皇太极改族名为满洲，次年定国号为"大清"。经过两代帝王的努力，满清逐渐壮大，公元 1644 年，在接到明将吴三桂的求援后，多尔衮倾八旗之兵大举南下，于山海关击溃李自成农民军，入主中原，随后迎接位于盛京的顺治帝迁都北京，逐渐形成了对全国的统治。

康熙、雍正、乾隆三朝是清朝迅速发展的阶段。康熙帝在铲除权臣鳌拜，掌握国家大权后，励精图治，积极作为。先后平定三藩，统一台湾，亲征噶尔丹，逐步稳定了清王朝对全国的统治。此外，康熙帝统治时期，耕地面积扩大，人口持续增长，社会经济获得了很大的发展。雍正帝在位十三年，勤于政事，整顿吏治，大大矫正了康熙后期的社会弊端，社会经济继续向前发展。至乾隆帝时期，经过康熙、雍正两朝的积累，清朝国势达于顶峰，史称"康乾盛世"。

乾隆帝之后，清朝国势日衰。1840 年，英国以林则徐禁烟侵犯了英国商人贸易权利为由，发动侵华战争。结果清政府战败，签订丧权辱国条约，中国国门洞开。在随后的第二次鸦片战争、中法战争、中日甲午战争、八国联军侵华战争中清王朝相继受辱，割地赔款。此外还有声势浩大的太平天国运动，内战十四载，国力消耗殆尽。

在与外国侵略者的接触中，一批清朝官僚逐渐见识到了西方坚船利炮的威力，于是发起了旨在"自强""求富"的洋务运动。由于不可能对中国社会进行根本性变革，洋务运动最终以失败告终。继之而来的是维新变法运动的兴起，1898年，光绪帝颁布"明定国是"诏书，宣布变法。但仅仅百余日后，慈禧太后发动政变，囚禁光绪帝于中南海瀛台，搜捕变法人士，改革最终以"戊戌六君子"血洒菜市口结束。期间农民阶级发起的"扶清灭洋"义和团运动，也在中外势力的夹击下以失败告终。

清末最后十年，清王朝为图自救推行了"新政"和"预备立宪"，但这并没有延长清王朝的寿命，反而使社会更加纷乱。1911年，革命党人趁湖北新军被调往四川镇压动乱，武昌军事守卫松懈之机，发动起义，不过半年，清王朝即土崩瓦解。1912年，中华民国临时政府成立，同年隆裕太后以宣统皇帝的名义发布退位诏书，清王朝灭亡，这也标志着中国两千多年君主专制政体的终结。

目录

清

清王朝入主中原

　　清王朝入主中原初期为了站稳脚跟采取了哪些措施？如果不采取这些措施，清朝的命运会如何？如果你是皇帝，你会怎么办？你认为清王朝为什么会改变它初期的政策呢？仅仅是因为胜利来的太容易吗？

　　清王朝的统治者满洲爱新觉罗氏，崛起于东北的白山黑水之间，本是女真族的一支，隶属于明朝建州左卫。明朝后期，女真部族相互攻杀，太祖努尔哈赤用祖上遗留下来的十三副铠甲起兵，历经二十余年统一女真各部。公元 1616 年，努尔哈赤在赫图阿拉（今辽宁抚顺新宾满族自治县境内）称汗，建立后金政权，此为清王朝前身。努尔哈赤去世后，皇太极承继汗位，是为太宗。他继位后强化中央集权，并仿行明朝制度完善中央统治机构，推动后金政权的封建化进程。

　　公元 1635 年，皇太极改族名为满洲，第二年在沈阳称帝，正式定国号为"大清"。公元 1640 年，清军在松山、锦州一线向明军发动了大规模进攻，明军惨败，精兵良将丧失殆尽，明朝蓟辽督师洪承畴降清。松锦大战之后，清王朝离入主中原又迈进了一步，山海关已经近在咫（zhǐ）尺了。

　　清崇德八年（1643 年）八月九日，太宗皇太极在盛京沈阳突然去世。由皇太极第九子、年仅六岁的福临继位，即顺治帝。

顺治元年（1644年）三月底，清廷方面得到了李自成攻破北京、明崇祯帝自缢煤山的消息，于是摄政王多尔衮倾全国之兵向山海关进发。清军进兵途中，山海关守将吴三桂归降，原本令清军望关兴叹的山海关门户大开，清军顺利入关，并击溃李自成大顺军，于五月初二占领北京。六月，多尔衮与满清的王爷、贝勒、大臣等议定迁都北京。八月二十日，顺治帝在他的母亲孝庄皇太后的陪护下从盛京启程，于九月十八日到达通州，受到多尔衮等诸王大臣们的接驾，第二天从正阳门进入皇宫。十月初一，顺治帝出城前往天坛祭天，举行定鼎登基礼，并在皇极殿接受百官朝贺，颁诏天下，宣布定都北京，这标志着清王朝正式入主中原。此时顺治帝年仅七岁，国家实权主要掌握在多尔衮手中。

清朝定都北京之初，如何站稳脚跟是头等大事。早在顺治帝迁都北京之前，摄政王多尔衮就下令严明军纪，对京城百姓秋毫无犯，并积极笼络汉族官绅；同时以帝王之礼重新安葬崇祯皇帝，并宣布减免赋税。这些措施逐渐稳定了北京城的政治局势。此后，多尔衮两路出兵，一路征讨李自成大顺政权，一路征讨南明弘光政权，不到一年的时间，清军便消灭了大顺和弘光两个政权。但是，迅速的胜利使多尔衮改变了最初谨慎执政的思路，于是强令汉人剃发以及变换服装，这引起了江南各地的反剃发斗争，从而推迟了清王

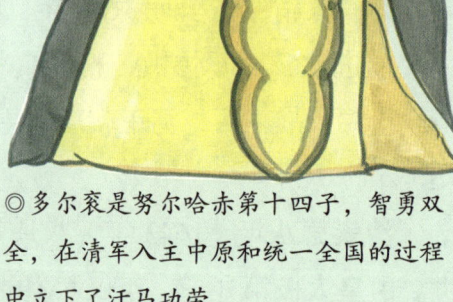

◎多尔衮是努尔哈赤第十四子，智勇双全，在清军入主中原和统一全国的过程中立下了汗马功劳。

朝统一全国的进程。

说到剃发易服，有一个人需要提一下，那便是原明朝进士孙之獬（xiè）。清朝人主中原后，孙之獬为了表示对清王朝的忠诚，自行剃发易服。当时清廷尚未强制推行剃发令，朝中大臣分为满、汉两班，汉族官员依然束起头发，身穿汉服。孙之獬因身穿满服，于是想站在满臣的班列里，怎料满臣以他为汉人，不接纳他；于是他又站到了汉臣的班列里，谁知汉臣以他身着满服，也不接纳他。这般进退两难的局面令孙之獬又羞又气，于是上疏建议剃发易服，并且把剃发问题上升到"满人降服汉人、还是汉人降服满人"的地步，这对于清王朝在全国强行剃发易服起到了恶劣的推波助澜的作用。在围绕剃发问题上，清王朝采取了野蛮的镇压政策，甚至提出"留头不留发，留发不留头"的方针，制造了"扬州十日"、"嘉定三屠"等一系列血案，成为清王朝入主中原过程中极不光彩的一笔。

除去剃发易服外，还有三项恶政是清王朝初期所执行的。其一是"圈地法"（清廷大规模的圈地有三次，共圈占土地约十六万余顷）；其二是"投充法"；其三是"逃人法"。清王朝实行的这些野蛮政策激化了民族矛盾，也延缓了统一全国的进程。

顺治七年（1650年）十二月初九，摄政王多尔衮猝死于边外的喀喇城，时年三十九岁。十七日，多尔衮的灵柩（jiù）运回北京，十三岁的顺治帝亲自到东直门外五里处迎接，跪拜祭奠，失声痛哭，并以皇帝之礼安葬多尔衮，追尊他为成宗义皇帝，表示承认多尔衮对清王朝入主中原的贡献。然而仅仅两个月后，顺治帝就追夺了对多尔衮的一切封典，并且掘墓毁尸，原因是有人控告多尔衮，有谋逆之心。直到一百多年后的乾隆年间方才为他平反。此后，年仅十四岁的顺治帝开始亲政。

少年天子顺治帝

　　多尔衮猝死后，十四岁的顺治帝提前亲政。然而摆在他面前的是复杂的局势，全国经济破坏严重，局势动荡不安。面对这一切，顺治帝是怎么做的？如果是你，面对复杂的局面，你觉得怎么做才能成功解决问题？

　　话说多尔衮猝世，不满十四岁的顺治帝提前亲政，然而摆在这位少年天子面前的形势却是不容乐观的。一方面，因剃发、圈地等弊政激化了满汉矛盾，促使南明永历政权与农民军合流，掀起了一股强大的反攻浪潮，全国局势动荡；另一方面，长期的战乱使得社会经济遭到严重破坏，急需恢复。

　　首先，面对全国性的抗清浪潮，年轻的顺治皇帝亲自召见洪承畴，决心起用洪承畴主持南方的战事，并委以全权。洪承畴本是明朝降臣，而且已经六十多岁了，如今受到顺治帝如此信任，怎能不感激涕零、竭尽忠诚呢？于是洪承畴亲自渡过长江坐镇湖南，稳定大局；同时举荐李率泰为两广总督，与平南王尚可喜、靖南王耿继茂驻守广东。恰在此时，南明永历政权发生内讧，本是农民军将领的孙可望降清。洪承畴从孙可望口中尽知南明军事部署，于是调吴三桂、卓布泰分别从四川和广西

4

1661	1661	1661	1661	1661
康熙继位，四大臣辅政	三月，郑成功进兵台湾	三月，金圣叹因哭庙案被斩	八月，清许达赖喇嘛互市	八月，清杀郑成功父郑芝龙

两个方向夹击贵州，之后又会合信郡王多尼的八旗劲旅兵分三路攻入云南，南明永历帝朱由榔逃亡缅甸，永历政权名存实亡。至此，全国形势基本稳定下来。

◎顺治帝与董鄂妃。董鄂妃深受顺治帝宠爱，可惜天不假年，死时年仅二十二岁，死后追封为皇后。

其次，为了恢复因长期战乱而遭到破坏的社会经济，顺治帝采纳了大学士范文程的建议，开始推行屯田垦荒，重点地区是受到战争严重破坏的四川及北方地区，主要办法就是官府将无主荒地分给流民和官兵屯种，并由官府提供牛具籽种，三年后开始征收赋税；同时还对地方官员制定了《垦荒考成则例》，将垦荒纳入考核范围，按照垦荒实绩，分别予以奖惩。这些措施在很大程度上使社会经济得到了一定的恢复与好转。

另外，面对圈地、投充及逃人等政策导致的满汉矛盾，顺治帝曾下令停止圈地，并放宽逃人法，希望以此缓和民族矛盾。然而，由于圈地、投充等政策直接关系到满洲贵族的切身利益，遭到他们的强烈反对，加上年轻的顺治帝身边尚未形成一支由他主导的强大的政治势力，所

1661

八月，清发布迁海令，
全面推行海禁

1661

十二月，吴三桂率兵
至缅甸

1662

二月，郑成功接受台
湾荷兰殖民者投降

以停止圈地、放宽逃人的计划最终不了了之。

顺治帝自幼长在深宫，受到汉族文化的长期熏陶，身上少了几分武功，多了几分文治。他继位前期，国家大权全部由摄政王掌握，自己则形同傀儡，对外受制于多尔衮，对内则受到孝庄皇太后的严格管束。顺治帝亲政后本想有番作为，怎奈矛盾重重，搞得自己筋疲力尽，竟致英年早逝。顺治十八年（1661年）正月初七，亲政十一年的顺治帝在养心殿驾崩，年仅二十四岁。顺治帝的早逝除了他政治上的不得志外，很大程度上也与他不幸的婚姻有关。

孝庄皇太后先后为顺治帝册立了两位皇后，可是顺治帝都不喜欢不满意。

相传顺治十年（1653年），董鄂氏被选为秀女，被指配给了顺治帝最小的弟弟博穆博果尔为妻。但顺治帝与她一见钟情，陷入热恋之中。当博穆博果尔得知后气急败坏地向妻子质问，怎料却遭到了顺治帝的耳光，之后博果尔怨愤难当，自杀而死。一个月后，也是就顺治十三年八月（1656年），董鄂氏被顺治帝收入宫中，立为贤妃，不久又立为皇贵妃，人们称她为董鄂妃。婚后，董鄂妃为顺治帝生下一子，然而仅仅过了两个多月，这位小皇子便不明不白地夭折了。董鄂妃在儿子去世的打击下染上重病，此后三年就去世了。董鄂妃的去世对于年轻的顺治皇帝来说是个巨大的打击，而政治上的苦闷也困扰着他，这使他一度萌生出家为僧的念头，并为此举行了出家仪式，虽然仪式最终被阻止，但是他的身体状况却是逐渐变差，并由此染上天花，不久驾崩。

顺治帝驾崩后，遗诏由年仅八岁的三皇子玄烨继位，相传之所以选择玄烨继统是因为玄烨生过天花，有了免疫力，可以活得长久。

康熙帝智擒鳌拜

8岁的孩子在现代只是一个二年级的小学生，康熙在8岁的时候登基做了小皇帝。8岁的小学生面对一大堆作业会烦躁，会发脾气；8岁的小皇帝会不会有做不完的作业呢，这时候他会怎么办？遇到难题会不会哭鼻子抹眼泪？

话说玄烨（康熙帝）继位之初，军国大政实际掌握在四大辅臣手中，而此时统一全国的战争仍在继续进行，彻底剿灭残余的抗清力量是清廷的当务之急。

康熙元年（1662年）春，吴三桂在缅甸俘获南明永历皇帝朱由榔，带回昆明后用弓弦绞杀于篦子坡，南明政权至此结束。康熙二年（1664年），清廷趁郑成功病逝、郑氏集团军心不稳之际，大举向福建沿海用兵，收复金门、厦门等，基本肃清了福建沿海岛屿。康熙三年（1665年），清军消灭夔（kuí）东十三家军。这标志着大陆抗清斗争的终结，清王朝基本完成对大陆的统一。

清王朝在军事上肃清了大陆的抗清武装，这可以说是四大臣辅政期间的主要成就。然而随着局势的稳定，康熙帝也渐渐成长起来，皇帝与辅臣之间以及辅臣内部的矛盾逐渐暴露出来，而圈地换旗事件成为矛盾的焦点。

所谓圈地换旗事件，源头还要追溯到清军入关之初，当时摄政王多尔衮利用手中的权力将本应划拨给镶黄旗的土地拨给了自己所在的正白

旗，虽说当时曾引起一场风波，但是事情已经过去二十多年，旗民各安生业，也没人再去提这些陈年旧账。然而康熙五年（1666年）十月，镶黄旗出身的鳌拜以镶黄旗所在地的屯庄土地贫瘠、不堪耕种为名，想要将正白旗所在地的屯庄改拨给镶黄旗，另外圈占民地给正白旗。鳌拜挑起镶黄、正白两旗换地事件，实际上是要打击出身正白旗且与自己矛盾尖锐的另一辅臣苏克萨哈。所谓"多一事不如少一事"，圈地换旗并不会给镶黄旗带来多少好处，反而会使老百姓无端受扰，给京畿地区的农业生产造成极大的破坏。因此受命主持换地的直隶总督朱昌祚、巡抚王登联以及大学士苏纳海分别上疏，请求停止换地。怎料鳌拜不仅坚持己见，还以藐视皇命、迟误拨地为由，想要将三人逮捕治罪。康熙帝因事关重大，于是亲自召见四大辅臣询问案情，鳌拜声称三人罪有应得，索尼、遏必隆附和，苏克萨哈则沉默

◎权臣鳌拜。鳌拜早年战功赫赫，为清王朝统一中国立下汗马功劳。但在辅政时飞扬跋扈，成为中国历史上著名的权臣。

以对。康熙帝认为苏纳海等人不应该被处死，正在犹豫的时候，鳌拜竟直奔御座前，拿出纸，提起皇帝用的红笔，写下"苏纳海、朱昌祚、王登联，不遵上命，着即处斩"十七个大字，然后扬长而去。年少的康熙皇帝见鳌拜这般情状，心里非常厌恶，但尚未亲政，只得暂且忍下。

此事不久，也就是康熙六年（1667年）三月，御史张惟赤上疏，请求康熙帝亲政，辅政大臣索尼及诸王贝勒同声赞成，唯独鳌拜不发一言。这年六月，首席辅政大臣索尼病逝。一个月后，年满十四周岁的康熙帝举行了亲政大典。

康熙帝亲政后，辅政大臣苏克萨哈以身患重病为由提出辞职，鳌

拜明白若是苏克萨哈的请求得到批准，那么自己势必也要交出权力，而这正是他所不愿看到的。于是鳌拜授意议政王大臣会议讨论苏克萨哈辞职问题，结果说苏克萨哈辞职是"欺藐主上，怀抱奸诈，存蓄异心"，竟要判处苏克萨哈死刑。康熙帝看到这样的讨论结果十分惊异，坚决不允许处死苏克萨哈。谁知鳌拜竟然挽起衣袖向康熙帝威逼过去，康熙帝毕竟只是十四岁的少年，怎受得了鳌拜的恐吓，最终判处苏克萨哈绞刑，族人也受到牵连，家产没收。鳌拜公然胁迫康熙帝处死辅政大臣，使康熙帝的地位遭到严峻挑战，这也坚定了康熙帝除掉鳌拜的决心。

这件事后，鳌拜更加肆无忌惮，而年少的康熙帝却开始秘密布置铲除鳌拜。康熙帝一面对鳌拜加官晋爵，表面上极尽荣宠；另一方面则挑选百名少年，一起练习武艺，研究拳法，也不过问朝政。鳌拜见此情状，以为康熙帝只是个贪玩的孩子，于是渐渐放下戒心。康熙八年（1669年）五月的一天，康熙帝与索尼之子索额图经过周密安排后召鳌拜到内廷议事。毫无戒备的鳌拜欣然前往，怎料刚到内廷，便听康熙帝道："左右给朕拿下！"话音未落，一群少年侍卫四下而出，将鳌拜围住，鳌拜虽号称"满洲第一勇士"，但是双拳难敌四手，很快就被制服，并结结实实地绑了起来。擒住鳌拜后，康熙帝在朝堂上宣布了鳌拜的罪状，但感念他有辅佐朝政的功劳，于是只将他囚禁；对于其同党，除处死少量不知悔改者，大多从轻发落，避免了广泛株连。与此同时，康熙帝下令为苏克萨哈、苏纳海等人平反昭雪，这些举措为康熙帝迅速树立起了政治威信。

康熙帝果断采取手段铲除权臣鳌拜，从而真正将国家权力掌握到自己手中，而此时的清王朝百废待兴，内部矛盾重重，这些都将考验着这位年轻皇帝的执政能力。很快，"三藩"问题就成为摆在康熙帝面前的重大挑战。

康熙帝平定三藩

　　清王朝入关后，为了对付李自成的农民起义军和明朝的反抗，封吴三桂、耿精忠、尚可喜做了藩王。在清朝统一全国的战争中他们立下了汗马功劳，慢慢地形成了割据势力，不听朝廷的命令。康熙帝即位后就想解决这个问题，你觉得他会怎么做呢？

　　所谓"三藩"，是指镇守云南的平西王吴三桂、镇守福建的靖南王耿精忠以及镇守广东的平南王尚可喜。

　　他们在清朝入主中原、统一全国的过程中立下了汗马功劳，尤其以吴三桂功劳最大。吴三桂在长期征战和镇守云南的十余年间，逐渐形成了以云贵两省为中心、分布南方各省的利益集团。在政治上，吴三桂可节制云贵督抚，自选文武官员，时称"西选"；在经济上，吴三桂将明朝沐国公的庄田划为藩田，同时还大量圈占民田，拨给属下官兵，又重征商税，垄断盐井、金矿、铜山之利；在军事上，吴三桂手握重兵，四方精兵猛将多数是他的部下。耿精忠、尚可喜的实力比吴三桂稍弱，但也不容小觑。三方各据一方，日益骄纵，不听节制，俨然成为了相对独立的割据政权。

　　清廷方面早已注意到"三藩"尾大不掉的问题，尤其是每年庞大的军费开支，使得国家财政压力巨大。康熙帝亲政后，着手解决"三藩"问题，比如收回了吴三桂的大将军印，停止吴三桂任免官吏的权力。康熙十二

1674

清朝丧失云贵湘闽等地，大半个中国陷入火海

1677

靖南王、平南王投降清朝

1677

康熙任命靳辅为河道总督，主持治理黄河

年（1673年）三月，平南王尚可喜奏请归老辽东。清廷决定趁机撤藩，于是下令尚可喜率其藩属悉数迁移至辽东。清廷的这一举动深深触动了吴、耿二藩。同年七月，吴三桂和耿精忠也主动提出撤藩，借以试探清廷的态度。对此，清廷内部意见不一，但康熙帝仍做出了三藩并撤的决定。

吴三桂主动奏请撤藩，本想以退为进，得到清廷的挽留，既可以博得清誉，又可久镇云南，怎料却获得了批准，无异于当头一棒。于是，他迅速串通心腹，决议发动叛乱。这年十一月二十一日，吴三桂杀云南巡抚朱国治，自称"天下都招讨兵马大元帅"，调集藩下所部兵马，蓄发易服，以恢复明朝统治为号召，起兵反叛。不久，靖南王耿精忠以及平南王之子尚之信也响应叛乱，"三藩之乱"遂成。很快，清朝丧失了云南、贵州、湖南、福建等地，大半个中国陷入战火之中。

吴三桂起兵反叛的消息传到京师，举朝震动。与此同时，京城内有杨起隆以"朱三太子"名义起义，察哈尔有阿尔尼叛乱，京师发生地震，太和殿失火，皇后赫舍里氏去世。这一切都压在了年仅二十岁的康熙帝身上。当大学士索额图力主严办建议撤藩的大臣时，年轻的康熙皇帝表现出了异乎寻常的坚毅与定力，他义正言辞地道："撤藩是朕的主意，他们何罪之有？"随后，康熙宣布了吴三桂的罪状，削去他的一切爵位，并逮捕处死了吴三桂在京子孙，表示平定叛乱的决心。

话分两头，吴三桂的叛军虽然起初获得了迅速胜利，但是很快就陷入了保守主义的错误。吴三桂占领湖南后，本可乘胜渡过长江，直入中原。然而他却沿江进行防

◎少年康熙帝。康熙帝八岁登基，十四岁亲政，在位六十一年，是中国历史上在位时间最长的皇帝。

11

1678
吴三桂在衡州称帝，
八月病逝

1678
清开博学鸿词科，诏
举人才

1679
清收复岳州、长沙

御，与清军对峙起来，然后分兵从东、西两翼向北迂回推进。这样保守的军事战略给了康熙帝调兵遣将、从容布置的时间。

在对待"三藩之乱"的问题上，康熙帝认识到吴三桂是主要反叛者，必须予以坚决打击，而对于其他响应者则尽量施以招抚，借以分化敌人，孤立吴三桂。在剿抚并用的方针下，康熙帝把湖南作为军事进攻的中心，派遣大军进驻荆州、武昌，正面抗击吴三桂，并命安亲王岳乐由江西攻长沙，夹击湖南；同时对耿精忠、尚之信以及在陕西持观望态度的王辅臣积极开展招抚工作。康熙十五年（1676 年）春，宁远大将军图海率军攻破平凉城，迫使王辅臣重新归附清廷，之后康熙帝对王辅臣既往不咎，令他跟随图海进驻汉中，将战场推进至四川。第二年，参与叛乱的靖南王耿精忠以及平南王之子尚之信先后投降，并表示愿意戴罪立功，东南战场形势转危为安。

此时，吴三桂被困在湖南，缺少外援，形势逐渐被动。为鼓舞士气，康熙十七年（1678 年）三月，时年 67 岁的吴三桂在衡州称帝，国号大周，建元昭武，以衡州为定天府，大封手下将领，然而这并未扭转日益窘迫的局势。不久，吴三桂忧愤成疾，同年八月病逝于衡州，他的部下迎立他的孙子吴世璠继位，退守贵阳。

吴三桂病死，致使叛军人心涣散，失败之势已定。康熙帝趁机展开强大攻势，相继收复湖南、四川，开始进攻云南。康熙二十年（1681 年）正月，清军从湖南、广西、四川三路攻入云南，包围省城昆明，走投无路的吴世璠自杀，其余叛将献城投降。至此，这场历经八年、波及大半个中国的"三藩之乱"被彻底平定。

清廷平定"三藩之乱"，消除了地方割据势力，避免了国家分裂，从而加强了中央对西南边疆地区的控制和管理；同时，清军主力集中于南方，这也为解决台湾问题提供了契机。

1680

清军攻克金门、厦门
及附近海岛

1681

三藩之乱彻底平定

1681

郑经败退台湾后病逝

施琅渡海收台湾

郑成功死后，他的儿子郑经承退守台湾。他凭借海峡天险，向清王朝提出了"不削发，不登岸，不称臣，不纳贡"的条件。事情会按他的计划发展吗？刚刚平定三藩之乱的康熙皇帝会答应这个条件吗？

话说清廷平定"三藩之乱"后，是否乘胜进军台湾，成为摆在康熙帝面前的重大问题。

康熙元年（1662 年）五月，从荷兰人手中收复台湾的民族英雄郑成功病逝，他的儿子郑经承袭延平郡王爵位。第二年，清军大举向福建沿海用兵，一举攻占金门、厦门，郑经率部退守澎湖、台湾。康熙三年（1664 年）冬，清廷命福建水师提督施琅（láng）率军征台，然而舰队被飓风所阻，没有成功；第二年四月，施琅再度出海，再次被飓风所阻，退回厦门。此后，清廷对台湾由用兵改为招抚，并且实行了严厉的海禁政策。

退守台湾的郑氏集团虽然继续使用南明永历年号，但实际上已经表现出了很强的独立倾向。清廷多次派遣使者到台湾招抚均不成。平定"三藩之乱"后，清军主力集中于南方，统一台湾的问题便提上了日程。由于康熙初年两番征台均未成功，因此清廷内部在是否武力攻台的问题上存在分歧，且多数朝臣认为用兵台湾并无必胜把握，主张招抚；

1681

康熙任命施琅为福建
水师提督

1683

黄河经过治理，重归故道

1683

清军进驻台湾，全国统一

而内阁大学士李光地认为郑氏集团凭借海上风涛之险，以不削发、不登岸、不称臣、不纳贡为条件，根本就不想接受清廷招抚，主张出兵攻台，并向康熙帝推荐了赋闲在家的原福建水师提督施琅。康熙二十年（1681年）七月，康熙帝任命施琅为福建水师提督，与福建总督姚启圣负责主持收复台湾的事宜。

施琅到达福建后，与姚启圣发生了"风信潮水"之争，使出兵日期一再延误，最后康熙帝采纳了施琅的方案，先攻澎湖，以扼制台湾，并给予施琅专征的权利，从而使军令一致，避免了受到过多牵制。康熙二十二年（1683年）六月十四日，施琅率战舰两百余艘，精锐水师两万余人由铜山向澎湖进发，两天后抵达澎湖。澎湖守将刘国轩凭借多年作战经验，未曾料到施琅会在此时进犯，并幻想利用天气不战而胜，

◎施琅渡海。施琅原为郑成功的部将，降清后被任命为福建水师提督，后因统一台湾有功，被封为靖海侯。

1683

清设黑龙江将军

1684

清朝在台湾置一府三
县，隶属福建省

1684

四月，废除迁海令，
设海关

结果施琅出其不意，经过七天激战，一举攻占澎湖。刘国轩乘小船逃回台湾，其余守军全部投降。澎湖海战后，郑氏集团知大势已去，于是连忙派遣使者到澎湖请求投降。八月二十一日，施琅率水师从澎湖出发，两天后到达台湾鹿耳门，郑克塽率众剃发投降，清军遂进驻台湾，实现全国统一。

施琅平定台湾后，在处理台湾善后事宜上，清廷内部出现了"弃"与"留"之争。有些大臣对于台湾的战略地位认识不清，主张将岛上居民全部迁入内地，放弃台湾，这种舆论一度占据上风。后来施琅上呈《恭陈台湾去留折》，论述了台湾地位的重要性，指出"台湾土地千里，户口数十万"，是东南数省的屏障；西方殖民势力已触及到东南沿海，台湾一旦放弃，必为侵略者所占，后患无穷，因此施琅主张守卫台湾，认为"弃之必酿成大祸，留之诚永固边圉（yǔ）"。最后，康熙帝采纳了施琅的建议。康熙十三年（1684年），清廷在台湾设置一府三县，设巡道一名，隶属福建省；同时，为加强台湾和澎湖的防御，在台湾设总兵一员，陆路参将两员，驻兵八千，另在澎湖设副将一员，驻兵两千。自此，台湾重新置于中央政府的管理之下，并成为中国东南海上重镇。台湾与大陆的联系更加密切，台湾的开发也进入到一个新的时期。

平定三藩，收复台湾后，清王朝的政治形势逐渐稳定。康熙帝开始着力恢复遭到战争破坏的经济，从而为"康乾盛世"的形成奠定了基础。

中俄订约尼布楚

　　沙俄在东北烧杀抢掠的时候，清王朝多次抗议，等清王朝准备武力解决的时候，国内爆发了"三藩之乱"。面对这种情况，康熙皇帝会怎么解决呢？如果你是康熙皇帝，你有没有更好的解决办法？

　　明清之际，清军主力进入关内，东北边防一度空虚。于是觊（jì）觎（yú）中国东北边疆已久的沙俄趁机派匪徒闯入黑龙江流域烧杀抢掠，先后占领了尼布楚和雅克萨，并在此筑城坚守，以作为进一步侵略的据点。这些沙俄侵略者在黑龙江流域制造了种种骇人听闻的暴行，他们攻占黑龙江畔的桂古达尔城寨后血洗全城，只有十五人幸免于难，城中财物也被劫掠一空。

　　清廷在了解到沙俄对黑龙江流域的侵略后，多次向他们提出抗议，并要求他们撤出清朝边境，但都遭到拒绝。康熙十年（1671年）九月，康熙帝前往东北拜谒（yè）祖陵，期间接见了吉林将军和盛京将军，向他们了解情况，并开始准备反击沙俄侵略的工作。然而不久，"三藩之乱"爆发，东北地区的八旗兵被大量调入关内平叛，反击工作被暂时搁置起来；沙俄则趁机扩大对中国的侵略。康熙十五年（1676年），沙皇特使尼古拉来华，康熙帝两次接见并宴请了来使。康熙帝原以为可以通过谈判解决中俄边界问题，怎料这个尼古拉对于边界问题只字未提，反而要求中国臣服于沙俄，并每年向沙俄进贡白银四万两和丝绸若干

1685	1686	1686	1686	1687
英国人于广州设商馆，正式对华通商	正月，俄军复占雅克萨	七月，清军围困雅克萨	九月，沙俄求和，清军解除对雅克萨的包围	七月，命萨布素撤兵回黑龙江

等。康熙帝断然拒绝了这些要求，并将这个不可理喻的尼古拉遣送出境。

康熙二十年（1681年），经过八年战争，清廷终于平定了"三藩之乱"，国内政局基本稳定。第二年，康熙帝以拜谒祖陵的名义，出关巡视东北，并开始部署力量，准备武力驱逐盘踞在雅克萨的沙俄侵略者。为了确保胜利，康熙帝进行了一系列的准备工作：首先，将黑龙江流域纳入军政建制，任命萨布素为黑龙江将军，坐镇黑龙江城（即瑷珲城），负责指挥驱逐沙俄的军事行动；其次，安设驿站，保障黑龙江与吉林之间的通信联络以及粮草供应；最后，调兵遣将，以东北八旗兵为主力，水陆同时进军。

在攻打雅克萨之前，清廷仍然希望采取和平方式解决，多次派人交涉，要求沙俄侵略军撤出雅克萨，以雅库为界，双方相互贸易，和平相处。然而沙俄侵略者拒不撤退，一面增派援兵，一面加固城防，

◎中俄签订尼布楚条约。这是清朝和沙俄之间缔结的第一个正式条约，有效制止了沙俄对黑龙江的进一步侵略，使东北边疆获得了一百多年的安宁。

妄图负隅顽抗。康熙二十四年（1685年）四月，康熙帝任命彭春为清军统帅，联合黑龙江将军萨布素统兵三千五百人，水陆并进，进攻盘踞雅克萨的沙俄侵略军。五月二十二日，清军抵达雅克萨城下，在交涉失败后开始围攻雅克萨城，二十五日清晨俄军死伤累累，被迫乞降。清军施以宽大政策，准许他们携带财物和妻女撤退，要求他们立誓不再来雅克萨骚扰。第一次雅克萨之战，以清军胜利告终。不久，清军毁掉雅克萨城堡，返回瑷珲等地驻防。

然而背信弃义的沙俄侵略者在清军撤退后不久，再次集结军队卷土重来，重新占领雅克萨城，并在旧址上重筑新城，囤积粮食，做出长期据守的姿态。康熙二十五年（1686年），康熙帝下令再次讨伐。五月上旬，萨布素率部下两千余人到达雅克萨城下，经过数日激战，杀敌百余人，其中包括俄军头目托儿布津。雅克萨城墙坚固，一时难以攻取，为减少伤亡，萨布素下令清军掘壕筑垒，长期围困。在清军的围困下，雅克萨城中原有的八百余名俄军仅剩数十人。正当清军胜利在即之时，沙俄外交使团来到北京，希望通过谈判解决边界争端。康熙帝接受了和谈的建议，并下令解除了对雅克萨的包围。第二次雅克萨之战以清军主动撤围、双方展开谈判结束。

康熙二十八年（1689年）六月，中俄双方代表在尼布楚举行边界谈判，签订了《尼布楚条约》。条约明确了中俄两国的东段边界，规定两国以格尔必齐河、外兴安岭和额尔古纳河为分界线，从法律上肯定了格尔必齐河以东、外兴安岭至鄂霍次克海以南的乌苏里江和包括库页岛在内的黑龙江广大地区，都是中国领土。

中俄《尼布楚条约》签订后，沙俄对黑龙江流域的侵略受挫，转而骚扰喀尔喀蒙古地区，而此时处于中国西北边陲的准噶尔部首领噶尔丹也在蠢蠢欲动。

康熙帝亲征噶尔丹

沙俄在黑龙江流域受挫之后，又支持野心勃勃的漠西蒙古准噶尔部首领噶尔丹的扩张，清王朝的西部和北部边疆顿时战火丛生。面对这种状况，康熙帝决定御驾亲征，他能顺利的战胜噶尔丹吗？

话说明末清初，蒙古部族一分为三，即漠南蒙古（内蒙古）、漠北蒙古（喀尔喀蒙古）以及漠西蒙古。漠西蒙古即明代的瓦剌，又分为四个部落，分别是准噶尔部、和硕特部、杜尔伯特部以及土尔扈特部。在清朝入主中原之前，漠南蒙古就已经归附清朝，并且建立起了稳固的满蒙联盟，双方保持联姻关系，孝庄皇太后就是出身于蒙古科尔沁部。漠北蒙古和漠西蒙古也与清王朝保持着臣属关系。

漠西蒙古的准噶尔部在十七世纪中叶逐渐强盛起来，他们的首领噶尔丹统一了漠西蒙古各部，又进军天山南北，灭亡了叶尔羌汗国，成为一支控制今新疆、青海的强大的分裂割据势力。之后，康熙二十七年（1688年），噶尔丹趁喀尔喀蒙古内部纷争之际挥师东进，迫使喀尔喀蒙古十余万部众南迁。此时，在黑龙江流域侵略受挫的沙俄也想要染指喀尔喀蒙古，于是积极支持噶尔丹的扩张行动。噶尔丹逐渐成为清王朝西部和北部边疆的重要祸患。

喀尔喀蒙古部众南迁的消息传到北京，康熙帝立即调拨归化城、张家口、独石口的存粮、牲畜和茶布进行救援，并将他们安置在内蒙

19

古北部的苏尼特、乌珠穆沁等部放牧；同时责令噶尔丹退兵，归还喀尔喀牧地。然而，噶尔丹在沙俄的支持下，不仅不退兵，反而以追喀尔喀为名向内蒙古大举进攻，前锋到达距离北京仅九百里的乌珠尔沁部。由于理藩院尚书阿喇尼违令轻战被击退，噶尔丹气焰更加嚣张。

康熙二十九年（1690 年）七月，康熙帝御驾亲征。然而当大军行至今河北隆化时，康熙帝感染疟疾，返回北京，而将指挥权委托给了裕亲王福全。八月初一，清军抵达了噶尔丹驻扎的乌兰木通。这次清军抢先投入战斗，用大炮猛轰，自中午打到傍晚，结果噶尔丹大败，仓皇逃走。恰在此时，噶尔丹的侄子策妄阿拉布坦占据准噶尔故地，并与康熙帝合作，阻断了噶尔丹的西归之路。无奈之下噶尔丹一路逃到科布多，并向康熙帝请罪，发誓绝不敢再侵犯喀尔喀蒙古。

噶尔丹败退后，为了结束喀尔喀蒙古的内部纷争，加强蒙古部族

◎康熙帝亲征噶尔丹。康熙帝三次亲征终于平定噶尔丹叛乱，但是直到乾隆年间才彻底取得对准噶尔作战的胜利。

与中央间的关系，康熙三十年（1691年）四月，康熙帝前往多伦诺尔举行喀尔喀蒙古各部落的会盟。会盟期间，康熙帝同意了喀尔喀蒙古贵族的请求，与内蒙古一样实行了编旗，共编三十六旗，拨给牧地安插。除保留喀尔喀蒙古原有的汗号外，其余一律改为清朝的亲王、郡王、贝勒等封爵。会上还对最先提倡归附清朝的人员、奏请编旗的人员以及在征剿噶尔丹战役中的有功人员进行了表彰和封赏。多伦会盟使噶尔丹的分裂行为陷入了政治孤立。多伦会盟后，康熙帝路过长城时做出了永远不再修筑长城的决定。

噶尔丹退回后并不甘心失败，正当康熙帝举行多伦会盟的时候，噶尔丹则派遣使者向沙皇俄国求援。在得到沙俄援助后，康熙三十四年（1695年）噶尔丹再次率军侵入喀尔喀蒙古，并诱使蒙古各部叛乱。为了免除后患，康熙帝决定对噶尔丹采取坚决打击的政策。康熙三十五年（1696年）春，康熙帝兵分三路，亲自率领中路军，御驾亲征。进军途中，康熙帝与士卒同甘共苦，每日仅吃一顿，常饮浊水，并且注意探报情况，随时组织大臣讨论，指定周密的作战计划，表现出了高超的军事指挥才能。经过多伦会盟后，内外蒙古各部落的向心力大大增强，喀尔喀蒙古王公不仅没有响应噶尔丹的引诱，反而纷纷带兵与康熙帝会合。噶尔丹只好西撤。五月十三日，西路清军与撤退中的噶尔丹会战于昭莫多，噶尔丹大败，丢下大量驼马、牛羊，仅率数名骑兵逃走。

昭莫多之战后，噶尔丹丧失了有生力量，只得在塔米尔河一带流窜。为了永绝后患，康熙三十六年（1697年）二月，康熙帝再次亲征噶尔丹，率领八旗劲旅至宁夏，追剿噶尔丹残部。此时的噶尔丹已经众叛亲离，走投无路之下服毒自杀。至此，清王朝取得了平定噶尔丹战役的彻底胜利。

此后，新任准噶尔首领策妄阿拉布坦对清王朝表示臣服，西部和北部边疆获得了短暂的安宁。就在此时，西藏内部又出现了纷扰。

| 1697 | 1701 | 1701 | 1716 | 1718 |

第巴桑结迎立仓央嘉措为六世达赖喇嘛

和硕特蒙古汗王拉藏汗杀第巴桑结，控制西藏政权

拉藏汗欲立私生子为新达赖，遭反对

准噶尔军队侵入拉萨，杀戮喇嘛，大肆破坏

康熙发起"驱准保藏"，但入藏清军被打败

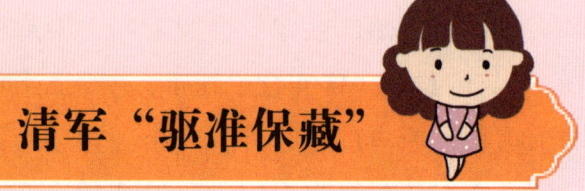

清军"驱准保藏"

仓央嘉措不仅是六世达赖，还是著名的民歌诗人，他写的诗歌在各地代代流传。可是在他死后，西藏的局势动荡不安，内忧外患不断，康熙帝断然下令"驱准保藏"，这一次，康熙帝能成功吗？

顺治九年（1652 年），清廷通过顾实汗邀请五世达赖入京，并册封他为"达赖喇嘛"，确立了达赖喇嘛在西藏的宗教领袖地位；同时清廷也对顾实汗进行了册封，承认了他对西藏的实际控制，由此正式形成了和硕特蒙古汗王与达赖喇嘛共管西藏的二元政治体制。

顾实汗去世后，他的子孙继续掌握西藏的行政大权。康熙二十一年（1682 年），五世达赖圆寂，他的亲信第巴桑结隐匿不报，并宣称达赖喇嘛闭关修行，自己代替他处理事务。第巴桑结对于和硕特势力干预西藏事务早已不满，双方的矛盾逐渐显现出来。此时，清廷忙于沙俄及噶尔丹的战事，没有时间顾及西藏事务。康熙三十六年（1697 年），第巴桑结公布了五世达赖圆寂的消息，并迎立 15 岁的仓央嘉措为六世达赖喇嘛，自己则继续代表达赖喇嘛行事。康熙四十年（1701 年），拉藏汗继任和硕特蒙古汗王，与第巴桑结的矛盾进一步加剧，以致兵戎相见，最终第巴桑结在战乱中被杀，拉藏汗完全控制了西藏政权。接着，拉藏汗以第巴桑结所立的六世达赖不愿修行、追求世俗享乐为由，将

| 1719 | 1720 | 1720 | 1720 | 1720 |

康熙承认格桑嘉措为达赖，并调兵入藏驱逐准噶尔军

清军进入拉萨，达赖举行坐床仪式

清对西藏实行政教合一制

六月，禁商人火炮军器出洋

七月，封李昀为朝鲜国王

他逮捕押送北京，当队伍行至青海时，六世达赖病故。此后，拉藏汗欲立自己的私生子为新达赖，以达到完全控制西藏的目的，这遭到了西藏各界的普遍反对；与此同时，青海方面认定幼童格桑嘉措才是真正的达赖转世灵童，并将他迎至塔尔寺。双方互不相让，纷纷指责对方灵童是假的，西藏局势日益动荡，这为外部势力介入西藏提供了条件。

此时准噶尔首领策妄阿拉布坦也开始向周边扩张，并伺机袭扰哈密、青海和西藏等地。康熙五十五年（1716 年）冬，策妄阿拉布坦趁西藏局势动荡之际，派自己的表弟策凌敦多布率军六千，经过叶尔羌，直入西藏，并于次年十月攻入拉萨城，杀死拉藏汗。准噶尔军队占领拉萨后，大肆毁坏，杀戮喇嘛，使西藏地区陷入混乱之中。

康熙五十七年（1718 年）二月，清廷得知了准噶尔军队侵占拉萨的消息。康熙帝立即发起"驱准保藏"的战役，命额伦特率军从库赛岭

◎六世达赖仓央嘉措。仓央嘉措还是一位才华横溢、富有文采的诗人，写了很多细腻真挚的情歌，一直流传至今。

出发，命色楞率军从拜都岭出发，兵分两路进入西藏。由于准噶尔军队采取了诱敌深入、精兵设伏和截断粮道的办法，致使入藏清军全军覆没。两路清军战败的消息传到北京，部分朝臣认为藏地遥远，路途险恶，主张停止进兵，放弃西藏。康熙帝驳斥了这种观点，并说："西藏是青海、云南、四川三省的屏障，如今准噶尔叛军侵入西藏，骚扰当地百姓，若不迅速反击，叛军趁机侵入吐鲁番，袭扰青海，那时边境将永无宁日。"于是，康熙帝决心再次派兵入藏。

为了确保胜利，康熙帝一方面正式承认居住在青海的格桑嘉措为达赖，稳定西藏民心，争取藏民归附；另一方面任命皇十四子胤禵为抚远大将军王，率兵驻扎西宁，调拨满、蒙、汉兵数万人入藏。康熙五十九年（1720 年）四月，清军两路入藏：平逆将军延信出青海，护送七世达赖；定西将军噶尔弼率南路军出四川；抚远大将军胤禵居中指挥。同时，康熙帝另派两路清军，分别驻守巴里坤和阿尔泰，袭扰策妄阿拉布坦，使他无法入藏增援。

噶尔弼率军入藏后，采用了副将岳钟琪"以番攻番"的计策，利用招降土司做前驱，并沿途招降藏军七千余人，令他们沿途镇守。同年八月，清军进入拉萨，在藏民的支持下迅速驱逐了准噶尔军队。不久，延信所率中路军护送七世达赖进入拉萨，受到广大藏民的热烈欢迎。九月，七世达赖在布达拉宫再次举行坐床仪式，成千上万的喇嘛、藏民拥到布达拉宫前进行朝拜；延信当众宣读了康熙帝的诏书，规定西藏实行政教合一制，由达赖和班禅统一管理，达赖负责前藏，班禅负责后藏。雍正五年（1727 年），清廷设置驻藏大臣两人，分别驻守前藏和后藏，以监督西藏地方的管理事务，西藏与中央政府之间的联系更加紧密。

清军"驱准保藏"之后，边疆获得了安宁，然而此时康熙帝年纪已大，诸皇子之间的夺嫡之争却是越发热闹了。

雍正帝励精图治

在争夺皇位的斗争中，雍正帝从九个兄弟中脱颖而出，继承了皇位。有文功武治、雄才大略的康熙帝在前，雍正帝能治理好国家吗？他又会采取哪些措施呢？他的这些做法能不能让国家发展壮大呢？

康熙帝后期，他的九个儿子围绕皇位继承问题展开激烈斗争。最后雍正帝胜出。雍正帝继位之时，清王朝入主中原已近八十年，统治根基已然稳固，然而社会矛盾也日渐积累。就边疆问题而言，康熙帝虽然多次用兵边疆，但是西北的准噶尔问题始终未能从根本上解决，而西南少数民族聚居地区大都被土司所控制，中央对此缺少有效管理；就内部问题而言，康熙帝统治时期崇尚宽仁，以致晚年贪污腐败成风。这些内外问题急需一位强有力的统治者进行果断的改革，而雍正帝正是这样一位改革型的皇帝。

在边疆问题上，雍正帝对于叛乱分裂势力采取了坚决打击的措施。雍正元年（1723 年）十月，青海和硕特亲王罗卜藏丹津在准噶尔首领策妄阿拉布坦的支持下发动叛乱，雍正帝随即任命川陕总督年羹尧为抚远大将军，率军平叛。罗卜藏丹津见大势已去，只带两百余人逃奔准噶尔。清军收复青海后，雍正帝采纳了年羹尧提出的《青海善后十三事》，

1727

噶尔丹请和，清允许贡市贸易，西北边疆稳定

1727

清廷设置驻藏大臣

1728

曾静受吕留良影响，策动川陕总督谋反，反被欺骗捉拿

1729

雍正设立军机房，后改成军机处

从而加强了对青海地区的管辖。雍正五年（1727年），准噶尔首领策妄阿拉布坦去世，他的儿子噶尔丹策零成为准部新的首领，他不仅拒不交出发动青海叛乱的罗布藏丹津，而且继续保持与清廷对峙的状态。于是，雍正帝出兵讨伐，在清军武力威逼下，噶尔丹策零请求停止交战，并议和，清廷答应议和，并允许准噶尔部可以定期到肃州进行贡市贸易，西北边疆大体稳定。

对西南地区少数民族地区，雍正帝决心"改土归流"，即革除土司制度，将世袭的土司改为有任期的"流官"。雍正四年（1726年）九月，雍正帝任命鄂尔泰为云贵总督，负责这一地区的"改土归流"。鄂尔泰根据实际情况，注意轻重缓急，对于主动改流者予以嘉奖，对

◎雍正皇帝是历史上最为勤劳的皇帝之一，他在位的十三年时间里，每天睡眠不足四小时，写下的批语达一千多万字。

于负隅顽抗的大小土司则采取坚决镇压的措施。到雍正八年（1730年），西南地区的改土归流基本完成，四年间由土司改设流官的地区共有三百余处。改土归流是中国地方政治制度史上的一项重大改革，消除了土司的割据状态，加强了各民族之间的经济、文化联系以及中央对西南地区的管辖，有利于统一多民族国家的巩固与发展。

西北和西南的边疆问题，归根到底属于肢体之患，而内部长期积累的社会矛盾才是清王朝最大的隐忧。因此，雍正帝继位后以严猛治国，对于康熙朝后期出现的社会弊端进行了铁腕式的改革。

首先，强化皇权。除了对众多藩王的军政权力进一步加以限制与剥夺外，雍正帝采取了三项重要举措：第一是宣布秘密立储。鉴于康熙时九子夺嫡引发的朝局动荡，雍正帝采取秘密立储制度，由自己写下储君的名字，密封后放在匣中，放置于乾清宫"正大光明"匾额后面；另一份密封后，随身携带，保证了皇位平稳继承。第二是完善密折专奏制度，规定内外臣工均可以密折奏报皇帝，而奏报的内容几乎无所不包，不仅包括机密、紧急的事务，也包括刮风下雨、社会舆情，甚至包括官场隐私、家庭秘事等，并且规定内阁大臣不得过问密折的内容。第三是设立军机处。雍正七年（1729年）为了方便及时处理西北地区与准噶尔部的战事，雍正帝在隆宗门外设立军机房，不久改称军机处，军机大臣由皇帝在满、汉大学士及各部尚书、侍郎中选定，凡入值军机的大臣都是皇帝的亲信，参与国家大政，但决定权由皇帝掌握，军机大臣只负责记录而已。经过一系列措施，雍正帝进一步加强了君主的专制权力，尤其是军机处的设立，使皇帝真正集权于一身，大大提高了清王朝的行政效率，也标志着君主集权发展到顶峰。

其次，惩治贪污。当时腐败问题主要表现在两方面：一是挪用、

27

1731
噶尔丹兵围吐鲁番

1731
十二月，禁带铁器
出洋

1732
五月，大败噶尔丹

亏欠国库钱粮；二是从民间获取非法收入的"耗羡"。所谓"耗羡"是指征收赋税时因补贴合理损耗而多收的附加税，这种做法已经使用了近百年，本无可厚非，然而在实际征收过程中却没有固定标准，有时加至三四成以上，有的甚至达到七八成，多数被官吏私吞。雍正帝上台后，连发十一道谕旨整顿吏治，严惩贪污；同时清查亏空，将亏欠国库钱粮的官吏即行革职追赃，而由此被革职抄家的各级官吏多达数十人，其中甚至包括三品以上的大臣。时任苏州织造的李煦以及江宁织造的曹頫（fǔ）都因亏欠国库钱粮被革职抄家，少年曹雪芹便亲身经历这场家庭变故。针对"耗羡"问题，雍正帝推行了"耗羡归公"的改革，承认耗羡合法，但是将数额控制在正常赋税的一二成之间，并由官府统一管理使用，该"耗羡"所得很大一部分被作为"养廉银"发放给官员，类似"高薪养廉"，确实在短时间内澄清了吏治。

最后，改革赋役制度。由于土地的日益集中和人口的不断增长，丁银便成为广大贫民的沉重负担。康熙五十一年（1712年），清廷宣布新增加的人口，不再征收丁税。但现实中由于豪绅与地方官吏相互勾结，往往造成丁税不均衡的现象。雍正年间，清廷推行"摊丁入亩"，即把固定下来的丁银数额与具体丁户（人口）相脱离的方式全部摊入田赋中征收，由此减轻了无地或少地的贫民的负担，中国古代社会以人丁为科征依据的丁役制基本被废除。

作为清王朝入主中原的第三任皇帝，雍正帝可称得上是中国古代勤勉之君的典范，他在位期间通过一系列大刀阔斧的改革，大大矫正了康熙后期的社会弊端，为"康乾盛世"的连续起到了承前启后的作用。

清廷大兴文字狱

　　清王朝为什么要兴起文字狱呢？兴起文字狱能解决问题吗？文字狱又带来了哪些危害？如果当时你在雍正帝面前，可以劝说雍正帝停止文字狱，你觉得怎样劝说才会让雍正帝停止文字狱，又能解决他面临的问题？

　　话说雍正十三年（1735年）八月二十三日，在位仅十三年的雍正帝暴卒于圆明园。同他的继位一样，雍正帝的死因也是众说纷纭、扑朔迷离，多数认为其因服用丹药，中毒而亡；而在众多野史记载中，最具传奇色彩的当属吕四娘谋刺说，之所以有这样的传说，还要从雍正帝生前的一桩文字狱说起。

　　作为少数民族入主中原的王朝，清朝统治者对于中原汉人眷念明朝、否定清朝正统地位的民族意识十分忌讳，并将其视为"反清复明"的思想苗头。因此，清朝统治者除了对汉族知识分子进行笼络利诱外，还多次兴起文字狱，对于不利于统治的言论予以严厉钳制。其中康熙朝有庄廷鑨《明史》案、戴名世《南山集》案，两案均因书中涉及了清廷忌讳的词句而被人告发，从而定为"逆书"，很多人受到牵连。雍正年间，文字狱更为严重，其中最著名的当属吕留良案，或称曾静、张熙谋反案。

　　吕留良是清朝初年浙江一带的著名学者。清军入关时，吕留良曾参与抗清斗争，失败后专心著书立说，他的书中包含有大量"夷夏之防"的激烈言论。康熙二十二年（1683年），吕留良病故。后来，有一个

◎张熙策动岳钟琪。岳钟琪是岳飞二十一世孙，曾静、张熙等认为，岳飞子孙怎么能为敌人女真族的后裔卖命，于是有了策反岳钟琪的举动。

叫曾静的湖南人，因偶然机会读到了吕留良所著《时文评选》，倍感钦佩，于是派自己的学生张熙前往浙江购买吕留良的书籍。最后，曾静得到了吕留良生前的大量书稿，深受他的思想影响，并由此萌发了反清复明的意识。

雍正六年（1728 年），曾静写了一封列举雍正帝十条罪状的书信，并派学生张熙送给川陕总督岳钟琪，策动他谋反。岳钟琪接见了张熙，一番劝说后，岳表示决意起兵，并邀张熙留下来助其一臂之力。

听到岳钟琪答应后，张熙满心欢喜，于是将老师曾静的计划和盘托出，殊不料岳钟琪只是虚言应付罢了。岳钟琪得到张熙所交代的情报后，立即将张熙扣押，同时一面派人到湖南捉拿曾静，一面向雍正帝报告曾静、张熙欲图谋反的事情，听候处置。

雍正帝接到报告后，立即下令将曾静、张熙押解进京，经审讯牵

1735

八月，雍正暴卒

1735

九月，乾隆继位

1735

乾隆处死曾静师徒，
销毁《大义觉迷录》

连出吕留良生前的激烈言论。此时雍正帝觉得曾静身处穷乡僻壤，只是受了吕留良思想的迷惑后才发展到如此猖狂的地步，于是将原本的谋反案件定性为文字狱，并将罪魁祸首指向了早已过世多年的吕留良。雍正帝下令将吕留良开棺戮尸，他的家属及门生有的被杀，有的被流放，有的被发配为奴。相传吕留良有一个孙女，名叫吕四娘，幸免于难，后练就绝世武艺，斩雍正帝首级，报仇雪恨。当然这种说法可能只是出于后世小说家的杜撰，不足为信，但是吕四娘斩雍正帝首级的说法在民间流传极广，或许这正是人们对于文字狱的一种鞭挞！

吕留良一家遭到灭顶之灾，而曾静、张熙师徒却以"误信邪说"的名义而免于处罚。不仅如此，雍正帝下令将两年来关于此案的谕旨、曾静的口供和认罪著作《归仁录》，合编为《大义觉迷录》一书，颁行天下，还命令曾静到各地宣讲。这样原本的"谋逆者"却成为了皇帝的"宣讲者"。《大义觉迷录》主要是雍正帝就"华夷之辨"以及自己所谓的失德"十罪"进行全面的辩驳，以此来维护清王朝统治的合理性以及自己继位的合法性。然而这种做法确实不怎么高明，尤其是曾静所列举的失德"十罪"本就是子虚乌有的宫闱秘事，雍正帝此举反倒有种欲盖弥彰的味道，让人民更加相信他"失德"，这可能也是为什么雍正帝长期以来形象不佳的原因。

雍正帝驾崩后，他的第四子弘历以秘密立储的形式承继大统，改元乾隆，是为高宗。乾隆帝一上台，立即以"诽谤先帝"之罪下令处死曾静、张熙师徒，并将《大义觉迷录》全部收缴销毁。可以说文字狱的目的就是要在思想文化领域树立君主专制和满洲贵族统治的绝对权威。乾隆年间，文字狱有增无减，而且绝大部分都是无中生有的罪名。

乾隆帝十全武功

　　乾隆皇帝在位六十余年，六下江南、东巡、平叛……如果要在皇帝中评一个劳模，乾隆皇帝绝对榜上有名。在他总结自己的一生时，也不无感慨地说自己一生有"十全武功"，自诩为"十全老人"。事实真的是这样吗？他的"十全武功"含金量到底有多高呢？

　　乾隆帝继位后，勤于政事，将"康乾盛世"的局面推向了顶峰。乾隆帝多次用兵边疆，平定内乱，自称为"十全武功"。

　　所谓"十全武功"，是指乾隆年间清廷进行的十次军事行动，主要包括两度用兵大小金川、两度平定准噶尔、平定南疆大小和卓叛乱、镇压台湾林爽文起义、清缅战争、安南之役以及两度反击廓尔喀。

　　两度用兵大、小金川可以说是清廷"改土归流"政策的延续。大、小金川地区位于四川西部，平叛后，清廷废除了大、小金川的土司制，改设流官进行管理，巩固和发展了西南地区"改土归流"的成果，加强了中央对这一地区的管辖。

　　从康熙帝亲征噶尔丹起，清廷与准噶尔部的战事就打打停停，准噶尔部始终是清廷西北地区的重要边患。1755年二月，乾隆帝让新归降的厄鲁特人打头阵，兵分两路直指准噶尔。大军所到之处，准噶尔部军民望风归降。该部首领达瓦齐自知势不能挡，四处逃窜，于当年

六月被擒；同时，清军还擒获了雍正初年发动青海叛乱的罗布藏丹津。至此，盘踞西北七八十年的准噶尔政权被彻底消灭。

然而正当乾隆帝为平定准噶尔部告祭太庙和行献俘礼时，西北边疆又传来了阿睦尔撒纳叛乱的消息。乾隆二十二年（1757 年）正月，乾隆帝采用"以蒙治蒙"的办法，任命熟悉蒙古事务的喀尔喀亲王成衮扎布为定边将军，率所部喀尔喀蒙古兵平叛。平定后，清廷为巩固这一

◎乾隆帝十全武功。乾隆年间的十次军事行动性质各不相同，有镇压民变的，有平息叛乱的，有维护正义的，也有反击侵略的。乾隆帝因此自诩为"十全老人"。

地区的统治，自巴里坤以西至伊犁，派兵驻扎屯垦，使该地区得到开发。

清廷消灭准噶尔时，原被准噶尔部关押的维吾尔族首领大小和卓博罗尼都和霍集占先后逃回天山南路的回疆（今通称南疆），策划建立独立的伊斯兰汗国。乾隆二十二年（1757年）四月，正当清军在天山北路忙于平定阿睦尔撒纳叛乱时，大小和卓纠集维吾尔族上层分子公开发动叛乱。乾隆二十四年（1759年）六月，清军兵分两路平叛，天山南北尽归中央管辖。乾隆二十七年（1762年），乾隆帝正式批准，设立伊犁将军，作为管辖天山南北地区的最高军政长官，其他重要城市设参赞大臣、办事大臣、领队大臣等驻守，统属伊犁将军，从而加强了对新疆地区的控制，巩固了国防。

两度反击廓尔喀是乾隆帝晚年进行的捍卫国土的军事行动。廓尔喀本是西藏南部小国，乾隆中后期开始对外扩张，并将矛头指向了与其有贸易往来的西藏地区。在反击廓尔喀侵略取得彻底胜利后，乾隆帝命大将军福康安与驻藏大臣和琳会同西藏地方官员，共同拟定了《钦定西藏章程》，明确规定驻藏大臣地位与达赖、班禅平等，西藏僧俗官员所有事务，都要禀报驻藏大臣办理；同时还确定了"金瓶挚签"制度，抑制了地方贵族势力。自此，西藏地区与中央之间的关系更为密切，当地的守卫力量也得到大大加强。

通过以上几次战争，清王朝加强了对西南、西北以及西藏地区的管辖，维护了国家统一和领土完整，对于奠定中国领土版图发挥了重要作用。然而"十全武功"旷日持久，历时将近半个世纪，表面光彩的同时也付出了沉重的代价，消耗了国力。随着"康乾盛世"的终结，清王朝由盛转衰。

土尔扈特部东归

生活于伏尔加河流域的土尔扈特部为什么要向着太阳升起的东方迁移？在他们迁移的路上经历了哪些困难，土尔扈特部又是怎样克服困难的？如果你是土尔扈特部的首领，你会怎么做呢？

土尔扈特部本是漠西厄鲁特蒙古四部之一，明末清初，土尔扈特部因与准噶尔部不和，被迫西迁至俄罗斯境内的伏尔加河下游地区。土尔扈特部西迁后，始终与清王朝保持着联系，并不断派人入贡。噶尔丹叛乱时，土尔扈特部阿玉奇汗曾派兵前往阿尔泰山，阻断噶尔丹西归之路；噶尔丹败死后，阿玉奇汗派人"入贡庆捷"，受到康熙帝优赏。不久策妄阿拉布坦反叛清廷，土尔扈特部贡道受阻，阿玉奇汗特地派遣使者绕道向清廷入贡，并坚决站在清廷一边。康熙帝嘉奖他怀念故土的深情，于康熙五十一年（1712年）五月派内阁侍读图里琛等人为使者，借道俄罗斯前往伏尔加河流域看望土尔扈特部广大牧民。

乾隆二十二年（1757年），清廷两度用兵，彻底平定准噶尔部。当时大量厄鲁特牧民为躲避战乱向西迁移，逃入俄罗斯境内的牧民纷纷投降土尔扈特部。这一时期，沙皇俄国在与邻国瑞典、土耳其的战争中，向土尔扈特部无休止地征兵，成千上万的土尔扈特牧民死于战场，从而

1771	1771	1771	1772	1773
六月，乾隆将土尔扈特部众分别安置在准噶尔和科布多一带游牧	九月，乾隆欢迎渥巴锡汗并册封部族	解散广东公行	清军分三路攻入大金川	乾隆下令编纂《四库全书》，历时十年才编成

引起了整个部落对沙俄的强烈不满。乾隆二十六年（1761 年），阿玉奇汗的曾孙渥巴锡继承汗位，他从新到的厄鲁特牧民中得知了准噶尔部被消灭的消息，迫于沙俄的剥削与奴役，于是萌发了回归故土的意识。

经过多年的酝酿与准备，乾隆三十五年（1770 年）秋，渥巴锡汗与所属喇嘛、台吉、宰桑等重要头目召开了绝密会议，决定趁伏尔加河冬季结冰之机，带领居住在伏尔加河左右两岸的牧民一起离开沙皇俄国，返回故土，向着太阳升起的东方。然而当年冬天，气候异常温暖，伏尔加河久不结冰，为避免东归计划泄露，1771 年 1 月，渥巴锡汗毅然率领右岸蒙古牧民共计 3.3 万余户、近 17 万人，踏上了回归故土的行程。

◎土尔扈特人赶着牲畜、带着家眷，义无反顾地向着太阳升起的地方走去，一路上除了残酷的战斗，他们还要经受严寒、瘟疫和饥饿的考验，等到东归时，土尔扈特部人口已经损失大半。

　　土尔扈特部东归的消息很快传到了圣彼得堡，沙皇叶卡捷琳娜二世认为，如果让整个部落从她的眼皮底下走出国境，必然会使罗曼诺夫家族蒙羞。于是，她一方面派出哥萨克骑兵前往追击；另一方面严格监视留在伏尔加河左岸的土尔扈特人。土尔扈特部的东归队伍，很快穿过了伏尔加河与乌拉尔河之间的草原；然而走在最外侧的一支队伍，被哥萨克骑兵追上，断后的九千名土尔扈特战士壮烈牺牲。为了摆脱沙俄哥萨克骑兵的围追堵截，以及哈萨克人和布鲁特人的趁火打劫，渥巴锡汗率领土尔扈特部冒险走入数千里戈壁。经过万余里艰苦卓绝的漫长行军，乾隆三十六年（1771 年）六月，土尔扈特部在承受了巨大民族牺牲后终于抵达伊犁边外的清军驻地，此时土尔扈特部众仅存七万余人，牲畜衣物全部丢失。

　　当乾隆帝得知土尔扈特部东归后，非常高兴，指示伊犁将军要予以妥善安置，并紧急调拨专款采办牲畜、皮衣、帐篷以及茶叶、粮米等，接济贫困中的土尔扈特人，帮助他们渡过难关。当年九月，乾隆帝在承德避暑山庄召见了渥巴锡等人，并举行了盛大宴会表示欢迎。乾隆帝册封渥巴锡仍为土尔扈特汗，册封一同归来的原准噶尔贵族舍楞为郡王，将渥巴锡所属部众分为东西南北四路十旗，安插在准噶尔盆地一带游牧，由伊犁将军管辖；舍楞所属部众编为两旗，在科布多一带游牧，由科布多大臣兼管。此外，乾隆帝亲撰《土尔扈特全部归顺记》和《优恤土尔扈特部众记》两篇碑文，刻石立碑，永作纪念。

　　渥巴锡率领土尔扈特部东归，创造了举世闻名的民族大迁徙，其史诗般的壮举值得后世的歌颂与赞美。土尔扈特部东归，对于新疆地区的发展和边疆的稳定都起到了重要作用。

1776
清平定大金川叛乱，
并废除土司制

1776
和珅入军机处

1780
康熙第五次南巡

乾隆帝六下江南

康熙皇帝在位的时候为了了解民间疾苦，缓和满汉矛盾曾经六次巡视江南，顺利的稳定了局势，发展了经济。等到乾隆帝登基后，也先后六次巡行江南。乾隆帝六次巡行江南和康熙帝六次巡行江南情形以及产生的效果一样吗？

清王朝定都北京，可以说统治中心在北方。自宋元以来，全国经济中心南移，江南地区成为全国重要的赋税来源和人文荟萃之乡；同时清军入主中原，江南地区的抗清斗争活跃，反清思想与反清活动时有发生，因此江南地区的稳定对于全国局势的安定具有重要作用。康熙帝在位期间就曾六次巡视江南，主要是视察河务、漕运，缓和满汉矛盾，宣扬皇威以及视察春耕，了解民间疾苦。乾隆年间，清朝国势达于鼎盛，向来以圣祖康熙帝为楷模的乾隆皇帝，也先后六次巡行江南，然而乾隆帝六下江南的情形跟他的爷爷基本上是两回事，其中的利弊得失恐怕一言难尽。

从乾隆十六年（1751年）开始到乾隆四十九年（1784年）结束，乾隆帝先后六次下江南，每次一般都要到江宁府、苏州府、杭州府、扬州府，后四次还巡幸了浙江海宁。乾隆帝每次下江南都是以巡视河工海防作为重要内容，期间对黄河、淮河的河工以及浙江、江苏的海塘，下达了数以百计的上谕，不惜拨银千万两，完成了多项工程，这对于

1784

康熙六下江南

1785

十二月，《大清一统志》成书

1785

十二月，命广东洋商以后不准呈进贡物

减少水灾、保护农业生产及人民生命财产安全发挥了重要作用。

　　南巡期间，乾隆帝多次下令减免途经省份的赋税，并亲自走访了农田和织造机房，劝课农桑，巩固"以农为本"的国策。南巡所经之地，凡是有岳飞、韩世忠、方孝孺、于谦等历代先贤的祠堂和陵墓，乾隆帝都会派遣官员前去拜祭，并且亲自出席了对大禹陵、周公庙、孔庙及明太祖陵的祭奠。与此同时，乾隆帝沿途对于已经告老还乡的大臣给予特别的优待和礼遇，并宣布增加巡幸地方的生员名额，六次南巡大约增加江苏、浙江、安徽三地生员名额五千六百余名。乾隆帝的这些举措在很大程度上缓和了江南地区的社会矛盾，笼络了汉族知识分子，巩固了统治。

◎乾隆南巡。由于清军入关时曾大规模屠杀江南人民，因而江南地区的反清情绪一直较为激烈。乾隆南巡期间，祭拜忠烈，礼遇大臣，增加当地生员名额，这些行为都有利于收揽民心。

　　虽然说乾隆帝通过巡幸江南，可以了解江南地区的官风民情，视察沿途的河务、漕运，对于笼络江南士人，稳定江浙具有积极作用，但是其弊

1786
十一月，台湾天地会起义，后于 1788 年平叛

1789
封安南国王

1790
封缅甸国王

端也是显而易见的。每次南巡的前一年，朝廷都要派出官员勘察路线，修桥铺路，筑建行宫。御道要求平直，不能弯弯曲曲，于是操办的官员就趁机勒索沿途的百姓，稍不服从就拆毁房屋、铲平祖坟，还借整肃盗匪的名义把无辜百姓投进监狱，给民间带来了极大的骚扰。

不仅如此，每次出巡历时半年之久，随行的后宫嫔妃、王公大臣以及侍卫官兵多达两三千人，征调马六千多匹、大船千余艘，民夫劳役万余人。地方官员深知乾隆帝讲究排场玩乐，争相逢迎，凡是乾隆帝所经之处都要清水泼街、黄土铺路，布置行宫，陈设古玩；沿途三十里以内，地方官员一律穿上官服迎驾，所有士绅、读书人以及老者都要到现场排队跪拜，高呼"万岁"，以示"盛世"气象。乾隆皇帝对于地方官员的奉承谄媚，不仅不加以阻止，反而重金奖赏，更是助长了铺张奢靡、献媚取宠的风气。

乾隆皇帝沉浸在"盛世"的华彩中自我满足，却不知六下江南，开支浩繁，逐渐透支了清王朝的国力，而且大大助长了奢靡腐败之风，导致吏治日益败坏，老百姓的负担越来越重。乾隆帝晚年对于自己的南巡曾有这样的认识："朕御极六十年，并无失德，惟六次南巡，劳民伤财，作无益，害有益。"他的反思可算深刻，而此时的清王朝已经开始走向没落。当然，相比于六下江南的劳民伤财，给清王朝带来更大损害的是闭关锁国政策，当国人在"康乾盛世"中自我满足时，世界已然发生了巨变。

英国使团首度访华

乾隆五十七年，英国派出了以孟加拉总督马戛尔尼为首的庞大使团出使中国，希望与中国开展谈判，开展贸易，从而获得原料产地和商品市场。使团到达北京后收到了热情的接待，可是双方的谈判却很快就陷入了僵局，这是为什么呢？

清朝最初入主中原时，为了消灭东南沿海的郑氏集团，清廷严厉实行"海禁"，严禁民间船只私自出海，来华的外国商船也只准许驻泊在澳门一带。康熙帝统一台湾后，曾一度开放海禁，并在广州、漳州、宁波、云台山四处设立海关，作为对外通商的口岸。后来由于西方殖民者在中国沿海从事非法活动，乾隆二十二年（1757年），清廷下令封闭其他通商口岸，只准广州一处通商，并且规定凡是对外贸易都要由官府指定的广州"十三行"

◎英国使者马戛尔尼。这是到达中国的第一个英国外交使团，是中英之间最重要的一次早期交往。英国使团搜集了大量有关中国政治、经济、军事的情报，为日后侵略中国做了准备。

41

1793
正月，定西藏
善后章程

1793
四月，定西藏与廓尔
喀疆界

1793
六月，英国马戛尔尼
率团出使中国

1793
八月，乾隆在承德接
见马戛尔尼

商人代理。行商作为清廷与外商的中介，要负责向外商征收关税，并从事对外交涉；外商在广州的活动受到严格限制，比如禁止外商在广州过冬，禁止外商雇役华人，禁止外商学中国话、买中国书，禁止外国妇女进入广州城等。此外，清廷对于国人出洋贸易同样进行了严格限制，对于出洋的船只大小、货物的品种数量、水手人数以及往返日期等都做了非常严格的规定。如此严格的闭关锁国，使得中国丧失了对外贸易的主动权，也使国人很难了解外部世界。正当人们在"康乾盛世"的局面中自我陶醉之时，世界已然发生了巨变。

十八世纪下半叶，英国率先完成工业革命，急切希望进一步打开中国市场。乾隆五十七年（1792年），英国派出了以孟加拉总督马戛尔尼为首的庞大使团出使中国，希望与中国开展谈判，使清廷取消在对外贸易中的种种限制，打开中国门户，获得原料产地和商品市场；同时也可以借机搜集中国情报，为英国的下一步对华政策提供依据。

英国方面以向乾隆皇帝祝寿的名义前来，并精心准备了六百箱礼物。乾隆五十七年（1792年）夏，马戛尔尼使团从英国起航，经过近一年的海上航行后，于乾隆五十八年（1793年）六月二十一日抵达澳门，广东巡抚郭世勋立即向朝廷奏报。乾隆帝得知英国使团不远万里来华时，非常高兴，认为这正是清朝威德远播以致万国来朝的结果，所以特别指示地方官员要做好接待工作。英国使团抵达天津后，地方官员进行了妥善的接待，并向使团提供了丰富的牛、羊、鸡、鸭、米、面等。对于清朝方面如此热情的接待，马戛尔尼显然非常满意，并对未来展开的谈判充满期待，然而双方很快就陷入了僵局。

马戛尔尼在天津向前来迎接的清朝官员递送了礼品单，这些礼物被作为"贡品"运往北京，而马戛尔尼使团也将作为"贡使"在清朝官员的陪同下经北京前往承德避暑山庄觐见乾隆帝。然而双方正式的外

1794
造广东水师战船

1795
苗民起义

1795
十一月，清军攻陷苗
民义军根据地

1795
《四库全书总目》刻成

交接触尚未开始，因文化差异导致的礼仪之争便已发生。清朝方面要求英国使团按照各国贡使觐见皇帝的一贯礼仪，行三跪九叩大礼，而在马戛尔尼看来，中英双方是完全不同的两个主权国家，不存在朝贡关系，而且此次出使的名义也是祝寿，所以拒不接受跪拜之礼。乾隆帝得知礼仪之争后非常不满意，下令降低对英国使团的接待规格。最后，双方达成妥协，马戛尔尼等以晋见英王之礼觐见乾隆帝，行单膝下跪礼，但免去吻手动作。虽然双方在利益问题上达成了妥协，但是礼仪之争却给中英首次正式接触带来了不小的负面影响。

乾隆五十八年（1793年）八月初十，乾隆帝在承德避暑山庄万树园接见了马戛尔尼等人，收下了英王乔治三世的国书，并回赠玉如意以示中英亲善。之后，乾隆帝命令军机大臣和珅与福康安陪同使团人员参观行宫。十三日，马戛尔尼及部分随行人员以"贡使"的身份参加了乾隆帝的"万寿节"庆典。活动结束后，马戛尔尼使团向清廷提出了英国方面的要求，包括准许英国派遣使臣常驻北京；准许英国商人在宁波、舟山、天津和广东地区自由通商；将舟山附近一处海岛让与英国商人居住和收存货物；在广州附近划拨一地，准许英商自由出入；减免英商在广州、澳门间内河航运的税额；准许英国人到内地传教。对于英国使团提出的这些要求，乾隆帝在给英王的回信中做出了明确答复，"尔国所请与天朝体制不合，断不可行"，并指出"天朝物产丰盈，无所不有，原不籍外来货物以通有无。特因天朝所产茶叶、瓷器、丝巾为西洋各国必需之物，是以加恩体恤……"就这样，中英之间首次正式的外交接触不欢而散。

英国希望通过谈判扩大对华贸易的企图失败，马戛尔尼使团经运河南下抵达广州，沿途对中国腹地进行了考察，不久从广州回国。

此后数十年间，英国政府曾再度派遣使团来华，结果依然是无功而返；清王朝则继续固守闭关锁国政策，中国逐渐成为时代的落伍者。

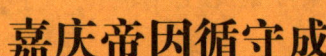

嘉庆帝因循守成

乾隆皇帝在位六十年后终于禅位给了三十六岁的嘉庆，可是嘉庆帝继位之初，大权仍掌握在太上皇手中。等乾隆皇帝去世后，嘉庆帝大权在握，准备好好的治理国家，却只会"萧规曹随"。

嘉庆四年（1799 年）正月初三，在位六十年、实际掌权六十四年的太上皇驾崩，仅仅半个月后，嘉庆帝便将太上皇生前的宠臣和珅下狱治罪，令其自尽，其实，对于和珅的贪污敛财，乾隆帝并非一无所知，只是和珅千方百计地堵塞通向皇帝的信息渠道，使得无从查起。更重要的是，晚年的乾隆帝希望身边有人奉承照顾，排解寂寞，同时帮助他处理军国大事；和珅常伴乾隆帝左右，服侍照顾，体贴入微，可以说是乾隆帝不可替代的助手。相传每当乾隆帝咳嗽吐痰时，身为军机大臣、大学士的和珅会立即端上痰盂接着，如此忠实的臣子和奴才，乾隆帝也舍不得处置他。

嘉庆帝继位之初，大权仍掌握在太上皇手中。此时太上皇已入垂暮之年，说话不清，只有和珅才明白太上皇说什么。所以每天上朝的时候，和珅站在太上皇与嘉庆帝旁边，等同于摄政，对于满朝文武的

奏报，和珅通过"听取"太上皇的话发号施令，人们称他为"二皇帝"。嘉庆帝对和珅贪污敛财、把持朝政早已不满，但是碍于太上皇的情面，只能委曲求全。

查抄的和珅家产令人瞠目结舌，他有田地八千顷、各色商铺数百家、亭台楼阁百余座、貂皮一千五百余件，另有金银、珠宝、器皿等不计其数，折合白银竟达八亿两，相当于清王朝十五年的赋税收入。

嘉庆帝除去和珅，一时之间朝野称快。但随即，摆在他面前的头等大事便是波及川、楚、陕三省的白莲教大起义。

清王朝经过百余年的"康乾盛世"，人口迅速膨胀，到了乾隆后期，人地矛盾日益突出，农民无地可耕，失业现象非常严重。在这种背景下，作为民间秘密宗教组织的白莲教开始盛行起来。

嘉庆元年（1796年）正月，湖北荆州地区白莲教领袖聂杰人、张正谟首先举起义旗，接着襄阳地区的姚之富、齐王氏（王聪儿）等率众响应，很快四川一带的白莲教群众也揭竿而起，迅速形成了遍及川、楚、陕三省的反清大起义。面对来势汹汹的起义浪潮，嘉庆帝急调八旗劲旅和各省绿营兵参与会剿，而起义军采取流动作战方式，转战千余里，多次击败清军。几年下来，白莲教起义不仅没有被镇压下去，反倒愈演愈烈，而造成这种局面的原因很大程度上在

◎嘉庆皇帝。嘉庆皇帝若是生于治世，本可以做个守成之君。但是面对乾隆皇帝留下的千疮百孔局面，就显得有些无能为力了。

于清廷的腐败已经渗透到军队之中了。嘉庆帝亲政后，立即惩处了和珅，并对前线统兵大员进行了整顿，同时采取剿、抚并用的策略，借以分化、瓦解起义军。此外，针对起义军流动作战的问题，嘉庆帝充分利用乡勇团练，采取坚壁清野的方针，限制起义军的活动范围。到嘉庆九年（1804年），白莲教起义彻底失败。清廷用兵九年，耗费白银近两亿两，虽然扑灭了起义，但"康乾盛世"的迷梦被彻底击碎，留下的是社会的千疮百孔，而嘉庆帝的因循守成更使社会陷入全面停滞。

首先，史治腐败。嘉庆帝亲政后果断惩处了大贪官和珅，然而嘉庆帝只是除去了一个权臣而已，并未对吏治腐败的根源进行深思，也没有做出任何的制度性调整。

其次，固守重农抑商的政策。自乾隆后期，人地矛盾已然非常突出。然而，嘉庆帝坚守祖宗成法，从保护旗人的利益出发，坚持东北封禁政策，这既不利于解决关内人多地少的矛盾，也延缓了对东北地区的开发。此外，嘉庆帝固守传统的重农抑商政策，无力吸纳从土地中脱离出来的过剩人口。嘉庆帝企图将农民固定在土地上，但是有限的耕地已然无法养活迅速增长的人口。

最后，坚持闭关锁国。嘉庆帝对于世界大势茫然无知，继续坚持闭关锁国。嘉庆二十一年（1816年），英国政府继马戛尔尼使团之后再度派出阿美士德使团访华，然而由于双方在觐见礼节上的争执，致使嘉庆帝龙颜大怒，下令驱逐使团。

嘉庆二十五年（1820年），嘉庆帝猝死于承德避暑山庄，皇次子旻（mín）宁根据秘密立储的安排承继大统，改元道光，是为清宣宗。道光帝继位时，社会矛盾更加突出，不仅社会内部面临改革，而且来自海上的威胁也步步逼近。

清

| 1820 | 1821 | 1828 | 1834 |

英国输入鸦片增至
五千余箱

英国人侵入新疆各地

命查禁西洋人私
运鸦片

清宣布对英绝交，驱
逐其船只

林则徐虎门销烟

鸦片最初被作为药材传入中国，十八世纪中期，当英国
占领了南亚的鸦片产地孟加拉后，殖民政府便确立了大量种
植鸦片及向中国输入鸦片的政策，鸦片的泛滥给中国社会带
来了严重灾难。面对鸦片走私所造成的危害，湖广总督林则
徐坚决主张严禁鸦片。

鸦片，学名罂粟，俗称大烟，吸食成瘾，最初被作为药材传入中国。
十八世纪中期，当英国占领了南亚的鸦片产地孟加拉后，殖民政府便
确立了大量种植鸦片及向中国输入鸦片的政策，并给予东印度公司制
造和专卖的特权。乾隆后期，中国每年输入鸦片大约四千箱，到了嘉庆、
道光年间，鸦片输入的数量成倍地增长。清廷多次颁布禁令，但是英
国鸦片贩子通过贿赂官员、逃避检查等方式偷运鸦片，甚至利用"快蟹"、
"扒龙"等特制快船公开进行武装走私。道光年间，鸦片走私的范围已
经由珠江口扩大到整个东南沿海，甚至向北延伸到直隶以及奉天海岸。
鸦片的泛滥给中国社会带来了严重灾难，全国吸食鸦片者多达两百万
人，遍及官绅、百姓及军队，对他们的生理和心理造成了极大地危害。
而且鸦片走私使得白银大量外流，严重影响了中国的社会经济。毫不
夸张地说，鸦片走私已经成为当时中国社会的一颗毒瘤。

面对鸦片走私所造成的危害，清廷内部就鸦片问题展开激烈争论，
并逐渐形成了弛禁和严禁两种意见。在此次讨论中，多数大臣对于禁烟
不持异议，但并不主张严刑禁烟；而以湖广总督林则徐为代表的一批大

臣则坚决主张严禁鸦片。道光帝深感鸦片走私所造成的吏治腐败、财政枯竭以及军队瓦解等严重威胁，最后决定采纳林则徐等人的禁烟主张。道光十八年（1838年）底，林则徐被任命为钦差大臣，前往广州厉行禁烟。

第二年（1839年）初，林则徐抵达广州。当时，广州群众反对鸦片走私的情绪和禁烟的正义呼声十分高昂。林则徐借助民情，会同两广总督邓廷桢、广东水师提督关天培等，决定采取严厉措施，以彻底根除鸦片烟毒。林则徐等一方面积极整顿海防，派水师扼守伶仃洋，查禁走私船只；另一方面严禁贩卖、吸食鸦片，并以一年半为期限，吸食者处以绞刑，贩卖者斩首示众。不久，林则徐要求外国烟贩三日内交出全部鸦片，并保证以后不再向中国输入鸦片。起初英国鸦片贩子以为林则徐禁烟无非是虚张声势，因此拒不交出鸦片；对此，林则徐毅然表示"若鸦片一日不绝，本大臣一日不回，誓与此事相始终，断无中止之理"。为了防止英商将鸦片转移到走私船上，林则徐派兵包围商馆，断绝广州与澳门交通，并下令暂停中英贸易。当时驻广州的英国商务监督义律无计可施，于是命令英商缴烟，同时也劝告美国商人缴烟，声称损失一律由英国政府赔偿，他的目的就是要以此激怒英国政府，为发动侵华战争制造借口。在中国人民禁烟运动的强大威力下，英美商贩最终被迫缴出鸦片近两万箱，共计两百三十余万斤。

同年6月3日①，林则徐会同广东地方官员齐集虎门海滩，督令将收缴的鸦片全部当众销毁，销烟历时二十二天，至6月5日结束，这便是著名的"虎门销烟"。

中国人民在自己的国土上禁烟是完全合法的且正义的运动，而英国为了挽回损失，获得中国的原料产地和商品倾销市场，决定以此为借口发动侵华战争，中英鸦片战争由此爆发。

---

① 1839年6月以后，本书年表及内文中的月份均为公历月份，编者注。

◎林则徐指挥虎门销烟。

1840

2月，英命懿律为侵
华英军总司令，派兵
侵华

1840

懿律派人在九龙尖沙
咀一带闹事挑衅

1840

6月，侵华英军抵达
广东，鸦片战争爆发

1840

7月，英军炮击厦门，
封锁宁波及长江口

鸦片战争轰开国门

　　虎门销烟之后，英国驻华商务监督义律为即将到来的战争提供借口，命令所有英国商船离开广州，聚泊在香港九龙尖沙咀一带海面。后来，义律命令英国军舰发动武装挑衅，林则徐下令清军还击，鸦片战争就此爆发。

　　1839年8月，林则徐虎门销烟的消息传到英国，立即引来一片战争喧嚣。1840年2月，英国政府任命乔治·懿律为侵华英军总司令，派兵侵略中国。

　　虎门销烟之后，林则徐下令恢复中英之间的正常贸易，但是进口贸易的商船必须保证不夹带鸦片。当时的英国驻华商务监督义律为了坐实英国人的贸易权利受到中国人侵犯，为即将到来的战争提供借口，命令所有英国商船离开广州，聚泊在香港九龙尖沙咀一带海面。恰在此时，有英国水手上岸酗酒闹事，与尖沙咀村民发生冲突，致使渔民林维喜伤重身亡。义律拒不交出凶犯，林则徐下令停止供应英人柴米食物。义律命令驻泊在附近的英国军舰发动武装挑衅，林则徐下令清军还击，中国水师与英国军舰在九龙尖沙咀、穿鼻洋两度炮战，这标志着中英之间的冲突已然转化为了武装对抗。1840年1月，道光帝命令林则徐断绝中英一切贸易，并出示英国的罪状，公示各国。同年6月，乔治·懿

1840
8月，英军到达天津，提出赔偿割地等要求

1840
9月，英军要挟成功，南下广东

1840
11月，琦善抵广州，将林则徐等查办，后又撤除防御措施

1841
1月，英军强占香港，道光帝下诏对英宣战

律率领由兵船 16 艘、武装汽船 4 艘、运输船 28 艘、士兵 4000 余人组成的"东方远征军"，相继到达中国广东海面，中英鸦片战争正式爆发。

英国侵略军到达广东海面后，见林则徐戒备森严，无隙可乘，于是北犯浙江，攻陷了防御薄弱的定海。接着继续北上，直抵天津白河口，并向直隶总督琦善递交了外交大臣巴麦尊给清廷的照会，提出了赔款、割地、通商等无理要求。面对英军深入京畿重地，清廷大为震惊，满朝文武不知所措。以琦善为代表的妥协派大肆宣扬失败情绪，说英军"船坚炮利"，无法战胜，即使今年打胜了，明年还会再来，并将英军发动侵略战争的责任归罪于林则徐广州禁烟，认为只有将林则徐治罪，才能平息事端。道光帝深知战争耗费巨大，本就无心抗战，加上妥协派的鼓噪，于是任命琦善前往天津海口与英军谈判。在谈判中，琦善向英军表示：林则徐禁烟措置失当，只要英军退回广东，清廷必会派钦差大臣前往广州"秉公查办"、"代伸冤抑"。英军统帅懿律得此答复，认为实现了以武力要挟清政府的目的，又因天气渐冷，海港即将封冻，遂于 9 月中旬南下广东。

9 月 17 日，道光帝任命"退敌有功"的琦善为钦差大臣，赴广东办理中英交涉；同时又以"办理

◎中国军队抗击英国侵略军

1841

2月，英军进攻虎门
炮台，广州告急

1841

5月，签订《广州和
约》，解散三元里抗
英群众

1841

8月，英国改派璞
鼎查进一步扩大对
华战争

不善"的罪名，将林则徐、邓廷桢革职查办。同年11月底，琦善抵达
广州，立即下令撤除了林则徐在珠江口附近的防御设施，并遣散了乡勇，
以示谋求妥协的诚意。12月，琦善与英方全权代表义律开始谈判，对
于英方提出的要求，除割让香港岛外，基本上都予以应允。为了迫使
琦善完全屈服，第二年1月英军突袭虎门外的沙角、大角炮台，守将
陈连生率部抵抗，壮烈殉国。1月20日，英军单方面公布《穿鼻草约》，
内容包括割让香港、赔款烟价六百万元、恢复广州通商等，并于26日
强占了香港。琦善的妥协行径引起了广大人民群众的强烈不满，而英
军提出的割地、赔款等条件也让道光帝感到有辱天朝颜面，于是下诏
对英宣战，将琦善革职拿问，并任命御前大臣、皇侄奕山为靖逆将军，
湖南提督杨芳为参赞大臣，调集各省军队1.7万人开往广东，中英战事
进入第二个阶段。

当英军获知清军大举南下时，立即先发制人。2月下旬，英军进攻
虎门炮台，已经六十多岁的广东水师提督关天培率军英勇抵抗，尚在
广州主事的琦善拒不增援，致使关天培与守军四百余人全部牺牲。攻
陷虎门炮台后，英舰驶入省河，广州告急。同年4月，奕山率领各省
援军抵达广州，并于5月21日在没有切实准备的情况下贸然发动进攻，
结果清军惨败；英军趁势反攻，占领城郊的泥城、四方等炮台，包围并
炮轰广州城。龟缩于城中的奕山挂起白旗与英军议和，签订了屈辱的《广
州和约》，允诺清军六年内撤至离广州城60英里以外的地方，并交纳
六百万元的"赎城费"。此时，广州北郊三元里和各乡群众自发组织起
来抗击英军，然而已经吓破胆的奕山认为"防民甚于防寇"，不仅不
予以支持，反倒派人强迫解散群众队伍；同时，奕山将失败说成是胜利，
将自己的乞降说成是英人乞求通商，六百万元的赔款也被说成是历年

1842
3月，奕经轻敌，浙
江战场失利

1842
6月，英军侵入长江

1842
8月，英军侵入南京
下关江面，切断漕运

的"商欠"，渴望胜利的道光帝竟信以为真，于是批准了《广州和约》。由此可以看出清廷的昏庸无能。

英国并不满足已获得的利益，于是改派璞鼎查为全权大臣，打算进一步扩大对华战争。1841年8月，璞鼎查抵达香港，随即率军北犯，在福建、浙江、江苏等地燃起了更大的战火。9月26日，英军攻陷定海；10月10日，英军攻陷镇海；13日，英军攻陷宁波。短短半月之间，浙东三城轻易落入敌手，这引起清廷极大恐慌。为了挽回败局，道光帝任命协办大学士、皇侄奕经为扬威将军，从各省调集军队近两万人，赶赴浙江前线。然而这位扬威将军一路上只知道游山玩水，勒索地方，足足走了四个月，直到1842年2月方才抵达绍兴。3月上旬，奕经为了邀功请赏，在完全不了解敌情和没有充分准备的情况下，兵分三路冒雨夜袭，企图一举收复宁波、镇海以及定海三城。结果，三路清军皆败，英军则趁势反攻，攻陷慈溪。奕经仓皇逃回杭州，不敢再战，力主对英求和。

广东战场和浙江战场的失利，使朝中的妥协派再次活跃起来，道光帝无心再战，于是下令停止进军，任命盛京将军耆英为钦差大臣，并重新启用已被革职的两江总督伊里布，令他们前往浙江寻求谈判途径。此时的英军认为已有的军事打击尚不足以"强迫清政府签订一个令人满意的条约"，于是增派兵力，大举侵入长江下游地区。

1842年6月，英军侵入长江，直击吴淞炮台。年近七旬的江南提督陈化成率军坚守吴淞西炮台，身负重伤，壮烈殉国。7月下旬，英军进攻镇江，遭遇到自中英开战以来清军最强有力的抵抗。然而士兵的勇敢无法弥补武器装备之间的差距，最终包括副都统海龄在内的四千守军全部战死，镇江失陷。8月初，英军侵入南京下关江面，切断了

1842

8月，签订《南京条约》

1843

洪秀全第四次科考失利，创立拜上帝会

1844

中美《望厦条约》、中法《黄埔条约》等相继签订

1850

道光帝驾崩，咸丰即位

清王朝的漕运要道，清廷彻底屈服，于是接受了璞鼎查提出的全部要求。

1842年8月29日，耆英、伊里布代表清廷与英国全权大臣璞鼎查在南京下关江面的英国军舰"奥华丽"号上签订了中国近代史上的第一个不平等条约《南京条约》，规定：中国开放广州、福州、厦门、宁波、上海五处为通商口岸；割让香港岛给英国；赔偿英国2100万银元；英国进出口货物缴纳的关税应由中英双方协定；废除公行制度等。之后，中英双方又签订了《虎门条约》，作为《南京条约》的补充条款，使英国获得了在华领事裁判权、片面最惠国待遇以及居住、租地等特权。随后，1844年7月，中美签订《望厦条约》；同年10月，中法签订《黄埔条约》，比利时、瑞典、挪威以及葡萄牙等国也相继与清廷签订不平等条约。正如作家柏杨所说："一些中国曾经听说过或从来没有听说过的弹丸小国，在过去就是前来进贡也不够资格的，现在排队而来，一个个与中国签订不平等条约。"从此，中国开始沦为半殖民地半封建社会。

战争的残酷现实暴露了中西方之间的差距，也促使中国知识分子反思，于是中国社会出现了《海国图志》、《瀛环志略》等著作，从而掀起了"开眼看世界"的先河。然而遗憾的是，在道光帝执政的最后十年间，清廷几乎没有做出任何改革，林则徐曾上疏道光帝，建议加强海防，建立近代海军，却被认为是"一派胡言"。清朝统治者依然沉睡在"天朝美梦"之中不能自拔。

1851	1851	1851	1851	1851
1月，洪秀全在金田村起义，建号太平天国	2月，向荣被太平军打败	8月，向荣分路攻桂平紫荆山，太平军突围	8月，太平军占广西永安州城	12月，洪秀全颁布封王诏书，永安建制

太平天国席卷江南

黄河流域和长江流域连年出现水旱灾害，清廷因鸦片战争的巨额军费和赔款使得财政濒临崩溃，不仅无力救济灾民，反而借机搜刮。天灾人祸严重激化了国内的阶级矛盾，爆发了一场席卷大半个中国的太平天国运动。

五口通商后，西方商品开始涌入中国东南沿海，致使这一地区传统手工业纷纷破产。同时黄河流域和长江流域连年出现水旱灾害，而清廷因鸦片战争的巨额军费和赔款使得财政濒临崩溃，不仅无力救济灾民，反而借机搜刮。天灾人祸严重激化了国内的阶级矛盾，一场席卷大半个中国的太平天国运动即将爆发。

道光二十三年（1843年），广东花县客家人洪秀全第四次赴广州参加科举考试，结果又一次落第。就在此时，洪秀全偶然间翻看了七年前在广州城得到的一本基督教布道书《劝世良言》，书中宣传拜上帝、敬耶稣，反对崇拜偶像邪神等。洪秀全读后，顿感心中豁然开朗，他将书中内容与自己大病期间的梦幻异象相比附，认为自己是天父上帝的次子、天兄耶稣的弟弟，当时生病期间自己实际上是被天使引荐上天荐上帝去了，上帝赐他宝剑，让他下凡斩妖救世。于是洪秀全把《劝世良言》作为"天书"，祈祷上帝，自行洗礼，并创立拜上帝会，从事传教工作，劝人敬拜上帝，不拜祖先、邪神。洪秀全的同乡冯云山、

族弟洪仁玕也自行洗礼，加入到"拜上帝会"的传教活动中。

1844年，洪秀全、冯云山离开广东，辗转来到广西进行传教。这一时期，洪秀全先后撰写《原道救世歌》和《原道醒世训》，把基督教教义同儒家思想结合起来；冯云山则重点开展组织工作，其深入广西贫苦的紫荆山地区，发展教众两千余人，其中有种山烧炭的杨秀清和贫农萧朝贵。

经过洪秀全、冯云山等数年的努力，拜上帝会在紫荆山地区迅速壮大，并逐渐形成了以洪秀全、冯云山、杨秀清、萧朝贵、韦昌辉和石达开六人组成的领导核心。1848年至1850年，广西灾荒频频，饥民遍野，起义的条件逐渐成熟。1850年春夏之交，洪秀全要求各地会众到广西桂平县金田村"团营"，整编队伍。1851年1月11日，正值38岁生日的洪秀全率众在金田宣布起义，建号"太平天国"，全军将士皆蓄发，

◎金田起义现场，太平天国战士们慷慨激昂，宣誓起义。

1852

12月，太平军占益
阳、岳州

1853

1月，清命曾国藩帮
办本省团练

1853

1月，天平军攻克武昌

1853

3月，太平军占领南
京，并宣布定都

1853

4月，琦善在扬州建
立江北大营

红巾包头，以示与清廷势不两立，气势磅礴的太平天国运动就此拉开了序幕。

金田起义后，太平军挥师东进，在大湟江口攻破清军。3月23日，洪秀全在武宣县东乡称天王。清廷方面起初认为太平军只是一群"乌合之众"，但很快就意识到问题的严重性，于是咸丰帝派兵围剿。太平军从东乡撤离后，转战平南一带，并于当年9月击溃清军，一举攻克永安州，这是太平军攻克的第一座州城。在此处，太平军进行了休整，并颁行天历，制定各种制度。1851年12月17日，天王洪秀全颁布封王诏书，太平天国中央政权组织初步形成。

随后，太平军从广西攻入湖南，再攻入湖北，于1853年1月12日攻克武昌。接着，洪秀全、杨秀清放弃武昌城，统率20万太平军，沿江东下，一路势如破竹，接连攻克九江、安庆、芜湖等地。3月8日，太平军兵临南京城下，至20日完全占领南京。太平天国将南京改名为天京，并宣布定都于此，从而正式建立起了与清廷对峙的政权。

太平军攻占南京的消息传到北京，引起清廷极大恐慌。咸丰帝命钦差大臣向荣率清军驻扎南京城东孝陵卫，组成"江南大营"；另命钦差大臣琦善率清军驻扎扬州，组成"江北大营"。此外，鉴于八旗、绿营军队的溃败，咸丰帝下令各地组织团练，当时在家守丧的曾国藩仿照明朝戚继光的方法组建了湘军。曾国藩以同乡和情谊作为维系湘军的纽带，除了对士兵进行技击、枪法和阵式的训练外，还要进行以三纲五常为核心的思想教育，这使湘军内部形成了一种严格的封建隶属关系，全军只服从曾国藩一人。曾国藩的湘军在对太平军的作战中逐渐崭露头角，成为清王朝镇压太平天国的主力。

太平天国定都天京后，主动出击，同时进行了北伐和西征。1853

年 5 月 8 日，太平天国大将林凤祥、李开芳率两万太平军出师北伐，目标直指北京。北伐军一路避实就虚，接连攻克州县，于当年 10 月逼近天津，给清廷以极大震动，京中官绅纷纷逃亡。咸丰帝命令僧格林沁调集军队阻挡北伐军。僧格林沁采取长期围困的策略，逐渐消耗北伐军的战斗力。1855 年 5 月底，清军相继攻克连镇、高唐州，林凤祥、李开芳被俘，押解北京处死，太平天国的北伐以失败告终。

在北伐军出师后不久，太平天国进行了西征。1853 年 6 月，西征军沿江而上，很快攻占安庆、武昌等重镇，继而攻入湖南。此时，太平军的主要对手已经由八旗、绿营变成了曾国藩率领的湘军。1854 年春，曾国藩发表了《讨粤匪檄》，率湘军倾巢而出，从西征军相反的方向杀来。双方在湘潭一带展开激战，西征军失利，湘军则直入湖北，相继夺取武昌、汉阳，并叫嚣"肃清江面，直捣金陵"。面对危局，1855 年 1 月，太平天国翼王石达开亲率大军西援，利用湘军的骄傲轻进，相继在湖口和九江两次战役中痛歼湘军水师，并迫使曾国藩狼狈逃往南昌。太平军乘胜西进，于当年 4 月第三次攻占武昌，基本上控制住了长江中游地区，西征军取得了辉煌胜利。

在西征军取得胜利的同时，太平军又在天京外围成功组织了天京破围战。1856 年 4 月，太平军攻破江北大营；6 月攻破江南大营，向荣率残军逃至丹阳。天京破围战的胜利，击溃了威胁天京三年之久的江北、江南大营，而西征的胜利又使太平天国有效地控制住了长江中游地区，为下一步的军事行动创造了条件，太平天国在军事上达到全盛。

正当太平天国席卷江南之际，西方列强趁机在广州再生事端，酝酿发动新的侵华战争，扩大在华利益。

1856

10月，亚罗号事件，
英国联合法国发动第
二次鸦片战争

1856

11月，洪秀全处死
韦昌辉

1857

5月，石达开率军出走

英法联军火烧圆明园

　　鸦片战争之后，英国不满足已得利益，借口"亚罗号"事件和"马神甫"事件联合法国发动新的侵华战争。英法联军攻进北京，并闯入了位于北京西郊的圆明园，洗劫并焚烧了这座皇家园林。

　　鸦片战争之后，英国兴奋不已，以为打开了一个广阔的市场，并源源不断地向中国输入工商品。然而，中国自给自足的农耕经济原本就很少依赖外部商品，加上中国人购买能力低，所以英国输入中国的商品很快就陷入了滞销状态。英国认为出现这种状况的原因在于中国开放的通商口岸太少，于是希望中国能够开放更多通商口岸以提供广阔的商品倾销市场。

　　1856年，西方列强趁《望厦条约》签满十二年之际，再次提出"修约"的要求，要求中国开放全境，外国公使常驻北京等。在与清政府交涉无果的情况下，英、法两国借口"亚罗号"事件和"马神甫"事件联合发动新的侵华战争。因其本质是鸦片战争的继续与扩大，所以被称为第二次鸦片战争。

　　10月23日，英国军舰以"亚罗号"事件为借口，突然闯入珠江，炮轰广州城，第二次鸦片战争爆发。

1857

12月，英法联军攻
陷广州

1858

1月，英法联军囚广
东巡抚柏贵，此后统
治广州近四年

1858

2月，英法军解除广
州封锁，贸易恢复

　　1857年12月底，英法联军兵临广州城下，迂腐僵化的两广总督叶名琛未作出有效的战守准备。很快，广州失陷，叶名琛也成了英法联军的俘虏，被押往印度加尔各答，两年后死去。广东民众痛恨叶名琛误国，斥责他是"不战、不和、不守，不死、不降、不走；相臣度量，疆臣抱负；古之所无，今之少有"。1858年4月，英法联军抵达天津大沽口外，照会清朝政府，要求派全权大臣举行谈判。清廷派直隶总督谭廷襄前往大沽接洽。英、法代表声称谭廷襄并不是全权大臣，拒绝会谈。俄、美公使则假充"调停人"，出面与谭廷襄斡旋，麻痹了清政府。在俄、美公使的俺护下，英法联军于5月20日突袭大沽炮台得逞，随即沿着白河直抵天津城下，并扬言进攻北京。清廷这才慌忙派大学士桂良、吏部尚书花纱纳为全权大臣，前往天津议和。6月26日、27日，中英、中法分别签订《天津条约》，主要内容包括：公使常驻北京；增开通商口岸；允许外国人到内地通商、游历；允许外国商船在长江自由航行等。同时规定，条约的批准书一年以后到北京互换。至此，第二次鸦片战争告一段落。

　　然而西方列强贪得无厌，不满足于《天津条约》所取得的特权，希望借到北京换约的机会再生事端；而咸丰帝也对《天津条约》不满意，尤其是"公使驻京"、"内地游历"等条款有违祖制，宁愿免除所有关税以取消"公使驻京"、"内地游历"等条款，并设法避免英、法到北京换约。这样一来，双方的冲突在所难免。

　　1859年6月，英法联军不顾清廷方面指定的路线，坚持舰队经大沽口沿着白河进京，并于25日突袭大沽口炮台。清军在僧格林沁的指挥下，沉着应战，开炮还击。经过一昼夜的激战，清军击沉、击伤敌

1858
英法联军攻打天津，
签订《天津条约》

1859
清军大沽口保
卫战取胜

1859
4月，叶名琛在印度
英军狱中绝食自尽

舰数艘，毙伤侵略军近五百人；英法舰队在美国舰队的接应下撤出大沽口，清军取得了大沽口保卫战的胜利。

大沽口保卫战本是清军维护国家主权的正义之战，但是英法联军战败的消息传到欧洲，舆论一时哗然。英、法政客叫嚣要对中国实行大规模报复，"对中国海岸线全面进攻，打进北京，将皇帝逐出皇宫"，这便是西方侵略者的强盗逻辑。1860年2月，英、法两国分别任命额尔金和葛罗为全权大臣，率领更为庞大的侵略军卷土重来。同年8月，英法联军逼近大沽口，经俄国人指引，在未设防的北塘成功登陆，从侧面进攻大沽炮台。清军腹背受敌，大沽炮台陷落。英法联军遂长驱直入，攻占天津，之后由天津向北京进发。清廷慌忙派怡亲王载垣、兵部尚书穆阴为钦差大臣到通州议和，由于双方争执不下，谈判破裂。谈判中僧格林沁下令将英、法代表巴夏礼等39人扣为人质，押往北京，这一冲动的做法不仅没有阻止英法联军的军事行动，反而为他们提供了进军的借口。

9月18日，英法联军进攻张家湾，清军顽强抵抗，伤亡惨重，通州陷落。21日，清军与侵略军大战于八里桥，三万清军骑兵自杀式的冲锋，给侵略军以强烈的震撼，但是面对先进的武器，士兵的勇敢无法挽回失败的命运，五千清军阵亡。22日，咸丰帝携后妃及部分官员仓皇逃往承德避暑山庄，并任命自己的弟弟恭亲王奕訢留京"督办和局"。10月，英法联军攻进北京，并闯入了位于北京西郊的圆明园，这座旷世园林即将面临厄运。

圆明园始建于康熙年间，历经一百五十余年的不断扩建，成为当时世界上最宏伟壮丽的皇家园林。园中既有典型的中国传统木结构建筑，也有非常壮观的西洋建筑，布局和谐，景色优美；同时，园中还

1860
8月，英法联军攻占
天津，向北京进发

1860
9月，咸丰帝逃往承
德避暑山庄

1860
10月，英法联军攻
进北京，火烧圆明园

收藏大量珍宝、古玩、书画以及历代珍贵文物，可谓是融汇中西建筑风格，聚集古今艺术珍品。

10月6日，侵略军闯入圆明园，当时守园军队早已随驾而去，不见踪影，唯有数十名太监奋起反抗，终因寡不敌众失败。侵略军进入这座旷世园林后，立即被园内的景象所惊呆。很快，军官和士兵们开始了疯狂地抢劫与破坏。也许是因为园内珍宝实在是太多了，这群明火执仗的强盗不知道拿什么好，他们往往为了金子而丢掉银子，为了珠宝而丢掉金子，你争我夺，可谓丑态百出。凡是能搬动的东西，几

◎火烧圆明园。圆明园被掠夺的文物约有一百五十余万件，上至先秦时期的青铜器，下至唐、宋、元、明、清历代名人书画和各种奇珍异宝，悉数被掠走或焚毁。

1860

10月，签订《北京条约》

1861

1月，清批准设立总理衙门，下设南北洋通商大臣

1861

1月，清任命英国人李泰国为中国海关总税务司

乎全部抢走；凡是拿不动或是来不及拿走的文物，就用棍棒敲碎或打坏。

为了给侵华行为留下"赫然严厉"的印象，更是为了逼迫清廷答应他们所开出的全部条件，10月18日三千余名侵略军开始对圆明园实施有计划的焚园行动。圆明园的大火三天三夜不灭，烟云笼罩北京城，久久不能散去。当时，园中尚有三百余名太监、宫女，他们被反锁在安佑宫内活活烧死。圆明园这座历经百余年修建的东方艺术瑰宝，就在这群号称"西方文明人"的火焰下被焚毁，只剩如今的断壁残垣，成为中华民族永远的伤痛。此外，圆明园附近的清漪园、静明园、静宜园等也都遭到了英法侵略军的劫掠与焚毁。

圆明园的大火尚未完全熄灭，恭亲王奕訢于10月24日、25日分别与英法交换了《天津条约》批准书，并签订了中英、中法《北京条约》，增开天津为通商口岸，把赔偿英法军费增加到八百万两，割九龙司地方一区给英国，准许外国传教士在华传教等。至此，第二次鸦片战争结束，中国社会的半殖民地半封建化程度进一步加深。

战争结束后的第二年七月，咸丰帝驾崩于承德避暑山庄，遗诏年仅六岁的皇子载淳承继大统，是为清穆宗，并由肃顺等八大臣辅政。很快载淳生母叶赫那拉氏（后来的慈禧太后）与恭亲王奕訢联手发动辛酉政变，废除了咸丰帝遗诏确立的八大臣辅政制度，将八大臣确定的"祺祥"年号改为"同治"，两宫太后垂帘听政，奕訢被封为议政王。自此，清廷中央形成了太后垂帘、亲王议政的政治格局。

辛酉政变后，清廷决议借助外国军队镇压太平天国；而西方列强也公开支持清廷，借以维护自身的在华利益，于是"强盗变成了朋友"，中外势力开始联合镇压太平天国。

| 1861 | 1861 | 1861 | 1861 |

3月，总理衙门正式成立　　3月，英国宣布长江开放　　3月，议定汉口英租界　　3月，天津开埠

太平天国归于失败

　　太平天国定都天京后，领导集团普遍追求享乐，生活日益腐化，内部矛盾日益激化，最终导致内讧。轰轰烈烈的太平天国运动在内外交困的情况下走向失败，最终被镇压了下去。

　　太平天国定都天京后，颁布了《天朝田亩制度》，希望建立一个"有田同耕、有饭同吃、有衣同穿、有钱同使，无处不均匀，无人不饱暖"的理想社会。但并未真正实行，在太平天国控制区内"照旧交粮纳税"。与此同时，太平天国领导集团普遍追求享乐，生活日益腐化。更为严重的问题是，随着太平军在军事上的胜利，东王杨秀清的权势与日俱增，从而打破了诸王之间的权力平衡，尤其加剧了与天王洪秀全之间的矛盾，最终导致了天京事变的爆发。

　　1856年夏，太平军攻破江南、江北大营，天京被包围的形势暂时得到了解除。掌握军政大权的东王杨秀清趁机扩大个人权势，假托天父下凡，逼洪秀全封自己为"万岁"。洪秀全假装允诺，暗中密诏统兵在外的北王韦昌辉、翼王石达开回京勤王。韦昌辉收到密诏后立即率领心腹士兵三千余人秘密赶回天京，并于9月2日会同秦日纲屠杀杨秀清全家，随后又以搜捕杨秀清余党的名义株连两万余人，天京城笼罩在一派恐怖的气氛之中。此时，从前线赶回天京的石达开，责备

1861

6月，洋枪队成立，中外联合镇压太平军

1861

6月，天津法租界勘定

1861

8月，咸丰卒于热河

1861

9月，曾国藩率湘军攻克安庆，西方列强与清军联手镇压

韦昌辉不该滥杀无辜，怎料利令智昏的韦昌辉竟企图加害石达开。得到消息的石达开连夜翻城而走，但他留在天京的家属全被韦昌辉杀害。石达开回到安庆，要求天王洪秀全惩办韦昌辉，而韦昌辉的滥杀和专横也激起了天国将士们的愤怒。于是，11月初洪秀全下诏处死韦昌辉及他的心腹两百余人，从而结束了韦昌辉对天京城历时两个月的恐怖统治。

11月底，石达开回京主政，满朝文武无不欢悦。可是，洪秀全在经过杨、韦变乱后，对于石达开心存疑虑。1857年6月，石达开出于避祸的考虑，率领十余万兵马出走，开始独立作战，从而使太平天国的力量受到严重削弱。石达开率军出走，由于未能建立起长久稳定的根据地，势力逐渐衰弱，于1863年5月在四川大渡河败亡。

太平天国领导团的分裂，带来了极其严重的后果，不仅大量精兵良将死于内讧，而且天国赖以维系的信念受到很大冲击。许多太平军将士经此变乱后，士气低落，对前途感到迷茫，军队中流传"天父杀天兄，江山打不通。裹起包袱回家转，依旧做长工"的歌谣，这都严重影响了军队的战斗力。清军方面则趁势反扑，相继攻克武昌、汉阳等重镇，并且重建了江南、江北大营。太平天国开始由鼎盛走向衰落。

为了挽救危局，洪秀全提拔了青年将领陈玉成、李秀成等主持军事；不久，洪仁玕从香港来到天京，被洪秀全封为"干王"，总理朝政。陈玉成、李秀成相互配合，先后取得了三河大捷、二破江南大营的胜利，太平军士气重新高涨；洪仁玕主持朝政，提出了具有鲜明资本主义色彩的施政纲领《资政新篇》。总体而言，太平天国的形势有了一定的好转。

1861年，曾国藩率领湘军围攻安庆，陈玉成虽多次组织援军，但始终未能与城内守军会合。当年9月，安庆被湘军攻克，从此太平天

1861 10月，英法军退出广州

1861 11月，慈禧发动辛酉政变，后掌权近五十年

1861 11月，同治帝继位

1862 1月，汉口开埠

1862 4月，李鸿章淮军练成，抵上海

国上游的军事重镇尽失，天京已无屏障。不久，陈玉成被诱捕，送与清军，不屈而死。与此同时，清廷中央政治格局发生重大变动，慈禧太后垂帘听政，委任曾国藩统辖江苏、安徽、江西、浙江四省军务，并给予他实权，由他统率的湘军增至十万多人。此外，西方列强与清廷达成共识，公然出兵镇压太平天国。这样，太平军既要应对清军的进攻，又要反击西方侵略军，处境日益困难。

曾国藩攻占安庆后，派弟弟曾国荃率湘军主力沿长江而下，进攻天京；命左宗棠率领另一支湘军进攻浙江；命李鸿章率领淮军进攻江苏，逐渐对太平天国形成合围之势。而此时太平天国内部危机重重，天王洪秀全沉迷于宗教迷信之中，信天不信人，信宗亲不信将帅，不能够妥善地处理军政事务，而且大肆封王，诸王拥兵自重，各自为政，太平天国的形势急转直下。

1862年6月，曾国荃率领湘军驻扎天京城南雨花台。李秀成率20万太平军回援天京，向雨花台的湘军发动持续四十多天的猛烈进攻，但始终未能攻破湘军营垒。于是洪秀全制定了“进北

◎太平天国领袖洪秀全。太平天国定都南京后，洪秀全广营宫室，大选美女，生活日益腐化。尤其到了后期更是埋首深宫，醉心宗教，不再留心政事。

1862	1862	1863	1864	1864
9月，天平军大败华尔"常胜军"	恭亲王奕訢奏请成立京师同文馆	6月，石达开部于四川大渡河全军覆没，其被俘后于成都被杀	6月，洪秀全病逝	7月，曾国荃率湘军攻入天京

攻南"的战略，令李秀成率部渡江北上，诱使围攻天京的湘军回援江北。然而江北一带因战争破坏，太平军不仅没有诱使湘军撤围，反倒因为得不到有效补给而损失惨重。1864年5月，太平天国的苏南、浙江、皖南根据地全部被清军占领，天京已然成为孤城。

1864年6月，洪秀全病逝，他的长子洪天贵福继位为幼天王。7月19日，湘军从地道轰塌地堡城附近城墙，涌入城中。城中的太平军与湘军展开了激烈的巷战，绝大部分壮烈牺牲。李秀成保护幼天王突围，并把自己的坐骑让与幼主，后与幼天王失散，走入天京东南的荒山之中，被湘军俘获，不久被曾国藩杀害。幼天王突围到安徽广德，与洪仁玕会合，转战湖州，很快失败，幼天王与洪仁玕相继被杀害。此后，太平天国余部与北方的捻军会合，坚持斗争数年，最终被李鸿章的淮军扑灭。

太平天国运动坚持斗争14年，势力遍及18个省，建立起了一支上百万人的农民起义军以及与清廷相对峙的政权，并且提出了一系列较为系统的纲领制度，把中国旧式农民战争推向了顶峰。

"强盗变成了朋友"，太平天国运动也被镇压了下去，清王朝获得了短暂的平静。然而太平天国运动的强大冲击以及西方列强的入侵使清廷内部的一些有识之士体会到了深深的危机感，于是在这部分人的推动下，清王朝掀起了一场旨在"自强"、"求富"的洋务运动。

清廷兴洋务图自强

在鸦片战争中，清朝的冷兵器在经过工业革命后英国的炮火下不堪一击。在这样的情况下，清朝部分官僚开始意识到西方炮火的威力，为了解决清政府内忧外患的局面，实现富国强兵，他们发起了洋务运动。

在第二次鸦片战争期间，清朝大臣奕訢、桂良等为了谈判与侵略者交往，而掌握东南军政大权的曾国藩、左宗棠、李鸿章等也在镇压太平天国的过程中与西方人遭遇，并展开合作。这两部分人率先了解到西方的强大，他们主张兴办洋务，师法西方以图自强，并由此掀起了一场历时三十余年的洋务运动。

《北京条约》签订后，各国公使开始常驻北京，清廷同西方列强建立正式的外交关系势在必行。于是，1861年初，咸丰帝批准了恭亲王奕訢的建议，设立总理各国事务衙门，主管外交事务，总揽全部洋务事宜。这标志着中国开始改变传统的外交体制，步入近代意义上的外交行列；同时，总理衙门也成为了后来洋务运动的总枢之地，为推动洋务运动的发展起到了重要作用。

洋务运动涉及的范围十分广泛，包括制造枪炮船舰、编练新式陆海军、兴办近代工矿交通业、创办新式学堂、派遣留学生出国留学等。洋务运动得目的是"师夷长技以自强"，所谓"自强"，既有镇压国内农民起义以求王朝自我振兴之意，也有抵抗外来侵略以求民族自我

图强之意。因此，洋务运动的兴起是以兴办军事工业作为先导的。

1861 年，曾国藩攻占安庆之后，在恭亲王奕訢的支持下创办了安庆内军械所，试造枪炮弹药，这标志着洋务运动由议论走向实践，也标志着中国近代化的起步。由于当时正处于战争状态，清廷所创办的军事工业规模较小，设备简陋。真正意义上的近代军事工业是从李鸿章创办的江南制造总局开始的。1865 年，李鸿章收购了在上海的美商旗记铁厂，并将其与原来上海的两所炮局合并，成立江南制造总局。制造总局的经费主要来自淮军军费和部分关税，机器设备均购自外洋，而且雇佣洋匠数人，主要制造枪炮弹药，也可以炼钢造船。由于清廷的大力支持，无论在生产设备，还是技术力量方面，江南制造总局都是当时国内最大的军事工厂。同年，李鸿章又在南京设立了金陵机器局；第二年，左宗棠在福州设立福州船政局；后年，崇厚在天津设立天津机器局，这是当时规模较大的四个军事工厂。此外，清廷陆续在各省创办了二十个机器局。

从 19 世纪 70 年代开始，洋务派在继续"自强"的同时，着手创办以"求富"为目的的民用工业。当时，最具代表性的民用工业是 1872 年李鸿章在上海创办的轮船招商局，这也是洋务派由军事工业转向民用工厂、由官办转向"官督商办"的第一个企业。初

◎晚清重臣曾国藩。曾国藩主持创办的安庆内军械所制造出了我国第一台蒸汽机，是中国第一个近代军工企业，标志着中国近代工业的起步。

创之时仅有轮船三艘，后来吸收民间资本，规模不断扩大，并且承包了政府的漕运，兼揽商货，业务日益兴旺，打破了外商垄断中国轮船航运业的局面。此外，清廷还主持创办了开平矿务局、上海机器织布局、湖北织布官局等民用工厂。

洋务派在创办军事工业和民用工业的过程中深切地感受到了人才的重要性，于是着手创办新的教育事业，培养洋务人才。1862年，恭亲王奕訢奏请成立京师同文馆，培养外语翻译人才；第二年，李鸿章又在上海成立广方言馆。相比于军事工业和民用工业，文化教育事业更容易受到顽固派的反对，并由此开展了诸多论战。在重重阻力之下，洋务派还是在各地创办新式学堂二十余所，并于1872年促成了第一批幼童赴美留学，而这批幼童中就有后来大名鼎鼎的铁路工程师詹天佑。在科举制度尚未废除的情况下，这些新式学堂在保守封闭的圈子上打开了缺口，培养了一批掌握近代科技的知识分子和技术工人，起到了开通风气的作用。

洋务运动作为清朝统治阶层掀起的一场自救运动，在军事、民用和文化教育等领域向西方学习，客观上推动了中国社会的近代化；然而西方列强绝不希望中国通过兴办洋务富强起来，因此百般阻挠，加之洋务运动自身的封建性和腐朽性，不可能对中国社会进行根本性变革，所以其"自强"、"求富"的种种努力也无非是美好的幻想罢了。

同治十三年（1874年）农历十二月初五，年仅十九岁的同治帝驾崩。慈禧太后为继续垂帘听政，立醇亲王奕譞四岁的儿子载湉承继大统，改元光绪，是为清德宗。纵观同治帝在位的十三年间，国事全部由慈禧太后与恭亲王掌握，清王朝镇压了国内的农民起义，同时掀起了旨在"自强"、"求富"的洋务运动，一批近代军事工业和民用工业相继建立起来，清王朝仿佛又焕发了活力，统治阶层美之名曰"同治中兴"。然而此时，中国边疆地区再现危机。

1873

12月，刘永福与法
军激战于河内

1874

同治帝驾崩，光绪
帝即位

1874

日本出兵台湾

左宗棠收复新疆

当清廷忙于镇压内地农民起义之时，新疆爆发了反清武装起事，并迅速扩及全新疆，新疆由此陷入割据纷争的混乱局面。值此危局，清廷任命左宗棠为钦差大臣，准备武力收复新疆。左宗棠亲自督率大军西征，并买了一副棺材随行上战场。

正当清廷忙于镇压内地农民起义之时，新疆爆发了反清武装起事，并迅速扩及全新疆，新疆由此陷入割据纷争的混乱局面。在此背景之下，浩罕军官阿古柏于1865年率军侵入新疆，仅仅数年便占领了南疆的全部和北疆的部分地区，并成立了所谓的"哲德沙尔"汗国。英、俄两国不断派人笼络收买阿古柏，企图使他成为分裂新疆的工具。起初清廷方面对于新疆问题认识不足，认为阿古柏侵入新疆是"助中国讨贼"，然而到了1871年5月，俄国出兵强占了伊犁，并且承认了阿古柏"哲德沙尔"汗国的地位，不久英国也承认了阿古柏对新疆的统治地位，这时清廷才意识到问题的严重性，开始研究是否出兵收复新疆的问题。

恰在此时，邻国日本悍然出兵侵略台湾，东南海疆再生波澜。清廷内部掀起了"海防"与"塞防"之争。当时，李鸿章认为清廷无力同时兼顾东南海防与西北塞防，主张放弃新疆，全力加强东南海防。左宗棠则认为新疆是中国西北屏障，放弃新疆，侵略者将得寸进尺，

1875
清廷命左宗棠收
复新疆

1876
左宗棠抬着棺材上战
场，收复北疆大部

1877
左宗棠在南疆消灭阿
古柏主力军队

◎左宗棠抬着棺材上战场，决心收复新疆。

到那时非但甘肃、陕西会有麻烦，而且蒙古、山西也将不得安宁，甚至连北京也会受到威胁。此外，左宗棠还指出，只要俄国人在西北不能得逞，那么列强也不至于在东南挑起事端，因此力主收复新疆。在经过一番讨论后，清廷决定海防与塞防兼顾，既加强海防，

同时也接受左宗棠的主张，并于 1875 年 4 月任命左宗棠为钦差大臣，督办新疆军务，准备武力收复新疆。

在经过一系列准备后，1876 年 3 月，左宗棠移驻肃州（今甘肃酒泉），亲自督率大军西征，并买了一副棺材随行上战场，以表马革裹尸、以死报国的决心。到新疆后，他根据新疆北可控南的地理形势，确定了先北后南的战略方针，指挥清军仅用半年时间，就收复了古牧地、乌鲁木齐、玛纳斯等北疆大部分地区。1877 年春，清军乘胜向南疆挺进，在新疆各族人民的支持下，清军三战三捷，连克达坂、托克逊、吐鲁

番等城，消灭了阿古柏的主力军队。阿古柏退守库尔勒，不久兵败自杀。他的儿子伯克胡里自立为"汗"，企图继续顽抗。12月18日，清军攻克喀什噶尔，伯克胡里率残部逃入俄境。到第二年1月，清军收复了除伊犁以外的全部新疆领土。

当时伊犁正被沙俄占领，由于沙俄出兵占领伊犁时曾向清廷表示只是"代收代守"，若清军收复新疆，便立即归还伊犁。于是，左宗棠收复新疆后，清廷派崇厚为钦差大臣，赴俄国谈判索还伊犁。然而，崇厚在沙俄的威逼愚弄下签署了《里瓦基亚条约》，丧失了大量主权，引起了国人极大愤慨。清廷宣布"崇约"无效，另派曾纪泽赴俄谈判。与此同时，左宗棠积极备战，并作出了三路出击收复伊犁的军事部署。曾纪泽据理力争，于1881年2月与俄国签订了《伊犁条约》，中国收回伊犁，并挽回了一些"崇约"中丧失的主权，这一结果可以说是在左宗棠军事后盾的保障下实现的。需要说明的是，《伊犁条约》依然是一个不平等条约，沙俄虽然归还伊犁，但还是割占了中国西北7万多平方公里的土地。

收回伊犁后，在左宗棠的建议下，清廷于1884年在新疆建立行省。新疆自东向西、由北及南，全部建立起州县行政机构，从而有效地增强了中央对新疆地区的管辖。就在清廷筹备新疆建省得同时，中国的藩属国越南又出了问题。

1884
3月，法军逼近中
越边界

1884
4月，慈禧借战败改
组军机处

1884
4月，清命袁世凯会
办朝鲜防务

冯子材击溃法军

1884 年，法国舰队向没做防备的福建马尾军港发动突然进攻，福建水师仓促应战以致全军覆没。清廷对法宣战，年逾七十的老将冯子材临危受命，率部开赴前线。冯子材怎样才能打败法军取得胜利呢？

第二次鸦片战争之后，法国便将侵略魔爪伸向了中国的藩属国越南，想要将越南变成自己的殖民地。1873 年，法国侵略军进犯越南的河内地区。越南王室邀请活跃在中越边境的刘永福率领黑旗军抗击法军；同年 12 月底，刘永福率黑旗军在河内城郊大败法军，并击毙法军统帅安邺，迫使法军退出红河，困守海防。法国茹费理内阁上台后，变本加厉地推行殖民扩张政策，继续增兵越南，企图以此为跳板，打开中国的西南门户。1882 年，法国侵略军攻陷河内，第二年强迫越南王室签订《顺化条约》，从而取得了对越南的"保护权"。1883 年底，法军司令孤拔率领大批侵略军从河内出发，向驻越清军发动进攻，中法战争由此正式爆发。

面对法军的突然进攻，清廷内部战和不定。1884 年 3 月，法军兵分两路，进攻军事要地北宁，清军前线统帅唐炯和徐延旭指挥无能，作战连遭失败，以致北宁失守，法军直逼中越边界。

北宁失守，举朝震惊，慈禧太后趁机将战败的责任归咎于恭亲王

奕䜣，并联合醇亲王奕譞将奕䜣为首的军机大臣全部逐出军机处，组成了以世铎为领班大臣的新军机，这便是所谓的"甲申易枢"。之后，清廷授权李鸿章设法向法国寻求妥协。1884年5月，李鸿章与法国军官福禄诺签订了《中法简明条约》，清廷承认法国同越南签订的条约，并且同意在中越边境开埠通商，答应清军从越南北部撤退回国。李鸿章本以为中法战事就此了结，怎知由于签约时未明确规定清军撤退日期，同年6月法军进兵谅山附近，逼令清军退回中国境内，并开枪打死了清军谈判代表，炮击清军阵地；清军被迫还击，成功将法军击溃。法军挑衅失败，反倒以此为借口，要求清军立即撤出越南，并赔偿法国军费2.5亿法郎，法国的强盗逻辑可见一斑。与此同时，法军继续扩大侵略，而清廷寄希望于和谈，严令沿海各省不得首先挑起战端。

1884年8月23日，法国舰队向没做防备的福建马尾军港发动突然进攻，福建水师仓促应战以致全军覆没。马尾海战后三天，清廷在舆论压力下被迫对法宣战，并下令滇、桂各军迅速进兵，沿海各地加强战备，严防法舰入侵。

虽然清廷已对法宣战，但是负责中越边境防务的潘鼎新却接到李鸿章"败固不佳，胜亦从此多事"的指示，于是采取了战胜不追、战败即退的消极方针，严重影响了前线广大将士的斗志。1885年2月，潘鼎新放弃战略要地谅山，法军则趁势攻占了中越边境的门户——镇南关。这时，年逾七十的老将冯子材临危受命，率部开赴前线，准备收复镇南关。由于法军担心战线过长，给养困难，于是炸毁了镇南关城墙及附近的防御工事，退回越南境内的文渊、谅山，并在镇南关前的废墟上竖起一块木牌，狂妄地宣称"广西的门户已不再存在了"。镇南关人民忍无可忍，于是在法军竖起木牌的地方也竖起木牌，针锋相对地写道"我们将会用法国人的头颅重建我们的门户"。

1885

4月，中法言和，停
战撤兵

1885

6月，与法国签订《中
法新约》，中国不败
而败

1885

6月，慈禧命勘修南、
北海工程

1885

7月，从德国订购的
"定远""镇远"铁
甲舰回国

经过实地勘察，冯子材选定镇南关内侧十余里处的关前隘作为诱敌聚歼的战场。在完成各种部署后，冯子材决定先发制人，于3月21日夜晚突袭盘踞在文渊的法军。23日，法军兵分两路进犯清军长墙主阵地以及东岭炮台。冯子材督令将士"有进无退，誓与长墙共存亡"，双方在长墙和东岭炮台展开激烈拼杀，战斗异常惨烈。24日清晨，法军利用天降大雾的有利时机，在猛烈炮火的掩护下再次向长墙发动猛攻，有些士兵甚至已经爬上长墙，局势万分危急。只见老将军冯子材大呼一声，手执长矛跃出墙外，并率领自己的两个儿子奋力杀进敌阵。全军见状，人人感奋，紧随其后纷纷冲向敌阵，和法军展开近战肉搏。此时，清军的后援部队陆续赶到，逐渐遏制住了法军的攻势，随即转入反攻，法军遂陷入困境。25日，冯子材发起总攻击，各路将士勇猛冲击，击毙法军精锐千余人，致使法军全线崩溃，狼狈奔逃。这便是威震中外的镇南关大捷。之后，冯子材亲率大军乘胜追击，和越南军民相互配合，一举收复文渊、谅山等地，沉重打击了法国侵略军。几乎与此同时，另外一支法国侵略军在孤拔的率领下侵犯台湾和浙江镇海，均遭到失败。法国的茹费理内阁倒台。

正当抗法斗争胜利在望的时候，清廷传来了停战撤兵的命令。1885年6月，李鸿章在天津与法国驻华公使巴德诺正式签订《中法新约》，规定中法两国派员勘定中越边境，中国以后修筑铁路应向法国"商办"，同意在中越边境开埠通商。就这样，法国在军事侵略失败的情况下却获得了其想要的侵略权益，中法战争也就出现了"中国不败而败，法国不胜而胜"的奇怪结果，足以反映清廷的腐败无能。

中法战争的结局固然与清廷的腐败无能有关，但当时国力不济、海防薄弱也属事实。纵观中法战争的全过程，中国陆军尚能一战，然而水师却一败涂地，这在很大程度上再次激发了清廷加强海防的决心。

北洋海军龙旗飘扬

　　水军力量薄弱，刺激了清廷，在清廷内部引起轩然大波，最后，清廷成立海军衙门，建设海军，通过购买战舰建立了自己的现代化海军。当时挂着龙旗的北洋海军稳稳掌握着西太平洋的制海权。

　　第二次鸦片战争结束后，西方列强暂时放松了对中国的侵略，并表示愿意帮助清廷镇压太平天国。当时，清廷为了尽快剿灭太平天国，接受了英国人赫德的建议，打算向英国购买一支小型舰队，并委托时任中国海关总税务司的英国人李泰国具体办理购买军舰的事情。李泰国联系到英国海军上校阿思本，成立了由七艘轻型军舰组成的"阿思本舰队"，并擅自与阿思本签订了《李阿协定》十三款，对于舰队的指挥权、用人及花费做出了规定。1863年9月，"阿思本舰队"抵达中国，清廷方面对于《李阿协定》中的条款非常不满，同时湘、淮军将领也表示南京城已成合围之势，根本不需要外国轮船会剿。因此，经过谈判，清廷最终决定解散舰队。

　　1874年5月，邻国日本借口琉球渔民被杀一事，悍然出兵侵略台湾，并在很短的时间内控制了土番居地。面对日本的侵犯，清廷朝野震惊，但是战备不足，尤其是水军力量薄弱，最终接受英美各国"调

停"，与日本订立《台事专条》，规定日本限期从台湾撤退，中国"赔款"日本军费 50 万两。日本侵台事件在清廷内部引起轩然大波，历时半年之久的海防大讨论随之兴起。最后，清廷基本上同意丁日昌的建议，但限于财政困难，对他的建议进行了简化，决定每年拨款四百万两白银用于海防建设，并于 1875 年 5 月任命李鸿章和沈葆桢分别督办北洋、南洋海防事务，尤其以北洋海军的建设为重点，这标志着中国近代海军建设的起步。

决策既定，为了加快海军建设，李鸿章决定向英国购置新型军舰。接任中国海关总税务司的赫德向李鸿章推荐了伦道尔炮艇，亦称"蚊子船"。这种炮艇的最大特点是小型军舰配备大口径火炮，用于港口防卫，由于火炮固定，实际上属于移动的海上炮台。1876 年 11 月，第一批两艘伦道尔炮艇由英国水兵送抵天津大沽口，李鸿章亲往验收。不久，李鸿章便发现这种"蚊子船"不利于出海作战的缺陷，于是在 1879 年向英国订制了两艘撞击巡洋舰"超勇"号和"扬威"号。第二年，他向德国订制了当时世界上最先进的铁甲战列舰"定远"号和"镇远"号。公元 1881 年春，李鸿章指派丁汝昌率领中国海军士兵前往英国接收"超勇"和"扬威"二舰；举行接舰仪式后，经过 3 个月的航行，丁汝昌等终于率舰抵达天津大沽口。

1884 年 8 月，中法马尾海战打响，福建水师顷刻之间全军覆没。相比于陆军的"屡获大胜"，水师的战绩令清廷反思，于是又掀起了第二次海防大讨论。此次讨论的结果使清廷做出了"大治水师"的方针。1885 年 10 月，清廷成立海军衙门，任命醇亲王奕譞为总理海军事务大臣，奕劻、李鸿章为会办大臣，善庆和曾纪泽为帮办大臣，统一海军指挥权。同年 11 月，"定远"、"镇远"以及"济远"一同抵达天津大沽口，

北洋海军初具规模。为了获取清政府更大的支持，李鸿章精心安排了一场醇亲王奕譞对北洋海军的巡阅。

1886年5月18日凌晨，生火起锚的北洋海军列阵待发，随着李鸿章陪同醇亲王在"海晏"轮上坐定，汽笛声顿时响彻云霄。接着，盛挂满旗的海晏轮稳稳驶离码头，在海上由"定远"、"镇远"、"济远"、"超勇"、"扬威"等十余艘军舰组成的联合编队，浩浩荡荡驶向大洋。此次巡阅之后，醇亲王对于海军的实力深信不疑，此后两年北洋海军获得了较大的发展，李鸿章向英国、德国订购的"致远"、"靖远"、"经远"、"来远"等新型巡洋舰和鱼雷艇相继编入北洋海军。1888年，北洋海军正式成军，基地在旅顺口和威海卫，共有大小舰只二十余艘，官兵四千人，由丁汝昌任海军提督。成军之初的北洋海军制定有《北洋海军章程》，可谓编制完整、装备先进、训练有素，并且拥有一整套近代保障系统，实力不容小觑。

当时北洋海军的巡航范围除中国沿海港口外，还远航至今天韩国的仁川、釜山，俄国滨海以及南洋群岛各地，稳稳掌握着西太平洋的制海权。1889年美国的一份年度报告中指出北洋海军世界排名第九位，东亚排名第一位，在美国、日本之前。1890年6月，飘扬着龙旗的北洋海军出访新加坡，当地华侨无不雀跃。

但是，腐朽没落的清朝统治者只是将北洋海军看作了奇景，并不明了海军的真正用途。1888年，户部尚书翁同龢以"减省开支"为由，奏请"停购外洋船械三年"；1891年起因海防经费被挪用修筑颐和园，连枪炮弹药也停止购买。

1891
6月，因各地天主教堂被毁，令保护教堂教民

1891
7月，丁汝昌率"定远""镇远"舰到访日本

1891
7月，康有为刊刻《新学伪经考》

1893
张之洞奏报汉阳炼铁厂建成

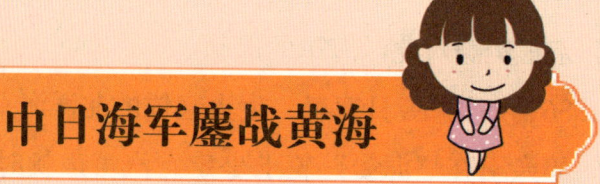

中日海军鏖战黄海

当清廷高层沉浸在北洋海军亚洲无敌的虚幻中时，日本则开始倾全国之力大办海军，以每年两艘新军舰的速度加紧扩军备战，到 1894 年时，日本海军在整体实力上已经赶上甚至超过了北洋海军，中日两国上空密布战争阴云。

十九世纪六十年代，当中国进行洋务运动的时候，日本也开始了"明治维新"改革，并且迅速走上了一条军国主义的殖民扩张道路。中国及其藩属国朝鲜，成为日本殖民扩张的主要对象。

当时日本制定了旨在征服中国和世界的所谓"大陆政策"：第一步侵占中国的台湾；第二步征服朝鲜；第三步侵占中国的东北和蒙古；第四步征服全中国；最后独占东亚，称霸世界。1874 年，日本悍然出兵台湾，从而迈出了实施"大陆政策"的第一步，虽未得逞，但是清廷的妥协刺激了其侵略野心；两年后，日本派兵入侵朝鲜，迫使其签订《江华条约》，取得了通商、租地等特权，并从此与清廷开始了争夺朝鲜宗主权的斗争。

1882 年，朝鲜发生"壬午兵变"，日本遂趁机进军朝鲜，迫使朝鲜签订了《仁川条约》，从而获得了在朝鲜首都汉城的驻兵权。之后，通过一系列阴谋，日本在朝鲜获得了同中国对等的地位，这也为日后的中日战争埋下了伏笔。

1886 年 8 月，因旅顺军港尚未完工，李鸿章于是命令丁汝昌率领

1894
日本海军整体实力上赶超了北洋海军

1894
6月，孙中山上书李鸿章变法自强的主张，未予理会

1894
朝鲜东学党起义，日本借机包围支援的清军

1894
7月，日军包围朝鲜王宫

"定远"、"镇远"、"威远"、"济远"四舰前往日本长崎港涂油维护，并展开对日本的"亲善访问"。结果北洋海军官兵登岸观光，因语言不通与日本群众发生冲突。两天后，北洋海军官兵再次登岸观光时，为了避免再次发生冲突，上岸官兵被要求不得携带任何武器，结果他们遭到了日本军警、浪人的大规模袭击，被煽动起来的日本民众向北洋官兵投掷石块，甚至在沿街楼上向中国人浇开水。由于没有自卫武器，北洋海军官兵伤亡惨重。这便是所谓的"长崎事件"。此后，日本政府借"长崎事件"大肆鼓吹中国威胁，加深日本国民对中国的敌视情绪。李鸿章安排此次出访，很大程度上在于威慑日本，结果却大大刺激了日本，这是他始料未及的。当清廷高层沉浸在北洋海军亚洲无敌的虚幻中时，日本则开始倾全国之力大办海军，以每年两艘新军舰的速度加紧扩军备战，到1894年时，日本海军在整体实力上已经赶上甚至超过了北洋海军。

1894年5月，朝鲜爆发东学党起义。朝鲜国王向清廷求援，日本也极力诱使清廷出兵。在得到清廷出兵的照会后，日本朝野窃喜终于等到了出兵的机会，于是大举出兵朝鲜，陆续增兵至万余人，大大超过了入朝清军。清廷闻讯后才知道中计，建议中日两国同时从朝鲜撤兵，但日本非但不撤兵，反而就改革朝鲜案蓄意扩大事态，并包围了驻朝鲜牙山的清军，战争在寂静的战场上酝酿着。

大战在即，紫禁城内却是一片混乱，是战是和，均无定见。亲政不久的光绪帝和他的老师翁同龢是主战派；实际掌权的慈禧太后因六十大寿临近，不想让战争搅局，因而主和，并寄希望于列强"调停"以消弭战争，结果列强均袖手旁观。面对一触即发的战争，主战派强烈要求火速增兵朝鲜，解救被围牙山的清军。同年7月中旬，在光绪帝的切责下，李鸿章派卫汝贵、马玉昆、左宝贵等率军从陆路进军平壤；

81

同时雇用英国商船分三批由海路增援驻牙山的清军，并命令由北洋海军"济远"、"威远"、"广乙"三舰护航。日本获悉这一情报后，立即出动联合舰队，进行截击。7月25日晨，中国运兵船行至牙山口外丰岛海面时，遭到日本联合舰队的袭击，伤亡惨重。丰岛海战的同一天，日本陆军向驻牙山的清军发动进攻，清军主帅叶志超弃守牙山，逃奔平壤；聂士成在成欢驿率部迎战，寡不敌众，撤守平壤。8月1日，中日两国同时宣战，甲午战争正式爆发。

由于李鸿章采取了"保船制敌"的消极防御策略，命令北洋海军严守北洋各海口，不得出海击敌，这就使得日本可以向朝鲜从容运兵。9月中旬，日军向平壤发动进攻，左宝贵率部英勇抗击，中炮牺牲；马玉昆、卫汝贵等部也给予日军相当的打击，然而统帅叶志超却贪生怕死，当天夜里下令大军后撤，以致军心大乱，各军迅速溃败。第二日，北洋海军提督丁汝昌奉李鸿章之命，率北洋海军主力护送援军至朝鲜大东沟。17日上午，北洋海军返航途中，在大东沟以南的黄海海面与日本联合舰队狭路相逢，历史上规模空前的蒸汽铁甲战舰的对决拉开帷幕。

在舰艇方面，双方各有12艘军舰参战，总吨位都在四万吨左右。日舰充分发挥了航速快、火力猛的优势，派遣第一游击队和本队逐渐对北洋舰队形成夹击之势，北洋舰队处于不利之中。在随后的战斗中，日舰集中炮火攻击定远舰，定远舰舰首起火。在此危难之际，"致远"号管带邓世昌命令军舰冲到定远舰的前面，以单薄装甲之躯承受着日舰如雨的炮火，保护旗舰。鏖战多时，致远舰中弹累累，受伤严重，舰体倾斜，管带邓世昌昂立舰桥，下令致远舰快速撞向凶悍的吉野舰，试图以重伤的舰体寻求最后的胜利。不幸的是，致远舰途中被敌舰鱼雷击中沉没，全舰二百多名官兵除七人获救外全部壮烈殉国，而这一天刚好是邓世昌四十五岁生日。此外，经远舰受到四艘日舰围攻，全

| 1894 | 1894 | 1894 | 1894 | 1894 |

9月，慈禧令庆典在宫中举行，停止颐和园受贺

9月，起用奕訢管理各国事务衙门

9月，张之洞奏设湖北纺纱厂

10月，撤叶志超，优恤邓世昌等

10月，慈禧太后召礼亲王等商万寿庆典及时局处理

舰官兵毫无惧色，在管带林永升指挥下"发炮以攻敌，激水以救火"，在军舰被鱼雷击中即将沉没之时，官兵仍继续开炮战斗。经过激烈战斗，北洋海军只剩"定远"、"镇远"、"靖远"、"来远"四舰，但官兵们不屈不挠，仍然英勇战斗。定远舰用重炮轰击日军旗舰"松岛"号，命中其右舷下甲板，引爆炸药，瞬间伤亡百余人，舰上设施被摧毁，丧失了指挥和作战能力。日暮时分，

◎致远舰管带邓世昌。邓世昌壮烈殉国后，光绪帝亲自为其撰联"此日漫挥天下泪，有公足壮海军威"。

停泊在大东沟港内的北洋海军"镇中"、"镇南"等炮艇前来助战，日舰队司令伊东祐亨见天色已晚，恐遭北洋舰队鱼雷袭击，下令撤出战斗，向东南退去。

黄海海战历时5个多小时，日舰5艘受重创，伤亡600余人；北洋舰队5艘军舰沉毁，伤亡近千人，损失大于日方。此次中日海军的鏖战不仅决定了北洋海军和日本舰队的命运，也决定了战争的全局，中日战争虽然仍在继续，但结局已然注定。

1894	1894	1894	1895
10月，日军占领金州、大连	10月，津海关道盛宣怀请练新军	11月，日军攻陷旅顺	1月，日军进攻山东半岛

李鸿章赴日订约

中日开战之后，清军节节败退。可是清廷不思如何御敌，一直谋求对日和谈。日本占领威海卫后，渤海门户洞开，于是清廷任命李鸿章为头等全权大臣，准备赴日谈判。

中日黄海大战后，李鸿章实行了所谓的全面防御政策，一方面严令北洋海军停泊在威海卫军港，不得出海作战；另一方面调集宋庆、聂士成等淮军两万余人布防鸭绿江沿线，防止战火烧到中国本土。由于北洋海军困守威海卫，从而将黄海的制海权拱手让与日本，使日本得以大规模向朝鲜增兵。1894年10月下旬，日军兵分两路向中国大举进犯，一路由朝鲜义州附近渡过鸭绿江，入侵辽宁，结果沿江驻守的数万清军不战而败，九连城、安东、海城等相继失陷；另一路则在海军的掩护下从辽东半岛的花园口登陆，驻防清军半月内未进行任何攻击，听任日军大举登陆。11月初，日军进攻金州；与此同时，大连守将赵怀业弃城而逃，大连湾炮台不战而陷，大批军用物资落入敌手。

金州、大连失陷后，旅顺海军要塞的后方完全暴露在日军的兵锋之下。李鸿章在旅顺经营多年，设海岸和陆路炮台21座，配有各种火炮百余门，驻军万余人，可谓固若金汤。然而旅顺各军名号不一，将领大都畏敌。11月21日，日军向旅顺发动进攻，仅用了一天时间就

1895

2月，日军开进威海
卫军港，北洋海军全
军覆没

1895

3月，湘军对日溃败，
辽东半岛全部沦陷

1895

3月，李鸿章赴日谈判

1895

3月，李鸿章谈判期间
遇刺，日方同意停战

攻占了这座号称远东第一的军事要塞。日军占领旅顺后进行了连续四天的大屠杀，中国遇害者多达两万余人，全城仅留三十六人收尸。西方的报刊谴责说："日本是披着文明的皮面，带有野蛮筋骨的怪兽。日本今已摘下文明的假面具，暴露了野蛮的真面目。"

占领旅顺后，日军又将进攻矛头指向了山东半岛，旨在消灭困守威海卫的北洋海军。当时北洋海军主力尚存，仍可出海与日本舰队一搏，然而丁汝昌受制于李鸿章"保船避敌"的方针，以致坐失良机，束手待毙。1895年1月20日，日均开始包抄威海卫，偷袭北洋海军军舰。北洋海军中雇用的美国人浩威及威海卫营务处提调牛炳昶等以丁汝昌的名义向日军投降。2月17日，日本联合舰队开进威海卫军港，北洋海军全军覆没。

就在日军进攻威海卫的同时，光绪帝鉴于淮军作战不利，决定起用湘军

◎慈禧太后一直谋求对日和谈，待到《马关条约》条款拟定后，她却闭门不出，将批准条约的责任全部推给光绪皇帝。

旧将以扭转战局。3月上旬，日军从海城出发向南进犯，湘军如同淮军一样狼狈败逃，短短六天时间里接连失去了山海关外的牛庄、营口等军事要地，湘军全线瓦解，辽东半岛全部沦陷。至此，战局难以扭转，清廷彻底妥协。

自中日开战以来，清廷内部关于战和的讨论就没有停下，尤其是慈禧太后，一直谋求对日和谈。

日本占领威海卫后，渤海门户洞开，于是清廷任命李鸿章为头等全权大臣，准备赴日谈判。李鸿章为了不承担割地的罪责，表示只有授以他割让土地的全权后方才赴日。3月上旬，辽东战场的湘军全线溃败，京畿震动，清廷被迫授以李鸿章"商让土地之权"，命他带领儿子李经方及美国顾问科士达立即赴日议和。

3月20日，李鸿章等与日本首相伊藤博文、外交大臣陆奥宗光在日本的马关春帆楼进行谈判。开启谈判后，李鸿章提议首先停止军事行动，然而日本代表蛮横嚣张，提出必须由日军占领大沽、天津、山海关等的四项极为苛刻的停战条件。3月24日，李鸿章在谈判后返回寓所途中，遭到日本暴徒小山丰太郎枪击受伤，各国舆论哗然。日方担心引起列强的干涉，遂同意除台湾、澎湖列岛地区外，其他战区停战三周。4月1日，中日双方重启谈判，日方向李鸿章提出一个要价极高的和约底稿，扬言中国若不答应这些条件，日本将继续增兵中国，扩大战事，并要挟说："果真如此，李大人离开此地，能否安然出入北京城门，恐怕也不能保证了。"李鸿章不敢贸然接受这些苛刻的条件，于是电告清廷，而清廷只是要求李鸿章"竭力申说"，尽量争取减少割地赔款。此时，日本方面已经破译了中方的电报密码，对于清廷的底线一清二楚。

4月10日，日本提出最后修正案，声明："中国对此，只能在'允'

1895

4月，康有为公车上书

1895

4月，俄德法照会日本，
要求其放弃辽东半岛

1895

5月，日声称放弃辽东
半岛，但要求中国补偿

和'不允'两点上表态，限四天内给予答复。"为了迫使李鸿章就范，日本调遣二十余艘军舰故意绕经马关开赴大连，并约请英、德等国观战人员同往，制造一旦谈判破裂，将立即扩大军事行动的紧张气氛。4月17日，李鸿章终于和伊藤博文签订了丧权辱国的《马关条约》，主要内容包括：

1. 承认日本对朝鲜的控制；
2. 中国割让辽东半岛、台湾、澎湖列岛给日本；
3. 赔偿日本军费白银二亿两；
4. 允许日本在中国通商口岸设立工厂；
5. 开放沙市、重庆、苏州、杭州为商埠。

在关于台湾的交割问题上，伊藤博文要求在双方互换条约批准书后一个月即行办理交割手续。李鸿章认为一个月过于仓促，要求延长一个月，并说："台湾已是贵国口中之物，何必着急？"只见伊藤博文瞪着眼睛回答说："还没咽下去，饿得厉害！"从中可以看出日本的贪婪本性。至于割让辽东半岛的条款，这触犯了沙俄的在华利益，于是俄国就拉拢法国和德国共同出面干涉，迫使日本放弃辽东半岛，而清廷则向日本追偿3000万两的"赎辽费"，这便是"三国干涉还辽"。

庞大的中国竟被岛国日本击败，这使西方列强认识到清王朝已经虚弱到不堪一击了，于是掀起了瓜分中国的狂潮；同时，甲午战败深深刺痛了中华民族的自尊心，空前的民族危机促进了民族的自我觉醒，也将康有为、梁启超为代表的资产阶级维新派推向了历史的前台。

1895

6月，两路日军进攻台湾

1895

7月，张之洞奏荐袁世凯等

1895

9月，康有为等筹立维新变法的强学会

1895

10月，兴中会预定26日在广州起义，败露后孙中山避到香港

康有为上书促变法

　　李鸿章签订《马关条约》的消息传到北京后，当时正在北京参加会试的举人们无不愤慨。其中广东举人康有为，四处奔走，会同各省一千三百余名举人联名上书清廷，发起公车上书，要求拒和、迁都、练兵、变法。

　　李鸿章签订《马关条约》的消息传到北京，当时正在北京参加会试的举人们无不愤慨。其中广东举人康有为，四处奔走，会同各省一千三百余名举人联名上书清廷，要求拒和、迁都、练兵、变法。因汉朝时，凡被征举的读书人进京接受考核，都由官府配备马车来回接送，后世于是以"公车"二字作为举人进京应试的代称，所以此次上书活动也被称为"公车上书"。

　　康有为，出生在广东南海的一个官宦之家，少年时代受过严格的儒家传统教育，后游历香港、上海，大开眼界，并萌生了用西方制度改造中国现状的维新变法思想。1888年，康有为在北京参加顺天乡试期间，第一次上书光绪帝，要求变法图强，但是因他人微言轻，朝中大臣无人替他转呈，所以上书未能递到光绪帝手中。此次上书虽然失败，但在一些具有爱国维新思想的人士中传开，使康有为获得了相当的声誉。康有为回到家乡后，创办万木草堂，宣传维新变法思想，培养变法人才，并先后撰写了《新学伪经考》和《孔子改制考》，将西方的资产阶级

1896	1896	1897	1897
1月，清命李鸿章出使五国	6月，李鸿章签中俄密约	8月，梁启超等在上海创办《时务报》	德国强占胶州湾

政治学说与传统的儒家思想相结合，在思想界引起了强烈震动。

"公车上书"是康有为继1888年上书后的第二次上书，这次上书无论在政治思想内容，还是在变法的政治主张方面都比第一次上书有了进一步的发展。由于"公车上书"在社会上影响广泛，康有为也由此确立了维新变法运动的领袖地位。此后，康有为考取进士，被授以工部主事，成为清廷官僚队伍中的一员。当年的5月和6月，康有为又向光绪帝上第三书和第四书，其中第三书得到光绪帝亲阅，相传光绪帝看到康有为的上书后深受触动，下令誊抄，分送慈禧太后、军机处和各省督抚，并开始有了变法的考虑。

为了争取更多的士大夫和知识分子支持和参加维新变法运动，康有为等维新派通过创办报刊、组织学会等途径大力宣传维新变法思想，制造变法舆论。1895年8月，由他的弟子梁启超等撰稿，宣传变法思想。由于《万国公报》每期都会随专门刊载诏书、奏章的"邸报"分送给在京的官员，所以在北京官员中产生了不小的影响。同年11月，在康、梁等人的推动下，拥护光绪帝的大臣文廷式出面组织了强学会，每十天集会一次，每次都有人宣讲"中国自强之学"，宣传变法思想。当时强学会吸引了不少官绅入会，两江总督张之洞为其捐款，甚至连李鸿章也想捐银入会，只因他签订《马关条约》声名狼藉而被拒绝。之后，康有为又在张之洞的资助下

◎变法领袖康有为。他大力倡导维新运动，体现了历史前进的方向。

创办了上海强学会，并创刊《强学报》。变法思想的影响日益广泛，从而不断引来守旧官僚的攻击，结果强学会被迫解散，相关刊物也随之停刊。然而，这并不能阻挡维新思想的宣传，当时康有为、梁启超、谭嗣同、严复等人都为宣传维新思想而奔走呼号，并且与顽固守旧势力展开了一系列的思想论战，从而为开创维新变法的政治实践活动打下了坚实的理论基础。

1897年11月，德国出兵强占胶州湾，激起了全国上下的强烈愤慨。康有为在上海闻讯后，急忙赶赴北京，第五次上书光绪帝，分析了当时的国际和国内形势，指出了民族危机的严重性和维新变法的迫切性，希望光绪帝能够下定决心进行变法。1898年1月24日，李鸿章、翁同龢、荣禄等五大臣在总理衙门传询康有为，康有为详细陈述变法意见，并批驳荣禄的守旧言论。第二天，翁同龢向光绪皇帝奏报了传询情况，并极力推荐康有为，光绪帝于是令康有为可以随时上奏言事，并下令呈送康有为所著的《日本变政记》、《俄罗斯大彼得变政记》等书籍。

同年1月29日，康有为呈递《应诏统筹全局折》，这是康有为的第六次上书，也是他历次上书中最重要的一次。在这次上书中，康有为提出了全面的变法主张，建议光绪帝厉行变法，全面改革。此外，为了鼓励群众和社会舆论来支持变法，当年春天，康有为趁全国各省举人汇集北京之际，积极奔走，劝说御史李盛铎出面成立了以"保国、保种、保教"为宗旨的保国会，得到了众多爱国人士的赞同与参加，并在社会上形成了一种民主议政的风气。

随着社会上变法空气的日益浓厚，光绪帝终于下定决心进行变法。1898年6月11日，光绪帝亲临天安门，颁布"明定国是"诏书，这标志着酝酿多年的维新变法正式开始。因为这一年为农历戊戌年，故此次变法运动又称为"戊戌变法"。

1898
7月，清允许俄在东
北修铁路至旅顺

1898
7月，命黄遵宪为驻
日本国公使

1898
8月，清倡导华侨创
立学堂

1898
8月，上海淞沪铁路
通车

谭嗣同血溅菜市口

维新变法进行了不过百日，慈禧太后发动戊戌政变，重新"训政"，大肆搜捕维新派。康有为、梁启超逃往国外，谭嗣同拒绝了出走日本的劝告，并说："各国变法，无不从流血而成，今中国未闻有因变法而流血者，此国之所以不昌也。有之，请自嗣同始。"

光绪帝颁布"明定国是"诏书，正式宣布变法。

从6月11日到9月中旬，光绪帝发布了上百道变法诏令，其中囊括了经济、军事、文教等诸多方面，主要内容：设立农工商总局，鼓励垦荒、私人办实业；设立铁路、矿务总局，鼓励商办铁路、矿业；设立邮政局，裁撤驿站；改革财政，创办国家银行，编制国家预算；广开言路，准许大小官员和普通民众上书言事；取消旗人寄生特权，准许其自谋生计；裁减绿营，裁汰冗兵，采用新法练兵，增强海军力量；废除八股文，改试策论；创设京师大学堂；允许自由创办学会、报馆；设立译书局，编译外国新书等等。在人事方面，光绪帝提拔了一批维新人士，罢免了一批保守派分子。当年9月5日，光绪帝破格授以谭嗣同、刘光第、杨锐、林旭四品卿衔，提拔为军机章京，代皇帝批阅奏章，草拟谕旨。光绪帝此举的目的就是希望以维新派人士架空守旧派，加快推进变法维新。随着变法的深入，新政的内容逐渐地向政治方面发展，而新旧之间的冲突也越来越尖锐。

在变法之初，光绪帝曾向慈禧太后征求意见。当时，慈禧太后并未

◎谭嗣同慷慨就刑，死时年仅三十三岁。

明确表示反对，只是说："只要不违反祖制，你自己决定便是。"然而"明定国是"诏书颁布仅四天，慈禧太后便逼迫光绪帝连下了三道上谕：免去翁同龢的军机大臣及其他一切职务，驱逐回籍；新授任的二品以上官员，必须到慈禧太后前谢恩；任命荣禄署理直隶总督，统领北洋三军。这三道诏令一方面是要砍断光绪帝的臂膀，另一方面则要将政权和军权牢牢控制在自己手里。接着慈禧太后又任命保守派官员接管了北京防卫，从而完全控制了北京城，随时可以扑灭新政。

随着新旧之间矛盾的白热化，这时朝野便有了废立的风闻，传说光绪帝将于不久后陪同慈禧太后到天津阅兵，那时太后将废掉光绪帝。维新派对此非常紧张，建议光绪帝亲自掌握军权，并向光绪帝推荐了正在天津小站练兵的袁世凯。9月16日，光绪帝召见了袁世凯，授以候补侍郎，责成专讲练兵事务，不必受荣禄节制。荣禄得知袁世凯被召见后，立即调聂士成部驻守天津、董福祥部进卫北京，并令袁世凯迅速回防天津。军队的频繁调动使得京津地区的气氛顿时紧张起来，这也预示着政变即将发生。

9月18日，康有为得到光绪帝密诏，内容是说光绪帝感到皇位即

1898

9月，康有为逃至香港

1898

9月，谭嗣同在菜市
口被行刑

1898

10月，查禁报馆，
裁撤农工商总局

将不保，要求维新派迅速筹商一个既可以使旧法"渐变"，又不违背大多数官员思想的两全之策。对此，维新派一筹莫展，经商议后决定利用表面赞同维新变法的袁世凯。当天晚上，谭嗣同单独来到京郊法华寺会见袁世凯，劝说他拥护光绪帝，诛杀荣禄，派兵包围颐和园。袁世凯当面表示必忠于光绪帝，并说"杀荣禄如同杀一条狗"。天真的谭嗣同相信了袁世凯的话，将维新大业的成败押在了袁世凯身上。20日，袁世凯向光绪帝辞行时，再次表示了自己的"忠心"，然后于当日乘火车返回天津。然而，袁世凯回到天津后，立即向荣禄告密，出卖了维新派。

就在维新派拉拢袁世凯的同时，保守派也在积极奏请慈禧太后"训政"。9月19日，慈禧太后从颐和园赶回皇宫，严密控制光绪帝。21日凌晨，慈禧太后发动政变，将光绪帝囚禁在中南海瀛台，宣布重新"训政"。很快，慈禧太后从荣禄和袁世凯处得知了维新派密谋"兵围颐和园"的计划，于是大肆搜捕维新派。康有为、梁启超逃往国外，谭嗣同拒绝了出走日本的劝告，并说："各国变法，无不从流血而成，今中国未闻有因变法而流血者，此国之所以不昌也。有之，请自嗣同始。"他将自己所作诗文和书稿交给了准备逃亡日本的梁启超，自己则从容被捕。在狱中，谭嗣同留下了"我自横刀向天笑，去留肝胆两昆仑"的诗句。9月28日，谭嗣同被押赴北京菜市口行刑，临刑前，高呼："有心杀贼，无力回天，死得其所，快哉快哉！"同时被处斩的还有林旭、刘光第、杨深秀、康广仁、杨锐，时人称之为"戊戌六君子"。

从6月11日光绪帝颁布"明定国是"诏书开始，到9月21日慈禧太后发动戊戌政变，变法共进行了103天，史称"百日维新"。慈禧太后重新"训政"，朝中维新派官员有的被杀，有的被放逐，有的被迫逃往国外，新政中除京师大学堂被保留了下来，其余改革措施均被取消，"戊戌变法"宣告失败。

义和团扶清灭洋

第二次鸦片战争后，西方列强攫取了在中国传教的特权，各国传教士无视中国的传统礼教和风俗习惯，激起了地方官绅的不满。反洋教斗争在清廷的压制下日益积累，逐渐汇聚成一股强大的力量，最终以义和团运动的形式整体爆发出来。

话说慈禧太后扑灭戊戌变法后，与光绪皇帝已成水火不容之势，必欲除之而后快，但慈禧太后和保守派的企图却遭到了地方督抚大员的反对。驻京的各国公使也因光绪帝推行变法而对他表示同情。在中外舆论的压力下，慈禧太后想要废除光绪帝的图谋受挫。1900年1月，慈禧太后立端王载漪的儿子溥儁为大阿哥，企图再次废除光绪帝。然而，各国公使对于这位大阿哥并不买账，拒绝入宫庆贺，表示不予承认。废立计划再次受挫，慈禧太后以及载漪、刚毅等守旧派非常怨恨，排外情绪高涨。与此同时，一场旨在驱逐洋人的义和团运动也在华北一带勃然兴起。

从第二次鸦片战争后，西方列强攫取了在中国传教的特权，各国传教士相继在中国沿海、沿江地区建立教堂，招收信徒，并无视中国的传统礼教和风俗习惯，从而激起了地方官绅的不满。同时，外国传教士在列强坚船利炮的掩护下，公开进行文化渗透，并积极参与列强瓜分中国的活动。中国人民的反洋教斗争在清廷的压制下日益积累，逐渐汇聚成一股强大的力量，最终以义和团运动的形式整体爆发出来。

◎炮火中的义和团战士。义和团虽然带有一定的落后性，但是他们坚决反抗外国侵略者的精神是值得称赞的。

　　义和团，原名义和拳，本是乾嘉时期的一个民间秘密社会组织。进入近代社会以后，随着民族危机的日益严重，义和拳逐渐发展成为具有广泛群众基础的反帝团体。1898 年 11 月，赵三多、阎学勤等在山东冠县竖起了"助清灭洋"的旗帜，率拳民攻打红桃园教堂，随即向东撤到临清，沿途发展到千余人，继而朱红灯、心诚和尚等也纷纷率众响应。山东巡抚毓贤起初执行清廷保护教堂的政策，派兵镇压义和拳，不久改为"招抚"，承认了义和拳的合法性，并正式将义和拳改名为义和团。由此，义和团在山东境内迅速壮大。后来，清廷派袁世凯接替毓贤为山东巡抚，袁世凯就任后采取了血腥镇压的政策，迫使义和团转移到直隶地区。

　　1900 年春，义和团在直隶地区获得了很大发展，并向京津地区渗

95

透。此时清廷内部因列强干预"废立"之事，排外情绪较高，于是便有了利用义和团驱逐洋人的打算，清廷的政策也逐渐由镇压改为"招抚"。随着清廷政策的转向，义和团趁势进入京津地区，群众发展到二十余万。需要注意的是，义和团虽然声势浩大，但其并未形成统一的领导机构，始终处于分散状态，而且自身的迷信色彩浓厚，这就决定了义和团落后的一面。此外，义和团"扶清灭洋"的口号虽然鲜明地表达了中国人民反对帝国主义侵略的愿望，触及到了救亡图存的时代主题，起到了广泛吸引群众参加反帝斗争的作用，但同时也忽视了帝国主义与清廷统治者的关系，模糊了人民反封建的视线，从而给义和团的反帝斗争带来了消极作用。

面对义和团运动的迅猛发展，西方列强异常紧张，他们一方面加紧胁迫清廷镇压，要求在两个月内剿灭义和团；另一方面则策划直接出兵干涉。1900年5月28日，各国驻华公使开会，一致决定联合出兵镇压义和团，德国公使克林德更是叫嚣"这是瓜分中国的开始"，可见帝国主义实际上是以镇压义和团的名义侵略中国。同年6月10日，俄、法、德、英、意、美、日、奥八国在天津租界拼凑2000多侵略军，由英国驻华舰队司令官、海军中将西摩尔率领，乘火车向北京进犯。义和团与清军沿途拆毁铁轨，砍伐电线杆，切断京津间的电讯联络，在落垡、廊坊等地对侵略军展开阻击，侵略军损失惨重，被迫撤回天津租界。

就在西摩尔联军进京受阻的同时，俄、法、德、英、意、美、日、奥八国派遣的侵略军也陆续在大沽口外集结。6月16日夜，八国联军向大沽口炮台守将罗荣光发出最后通牒，限令他在次日凌晨两点前交出炮台，但遭到罗荣光拒绝；17日凌晨在限定时间前70分钟，侵略军即向炮台发动进攻。大沽守军坚决抵抗，经过六小时激战，大沽炮台失守，八国联军连续登陆，中华民族再一次面临深重的灾难。

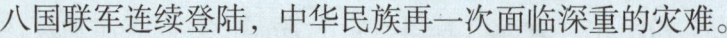

1900

6月，慈禧对外宣战，命团民与清军共同防御北京

1900

6月，八国联军占领天津

1900

6月，团民和清军围攻外国使馆、教堂

1900

6月，德使克林德在东单牌楼被枪杀

八国联军占领北京

　　义和团运动的迅猛发展让各国非常紧张，他们一方面胁迫清廷镇压，一方面组织军队出兵干涉。八国联军攻入北京，慈禧太后带着光绪帝以及部分亲信臣仆从西直门逃出北京城。慈禧太后在西逃路上发布命令，要清军对义和团"严行查办，务净根除"。

　　八国联军在大沽口登陆后，随即向天津进发。面对八国联军的侵略，清廷内部战和不定。1900年6月16日至19日，慈禧太后连续召开四次御前高级会议，商讨对策，结果不顾光绪帝等人的反对，决定强行对外宣战。21日，清廷颁布"向各国宣战谕旨"。之后，清廷给北京义和团发放粳米两万石、银十万两，称义和团为义民，并命令团民与清军共同防御北京。

　　6月中下旬，八国联军向天津进逼。清军与义和团虽然拼死阻击来犯之敌，但最终失败，天津于14日陷落。八国联军占领天津后，成立了"天津临时政府"，对天津及其周边地区进行了长达两年的军事殖民统治。

　　就在天津守军与义和团同八国联军鏖战之时，端王载漪等守旧大臣则利用义和团的仇外情绪和爱国热情，策划上演了一幕围攻外国使馆和教堂的闹剧。6月20日，率领使馆卫队猎杀义和团的德国公使克林德被清军神机营领队恩海击毙，之后义和团与清军开始四面围攻各国使馆。这一冲动的行为如同第二次鸦片战争期间僧格林沁扣押谈判代表，不

97

1900

7月，东南各省与外签订东南互保

1900

8月，八国联军攻入北京，慈禧逃往西安

1900

8月，光绪帝下罪己诏

1900

8月，八国联军在北京烧杀抢掠

仅起不到任何阻止侵略的作用，反而给列强以扩大侵略的口实。需要说明的是，慈禧太后并非真想开战，只是因为不满各国公使干涉她废除光绪帝的举动，借开战以泄私愤罢了。随着事态的扩大，慈禧太后逐渐转战为和，对于各国使馆实际上是明攻暗保，所以在近两个月的时间里，仅有数百名洋兵守卫的使馆区始终未被攻陷。与此同时，东南各省督抚如刘坤一、张之洞等，擅自与各国驻上海领事签订了《东南互保章程》，规定上海租界由各国共同保护，长江流域及内地归各省督抚保护，两不相扰。作为一个国家，它的北方在同敌人开展，而南方却与敌人相互勾结，这也是近代中国社会特有的政治现象。更有意思的是，清廷接到"东南互保"的报告后，竟然同意了东南督抚大员的做法。

8月4日，八国联军集结两万余人，从天津出发，沿运河向北京进犯。沿途清军大都不战自溃，张家湾、通州接连失陷，八国联军于13日兵临北京城下。14日，八国联军从东面攻入北京，守军大都溃逃。次日凌晨，慈禧太后带着光绪帝以及部分亲信臣仆从西直门逃出北京城，经过两个多月的奔波，于当年10月26日抵达西安。

慈禧太后在逃往西安的路上，一方面发布命令，要清军对义和团"严行查办，务净根除"；另一方面任命李鸿章和庆亲王奕劻为议和大臣，尽快寻求与西方列强议和。义和团在侵略军和清军的联合镇压下，腹背受敌，最终失败。

八国联军攻入北京后，对北京城进行了分区占领。侵略军被允许公开抢劫三日，实际抢了八天，从公使、将军直到传教士、普通士兵都参与抢劫。

除了公开抢劫之外，八国联军所到之处，杀人放火，奸淫掳掠，犯下了骇人听闻的累累罪行。当时，凡是曾安设过义和团神坛的地方，房屋夷为平地，人员全部杀害。如曾安设义和团神坛的庄王府被侵略军烧毁，府内就有1700多人被杀死或烧死。八国联军借捕拿义和团为名，

三五成群，身跨洋枪，手持利刃，在各街巷挨户踹门而入，翻箱倒柜，无处不搜，凡金银细软等财物皆被抢去，稍有拦阻，便被杀害。为防止中国人反抗，八国联军公然贴出布告："遇有执持枪械华人，定必即行正法；若由某房放枪，即将该房焚毁。"

◎八国联军闯入普通居民家中劫掠钱财

当年的10月11日，李鸿章作为全权议和大臣抵达北京。1901年9月7日，《辛丑条约》签订，主要内容包括：

1. 中国赔款白银四亿五千万两，以海关税、常关税、盐税为担保，分39年还清，加上年利四厘，总数共达九亿八千多万两。

2. 在北京划东交民巷为使馆区，帝国主义在此驻兵，中国人则不准在区内居住。

3. 北京到大沽的炮台"一律削平"。从北京到山海关铁路沿线的12个战略要地准许各国派兵驻守。

4. 惩办在义和团运动中和帝国主义对抗的官员，永远禁止中国人成立或加入反帝组织，违者处死。

5. 改总理各国事务衙门为外务部，"班列六部之前"。

自此，清廷彻底成为"洋人的朝廷"，中国社会则完全沦为半殖民地半封建社会。

清末新政有名无实

八国联军占领北京,清王朝几近垮台的巨大冲击迫使慈禧太后必须对时势做出反思,由此开始了"新政",希望新政能够挽救他们的统治,这一愿望能够实现吗?

在八国联军炮口下逃出北京的慈禧太后在逃亡途中亲尝了颠沛流离之苦,清王朝几近垮台的巨大冲击迫使她必须对时势做出反思,由此开始了清末最后十年的"新政"。

1901年1月29日,慈禧太后以光绪帝的名义在西安颁布"预约变法"的上谕。同年4月,清廷成立督办政务处,作为规划"新政"的机构。

1902年初,慈禧太后及光绪帝从西安回到北京,新政也陆续地全面展开。第一,改革官制:根据《辛丑条约》的规定,改总理衙门为外务部,地位在六部之上;此外,为适应新政需要,陆续设立了商部、练兵处、巡警部以及学部,同时裁撤冗衙,淘汰胥吏差役,停止买官。第二,改革兵制:裁汰绿营和防勇,建立西式新军;同时停止武举考试,设立武备学堂和随营学堂,委派留学生出国学习军事,借以培养军事人才。第三,改革学制:公元1905年9月,清廷正式废除科举考试制度,并于同年12月设立学部,作为管理全国教育的最高机构;同时在国内创办新式学堂,鼓励留学生出国学习。第四,奖励工商:清廷设立商部,发展商业,并着手制定商律。除此之外,清廷还发布了禁缠足、禁鸦片、废酷刑以及允许满汉通婚等移风易俗的措施。

1905	1906	1906	1908	1908
孙中山在日本成立同盟会	9月，慈禧宣布预备仿行立宪	年底，革命党人开始发动一系列起义	8月，清廷颁布《钦定宪法大纲》，令人失望	11月，光绪帝、慈禧相继去世，溥仪继位

　　以上是清廷推行"新政"的第一阶段。就在此时，日本与俄国为争夺东亚霸权在中国东北和朝鲜地区大打出手，战争的结果是君主立宪的日本打败了沙皇专制的俄国，由此国内立宪派纷纷上书要求立宪。在国内舆论的压力下，清廷于1905年10月，派遣载泽、端方、李盛铎等五大臣"出洋考察政治"。第二年8月，五大臣归国，主张仿行日本宪政。

　　清廷内部经过激烈争论后，慈禧太后于1906年9月1日宣布"预备仿行宪政"，清末"新政"进入政治改革的第二阶段，统治集团内部的各种势力和派别围绕权力的再分配展开了激烈的争夺。对于日益复杂的政治形势，慈禧太后采取的应对之策就是拖延。1908年8月27日，清廷宣布"预备立宪"以九年为限，九年后正式召开国会，同时颁布了专制色彩浓厚的《钦定宪法大纲》。清廷的这种态度不免令立宪派大失所望。

　　就在《钦定宪法大纲》颁布的同年11月14、15日，光绪皇帝和慈禧太后在相距不到20个小时的时间里先后去世，年仅三岁的醇亲王载沣之子溥仪承继大统，改元宣统，由载沣监国摄政。12月2日，年幼的溥仪在太和殿举行登基大典，面对繁琐的礼仪和百官的朝拜，溥仪不禁放声大哭："我不要在这儿，我要回家！"陪同在旁的摄政王载沣只好哄着溥仪说："别哭别哭，快完了，快完了！"本是哄孩子的话语，怎料一语成谶（chèn），清王朝真的快完了。

◎末代皇帝溥仪。溥仪是光绪皇帝的亲侄子，继位时年仅三岁，还是一个不谙世事的孩子。

革命党人前赴后继

　　随着民族危机的日益深重，强烈的民族危亡意识使一大批知识分子由爱国走向革命，革命逐渐成为时代的主流，一批批革命团体相继建立起来。

　　《辛丑条约》签订后，强烈的民族危亡意识使一大批知识分子由爱国走向革命，促进了资产阶级民主革命的兴起，也将孙中山等革命派推向了历史的前台。

　　孙中山出生于广东省香山的一个农民家庭，年少时曾先后在檀香山、香港、广州等地学习，接受过良好的西式教育。与同时代的改良主义者一样，孙中山早年也倾向于改良。1894年春，孙中山上书李鸿章，提出了"人能尽其才，地能尽其力，物能尽其用，货能畅其流"的改革主张，结果没有得到任何回应。上书的失败使孙中山感到和平改革之路已绝，必须用暴力手段推翻清廷，从而走上了武装革命之路。

　　1894年秋，孙中山在檀香山联合华侨二十余人，组成了旨在"振兴中华，维持国体"的兴中会，由于当时以康、梁为代表的维新派正处于时代的前沿，因此未引起人们的太多关注。进入20世纪初，随着民族危机的日益深重，革命逐渐成为时代的主流，青年会、华兴会、光复会等一批革命团体相继建立起来。1905年8月，在孙中山的倡导下，

各革命团体代表齐集日本东京，成立了中国同盟会，由孙中山出任总理，以"驱除鞑虏，恢复中华，建立民国，平均地权"为纲领。中国同盟会迅速成为当时领导全国革命运动的中心。

当资产阶级民主革命思想广泛传播的同时，改良主义也并未退出历史舞台，尤其是日俄战争后，革命派与改良派进行了两年多的论战，在舆论上为革命做了准备。

1906年底，同盟会成员刘道一、蔡绍南等联络浏阳会党、萍乡煤矿工人和醴陵清军中倾向革命的士兵，以"中华国民军南方革命先锋队"的名义发动起义，起义军坚持近一个月，终因组织涣散而失败。萍浏醴起义是中国同盟会成立后资产阶级领导和发动的第一次大规模反清武装起义。此后，革命党人前赴后继，连续发动反清起义，其中规模较大的有潮州黄冈起义、广西镇南关起义、广西钦州起义、云南河口起义、安徽安庆起义、广州新军起义等。由于革命党人只注重运动会党和新军，缺乏广泛

◎革命领袖孙中山。孙中山自幼以洪秀全为榜样，立志救国救民，他的一生都在为革命奔走，确实做到了鞠躬尽瘁，死而后已。

1911
4月，清华学堂成立

1911
5月，皇族内阁出台

1911
5月，命端方为督办
粤汉、川汉铁路大臣

1911
6月，宣布川汉铁路
收回详细办法

的群众基础，带有单纯军事冒险的性质，加上没有坚强的领导和得力的指挥，不能形成统一的计划和行动，导致力量分散，因而被清廷各个击破。

1911年4月27日晚，黄兴率领一百余名革命志士进攻两广总督衙门，原定的其他三路因故未能按时策应，以致黄兴孤军奋战。黄兴原本打算活捉两广总督张鸣岐，然后利用总督名义号召两广新军反正，但是当起义军攻入总督衙门时，张鸣岐已经潜逃。于是，黄兴下令焚烧总督衙门，转攻督练公所，途中遭遇清军截击，双方展开激烈巷战，许多革命志士在苦战中牺牲，黄兴负伤后退回香港，林觉民等负伤被捕，英勇就义。事后，广州民众不顾清廷的迫害，收殓牺牲的革命烈士遗骸72具，葬于黄花岗，因而此次起义又被称为"黄花岗起义"。此次起义的失败，使同盟会丧失了许多优秀干部，但是革命者英勇斗争、视死如归的精神，振奋了全国人民的斗志，这预示着更大的革命风暴即将来临。

话分两头，清廷自宣布"预备立宪"后便一味拖延，并显露出满族亲贵欲借立宪以集权的迹象，这引起了国内立宪派的普遍不满。就在革命派前赴后继发动反清起义的同时，立宪派也连续发起数次国会请愿运动，企图通过和平请愿的方式，迫使清廷开放政权，迅速转入民主政治的轨道。然而一意孤行的清廷拒不答应民众请求，并于1911年5月组成了以庆亲王奕劻为总理大臣的责任内阁。由于十三名内阁大臣中满族占九人，而这九人中皇族又占五人，故称此届内阁为"皇族内阁"。皇族内阁的出台，使一切军国大事全部由皇族掌握，违背立宪精神，充分暴露了清廷假托立宪的名义继续实行专制的骗局。欺骗历史最终亦会被历史所抛弃，清王朝的覆灭已然不远了。

中华民国成立

　　武昌起义的枪声敲响了清王朝的丧钟。武昌起义后，革命风暴迅速席卷全国，短短一个月的时间里先后有 13 个省和重要城市宣布独立，清王朝面临土崩瓦解之势。

　　"皇族内阁"的出台使立宪派大失所望，纷纷转向革命，而清廷的倒行逆施则进一步激化了各种社会矛盾，把各阶级、各阶层人民推向了反清革命阵营。1911 年初，清廷打算向英、美、法、德四国银行借款。"皇族内阁"成立后，立即以"上谕"的形式宣布"铁路国有政策"，接着和四国银行订立了粤汉、川汉铁路借款合同，借"国有"的名义将铁路权利出卖给帝国主义。清廷的这种无耻行径，激起了粤、湘、鄂、川四省人民的强烈不满，并迅速掀起了群众性的保路运动。其中四川的保路运动尤为激烈，数万群众到总督署前请愿，却遭到军警的血腥镇压，酿成"成都血案"，由此引发了全川的武装暴动。清廷于是紧急命令端方调湖北新军入川镇压，然而鄂军西调不久，湖北便响起了武昌起义的枪声。

　　1911 年 10 月 10 日晚，湖北新军工程第八营熊秉坤、金兆龙率先发难，打响了武昌起义的第一枪，武昌城内各营的革命士兵纷纷响应。湖广总督瑞澂、新军统制张彪仓皇出逃。经过一夜的激战，革命军占领武昌城，取得了首义胜利。11 日晚和 12 日晨，驻汉阳和汉口的新

1911

10月，各国驻汉口领事、驻北京公使宣告"严守中立"

1911

至本年11月，13个省和重要城市宣布独立

1912

1月1日，孙中山在南京就职临时总统，中华民国宣告成立

1911

年底，清廷派袁世凯北洋军往南方镇压革命

军响应起义，武汉三镇于是完全被革命党人所控制。

当革命士兵准备建立革命政府时，错误地认为要由威望深厚的人来主持，于是革命的士兵群众推荐了原新军统领黎元洪。作为清朝高级军官，黎元洪并不赞成革命，而且武昌起义当晚，他还亲手杀过响应起义的士兵和起义军的联络员。武昌首义成功后，黎元洪仓皇逃到一个参谋家里。当起义军想推举他来担任军政府都督时，他吓得连连摇头说："不要害我，不要害我！"最后，革命党人强行剪掉了他头上的辫子，并用手枪"逼迫"他当上了湖北军政府都督。湖北军政府成立后，立即宣布改国号为"中华民国"，废除皇帝年号，这对于扩大革命成果，把革命继续推向前进发挥了重要作用；但军政府由原清朝高级将领主持的模式，被后来响应的省份所效法，这也为革命埋下了隐患。

武昌起义在全国产生了极大的影响，湖南、陕西等地的革命党人纷纷发动新军和会党响应，革命风暴迅速席卷全国。从武昌起义爆发到11月9日，在短短一个月的时间里先后有湖南、陕西、江西、山西、云南、上海等13个省和重要城市宣布独立，清朝的一部分海军也投奔到革命队伍之中，清王朝面临土崩瓦解之势。

随着各省相继独立和各省军政府的成立，建立统一革命政权的时机已经成熟。12月25日，孙中山自海外回国，各省代表大都同意推举革命派领袖孙中山为临时大总统。29日，孙中山当选为临时大总统。公元1912年1月1日，孙中山在南京就职临时总统，宣告中华民国临时政府成立，以1912年为民国元年，改用公历。不久，临时参议院在南京成立，履行议会职能，南京临时政府也颁布了一系列具有资产阶级性质的法令和改革措施。

话分两头，清廷在得知武昌起义的消息后，立即派荫昌率领北

1911
12月，南北双方达
成停战协议

1911
1月，袁世凯奏请讨
论帝位去留问题

1912
2月12日，宣统退位

洋军前往镇压。然而，北洋军的实际权力全部掌握在袁世凯手中，所以荫昌无法调动。无可奈何之下，清廷只能重新起用"养病"在家的袁世凯，任命他为湖广总督，率军南下镇压革命；但此时的袁世凯并不急于出山，他高度关注南北局势的变化，以从中获得最大的政治利益。于是，袁世凯一方面向清廷讨价还价，直到军政大权集于一身后方才同意出任内阁总理大臣，组织责任内阁；另一方面向南方派兵施压的同时又派代表与革命政府举行和谈。

1911年12月，南北双方达成停战协议，不久袁世凯的代表唐绍仪和南方各省军政府的代表伍廷芳在上海开始了和平谈判。双方共谈判五次，障碍重重。此时，为了尽快结束南北对峙局面，迅速推翻清廷，实现全国统一，南方政府向袁世凯公开承诺：如果袁世凯赞成共和，迫使清帝退位，大总统之位非他莫属。孙中山就任临时大总统后，再次致电袁世凯，表示"如清帝实行退位，宣布共和，则临时政府决不食言，文即可正式解职，以功以能首推袁氏"。至此，摆在袁世凯面前的关键问题便是如何迫使清帝退位。

1912年1月16日，袁世凯率领全体内阁成员来到养心殿，奏请隆裕太后召开皇族会议，讨论帝位去留问题。皇宫里关于退位的争论非常激烈，禁卫军将领良弼坚决反对退位，并与铁良、溥伟等满族亲贵中的少壮派组成"宗社党"，想要做垂死挣扎。1月26日，以段祺瑞为首的五十名北洋将领通电逼供，要求清廷"立定共和政体"；当晚，良弼在家门口遭到革命党人彭家珍的炸弹袭击，两天后毙命。之后，满族亲贵纷纷逃离北京，隆裕太后知大势已去，于是授予袁世凯全权，与南京临时政府商讨退位条件。

1912年2月12日，清廷接受《清室优待条例》，隆裕太后以宣

1912

2月13日，袁世凯
声明赞成共和，孙中
山辞任临时大总统

1912

3月，袁世凯在北京
就任临时大总统

1912

4月，临时政府迁至
北京，进入北洋军阀
统治时代

统皇帝的名义发布诏书宣布退位，一个统治中国 268 年的王朝在孤儿寡母的涟涟泪水中走到了尽头，这也标志着中国两千多年君主专制政体的终结。

宣统帝下诏退位的第二天，袁世凯声明赞成"共和"，同一天孙中山辞去临时大总统之职。2月15日，南京临时参议院选举袁世凯为临时大总统；3月6日，临时参议院决议允许袁世凯在北　京　就职；3月10日，袁世凯在北京就任中华民国临时大总统；4月5日参议院决议临时政府迁至北京。至此，革命果实被袁世凯窃取，中国进入北洋军阀统治时代。

按照中国传统的干支纪年，1911 年为农历辛亥年，所以这次革命被称为辛亥革命。辛亥革命是一场比较完全意义上的资产阶级民主革命，它推翻了清王朝的统治，结束了中国两千多年的封建君主　专制政体，并建立起了亚洲第一个资产阶级民主共和国，使民主共和观念深入人心。然而，由于民族资产阶级自身的软弱性和妥协性，辛亥革命并没有改变中国半殖民地半封建的社会性质，而辛亥革命的历史说明，民族资产阶级不可能领导中国民主革命取得彻底胜利，资产阶级民主共和国的方案走不通。

袁世凯像。袁世凯曾在小站训练新军，这支军队逐步发展为北洋军，成为清末陆军主力，也是袁世凯窃取革命果实的基础。

帝王世系①

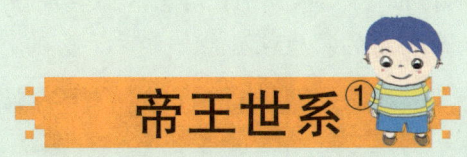

努尔哈赤 <<<<<

在位时间： 1616-1624

生卒年（1559-1626）。庙号太祖，年号天命。清王朝的奠基者，后金政权的建立者。爱新觉罗氏，明初建州左卫都督、女真族酋长猛哥帖木儿的后裔。明朝后期，东北地区女真各部相互攻杀，努尔哈赤的父亲和祖父也在混战中被杀。公元1583年，时年二十五岁的努尔哈赤用祖上遗留的十三副盔甲起兵，开始了统一女真各部的战争。在此过程中，他创立了八旗制度，力量迅速壮大，经过二十多年征战基本完成对女真各部的统一大业。公元1616年，努尔哈赤在赫图阿拉即位，成为大汗，国号大金，史称后金。不久，努尔哈赤宣布与明朝结有"七大恨"，率军队向明朝发起进攻，并在萨尔浒之战中以少胜多，席卷辽东七十余城，为清王朝的建立奠定了基础。

皇太极 <<<<<

在位时间： 1626-1643

生卒年（1592-1643）。庙号太宗，年号天聪、崇德。清王朝的创立者，努尔哈赤第八子，最初为正白旗旗主贝勒，经常率领军队四处征战，多次立有战功，努尔哈赤病逝后被推举为汗。继位后，大力加强中央集权，并仿效明朝完善中央统治机构，推动了后金政权的封建化进程。公元1635年，将族名女真改为满洲，第二年在沈阳称帝，改国号为清。皇太极前后在位十七年，统一黑龙江流域，建立满蒙联盟，征服朝鲜，并先后四次派兵入关，攻城略地。此外，积极发展社会生产，重用汉族知识分子，缓和满汉矛盾，这为后来清军入关、占领中原打下了坚实基础。

福临 <<<<<

在位时间： 1643-1661

生卒年（1638-1661）。庙号世祖，年号顺治。清王朝入主中原后的第一位皇帝。皇太极第九子，六岁登基，由他的叔父睿亲王多尔衮摄政。清军入关后，顺治帝迁都北京，举行登基典礼，标志着清王朝正式入主中原，这为扫除南明势力、完成全国统一提供了政治保障。顺治帝亲政后，注意革除明朝弊政，减轻农民负担，并重用汉人，缓和满汉矛盾，对当时的社会政治、经济产生

---

①清建国于1616年，初称后金，1636年始改国号为清，1644年入关。1911年辛亥革命，1912年2月宣统帝下诏退位。

了积极的影响。顺治帝在位十八年，清王朝基本上实现了对全国的统治，社会经济得到一定发展，为之后的"康乾盛世"奠定了基础。

玄烨 <<<<<

在位时间：1661-1722

生卒年（1654-1722）。庙号圣祖，年号康熙。"康乾盛世"的开创之君。顺治帝第三子，八岁登基，十四岁亲政，在位六十一年，是中国历史上在位时间最久的皇帝。继位之初，国事由辅政四大臣主持，亲政后铲除权臣鳌拜，平定三藩，统一台湾，亲征噶尔丹，稳定了清王朝对全国的统治；同时驱逐了沙俄侵略军，有效遏制了沙俄侵略，维护了东北边疆的安全。此外，他在位期间注意发展社会生产，下令停止圈地，宣布新增加的人口，不再征收人头税，减轻了农民负担，并且亲自巡视黄河，加强了对黄河的治理。康熙帝晚年，精力衰疲，导致官吏贪污严重，而他的九个儿子争夺太子之位，又使朝政不宁。纵观康熙帝一生，他在政治、军事方面，都有所成就，既维护了国家的稳定与统一，又开启了"康乾盛世"局面，堪称一代有作为的明君。

胤(y í n)禛(zhēn) <<<<<

在位时间：1722-1735

生卒年（1678-1735）。庙号世宗，年号雍正。"康乾盛世"的承前启后之君。康熙帝第四子，最初被封为雍亲王，后在"九子夺嫡"斗争中取得胜利，承继皇位，改元雍正。继位之后，一方面整顿吏治，设立军机处，加强皇权；另一方面兴利除弊，推行"摊丁入亩"、"耗羡归公"等改革措施，减轻农民负担。此外，雍正帝平定了青海叛乱，设立驻藏大臣，并在西南少数民族地区推行"改土归流"，从而加强了对边疆地区的管辖。雍正帝在位十三年，勤于政事，上承康熙，下启乾隆，对"康乾盛世"的连续起到了关键性作用。

弘历 <<<<<

在位时间：1735-1796

生卒年（1711-1799）。庙号高宗，年号乾隆。"康乾盛世"的延续之君。雍正帝第四子，最初被封为宝亲王，后来通过秘密立储的形式承继皇位，改元乾隆。执政中前期，勤于政事，重视农业生产，兴修水利，减免赋税，缓和社会矛盾，社会经济获得持续增长，文学艺术也有了一定发展，从而使"康乾盛世"达到顶峰；同时乾隆帝多次用兵边疆，自称为"十全武功"，对于维护国家统一和边疆稳定发挥了重要作用，基本上将中国领土版图固定了下来。执政中后期，乾隆帝逐渐奢靡，大规模营建宫殿，六次巡游江南，浪费无度；重用贪官和珅，吏治日益腐败；而且故步自封，不了解世界形势，拉大了与西方之间的差距。乾隆帝作为中国历史上实际执政时间最久的皇帝，也是最长寿的皇帝，既延续和发展了"康乾盛世"，但同时也为清王

朝由极盛迅速衰败埋下了种子。

颙琰（yǎn）<<<<

在位时间： 1796-1820

生卒年（1760-1820）。庙号任宗。清王朝入主中原后的第五位皇帝，年号嘉庆。乾隆帝第十五子，最初被封为嘉亲王，公元1796年继位，改元嘉庆，尊乾隆帝为太上皇。嘉庆帝在位初期，实权仍由太上皇掌握。亲政后采取果断手段，惩处大贪官和珅，整顿吏治，平定白莲教起义以及山东河南一带的天理教起义，并试图通过"京旗移垦"的方式解决旗人生计问题，颇有一番作为。然而，纵观嘉庆一朝，嘉庆帝只能算是一位勤政图治的守成之君，既缺少政治胆略，又没有革新精神，固守闭关锁国、重农抑商的祖制，从而无力扭转清朝中衰之势，致使他无奈地扮演了清王朝由盛而衰的历史角色。

旻（mín）宁<<<<

在位时间： 1820-1850

生卒年（1782-1850）。庙号宣宗，年号道光。清王朝唯一的一位以嫡长子身份继承皇位的皇帝。继位之初厉行节俭，整顿吏治，平定南疆的张格尔叛乱，并支持两江总督陶澍改革盐政、漕运。但是他因循守成，社会弊病积重难返，清王朝也日益衰弱。为禁绝鸦片走私，道光帝特命林则徐前往广州禁烟。鸦片战争爆发后，时而抵抗，时而讲和，战败后被迫签订了丧权辱国的《南京条约》。此后十年，道光帝并未采取任何振兴王朝的举措，社会危机日益严重，中国也开始沦为半殖民地半封建社会。

奕詝（zhǔ）<<<<

在位时间： 1850-1861

生卒年（1831-1861）。庙号文宗，年号咸丰。清王朝及中国历史上最后一位掌握实际权力的皇帝。道光帝第四子，以秘密立储的形式继位。他继位之初重用汉族大臣，严惩贪官污吏，企图重振国家。然而他终究还是一位因循守成的君主，内忧外患的严峻形势使他的努力没有取得太大的效果，换来的只是更多的不平等条约，中国的半殖民地半封建化程度进一步加深。

载淳<<<<

在位时间： 1861-1875

生卒年（1856-1875）。庙号穆宗，年号同治。清王朝最后一位以皇子身份继位的皇帝。咸丰帝唯一存活下来的儿子，六岁继位，两宫太后垂帘听政，恭亲王奕訢辅政。在此期间，清廷扑灭了太平天国起义，并且掀起了洋务运动，从而出现了一个短暂的政治稳定时期，史称"同治中兴"。同治帝亲政后，除主持圆明园重建工程外，没有太大作为，仅一年便去世

成为清王朝寿命最短的皇帝。

载湉（tián）<<<<<

在位时间：1875-1908

生卒年（1871-1908）。庙号德宗，年号光绪。清王朝最具悲情色彩的皇帝。醇亲王奕譞之子，因同治帝死后没有儿子而被慈禧太后选定继位。光绪帝继位时，年仅四岁，由两宫太后垂帘听政，期间边疆危机日益严重。光绪帝亲政后，实权仍由慈禧太后掌握，围绕皇帝与太后之间的政治斗争不断。甲午战败后，光绪帝深受刺激，萌生了变法图强的思想，并依靠康有为、梁启超等直接促成了"百日维新"的政治变革，但最终以失败告终，自己的政治生命也从此结束。应该说，光绪皇帝是一位比较能够接受新思想的青年皇帝，无奈他的一生都笼罩在慈禧太后的权力和淫威之下，志向难以伸展，以致被幽禁在瀛台，荒凉死去，清王朝的覆灭也不可避免了。

溥仪 <<<<<

在位时间：1908-1912

生卒年（1906-1967）。清王朝的最后一位皇帝，年号宣统。也是中国历史上最后一位封建帝王。醇亲王载沣长子，光绪帝之侄，因光绪帝死后无子而被慈禧太后选定继位。宣统帝继位时，年仅三岁，由醇亲王载沣监国摄政。此时国内立宪运动和革命运动高涨，而清政府倒行逆施，统治摇摇欲坠。武昌起义爆发后，全国纷纷响应，清政府土崩瓦解。公元1912年2月12日，宣统帝下诏退位，清王朝的统治由此结束，中国封建君主专制政体也由此终结。

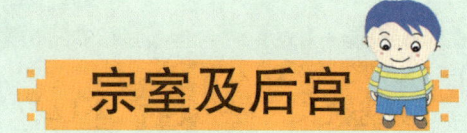

宗室及后宫

礼亲王代善 <<<<<

生卒年（1583-1648）。清太祖努尔哈赤的第二个儿子，年轻时即追随努尔哈赤征战，功勋卓著。后金政权建立后，代善被封为和硕贝勒，参与国政，为四大贝勒之首，位高权重。之后，代善先后在努尔哈赤去世后，以及皇太极去世后的两次继统斗争中发挥了重要作用，拥立新君，保证了权力的顺利过渡，从而稳定了清朝入关前的统一大业。

睿亲王多尔衮 <<<<<

生卒年（1612-1650）。清顺治朝摄政王，努尔哈赤第十四子，青年时代追随兄长皇太极征战南北，战功卓著，被封为和硕睿亲王。皇太极驾崩后，

多尔衮拥立年仅六岁的福临继位，避免了清廷内部的权力争斗。李自成攻破北京以后，多尔衮巧妙地争取了吴三桂，取得了山海关之战的胜利，致使清军顺利入关。清朝入主中原后，多尔衮以叔父（皇父）摄政王的身份主持朝政，一方面革除了明末的弊政，追剿农民军以及明朝残余势力；另一方面也推行了剃发、圈地、投充等弊政，激起了中原汉人的反抗。多尔衮去世后，被追封为成宗义皇帝，但很快又因为大逆之罪被夺去一切封典，直到乾隆年间才被平反。多尔衮作为清王朝初年的关键性人物，在清朝入主中原、统一全国的过程中发挥了重要作用。

郑亲王济尔哈朗 <<<<<

生卒年（1599-1655）。清顺治帝时期与多尔衮共同辅政的亲王。努尔哈赤之侄，从青年时代起就追随努尔哈赤征战，立下赫赫战功，被封为和硕郑亲王。皇太极去世后，济尔哈朗拥立皇太极第九子福临继位，并与多尔衮共同辅政，从而保证了权力的顺利过渡。清朝定都北京后，被封为信义辅政叔王，成为与多尔衮并称"叔王"封号的亲王。之后被罢免辅政职务，奉命到外地指挥军队作战，多次立有战功。顺治帝亲政后，济尔哈朗再度受到重用，并主持了对多尔衮的政治清算，晚年享受了很高的荣誉。作为清初辅政亲王，济尔哈朗在清朝入主中原、统一全国的过程中发挥了重要作用。

孝庄皇太后 <<<<<

生卒年（1613-1688）。中国历史上极富传奇色彩的一代贤后。博尔济吉特氏，清太宗皇太极的庄妃，顺治帝福临的生母。清朝最初进入中原时，孝庄皇太后相继辅佐顺治、康熙两代帝王，在特别困难的政治环境中，避免了因皇帝年幼而出现的政治斗争，维持了皇室的团结。她虽然处在幕后，却一直都对政治发挥着特殊的影响，可称得上是清朝杰出的女政治家。

废太子允礽 <<<<<

生卒年（1674-1725）。清王朝唯一的一位，也是中国历史上最后一位公开册立的皇太子。康熙帝第二子，母亲是仁孝皇后赫舍里氏，原名"胤礽"，刚满周岁时即被册立为皇太子。作为皇太子，允礽自幼接受了良好的教育，文武兼备，曾数次被委任为"监国"，处理国家日常政务，颇有治绩，对于"康乾盛世"的形成发挥了重要作用。然而允礽参政后，开始大肆结党，逐渐在皇帝之外形成了另一个权力中心，引起了康熙帝的不满，而且其他皇子也都渴望得到太子的宝座，矛盾重重。皇帝与储君之间、太子与其他皇子之间的矛盾日益加剧，最终导致了允礽废了又立、立了再废的结果。允礽被废，储位空虚，从而引起了皇子之间的激烈斗争，造成朝局动荡。雍正帝继位后，为减少皇储争夺而造成的内斗，创建了秘密立储制度。

怡亲王允祥 <<<<<

生卒年（1686-1730）。清王朝宗室参政的代表。康熙帝第十三子，原名"胤祥"，文武双全，受到康熙帝看重，而且与雍亲王胤禛关系密切。雍正帝继位后，允祥被封为和硕怡亲王，并出任议政大臣，处理军国政务，在治理河道、出兵准噶尔以及举荐人才方面尽心竭力，对于雍正朝的治绩发挥了重要的作用。允祥去世后，雍正帝特将他的名字改回"胤祥"，从而使他成为了清朝臣子中唯一不避皇帝讳的人物。

恭亲王奕䜣 <<<<<

生卒年（1833-1898）。清同治帝时期的议政王，洋务运动的主要领导者。道光帝第六子，受封恭亲王。第二次鸦片战争期间留守北京，主持议和事务。咸丰帝在承德病死，奕䜣联合慈禧太后发动辛酉政变，逐杀八位辅政大臣，夺取政权，被封为议政王，主持国政。他当政期间，扑灭了太平天国起义，兴起了洋务运动，使清王朝进入了短暂的稳定时期。光绪十年（1884年），奕䜣被逐出军机处，不再参与政事。甲午战争后再度复出，但并未对政治产生实质的影响。作为晚清宗室重臣和洋务运动的主要领导者，奕䜣在晚清政坛以及中国近代化的进程中发挥着举足轻重的作用。

慈禧皇太后 <<<<<

生卒年（1835-1908）。又称西太后，清王朝晚期的实际统治者。叶赫那拉氏，咸丰帝的懿贵妃，同治帝载淳的生母。咸丰帝在承德病死后，载淳继位，那拉氏被尊为圣母皇太后。不久，她联合恭亲王奕䜣发动辛酉政变，逐杀八位辅政大臣，改元同治，开始垂帘听政，掌握实权，清王朝进入了短暂的稳定期。同治帝驾崩后，她选定载湉承继皇位，继续垂帘听政，并于光绪十年（1884年）将恭亲王奕䜣逐出军机处，从此独掌大权。光绪帝亲政后，她表面退隐颐和园，但实际上依然掌握军政大权。戊戌变法期间，她发动戊戌政变，囚禁光绪帝，斩杀戊戌六君子，再度垂帘听政。八国联军侵华期间，她带着光绪帝逃往西安，途中下令剿杀义和团。为挽救清王朝的统治危机，晚年宣布实行"新政"，进行改革。作为清王朝晚期的实际统治者，在慈禧皇太后掌权的半个世纪里，中国近代化开始起步，但同时中国内忧外患日益加剧，并完全沦为半殖民地半封建社会。

醇亲王奕譞 <<<<<

生卒年（1840-1891）。清朝同光时期宗室重臣。道光帝第七子，光绪帝生父。咸丰帝病死后，奕譞配合恭亲王奕䜣及慈禧太后发动辛酉政变，夺取政权，奕譞也因此受到重用。光绪帝继位后不久，奕譞辞去职务，1884年后复

出，并出任海军衙门总理大臣，推动了北洋海军的建成与发展。光绪十六年（1890年），奕譞因病去世。

恪顺皇贵妃 <<<<

生卒年（1876-1900）。又称珍妃，晚清历史上颇具传奇色彩的嫔妃。他他拉氏，是光绪帝最为宠爱的妃子。珍妃在入宫前曾接受西方思想，个性相对开放。入宫后对于光绪帝的处境表现出了理解与同情，从而颇受光绪帝的宠爱。但是珍妃思想新潮，无视宫中礼仪，且相传她有倒卖官职的行为，这引起了慈禧太后的不满。随后她又支持光绪帝戊戌变法，以致引来杀身之祸。八国联军兵临北京城下时，慈禧太后命人将珍妃投入井中杀害，年仅二十五岁。应该说，珍妃的人生遭遇在一定程度上是晚清政治斗争的一个缩影。

醇亲王载沣 <<<<

生卒年（1883-1951）。清王朝末代监国摄政王。醇亲王奕譞之子，光绪帝异母弟，宣统帝生父。《辛丑条约》签订后，载沣被委派赴德国道歉谢罪。"新政"时期进入军机处，成为一代政治新秀。宣统帝继位后，载沣出任监国摄政王，成为中国实际统治者。然而载沣本人优柔寡断，难以担当大任，而且此时清王朝已是岌岌可危，无力回天。武昌起义爆发后，载沣被迫辞去摄政王的职位，不久清王朝覆灭。

庆亲王奕劻（kuāng） <<<<

生卒年（1838-1917）。清王朝最后一位获得世袭罔替王爵的人，也是清王朝首任内阁总理大臣。乾隆帝第十七子永璘之孙。最初被封为辅国将军，光绪十年（1884年）出任总理衙门大臣，加封庆郡王，后又被封为亲王。八国联军侵华期间，奕劻受命与李鸿章代表清廷签订了丧权辱国的《辛丑条约》。清末"新政"时期，奕劻出任领班军机大臣，权倾一时，并与袁世凯相互勾结，排除异己，倒卖官职，使政局更加黑暗。"皇族内阁"成立后，奕劻出任总理大臣，宣布"铁路国有"政策，从而激起了保路运动，很快武昌起义爆发，清王朝土崩瓦解。作为宗室重臣，庆亲王奕劻在清末政坛急剧变化的复杂环境中发挥着至关重要的影响。

隆裕皇太后 <<<<

生卒年（1868-1913）。清王朝最后一位皇太后，也是中国历史上最后一位皇太后。叶赫那拉氏，慈禧太后侄女，被钦点为光绪帝皇后。宣统帝继位后，她被尊为隆裕皇太后，并垂帘听政，和摄政王载沣共同执掌朝政。隆裕皇太后在政治上并无太多经验，辛亥革命爆发后，面对清王朝土崩

瓦解的形势，被迫接受《清室优待条件》，并以宣统帝的名义颁布《清帝逊位诏书》，标志着清王朝统治的结束。

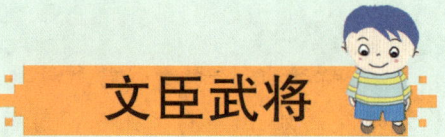

文臣武将

费英东 <<<<

生卒年（1562-1620）。瓜尔佳氏，与额亦都、扈尔汉、安费扬古以及何和里并称后金开国五功臣。费英东很早就追随太祖努尔哈赤征战，作战勇猛，有"万人敌"之称，在努尔哈赤统一女真各部和对明作战的过程中立下了汗马功劳，被尊为"开创佐命第一功臣"。

范文程 <<<<

生卒年（1597-1666）。清朝初期最著名的汉族大臣。出身名门官宦家庭，宋朝名臣范仲淹的后人。明朝末年，范文程被后金军掳走，沦落为奴，之后受到皇太极赏识，开始为后金效力。上至军国大政，下至具体的战役战斗，范文程几乎都参与其中。清朝入主中原后，范文程提出了一系列措施，以安定民心，尤其重视开科取士，争取汉族知识分子对清廷的支持。总之，作为清朝开国宰辅，范文程为清朝入主中原，统一全国发挥了重要作用。

洪承畴 <<<<

生卒年（1593-1665）。清朝初期颇受争议的汉族降臣。本是明朝大臣，深受崇祯帝信任，松锦大战中被俘后投降后金。清军入关后，洪承畴建议仿效明制，完善国家机器，他的建议多数被清廷采纳。他招抚江南期间，采取了以抚为主、以剿为辅的策略，尽量避免过多的杀戮，并注意减轻百姓负担，为清朝统一全国和恢复经济发挥了积极作用。作为明清之际的重要历史人物，洪承畴有功于清，而从历史的大局着眼，清朝入主中原也是大势所趋。

孔有德 <<<<

生卒年（不详-1652）。清朝第一位汉族藩王。本是明朝将领毛文龙部下，毛文龙被杀后不久起兵反明，之后投降后金。皇太极称帝后，孔有德被封为恭顺王，出征朝鲜、锦州、松山等地，战功卓著。清军入关后，孔有德追随豫亲王多铎追剿农民军以及南明势力，镇压了江南一带的抗清斗争。顺治五年（1647年），孔有德改封定南王，南下广西，被南明名将李定国击败，困守桂林，自焚而死。

索尼 <<<<

生卒年（1601-1667）。清朝开国功臣，康熙初年四位辅政大臣之一。赫舍里氏，早年即追随皇太极征战，因精通满、汉、蒙多种文字，在建立满蒙联盟的过程中发挥了重要作用。清朝入主中原后，索尼因与多尔衮不合而遭到削职。顺治帝亲政后将他召回，提拔为内大臣，兼议政大臣，总管内务府，成为顺治朝首席满洲大臣。顺治帝驾崩后，遗诏索尼、苏克萨哈、遏必隆、鳌拜四人共同辅政，索尼居首。四位辅政大臣主持国政期间，国家形势日趋稳定，但是面对鳌拜弄权，晚年的索尼有所不满，却也有心无力了。

鳌拜 <<<<

生卒年（不详-1669）。清朝初期重臣，康熙初年四大辅臣之一。瓜尔佳氏，早年追随皇太极征战，因作战勇猛，被授予"巴图鲁"称号。清军入关后，因与多尔衮结怨，未受重用。顺治帝亲政后被委以重任。顺治帝驾崩后，鳌拜作为四大辅臣之一，处理国家大政，基本上稳定了清王朝对全国的统治。然而，鳌拜日益专横，结党营私，在康熙帝亲政后依然不肯交出权力，甚至胁迫康熙帝诛杀另一辅臣苏克萨哈，从而对皇权构成了严重威胁。不久，年轻的康熙帝果断采取措施，智擒鳌拜，将他终身监禁。鳌拜被擒后，康熙帝真正掌握了国家权力。

尚可喜 <<<<

生卒年（1604-1676）。清朝初期三大汉族藩王之一。本是明朝将领毛文龙部下，毛文龙被杀后，归顺后金，颇受重用。皇太极称帝后封他为智顺王，与恭顺王孔有德、怀顺王耿仲明并称"三顺王"。清军入关后，尚可喜改封平南王，转战南北，为清朝统一全国立下汗马功劳。之后前往广州，镇守东南。康熙十二年，尚可喜请求回到辽东养老，清廷随即决定撤藩，成为"三藩之乱"的导火线，他的儿子尚之信也参与叛乱，但是他本人对清廷忠贞不二，自始至终抵制叛乱，被加封为勤王，死后谥号"敬"。

姚启圣 <<<<

生卒年（1624-1683）。清朝康熙年间福建总督，清廷收复台湾的决定性人物之一。浙江会稽人，早年做过广东香山知县，因擅开海禁而被革职。"三藩之乱"中，姚启圣拿出家财招募士兵，帮助平叛，受到康亲王赏识，后被升为福建总督。他一上任便向康熙帝奏请收复台湾的战略，提出"剿抚并用"的方针，一方面在漳州设立修来馆，招降郑军；另一方面肃清福建沿海的郑军。此外，姚启圣在任期间发展经济，壮大福建水师，并与李光地保举施琅为福建水师提督，这为后来清廷收复台湾做好了前期的准备和铺垫。

117

施琅 <<<<<

生卒年（1621-1696）。清朝康熙年间著名将领，清廷收复台湾的决定性人物之一。本是郑成功的得力干将，因与郑成功不合，家人被郑成功所杀，于是愤而降清，被封为福建水师提督，并在肃清东南沿海郑军的过程中立有战功。之后他因受到清廷猜忌而被留在北京，但是不受重用。清廷平定"三藩之乱"后，在姚启圣和李光地的大力推荐之下，施琅出任福建水师提督，并于康熙二十二年（1683年）收复台湾，实现中国疆土的统一。台湾收复后，面对清廷内部对台湾是放弃还是保留的争论，施琅力主留台保台，巩固边防，维护统一。施琅为清朝统一台湾、治理台湾以及防止外来侵略等方面做出的努力，推动了中国历史的发展，为中华民族做出了重大贡献。

索额图 <<<<<

生卒年（1636-1703）。清朝康熙年间重臣。赫舍里氏，辅政大臣索尼之子。索额图因辅佐康熙帝擒拿鳌拜而受到重用，在平定三藩、收复台湾等重大政治活动中参与决策。雅克萨之战后，他受命签署了中俄《尼布楚条约》，遏制了沙俄的侵略，维护了东北部的边疆安全。晚年的索额图因极力维护允礽的皇太子地位，引起康熙帝不满，最后落得个幽禁而死的下场。

纳兰明珠 <<<<<

生卒年（1636-1708）。清朝康熙年间重臣。叶赫那拉氏，出身贵族，康熙初年任弘文院学士，开始参与国政，凭借自身的才华与能力，逐渐成为权倾一时的朝廷重臣。他身居内阁十余年间，在平定三藩、收复台湾以及抵抗外敌等重大事件中发挥了积极作用。然而作为一代权臣，明珠也独揽朝政，结党营私，最终在与朝臣的相互倾轧中失势。

萨布素 <<<<<

生卒年（1629-1701）。清朝康熙年间的抗俄名将。富察氏，出身于军人世家，康熙年间率军抵达黑龙江地区，被任命为第一任黑龙江将军。他任职期间整顿边防，筹划屯田，造船备炮，并率领清军取得了雅克萨之战的胜利，驱逐了沙俄侵略军，为巩固边防打下了坚实的基础。同时，萨布素还修城筑镇，建学兴教，发展生产，为促进黑龙江地区的经济文化发展做出了重要贡献。

靳辅 <<<<<

生卒年（1633-1692）。清朝康熙年间的治河名臣。康熙十六年（1677年），被任命为河道总督，主持治理黄河事务。他在任期间亲自调查黄河故道，

曾一日之内连续给皇帝上了八道奏折，主张治河应当树立全局观念，从整体上采取措施，把河道、运道综合起来治理。在治河的过程中，靳辅主要沿用了潘季驯的"束水攻沙"思想，利用从洪泽湖流出的淮水冲刷黄河淤泥；同时，他还采用了用驴运土的方法，减少民工数量，既节省了治河费用，又缓和了对农业生产的影响。靳辅治河十余年，保证了黄河大坝的安全，对于保护农田和人民的生命财产，起到了有效作用。

于成龙 <<<<

生卒年（1617–1684）。清朝初年著名的清廉官吏。本是明末副榜贡生，直到45岁才考中科举，被授以罗城知县一职。此后，他先后担任知县、知州、知府、道员等地方官，一直做到封疆大吏。他所到之处，皆有政绩，且清廉自守，深受百姓爱戴，被康熙帝赞为"清官第一，天下第一廉吏"。

李光地 <<<<

生卒年（1642–1718）。清朝康熙年间的理学名臣。康熙初年，李光地任翰林院编修，开始步入仕途。他在清廷平定"三藩之乱"、收复台湾的过程中发挥了重要作用。担任直隶巡抚期间治理河务，兴修水利，发展生产，颇有政绩。此外，李光地在思想文化方面也有突出成就，曾编纂《性理精义》《朱子全书》等彰扬程朱理学的书籍，对于当时理学的发展产生了重要影响。

施世纶 <<<<

生卒年（1659–1722）。清朝康熙年间著名的清官。名将施琅之子，因为父亲的功劳而出任江苏泰州知州，后担任江宁知府、湖南布政使、安徽布政使等地方官，所到之处，政绩斐然，深受百姓爱戴。康熙晚年，施世纶被任命为左幅都御史，兼管府尹事务。后又升为户部侍郎，掌管钱粮。施世纶为官清廉，秉公执法，不畏权贵，勤于民事，在民间素有"施青天"美誉，被康熙帝称为"江南第一清官"。

隆科多 <<<<

生卒年（不详–1728）。清朝康熙、雍正两朝皇权接替过程中最为关键的人物。佟佳氏，康熙帝孝懿仁皇后之弟。康熙晚年，任步军统领，掌握京师武力，这种身份使他在多位皇子争夺皇位的过程中发挥了关键作用。雍正帝继位之初，隆科多因拥戴有功，获得重用，显赫一时。然而隆科多恃宠而骄，结党营私，终落得个逮捕抄家、幽禁而死的结局。

年羹尧 <<<<

生卒年（1679–1726）。清朝康熙、雍正年间名将。康熙后期，年羹尧奉命巡抚四川，在任期间提出了很多兴利除弊的措施，并在清军"驱准保藏"

的战争中保障粮草供应，显示出了卓越才干。雍正帝继位后，年羹尧备受倚重，被任命为抚远大将军，平定罗卜藏丹津叛乱，收复青海。然而年羹尧日益骄横，擅作主张，且结党营私，培植个人势力，引起了雍正帝不满，最终落得个身败名裂、家破人亡的下场。

张廷玉 <<<<<

生卒年（1672-1755）。清朝康雍乾时期重臣。康熙后期，张廷玉进入南书房，多次随康熙帝南巡及巡行蒙古各部。雍正帝继位后，张廷玉获得重用，长期担任大学士和军机大臣，参与国家机密的商讨，并完善了军机处廷寄制度和密折专奏制度，既加强了中央集权，又提高了行政效率。乾隆帝继位后，张廷玉被列为五阁臣之一，他身为两朝元老，受到朝廷倚重。他晚年虽然遭受一定打击，但死后仍配享太庙，成为整个清朝唯一的一位配享太庙的汉臣。

鄂尔泰 <<<<<

生卒年（1677-1745）。清朝康雍乾时期重臣。西林觉罗氏，康熙中期进入仕途。雍正年间，他被任命为云贵总督，主持西南地区的"改土归流"，结束了土司制度，推动了多民族国家政策的统一。同时在西南地区兴修水利，改善交通，革除陋习，发展贸易，促进了西南地区的发展。乾隆年间，与张廷玉同为顾命大臣，权势逐渐加重，有结党的嫌疑，引起乾隆帝不满，他死后牌位被撤出贤良祠。

岳钟琪 <<<<<

生卒年（1686-1754）。清朝康雍乾时期名将，也是清朝前期为数不多的拥有实权的汉族大将军。南宋名将岳飞之后，出身武将世家。康熙晚年，岳钟琪从军出征，在"驱准保藏"的过程中崭露头角；雍正初年，被封为征西副将，追随年羹尧平定青海叛乱。年羹尧被贬后，岳钟琪接任川陕总督，手握川陕甘三省兵权，期间推行摊丁入亩、改土归流等措施。雍正晚年，他因吕留良案遭到猜忌被贬。乾隆初年被再度起用，平定大小金川。乾隆帝称赞他为"三朝武臣巨擘"。

田文镜 <<<<<

生卒年（1662-1733）。清朝康熙、雍正年间大臣。康熙中期入仕，出任地方官达二十余年，后来升任内阁侍读学士。雍正年间，受到重用，先后担任河南巡抚、鲁豫总督，清查亏欠，大力推行"摊丁入亩""耗羡归公"等改革措施，被雍正帝赞为"模范疆吏"。

李卫 ‹‹‹‹‹

生卒年（1687-1738）。清朝雍正年间名臣。康熙晚年，他通过捐纳资材，而成为员外郎，入朝为官。雍正年间，受到重用，担任户部郎中、浙江巡抚、浙江总督、直隶总督等职，曾长期主管或监管地方的盐政，擅于缉捕盗贼，有效打击了私盐猖獗的问题。李卫为官清廉，不畏权贵，所到之处注意体察民情，深受百姓爱戴。

刘统勋 ‹‹‹‹‹

生卒年（1698-1773）。清朝乾隆年间重臣。出身书香门第之家，康熙晚年，初入仕途，后担任南书房行走、上书房行走等职。乾隆初年，被提拔为内阁学士，后又出任漕运总督，负责修理河道、治理水患，颇有成效。乾隆十七年（1752年），进入军机处，受到皇帝重用，成为皇帝股肱之臣。他清正廉洁，敢于直言进谏，被乾隆帝称为"真宰相"。

刘墉 ‹‹‹‹‹

生卒年（1719-1804）。清朝乾隆年间名臣，书法家，朝廷重臣刘统勋之子。乾隆前期中进士，后任职地方二十余年，期间对科场舞弊、官场恶习进行了力所能及的整改，为百姓做了不少实事。乾隆后期，刘墉被授予内阁学士，以奉公守法、清正廉洁闻名于世。嘉庆帝亲政后，刘墉奉旨办理和珅贪污案，展现了他不畏强权的一面。此外，刘墉的书法水平很高，名盛一时，世人称他为"浓墨宰相"。

纪昀 ‹‹‹‹‹

生卒年（1724-1805）。字晓岚。清朝乾隆年间名臣，文学家。乾隆前期中进士，进入仕途，后担任《四库全书》总纂官，对传统古籍进行了系统地收录与整理。乾隆后期被提拔为侍读学士，参与机要，并多次陪同乾隆帝南巡，成为乾隆年间与刘墉、和珅并称的三大中堂。此外，在文学、书法方面也颇有成就，对后世影响较大。

和珅 ‹‹‹‹‹

生卒年（1750-1799）。清朝乾隆年间的权臣，也是中国历史上有名的贪官。钮钴禄氏，乾隆中后期受到乾隆帝赏识，逐渐被委以重任，后期担任众多关键职务，可谓权倾天下，有"二皇帝"之称。和珅刚开始做官时精明强干，受到称赞。然而随着权力的增加，他的私欲也日渐膨胀，贪污受贿，结党营私，排除异己，培植私人势力。此外，和珅利用手中权力经营工商业，且与英国东印度公司、广东十三行都有商业往来，他的家产超过了清王朝十五年财政收入的总和，可称得上名副其实的富可敌国。乾隆帝死后，嘉庆帝随即查办和珅，赐自尽。

福康安 <<<<<

生卒年（1754-1796）。清朝乾隆年间名将。富察氏，大学士傅恒之子，孝纯贤皇后之侄。在平定大小金川的过程中崭露头角，后担任云贵、四川、闽浙、两广总督等官职，先后镇压了甘肃回民起义、台湾林爽文起义、苗疆起义，成为清廷倚重的军事重臣。他率军入藏，驱逐廓尔克的战役，保证了清王朝的边境安宁以及西藏社会的稳定，也维护了国家领土完整。

陶澍（shù）<<<<<

生卒年（1777-1839）。清朝道光年间重臣。嘉庆年间入仕，曾先后调任山西、四川、安徽等省布政使和巡抚，道光十年（1830年）出任两江总督。为官期间，除恶安民，兴修水利，重视文教，关心民间疾苦，尤其是治理漕运、倡导海运以及改革盐政等举措，取得了较大成功。此外，陶澍在理学上的经世思想对后世产生了深远的影响。

林则徐 <<<<<

生卒年（1785-1850）。清朝道光年间名臣，中国近代民族英雄。嘉庆中期初入仕途，从政四十年，先后在十多个省份任官，为官清廉，所到之处，注意体察民情，关心民间疾苦，深受百姓爱戴。道光十八年（1838年），林则徐被任命为钦差大臣，赴广州查禁鸦片，并于第二年主持虎门销烟，反映了中国人民不畏侵略和捍卫民族尊严的决心。禁烟期间，组织编译《四洲志》，开创了近代"开眼看世界"的先河。他反抗外来侵略和学习西方的自强精神对后世产生了深远的影响。

琦善 <<<<<

生卒年（1786-1854）。清朝道光年间大臣，鸦片战争中主和派的代表。博尔济吉特氏，世袭侯爵，先后担任地方布政使、巡抚等职。鸦片战争期间，琦善接替林则徐担任两广总督，主张与英军和谈，并私自签订了《穿鼻草约》，割让香港，赔款六百万银元，后被道光帝锁拿进京问罪。应该说琦善看到了中英之间存在的差距，但是他既不思考如何去退敌人，也不志在自强，他所主持的和谈，无非是为了维护封建王朝的苟延残喘罢了。

穆彰阿 <<<<<

生卒年（1782-1856）。清朝道光年间权臣。郭佳氏，进士出身，道光年间担任军机大臣二十余年，深受宠信，权倾内外。鸦片战争期间，他对战争持消极态度，主张议和，并主持战后一系列不平等条约的签订，使中国开始沦为半殖民地半封建社会。咸丰帝继位后，将他革去职务，永不启用。

关天培 <<<<<

生卒年（1781-1841）。清朝道光年间的抗英将领，民族英雄。江苏山阳人，武秀才出身，先后担任把总、千总、守备、游击等职，升至参将，后提升为广东水师提督。他任职广东水师提督期间，全力支持林则徐的禁烟运动。鸦片战争爆发后，亲自坚守虎门要塞，英勇抗击英军进攻，最后壮烈殉国。

陈化成 <<<<<

生卒年（1776-1842）。清朝道光年间的抗英将领，民族英雄。福建同安人，出身行伍，先后担任把总、千总、参将、总兵等职，后任职福建水师提督，他治军严明，身先士卒，深受士兵爱戴。鸦片战争爆发后，他改任江南提督，镇守吴淞要塞，英勇抗击英军进攻，最后壮烈殉国。

肃顺 <<<<<

生卒年（1816-1861）。清朝咸丰年间重臣。郑亲王乌尔恭阿第六子，三等辅国公。咸丰年间，升任内阁学士，因敢于直言，深受咸丰帝信任。他与郑亲王端华及怡亲王载垣（yuán）相互倚重，显赫一时。他对内主张重用曾国藩、左宗棠等汉臣镇压太平天国，对外则坚持保守和强硬立场。咸丰帝驾崩前，任命肃顺辅佐新君，为八大顾命大臣的核心。不久，慈禧皇太后与恭亲王奕訢发动辛酉政变，将肃顺处死。

僧格林沁 <<<<<

生卒年（1811-1865）。晚清名将。博尔济吉特氏，蒙古贵族出身。太平天国运动期间，率领清军精锐部队护卫京畿重地，大败太平天国北伐军；第二次鸦片战争期间，负责督办大沽口和京东防务，取得了大沽口保卫战的胜利，之后兵败八里桥；同治初年，率军进入山东同捻军作战，中埋伏后被杀。僧格林沁是清廷可以倚重的大将，他所统率的部队是清八旗军最后一支精锐，其后清廷只得依靠曾国藩、李鸿章等汉族湘、淮军势力了。

曾国藩 <<<<<

生卒年（1811-1872）。晚清重臣，湘军的创立者和统帅。湖南长沙人，道光年间入仕，成为权臣穆彰阿的得意门生，仕途坦荡，官至兵部右侍郎。太平天国运动爆发后，在家守丧的曾国藩仿效戚继光的方法组建湘军，在镇压太平天国的过程中发挥了决定性作用。同时，曾国藩主张兴办洋务，他创办的安庆内军械所，标志着中国近代化的起步。此外，曾国藩在文学、书法以及思想学术等方面也有很高的成就。作为"晚清中兴第一名臣"，曾国藩的崛起标志着汉族官僚开始掌握实权，他的思想和实践对晚清的政治、经济、军事及文化等方面都产生了深远的影响。

胡林翼 <<<<<

生卒年（1812-1861）。晚清名臣，湘军的重要首领。湖南益阳人，道光年间进士，长期在地方做官。太平天国运动爆发后，出任湖北巡抚，整顿湖北军政吏治，负责湘军后勤保障工作，全力支持曾国藩镇压太平军，并多次推荐左宗棠、李鸿章等人，与曾国藩、李鸿章、左宗棠并称"中兴四大名臣"。

左宗棠 <<<<<

生卒年（1812-1885）。晚清重臣，湘军的重要首领，洋务运动的代表人物。湖南湘阴人。生性聪颖，胸怀大志，热衷于经世致用之学。太平天国运动爆发后，左宗棠进入湖南做官，在镇压太平天国的过程中逐渐崛起，成为镇守一方的重要官员。在边疆危机日益严重的背景下，左宗棠率军收复新疆，并力主在新疆建省，粉碎沙俄的侵略阴谋，维护了边疆安全。此外，左宗棠主张兴办洋务，主持兴办了福州船政局、甘肃制造局等一批近代工业，推动了中国近代化的进程。作为晚清重臣，左宗棠的主张与实践对于晚清政治、经济等诸方面产生了深远影响。

李鸿章 <<<<<

生卒年（1823-1901）。晚清重臣，淮军的创立者和统帅，洋务运动的主要实践者。安徽合肥人。早年曾跟随曾国藩学习经世致用之学。太平天国运动期间，他仿照湘军营制，组建淮军，成为继湘军之后又一支重要的武装力量，并且逐渐充当起主力国防军的角色。李鸿章也由此受到重用，升任为直隶总督兼北洋大臣，并被授为文华殿大学士。他对内主张兴办洋务，创办了江南制造总局、轮船招商局等近代工业，并组建北洋海军，力图建设近代化国防体系；对外主张力保和局，寄希望于列强"调停"来解决争端，并代表清廷签订了《马关条约》、《辛丑条约》等一系列丧权辱国的不平等条约。作为晚清政坛举足轻重的人物，李鸿章有卓越的眼光和敏捷的手腕，他兴办洋务、发展工业的努力，在推动中国近代化方面发挥了重要作用。然而他保守与妥协的外交政策受到人们的批判。应该说，李鸿章一生荣辱，恰是中国近代半殖民地半封建社会的一个缩影。

沈葆桢 <<<<<

生卒年（1820-1879）。晚清洋务重臣，中国近代海军建设的奠基人之一。福建侯官人，林则徐之婿。太平天国运动期间扬名官场，后接替左宗棠任福建船政大臣，主持福州船政局建设。日本发动侵台战争后，沈葆桢被任命为钦差大臣，率军赴台，筹备海防事宜，办理日本撤兵交涉，并由此开始了他在台湾的近代化倡导之路。之后，沈葆桢升任两江总督兼南洋大臣，督办南洋海防，扩充南洋水师，推动了中国近代海军建设的起步。晚年派遣船政学堂优秀学员出国留学，学习西方先进技术。作为晚清洋务重臣，沈葆桢在中国近代化过程中发挥了重要作用。

文祥 <<<<<

生卒年（1818-1876）。晚清重臣，中央内部洋务派的领导人之一。瓜尔佳氏，道光年间入仕，后任内阁学士、军机大臣等职。第二次鸦片战争期间，其随恭亲王奕訢留守北京主持议和。辛酉政变后受到重用，担任总理衙门大臣，主张洋务"新政"，成为中央政府内部洋务派的领导人之一，对于洋务运动的开展以及推动中国近代化发挥了重要作用。

李鸿藻 <<<<<

生卒年（1820-1897）。晚清重臣，清流派的领袖。河北保定人，出身名宦世家，咸丰年间入仕，后受慈禧太后赏识，先后担任内阁学士、军机大臣、总理衙门大臣等职。洋务运动期间，李鸿藻笼络一批御史和翰林，议论朝政、抨击权贵，形成了所谓的"清流派"，成为影响晚清政坛的一股重要力量。作为清流派的领袖人物，李鸿藻廉洁清正，主张严肃纲纪，清明政治，反对妥协，虽有些书生意气，但仍具有一定的积极意义。

郭嵩焘 <<<<<

生卒年（1818-1891）。晚清名臣，中国首位驻外使节。湖南湘阴人，太平天国运动期间成为曾国藩的得力助手，后出任驻英、法公使。他主张兴办洋务，认为只有学习西方的政治和经济才是富强之道。在任驻英、法公使期间，著有《使西纪程》，盛赞西方民主制度，主张中国应研究学习，后因与顽固派发生激烈冲突而被迫离职。郭嵩焘作为洋务派官员，他对社会、政治的看法在一定程度上超出了洋务派的思想境界，他的经历则反映了中国近代知识分子在新旧社会交替过程中的无奈。

刘铭传 <<<<<

生卒年（1836-1896）。晚清著名将领，台湾省首任巡抚。安徽合肥人，太平天国运动期间投奔李鸿章的淮军，战功卓著，被授予直隶提督，成为当时淮军将领中军职最高的人，后来因为受他人牵连而被革职。中法战争期间复出，担任督办台湾事务大臣，赴台抗击法军，最终使法军侵占台湾的计划破产。中法战争以后，力主台湾建省，并被任命为首任台湾省巡抚。主政台湾期间修建铁路，创办电讯，改革邮政，发展航运事业，为台湾的近代化奠定了基础。刘铭传也由此被誉为"台湾近代化之父"。

冯子材 <<<<<

生卒年（1818-1903）。晚清抗法名将，广东钦州人。在镇压太平天国运动的过程中崭露头角，后出任广西提督，相继扑灭了广西境内的反清武装。中法战争期间，年近七十的冯子材临危受命，在镇南关大败法军，并乘

胜收复谅山等多处失地，扭转了中法战争的局势。镇南关大捷也成为近代中国人民反侵略战争的光辉典范。

邓世昌 <<<<<

生卒年（1849-1894）。晚清北洋海军著名将领，民族英雄。广东番禺人，出身于商人家庭，幼时便接触西学，后报考福州船政学堂学习驾驶，并多次到国外接军舰回国。北洋海军成军后，邓世昌任副将，被授予总兵头衔，兼任"致远"舰管带。黄海大战中，邓世昌指挥"致远"舰奋勇作战，在舰身起火、严重倾斜的情况下，毅然下令猛冲敌舰"吉野"，打算同归于尽，不幸被鱼雷击中沉没，全舰官兵几乎全部阵亡。光绪帝为他撰联"此日漫挥天下泪，有公足壮海军威"，邓世昌的英勇事迹和爱国精神值得后世敬仰与学习。

翁同龢 <<<<<

生卒年（1830-1904）。晚清重臣，帝党的重要人物。江苏常熟人，咸丰年间入仕，先后担任户部尚书、工部尚书、军机大臣兼总理衙门大臣，曾是同治、光绪两代帝师。翁同龢学识渊博，在教授光绪帝的过程中新学旧学兼顾，中学西学结合，使光绪帝扩大了知识领域，为以后发动维新变法打下了思想基础。维新变法时期支持维新派，拟定《明定国是》诏书，后因得罪慈禧太后，被免官回乡。翁同龢对外反对妥协，力主抵抗，对内支持变法图强，表现了高度的爱国精神和革新勇气。但是作为传统士大夫，他也有保守自大的一面，反映了中国近代新旧社会交替下知识分子的矛盾与徘徊。

荣禄 <<<<<

生卒年（1836-1903）。晚清重臣，后党的重要人物。瓜尔佳氏，出身军人世家，辛酉政变后受到慈禧太后赏识，被任命为总管内务府大臣。甲午战争后，负责督练北洋新建陆军。百日维新期间，被任命为直隶总督兼北洋大臣，统领北洋三军，为慈禧太后发动戊戌政变起到了关键性作用。义和团运动期间，主张保护各国驻京使馆，残酷镇压义和团。清末"新政"期间，受命督办政务大臣，筹划新政。作为晚清重臣，尤其是戊戌政变中的关键人物，荣禄对于晚清政坛具有重要影响。

张之洞 <<<<<

生卒年（1837-1909）。晚清重臣，洋务运动后期的主要代表人物。出生于贵州兴义，祖籍河北，同治年间入仕，先后担任侍讲、内阁学士、山西巡抚、两广总督、湖广总督等职。张之洞早年是清流派代表，后转向洋务派，主张"中学为体，西学为用"。他主政湖广期间，创办了汉阳铁厂、大冶铁厂、湖北枪炮厂等近代工业，并且重视新式教育，创办了一批新式学堂，对全国起到了很好的示范作用。八国联军侵华期间，他和两江总督刘坤一，

与驻上海的各国领事订立"东南互保"，压制东南地区的反帝斗争。清末新政期间，他与刘坤一联名上奏变法三折，史称"江楚三奏"，成为新政的施政纲领。此外，张之洞在儒学、经学、目录学以及书法方面也有很高的成就。在近代中国新旧更替的时代，张之洞既有传统士大夫保守的一面，也有近代改革家进取的一面，在推动中国近代化的过程中发挥了重要作用，与曾国藩、李鸿章、左宗棠并称"晚清四大名臣"。

盛宣怀 <<<<<

生卒年（1844-1916）。清末邮传部大臣，也是中国近代著名的大买办商人。江苏常州人，曾帮助李鸿章兴办洋务运动，创办、主持了许多重要的官督商办性质的民用企业，并且兴办学校，发展近代交通和金融事业，在推动中国早期近代化和民族资本主义产生方面发挥了重要作用。但是，作为买办商人，他半官半商的性质又决定了他与封建势力、外国势力有着千丝万缕的联系，八国联军侵华期间倡议"东南互保"，压制南方反帝运动。任邮传部大臣期间提出"铁路干线国有政策"，并力主镇压辛亥革命。

端方 <<<<<

生卒年（1861-1911）。清末宪政考察五大臣之一。托忒克氏，光绪前期入仕，长期担任地方重要官职。1905年被委派为五大臣之一，出洋考察宪政，回国后力主以日本明治维新为学习蓝本，加速制定宪法。他在任两江总督期间创办新式教育，建立了幼儿园和省立图书馆，并对外国文物进行收藏。1911年奉命入川，镇压保路运动，被起义新军所杀。作为封建官僚，端方有反动的一面，但作为开明派，他对中国近代化也做出了一定的贡献。

袁世凯 <<<<<

生卒年（1859-1916）。清末民初最具争议的政治人物之一，北洋军阀领袖。河南项城人，因科举多次没有考中，于是，进入军队，后来在朝鲜壬午兵变期间随清军入朝，逐渐崭露头角，得到李鸿章的赏识，负责管理朝鲜事务。甲午战争后归国，受命在天津小站训练新建陆军。戊戌变法期间出卖光绪帝和维新派，获得慈禧太后信任，不久出任山东巡抚。他主政山东期间，残酷镇压义和团运动，并加入"东南互保"。李鸿章去世后，他继任直隶总督兼北洋大臣，成为清末政坛最具瞩目的实力派人物。新政期间，袁世凯一方面积极推动新政改革，为自己积累政治资本，另一方面则牢牢控制北洋新军，并与庆亲王奕劻相互勾结，扰乱朝政。宣统帝继位后，袁世凯假装称病还乡，密切关注形势发展。辛亥革命爆发后复出，被清廷任命为内阁总理大臣，掌握军政实权。此后，袁世凯利用复杂的国内形势以及帝国主义的支持，与革命党人和谈，迫使清帝退位，自己则被推举为中华民国临时大总统，从而窃取了辛亥革命的果实。中华民国成立后，袁世凯倒

行逆施，推行独裁专制，甚至复辟帝制，最终在全国人民的唾骂声中死去。

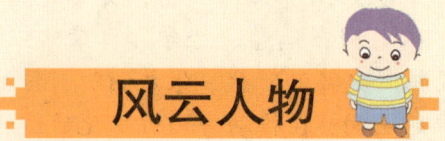

风云人物

郑经 <<<<<

生卒年（1642-1681）。台湾明郑时期的统治者。民族英雄郑成功长子，承袭延平郡王爵位。治理台湾时期，积极开垦荒地，寓兵于农，发展垦殖，兴修水利，安抚土著居民，并开办教育事业，推动了台湾地区的开发。"三藩之乱"期间，郑经趁机渡海西征，无功而返，不久病逝于台湾。郑经治理台湾的二十余年间，他虽然自称明朝延平郡王，但实际上是割据台湾的独立政权。郑经死后两年，清廷派施琅渡海攻台，郑氏集团出城投降，实现全国统一。

噶尔丹 <<<<<

生卒年（1644-1697）。清朝前期厄鲁特蒙古准噶尔部首领。绰罗斯氏，本是也先后裔，早年赴西藏出家为僧，后趁部族内乱的机会回到准噶尔夺取了政权，进而统一厄鲁特蒙古各部，并进军天山南北，形成了一股强大的割据势力。此后，噶尔丹继续向东发展，侵扰喀尔喀蒙古。面对噶尔丹的扩张，康熙帝御驾亲征，相继在乌兰布通之战和昭莫多之战中击溃噶尔丹，走投无路的噶尔丹最终服毒自杀。

洪秀全 <<<<<

生卒年（1814-1864）。太平天国运动的创建者。广东花县人，早年热衷科举，但多次考试不中，后来结合基督教教义创立拜上帝会，立志铲除妖魔，实现"天下一家，共享太平"。公元1851年，洪秀全率众在广西桂平县金田村发动起义，建号太平天国，自称天王。随后太平军攻入湖南、湖北，沿长江东下攻占南京，改称天京，定都于此，正式形成与清廷对峙的政权。洪秀全对内颁布《天朝田亩制度》作为施政纲领，并进行了一系列政权建设。对外反对列强侵略。然而洪秀全终究无法摆脱阶级局限性，没有逃出权力欲望，缺乏足够的远见和意志力，天京事变造成的内讧大大削弱了自身力量，加上中外反动势力联合镇压，太平天国运动最终失败。作为晚清规模最大的农民起义的领袖，洪秀全可谓风云一时，他所领导的太平天国运动虽然失败了，但是却将旧式农民战争推向了顶峰，并对晚清政治、经济以及社会产生了深远的影响。

杨秀清 ‹‹‹‹‹

生卒年（1823-1856）。太平天国东王，也是太平天国运动前期的实际领导人。其出身于贫苦农民家庭，以耕山烧炭为业，后加入拜上帝会，并以代"天父"下凡的身份成为拜上帝会的领导人之一。金田起义后不久，受封东王，正式掌握太平天国兵权，并最终确定了进军江南的战略。定都天京后，杨秀清主持了北伐和西征，击破江南、江北大营，使太平天国达于鼎盛。然而杨秀清专横跋扈，以代"天父"下凡的名义排除异己，要求洪秀全加封其为"万岁"，最终导致天京事变，其全家在事变中被杀，株连两万余人。太平天国经此内讧，由盛而衰。

韦昌辉 ‹‹‹‹‹

生卒年（1823-1856）。太平天国北王，天京事变的重要推手。其出身富贵之家，因不满豪强地主和官府的欺压，加入拜上帝会。金田起义后不久，受封北王，成为太平天国的重要领导人之一，并在太平天国定都天京以及北伐、西征的过程中发挥了重要作用。然而韦昌辉阴柔奸险，在洪、杨矛盾空前激化的情况下率部杀东王全家，株连两万余人，甚至围攻天王府，引起太平军将士的极大愤慨。最终，韦昌辉被洪秀全处死。

石达开 ‹‹‹‹‹

生卒年（1831-1863）。太平天国翼王，太平天国运动中颇具传奇色彩的人物。广西贵县客家人，祖籍广东和平县，因仗义好施，颇有名望，后加入拜上帝会。金田起义后不久，受封翼王，意在"羽翼天朝"。定都天京后，石达开长期在外征战，屡败清军，成为太平天国的中坚人物。天京事变后石达开回朝主政，后因不满洪秀全猜忌而率军出走，开始独立作战。由于未能建立长久稳定的根据地，其势日穷，1863年兵败大渡河，英勇就义。

陈玉成 ‹‹‹‹‹

生卒年（1837-1862）。太平天国英王，太平天国运动后期的重要将领。广西藤县客家人，金田起义时即加入太平军，并成为童子军首领，之后在太平军征战过程中屡立战功。天京事变后，陈玉成受封前军主将，并与李秀成配合，取得了二破江南、江北大营以及三河大捷的辉煌胜利，扭转了太平天国的被动局面，晋封英王。安庆失守后，陈玉成困守庐州，后于寿州为叛徒苗沛霖诱捕，押送清营后慷慨就义，年仅二十六岁。

李秀成 ‹‹‹‹‹

生卒年（1823-1864）。太平天国忠王，太平天国后期的重要将领。广西藤县人，金田起义后不久加入太平军，并逐渐崭露头角。天京事变后，李秀成受封副掌率，同陈玉成共挽危局，并取得了二破江南、江北大营以及三河大捷等胜利，晋封忠王。之后，李秀成挥师东进攻占苏常地区，

建立苏福省，成为太平天国后期的重要根据地。李秀成主政苏福省期间，关心民间疾苦，苏南地区的经济得到了一定的恢复，并且两攻上海，给外国侵略者以迎头痛击。随着太平天国形势的急转直下，李秀成率部回援天京。天京陷落后，李秀成被俘，在写下自述后英勇就义。

洪仁玕 <<<<<

生卒年（1822-1864）。太平天国干王，太平天国运动后期的重要领导人。其本是洪秀全族弟，与洪秀全共创拜上帝会，后避难香港，未能参加太平天国前期的斗争。天京事变后不久，洪仁玕从香港来到天京，被封为干王，总理朝政。期间洪仁玕提出了具有资本主义色彩的施政纲领《资政新篇》，主张禁朋党之弊，效法西方资本主义。但是由于严峻的战争环境，洪仁玕的主张无法得到实现，太平天国的形势也急转直下。天京陷落后不久，洪仁玕被俘，英勇就义。应该说，洪仁玕是同时期比较具有西方视野的中国知识分子，其所著《资政新篇》虽然没有实现，但是对于探索救国救民真理的先进中国人来说是很有启发的。

赖文光 <<<<<

生卒年（1827-1868）。太平天国遵王，北方捻军的重要领导人。早年参加拜上帝会和金田起义，天京事变后随陈玉成征战，受封遵王。安庆失陷后，赖文光奉命远征西北，广招兵马。天京城破后，赖文光在江北与捻军联合，并被推为首领，继续沿用太平天国旗号。赖文光按照太平军编制重新组织捻军，并"易步为骑"，采取骑兵奔袭的运动战，大大提高了捻军的战斗力，取得了全歼僧格林沁所部的胜利。此后，赖文光将捻军一分为二，以期相互配合，结果为清军割断联系，各个击破。1868年，赖文光在扬州东北的瓦窑铺兵败被俘，英勇就义，不久捻军起义失败。

胡雪岩 <<<<<

生卒年（1823-1885）。晚清著名的红顶商人。安徽徽州绩溪人，出身贫苦之家，后来经商。太平天国运动中因向清军接济军火、粮草而受到左宗棠的赏识，后又协助左宗棠创办福州船政局，并为左宗棠收复新疆筹集军火和粮饷，立下了汗马功劳。凭借湘军势力，胡雪岩的生意越做越大，钱庄遍设各地。同时又被清廷授以江西候补道，并赐黄马褂，成为显赫一时的红顶商人，这在中国历史上非常罕见。然而胡雪岩半官半商的性质也使他与官场政治有着千丝万缕的联系，最终在外商势力和国内金融买办势力的内外夹击下破产，惨然离世。

康有为 <<<<<

生卒年（1858-1927）。晚清资产阶级维新派的领袖人物。广东南海人，

早年在广东创办万木草堂，宣传维新变法思想，先后撰写了《新学伪经考》和《孔子改制考》，将西方资产阶级政治学说与传统的儒家思想相结合。《马关条约》签订后，领导"公车上书"运动，揭开了维新变法运动的序幕。之后其通过组织学会、创办报刊，宣传变法维新，并最终促成了"百日维新"的改革实践。戊戌政变后流亡国外，组织保皇会，坚持改良主义，反对资产阶级民主革命。中华民国成立后，康有为组织孔教会，竭力攻击共和政府，并于1917年与张勋共同上演了"丁巳复辟"的闹剧，招世人唾骂，后病逝于青岛。作为中国近代风云人物，康有为的思想与实践反映了半殖民地半封建社会性质下中国知识分子现代与传统的冲突。

梁启超 <<<<<

生卒年（1873-1929）。晚清资产阶级维新派的领袖人物。广东新会人，早年拜于康有为门下，是康有为的得意门生和得力助手，与康有为一同发起"公车上书"运动，时称"康梁"。梁启超明确提出中国要变法图强，必须学习西方资本主义国家的政治制度和文化教育制度，呼吁"伸民权"、"设议院"，实行君主立宪制。戊戌政变后流亡日本，政治思想逐渐走向保守，并与资产阶级革命派展开激烈论战。中华民国成立后归国，曾一度参与组织政府。晚年专注学术，成果丰富。

谭嗣同 <<<<<

生卒年（1865-1898）。晚清资产阶级维新派的代表人物，"戊戌六君子"之一。湖南浏阳人，出身于官僚家庭，主张变法维新，他的代表作《仁学》深刻地批判了封建制度和封建的伦理纲常，并大呼"冲决网罗"，追求资产阶级自由、平等，在一定程度上超出了改良的范围，带有民主革命的色彩。"百日维新"期间，谭嗣同被任命为军机章京，直接参与变法。戊戌政变后，拒绝出走，甘愿为变法流血牺牲，最终血溅菜市口。

唐才常 <<<<<

生卒年（1867-1900）。晚清资产阶级维新派中比较激进的代表人物。湖南浏阳人，维新运动期间，他在湖南时务学堂担任中学教习，积极宣传维新变法思想，与谭嗣同并称"浏阳二杰"。戊戌政变后，唐才常决心武力推翻慈禧太后，拥护光绪帝。八国联军侵华期间，唐才常组成"自立军"，准备在长江流域起事，并得到了康有为和孙中山两派的支持。由于康有为汇款接济未到，起义计划泄露而失败，他本人也被张之洞杀害。应该说，唐才常的思想和行动在一定程度上超出了维新改良的范围，并且推动了民主革命的发展。

赵三多 <<<<<

生卒年（1842-1902）。义和团运动的领袖人物。他出身贫苦家庭，早年学习"梅花拳"，后将"梅花拳"改称"义和拳"，并在直鲁交界处广设拳场，收徒达两千多人。公元1898年底，赵三多在冠县树起"助清灭洋"大旗，率众攻打红桃园教堂，不久又将"义和拳"改称"义和团"，义和团运动兴起。随后赵三多率众沿运河北上，力量扩展到直隶南部，成为一股重要的反帝力量。《辛丑条约》签订后，在中外反动势力的联合绞杀下，义和团运动失败，赵三多于1902年被俘后绝食而死。

张謇 <<<<<

生卒年（1853-1926）。晚清著名的"状元实业家"，民族资本家的代表。祖籍江苏常熟，光绪初年进入吴长庆幕府，与袁世凯构成吴长庆文武两大幕僚。朝鲜壬午兵变期间随清军入朝，逐渐发迹，获得了翁同龢等帝党的赏识。甲午年间高中状元，被授予翰林院修撰；甲午战争后，张謇在南通创办大生纱厂，开始走向实业救国之路。在两江总督刘坤一的支持下，张謇经营大生纱厂获利丰厚，之后又开办了通海垦牧公司、广生油厂等企业，俨然成为"东南实业领袖"。清末新政期间，张謇被推举为江苏咨议局议长，并主持发动三次国会请愿运动，一时之间备受关注。民国成立后，张謇一度参与筹建政府，他的大生纱厂也迎来短暂的黄金时代，然而由于中国半殖民地半封建的社会性质，民族资本主义在夹缝中生存，步履维艰，最后大生纱厂在外资挤压下不可避免地走向了衰落，不久张謇去世。可以说，张謇及其大生纱厂的命运是中国近代民族资本主义发展的一个缩影。

林觉民 <<<<<

生卒年（1887-1911）。清末资产阶级民主革命志士。福建闽侯人，少年时即接受民主革命思想，留学日本期间加入中国同盟会，并成为福建分会的骨干成员，宣传革命理论。1911年春回国参与黄兴领导的广州起义（黄花岗起义），失败被俘后英勇就义。林觉民绝笔《与妻书》表现了一位民主革命战士的崇高精神。

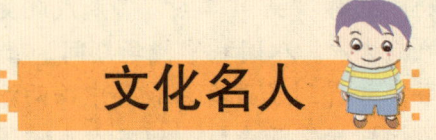

文化名人

黄宗羲 <<<<<

生卒年（1610-1695）。明末清初思想家。浙江余姚人，年轻时为父报仇，用铁椎刺杀仇敌，声震朝野。清军南下时，他追随鲁王抗清，兵败后隐居，

致力于著述和讲学，拒不接受清朝官职。黄宗羲提出了"天下为主，君为客"的民主思想，主张限制君权，抨击封建君主专制制度，对后世产生了深远的影响。此外，他在数学地理、天文历法等方面也有很高的成就。代表作品《明夷待访录》《明儒学案》等。

顾炎武 <<<<<

生卒年（1613-1682）。明末清初思想家。江苏昆山人，明末诸生，年少时曾参加复社。清军南下时，他在苏州参与抗清斗争，失败后专注学术，拒不接受清朝官职。顾炎武一生辗转，往来于山东、河北、河南、山西、陕西等地，行万里路，读万卷书，成为清初继往开来的一代宗师。他做学问以经世致用为宗旨，重实用而不尚空谈，提倡利国福民，并提出了具有早期民主启蒙色彩的"众治"理论，对后世产生了深远的影响。代表作品《日知录》《天下郡国利病书》《亭林诗文集》等。

王夫之 <<<<<

生卒年（1619-1692）。明末清初思想家。湖南衡阳人，明末举人。清军入关后积极参与抗清斗争，晚年隐居于衡阳的石船山，著书立说。王夫之继承了宋代张载的唯物主义思想，提出了"理在气中"的观点，肯定了物质与意识的统一。在知行关系上，提出了"行先知后"的唯物主义知行说。在历史观上认为历史发展的总趋势是不断前进的，且有一定规律可循。此外，王夫之还批判了宋明理学中"存天理，灭人欲"的唯心主义道德观，主张满足人的物质要求。代表作品《周易外传》《读四书大全》《读通鉴论》等。

蒲松龄 <<<<<

生卒年（1640-1715）。清初著名小说家、文学家，号柳泉居士。山东济南府淄川人，出身于没落地主家庭，早年热衷科举，但屡试不中，穷困一生，以教书收徒为业。他的代表作品《聊斋志异》，以妖狐鬼怪表达寓意，故事曲折离奇，结构布局严谨，文笔简练，描写细腻，堪称中国古典短篇小说的高峰，郭沫若评价道"写鬼写妖高人一等，刺贪刺虐入骨三分"。

纳兰性德 <<<<<

生卒年（1655-1685）。清初著名词人。叶赫那拉氏，权臣纳兰明珠之子。在清初文化专制的背景下，纳兰性德算得上是一个异类，其词风清新隽秀、哀感顽艳，颇近南唐后主。他的作品集《纳兰词》不仅在清代词坛享有很高声誉，而且在中国文学史上也占有光彩夺目的一席之地。况周颐在《蕙风词话》中誉其为"国初第一词手"。

曹雪芹 <<<<<

生卒年（1715-1763）（存疑）。清代著名文学家。他祖上三代都担任江宁织造，并与皇室关系密切。曹雪芹少时居住在南京，享受荣华富贵。雍正年间家产被抄，于是移居北京西郊，晚年穷困潦倒。代表作品《红楼梦》，以描述贾宝玉、林黛玉的爱情悲剧故事为中心线索，剖析了贾府由盛而衰的过程，反映了封建社会必然衰亡的历史规律，是一部融高度思想性和高度艺术性于一体的不朽的现实主义杰作，堪称中国古典小说的最高峰。

郑板桥 <<<<<

生卒年（1693-1765）。清代著名画家、书法家、诗人，"扬州八怪"之一。原名郑燮，人称板桥先生，江苏兴化人。乾隆年间进士，先后担任山东范县、潍县县令，政绩显著，晚年居住在扬州，以卖画为生。他的书法以"汉八分"杂入楷、行、草而独具一格，自称"六分半书"。他作画以兰、竹、石为主，画风独特，往往托物言志，意境悠远。他的题画诗，除了在内容上有思想性、抒情性外，在形式上还具有艺术性、趣味性，给人以综合的完美的艺术享受，堪称"诗书画三绝"。代表作品《清光留照图》《甘谷菊泉图》等。

戴震 <<<<<

生卒年（1724-1777）。清代中期著名学者，乾嘉学派的代表人物。安徽休宁人，早年随父经商，四十岁中举，并以举人身份参修《四库全书》，被赐予同进士出身，授翰林院庶吉士。戴震学问渊博，他的著作被后人合编为《戴氏遗书》。戴震的宇宙观是唯物的，在认识论上主张感觉是由物质引起的结果，对于宋明理学中的"去人欲，存天理"的说法给予尖锐的批判。在考据学上，主张"实事求是，不主一家"，他从事考据坚持求真务实的精神和严谨的态度，这在古典文献的整理方面具有重要影响。

洪亮吉 <<<<<

生卒年（1746-1809）。清代中期的经学家、文学家。江苏阳湖人，乾隆后期科举榜眼，翰林院编修，因上疏直言时弊，触怒嘉庆帝，遭流放伊犁，不久释放回籍，专意学术。洪亮吉精通历史地理和声韵、训诂之学，擅写诗及骈体文。此外他在《治平策》一文中对于清代中期人口问题的剖析可谓振聋发聩，堪称中国近代人口问题的先驱。

龚自珍 <<<<<

生卒年（1792-1841）。中国近代前夜著名思想家、诗人，改良主义的先驱。江苏仁和人，曾随外祖父段玉裁学习文字学，后跟随刘逢禄学习今文经学，专意于经世致用。道光年间中进士，曾任内阁中书、礼部主事，因力陈时弊，

受到排挤，晚年专注讲学。龚自珍清醒地认识到了清王朝已然进入"衰世"，批判封建统治的腐朽，呼吁社会变革，对后世产生了深远的影响。代表作品《己亥杂诗》。

魏源 <<<<<

生卒年（1794-1857）。晚清经世学派的代表人物。湖南邵阳人，曾跟随刘逢禄研治今文经学，学识渊博。魏源讲究经世致用，对当时思想界占统治地位的宋学和汉学进行了批判，并从抵抗外国侵略、维护民族独立的愿望出发提出了"师夷长技以制夷"的主张。同时建议设立造船厂和火器局，制造各种轮船和机器，并允许民间自由设厂。魏源的思想反映了鸦片战争后中国思想界的转变，对后世产生了深远影响。代表作品《海国图志》《圣武记》《皇朝经世文编》等。

冯桂芬 <<<<<

生卒年（1809-1874）。晚清著名的洋务思想家。江苏吴县人，曾拜林则徐为师，道光年间进士，被授予翰林院编修，后进入李鸿章幕府。他的代表作品《校邠庐抗议》最完整、透彻地阐释了洋务运动的宗旨，明确指出了"采西学"、"制洋器"的主张，并且认为举办洋务应当"以中国之伦常名教为原本，辅之以诸国富强之术"。这一宗旨成为后来"中体西用"理论的开端。

华蘅芳 <<<<<

生卒年（1833-1902）。晚清著名数学家、翻译家。江苏无锡人，供职于安庆内军械所期间与徐寿共同研制了中国第一艘木质蒸汽轮船"黄鹄"号，后又在江南制造总局和天津机器局担任提调，并出任了上海格致书院教习。华蘅芳热衷数学，著有《行素轩算稿》，并与传教士傅兰雅合译《决疑数学》，首次将西方概率论引入中国，推动了中国近代数学的发展。

容闳（hóng）<<<<<

生卒年（1828-1912）。晚清著名教育家，中国近代出国留学第一人。广东香山人，少时进澳门教会学校学习，后前往美国，成为第一个毕业于美国耶鲁大学的中国留学生。回国后他倡议派留学生出国学习西方的先进技术，并且在李鸿章的支持下促成了1872年中国首批幼童留美计划。之后又向清廷建议开设国家银行，因盛宣怀反对而告终。晚年与维新派、革命派均有接触。容闳的思想主张和经历影响着一代又一代中国青年，在中国近代化过程中发挥了重要的作用。

王韬 <<<<<

生卒年（1828-1897）。中国早期维新思想家、政论家。苏州府长洲县人，道光年间秀才，太平天国运动期间因曾上书太平军而遭到清廷的通缉，被迫流亡香港，后漫游欧洲各国，加深了对西方近代文明的了解，晚年回到上海，直到去世。王韬谴责外国侵略者强迫清廷签订不平等条约，主张变法自强。介绍了西方国家"君主""民主"以及"君民共主"三种政体，认为"君民共主"制度最合理。同时斥责顽固派"误天下苍生"，主张变革以适应新的世界潮流。王韬的思想在一定程度上超越了洋务派思想境界，并掀起了一股新的社会思潮，对后世产生了深远的影响。代表作品《弢园文录外编》。

郑观应 <<<<<

生卒年（1842-1922）。中国早期维新思想家、政论家，代表作品《盛世危言》。广东香山人，与洋务派关系密切，积极参与洋务运动。郑观应谴责外国侵略者强迫清廷签订不平等条约，认为西方君主立宪制是最好的政治制度，也是西方国家富强之根源，主张在中国实行议会制。在经济思想领域，他主张大力发展民族工商业，同西方国家进行"商战"。郑观应的思想在很大程度上超出了洋务思想的范畴，反映了中国资产阶级登上政治舞台前夜的政治心态，对后世具有深远的影响。

严复 <<<<<

生卒年（1854-1921）。中国近代著名的启蒙思想家和翻译家。福建侯官人，他少年时进入福州船政学堂学习海军，后来留学英国，广泛接触西方近代自然科学和社会科学。回国后极力宣传西方资产阶级思想，介绍西方社会政治学说，他的著作《天演论》对近代早期知识分子起到了重要的启蒙作用。严复以自己在思想理论上的贡献，成为近代中国向西方寻求救国真理的先进人物，被康有为称赞为"精通西学第一人"。

詹天佑 <<<<<

生卒年（1861-1919）。中国近代著名的铁路工程专家。他出生于广东南海县，是中国首批留美幼童之一，后考入耶鲁大学，学习铁路工程专业。回国后被派往福州船政学堂执教，不久到天津中国铁路公司任工程师，主持了中国早期众多铁路的修筑。1905年，詹天佑被任命为京张铁路总工程师兼会办局务，负责主持京张铁路的修筑，这是中国人自行设计并主持建设的第一条铁路。建设过程中，詹天佑创设了"竖井开凿法"和"人"字形线路，震惊中外，为当时深受侮辱的中国人争得了荣誉。作为中国近代杰出的铁路工程师，詹天佑被誉为"中国铁路之父"。